Klaus Zwickel (Hrsg.)
Zukunftsprofile

Klaus Zwickel (Hrsg.)

Zukunftsprofile –

Gewerkschaften im gesellschaftlichen Dialog

Bund-Verlag

Die Deutsche Bibliothek – CIP-Einheitsaufnahme

Zukunftsprofile – Gewerkschaften im gesellschaftlichen Dialog
/ Klaus Zwickel (Hrsg.). – Köln : Bund-Verl., 1995
ISBN 3-7663-2664-3
NE: Zwickel, Klaus [Hrsg.]

Lektorat/Verlagsbetreuung: Jupp Legrand
Herstellung: Heinz Biermann
Umschlag: Roberto Patelli, Köln
Druckvorstufe: Satzbetrieb Schäper GmbH, Bonn
Druck: J. Ebner, Ulm
Printed in Germany 1995
ISBN 3-7663-2664-3

Vorwort

Gesellschaftspolitische Verantwortung und Reformorientierung gehören nicht nur zu den Traditionen der IG Metall, sie sind auch zentrale Elemente einer zukunftsorientierten Gewerkschaftspolitik, die arbeitspolitische Interessenvertretung in Betrieben, Unternehmen und Regionen mit gesellschaftspolitischen Reformperspektiven verknüpft. Die Öffnung zur Gesellschaft ist eine wesentliche Grundlage gewerkschaftlicher Interessenvertretung – und somit steht die Einladung zum gesellschaftlichen Dialog des Vorstandes der IG Metall in der besten Tradition unserer Gewerkschaft, wie sie auch durch Zukunftskongresse, wissenschaftliche Konferenzen und Dialogforen geprägt ist. Als der Vorstand in einem Aufruf mehr als 100 Persönlichkeiten aus Politik, Kirche, Unternehmensverbänden, Presse, Publizistik, Wissenschaft und Kunst sowie innerhalb der IG Metall zum Dialog aufgefordert hat, haben wir Anregungen und Impulse gewinnen wollen.

Wir wollten zur Diskussion anregen: in der Gesellschaft, zwischen gesellschaftlichen Einrichtungen und Initiativen und der IG Metall. Diese Diskussion muß auf allen Ebenen geführt werden – offen, vorurteilsfrei, aber von klaren Grundsätzen und Perspektiven getragen. Die Globalisierung der ökonomischen, sozialen und ökologischen Verhältnisse führt zu strukturellem Wandel und Umbrüchen in Betrieben und Unternehmen. Die Ideologie des Marktradikalismus und der Deregulierung droht, die sozialen Interessen, die ökologische Verträglichkeit wie die wirtschaftliche Leistungsfähigkeit nachhaltig zu gefährden.

Wir setzen dagegen eine Politik gesellschaftlicher Reformen, in der Interessenvertretung integriertes Element, nicht störendes Beiwerk ist: Interessenvertretung, die schützend und gestaltend in den strukturellen Wandel eingreift, soziale Gerechtigkeit, ökologische Verträglichkeit und ökonomische Effizienz verbindet.

Die Verschärfung der Standortkonkurrenz verlangt andere Antworten als die der Kostensenkung und der Auflösung sozialer und ökologischer Normen. Die Überwindung der Massenarbeitslosigkeit, die solidarische Weiterentwicklung des Sozialstaates und die Zukunftsfähigkeit der Gewerkschaften – der gesellschaftliche Dialog soll dazu beitragen, daß wir uns auf diese Zukunftsfragen neu besinnen, Zukunftsprofile entwerfen, an einem gesellschaftlichen Zukunftsentwurf arbeiten und Lösungen entwickeln, die unseren Leitbildern und Grundwerten entsprechen.

Dieser Dialog ist mit der Vorlage dieser Dokumentation nicht beendet. Er ist offen – für Anregungen, für Kritik, für die Weiterentwicklung von Positionen. Der 18. ordentliche Gewerkschaftstag der IG Metall ist in diesem Sinne ein wichtiger Schritt, der uns handlungsfähig und diskussionsbereit, zukunftsoffen und grundsatzfest erhalten wird.

Klaus Zwickel

1. Vorsitzender der IG Metall

Inhalt

Teil 2
Beiträge zum gesellschaftlichen Dialog

Teil 1

Zukunft der Arbeit –
Zukunft des Sozialstaates –
Zukunft der Gewerkschaften

Klaus Zwickel

Die IG Metall im gesellschaftlichen Dialog: offen, kämpferisch, solidarisch

1. Vorbemerkung

Im Vorfeld ihres 18. ordentlichen Gewerkschaftstages (29. Oktober bis 4. November 1995) hat die IG Metall zum gesellschaftlichen Dialog eingeladen, um ein deutliches Signal der Bereitschaft zur gesellschaftlichen Öffnung zu setzen. Der Einladungstext vom 14. Februar 1995 (siehe Seite 53) zum Thema »Zukunft der Arbeit – Zukunft des Sozialstaates – Zukunft der Gewerkschaften« wandte sich einerseits an Persönlichkeiten des öffentlichen Lebens aus Wissenschaft, Wirtschaft, Politik, Publizistik, sozialen Bewegungen, Kultur, Kunst, Journalismus, Verbänden und Kirchen, gesellschaftlichen Gruppen und andererseits an die Gewerkschaftsmitglieder. Im Laufe der folgenden Monate gingen die Antworten ein, deren Dokumentation den Hauptteil dieses Bandes ausmacht. In einer Zeit gesellschaftlicher, politischer und ideologischer Umbrüche an der Schwelle zum 21. Jahrhundert bzw. nächsten Jahrtausend sollte die politische Debatte forciert werden.

Damit ist der Zeitpunkt für eine vorläufige Zwischenbilanz gekommen, die ich im folgenden ziehen möchte. Manche waren skeptisch angesichts eines Experiments mit ungewissem Ausgang. Aber das Experiment ist insofern gelungen, als unsere Einladung zum gesellschaftlichen Dialog auf große Resonanz gestoßen ist, die sich nicht zuletzt in der Fülle der eingegangenen Antworten niederschlägt. Dieser Dialog hat uns viele Impulse vermittelt, die wir hiermit weitergeben möchten, um einerseits unser gesellschaftliches Reformprojekt voranzubringen, andererseits neuartige Bündnisse zur Durchsetzung dieses Reformprojektes zu schmieden.

Die IG Metall hat sich von folgender Analyse der Herausforderungen, vor denen wir an der Schwelle zum 21. Jahrhundert stehen, leiten lassen:

- Die anhaltende Massenarbeitslosigkeit in Deutschland und Europa mit ihren Folgen, wie gesellschaftliche Spaltung und zunehmende Deprivationserscheinungen.

- Die Zunahme und Ausbreitung ökologischer Zerstörungen, die Globalisierung des Weltmarktes und damit des kapitalistischen Wirtschaftssystems, tiefgreifende Umbrüche in Produktion und Arbeit, Individualisierung, Pluralisierung und Differenzierung der Lebensstile und Wertorientierungen.
- Durch diese Globalisierung der Wirtschaft und den Wegfall der Systemkonkurrenz, aber auch den Wandel des Verhältnisses von Individuellem und Sozialem, von Egalität und Disparität, Einheit und Vielfalt werden alle gesellschaftlichen Akteure vor neuartige Herausforderungen gestellt.

Die Grundwerte Demokratie und Freiheit, Solidarität und Gerechtigkeit bedürfen daher einer Aktualisierung, und daraus müssen klare Schlußfolgerungen gezogen werden. Der weltwirtschaftliche Umbruch führt zu Gefährdungen der sozialen Existenzbedingungen durch Arbeitslosigkeit, neue Armut, gesellschaftliche Spaltung, zu Zerstörungen der Umwelt durch einen nicht verallgemeinerbaren Produktions- und Lebensstil, gleichzeitig sind aber auch neue Chancen der wirtschaftlichen Kooperation, des sozialen Ausgleichs, der ökologischen Erneuerung und der politischen Gestaltung gegeben.

Neokonservative und neoliberale Politiker, aber auch große Teile der Unternehmerschaft sehen in der Deregulierung der industriellen Beziehungen und in der Kommerzialisierung aller Lebensbereiche den einzigen Weg, um den Standort Deutschland im internationalen Wettbewerb bestehen zu lassen und zu stärken. Notwendigerweise werden mit einer solchen Politik die Folgen, wie eine Vertiefung der gesellschaftlichen Spaltung sowie eine weitere Verschlechterung der ökologischen Situation, als wirtschaftlich legitim hingenommen. Die aktuellen Vorschläge und Vorstöße der Arbeitgeber-, Wirtschafts- und Industrieverbände belegen diese Einschätzung. Dabei müßte klar sein: Marktradikalismus und Deregulierung verspielen die Chance auf eine sozial gesicherte und ökologisch verträgliche Zukunft.

2. Rahmenbedingungen des gesellschaftlichen Dialogs

Der Zeitpunkt des gesellschaftlichen Dialogs ist nicht zufällig, sondern wurde bewußt ausgewählt. 1995 ist ein symbolschweres Jahr: 50 Jahre nach

Kriegsende und 5 Jahre nach der deutschen Einigung, die auch Folge des Zusammenbruchs der bipolaren Weltordnung war, ist der Zeitpunkt zur Bestimmung der eigenen Positionen und Interessen gekommen.

Die IG Metall stellt in ihrem Einladungstext Probleme der Arbeitsgesellschaft, des Sozialstaates und der Gewerkschaften und auch ihre eigene Arbeit zur Diskussion. Sie knüpft dabei an die Debatten der Zukunftskongresse an. Schon Ende der achtziger Jahre hat die IG Metall mit ihrem Zukunftsprojekt Zeichen und Signale für die Erneuerungskraft und Entwicklungsfähigkeit der Gewerkschaftsbewegung gesetzt. Die Dynamik des strukturellen Wandels verändert die Grundlagen gewerkschaftlicher Organisierung. Neue Konflikte, neue Themenbereiche, neue Arbeitnehmergruppen, neue Ansprüche und Orientierungen der Menschen führen zu neuen Überlegungen.

Mit den »Leitlinien der IG Metall zur gesellschaftlichen und gewerkschaftlichen Reform« vom April 1989 sollte eine breit angelegte Debatte in den Bezirken und Verwaltungsstellen, Betrieben und Regionen zur Konkretisierung dieser Überlegungen beginnen. Die Zukunftsdiskussion der IG Metall »Die andere Zukunft – Solidarität und Freiheit« wollte Öffnung und Beteiligung für Mitglieder, aber auch für die politische, wissenschaftliche und gesellschaftliche Öffentlichkeit erfahrbar machen. Öffnung nach innen und außen – dies war die Logik des Zukunftsprojektes. Im Mittelpunkt der organisationspolitischen Zielsetzung stand die Notwendigkeit, neue Arbeitnehmergruppen, insbesondere Jugendliche, Angestellte und Frauen, verstärkt anzusprechen und für die Mitgliedschaft in der IG Metall zu gewinnen. Mit Hilfe der gesellschaftspolitischen Zielsetzung sollte eine längerfristige Perspektive für gewerkschaftliche Interessenvertretung und Reformpolitik unter den Bedingungen des Strukturwandels formuliert werden.

Mit dem Ende der Ost-West-Konfrontation ist die Zukunftsdebatte noch komplexer geworden. Wir müssen in der Lage sein, die neue Vielfalt sensibel aufzunehmen und mit ihr so umzugehen, daß wir die differenzierten Aufgabenbereiche in den Kernbereich gewerkschaftlicher Interessenvertretung einbinden und intensiv verfolgen können. Die IG Metall möchte wissen, ob der eingeschlagene Kurs auf die Zustimmung der Menschen und gesellschaftlichen Gruppen stößt und wie andere diese Probleme und Lösungen sehen. Die IG Metall ist offen für Kritik und Anregung, möchte mit diesem Dialog neue Wege beschreiten und ihn dazu in dieser Form bündeln und transparent machen.

3. Zentrale Themen

Im Zentrum dieser Debatte stehen drei große Themenblöcke: Zukunft der Arbeit, Zukunft des Sozialstaates und Zukunft der Gewerkschaften.

3.1 Zukunft der Arbeit

Die IG Metall tritt für eine Gesellschaft ein, die alle Menschen am Erwerbsleben und an attraktiver Arbeit teilnehmen läßt. Dabei setzt sie auf nachhaltiges Wachstum, das durch die Produktion gesellschaftlichen Reichtums die Lebenschancen zukünftiger Generationen sichert und auf ökologischer Verträglichkeit besteht. Die wirtschaftlichen Entscheidungen von heute dürfen die Lebenschancen unserer Kinder und der nachfolgenden Generationen nicht beeinträchtigen. Ohne gesellschaftliche Regulierung und ohne Orientierung auf den gesamtwirtschaftlichen und vor allem gesamtgesellschaftlichen Bedarf ist es undenkbar, dieses Ziel zu erreichen.

Das Thema Zukunft der Arbeit weist also verschiedenartige Facetten auf, sowohl die Umbrüche in Produktion und Arbeit als auch die Bekämpfung der Massenarbeitslosigkeit, die Verhinderung weiterer ökologischer Zerstörungen als auch die Regulierung der Globalisierung. Die Gewerkschaften mit ihrem Schutz- und Gestaltungsanspruch in der Arbeitswelt stehen somit vor neuen Herausforderungen und Aufgaben.

3.1.1 Vollbeschäftigung und Zukunft von Erwerbsarbeit

Die Umbrüche in der Organisation von Arbeit, Produktion und Dienstleistungen haben zu beschäftigungspolitischen Einbrüchen geführt. Zugleich können jedoch auch neue Möglichkeiten für die Schaffung gesellschaftlichen Reichtums und ein nachhaltiges Wachstum hergestellt und erschlossen werden, die es ermöglichen, neue Arbeitsplätze zu schaffen, qualifizierte Berufsarbeit aufzuwerten und die Beteilungs- und Gestaltungschancen zu erweitern. Das erfordert ein neues Chancenmanagement, das einen grundlegenden Wandel des persönlichen und sozialen Verhaltens – durch Individualisierung von Arbeitsbiographien und Lebensentwürfen – einleiten kann. Zwar führt der Wandel häufig zu stärkerer Selbstbezogenheit bis hin zur rücksichtslosen Ellbogenmentalität, aber es werden zugleich auch Möglichkeiten der Selbstentfaltung, Eigeninitiative, Selbst- und Mitbestimmung in der Arbeit geschaffen. Diese neuen Bedingungen sind auch Grundlage für Mitbestimmung und Demokratisierung in der Wirtschaft.

3.1.2 Mitbestimmung – Beteiligung – »Wirtschaftsbürger«rechte

Die IG Metall orientiert sich an einem Leitbild attraktiver Arbeit, das den Arbeitnehmerinnen und Arbeitnehmern Beteiligungs-, Entfaltungs-, Mitbestimmungsmöglichkeiten und Humanisierungschancen bietet. Es sollen Arbeitsverhältnisse durchgesetzt werden, in denen Beteiligung und Mitbestimmung als strukturierendes Element in Betrieb, Unternehmen und Gesamtwirtschaft angestrebt werden. Dadurch wären die Grundlagen geschaffen, um abgesicherte Wahlmöglichkeiten zu eröffnen, um nach individuellen Bedürfnissen die Beschäftigungs-, Einkommens- und Familieninteressen zu regeln.

3.1.3 Verteilungsgerechtigkeit

Im Reformprojekt der IG Metall sollen die alten Verteilungsfragen mit neuen Produktionsfragen verknüpft werden. Das Interesse der Arbeitnehmerinnen und Arbeitnehmer an sozialer Gerechtigkeit, das Ziel der sozialen Gestaltung des strukturellen Wandels, des ökologischen Umbaus der Industriegesellschaft müssen mit den ökonomischen Erfordernissen in Einklang gebracht werden. Es geht darum, allen eine gerechte Teilhabe am gesellschaftlichen Reichtum zu ermöglichen, Chancengleichheit zu verwirklichen und sozialen Ausgrenzungsprozessen entgegenzuwirken. Die Chancengleichheit ist Grundlage einer vorausschauenden individuellen Lebensgestaltung. Sie setzt eine neue Verteilung der Hausarbeit und der Erwerbsarbeit zwischen Männern und Frauen auf sozial gesicherter Grundlage voraus. Verteilungsgerechtigkeit heißt auch gerechte Vermögensverteilung und Umverteilung der Gewinneinkommen.

3.2 Zukunft des Sozialstaates

Sozial gesicherte Arbeits- und Lebensbedingungen sind eine Voraussetzung für die Sicherung politischer Demokratie und gesellschaftlicher Grundwerte, wie Solidarität, soziale Gerechtigkeit und Freiheit. Die solidarische Absicherung der Risiken von Arbeitslosigkeit, Krankheit, Invalidität, Alter und Pflegebedürftigkeit ist ein Ziel und Daseinsgrund des Sozialstaates. Zwar ist es so hilflos wie defensiv, jede Änderung am sozialstaatlichen Regulierungswerk gleich als Demontage zu bezeichnen. Aber wenn der Umbau des Sozialstaates seinen Kern bedroht, weil er nur unter dem Diktat des Finanznotstandes vorgenommen wird, so wie es die Konservativen tun, dann ist diese Politik ebenso kurzsichtig wie fatal. Das Problem der Modernisierung des Sozialstaates ist komplex, denn der Sozialstaat ist eine moderne Antwort auf die fortschreitenden soziokulturellen sowie sozioökonomischen Desintegrationsprozesse hochentwickelter Industriegesellschaften. Sozialstaatspolitik erschöpft sich also keinesfalls in Sozialpolitik. Sozialstaatspolitik bezieht sich auf die soziale Dimension moderner Industriegesellschaften, die durch den sozioökonomischen Strukturwandel ständig gefährdet ist.

Dieser Strukturwandel bewirkt eine Auflösung kollektiver Regelungsmuster und reißt Menschen aus traditionellen Lebenszusammenhängen und -biographien heraus, stellt gewachsene Strukturen in Frage und läßt Risiken entstehen, die das Individuum alleine nicht bewältigen kann. Die Marktkräfte können ihr zerstörerisches Spiel beginnen, wenn der Sozialstaat mit seinen sozialen Ausgleichs- und Integrationsmechanismen nicht greift und nicht eingreift. Der Sozialstaat hat die Aufgabe, die Entstehungsursachen sozialer Risiken zu bekämpfen, die Effizienz der sozialstaatlichen Sicherungen zu wahren und Belastungen der Schwachen zu mindern. Dabei kommen neuartige Herausforderungen auf ihn zu. Der Sozialstaat ist nicht deckungsgleich mit seiner Umverteilungsfunktion und hat einen Beitrag zu leisten zur Neubestimmung des Verhältnisses zwischen sozialstaatlichen Leistungen und einer verantworteten individuellen und kollektiven Selbsthilfe. Der Sozialstaat muß Freiräume schaffen, aber auch die notwendigen Ressourcen und Institutionen zur Verfügung stellen, die gesellschaftliche Vielfalt, Selbstbestimmung, Partizipation, Selbstorganisation und Solidarität erst ermöglichen.

3.2.1 Eckpfeiler eines sozialen Regulierungsmodells

Die Diskussion um die Krise des Sozialstaates und die Eckpfeiler eines neuen sozialen Regulierungsmodells hat ihren Höhepunkt bereits überschritten. In Zeiten scharfer Deregulierungsoffensiven, einer Verschärfung der Triadenkonkurrenz, einer Globalisierung des Weltmarktes scheint es auf den ersten Blick unzeitgemäß, die Regulierungsfrage aufzuwerfen. Doch gerade die Turbulenzen, nicht zuletzt die regelmäßig wiederkehrenden Währungsturbulenzen, zeigen stets aufs neue die Notwendigkeit von gesellschaftlichen Regulierungsmustern. Auf europäischer Ebene ist mit der Europäischen Union ein Versuch von historischer Tragweite im Gange, ein europäisches Gesellschaftsmodell mit neuartigen Regulierungsformen auf den Weg zu bringen. Das in der öffentlichen Diskussion in Deutschland völlig unterbewertete Beschäftigungs-Weißbuch von Jacques Delors hat die Arbeitslosigkeit als eine prioritäre Herausforderung des europäischen Gesellschaftsmodells benannt und mit seinem Infrastruktur-Programm

(Multimedia, Informationsautobahn, Kommunikations-, Energie-, Transportnetze etc.) einen Weg aus der Beschäftigungskrise aufzeigen wollen, der mangels ausreichender Unterstützung auf die lange Bank geschoben wurde.

3.2.2 Chancengleichheit, Gleichberechtigung und gesellschaftliche Integration

Wenn der Markt zum Maß aller Dinge gemacht wird, Marktradikalismus, Deregulierung, profitorientiertes einzelwirtschaftliches Interesse zu zentralen Gestaltungsprinzipien ausgebaut und verfestigt werden, bleiben Chancengleichheit, Gleichberechtigung und gesellschaftliche Integration notwendigerweise auf der Strecke. Unter Berufung auf die vorgebliche Überlegenheit des Marktes oder auf Sachzwänge, auf die angebliche Steuerungsunfähigkeit des Sozialstaates zieht sich die Politik allzuoft aus ihrer sozialen Verantwortung zurück und propagiert den Verzicht auf demokratische Kontrolle und gesellschaftliche Lenkung. Damit droht sie abzudanken gegenüber den modernen Herausforderungen, die sich um die Grundwerte Chancengleichheit und Gleichberechtigung gruppieren.

3.3 Zukunft der Gewerkschaften

Die Gewerkschaften sind an der Schwelle zum 21. Jahrhundert mit neuartigen Herausforderungen von globaler Dimension konfrontiert, mit der Verschärfung der globalen Konkurrenz, der beschleunigten Globalisierung, der ökologischen Zerstörung, der Verfestigung der Massenarbeitslosigkeit, Umbrüchen in Produktion und Arbeit. In dieser Situation müssen Gewerkschaften ihre Fähigkeit und Bereitschaft zum Wandel wahren, ihre Konfliktfähigkeit sichern und ihre Kooperations- und Bündnisfähigkeit erweitern. Als offene demokratische Organisationen sind sie den humanen und sozialen, den ökologischen Interessen ihrer Mitglieder verpflichtet. Ihnen geht es darum, die Grundwerte von Demokratie, Freiheit, Solidarität und Gerechtigkeit zu verbinden mit Initiativen zur gesellschaftlichen Reform. Als zugleich betriebliche Interessenvertretung und gesellschaftliche Reformbewegung müssen sie ihre Mitgestaltungs- und Umgestaltungskraft einbringen und für eine gesellschaftliche Alternative, für die Überwindung sozial ungerechter und ökologisch unerträglicher Verhältnisse eintreten. Gewerkschaften sind Interessenorganisationen, die ihre Ziele und Forderungen in Auseinandersetzung mit anderen Interessen, notfalls mit Streik durchsetzen. Gleichzeitig sind sie gesellschaftliche Organisationen mit einem übergreifenden Gestaltungsauftrag, den sie gemeinsam mit anderen sozialen Bewegungen und politischen Kräften umsetzen wollen. Ihr Zukunftsentwurf zielt auf ein soziales und ökologisches Reformprojekt, den ökologischen Umbau der Industriegesellschaft und die soziale Gestaltung des strukturellen Wandels.

Dabei knüpfen die Gewerkschaften an Traditionen und geschichtliche Errungenschaften an. Die Durchsetzung der Einheitsgewerkschaft gegenüber weltanschaulicher und betrieblicher Zersplitterung ist eine zentrale Voraussetzung für die Effektivität gewerkschaftlichen Handelns. Dieses Handeln richtet sich auf die Wiederherstellung der Vollbeschäftigung, den gleichberechtigten Zugang aller zur Erwerbsarbeit, die qualitative Verbesserung der Arbeits- und Lebensbedingungen, die solidarische Entwicklung des Sozialstaates und die umfassende demokratische Gestaltung aller Lebensbereiche. Die konkreten Gestaltungs- und Schutzperspektiven orientieren sich an dem Leitbild der Vollbeschäftigung und des nachhaltigen Wachstums, der attraktiven Arbeit und Mitbestimmung, des Sozialstaates und der solidarischen Verteilung, der aktiven Demokratie und des inneren Friedens, der internationalen Solidarität und des globalen Friedens.

3.3.1 Kernaufgaben, Handlungs- und Aufgabenfelder

Auf der Grundlage ihrer Leitbilder definieren die Gewerkschaften zentrale Handlungsfelder und stellen sich in diesen Handlungsfeldern von zentraler Bedeutung den vorrangigen Aufgaben der nächsten Jahre.

- Im Handlungsfeld Industriepolitik geht es um die Wiederherstellung der Vollbeschäftigung durch ökologischen Umbau, soziale Innovationen und industriepolitische Reformen.
- Im Handlungsfeld Tarifpolitik geht es um die Verbesserung der Einkommen, die Verkürzung der Arbeitszeit und die Vergrößerung der Zeitsouveränität.
- Im Handlungsfeld Betriebspolitik geht es um den Ausbau von Beteiligungsrechten auf kollektiver Grundlage, um so die Erhöhung der Eigenverantwortung der Beschäftigten zu sichern.
- Im Handlungsfeld Sozialpolitik geht es um die Wahrung bewährter sozialstaatlicher Elemente in den Betrieben und die Förderung politischer

Regulierung, um eine eingreifende Politik der Risikovermeidung auszubauen.

In Zeiten der Umbrüche und Unsicherheiten werden Gewerkschaften als Form der betrieblichen Selbstorganisation und Interessenvertretung der Arbeitnehmerinnen und Arbeitnehmer, aller Beschäftigten und Arbeitssuchenden mehr denn je gebraucht. Nur unabhängige und starke Gewerkschaften können einen Beitrag dazu leisten, die Arbeits- und Lebensbedingungen der Menschen mitzugestalten und zu verbessern. Ein Daseinsfaktor der Gewerkschaften ist die Bewahrung des solidarischen und kollektiven Potentials. Der Mittelpunkt gewerkschaftlichen Handelns ist und bleibt der Betrieb. Die bislang bestehenden Defizite bei der Mitgliedergewinnung von Jugendlichen und Frauen, Angestellten und ausländischen Arbeitnehmern müssen im Interesse einer zukunftsfähigen und schlagkräftigen Gewerkschaft überwunden werden. Mitgliedergewinnung – gerade auch in Klein- und Mittelbetrieben – ist ein Instrument zur Stärkung der Organisation. Die Attraktivität der Gewerkschaften, ihre Offenheit für Beteiligung und für Initiativen aller Arbeitnehmerinnen und Arbeitnehmer werden so zu einer Nagelprobe ihrer Zukunftsfähigkeit.

3.3.2 Konfliktfähigkeit und Kooperationsbereitschaft

Zur Durchsetzung gewerkschaftlicher Ziele müssen sich die Gewerkschaften vorrangig auf die eigene Kraft stützen können. Darüber hinaus ist Offenheit für gesellschaftliche Kooperation unverzichtbar, um in enger Verbindung von betrieblicher Interessenvertretung und gesellschaftlicher Reform konflikt- und durchsetzungsfähig zu bleiben. Die Gewerkschaften sind auf Kooperationspartner bei den sozialen Bewegungen und politischen Kräften, bei Verbänden, Kirchen, in Wissenschaft und Publizistik angewiesen, um ihre Leitbilder in die Realität umzusetzen, um den ökologischen Umbau und die soziale Gestaltung des strukturellen Wandels in Betrieb und Gesellschaft zu realisieren. Die Gewerkschaften können ihr eigenes Profil in dem Maße durchsetzen, wie es ihnen gelingt, die Reformperspektiven gesellschaftlich zu verankern. Die Verbindung von Konfliktfähigkeit und Kooperationsbereitschaft ist somit eine permanente Aufgabe.

4. Schlußbemerkung

Aus den eingegangenen Beiträgen ließe sich eine Kette bemerkenswerter Zitate bilden. Um eine erste Orientierung zu erleichtern, sollen im folgenden die Aussagen zu den Schwerpunktanliegen hervorgehoben und systematisiert werden. Hier kann jeder Leser, jede Leserin eigene Wertungen treffen.

Ich bedanke mich bei allen, die mit Anregungen oder Kritik zum Gelingen unseres gesellschaftlichen Dialogs beigetragen und Stoff für weitere Diskussionen geliefert haben.

Auswertung der Diskussionsschwerpunkte

Vorbemerkungen

Die Einladung der IG Metall zum gesellschaftlichen Dialog hat große Resonanz gefunden, und zwar weniger in den eigenen Reihen, die mit der Vorbereitung des Gewerkschaftstages offenbar ausgelastet waren, als vielmehr bei den Persönlichkeiten des öffentlichen Lebens. Zwar haben einige von ihnen – wie Jürgen Habermas, Ulrich Beck, Jens Reich, Antje Vollmer – nicht teilnehmen wollen, und auch Greenpeace zog sich auf seine natur-, aber nicht gesellschaftspolitische Verantwortung zurück, und in zwei Bereichen gab es sogar einen faktischen Totalausfall, nämlich bei Kunst und Sport. Aber auch hier haben die angeschriebenen Persönlichkeiten nicht einfach mit Stillschweigen reagiert.

Die Antwort von Manfred Krug mag erklären, warum viele auf die Einladung nicht positiv reagierten: »Ich muß sagen: Da trauen (und muten) Sie mir ja was Tolles zu. Aber unter den ›Persönlichkeiten des öffentlichen Lebens‹, an die Sie sich wenden wollen, sollten Sie die Schauspieler möglichst ausklammern, unter denen Sie wohl kaum einen halbwegs qualifizierten Partner für Ihr großes Vorhaben finden werden. Ich meine jedenfalls, daß Schauspieler eine besonders harmlose, kindliche und unpolitische Menschengruppe darstellen, Leute, die gern viel, aber selten etwas Brauchbares sagen. Haben Sie das in den Talkshows noch nicht bemerkt? (. . .) Der öffentliche Beruf des Schauspielers kann jedenfalls nicht die einzige Qualifikation sein, sich zu allem möglichen, auch den schwierigsten Themen, vor unzähligen Menschen zu äußern. Wenn ich hier also absage – nehmen Sie's bitte nicht als Feigheit, sondern als ein wohldurchdachtes Zurückschrecken im richtigen Augenblick.«

Die Einschätzung Manfred Krugs muß man nicht teilen, aber Verständnis für seine Haltung sollte man aufbringen. Um ein anderes Beispiel zu nennen: Der Fußballspieler Jürgen Klinsmann machte sich die Mühe, handschriftlich aus einem Düsseldorfer Hotel zu antworten, nachdem ihn unsere Einladung über die Tottenham Hotspurs sehr verspätet erreicht hatte. »Zuerst möchte ich Sie um Entschuldigung bitten, daß Sie erst jetzt von mir hören, aber die Post, die ich über meinen Verein Tottenham Hotspurs erhalte, ist nur noch schwer in den Griff zu bekommen.«

In den Antworten, die vorliegen, findet sich eine sehr große Spannweite von Positionen, die teilweise bekannt sind, teilweise auch neue Impulse einbringen. Dieser Band soll die Antworten dokumentieren, damit sie in die Beratungen und Entscheidungen über das künftige Handeln einfließen und grundsätzlich einen Beitrag zur gewerkschaftlichen Politikbestimmung leisten können. Ein erster Schritt der Auswertung der eingegangenen Antworten wurde im »Standpunkt«, dem Themenheft der IG Metall, vom Juni 1995 dokumentiert. Ein weiterer Schritt der Auswertung erfolgte auf einem gewerkschafts- und gesellschaftspolitischen Forum in Alsfeld am 15. und 16. Juni 1995, auf dem die Sozialwissenschaftler Wolfgang Streeck und Claus Offe ihre Positionen zur Diskussion gestellt haben.

Auf die sehr vielfältigen Beiträge, die über 600 Seiten Text ausmachen, kann hier nicht ausführlich eingegangen werden. Die Spannbreite der Antworten ist beeindruckend. Alle Antworten sind ungekürzt wiedergegeben, nur solche Beiträge, die auf frühere Arbeiten Bezug nehmen, sind gekürzt worden, wobei die Quellenangabe auf die Erstveröffentlichung verweist. Zum Beispiel schrieb uns der Arbeitsrechtler Wolfgang Däubler: »Die in der Bundesrepublik lebenden Menschen brauchen aktionsfähige Gewerkschaften. Trotz des langfristig gestiegenen Lebensstandards sind die Probleme nicht geringer geworden. (...) Das Problem liegt darin, daß die Einsicht nicht zum Handeln führt. (...) Grundwerte müssen glaubwürdig vertreten werden. Daran hat es in der Vergangenheit gefehlt.« In der Tat haben sich zu oft und zu schnell Entpolitisierung, Desengagement und teilweise Passivität in vielen gesellschaftlichen Bereichen breitgemacht, und das Problem der Glaubwürdigkeit hat eher zugenommen.

Der Pariser Politologe und Deutschlandexperte Alfred Grosser spricht ein grundlegendes Problem der Interessenvertretung an: »Lieber Kollege, sagt die IG Metall zu ihren Mitgliedern, ich vertrete Dich und spreche in Deinem Namen, weil Du ja Metallarbeiter bist, mehr als junger Mensch, mehr als Bayer, mehr als Rockmusikbegeisterter.« Das würde der Vorsitzende des Deutschen Bauernverbandes, Constantin von Heeremann, seit einem Vierteljahrhundert wohl auch seinen Mitgliedern sagen. Als Problem sieht Grosser, daß hauptsächlich Repräsentation zum Wesenselement der Politik geworden ist. Der arme Bauer werde wie der reiche dazu gebracht, sich prioritär als Bauer zu identifizieren, das heiße, daß sich der reiche hinter dem armen verbergen kann. Ohne Alfred Grosser zu nahe treten zu wollen, muß doch betont werden, daß diese Gefahr in den Gewerkschaften nicht besteht: Wie sollte sich denn der reiche, der millionenschwere Metallarbeiter hinter dem armen Metallarbeiter verstecken wollen? Trotzdem: Hier wird die zunehmende Differenzierung unterstrichen, mit der wir konfrontiert sind und auf die wir Antworten geben müssen.

Der Präses der Evangelischen Kirche von Westfalen, Hans-Martin Linnemann, schaut nach vorne und benennt drei vorrangige Reformaufgaben:

»Es geht zum einen um das Reformziel, die soziale Marktwirtschaft zur ökologisch-sozialen Marktwirtschaft weiterzuentwickeln, weil es in einer endlichen Biosphäre kein grenzenloses quantitatives Wachstum geben kann, zweitens ist die Gleichberechtigung von Männern und Frauen zu realisieren, und drittens ist zu fordern, daß die Überwindung von Welthunger und Weltarmut im Rahmen der sozialen Marktwirtschaft als Reformziel anzugehen sind.«

Diesen Problemhorizont erweitert er um die dramatischen gesellschaftlichen Dauerprobleme wie hohe Arbeitslosigkeit, neue Armut, Einseitigkeit der Lastenverteilung und mangelnde soziale Gerechtigkeit.

Die Journalistin Carmen Thomas gibt uns zu bedenken: »Für interessant halte ich, an praktikablen Modellen visionär herumzudenken, wie es möglich ist, allen Menschen, die es wollen, weniger und würdevolle Arbeit gegen eigene Bezahlung, mit eigener Alterssicherung zu ermöglichen.« Das ist ein zentraler Punkt der gewerkschaftlichen Arbeit.

Der Präsident des Bundesverbandes der Deutschen Industrie, Hans-Olaf Henkel, stellt seiner Einschätzung ein Motto von Victor Hugo voran: »Die Zukunft hat viele Namen. Für die Schwachen ist sie das Unerreichbare. Für die Furchtsamen ist sie das Unbekannte. Für die Tapferen ist sie die Chance.« Die Gewerkschaften sehen sich seit jeher auf der Seite der Schwachen und kämpfen dafür, daß die Zukunft für die Schwachen nicht unerreichbar bleibt. Deswegen ziehen sie aus der dramatisch hohen Arbeitslosigkeit ganz andere Schlußfolgerungen als Henkel, der im Namen des BDI altbekannte Wege vorschlägt:

- die Steuer- und Abgabenquote zu reduzieren,
- die Unternehmenssteuern endlich zu senken,
- die Arbeitskosten zu verringern,
- das Sozialsystem umzubauen,

– nachhaltig zu deregulieren und zu privatisieren.

Darüber hinaus schlägt er vor, »neue Wege in der Tarifpolitik zu gehen«. Wer den Forderungskatalog des BDI noch vor Augen hat, entdeckt darin wenig neue Wege. Auch in der Tarifpolitik geht es Henkel vor allem darum, die Lohnpolitik »an den Erfordernissen der international verflochtenen Märkte zu orientieren«.

Der Bundesminister für Arbeit und Sozialordnung, Norbert Blüm, beruft sich auf die christliche Soziallehre und die christliche Anthropologie. Dann greift er die »Expertokratie« an: »Wir haben uns umstellt mit perfekter Technologie und ausgeklügelten Sozialbürokratien. Selbst die Lücken werden mit dem Fachwissen ausgestopfter Experten besetzt. Sie wissen alles besser. Ihr Credo lautet: ›1. Du bist dumm. 2. Wir kennen Deine Probleme besser. 3. Wir lösen Deine Probleme. 4. Was wir nicht als Problem definieren, ist auch kein Problem.‹«

Norbert Blüm geht in seinem Beitrag allerdings nicht soweit, diese Expertokratie, die ihn offenbar umgibt, zu durchforsten und für einen bürgernahen öffentlichen Dienst zu streiten. Doch davon ist leider keine Rede, eine jegliche Konkretisierung unterbleibt.

Der sozialdemokratische Wissenschaftspolitiker Peter Glotz leitet seinen Beitrag zum gesellschaftlichen Dialog so ein: »Das wichtigste wäre, dem Unausweichlichen nicht mehr durch kraftvoll mutige Rhetorik auszuweichen. Die Frage zum Beispiel, wie man das Ziel der Vollbeschäftigung neu definieren oder wie man Wege dahin neu eröffnen könne, wäre mit dem offenen Zugeständnis zu beantworten, daß es in den großen Industriegesellschaften des Westens in der absehbaren Zeit ›Vollbeschäftigung‹ im alten Sinne nicht mehr geben wird.« Als Grund dafür nennt er die Globalisierung der Wirtschaft und den Kasinokapitalismus. Beide Entwicklungen schränkten das ökonomische und politische Handeln auf der Ebene des Nationalstaates ein.

1. Zukunft der Arbeit

Die Diskussion ging von folgenden Leitfragen aus:

- Hat die Gesellschaft als Arbeitsgesellschaft eine Zukunft?
- Welche Rolle spielt die Erwerbsarbeit?
- Wie ist Vollbeschäftigung zu erreichen?

- Ist die Orientierung der Vollbeschäftigung noch realistisch?
- Was bedeutet der Wandel von Industrie- zur Dienstleistungsarbeit, von der Industrie- zur Dienstleistungs- und Informationsgesellschaft?
- Ist Arbeit noch konstitutiv für Gesellschaft?
- Wie muß Erwerbsarbeit organisiert und verteilt werden, damit sie ihrer zentralen gesellschaftlichen Rolle gerecht wird?

Das Ende der Arbeitsgesellschaft hat nicht stattgefunden. Der gegenwärtig zu beobachtende Wandel der Industriegesellschaft ist, selbst wenn man polemisch sein will, nicht mehr ernsthaft mit der These vom Ende der Arbeitsgesellschaft zu fassen. Vielmehr gewinnt Arbeit bzw. gewinnen Probleme der Strukturierung und Regulierung von Arbeit in den modernen Gesellschaften erneut eine herausragende Bedeutung. In den Spannungsfeldern von Globalisierung und Dezentralisierung stellt sich die Frage der Restrukturierung und Regulierung von Arbeit neu.

1.1 Vollbeschäftigung und Zukunft von Erwerbsarbeit

Durch die Umbrüche in der Organisation von Arbeit, Produktion und Dienstleistungen, von privaten Betrieben und öffentlicher Verwaltung drohen neue beschäftigungspolitische Einbrüche, neue ökologische Schädigungen und vertiefte soziale Polarisierungen. Ob das Leitbild der Vollbeschäftigung ins nächste Jahrhundert hinüber gerettet werden kann, ist alles andere als sicher.

Für den Politikwissenschaftler Elmar Altvater hat sich herausgestellt, daß traditionelle keynesianische Politikkonzepte mit dem Versprechen von Vollbeschäftigung chancenlos sind: »Die Wiederherstellung der Vollbeschäftigung durch nationalstaatliche Fiskal- und Geldpolitik ist unmöglich geworden. Das Scheitern der nationalstaatlichen Vollbeschäftigungspolitik ist eine direkte Folge der vor allem in den vergangenen zwei Jahrzehnten ungestümen Globalisierung aller ökonomischen Kreisläufe.« Dieser Perspektivenwechsel, verbunden mit der Auflösung des fordistischen Massenarbeiters, verknüpft mit Flexibilisierungs- und Deregulierungsmaßnahmen, stellt die Gewerkschaften heute vor neue Herausforderungen, die vor 20 Jahren noch kaum denkbar waren.

Der Arbeitsrechtler Wolfgang Däubler verficht die These, daß das VW-Modell und der folgende Metalltarif mit der Arbeitszeitverkürzung ohne (vollen) Lohnausgleich zu kritisieren ist: »Wer sagt, daß allein die Beschäftigten Opfer bringen müssen?« Als Alternative schlägt er vor, phantasievoll zu sein und wie in Japan auch die Managergehälter zu senken. Die Frage der Arbeitsplatzsicherung, den Kernpunkt dieser Tarifregelung, läßt er offen.

Die Politikwissenschaftlerin Barbara Riedmüller hebt den rapide fortschreitenden Bedeutungsverlust des Normalarbeitsverhältnisses sowie die zunehmende Individualisierung von Erwerbsbiographien hervor. Zwar geht der Arbeitsgesellschaft nicht die Arbeit aus, aber in den letzten Jahrzehnten verschiebt sich das Gewicht zwischen den Sektoren, und die Industriearbeit ist zugunsten des Dienstleistungssektors geschrumpft. In wachsendem Maße klinken sich Menschen freiwillig aus der Normalarbeit, d. h. einer lebenslangen Erwerbsbiographie, aus. In weitaus größerem Maße werden Menschen aus dem Erwerbsprozeß herausgedrängt, so daß sich die Frage stellt, ob das Modell des Normalarbeitsverhältnisses unter diesen Bedingungen greift.

Die Positionierung gegenüber der Vollbeschäftigung ist alles andere als einheitlich, einige Beiträge halten weiterhin an diesem Ziel fest, andere bezeichnen Vollbeschäftigungspolitik als illusionär. Klaus Engelhardt, Vorsitzender des Rates der Evangelischen Kirche in Deutschland (EKD), betont: »Am Ziel der Vollbeschäftigung sollten wir festhalten. Vollbeschäftigung heißt nicht, daß jeder und jede um jeden Preis arbeiten muß, wohl aber, daß ein sehr hoher Prozentsatz der Arbeitswilligen erwerbstätig sein kann. Die Überwindung der Massenarbeitslosigkeit ist eine der ersten und wichtigsten Zukunftsaufgaben.«

In der Diagnose, daß Massenarbeitslosigkeit ein absolut prioritäres Strukturproblem der modernen westeuropäischen Gesellschaften darstellt, sind sich fast alle einig, aber über die Möglichkeiten zur Überwindung der Arbeitslosigkeit herrscht kein Konsens. Präses Hans-Martin Linnemann fordert ein solidarisches Teilen von Arbeit und Einkommen: »Die Finanzierung von Arbeit ist menschlich und gesellschaftlich sinnvoller als die Finanzierung von Arbeitslosigkeit.« Für Karl Nothof, Bundesvorsitzender der Katholischen Arbeitnehmer-Bewegung (KAB), ist Arbeit eine zentrale Grundbestimmung menschlichen Lebens, die einen hohen Stellenwert hat: Sie sei ein grundsätzlicher Schlüssel aller sozialen Fragen. Diese Aussage wird nicht unumstritten bleiben. Zwar kann man tatsächlich der Arbeit einen ganz zentralen Stellenwert im menschlichen Leben zuweisen, aber ob sie den Schlüssel für alle sozialen Fragen bietet, ist doch zweifelhaft, nicht zuletzt angesichts der Diskussionen um ein generelles Mindest- bzw. Grundeinkommen für alle.

Burkart Sellin vom Europäischen Zentrum für die Förderung der Berufsbildung (CEDEFOP) analysiert die Folgen von jobless growth, d. h. von Wachstum ohne neue Arbeitsplätze: »Geringes Wachstum an Arbeitsplätzen steht in der EU u. a. im Zusammenhang mit geringem Bevölkerungswachstum und einem generellen Rückgang der Erwerbsbeteilung, d. h., nicht allein der Strukturwandel und der globale Wettbewerb zerstören Arbeitsplätze oder fördern die Schaffung neuer, sondern auch die Nachfrage beeinflußt deren Bereitstellung.« In den letzten 20 Jahren habe eine Ausweitung der Beschäftigung bei gleichzeitigem Anstieg der Arbeitslosigkeit deswegen stattgefunden, weil sich die Erwerbsquoten der Frauen und der Zugang von ausländischen Arbeitnehmern bzw. deren Kindern zum Arbeitsmarkt erhöht hätten. Tendenziell scheint es in allen EU- und OECD-Ländern eine Entkopplung zwischen der Schaffung neuer Arbeitsplätze und dem Wachstum des Bruttoinlandsprodukts (BIP), insbesondere dem Produktivitätsanstieg, zu geben. Der unmittelbare Zusammenhang zwischen Wirtschaftswachstum und Schaffung neuer Arbeitsplätze, der in der Vergangenheit stark war, bestehe nur noch bis zu einem gewissen Grade fort. Eine Ausweitung der Beschäftigung setzt demnach tendenziell immer höheres Wachstum voraus: Mindestens ca. zwei Prozent jährlich muß das Bruttoinlandsprodukt wachsen, um den Beschäftigungsstand auch nur zu halten.

Hans-Olaf Henkel, Präsident des Bundesverbandes der Deutschen Industrie, beantwortet die Frage »Geht uns die Arbeit aus?« auf seine Weise: »Die Arbeit geht uns sicher nie aus. Sie ist nur zu teuer und zu wenig flexibel geworden.« Hans-Olaf Henkel gesteht zu, daß Wachstum allein nicht genüge, um die Probleme zu beseitigen: »Falsch ist jedoch auch die These vom jobless growth: Ohne angemessenes Wirtschaftswachstum kann die Arbeitslosigkeit nicht ausreichend genug reduziert werden.« Dazu ist anzumerken, daß auch die Vertreter der These vom jobless growth nicht behaupten, daß die Arbeitslosigkeit ohne Wirtschaftswachstum reduziert werden könne. Sie stellen vielmehr in Frage, ob Wachstum heute noch ausreiche, um die Arbeitslosigkeit zu bekämpfen. Henkel befindet sich in Übereinstimmung mit den meisten Experten, wenn er davon ausgeht, daß große unausgeschöpfte Beschäftigungspotentiale vor allem im Dienstleistungssektor zu suchen sind, während in der Industrie kaum noch Arbeitsplätze entstehen. Ob nun allerdings, wie Henkel meint, der Kostenfaktor der hauptsächliche Ansatzpunkt ist zur Schaffung von Arbeitsplätzen, ist umstritten. Was soll es heißen, daß die Lohnpolitik sich an den Erfordernissen der international verflochtenen Märkte orientieren soll? Sollen die deutschen Löhne sich etwa dem Niedriglohnniveau von Schwellenländern anpassen? Was soll es heißen, daß die Umverteilung von Arbeit »kontraproduktiv« sei? Bei der Bekämpfung der Arbeitslosigkeit gibt es nun einmal keinen Königsweg, und es sind daher alle Wege zu verfolgen, die in die richtige Richtung gehen. Selbst die von Henkel vorgeschlagenen Neuüberlegungen zur Regelung der Tages-, Wochen-, Jahres- und Lebensarbeitszeit können kein Tabu sein, da sie durchaus auch den Wünschen der arbeitenden Menschen Rechnung tragen können.

Henkel geht davon aus, daß Deutschland ein Hochlohnland ist und es auch bleiben soll. Das heißt, daß etwas für die Erhaltung des deutschen Wohlstandsniveaus getan werden muß. Die Innovationskraft hält er für ausschlaggebend bei dem Kampf um die Märkte von morgen. Ihn beunruhigt, daß bei den Exporten die Produkte der Spitzentechnik nur noch 14 Prozent einnehmen. Es sei also notwendig, daß Deutschland seine Wettbewerbsfähigkeit durch mehr Innovation steigert, insbesondere bei den neuen Technologien. Auch ein Bewußtseinswandel sei nötig, um innovationsfreundlicher zu werden: »Wir müssen die Schutzzäune um überholte Strukturen einreißen, um der ›schöpferischen Zerstörung‹, wie sie Schumpeter treffend beschrieben hat, Raum zu geben. So kann sich z. B. die Informationsgesellschaft nicht entfalten, solange die Telekommunikation in monopolistischen Strukturen mit viel zu hohen Gebühren verharrt.« Diese Monopolstrukturen würden innovativen Produktentwicklungen auf dem Informations- und Kommunikationssektor Grenzen setzen. Es sei eine ganz neuartige Innovationsfähigkeit von Politik und Gesellschaft nötig, um nicht nur die Risiko-, sondern auch die Chancengesellschaft akzeptabel zu machen.

Doch ist in dieser Hinsicht wirklich der Bewußtseinswandel entscheidend? Henkel meint: »Solange noch zu viele Menschen davon ausgehen, daß technologieintensive Investitionen und Systeme Jobkiller sind, kann der Aufbruch in das technologieinduzierte 21. Jahrhundert nicht gelingen.« Damit wird suggeriert, die Frage der Arbeitsplätze sei eine Glaubensangelegenheit: In Wirklichkeit müßte aber doch die Industrie den Beweis erbringen, daß technologieintensive Produktionen Arbeitsplätze schaffen.

Klaus Murmann, Präsident der Bundesvereinigung der Deutschen Arbeitgeberverbände, hält die Diskussion um jobless growth ebenfalls für ein Gespenst. Die Prophezeiung, uns ginge die Arbeit aus, weist auch er zurück. Es dürfe nicht der fatalistische Schluß gezogen werden, wachsende Unterbeschäftigung sei im Ergebnis des technischen Fortschritts ein letztlich zwangsläufiger Prozeß. Er greift konkret den Vorwurf auf, die Tarifparteien bildeten ein Kartell zu Lasten Dritter, nämlich der Arbeitslosen und der Gesellschaft, die für die Folgen der Arbeitslosigkeit einzustehen habe.

Er weist diesen Vorwurf in seiner plakativen Form als unbegründet zurück, hält jedoch die in den Tarifverträgen fixierten Arbeitsbedingungen für nicht mehr den Anforderungen entsprechend. Er betont, daß die Tarifpartner die Herausforderung gemeinsam bewältigen müssen, da sie andernfalls das System der Flächentarifverträge und damit ihre eigene Existenz in Frage stellen. Er kritisiert, daß über Jahre hinweg immer mehr Regelungsmaterie in die Tarifverträge aufgenommen und festgezurrt wurde, so daß den Unternehmen nicht mehr genug Flexibilität verbleibe. Um so wichtiger seien vor einem solchen Problemhintergrund flexible Arbeitszeitmodelle, und er verteidigt die Unternehmen vor dem gewerkschaftlichen Vorwurf, sie würden die vorhandenen Flexibilisierungsspielräume nicht nutzen. Die, wie Murmann es nennt, »tarifpolitischen Fehlentwicklungen« berühren die Tarifverbände selbst: Er konstatiert, daß potentiell neue Mitglieder den Arbeitgeberverbänden fernbleiben und bisherige Mitglieder vereinzelt auch außerhalb des Verbandes ihr Heil suchen. Als weiteres Symptom dieser Entwicklung nennt er den beträchtlichen Mitgliederschwund einzelner Gewerkschaften und ihre sinkende Bindungsfähigkeit gerade bei jungen Arbeitnehmern. Der Hinweis darauf, daß die sinkenden Mitgliederzahlen auf wachsende Arbeitslosigkeit zurückzuführen sind, hält er nicht für ausreichend. Er plädiert dafür, diese Entwicklung zum Anlaß zu nehmen, der Schaffung neuer Arbeitsplätze in der Tarifpolitk Priorität beizumessen.

Heribert Späth, Präsident des Zentralverbands des Deutschen Handwerks, fordert eine marktwirtschaftliche Offensivstrategie zur Überwindung der Beschäftigungskrise. Nur in einer gemeinsamen Kraftanstrengung sei es möglich, die Beschäftigungskrise zu meistern: »Diese ehrgeizige Zielsetzung erfordert die Schaffung von etwa sechs Millionen wettbewerbsfähigen zusätzlichen Arbeitsplätzen.« Die Beschäftigungschancen könnten nur dann ausgeschöpft werden, wenn eine konsequente Spar- und Konsolidierungspolitik wieder eingeleitet und beschritten wird. Die Finanzierung von Arbeiten auf dem subventionierten Arbeitsmarkt biete keinen hinreichenden Schutz vor einer Tangierung des regulären Arbeitsmarktes. Es sei auch nicht nachvollziehbar, daß zur Finanzierung des subventionierten zweiten Arbeitsmarktes der reguläre Arbeitsmarkt arbeitskostenwirksam herangezogen werde.

Hans Peter Stihl, Präsident des Deutschen Industrie- und Handelstages, mißt der Erwerbsarbeit auch in Zukunft eine große Bedeutung bei, da sie dem Bedürfnis von Menschen, produktiv tätig zu sein, entspreche. Daher sei die Arbeitslosigkeit auch ein soziales Problem. Die Zukunft der Arbeit werde dadurch bestimmt, daß das Kapital immer standortungebundener eingesetzt werden kann. Das Vorhandensein von Rohstoffen am Ort spiele kaum noch eine Rolle, und die Transportkosten fielen weniger ins Gewicht. Um Deutschland ohne großen Verlust an Wohlstand neu zu positionieren, sieht er folgende Möglichkeiten:

- »Die Arbeitszeit in Deutschland darf nicht weiter verkürzt werden.« Die Arbeitszeitverkürzung solle aus dem Katalog der Gewerkschaftsforderungen herausgenommen werden. Statt dessen müßten die Arbeitszeiten flexibler und differenzierter gestaltet werden und eine Verlängerung der Arbeitszeit ohne weiteres möglich sein.
- Den meisten Menschen sei mehr Eigenvorsorge zumutbar, damit die Finanzierung des Sozialstaates nicht aus den Fugen gerät: »Wir müssen die soziale Sicherung umbauen, um sie zu bewahren.«
- »Arbeitgeber und Arbeitnehmer müssen ihr gemeinsames Interesse daran entdecken, die Abgabenlast zu verringern.«

Er stellt die rhetorische Frage, was hart erkämpfte Lohnerhöhungen nützen, wenn durch Steuern und Sozialabgaben die Hälfte davon wieder weggenommen wird. Er betrachtet die Arbeit der Zukunft als vielschichtiger, differenzierter, weniger von Gleichförmigkeit bestimmt, und sieht darin eine große Chance: »Ich will aber nicht verhehlen, daß ein Zuviel an Individualismus und ein Zuwenig an Gemeinschaft auch mit Gefahren verbunden ist. Der einsam vor dem Computer arbeitende Kaufmann oder Ingenieur ohne sozialen Kontakt sollte nicht unser Leitbild sein. An die Stelle großer Netze müssen viele kleine Netze rücken, am Arbeitsplatz und in der Freizeit. Nur dann wird die Zukunft der Arbeit menschenwürdig sein.«

Der F.D.P.-Bundestagsabgeordnete Burkhard Hirsch plädiert für ein Recht auf Arbeit und nimmt die Argumente der Konservativen aller Fraktionen auseinander, beispielsweise das Argument, mit einem Recht auf Arbeit schaffe man keinen einzigen Arbeitsplatz: »Richtig, aber dürftig. Dadurch, daß die Familie unter dem Schutz des Staates steht, hat noch niemand eine Frau gefunden, und trotzdem wird die Verfassung nicht geändert.« In der Sozialcharta der Vereinten Nationen sei das Recht auf Arbeit als Staatsziel verbindlich gesprochen, und die Bundesrepublik hat diese Sozialcharta unterschrieben und ratifiziert. Die Bekämpfung der Arbeitslosigkeit hält Hirsch weiterhin für eine zentrale Aufgabe der Gesellschaft. Einer generellen Verlängerung der Lebensarbeitszeit will er ebensowenig das Wort reden wie einer generellen und systematischen Verkürzung. Er verweist auf den Weltarbeitsbericht 1995 der Internationalen Arbeitsorganisation (ILO), demzufolge der Anteil der erwerbstätigen Männer zwischen 60 und 64 Jahren in

Deutschland auf ein Drittel gesunken ist. In Finnland, Frankreich oder den Niederlanden beträgt dieser Anteil 18 Prozent, während er 1970 noch 70 Prozent ausmachte. Der Trend bei Frauen sei ähnlich. Aus dieser systematischen Frühverrentung ergäben sich beträchtliche Probleme. Er plädiert für eine flexiblere Handhabung und verweist darauf, daß in manchen Beschäftigungsbereichen die Produktivität bereits im Alter zwischen 20 und 30 Jahren sinkt, in anderen jedoch im Alter von über 50 Jahren noch steigt.

Regine Hildebrandt, Arbeitsministerin im Land Brandenburg, hält die Schaffung zusätzlicher Arbeitsplätze für ein vordringliches Problem: »Arbeit statt Arbeitslosigkeit zu finanzieren ist Leitlinie Brandenburger Arbeitsmarktpolitik.« In die regionale Strukturentwicklung eingeplante, öffentlich finanzierte Arbeit sei aus mehreren Gründen sinnvoll: Sie

- bewahre die Fähigkeit zur Arbeit,
- trage zur Verbesserung der Standortbedingungen bei,
- diene der Strukturentwicklung von Regionen,
- unterstütze erste Schritte einer Unternehmensgründung,
- entlaste Unternehmen kostenseitig.

Um die Zahl der Beschäftigten deutlich zu steigern, bedarf es – so Hildebrandt – neben veränderten Rahmenbedingungen auch einer Umverteilung der Arbeit. Dazu gebe es verschiedene Ausgangspunkte, zunächst die individuelle, freiwillige Arbeitszeitverkürzung, um eigene Lebensinhalte gestalten zu können, Erziehungsurlaub, Bildungsurlaub, Reisen durch andere Länder, Beschäftigung mit einem Hobby. Dazu müßten betriebsorganisatorische Voraussetzungen geschaffen werden, so daß kein Nachteil für späteres berufliches Fortkommen entstehe. Der wichtigste Punkt werde in der Verkürzung tarifvertraglicher Arbeitszeit liegen: »Als Grundsatz formuliert: Statt 100 Prozent Arbeitszeitverkürzung (= Arbeitslosigkeit) für rund 15 Prozent der Erwerbstätigen sollte die Arbeit für alle um 15 Prozent verkürzt werden.« Bei der derzeitigen Wirtschaftssituation werde dies mit vollem Lohnausgleich nicht möglich sein, jedoch könnten die ersparten Kosten der Arbeitslosigkeit für einen Teilausgleich bei den unteren Lohngruppen genutzt werden. Allein schon durch eine Senkung der Beiträge zur Arbeitslosen- und Krankenversicherung sei dies möglich, wenn durch mehr Beitragszahler die Einnahmen stiegen.

Der Sozialwissenschaftler Claus Offe hält die anhaltende Massenarbeitslosigkeit für das Hauptproblem und dominierende Thema aller gewerkschafts- und gesellschaftspolitischen Diskussionen. Die gewerkschaftliche

Antwort auf die Arbeitslosigkeit, nämlich nicht Senkung der Löhne, sondern Senkung der Arbeitszeit, sei in ihrem beschäftigungspolitischen Effekt weitgehend ausgereizt. Als Grund nennt er die zeitliche Flexibilisierung des Arbeitseinsatzes, die den Beschäftigungseffekt der Arbeitszeitverkürzung weitgehend verpuffen lasse. Ein weiterer Grund liege in der Tatsache, daß die Toleranz für Einkommensopfer erschöpft sei. Offe greift vier Ideen zur Finanzierung der sozialen Sicherung bzw. zur Arbeitsmarktpolitik auf:

- den Vorschlag, die Arbeitskosten beschäftigungswirksam in der Weise zu senken, daß die Kosten der sozialen Sicherung breiter gestreut werden. Stichworte wären Arbeitsmarktabgabe, Wertschöpfungsabgabe, Steuerfinanzierung des Gesundheitswesens;
- den Vorschlag von Fritz Scharpf, einen Niedriglohnsektor einzurichten;
- Vorschläge für eine ökologische Steuerreform;
- Vorschläge eines an den Staatsbürgerstatus gebundenen Grundeinkommens.

Zur linearen Fortschreibung der Arbeitszeitverkürzung von der 35- auf die 30-Stunden-Woche ließe sich einiges sagen. Grundsätzlich ist festzuhalten, daß im Gegensatz zu Modellen der Arbeitszeitverlängerung die Modelle der Arbeitszeitverkürzung durchaus ein geeigneter Ansatz zur Lösung der Beschäftigungskrise sind. Klar ist auch, daß längere Beschäftigungszeiten die Zahl der Arbeitslosen zwangsläufig weiter wachsen lassen.

Auf dem 8. Kongreß des Europäischen Gewerkschaftsbundes im Mai 1995 hat Jacques Delors als Reflexionselement zur Arbeitszeitperspektive vorgetragen, daß ein Erwerbstätiger heutzutage 70 000 Stunden seines Lebens der Arbeit widmet und in 20 Jahren diese Zeitmenge auf 40 000 Stunden gefallen sein wird. Von daher sei es wichtig, darüber nachzudenken, was dann mit den 30 000 Stunden passiert, die nicht mehr der Arbeit gewidmet werden. Er vermutet, daß sich eine neue Kluft auftun wird neben der Lohn- bzw. Einkommenskluft, nämlich eine zunehmende Ungleichheit des Zugangs zur Freizeit. Die feststehenden traditionellen Rezepte – wie die Versuchungen von Königswegen – sind also grundlegend zu überdenken.

1.2 Mitbestimmung, Beteiligung, »Wirtschaftsbürger«rechte

Dem Sozialwissenschaftler Oskar Negt zufolge stehen gerade die Gewerkschaften vor der Aufgabe, einen erweiterten Begriff von lebendiger Arbeit zu entwickeln, wenn sie Schichten und Gruppen erreichen wollen, die sich bisher eher distanziert zu ihnen verhalten haben: »Die Kulturbedeutsamkeit von Arbeit steht zur Debatte; was im bornierten Zeitgeist wechselnder Moden arbeitssoziologisch abgehandelt wird, trägt schon den Stempel der Verengungen durch die Kapitallogik.« Die soziologische Diskussion über die Krise der Arbeitsgesellschaft sei im Grunde nichts weniger als ein fundamentaler Kulturkampf, in dem darüber entschieden werde, ob am Ende die lebendige Arbeitskraft der Menschen über die tote der Maschinerie und des Eigentums siegt. Die kulturelle Gestaltung der Arbeit und die der Freizeit seien auf Gedeih und Verderb aneinander gekoppelt: »Von der Zeitsouveränität in den gegenständlichen Arbeitsprozessen, die heute immer noch überwiegend betriebsförmig bestimmt sind, hängt wesentlich ab, ob die freie Zeit wirklich Emanzipations- und Orientierungszeit ist.« Weil Arbeit ein Moment der individuellen Identitätsbildung sei und bleibe, müßten die Gewerkschaften der Dialektik von lebendiger Arbeit und gegenständlichen Bedingungen ihrer Realisierung größere Bedeutung beimessen.

Werner Fricke vom Forschungsinstitut der Friedrich-Ebert-Stiftung betrachtet es als ein Warnsignal für die Gewerkschaften, daß es ihnen immer schwerer fällt, Jugendliche zu organisieren, und daß der Organisationsgrad in modernen Branchen wie der Telekommunikation sehr niedrig liegt. Seit Jahrzehnten seien die Gewerkschaften beim Erkennen und Akzeptieren sozialer Innovationen zögernd und ängstlich. Durch neuartige Beteiligungsprozesse sei diesem Manko abzuhelfen, insbesondere durch prozeßorientierte Formen der Mitbestimmung und Beteiligung, die allerdings nicht dazu führen dürfen, die Ausweitung gesetzlicher Mitbestimmungsnormen aus den Augen zu verlieren. Es bestehe ein Wechselverhältnis zwischen gesetzlicher Mitbestimmung und Beteiligungsprozessen: »Die Beteiligung weist häufig über institutionelle und gesetzliche Regelungen der Mitbestimmung hinaus.« Die Organisation von Beteiligungsprozessen müsse glaubwürdig erfolgen, und die Gewerkschaften müßten sich den Beteiligungsansprüchen ihrer Mitglieder öffnen, z. B. durch flexible Formen von Mitbestimmung. Es sei entscheidend, daß die Gewerkschaften bei der Organisation von Beteiligungsprozessen die Initiative vom Management zurückgewinnen. Fricke unterscheidet drei Felder für Beteiligung: Beteiligung der Arbeitenden bei der Organisation betrieblicher Arbeitsprozesse, bei den Arbeits- und Produktionsprozessen selbst und Beteiligung auf dem Feld industrieller Innovationen.

Da, wie Karl Nothof unterstreicht, der arbeitende Mensch nicht nur als ein Produktionsfaktor neben anderen behandelt werden darf, ergebe sich daraus die grundsätzliche Option für Mitbestimmung und Beteiligung: »Die

Katholische Soziallehre stellt das Prinzip heraus, der Arbeit den Vorrang vor dem Kapital einzuräumen. Da, wo Marktwirtschaft dominiert, hat dieses Prinzip keine Gültigkeit; Kapital ist der beherrschende Faktor in Wirtschaft und Gesellschaft. Wenn Arbeit der Dreh- und Angelpunkt sein soll, müssen Mitbestimmung und Beteiligung ausgebaut werden.« Nothof beschränkt sich nicht auf eine national bornierte Sichtweise, sondern fordert ein europäisches Betriebsverfassungsgesetz, den Ausbau von Informations-, Beratungs- und Mitbestimmungsrechten der Arbeitnehmervertretungen auf allen Ebenen von Betrieb und Unternehmen, die im Bereich der EU ansässig sind: »Letztendlich muß, nachdem viele Unternehmen multinational agieren, wirksame Mitbestimmung über nationale Grenzen ausgedehnt werden.«

1.3 Verteilungsgerechtigkeit

Die Frage der Verteilungsgerechtigkeit kann nicht unabhängig von den internationalisierten Finanzmärkten betrachtet werden. In dieser Welt der Großfinanzen werden tagtäglich mehr als 1000 Milliarden US-Dollar gehandelt und 15 000 Milliarden US-Dollar Finanzderivate. Elmar Altvater weist darauf hin, daß das Auf und Ab der Finanzmärkte unmittelbare Konsequenzen für Unternehmen und Beschäftigung habe: »Wenn sich in Atlanta die Devisenabteilung bei Termingeschäften mit Rohöl in Chicago verspekuliert, dann sind die Milliardenverluste in Frankfurt zu decken, und dies geschieht letztlich immer noch dadurch, daß Kosten gesenkt, d. h. Arbeitsplätze abgebaut werden. Den letzten beißen eben die Hunde.« Globalisierung, Flexibilisierung und Mobilisierung des Kapitals, verbunden mit den neuen Finanzinstrumenten, ermöglichen eine höhere »Flüchtigkeit« des Kapitals, mit anderen Worten: »Kapital verliert seine Bodenhaftung.« Nur deshalb ist es möglich, Standorte so leicht gegeneinander auszuspielen.

Altvater weist darauf hin, daß der damalige Präsident Frankreichs, François Mitterrand, auf dem Kopenhagener Sozialgipfel Anfang März 1995 den Vorschlag einer Steuer auf internationale Kapitalbewegungen aufgegriffen habe, um die spekulative Spitze der globalen Kapitalbewegungen zu brechen: »Dieser Faden wäre aufzugreifen, hier müßten Koalitionen geschmiedet werden. Denn nicht nur die Gewerkschaften als Tarifvertragspartei leiden unter den durch die Internationalisierung eröffneten Möglichkeiten des Kapitals. (...) Auch die Organisationen und Bewegungen, die sich des Schutzes der Umwelt angenommen haben, merken immer mehr, daß es kaum möglich ist, die Rodung des Urwaldes zu stoppen, der Überfischung der Ozeane Einhalt zu gebieten, den Umweltschutz in Industriebetrieben der Dritten Welt zu verbessern, wenn man nicht zugleich auch ›die Märkte‹ an die Leine der Regulation legt.« Viele Gründe sprächen für die Errichtung eines neuen Modells der Sozialregulierung: verteilungs-, beschäftigungs-, gesellschaftspolitische, ökologische und soziale. Eine Spekulationssteuer könnte der zunehmenden Kluft zwischen Arm und Reich zumindest die Spitze nehmen, den Anreiz für hemmungslose Spekulation mildern. Die Dämpfung der Spekulation, die Abschreckung vor allzu gewagten risikoreichen Geschäften unterbindet Gefährdungen vorhandener Arbeitsplätze.

Gesellschaftspolitisch wäre die Einführung einer Spekulationssteuer ein Zeichen, daß die Deregulierungsoffensiven nicht unbegrenzt weitergehen können, bis sich auf allen Ebenen chaotische Verhältnisse einstellen, die zu krisenhaften Entwicklungen (Anomie) führen. Die Einkünfte aus einer Spekulationssteuer könnten für ökologische Projekte und nicht zuletzt für soziale Maßnahmen zur Bekämpfung von Armut und Arbeitslosigkeit einen sinnvollen Einsatz finden. Klaus Engelhardt hebt hervor, daß neue Konzepte zur Verteilung von Arbeit, Einkommen und Vermögen notwendig sind. Überlegungen in Richtung »Beteiligung am Produktivvermögen« erscheinen ihm richtig. Josef Homeyer, Bischof von Hildesheim und Vorsitzender der Kommission für gesellschaftliche und soziale Fragen der Deutschen Bischofskonferenz, präzisiert: »Wer soziale Gerechtigkeit einfordert, kommt nicht umhin, die Instrumente und Institutionen präzise zu benennen, die für soziale Gerechtigkeit einstehen.«

2. Zukunft des Sozialstaates

Bezüglich der Zukunft des Sozialstaates stellen sich folgende Leitfragen:

- Ist dieser Sozialstaat finanzierbar?
- Wie können wir das Entstehen von Anspruchsfällen für sozialstaatliche Leistungen durch mehr Prävention, durch eine Politik der Vollbeschäftigung verhindern?
- Was bedeutet Umbau, was bedeutet Abbau des Sozialstaats?
- Was sind Leitideen für seine solidarische Reform?
- Wie hat eine arbeitszentrierte Finanzierung auszusehen?
- Sind Steuerfinanzierung oder »ökologische Steuerreform« Finanzierungsalternativen des Sozialstaats?
- Was bedeutet Grundsicherung?

Der Mangel an Solidarität und an Zivilcourage gehört zu den Zukunftsgefahren aller Gemeinwesen, und von daher ist der Ausbau egalitärer Staatsbürgerrechte, individueller und kollektiver Beteiligungsrechte sowie die Demokratisierung der Institutionen dringender denn je zuvor. Elmar Altvater betont: »Die Zukunft des Sozialstaates hängt von dem Zustand der natürlichen Umwelt ab. Die menschliche Umwelt ist inzwischen zu einem Krankheitsfaktor geworden: Allergien infolge toxischer Emissionen in die Luft, die Gewässer, in den Erdboden; Streß wegen dauerhafter Lärmbelastungen, karzinogene Substanzen allüberall etc.«

Die sozialstaatlichen Institutionen, insbesondere die Systeme der sozialen Sicherung, sind in der neuen Bundesrepublik stärker in die Diskussion geraten, als dies jemals in der Geschichte der alten Bundesrepublik der Fall gewesen ist, wie Diether Döring von der Frankfurter Akademie der Arbeit betont: »Unter dem Schlagwort ›Umbau des Sozialstaates‹ mischen sich dabei Konzepte eines weitgehenden Abbaus bzw. einer massiven Reduktion der bestehenden Sozialpolitik mit Konzepten, die eher eine verbesserte Anpassung an die sich verändernden Rahmenbedingungen anstreben und dabei deren Sicherung und weiteren Ausbau zum Ziel haben.« Die Notwendigkeit, über die künftige Gestalt des Sozialstaates nachzudenken, ergibt sich demzufolge einerseits aus deutlichen Defiziten der sozialen Sicherung, die vor allem von der starken Erwerbszentrierung verursacht werden, sowie aus erheblichen Finanzierungsschwierigkeiten, die in erster Linie Resultat der starken Abhängigkeit von der Wirtschaftsentwicklung sind.

Die Diskussion über Perspektiven und Zukunftsaufgaben des Sozialstaates umfaßt auch Probleme des Arbeitsmarktes, der Arbeitsmarktpolitik, der Lohnpolitik und der Mitbestimmung. Absehbare demographische Trends weisen auf eine starke Erhöhung des Altenanteils in der Gesellschaft sowie auf eine Zunahme des Anteils der über 80jährigen hin. Der Anteil der über 60jährigen betrug im Jahre 1991 20 Prozent und wird Prognosen zufolge auf etwa ein Drittel ansteigen. Trotz Zuwanderung wäre mit einer Schrumpfung der Gesamtbevölkerung zu rechnen, verursacht durch einen größeren Rückgang der Nettoreproduktionsrate.

Auch Josef Homeyer legt das Augenmerk auf die demographische Entwicklung der deutschen und damit auch der meisten westeuropäischen Gesellschaften: »Keine Antwort hat bisher unsere Gesellschaft – weder Politik noch Tarifpartner noch auch die Kirchen – auf den dramatischen demographischen Wandel und die sich abzeichnende gleichzeitige Schrumpfung und Überalterung unserer Gesellschaft gefunden.« Dieses

Problem ist nicht nur für die soziale Sicherung bedeutsam, sondern vor allem für die Perspektiven der Jugend und die Betreuung und Versorgung der älteren Generation.

Ignatz Bubis, Vorsitzender des Zentralrates der Juden in Deutschland, zeigt die Grundlagen des deutschen Sozialstaates auf: »Die politische und gesellschaftliche Stabilität der Bundesrepublik Deutschland ist nicht einfach nur ein Glücksfall, sie ist auch Ausdruck und Folge des wirtschaftlichen Erfolges und des Wohlstandes, der sozialen Sicherheit und der Tugend der demokratischen Beteiligung aller an den öffentlichen Angelegenheiten.« Dieses soziale Fundament sei notwendig, um gesellschaftlicher Spaltung, Ausgrenzung, Massenarbeitslosigkeit, sozialer Ungerechtigkeit, Gewaltbereitschaft und Fremdenfeindlichkeit den Nährboden zu nehmen.

2.1 Eckpfeiler eines sozialen Regulierungsmodells

»Soziales Regulierungsmodell« meint sowohl die sozialstaatliche und gesetzgeberische Gestaltung des Sozialraumes, als auch die staatsfreie, von den Tarifparteien ausgehandelte. Beide Bereiche stehen vor neuartigen Herausforderungen.

Rudolf Dreßler, SPD-Sozialexperte, vermerkt selbstkritisch, daß sich die Verteidiger des Sozialstaates gegenüber den Angreifern haben wenig einfallen lassen: »Manche haben die Auseinandersetzung um Begriffe, den Krieg um Köpfe ignoriert, weil sie nicht begreifen wollten, daß sich gesellschaftspolitische Kontroversen in einer Mediengesellschaft unter anderen Bedingungen abspielen als früher.« Dreßlers Hinweis, à la Heiner Geißler die Begriffe zu besetzen, ist unverändert aktuell. Die Verfechter eines Abbaus des Sozialstaates hätten bereits erste Siege errungen, indem sie einerseits den Begriff auf seine instrumentelle Ausprägung, nämlich die Sicherungssysteme, reduziert hätten, andererseits ihre Botschaft als zeitgemäße Antwort auf die Krise des Sozialstaates hätten anbieten können. In der sozialdemokratischen Auffassung vom Sozialstaat komme jedoch das Demokratieprinzip hinzu, die Mitentscheidung und Mitverantwortung in der Wirtschaft, die soziale Chancengleichheit und die Chancengerechtigkeit in der Gesellschaft. Wer den Sozialstaat erhalten und reformieren wolle, der müsse sich der Debatte stellen. Der gestaltende Sozialstaat habe dafür Sorge zu tragen, daß sich sozial ungeschützte Arbeitsverhältnisse nicht immer weiter ausbreiten und daß sich das Millionenheer Arbeitssuchender nicht ständig vergrößert, während auf der anderen Seite auf dem Rücken von Arbeitnehmern die Überstundenzahlen hochgefahren werden.

Rainer Eppelmann, Bundesvorsitzender der Christlich-Demokratischen Arbeitnehmerschaft (CDA), führt die Diskussion über die Zukunft des Sozialstaates zurück auf die Rolle jedes einzelnen Mitglieds in unserer Gesellschaft. Er sieht in der Schaffung von Arbeitsplätzen den Schlüssel zur Lösung der Probleme der sozialen Sicherungssysteme, und er verweist auf die gesamteuropäische Dimension des Problems: 20 Millionen Arbeitslose in den Ländern der Europäischen Union. Die Aufgabe sei allein national nicht lösbar, aber die soziale Marktwirtschaft sei das richtige Konzept: »Sie ist der eigentliche Gewinner des Systemwettstreits über die Distanz von mehr als 40 Jahren.« Er verweist auf die Ökonomen Walter Eucken und Alfred Müller-Armack: »Wo Ideologen des Klassenkampfes polarisierten, setzen die Architekten der Sozialen Marktwirtschaft Brückenpfeiler. Brükken zwischen Kapital und Arbeit, Brücken zwischen Arm und Reich, Brükken zwischen Eigenwohl und Gemeinwohl und Brücken zwischen Marktwirtschaft und sozialer Ordnung.« Der Begriff Brücken erscheint in diesem Zusammenhang etwas unklar: Worin sollen die Brücken zwischen Arbeit und Kapital, Arm und Reich bestehen? Werden damit nicht Gegensätze zwischen Partikularinteressen und Gemeinwohl verwischt? Ist nicht die Interessenartikulation von Arbeit auf der einen und Kapital auf der anderen Seite erst eine Voraussetzung, um sich überhaupt an den gemeinsamen Tisch zu setzen, sich zusammen- und auseinanderzusetzen? Eine Brücke zwischen dem linken und rechten Rheinufer zu bauen, die dann unwiderruflich steht, ist eine Sache; eine andere ist es, eine solche brückenähnliche Verbindung zwischen Arm und Reich zu finden.

Der soziale Wandel ist geprägt von Prozessen, die mit den Stichworten Individualisierung und Pluralisierung umschrieben werden. Wenn über die Krise des modernen Wohlfahrtsstaates diskutiert wird, sollte daran erinnert werden, daß der Sozialstaat seit seiner Entstehung einem ständigen Wandel unterworfen ist und Anpassungen an gesellschaftliche Entwicklungen vornimmt. Für die Vergangenheit war kennzeichnend, daß die soziale Sicherung auf immer mehr gesellschaftliche Gruppen ausgedehnt wurde und sich die Lohnabhängigkeit als Zentrum moderner Lebensweise generalisierte – so Barbara Riedmüller, die die Geschichte der Sozialpolitik in Deutschland als eine Ausweitung der Risikosicherung um den Status der Erwerbsarbeit beschreibt. Wenn von der Krise des Sozialstaates gesprochen wird, müsse geklärt werden, ob er grundsätzlich in Frage gestellt wird oder ob es sich um funktionale Anpassungsprozesse handelt.

Josef Homeyer hält einen Umbau des Sozialstaates für sinnvoll: »Im Bereich der sozialen Sicherungssysteme muß es unsere ständige Sorge sein, nicht mehr benötigte oder fehlgeleitete Leistungen abzubauen und damit eine Überforderung zu vermeiden. Vor allem aber dürfen den solidarischen, beitragsfinanzierten Versicherungssystemen nicht länger solche Leistungen abverlangt werden, die nicht ihrem ursprünglichen Versicherungszweck entsprechen und daher gerechterweise nur über Steuern finanziert werden dürfen.« Bischof Franz Kamphaus widmet sich den Ursachen der Sozialstaatsdebatte. Er sieht einen Auslöser dieser Debatte in neuen Entwicklungen, die die Innovationskraft des Sozialstaates herausfordern. Bei der Frage nach der Finanzierbarkeit des Sozialstaates gehe es um die grundsätzliche Bewertung von staatlichen Leistungen und um die Grundwerte unseres Gemeinwesens: »Die Aufgaben der Zukunft, nicht nur im Sozialen hierzulande, sondern ebenso in der Ökologie und in den Fragen weltweiter Gerechtigkeit, erfordern ein hohes Maß belastbarer Solidarität. Wieviel Solidarität die Mitglieder unseres Gemeinwesens für diese Aufgabe beizusteuern bereit sind, ist nicht zuletzt eine Frage der Motivation.«

Burkart Sellin vom Europäischen Zentrum für die Förderung der Berufsbildung betont, daß der in Gang befindliche Strukturwandel nicht nur Gefahren birgt, sondern auch große Chancen enthält: Die Arbeitnehmer könnten sich wie niemals zuvor aktiv bei der Gestaltung ihrer Arbeitsplätze, ihrer Produkte und Dienstleistungen einbringen. Damit seien Kundenorientierung, ressourcenschonende Produktionsmethoden, umweltverträgliche Produkte und der Abbau gesundheitsgefährdender Arbeitsbedingungen in Reichweite gerückt. Wolfgang Däubler hält es für notwendig, den Umweltschutz im Betrieb schwerpunktmäßig zu bearbeiten. Helmut Puschmann, Präsident des Deutschen Caritasverbandes, schlägt einen neuen Solidarpakt gegen die Ausgrenzung von Benachteiligten vor: »Wir wenden uns entschieden gegen öffentliche Äußerungen, die den Betroffenen selbst die Schuld für ihr Schicksal zuweisen oder sie in pauschaler, undifferenzierter Weise des Mißbrauchs sozialer Leistungen bezichtigen. Aus Opfern dürfen hier nicht Täter gemacht werden. Nicht der Abbau der Sozialleistungen, sondern die Schaffung neuer Arbeitsplätze und der bedarfsbezogene Ausbau einer aktiven Arbeitsmarktpolitik sind notwendig. Anstatt Arbeitslosigkeit sind Qualifizierung und Beschäftigung zu fördern.« In der Tat helfen Schuldzuweisungen nicht weiter; gefragt ist die Analyse der Bedingungsstrukturen.

Peter Glotz, Sprecher der Arbeitsgruppe Bildung und Technologie der SPD-Bundestagsfraktion, kleidet seine Thesen in Fragestellungen: »Wie kann nachhaltiges Wachstum gefördert werden, das zu ökologischer Modernisierung und qualitativer Wettbewerbsfähigkeit umsteuert? (...) Wer soll Investitionen leisten, die privaten Investoren zu hoch und zu langfristig sind, wenn nicht der Staat? Wer soll zwischen Unternehmen, Gewerkschaften und der Wissenschaft vermitteln und deutsche Interessen gegenüber anderen Ländern vertreten, wenn nicht der Staat? Wer garantiert einen systematischen Dialog über langfristige Perspektiven von Forschung und Entwicklung, wenn nicht der Staat?«

Gregor Gysi, Vorsitzender der Abgeordnetengruppe der PDS im Deutschen Bundestag, fordert eine Erneuerung des Solidarprinzips, um die Beschäftigungskrise zu überwinden. Er gesteht ein, daß die Linke sich in der Debatte über die Krise und Zukunft des Sozialstaats schwer tut: »Die großen Gesellschaftsentwürfe, und beileibe nicht nur die sozialistischen, haben sich allesamt vor der Realität blamiert. Für uns als demokratische Sozialistinnen und Sozialisten heißt dies nicht, auf gesellschaftliche Visionen oder Entwürfe zu verzichten.« Es gehe darum, Regulierungsmechanismen zu entwerfen, mit denen die soziale Spaltung überwunden und die Integrationskraft der Gesellschaft wieder hergestellt werden können. Er verweist darauf, daß seit dem Bestehen kapitalistischer Märkte Institutionen erdacht werden mußten, die die Marktkoordination ergänzten und korrigierten. »Auch der Sozialstaat ist kein bloßes Zugeständnis an die Arbeiterbewegung gewesen, sondern ein mit gänzlich entgegengesetzten Motiven in die Welt gesetztes Projekt.« Gerade weil das Scheitern des Sozialstaates in aller Munde sei, lohne sich die Frage, was da eigentlich gescheitert sei. Die Ausprägungen des sozialen Kompromisses in Deutschland seien weniger mit dem Begriff des sozialen Staates als mit dem Solidarprinzip verknüpft, und folglich sei nicht nur über die Zukunft von Sozialstaat und sozialem Kompromiß nachzudenken, sondern auch über die Neufassung des Solidarprinzips. Nicht Umbau des Sozialstaates, sondern Erneuerung lautet Gysis Parole: »Der Begriff Umbau des Sozialstaats verbirgt nur schlecht, daß seine Verfechter mindestens eine Reduzierung des Leistungsangebotes, in der Regel aber einen grundlegenden Paradigmenwechsel beabsichtigen.« Notwendig gegen die »Abbruchunternehmen« sei nicht nur Widerstand, sondern ein neues Reformprojekt, das auch Antwort auf die realen Finanzierungsprobleme gebe. Zumindest die Zielvorgaben eines solchen Reformprojekts benennt er:

- die Anpassung des Solidarprinzips, also die paritätische Beteiligung des Kapitals an den Risikokosten seiner Produktionsweise;
- die Entlastung der Arbeitskosten;
- die Ausdehnung der Solidargemeinschaft der Versicherten auf alle natür-

lichen Erwerbspersonen, damit auch die Modernisierungsgewinner ihren Anteil an den Risikokosten bezahlen;

- den Umbau der Leistungen, damit nicht nur Risikofolgen, sondern Risikobeseitigung bezahlt werden, was insbesondere für die Arbeitslosenversicherung gelte, die immer mehr zu einem Instrument des Umbaus des gesamten Arbeitssystems werden sollte.

Solange die Industriegesellschaft vorwiegend vom »Hauptwiderspruch zwischen Arbeit und Kapital« geprägt war, blieb es – so der Direktor des Nell-Breuning-Institutes Sankt Georgen, Friedhelm Hengsbach – für die Gewerkschaft einfach, den eigenen Standpunkt im kapitalistischen System zu definieren. Seitdem jedoch der Gesellschaftsvertrag der Nachkriegszeit aufgekündigt worden sei, hätten andere gesellschaftliche Konflikte den ursprünglichen Konflikt in der Produktionssphäre überlagert und seien an dessen Stelle getreten. Aus diesem Grunde könnten die Gewerkschaften die Alleinvertretung derer, die von gesellschaftlichen Konflikten betroffen sind, nicht länger beanspruchen. Neue soziale Bewegungen seien in unbearbeitete Lücken getreten und hätten bisher unbekannte Formen gesellschaftlicher Spaltung und sozialer Randlagen jenseits des Erwerbssystems aufgedeckt: »Die Gewerkschaften sollten die Leitbilder, Aktions- und Organisationsformen der Umwelt-, Frauen- und Friedensbewegung als eigenständige Impulse moralischen Lernens und politischer Reform respektieren« und in diesen Bewegungen Verbündete sehen, mit denen sie sich vernetzen können.

2.2 Chancengleichheit, Gleichberechtigung und gesellschaftliche Integration

Nicht nur Karl Nothof unterstreicht, daß das Verhältnis Frauen und Männer neu definiert werden muß. Die Benachteiligung von Frauen sei strukturell bedingt, und in diesem Zusammenhang seien das vorherrschende Arbeitsverständnis und die Art, wie Arbeit organisiert und verteilt wird, von zentraler Bedeutung. Arbeit werde synonym mit Erwerbsarbeit gesetzt, und das Leitbild sei die lebenslange Vollerwerbstätigkeit, also die männliche Berufsbiographie.

Klaus Engelhardt betont, daß die Gleichstellung der Geschlechter im Erwerbsleben und in der außerberuflichen Arbeit ein wichtiger Punkt sei: »Es darf nicht allein darum gehen, vermehrt Frauen den Weg ins Erwerbsleben zu erleichtern, sondern es muß auch Männern der Weg in die Familienarbeit und Eigenarbeit erleichtert werden.« Die Möglichkeiten einer Ausweitung von Teilzeitarbeit und Frauenförderung sollten weiter verfolgt werden, und vor allem sei es notwendig, Frauen in die Entscheidungsbereiche von Wirtschaft und Gesellschaft einzubeziehen. Josef Homeyer sieht die Möglichkeit, in den Bereichen Familie, Haushalt und Pflege zusätzliche Arbeitsplätze in Millionenhöhe zu schaffen, wenn entsprechende steuerliche, tarifliche und noch einige weitere Rahmenbedingungen geschaffen werden.

3. Zukunft der Gewerkschaften

Folgende Fragen stehen im Mittelpunkt der Diskussion:

- Welche Zukunft haben Gewerkschaften als moderne und attraktive Massenorganisationen?
- Was bedeutet Konzentration auf Kernaufgaben bei gleichzeitiger Integration von Strategien gesellschaftlicher Reformen?
- Was bedeutet das »politische Mandat«?
- Was bedeutet erweiterte politische Interessenvertretung?
- Was bedeutet Gewerkschaft als gesellschaftliche Bewegung?
- Was bedeutet der Aufruf zu einer »eigenständigen« politischen Kraft?
- Wie können Mitgliederbindung und Mitgliedergewinnung effektiviert werden – ist der Ausweg in die allgemeine politisch-gesellschaftliche Bewegung eine Antwort auf die aktuelle Zuspitzung?
- Welche Kernaufgaben haben Gewerkschaften in pluralistischen Demokratien?
- Sind die Kernaufgaben ausreichend präzisiert?

Mit der »Verflüchtigung« des Kapitals, der Internationalisierung des Finanzsystems wird auch der Tarifpartner der Gewerkschaften ungreifbar: »Daß daraus beträchtliche Konsequenzen für die Tarifautonomie, eine der großen Errungenschaften und das wichtigste Element der sozialen Demokratie, resultieren, ist Erfahrungstatsache und in der Analyse sehr gut aufzuzeigen«. Soweit Elmar Altvater, der daraus folgert, daß die Gewerkschaften es immer weniger mit Arbeitgebern aus einer spezifischen Branche zu tun haben, sondern mit dem zwischen Branchen, Ländern und Finanzmärkten wechselnden, mobilen und hochliquiden Geldkapital. Von daher ergebe sich, so Altvater, die Notwendigkeit einer Internationalisierung der Gewerkschaftsbewegung: »Die Gewerkschaften kämpfen wie jener Recke aus der deutschen Sagenwelt gegen einen Gegner mit der Tarnkappe. Er ist unsichtbar, aber dennoch wirksam vorhanden, und er teilt heftige Schläge aus. Man muß schon seine Strategie auf die Gegner mit der Tarnkappe ausrichten, am besten, indem man sie zu enttarnen versucht. Dies kann nach seiner Überzeugung aber nur auf internationalem Feld gelingen, auf dem die Gewerkschaften daher Präsenz erobern müssen.« Die Zukunft der Gewerkschaften kann nur eine internationalisierte sein, mit anderen Worten: Die nationalen Gewerkschaften haben nur eine Chance, wenn sie aus der Erosion nationalstaatlicher Regulierungskompetenz die Konsequenz ziehen, nämlich sich neben dem nationalstaatlichen Standbein ein internationales bzw. europäisches zuzulegen und die internationalen Organisationen, die bislang eher Foren als kooperative und schlagkräftige Akteure sind, entschieden zu stärken und voranzubringen.

Jürgen Habermas hat dazu die theoretische Begründung geliefert: »Das Fehlen supranational handlungsfähiger Instanzen, die auf das globale System nach Maßgabe einer koordinierten Weltinnenpolitik einwirken könnten, macht sich auch im eigenen Haus bemerkbar. Die Standortdebatten, die wir heute führen, bringen die Schere zu Bewußtsein, die sich auftut zwischen nationalstaatlich begrenzten Handlungsspielräumen und Imperativen nicht etwa des Welthandels, sondern der globalvernetzten Produktionsverhältnisse. (...) Mit der Denationalisierung der Wirtschaft, insbesondere der weltweiten Vernetzung der Finanzmärkte und der industriellen Produktion selbst, verliert jedoch die nationale Politik die Herrschaft über die allgemeinen Produktionsbedingungen. Die Regierungen sehen sich immer stärker dazu gedrängt, für das Ziel der internationalen Wettbewerbsfähigkeit eine hohe Dauerarbeitslosigkeit in Kauf zu nehmen und den Sozialstaat nicht nur um-, sondern ernstlich abzubauen.« Soweit Jürgen Habermas in einer Rede zur 50. Wiederkehr des 8. Mai 1945, gehalten am 7. Mai 1995 in der Frankfurter Paulskirche. Aus seiner Beobachtung schlußfolgert er: Die Europäer tragen Verantwortung dafür, »daß die Organisationen der Völkergemeinschaft für eine kooperative Lösung der immer auswegloseren globalen Probleme endlich fit gemacht, und dafür, daß in den eigenen Gesellschaften der Verfall der erreichten sozialen Standards sowie die daraus folgende wohlstandschauvinistische Spaltung aufgehalten werden«.

Der Ort gewerkschaftlicher Organisationen ist traditionell der Betrieb, das Unternehmen, wie Elmar Altvater unterstreicht: »Hier ist die Arbeit konzentriert, deren Interessen Gewerkschaften wahrnehmen.« Die Gewerkschaften seien mehr und mehr gezwungen, organisatorisch einen »Ortswechsel« zu vollziehen: »Während die Produktion im Betrieb, im Unternehmen erfolgt, reproduzieren sich die Arbeitnehmerinnen und Arbeitnehmer (auch die Arbeitslosen) in Haushalten, in Kommunen, in Städten, in der Region.« Altvater folgert daraus, daß es ein gemeinsames Reproduktionsinteresse der Menschen gibt, so wie es ein gemeinsames Produktionsinteresse zwischen Lohnarbeit und Kapital gegeben hat. Zwar existierten auch jenseits dieses Reproduktionsinteresses Gegensätze, die ausgetragen werden müßten, aber andere Gegensätze, als sie aus der Auseinandersetzung zwischen Lohnarbeit und Kapital geläufig sind. Altvater zufolge käme es nun darauf an, dieses Reproduktionsinteresse organisatorisch zu artikulieren. Gegen starke ökonomische Interessen bedürfte es nun der Bündelung zur politischen Macht, und bei aller Betonung des diskursiven Charakters der Organisierung von Arbeitnehmerinteressen in Produktion und Reproduktion dürfe nicht vergessen werden, »daß Gewerkschaften ihren Aufgaben nur dann und so lange nachkommen können, wie sie auch über Macht verfügen«. Macht müsse immer wieder neu erworben werden, sie müsse sich äußern und in der Öffentlichkeit sichtbar werden. Altvater betrachtet spektakuläre Aktionen, wie etwa von Greenpeace, auch als Form der Repräsentation von Macht der Gewerkschaften. Er sieht selbst, daß dieser Vorschlag heikel ist, denn anders als Greenpeace mit seiner überschaubaren Anzahl von Aktivisten sind Gewerkschaften eben große demokratische Mitgliederorganisationen, die langwierige politische Willensbildungsprozesse benötigen: »Da kann Avantgarde, Aktivismus und Militanz u. U. sogar schädlich sein.«

Elmar Altvater ist hinsichtlich der Zukunft der Gewerkschaften keineswegs skeptisch: »Gewerkschaften werden so lange eine Zukunft haben, wie die kapitalistische Produktionsweise eine Zukunft hat. (...) Die Gewerkschaften sind ein wichtiger Akteur im Rahmen eines modernen reformistischen Projekts, das freilich anders als in der Vergangenheit nur auf internationaler Ebene umgesetzt werden kann. Dies ist eine Chance der Gewerkschaft; dort liegt ihre Zukunft.«

3.1 Kernaufgaben, Handlungs- und Aufgabenfelder

Die Organisationsfrage ist der prekäre Punkt aller gewerkschaftlichen Öffnungsbereitschaft, die herausgefordert ist, ihre Phantasie zu erweitern. Als die Arbeiterbewegung entstand, folgten die Gewerkschaften den Arbeitern dorthin, wo sie den größten Teil ihres wachen Lebens verbrachten, in die Betriebe. Wenn die gewerkschaftliche Arbeitszeitpolitik die freie Zeit außerhalb des Betriebs vergrößert, muß die Gewerkschaftspolitik buchstäblich im organisatorischen Eigeninteresse – so Oskar Negt – zunehmend auch die außerbetrieblichen Handlungsfelder beackern. Zwar blieben die Betriebe ein wichtiges Standbein der Organisation, aber die Denkweisen, Lebensstile, Politisierungsprozesse, die sich außerhalb des Betriebes herausbilden, wirken immer stärker in die betriebliche Realität hinein. Für die Gewerkschaften sei daher ein zweites Standbein nötig – in den außerbetrieblichen Lebensbereichen: »Man muß den Arbeitern dahin folgen, wo sie sich in dem größer werdenden Teil ihrer Lebenszeit wirklich aufhalten.« Eine wichtige Zukunftsaufgabe der Gewerkschaften, so Elmar Altvater, besteht darin, die Märkte an die Leine der Regulation zu legen. Er fordert, »auch auf dem ideologischen Feld die Deregulierungen der vergangenen Jahrzehnte, die diese ungute Situation hervorgebracht haben, zu bekämpfen und für neue Regeln einzutreten, also ein Reformprojekt zu entwickeln, das über den nationalen Bereich hinausgreift und dadurch an Glaubwürdigkeit gewinnt«.

»Die in letzter Zeit so oft gehörte Formel von der ›Beschränkung aufs Kerngeschäft‹ ist genau das Gegenteil dessen, was die Gewerkschaft braucht«, meint Wolfgang Däubler. Aus der Diskrepanz mancher Stellungnahmen sieht Däubler den Eindruck erwachsen, »für ein Lächeln des Kanzlers oder gar ein Schulterklopfen würde man fast alles aufgeben. Das stimmt so natürlich nicht, aber schon der Eindruck ist fatal.« Für Wolfgang Däubler steht die Gewerkschaft für bestimmte Grundwerte »wie menschenwürdige Existenz aller und solidarisches Verhalten«. Bezugsgröße sei der Interessengegensatz von Kapital und Arbeit gewesen, der sich nicht abgeschwächt habe. Vielmehr müßten auf der programmatischen Ebene diese Grundwerte weiterentwickelt werden, was auch geschehe: »Die praktische Umsetzung ist – um mich diplomatisch auszudrücken – wenig sichtbar.« Däubler kritisiert bestimmte Arbeitsmethoden in der IG Metall, z. B. daß man bei der Durchsetzung bestimmter Inhalte erst die »Minensuchhunde« losschicken müsse, da jeder kleinste falsche Schritt sonst alles kaputtmache, was insgesamt dazu führe, daß bei Entscheidungsprozessen durchaus Irrationales oder gar nichts herauskomme.

Karl Nothof bemängelt, daß viele Politikfelder immer noch aus nationaler Perspektive betrachtet werden: »Sie entziehen sich aber zunehmend dem Zugriff nationalstaatlicher Entscheidungsgewalt, denn die zugrundeliegenden gesellschaftlichen und wirtschaftlichen Triebkräfte sind längst Teil einer internationalen Dynamik geworden. Gewerkschaften sollten deshalb (...) dazu beitragen, daß sich eine ›Eine-Welt-Ethik‹ als globale Verantwortungsethik entwickelt, die sich am Recht aller Menschen der heutigen und künftigen Generationen auf ein menschenwürdiges Leben orientiert.« Claus Offe zufolge haben es Gewerkschaften als Interessenvertretungen mit den drei Hauptinteressen von Arbeitnehmern zu tun: dem Interesse an 1. Lohn und sozialer Sicherheit; 2. zufriedenstellenden Arbeitsbedingungen und Arbeitszeitregelungen; 3. individueller und kollektiver Beschäftigungssicherheit. Diese Interessen stünden untereinander im Verhältnis eines »magischen Dreiecks«.

Gewerkschaften können sich zwar nicht um alles kümmern, aber sie werden – so Offe – auch im Kernbereich ihrer tarifpolitischen Zuständigkeit Schaden nehmen, wenn sie nicht aktiv an Überlegungen, Programmen und institutionellen Innovationen mitwirken, die das Ziel verfolgen, die Arbeitslosigkeit abzubauen. Für Hermann Schmidt, Präsident des Bundesinstituts für Berufsbildung, stehen seit den Anfängen der Arbeiterbewegung und ihrer Gewerkschaften Bildungs- und Qualifikationsfragen im Mittelpunkt der politischen Zielsetzung: »Dabei ist gerade die Berufsbildung ein Kernbereich gewerkschaftlicher Interessenvertretung.« Qualifizierte Arbeit sei das Kapital der Arbeitnehmer, das sie zur Sicherung und Verbesserung ihrer sozialen und gesellschaftlichen Stellung einsetzen können.

Die geringe Fähigkeit zur Erzeugung radikaler Innovationen bilde eine fundamentale Schwäche der deutschen Industrie, und die Lösung dieses Innovationsproblems müsse in die Neuformulierung des sozialen Kompromisses einbezogen werden. Der Arbeitswissenschaftler Horst Kern sieht die Gewerkschaften mit veralteten Methoden am Werk: »Die Gewerkschaften – genauer: die Art und Weise, in der die Gewerkschaften heute immer noch soziale Sicherung konzipieren und betreiben – sind der Lösung des Innovationsproblems nicht dienlich. Oft stehen sie sogar im Widerspruch dazu.« Soziale Sicherung könne heutzutage nicht mehr mit veralteten Ansätzen und Regelungsformen fortgeführt werden, vielmehr müsse die Konzeption sozialer Sicherheit völlig neu gefaßt werden. Da dem Innovationsproblem eine hohe Verunsicherungsqualität eigen ist, es Besitzstände erschüttert und alte Vertretungsstrukturen ins Wanken bringt, seien die Arbeitnehmerorganisationen in besonderem Maße gefordert. Die Chancen dafür beurteilt Kern keinesfalls pessimistisch. Wenn das Innovationsproblem gelöst wird, seien genug Ressourcen für einen starken Sozialstaat vorhanden. Die Gewerkschaften stünden vor der paradoxen Herausforderung, Sicherheit in einer Situation extremer gewollter Verunsicherung zu gewährleisten, und zwar auf eine Art und Weise, die die produktive Verunsicherung nicht stört, ohne die es keine Innovationen geben kann.

Kern ist skeptisch, ob die alten Vertretungssysteme die Instrumente für diese schwierige Aufgabe hergeben, da sie Eindeutigkeiten und Kalkulierbarkeiten unterstellten, die in der neuen Welt nicht mehr gegeben sind. Wie diese neuen Vertretungssysteme aussehen müssen, beschreibt er folgendermaßen: Er nimmt als Beispiel den VW-Tarifvertrag zur Viertagewoche, dessen Logik darin bestehe, die Arbeitnehmer durch eine befristete Beschäftigungsgarantie und einen Lohnkompromiß von der Sorge um Arbeitsplatz und Einkommen zu entlasten, damit sie frei werden, ihre Leistungsreserven und Kreativitätspotentiale für eine radikale Unternehmensreform zur Verfügung zu stellen. Dieses VW-Modell nimmt Kern als Beweis für konstruktives Denken und den Mut zu politischer Erneuerung. Zur Lösung dieses Innovationsproblems bedürfe es eines gezielten Umbaus der sozialen Sicherungssysteme, aber nicht einer vollkommenen Deregulierung, die kontraproduktiv wäre, da sie die Beschäftigten zu Strategien der Risikovermeidung verleiten würde, die zum Innovationsziel im Widerspruch stehen: Wer vollkommen verunsichert wird, sperrt sich dagegen, seine Kreativitätspotentiale für das Innovationsziel zur Verfügung zu stellen. Folglich führt Deregulierung zu allem anderen, aber nicht zu Innovation. An diesem Punkt schließt sich der Kreis insofern, als Gewerkschaften sich zu Recht gegen allseitige Deregulierungsoffensiven wehren und einen gangbaren Weg finden müssen, Unsicherheiten in umfassende Sicherheiten einzubauen, damit sie ihren Beitrag leisten zu verstärkter Innovation.

3.2 Konfliktfähigkeit und Kooperationsbereitschaft

Dem Journalisten Wolfram Frommlet zufolge ist es Zeit, daß in den Gewerkschaften nicht nur über Lohnausgleich, Arbeitsplätze oder Verringerung der Arbeitszeit nachgedacht wird, sondern über einen neuen Kulturbegriff, ohne den weniger Arbeit für alle, gerechtere internationale Arbeitsteilung und sozial- und umweltverträgliche Arbeit nicht möglich sein werden: »Die Arbeit in den westlichen Entwicklungsmodellen hat so katastrophale ökologische, soziale und kulturelle Verheerungen angerichtet, daß es für die Menschheit das beste wäre, wir im Norden würden unsere reproduktive Arbeit auf die Hälfte reduzieren und die freiwerdende Zeit darauf verwenden, uns auf die Suche nach uns selbst, auf die Suche nach einer Sinnfrage zu begeben.« Ob allerdings die Suche nach sich selbst tatsächlich geeignet wäre, die gesellschaftlichen Probleme zu lösen, bleibt offen.

Was Hans-Ulrich Klose für die SPD formulierte, gilt auch für die Gewerkschaften: »Eine Partei, die lange in der Opposition ist, tendiert dazu, sich von der Wirklichkeit zu entfernen und die Beschlußlage für die Wirklichkeit zu halten. Das ist sicher nicht auf eine Partei beschränkt.« Seit dem prinzipiellen Streit um »die reine Lehre«, der in der SPD klassisch sei, habe sich die SPD von der Wirklichkeit entfernt, und das mache es schwierig, die Partei zusammenzuführen. Der Koordinationsausschuß der Arbeitsgemeinschaft christlich-demokratischer Kolleginnen und Kollegen der IG Metall formuliert hohe Erwartungen an die gewerkschaftliche Programmdebatte: »Vielleicht ist eine neue Offenheit sogar der Schlüssel für einen massiven Anschub einer allgemeinen neuen Beteiligungsfreudigkeit in den Gewerkschaften.«

Die Arbeitsgruppe »Gesellschaftlicher Dialog« der IG Metall Erfurt ist skeptisch, ob die IG Metall als Veranstalterin des Dialogs nicht unliebsame Beiträge »unter den Tisch fallen« lassen wolle. Auf diese Weise könnte aber der Anspruch »Demokratie wagen« kaum realisiert werden. Am Einladungstext wird kritisiert, er verharmlose unübersehbare Gefahren und behaupte die Existenz politischer Chancen, die gar nicht bestehen: »Wer unter Leugnung der Realität so zum gesellschaftlichen Dialog auffordert, kann nicht ernst genommen werden. Der Dialog werde zum Geschwätz. Die Einladung dazu könnte das Ende nehmen: Die IG Metall will Demokratie wagen, und keiner geht hin.« Als Alternative stellt die Arbeitsgruppe das Ziel auf, »die Mehrheit der Menschen für andere Lebensbedingungen festzustellen« – und sich sodann »an die Spitze zu setzen« –, also eine Avantgarde-Position einzunehmen, um diese »Mehrheit gegen das herrschende Wirtschaftssystem«, gegen die »Logik kapitalistischer Wirtschaftsweise« »handlungs- und durchsetzungsfähig zu machen«. Hier zeigt sich exemplarisch der große Diskussionsbedarf, der in der Organisation besteht.

Die Ortsverwaltung Frankfurt am Main der IG Metall hat ihre »Eckpunkte zur politischen Neuorientierung der Gewerkschaften«, die sie nicht als fertige Antwort, sondern als Denk- und Diskussionsanstoß versteht, in die Debatte eingebracht: »Den Gewerkschaften droht heute der Zerfall politischer Gestaltungskraft, der schon die etablierte Politik erfaßt hat. Diese hat sich weitgehend auf die sozialtechnische Exekution des sozialen Niedergangs zurückgezogen, der von der ökonomischen Krise erzwungen wird. Sozialpakte im Rahmen dieser Politik können einzelne Probleme abmildern, aus der Krise führen sie nicht heraus.« Aus dieser kritischen Sicht der Situation wird gefolgert: »Die Gewerkschaften werden diesem für sie selbst existenzbedrohenden Sog erliegen, wenn sie ihr gesellschafts- und gesamtpolitisches Mandat verfallen lassen und sich auf die pragmatische Regulation tagespolitischer Interessen zurückziehen. Nötig ist die Erneuerung ihres politischen Mandats.« Der hier beschriebene Gegensatz zwischen der aktuellen Gewerkschaftspolitik und der nötigen Erneuerung übersieht allerdings: Weder beschränkt sich die Gewerkschaftsbewegung allein auf die Verteidigung tagespolitischer Interessen, noch soll die sicherlich notwendige Modernisierung und Erneuerung lediglich im Rückgriff auf ein – wie auch immer definiertes – »politisches Mandat« bestehen.

Sicherlich haben die Gewerkschaften heute ein gewerkschaftliches und darüber hinaus ein politisches Mandat in den Kernbereichen ihrer Arbeit. Die Forderung nach einem allgemeinpolitischen Mandat würde allerdings die Gewerkschaften mit politischen Parteien bzw. mit lebensweltlichen Organisationen verwechseln, die Allzuständigkeit beanspruchen. Umfragen unter Gewerkschaftsmitgliedern und allgemein unter Arbeitnehmern haben immer wieder zum Ergebnis geführt, daß ein großes Vertrauen in die Fähigkeit der Gewerkschaften zur Interessenvertretung im Betrieb und in die arbeitsweltliche Gestaltungskompetenz gesetzt wird, weit weniger jedoch der Wunsch nach politischen Stellungnahmen in allen Politikfeldern besteht. Natürlich ist Gewerkschaftspolitik auch immer mit klaren gesellschaftspolitischen Vorstellungen für die Arbeitswelt, die Zukunft des sozialen Regulierungsmodells, die Zukunft der Gewerkschaften verbunden und mit konkreten Reformprojekten, die sie aber ohne Bündnispartner nicht durchsetzen können.

Der IG Metall-Vertrauensmann und IG Metall-Bildungsbeauftragte bei Hoesch Siegerlandwerke, Dirk Jakob, hat ein klares Rezept für die Zukunft der Gewerkschaften: »Die Gewerkschaften müssen sich wieder auf ihre Ursprünge besinnen. ›Back to the roots‹, wie es im Englischen heißt, denn der Interessengegensatz von Arbeit und Kapital ist auch heute nicht aufgehoben, sondern wird in den letzten Jahren wieder deutlicher. Kapitalbestimmten Konzepten der Entsolidarisierung und Entmündigung müssen die Gewerkschaften mit aller Kraft und Phantasie entgegentreten. Dazu muß die gesamte Mitgliedschaft mobilisiert und ein Bündnis mit anderen gesellschaftlichen Gruppen, zum Beispiel Kirchen, Bürgerinitiativen und Parteien, gesucht werden.«

Jakob Moneta, langjähriger Chefredakteur der IG Metall, jetzt im Parteirat der PDS, plädiert für eine »Politisierung der Gewerkschaften«: »Die ›lange depressive Krisenwelle‹, von der noch kein Ende abzusehen ist, stellt die Gewerkschaften auch politisch vor neue Aufgaben.« Problematisch sei, daß die sozialdemokratischen Parteien, sobald sie in der Regierung sitzen, sich von den Gewerkschaften distanzieren. Wenn andererseits die Gewerkschaften den Arbeitenden im Dienste einer linken Regierung Opfer aufbürden, verlieren sie massenhaft Mitglieder, ohne letzten Endes die

Regierung retten zu können – so Moneta. Er plädiert für eine gemeinsame europäische Strategie:

- für eine soziale Grundsicherung,
- für eine radikale Verkürzung der Arbeitszeit, wobei er die 32-Stunden- bzw. Viertagewoche nennt,
- die Umwandlung des EGB in eine echte europäische Gewerkschaftsorganisation, die Gegenmacht entfalten kann,
- die Einführung einer Steuer von 0,5 Prozent auf internationale Devisentransaktionen, entsprechend dem Vorschlag von James Tobin, Träger des Wirtschaftsnobelpreises, die die Summe von 1500 Milliarden US-Dollar pro Jahr zur Bekämpfung von Armut und Arbeitslosigkeit erbringen könnte.

Gerade für die gewerkschaftlich schwer zu organisierenden Schichten – Moneta nennt Frauen, Angestellte, Jugendliche – könne die Vision einer alternativen Gesellschaft dazu ermutigen, sich aktiv in die Gewerkschaft einzubringen.

Ein Wort des ZDF-Intendanten Dieter Stolte läßt sich gut als Ausklang nehmen, da er sowohl die angebliche Macht der Sachzwänge zurückweist als auch auf die humanen Aspekte der Zukunftsgestaltung hinweist und dabei den gesellschaftlichen Dialog als fortwährenden Prozeß begreift: »Wir dürfen uns vom Sog des Realen, von der Macht des Faktischen und Technischen nicht so vereinnahmen lassen, daß wir für die Appelle des Menschenmöglichen, auch des Humanen, nicht mehr zugänglich und für den dringend erforderlichen gesellschaftlichen Dialog nicht mehr offen sind.«

Vorstand der IG Metall

Einladung zum gesellschaftlichen Dialog

1.

Die Gesellschaft und die Gewerkschaften in Deutschland stehen mitten in einer Umbruchsituation. Durch Globalisierung der Weltökonomie und den Wegfall der Systemkonkurrenz, durch veränderte Unternehmensstrategien und Produktionskonzepte wie auch durch die Veränderungen im individuellen und sozialen Verhalten stehen auch die Gewerkschaften mit ihrem Schutz- und Gestaltungsanspruch in Arbeitswelt und Gesellschaft in einer entscheidenden Bewährungsprobe.

Fünfzig Jahre nach der Befreiung vom Nationalsozialismus und dem Wiederbeginn eines demokratischen Deutschland sowie im fünften Jahr nach der wiedererlangten Einheit stehen die Gewerkschaften vor wichtigen Zukunftsentscheidungen.

Der 18. ordentliche Gewerkschaftstag vom 29. Oktober bis 4. November 1995 in Berlin wird sich vor diesem Hintergrund mit der Zukunft der Arbeit, der Zukunft des Sozialstaates, der Zukunft der Gewerkschaften beschäftigen.

Die IG Metall lädt im Rahmen der Vorbereitung ihres Gewerkschaftstages ein zur gesellschaftlichen Debatte zu diesen Themen. Alle Gliederungen der Organisation sind ab sofort aufgefordert, sich an dieser Debatte zu beteiligen.

Wir wenden uns auch mit Fragen an Persönlichkeiten des öffentlichen Lebens aus Wissenschaft und Kunst, Politik und Publizistik, aus sozialen Bewegungen, Verbänden und Kirchen und laden sie zur Stellungnahme und Diskussion ein.

Die Ergebnisse werden bei der Vorbereitung des kommenden Gewerkschaftstages einbezogen, aber auch der Öffentlichkeit für die weitere Debatte um die Zukunft von Arbeit, Sozialstaat und Gewerkschaften zur Verfügung gestellt.

2.

Die Industriegewerkschaft Metall sieht die veränderten Realitäten in Wirtschaft und Politik, Gesellschaft und Unternehmen. Sie schaffen neue Bedingungen mit Risiken und Chancen für das unternehmerische und politische, persönliche und gewerkschaftliche Handeln.

- Das gilt für den weltwirtschaftlichen Umbruch; er führt in und zwischen allen Regionen zu verschärfter ökonomischer Konkurrenz, bringt aber auch erweiterte Chancen einer wirtschaftlichen, sozialen und politischen Integration mit sich.
- Dies gilt für den Umbruch in der Organisation von Produktion und Dienstleistungen, von privaten Betrieben und öffentlicher Verwaltung. Auf der einen Seite werden dadurch neue beschäftigungspolitische Risiken geschaffen. Auf der anderen Seite werden neue Chancen der gesellschaftlichen Reichtumsproduktion erschlossen. Sie gehen mit einer Aufwertung von qualifizierter Berufsarbeit einher.
- Das gilt auch für den grundlegenden Wandel des persönlichen und sozialen Verhaltens, für die Individualisierung von Arbeitsbiographien und Lebensstilen. Mehr Selbstentfaltung und Eigeninitiative werden ermöglicht. Der Wandel kann aber auch zu mehr Selbstbezogenheit bis hin zu rücksichtsloser Ellbogenmentalität führen.

Große Teile der Unternehmer sowie der Industrie- und Wirtschaftsverbände sehen in der Absenkung der Arbeits-, Sozial- und Umweltkosten, in der Deregulierung aller industriellen Beziehungen und in der Kommerzialisierung aller Lebensbereiche den einzig richtigen Weg, um im internationalen Wettbewerb zu bestehen. Die aktuellen Vorschläge und Vorstöße der Arbeitgeber-, Wirtschafts- und Industrieverbände geben davon Zeugnis.

Die Politik zieht sich anscheinend aus gesellschaftlich verantwortlicher Steuerung und Lenkung zurück; teilweise fördert sie die genannte Entwicklung – oder droht gleichsam abzudanken mit dem Hinweis auf die Vergeblichkeit staatlichen Handelns aufgrund der Internationalisierung des wirtschaftlichen Wettbewerbs.

Entsolidarisierung und Entfremdung, gesellschaftliche Konkurrenz und soziale Kälte unter vielen drohen zum Preis der Selbstbehauptung von wenigen zu werden.

Wir sehen die Gefahr, daß diese Entwicklung zur verstärkten gesellschaftlichen Spaltung führt, die ökologische Erneuerung behindert, Arbeitslosigkeit und Armut fördert und somit letztlich die demokratische Gesellschaft gefährdet.

Wir wollen demgegenüber die Chancen des wirtschaftlichen Wandels und des politischen Umbruchs nutzen.

Dies ist möglich,

- wenn die Verschärfung der ökonomischen Konkurrenz durch die Erweiterung der gesellschaftlichen und politischen Kooperation begrenzt wird,
- wenn die Effektivierung der Arbeitsprozesse mit der Demokratisierung des Arbeitsalltags einhergeht,
- wenn Individualität und Solidarität nicht als Gegensatz verstanden, sondern im Gleichklang verwirklicht werden.

Wir halten es für möglich, den Erhalt der internationalen Wettbewerbsfähigkeit mit der Erweiterung von gesellschaftlicher Reformfähigkeit zu verbinden. Dies verlangt Umdenken in der Gesellschaft wie in den Gewerkschaften.

Wir wollen über Wege und Gestaltung einer künftigen Gesellschaft debattieren, in der wirtschaftliche Effizienz und gesellschaftliche Verantwortung, in der soziale Gerechtigkeit und ökologische Erneuerung, in der Selbstentfaltung und solidarisches Miteinander verbunden und Demokratie, individuelle Freiheitsrechte und soziale Grundrechte für jedermann gewährleistet sind.

Einer solchen Debatte wäre jeder Versuch einer Konstruktion von geschlossenen Gesellschaftsmodellen abträglich. Für eine solche Debatte ist aber auch die Entwicklung von gesellschaftlichen Katastrophenszenarien wenig hilfreich.

Als Ausgangspunkt für eine solche Debatte halten wir die Erarbeitung von Leitbildern für zweckmäßig, mit denen prinzipielle Entwicklungsrichtungen umrissen und praktische Handlungsoptionen eröffnet werden.

Wir lassen uns von folgenden Fragen leiten:

- Wie wollen wir in Zukunft leben und arbeiten?
- Was sind die Eckpunkte eines ökonomisch leistungsfähigen, gesellschaftlich solidarischen und ökologisch verträglichen Zukunftsentwurfes?
- Wie erreichen wir global ein neues Wachstums-, Wettbewerbs- und

Verteilungsmodell, das auf Demokratie und Freiheit, Solidarität und Gerechtigkeit begründet ist?

Im Zentrum unserer Diskussion soll die Zukunft der Arbeit, des Sozialstaats und der Gewerkschaften stehen:

Zukunft der Arbeit

Wie sieht die Zukunft von Erwerbsarbeit angesichts veränderter individueller und sozialer Ansprüche von Frauen und Männern unter den Bedingungen von Weltmarktkonkurrenz aus? Wie ist das Verhältnis von Erwerbsarbeit und anderen Formen und Phasen gesellschaftlich nützlicher Arbeit?

Wie kann das Ziel von Vollbeschäftigung neu definiert, wie können Wege dahin neu eröffnet werden? Wie können wir sinnvoll Arbeitsplätze schaffen, wie weit können wir Arbeit teilen?

Wie kann die Gleichstellung der Geschlechter in Erwerbsarbeit und außerberuflicher Arbeit besser verwirklicht werden?

Welche Perspektiven können wir mit einer weiteren Verkürzung und Gestaltung von Arbeitszeiten verbinden? Wie ist das Verhältnis von Arbeitszeitverkürzung und Einkommen?

Wie kann nachhaltiges Wachstum gefördert werden, das zu ökologischer Modernisierung und qualitativer Wettbewerbsfähigkeit umsteuert? Wie werden öffentliche und private Dienstleistungen organisiert? Welche Bedeutung haben Einschränkungen (so zum Beispiel im Energieverbrauch) für neue Konsum- und Lebensstile? Wie sieht attraktive Industrie- und Dienstleistungsarbeit aus, die auf hohe Qualifikation, auf Beteiligung und Mitbestimmung setzt? Wie können wir die Mitbestimmung in Verbindung von objektiven Gestaltungserfordernissen und subjektiven Beteiligungsinteressen weiterentwickeln? Wie kann Demokratie im Arbeitsalltag gefördert werden, die sich auf Produktionsprozesse und Produktionsentscheidungen gleichermaßen auswirkt?

Wie sehen Konzepte der Verteilung von Arbeit, Einkommen und Vermögen aus, die qualitative Wettbewerbsfähigkeit mit sozialer Gerechtigkeit, gleiche Lebenschancen mit Teilhabe am wirtschaftlichen Ergebnis verbinden? Wie können neue Formen des verteilungspolitischen Kompromisses mit neuen Wegen zu beteiligungspolitischen Konzepten verknüpft werden?

Wie läßt sich eine zukunftsgerichtete Industrie-, Struktur- und Technologiepolitik konzipieren, die gesellschaftliche Bedarfe aufnimmt und ökonomisch wirksam macht, insbesondere in den Bereichen Umwelt, Energie und Verkehr?

Wie können die Übergänge zwischen verschiedenen Formen und Etappen von Erwerbsarbeit, Qualifizierung und anderen Formen gesellschaftlich notwendiger und nützlicher Arbeit erleichtert werden?

Wie können im strukturellen Wandel die Anforderungen an öffentlich geförderte Beschäftigung als Dauereinrichtung oder als Übergangsstadium gefestigt werden? Welche Bedeutung haben sie als Brückenkonzept aus dem System der Erwerbsarbeit heraus und in das System der Erwerbsarbeit hinein?

Zukunft des Sozialstaates

Wie sieht der Sozialstaat der Zukunft aus, der Chancengleichheit, Gleichberechtigung und gesellschaftliche Integration sichert? Wie können Reformen durchgesetzt werden, um Ungerechtigkeit, Benachteiligung und Armut zu überwinden sowie gleichzeitig wirtschaftliche Leistungsfähigkeit und die Finanzierung des sozialen Ausgleichs zu gewährleisten?

Wie können Kostensenkung und Leistungsfähigkeit bei der Entwicklung sozialer Sicherungssysteme miteinander verknüpft werden?

Wie kann eine soziale Mindestsicherung aussehen? Was sind Grundlagen und Bemessungsgrößen für soziale Leistungen?

Wie sieht ein zukünftiges Regulierungsmodell aus, das Leistungsfähigkeit und Grenzen des Marktes anerkennt, Erfordernisse und Begrenzungen staatlichen Handelns berücksichtigt und Chancen der gesellschaftlichen Kooperation eröffnet? Welche Rolle hat der Tarifvertrag als Regulierungsinstrument?

Wie können Bildung und Wissenschaft organisiert werden, daß Entfaltungschancen, Innovationskraft und Zukunftsfähigkeit gefördert werden? Wie können wir die berufliche Bildung auf die veränderten Bedingungen einstellen? Wie können gleichzeitig individuelle und soziale Kritik- und Handlungsfähigkeit gestärkt werden?

Wie kann eine sozial gerechte Lastenverteilung erreicht werden? Welche Bedeutung hat ein Lastenausgleich, der an wirtschaftlicher Leistungsfähigkeit bei Einkommen und Vermögen anknüpft und soziale Gerechtigkeit verwirklichen hilft?

Zukunft der Gewerkschaften

Wie sieht eine moderne und attraktive Gewerkschaft aus? Welche Rolle spielt sie beim Schutz von Arbeitnehmern und bei der Gestaltung des Wandels?

Welche Rolle spielen Mobilisierungs- und Konfliktfähigkeit sowie Kooperationsbereitschaft bei der Verwirklichung von Arbeitnehmerinteressen?

Wie können Gewerkschaften Individualisierung und Differenzierung aufnehmen, zugleich aber auch Gleichheit verwirklichen?

Auf welche Handlungs- und Aufgabenfelder sollen sich Gewerkschaften konzentrieren?

Wie verbindet sich die Prioritätensetzung für zentrale Handlungsfelder mit der gesellschaftspolitischen Verantwortung?

Welche praktischen Dienstleistungsangebote werden von Gewerkschaften erwartet?

Wie verbindet gewerkschaftliche Interessenvertretung konkrete Durchsetzung von Arbeitsplatzinteressen mit generellen und universalen Zielen und Werten?

Welchen Beitrag können Gewerkschaften für eine solidarische Gesellschaft leisten, die auf Toleranz und Verstehen aufbaut, Solidarität und Freiheit verbindet und als europäisches Modell Frieden und Entwicklung befördert?

3.

Mit dieser Einladung zum gesellschaftlichen Dialog möchte die IG Metall ein Zeichen der Öffnung vor dem anstehenden nächsten Gewerkschaftstag setzen. Die eingehenden Antworten auf unsere Bitte zur Diskussion werden gesichtet, publik gemacht und gezielt öffentlich zur Diskussion gestellt. Ohne eine breite Beteiligung kann dieses Dialog-Projekt über die Zukunft von Arbeit, Sozialstaat und Gewerkschaften nicht gelingen. Deshalb bitten wir, sich an dieser Debatte mit eigenen Beiträgen, eigenen Initiativen im Dialog mit der IG Metall in der Öffentlichkeit zu beteiligen.

Demokratie und Toleranz, Arbeit und Umwelt, Gleichstellung von Männern und Frauen, Solidarität und Freiheit sind Werte, die als Grundlage einer Politik gesellschaftlicher Reformen bündnis- und mehrheitsfähig sind.

Die IG Metall will mit diesem Dialog dazu beitragen, daß die Zukunft der Gesellschaft durch Wandel und Reform gesichert werden kann.

Frankfurt am Main, 14. Februar 1995

Teil 2

Beiträge zum gesellschaftlichen Dialog

Elmar Altvater
(Professor am Fachbereich Politische Wissenschaften, Freie Universität Berlin)

Vom »gemeinsamen Produktions-« zum »gemeinsamen Reproduktionsinteresse«

1. Epochenwandel

Es ist üblich geworden, über die »Zukunft der Arbeit« oder über das »Ende der Industriegesellschaft«, das »Verschwinden des Facharbeiters«, die »Auflösung des Sozialstaats«, das »sozialdemokratische Jahrhundert« als Auslaufmodell etc. zu reden. Da werden mehr oder weniger freundliche Prognosen über »neue Produktionskonzepte«, »postfordistische« Regulation oder den »Sozialstaat der Zukunft« erstellt, die nicht immer den Standards der wissenschaftlichen Seriosität standhalten oder als Handlungsmaxime der Gewerkschaften taugen. Es ist tatsächlich etwas dran an der Rede von dem Epochenwechsel, auch wenn das Ende des Jahrhunderts, ja, der Übergang zu einem neuen Jahrtausend, wie schon um die Jahrtausendwende zuvor, der Verbreitung »milleniaristischer« Szenarien und der Beschwörung des Weltendes Vorschub leistet. Auch die Rede vom »Ende der Geschichte«, die nach dem Zusammenbruch des Realsozialismus 1989 die internationale politische Debatte beherrschte, unterstreicht die Dramatik der Situation.

Auf der eher praktisch-pragmatischen Ebene hat sich herausgestellt, daß traditionelle keynesianische Politikkonzepte mit dem Versprechen von »Vollbeschäftigung in einer freien Gesellschaft« chancenlos sind. Die Wiederherstellung der Vollbeschäftigung durch nationalstaatliche Fiskal- und Geldpolitik ist unmöglich geworden. Das Scheitern der nationalstaatlichen Vollbeschäftigungspolitik ist eine direkte Folge der vor allem in den vergangen zwei Jahrzehnten ungestümen Globalisierung aller ökonomischen Kreisläufe. Auch die Auflösung »des fordistischen Massenarbeiters« im Zuge von Flexibilisierungsmaßnahmen und Deregulierung stellt die Gewerkschaften vor Herausforderungen, die noch vor 20 Jahren kaum jemandem dämmerten, der für Gewerkschaftspolitik verantwortlich war oder sich wissenschaftlich mit Gewerkschaftsfragen auseinandersetzte.

2. Internationalisierung

So leicht wie die Rede von der »Zukunft der Arbeit« von der Zunge geht, so seltsam mutet das Wort von der »Zukunft des Geldes« oder das von der »Zukunft der Natur« an, wenn man es in die Erörterungen über die Zukunft der Gewerkschaften einführt. Doch kann man tatsächlich die Tragweite der gegenwärtigen Umbruchsituation eher begreifen, wenn man sich auch mit Geld und Natur beschäftigt. Wie notwendig dies ist, hat der jüngste Streik in der bayerischen Metallindustrie vor Augen geführt. Das Ergebnis wurde auf dem Arbeitsmarkt, in und vor den Betrieben von den Arbeitnehmern und Arbeitnehmerinnen und ihrer Organisation, der IG Metall, ausgefochten. Und es war, wenn man die Umstände berücksichtigt, unter denen es zustande kam, ein Erfolg. Schon vor und während des Tarifkampfes grummelte es auf den internationalen Finanzmärkten. Die »Mexikokrise« war bereits mit einer Lawine von Fluchtkapital und einer brutalen Peso-Abwertung, durch die die Menschen in kürzester Frist quasi enteignet wurden, ausgebrochen. Die USA und der Internationale Währungsfonds hatten sich mit fast 50 Milliarden US-Dollar zur Abwendung des Staatsbankrotts Mexikos engagiert. Für die sensiblen Akteure auf den internationalen Finanzmärkten war dieses Engagement nicht nur die erleichtert wahrgenommene Rettung von Geldvermögen, die im Falle einer Staatspleite Mexikos verlorengegangen wären, sondern zugleich ein Indiz für eine Vergrößerung der Defizite in Staatsfinanzen und Zahlungsbilanz der USA und für eine zukünftige Schwächung des Dollar. Die bekannte Folge: massive Flucht aus dem Dollar in neue Anlagewährungen, unter denen neben dem Yen die DM an prominentester Stelle war. Wer hätte, als sich dies alles andeutete, einen Zusammenhang zum Metallerstreik in Bayern herstellen wollen?

Doch die durch Mexiko-Krise und Dollarbaisse bewirkte Aufwertung der DM hatte unverzüglich eine in Dollarpreisen ausgedrückte Erhöhung der Lohnstückkosten zur Folge, durch die die Wettbewerbsfähigkeit der westdeutschen Exportwirtschaft massiv beeinträchtigt wird. Die Metallindustrie gehört aber zu jenen Wirtschaftszweigen, die besonders exportabhängig sind, so daß die Wechselkursbewegung für die Konkurrenzfähigkeit auf internationalen Märkten wichtiger ist als die durch den Streik errungenen Lohnerhöhungen. Dabei ist obendrein zu berücksichtigen, daß die Produktivitätszuwächse der vergangenen Jahre eine Erhöhung der Löhne kostenneutral zugelassen haben. Aber gegen eine massive Aufwertung der DM im Dollarraum ist kaum ein Kraut gewachsen.

Am Verhandlungstisch sitzen angesichts der internationalisierten Finanzmärkte nicht mehr nur die Tarifparteien, geben nicht nur Regierungsvertreter und die öffentlichen Medien ihre mehr oder weniger nützlichen Kommentare. Da ist wie in Mozarts Don Giovanni der furchterregende steinerne Gast der »Märkte«, wie er verschämt und ehrfurchtsvoll in der Presse bezeichnet wird, anwesend und bestimmt das Geschehen. »Die Märkte« reagieren auf Signale, die irgendwo in der Welt ausgesendet werden und Reaktionen in ganz anderen Weltregionen auslösen. Wenn durch die Manipulationen eines kleinen britischen Devisenhändlers mit japanischen Kursindizes in Singapur eine große Londoner Bank in die Pleite getrieben wird, dann geraten die Finanzjongleure in Zürich, London oder auf den Kaiman-Inseln in helle Aufregung, und das DASA-Management in München reibt sich verzweifelt die Ohren.

Dies könnte ja gleichgültig sein, wenn »die Märkte« sich auf die Welt der internationalen Großfinanzen, d. h. auf die tagtäglich gehandelten mehr als 1000 Milliarden US-Dollar und die 15 000 Milliarden US-Dollar Finanzderivate beschränken würden. Dies ist jedoch nicht der Fall. Denn erstens haben die Aufs und Abs der Finanzmärkte unmittelbare Konsequenzen für Unternehmen und Beschäftigung. Dafür ist die Metallgesellschaft ein herausragendes Beispiel. Wenn sich in Atlanta die Devisenabteilung bei Termingeschäften mit Rohöl in Chicago verspekuliert, dann sind die Milliardenverluste in Frankfurt zu decken, und dies geschieht letztlich immer noch dadurch, daß Kosten gesenkt, d. h. Arbeitsplätze abgebaut werden. Den letzten beißen eben die Hunde.

Zweitens aber, und dies ist langfristig möglicherweise wichtiger für die Gewerkschaften, ermöglichen Globalisierung, Flexibilisierung, Mobilisierung des Kapitals mit neuen Finanzinstrumenten auch eine höhere »Flüchtigkeit«. Kapital verliert seine Bodenhaftung. Und nur deshalb ist es möglich, »Standorte« so leicht gegeneinander auszuspielen. Die »Verbandsflucht« hat ja auch damit zu tun, daß die materiellen, sozialen, historischen, ja kulturellen Bindungen in einer Branche gegenüber den Möglichkeiten, Kapital, das bislang fixiert war, mit Finanzderivaten zu liquidieren und international damit zu jonglieren, an Bedeutung verlieren. Es »verflüchtigt« sich also mit den neuen Perspektiven, die die Internationalisierung des Finanzsystems bietet, der Tarifpartner der Gewerkschaften. Daß daraus beträchtliche Konsequenzen für die Tarifautonomie, eine der großen Errungenschaften und das wichtigste Element der sozialen Demokratie, resultieren, ist Erfahrungstatsache und in der Analyse sehr gut aufzuzeigen. Daraus folgt aber drittens, daß es Gewerkschaften, und dies ist sicherlich eine triviale Feststellung, immer weniger mit Arbeitgebern aus einer spezifischen, nach Produkt und Produktionsprozeß definierten Branche zu tun haben, sondern mit dem zwischen den Branchen, zwischen den Ländern, zwischen den Finanzplätzen wie in einem Bäumchen-Bäumchen-Wechsel-Dich-Spiel höchst mobil, flexibel und hochliquide hin und her wechselnden Geldkapital. Die Gewerkschaften kämpfen wie jener Recke aus der deutschen Sagenwelt gegen einen Gegner mit der Tarnkappe. Er ist unsichtbar, aber dennoch wirksam vorhanden, und er teilt heftige Schläge aus. Man muß schon seine Strategie auf die Gegner mit der Tarnkappe ausrichten, am besten, indem man sie zu enttarnen versucht.

Dies kann aber nur auf internationalem Feld gelingen, auf dem die Gewerkschaften daher Präsenz erobern müssen. Es war schon in der Vergangenheit schwierig genug, auf Branchenebene internationale Kooperation und Solidarität in tarifpolitischen Auseinandersetzungen zu organisieren. Noch schwieriger ist dies, wenn es um Einfluß auf die internationalen Finanzbewegungen geht. Doch gibt es Anknüpfungspunkte. Auf dem Kopenhagener Sozialgipfel Anfang März 1995 hat Präsident Mitterrand den Vorschlag einer Steuer auf internationale Kapitalbewegungen aufgegriffen, um die spekulative Spitze der globalen Kapitalbewegungen zu brechen. Dieser Faden wäre aufzugreifen, hier müßten Koalitionen geschmiedet werden. Denn nicht nur die Gewerkschaften als Tarifvertragspartei leiden unter den durch die Internationalisierung eröffneten Möglichkeiten des Kapitals. Der Fall Mexiko zeigt, daß ganze Gesellschaften in die Verarmung getrieben werden, um den Bedingungen, die jene abstrakten Märkte setzen, zu genügen.

3. Zukunft der Gewerkschaften

Auch die Organisationen und Bewegungen, die sich des Schutzes der Umwelt angenommen haben, merken immer mehr, daß es kaum möglich ist, die Rodung des Urwaldes zu stoppen, der Überfischung der Ozeane Einhalt zu gebieten, den Umweltschutz in Industriebetrieben der Dritten Welt zu verbessern, wenn man nicht zugleich auch »die Märkte« an die Leine der Regulation legt. Die Gewerkschaften könnten hier eine wichtige Zukunftsaufgabe übernehmen: Auch auf dem ideologischen Feld die Deregulierungen der vergangenen Jahrzehnte, die diese ungute Situation hervorgebracht haben, zu bekämpfen und für neue Regeln einzutreten, also ein Reformprojekt zu entwickeln, das über den nationalen Bereich hinausgreift und dadurch an Glaubwürdigkeit gewinnt.

Ebenso gravierend sind die Probleme, die bei der Erörterung der Zukunft der Natur bzw. der Umwelt auftreten. Man kann schlechterdings nicht mehr über die Zukunft der Arbeit, des Sozialstaats, der Gewerkschaften reden, ohne die ökologischen Restriktionen des Wirtschaftens zu berücksichtigen. Sogar die selten hinterfragten Basisannahmen über gewerkschaftliche Tarifpolitik spiegeln sich an der ökologischen Grenze in einem neuen Licht. Hugo Sinsheimer, Franz Neumann und viele andere haben diesseits des Klassengegensatzes von Lohnarbeit und Kapital auch ein gemeinsames »Produktionsinteresse« ausgemacht, das darauf beruht, daß beide Tarifparteien von einer Produktivitätssteigerung nur Positives zu erwarten haben. Denn dadurch eröffnet sich der Verteilungsspielraum zwischen Löhnen und Profiten. Im Konzept der produktivitätsorientierten Lohnpolitik kommt dies ebenso zum Ausdruck wie in Berechnungen für den Spielraum von Lohnerhöhungen in jeder Tarifrunde.

Unter ökologischen Fragestellungen aber ist die Steigerung der Produktivität unweigerlich mit einer Vergrößerung des Stoff- und Energiedurchsatzes verbunden, daher mit größerem Ressourcenverbrauch und mit größerer Umweltbelastung durch Emissionen. Natürlich gilt diese Aussage nur »ceteris paribus«. Wenn der Produktivitätszuwachs zur Einsparung von Arbeit (Arbeitszeitverkürzung) und zur Verringerung des Ressourcenverbrauchs bei Konstanz des Bruttoinlandsproduktes genutzt wird, könnten Produktivitätssteigerungen auch eine ökologisch positive Wirkung haben. Wenn dies aber nicht der Fall ist, gerät eine produktivitätsorientierte Lohn- und Einkommenspolitik unweigerlich an ökologische Grenzen und daher in Konflikt mit Umweltinteressen. Diese Interessen sind keineswegs nur solche von Mitgliedern »neuer sozialer Bewegungen«, sondern sie betreffen die Arbeitnehmerinnen und Arbeitnehmer, wenn auch in sehr ungleichem Maße und nicht immer direkt, sondern indirekt, und daher in – hinsichtlich der Ursache-Wirkungs-Zusammenhänge – oft wenig transparenter Weise. Für die Gewerkschaften ergibt sich hier mehr und mehr ein Dilemma. Um Lohnpolitik im traditionellen Sinne betreiben zu können, um den Sozialstaat zu verteidigen und die gravierende soziale Krise zu bewältigen, sind Einkommensverbesserungen eine wichtige, ja eine zentrale Zielsetzung gewerkschaftlicher Politik. Es ist klar, daß diese Zielsetzung leichter zu verfolgen und zu erreichen ist, wenn Produktivitätszuwächse möglichst hoch sind. Jedoch kann der Moment kommen, an dem es nicht mehr verantwortbar ist und sogar in der eigenen Organisation auf Kritik stößt, wenn dieser Linie gefolgt wird. Das gemeinsame Produktionsinteresse ist dann nicht mehr geeignet, das Feld zu umreißen, in dem sich die Tarifparteien zu einem Kompromiß finden können. Diejenigen, auf deren Kosten dieser Kompromiß geschlossen würde, melden sich mehr und mehr und lauter außerhalb und innerhalb der gewerkschaftlichen Organisation zu Wort. Sie können nicht mehr überhört werden, sie müssen an der Formulierung gewerkschaftlicher Politik beteiligt werden.

Dafür sind geeignete organisatorische Formen zu finden, die zunächst noch unscharf mit dem Begriff der »diskursiven Organisationsform« umschrieben werden können. Darunter ist zum einen eine größere Offenheit für Interessenartikulation jenseits des gemeinsamen Produktionsinteresses zu verstehen, aber auch organisierte Lern- und Aufklärungsprozesse, die innerhalb der Gewerkschaften jene Orientierung herbeiführen, die in der »Krise der Arbeit«, »der Gewerkschaften«, »der Sozialdemokratie« verlorengegangen ist.

Die Zukunft des Sozialstaats hängt von dem Zustand der natürlichen Umwelt ab. Die menschliche Umwelt ist inzwischen zu einem Krankheitsfaktor geworden: Allergien infolge toxischer Emissionen in die Luft, die Gewässer, in den Erdboden, Streß wegen dauerhafter Lärmbelastung, karzinogene Substanzen allüberall etc. – Krankheitsfaktoren, die das Gesundheitssystem und damit den Sozialstaat ebenso belasten wie strukturelle Arbeitslosigkeit oder die krankheitsbedingte frühe Verrentung, weil Menschen den Anforderungen des Arbeitslebens mental und körperlich nicht mehr gewachsen sind.

Auch für die Gewerkschaften ergeben sich Konsequenzen aus der ökologischen Krise. Der Ort gewerkschaftlicher Organisation ist traditionell der Betrieb, das Unternehmen. Hier ist die Arbeit konzentriert, deren Interessen Gewerkschaften wahrnehmen. Doch mit der Arbeitszeitverkürzung, ein Erfolg gewerkschaftlicher Strategien in den vergangenen Jahrzehnten, und dem Gewicht, das nicht zuletzt aus diesem Grunde die »Reproduktionssphäre« erhält, sind die Gewerkschaften mehr und mehr gezwungen, organisatorisch einen »Ortswechsel« zu vollziehen. Während die Produktion im Betrieb, im Unternehmen erfolgt, reproduzieren sich die Arbeitnehmerinnen und Arbeitnehmer (auch die Arbeitslosen) in Haushalten, in Kommunen, in Städten, in der Region. So wie es ein gemeinsames Produktionsinteresse zwischen Lohnarbeit und Kapital gegeben hat, das eine Grundlage gewerkschaftlicher Politik und Organisation über Jahrzehnte gewesen ist, so gibt es ein gemeinsames Reproduktionsinteresse der Menschen. Dieses vereint Beschäftigte und Erwerbslose, Frauen und Männer, Stadt und Land. Natürlich darf nicht übersehen werden, daß auch jenseits des gemeinsamen Reproduktionsinteresses Gegensätze existieren. Die müssen ausgetragen werden. Es handelt sich aber um andere Gegensätze als sie aus der Auseinandersetzung zwischen Lohnarbeit und Kapital geläufig sind, auch wenn der Klassengegensatz keineswegs verschwindet.

Es käme darauf an, dieses gemeinsame Reproduktionsinteresse organisatorisch zu artikulieren. Auch von dieser Argumentationskette herkommend, bietet sich eine diskursive Organisationsform an, die die zumeist diffusen Interessen (»Lebensinteressen«) in einem Forum zusammenfaßt, in dem sie sich artikulieren können, um die Chancen der Durchsetzung zu verbessern. »Diskursivität« bedeutet nicht den Verzicht auf Machtentfaltung. Gegen starke ökonomische Interessen, die obendrein, wie gezeigt worden ist, internationale Dimensionen angenommen haben, bedarf es der Bündelung zur politischen Macht. Bei aller Betonung des diskursiven Charakters der Organisierung von Arbeitnehmerinteressen in Produktion und Reproduktion darf also nicht vergessen werden, daß Gewerkschaften ihren Aufgaben nur dann und so lange nachkommen können, wie sie auch über Macht verfügen. Macht muß immer wieder neu erworben werden, sie ist das Resultat des vereinten Wollens der organisierten ArbeitnehmerInnen.

Die Macht muß sich äußern, sie muß in der Öffentlichkeit sichtbar sein. Da sich in den vergangenen Jahrzehnten aber auch die Öffentlichkeit infolge der Innovationen im Medienbereich radikal gewandelt hat, sind auch die Äußerungsformen und die Darstellungsweise von Macht heute andere als in der gewerkschaftlichen Vergangenheit. Streiks sind eine Äußerungsform. Und dabei sind jene Streiks die wirksamsten, die in der Lage sind, neuralgische Punkte des Kapitals zu blockieren. Spektakuläre Aktionen, so wie sie in der Umweltbewegung (etwa von Greenpeace) erfunden worden sind und praktiziert werden, könnten auch für die Gewerkschaften eine Form der Präsentation von Macht sein. Dies ist natürlich ein heikler Punkt, denn anders als beispielsweise Greenpeace mit einer überschaubaren Reihe militanter Aktivisten, sind Gewerkschaften große demokratische Mitgliederorganisationen, die langwierige politische Willensbildungsprozesse benötigen. Da kann Avantgarde, Aktivismus und Militanz unter Umständen sogar schädlich sein. Aber in neuen Allianzen sollten neue Organisationsformen und Aktionsformen, wie sie die Umweltbewegung entwickelt hat, nicht ausgeschlossen werden.

Gewerkschaften werden so lange eine Zukunft haben, wie die kapitalistische Produktionsweise eine Zukunft hat. Das Kapital löst sich, beflügelt durch die Finanzinnovationen, immer mehr von den materiellen Bedingungen der Produktion. Nicht umsonst heißen die neuen Finanzinstrumente »Derivate«, sie sind ja nur von realen Werten abgeleitet, und zwar mit immer mehr Gliedern in der Kette zwischen der Produktion von Werten und der Aneignung von Spekulationsgewinnen.

Die Mitglieder der Gewerkschaften hingegen sind konkrete Menschen mit Arbeits-, Produktions-, mit Reproduktionsinteressen. Diese sind nicht mehr in Übereinstimmung, sie sind in Widerspruch geraten. Der Widerspruch durchzieht die Gewerkschaften. Er drängt in Richtung Gesellschaftsreform, um die möglicherweise katastrophalen Folgen des Derivaten-Kapitalismus für die Menschheit insgesamt abzuwenden. Noch niemals war Reformismus so wichtig wie heute. Die Gewerkschaften sind ein wichtiger Akteur im Rahmen eines modernen reformistischen Projekts, das freilich anders als in der Vergangenheit nur noch auf internationaler Ebene umgesetzt werden kann. Dies ist eine Chance der Gewerkschaften; dort liegt ihre Zukunft.

Arbeiterwohlfahrt Bundesverband

(Dr. Manfred Ragati, Vorsitzender)

Sorge um die Zukunft des Sozialstaates

Die Arbeiterwohlfahrt ist in großer Sorge um die Zukunft des Sozialstaates. Manches, was mühsam Stein für Stein in den zurückliegenden 50 Jahren zu einem guten System sozialer Sicherung aufgebaut wurde und unserem Lande sozialen Frieden brachte, wird von einigen Konservativen und rechtsliberalen Politikern sowie Arbeitgebervertretern, Wissenschaftlern und Journalisten zunehmend in Frage gestellt. Das System sei angeblich nicht mehr finanzierbar und damit überfordert, es sei freiheitsfeindlich und entmündigend, ja sogar unmoralisch.

Gewiß müssen unsere Sozialleistungssysteme finanzierbar bleiben. Viele Kommunen können kaum noch die steigenden Sozialhilfekosten zahlen, weil sie vom Bund immer mehr fremde Lasten aufs Auge gedrückt bekommen und für die zunehmenden Löcher in Sozialversicherungsbereichen sowie für die Folgen der Armut allgemein aufkommen müssen. Gewiß gibt es in unserem Sozialsystem Einzelregelungen, die nicht alle gleich gut, sinnvoll und deshalb diskutierbar sind. Wir müssen einiges selbstkritisch überdenken und durch Umverteilung unseren Sozialstaat weiterentwickeln mit den Zielen von mehr Effizienz und Gerechtigkeit, Überwindung von sozialpolitischen Schwachstellen und Unterversorgungssituationen. Dazu gehört, daß der Bund seine Aufgaben in die eigene Finanzverantwortung zurücknimmt.

1. Sozialstaat am Ende?

Was mich persönlich bedrückt, ist die Beobachtung, daß immer mehr Kritiker des Sozialsystems die Gunst der Stunde nutzen, um mehr oder weniger deutlich dieses System als falsch konstruiert zu bezeichnen und damit zu untergraben und auch zu diffamieren. Damit soll wohl der Boden für ein schrittweise zu verwirklichendes ganz anderes System vorbereitet werden, das dann wohl nicht mehr die Bezeichnung »Sozialstaat« verdient. Dafür wenige Beispiele:

- Die neue Pflegeversicherung soll offenkundig den Weg für Verschlechterungen in anderen Sozialversicherungsbereichen weisen, in denen nicht mehr das Grundprinzip der Bedarfsdeckung, sondern nur noch eine Basis- oder Grundversorgung der Leistungen ausdrücklich vorgesehen wird, mit denen einige Betroffene auskommen können, andere aber nicht. Das Grundversorgungskonzept schlägt sich auch nieder in einem sehr eng gefaßten Pflegebedürftigkeitsbegriff, der viele Pflegebedürftige ausgrenzt. Viele Pflegebedürftige zu Hause und in stationären Einrichtungen werden weiterhin auf Sozialhilfe angewiesen sein. Die früheren vollmundigen Erklärungen von Bundesarbeitsminister Blüm, daß niemand allein wegen Pflegebedürftigkeit arm sein sollte, haben sich damit als falsch erwiesen.
- In der Sozialhilfe wurde das Prinzip der Bedarfsdeckung insbesondere bei den Regelsätzen durch zahlreiche Deckelungen verletzt und damit außer Kraft gesetzt.
- Elementare Grundprinzipien der Sozialversicherungssysteme wurden seit Jahren beschädigt, woraus ich eine tendenzielle oder schrittweise Zerstörung dieser Systeme ableite.
- Über die Klage der zu hohen Lohnnebenkosten der Arbeitgeber wird anscheinend – wie bereits in der Pflegeversicherung geschehen – teils verdeckt, aber gezielt der Ausstieg der Arbeitgeber aus der paritätischen Mitfinanzierung der Sozialversicherungssysteme eingeleitet.
- Die Mißbrauchs- und Hängematten-Diskussion soll den Boden für einen als Umbau getarnten Abbau des Sozialstaates bereiten.
- Vom früher erklärten Staatsziel der Vollbeschäftigung wird von der Bundesregierung schon lange nicht mehr gesprochen. Das politische Ziel der Europäischen Union, bis zum Jahr 2000 die Arbeitslosigkeit zu halbieren, wird offenkundig von vielen belächelt. Dagegen wurden AFG-Leistungen abgebaut und durch gebotene Untertariflöhne bei ABM usw. unterschiedliche Klassen von Beschäftigten geschaffen.
- Das Konzept eines sogenannten »Bürgergeldes« soll wesentliche Sozialleistungen pauschalierend vereinfachen, Sozialämter, Wohngeldstellen usw. verschwinden lassen, womit das Prinzip der Bedarfsdeckung bzw. der Individualisierung bei Notlagen begraben werden soll.

Diese anti-soziale Kampagne wird durch ein unglaubliches Wortgeklingel begleitet – mit Schalmeientönen von angeblich gewollter Solidarität und Gerechtigkeit sowie Bekämpfung von Mißbrauch durch Sozialleistungsempfänger, während vom Mißbrauch der Steuerhinterziehung Vermögender und von Betrieben in Milliardenhöhe nicht die Rede ist. Damit soll offenkundig den Bürgern Sand in die Augen gestreut werden, damit sie sozialpolitische Verschlechterungen möglichst nicht sofort als solche erkennen.

2. Handlungsebenen

1. Zu fordern ist, daß gerade angesichts der Zunahme von Not, Ausgrenzung und Armut mehr Solidarität in unserer gesamten Gesellschaft notwendig ist, und zwar nicht nur rhetorische, sondern praktizierte Solidarität in Politik und Alltagsverhalten der Bürger.
2. Einige sozialpolitische Leistungen müssen sozialverantwortlich überprüft werden, auch mit dem Ziel, daß der Sozialstaat dort ausgebaut und weiterentwickelt werden muß, wo es spürbare sozialpolitische Defizite gibt.
3. Wir müssen deutlich machen, daß gute Sozialpolitik nicht nur Geld kostet, sondern auch ein wirtschaftlich positiver Standortfaktor ist, schlechte Sozialpolitik dagegen Gefahren für Demokratie und Gesellschaft bedeuten kann.
4. Wir müssen nicht nur Armut mehr thematisieren, sondern erheblich auch den Reichtum in unserer Gesellschaft, der oft nicht adäquat zum Tragen der Lasten herangezogen wird, sondern sich heute gerne davor drückt und versteckt, zugleich aber die öffentliche Meinung immer mehr in seinem Sinne beeinflußt.
5. Wir müssen wieder einen gesamtgesellschaftlichen Grundkonsens erreichen, der seit Jahren in Frage gestellt worden ist, daß die Solidarität der Besitzenden mit den Nichtbesitzenden mehr zur Bekämpfung von Not ganzer Bevölkerungsgruppen erfordert und daß dafür diejenigen mit den breiteren Schultern mehr als bisher tragen müssen als die mit schmaleren Schultern. Wir müssen dabei weit mehr Phantasie und politischen Willen zur effektiveren Bekämpfung der Massenarbeitslosigkeit aufbringen.
6. Wir müssen sorgsam die zahlreichen gesellschaftlichen Veränderungen und Ausdifferenzierungen im Denken und Verhalten der Bürger und der

Bevölkerungsgruppen beobachten und daraus gesellschaftspolitische Folgerungen ziehen. Wir müssen auch die Bürger noch mehr für die Nöte und sozialen Konflikte anderer sensibilisieren und mehr aktive Solidarität anregen. Kritisch kann man offenbar zunehmende Tendenzen sehen zu nur selbstbezogener Selbstverwirklichung und zum individuellen Selbstgenuß, zur gleichsam totalen Konsum- und Freizeitgesellschaft ohne soziale Verantwortung.

7. Wir müssen verbandsübergreifend eine Aktion Gegenwehr gegen antisoziale Tendenzen organisieren und dabei mit Wohlfahrts- und Behindertenverbänden, mit Gewerkschaften, Sozialwissenschaftlern und sozial engagierten Bürgern, Gruppen und Politikern zusammenarbeiten, ohne die die Talfahrt zur immer größeren Aushöhlung des Sozialstaates wohl schwer aufgehalten werden kann.

*Arbeitsgemeinschaft christlich-demokratischer Kolleginnen und Kollegen der IG Metall**

Das Fundament bestimmt die Stabilität der Einheitsgewerkschaft

»(...) Es muß versucht werden, einen stärkeren Einfluß auf die internen Entscheidungsprozesse in der CDU/CSU zu erreichen. Die politische Kunst besteht darin, statt Druck von außen – der nur mit Gegendruck beantwortet würde – einen gezielten, massiven Binnendruck zu erzeugen. Dazu bedarf es der ernsthaften Bereitschaft und Aufforderung, in die eigenen Gliederungen der Einzelgewerkschaften und des DGB, den Arbeitnehmerflügel der CDU/CSU hineinzuwirken und die jeweilige christlich-soziale Arbeitnehmergruppierung stärker an sich zu binden. Die christlich-sozialen Kolleginnen und Kollegen stehen ihrer Partei, gerade auch durch die Koalition mit der FDP, oft kritisch und distanziert gegenüber. Zu selten werden dort mittlerweile ihre Ideale, Katholische Soziallehre, Evangelische Sozialethik und das Eintreten für die Einheitsgewerkschaft berücksichtigt. Und gerade dieses Eintreten für die Einheitsgewerkschaft wird ihnen von den eigenen Gewerkschaftskollegen immer schwerer gemacht.

Als besonders gravierend wird eine immer wieder bestrittene, aber scheinbar weitverbreitete Ausgrenzung Christlich-Sozialer in den Gremien vor Ort und in den Betrieben angesehen: »Man muß besser sein als die Kollegen und mehr leisten als sie, und trotzdem sind sich alle einig: Das ist der/die Schwarze – der/die stört!« Hinzu kommt, daß einseitige, überzogene und polemische Darstellungen der Regierungspolitik und ihrer Vertreter von CDU/CSU in den Gewerkschaftsmedien und bei öffentlichen Veranstaltungen – gerade auch vor Wahlen – als »Legitimation von ganz oben« für die

* Die Arbeitsgemeinschaft christlich-demokratischer Kolleginnen und Kollegen der IG Metall, ein Ausschuß, der sich aus 21 betrieblichen Vertretern der regionalen Gruppierungen der Arbeitsgemeinschaft sowie einem geschäftsführenden und zwei ehrenamtlichen Vorstandsmitgliedern der IG Metall zusammensetzt, wobei die elf christlich-sozialen hauptamtlich Beschäftigten der IG Metall eine beratende/unterstützende Funktion ausüben, sandte uns den folgenden Text, der allerdings bereits in den Gewerkschaftlichen Monatsheften 7/1995, Seite 451–455, dokumentiert wurde und daher hier nur in seinen wesentlichen Passagen wiedergegeben wird.

Ausgrenzung vor Ort verstanden wird. Die dahinterstehenden Probleme dürfen nicht einfach weiter ausgeblendet werden. Die Frage muß erlaubt sein: Was machen die Gewerkschaften mit ihrem bisherigen Mitgliederanteil von rund einem Drittel, der CDU/CSU wählt? Wird etwa geglaubt, daß diese selbständig denkenden Kolleginnen und Kollegen dadurch auf die »richtige« Politikschiene gelenkt werden, indem sie über ihren Mitgliedsbeitrag an ihrer eigenen Verhöhnung beteiligt werden? Was machen die Gewerkschaften darüber hinaus mit all denjenigen nichtorganisierten Arbeitnehmern, die seit nunmehr 1982 die CDU/CSU in die Regierungsverantwortung gewählt haben?

Wenn es stimmt, daß bis heute mehr als 50 Prozent der abhängig Beschäftigten noch nicht gewerkschaftlich organisiert sind, dann muß in viele Richtungen nachgedacht werden. Der DGB und die in ihm zusammengeschlossenen Einzelgewerkschaften verstehen sich als zutiefst demokratische Organisationen. Gewerkschaftliche Positionen werden als Mehrheitspositionen betrachtet, die auch für noch zu organisierende Gewerkschaftsmitglieder annehmbar sein sollen.

Ohne Umkehrung des Mitgliederschwunds und ohne Mitarbeit von Christlich-Sozialen kann der Anspruch der Einheitsgewerkschaft, Interessenvertreter aller Arbeitnehmer zu sein, aber nur schwer aufrechterhalten werden. (...) Die Einheitsgewerkschaft ist kein Schönwetterprogramm, sondern ein Spiegelbild der gewerkschaftlichen Zukunft überhaupt. (...) Das Aufzeigen gesellschaftlicher Visionen auf der Grundlage solidarischer Leitsätze und der unnachgiebige Einsatz für eine Verwirklichung dieser Visionen müßten eigentlich auch bei dem letzten unorganisierten Arbeitnehmer ein schlechtes Gewissen erzeugen, sofern er nicht überzeugter Trittbrettfahrer ist.

Wie gesagt: Ein großer Teil der Arbeitnehmer in Deutschland ist Gewerkschaftsmitglied und wählt CDU/CSU. Sie wollen offensichtlich von ihrer Gewerkschaft vertreten werden. Als Kontroll- und ausgleichendes Gegenmachtsorgan ist ihnen die Gewerkschaft wichtig. Gewerkschaften erfüllen für sie mehr als nur eine Versicherungsfunktion. Die für sie agierende Gewerkschaft ist der für sie entscheidende Tarifpartner, der ihre Rechte und Positionen gegenüber dem Arbeitgeberlager vertritt. Vielleicht stehen sie ebenso fest zu ihrer politischen Orientierung. Kolleginnen und Kollegen, auf die man sich verlassen kann, wechseln ihre Partei eben nicht wie ihr Hemd, auch wenn ihnen im eigenen Laden vieles mißfällt.

Vielleicht sehen diese Arbeitnehmer in der CDU/CSU auch nur das kleinere politische Übel. Vielleicht sprechen sie anderen Parteien nur noch mehr

Kompetenzen für eine wirtschaftlich und sozial ausgeglichene Zukunftssicherung ab als der CDU/CSU. Zumindest aber haben sie sich, neben ihrer Gewerkschaftszugehörigkeit, auch entschieden, von wem sie politisch vertreten werden wollen. Und sie wollen nicht gleichgesetzt werden mit den »politischen Deppen«, die nicht selten als solche in den Gewerkschaftsmedien dargestellt werden. Sie wollen sich von »ihrer Gewerkschaft« nicht immer wieder deutlich machen lassen, daß sie zu den Verlierern der politischen Moral gehören, wenn sie »ihre Partei« wählen oder zumindest mit ihr sympathisieren.

Arbeitnehmer in einer zunehmend individualisierten Arbeitswelt, umfassend gebildete Jugendliche, selbständig arbeitende Angestellte und selbstbewußte Frauen lassen sich immer weniger durch einen Trichter in die gleiche politische »Meinungsknappheit« drücken. Die immer wieder beschworene Meinungsvielfalt, die offen diskutiert und auf sachliche Argumente aufbaut, ist die Voraussetzung für eine wirklich demokratische, nachvollziehbar funktionierende Einheitsgewerkschaft. (...) Vielleicht ist eine neue Offenheit sogar der Schlüssel für einen massiven Anschub einer allgemeinen neuen Beteiligungsfreudigkeit in den Gewerkschaften.«

Arbeitslosenverband Deutschland e. V.
(Dr. Klaus Grehn, Präsident)

Abbau der Massenarbeitslosigkeit Maßnahmen – Vorschläge – Forderungen

Trotz aller Versuche und Aktionen, die Erwerbslosigkeit zu verringern, ist sie in den letzten Jahrzehnten kontinuierlich angewachsen. Die offene und die versteckte Arbeitslosigkeit sowie die Unterbeschäftigung haben ein in der deutschen Geschichte bisher einmaliges Ausmaß erreicht. Alle seriösen Prognosen gehen davon aus, daß die Massenarbeitslosigkeit in den nächsten Jahren anhalten wird.

Unterschiedliche Interessenkonstellationen in Politik und Wirtschaft haben bisher verhindert, daß erfolgversprechende Maßnahmen, Vorschläge und Forderungen in einer gesamtgesellschaftlichen Konzeption zusammengefaßt und mit einer neuen Arbeitsmarktpolitik verwirklicht werden. Statt dessen wird in den letzten Jahren ein in der Geschichte der Bundesrepublik einmaliger Sozialabbau betrieben. Nicht die Ursachen der Arbeitslosigkeit, sondern ihre Folgen sind Gegenstand der als Umbau des Sozialstaates bezeichneten Maßnahmen. In deren Ergebnis werden Armut und Unterversorgung weiter zunehmen, werden immer mehr Menschen aus der Gesellschaft ausgegrenzt.

Wir fordern, diesen erfolglosen Weg zu verlassen und in einer konzertierten Aktion schrittweise die Arbeitslosigkeit – diese Geißel der modernen Gesellschaft – wirksam abzubauen. Der Arbeitslosenverband stellt die aus seiner Sicht dazu möglichen Wege zur Diskussion.

Grundvoraussetzung: Die Entscheidungsträger in Politik, Wirtschaft und im öffentlichen Leben müssen willens sein, in den Bereichen Arbeitsmarkt- und Sozialpolitik neue Denkansätze zu entwickeln und mit geeigneten Mitteln und Methoden in gesellschaftliche Realität umzusetzen.

1. Verankerung des international anerkannten Rechts auf Arbeit, der Berufsfreiheit und des Verbots von Zwangsarbeit im Maastricht-Vertrag II sowie im Grundgesetz der Bundesrepublik Deutschland.

   Dieses Recht schließt die freie Berufswahl, menschenwürdige und befriedigende Arbeitsbedingungen, eine soziale Grundsicherung (Existenzgeld/Mindesteinkommen) sowie den Schutz gegen Arbeitslosigkeit ein.

2. Eine Gesamtbetrachtung der Arbeitslosigkeit durch die Politik, um alle ihre Wirkungen, Folgen und Kosten zu erfassen und nicht nur die betriebswirtschaftlichen oder die arbeitsmarktlichen Konsequenzen.

3. Weiterentwicklung der sozialen Sicherungssysteme auf der Grundlage einer ausreichenden, das heißt über dem Existenzminimum liegenden, zeitlich nicht begrenzten Grundsicherung.

   Diese Grundsicherung ist aus Steuern zu finanzieren und muß allen Bürgern, die aus unterschiedlichen Gründen nicht in den Arbeitsprozeß integriert sind, offenstehen. Ein solches Grundsicherungssystem, dessen Einführung in den Vertrag von Maastricht im Zuge seiner Novellierung als europäisches Grundsicherungsmodell zu prüfen ist, muß die entwürdigende Bedürftigkeitsprüfung und einen Zwang zur Arbeit ausschließen.

4. Nicht weitere Aushöhlung des Sozialstaates, sondern weitere Ausgestaltung durch Festsetzung eines dynamisierten Mindestentgelts (mindestens in Höhe der Grundsicherung) und flexible Höchstentgeltgrenzen.

   Verbunden mit einer Senkung der Massensteuern, würde dies zu einer gleichmäßigeren Verteilung der Einkommen führen.

5. Eine Wirtschaftspolitik des Bundes und der Länder, die sich stärker am Erhalt und an der Schaffung von Arbeitsplätzen orientiert und die besondere Betroffenheit bestimmter Gruppen berücksichtigt.

   Grundsätzlich ist bei der Vergabe von Investitionszuschüssen, Subventionen, Liquiditätskrediten, Fördergeldern usw. von den Erfordernissen des Arbeitsmarktes auszugehen, müssen diese an den Erhalt und die Schaffung einer entsprechenden Zahl von Arbeitsplätzen gebunden werden. Dazu ist die staatliche Investitionslenkung zu aktivieren.

6. Entwicklung eines Wirtschaftskonzepts, das an der Durchsetzung der Forderung »Arbeit für alle, die arbeiten wollen und können« orientiert ist und weiteren Sozialabbau verhindert.

   Das verlangt unter anderem eine Wirtschaftspolitik und -praxis, die sich an der Lösung der globalen Menschheitsprobleme ausrichten (Weltumweltprobleme; Weltgesundheitsprobleme; Welthunger; Weltarmutsprobleme; Weltarbeitslosigkeit).

7. Neugestaltung der Finanz- und Steuerpolitik. Stärkere Beteiligung privilegierter Gruppen an den gesamtgesellschaftlichen Kosten zur Bekämpfung der Arbeitslosigkeit durch Neuregelung der Abgabenordnungen. Keine Erhöhung der Diäten und der Gehälter von Beamten in Führungspositionen, bis eine wirkliche Trendwende auf dem Arbeitsmarkt erreicht ist.
8. Regionalisierung der Wirtschaft, die regionale, arbeitsplatzschaffende Wirtschaftskreisläufe hervorbringt.
9. Verpflichtung der Unternehmer zu aktiver Beschäftigungspolitik im Sinne der weiteren Ausgestaltung der Sozialpflicht des Eigentums, insbesondere durch Erhalt und Schaffung von Arbeitsplätzen für Frauen, altersgerechten Arbeitsplätzen und Ausbildungsplätzen.
10. Umwandlung der reichlich vorhandenen gesellschaftlich notwendigen unbezahlten Arbeit in bezahlte Erwerbsarbeit und Erschließung neuer Felder für die Erwerbsarbeit, unter anderem im Umwelt-, Sozial- und Kulturbereich, im Bereich der Infrastruktur, der Dienstleistungen und der Energie.
11. Eine radikale Arbeitszeitverkürzung bei gleichzeitiger Neugestaltung der Arbeitszeitregelungen.

    Orientierungspunkte müssen dabei sein: gerechte Verteilung der Erwerbsarbeit, Anpassung von Lebens- und Arbeitsphasen (Arbeit, Familie, Bildung, Urlaub, Alter ...), Verhinderung von prekärer Beschäftigung – ohne Senkung der gesamtgesellschaftlichen Nachfrage.
12. Aktive Beschäftigungspolitik als staatliche Aufgabe, Ausbau statt Abbau der aktiven Arbeitsmarktpolitik.

    Ein öffentliches Beschäftigungsprogramm, das dem Inhalt, der Form, den materiellen und sonstigen Arbeitsbedingungen sowie der Stellung nach an den ersten Arbeitsmarkt anzugliedern ist.

    Finanzierung der ABM-Gesamtkosten aus den allgemeinen Steuermitteln und nicht aus Beiträgen der Versicherten. Förderung des innovativen, arbeitsplätzeschaffenden dritten Sektors, insbesondere Förderung alternativer arbeitschaffender Modelle, wie im Non-Profit-Sektor, im Genossenschafts-, im ökologisch-alternativen und soziokulturellen Sektor.
13. Weiterentwicklung der Arbeitsmarktpolitik, um über Beschäftigung die von längerer Arbeitslosigkeit betroffenen Menschen vor irreparablen Schäden zu bewahren.

Konsolidierung und Ausbau der aktiven Arbeitsmarktpolitik sollen der beruflichen Dequalifizierung und gesellschaftlichen Isolierung arbeitswilliger Menschen entgegenwirken, um

- durch Verbindung regionaler und sozialer Entwicklungsprogramme sinnvolle Arbeit anzubieten;
- geschützte und finanziell gestützte Arbeitsplätze für Menschen ohne Schul- bzw. Berufsabschluß und Menschen mit Behinderungen zu schaffen;
- betroffenen Menschen Auffang-, Qualifizierungs-, Beschäftigungs- und Kommunikationsmöglichkeiten bereitzustellen;
- Langzeitarbeitslose so lange zu beschäftigen, bis sie sich wieder auf dem ersten Arbeitsmarkt behaupten können;
- für Sozialhilfeberechtigte die Chancen für Arbeit und Qualifizierung zu erweitern.

14. Anlage von Arbeitsbeschaffungsmaßnahmen von vornherein auf drei bis fünf Jahre im Interesse der Schaffung von Übergängen zum ersten Arbeitsmarkt.

    Für die Effektivität dieser Maßnahmen und ihren Nutzen für die Gesellschaft sind Management und sozialpolitische Begleitung durch von der öffentlichen Hand finanzierte Fachkräfte durchzusetzen.

    Sofern ein tragfähiges Konzept für die Gründung eines marktfähigen Unternehmens aus einem geförderten Projekt vorliegt, sind Arbeitsmittel und -gegenstände an das Unternehmen zu übergeben.

15. Rücknahme aller Festlegungen und Bestimmungen, die den Entlastungen am Arbeitsmarkt und den mit der aktiven Arbeitsmarktpolitik angestrebten Effekten entgegenwirken.

    Wir fordern die ortsüblich oder die tariflich geregelte Bezahlung der Erwerbstätigen auf dem zweiten Arbeitsmarkt.

16. Ein neues Arbeitsförderungsgesetz, das das nun seit 26 Jahren bestehende ablöst, und eine der sozialen Entwicklung entsprechende Sozialgesetzgebung.

    Die Bestimmungen sind zu entschlacken, müssen durchschaubar, das heißt bürgerfreundlich sein – weniger und kürzere Formulare, weniger Verwaltungsstellen, weniger Verwaltungsaufwand.

    Die neuen Bestimmungen müssen auf den Arbeitsmarkt gestaltend einwirken – ausgerichtet auf eine flexible Arbeitsmarktpolitik und die Bereitstellung der entsprechenden materiellen und finanziellen Mittel.

17. Regelungen zum Bezug von Altersübergangsgeld.

    Solange es nicht gelingt, die Diskrepanz aufzuheben zwischen der geringen Anzahl freier Arbeitsplätze und der um ein Vielfaches höheren Anzahl der offen oder versteckt arbeitslosen Menschen, ist für Arbeitslose, die während der Arbeitslosigkeit das 55. Lebensjahr vollenden und die länger als 78 Tage arbeitslos waren, die Möglichkeit des Bezugs von Altersübergangsgeld zu schaffen.

18. Institutionelle Förderung frei-gemeinnütziger Träger, die im Rahmen der staatlichen Beschäftigungspolitik ABM realisieren, entsprechend ihren Leistungen.

19. Rücknahme der Kürzungen der Lohnersatz- und sozialen Leistungen, insbesondere jener, die mit der 10. und 11. Novelle zum AFG sowie mit dem Beschäftigungsförderungsgesetz eingeführt wurden.

20. Beibehaltung des Bedarfsdeckungsprinzips im Bereich der Sozialhilfe.

    Das Lohnabstandsgebot ist aufzuheben, jede Form der Zwangsarbeit abzuschaffen und jede Ausdehnung der Unterhaltspflicht auf Nicht-Verwandte zurückzuweisen.

    Wir fordern eine Reform des Sozialhilferechts, die einen Beitrag zur Reduzierung der sozialen Risiken leistet und die Lücken zu vorgelagerten Sicherungssystemen, vor allem der Arbeitslosenversicherung, schließt.

21. Wirksame Maßnahmen, die der Diskriminierung von Bürgern auf dem Arbeitsmarkt und bei der Gewährung von Sozialleistungen aus Gründen des Geschlechts, des Alters, der Nationalität, der Konfession, des Gesundheitszustandes oder politischer Anschauungen entgegenwirken.

    Insbesondere fordern wir für Frauen wegen des hohen Anteils an den Arbeitslosen und der wachsenden Ungleichbehandlung bei der Vergabe von Arbeitsplätzen Sonderregelungen, die sich an den Bedürfnissen und der realen Situation orientieren.

22. Entwicklung von Beschäftigungskonzepten für ältere Arbeitslose

    - zur Hilfe und Selbsthilfe beim Zurechtfinden in den Rechtsvorschriften, bei der Sozial- und Gesundheitsbetreuung sowie der Lösung von Alterskonflikten;

- für Initiativen, um in nichtstaatlichen Organisationen, Verbänden und Vereinen Einblicke, Erkenntnisse und Kenntnisse in wichtigen öffentlichen Angelegenheiten zu gewinnen, Schlußfolgerungen abzuleiten und in Handlungen zu übertragen;
- zur Befähigung für die Beschäftigung mit sozialen, gemeinnützigen, allgemeinen, künstlerischen und politischen Aufgaben;
- zum Erlernen von Kommunikationstechniken untereinander und gegenüber Jüngeren, besonders zur Sicherung der Stabilität der Familien.

23. Neue Instrumente, die die Eingliederung von Langzeitarbeitslosen und arbeitslosen Jugendlichen in den Arbeitsmarkt fördern.

    Dazu können Pflichtquoten genauso gehören wie die Pflicht zur Vermittlung eines Arbeitsplatzes nach 12 Monaten Arbeitslosigkeit an arbeitslose Jugendliche und die Übernahmegarantie für Auslernende für mindestens 12 Monate. Dabei ist wegen der fundamentalen gesellschaftlichen und individuellen Folgen aus der Nichtbeschäftigung von Jugendlichen insbesondere bei ihnen die bisherige Praxis der Vergabe der Fördermittel an Unternehmen in differenzierter Weise umzuwandeln in eine angemessene Ausgleichsabgabe für nichteingehaltene Quoten.

24. Maßnahmen für eine kontinuierliche, ausreichende Bereitstellung von Berufsausbildungsplätzen.

    Ausbildung, Fortbildung und Umschulung für Erwerbslose und Erwerbstätige müssen leicht zugänglich und für alle kostenfrei sein. Sie müssen den Bedürfnissen der Wirtschaft sowie dem notwendigen Ausbau des sozialen und kulturellen Bereiches entsprechen. Die unterschiedlichen Bedürfnisse der sozialdemographischen Gruppen und deren Situation sind zu berücksichtigen.

25. Kostenlose, gesetzlich geregelte Rechtsberatung, Rechtsbesorgung und -vertretung der Arbeitslosen, Sozialhilfeempfänger und der anderen an den Rand der Gesellschaft Gedrängten.

26. Anerkennung, Erhalt, Schutz und Förderung der Organisationen der Erwerbslosen und Sozialhilfeempfänger als Einrichtungen, die eine gesellschaftlich wichtige, notwendige und schwierige Aufgabe übernehmen.

    Anerkennung der Bereitstellung der notwendigen Mittel für die Tätigkeit von frei-gemeinnützigen Vereinen und Selbsthilfegruppen als staatliche Aufgabe.

27. Gesellschaftliche Anerkennung und institutionelle Förderung der Sozialarbeit mit Erwerbslosen.
28. Gesetzlich verankerte Berechtigung für Erwerbslosen-/Sozialhilfeorganisationen, ihre Klientel überall zu vertreten, wo Entscheidungen gefällt werden, die deren Interessen berühren.
29. Ausbau der Arbeits- und Sozialämter zu Institutionen für persönliche Hilfe, Koordinierung der Arbeitslosen- und Sozialarbeit und für die Strategieentwicklung.
30. Ein nationaler Armutsbericht, der der Politik und der Wirtschaft umfassende Einsichten in die tatsächliche individuelle, familiäre und soziale Lage der von der Gesellschaft Abgekoppelten gibt, und ein Reichtumsbericht, der Entscheidungen zur Finanzierung der notwendigen Maßnahmen ermöglicht, Arbeitslosigkeit und Ausgrenzung zu überwinden.

Der Arbeitslosenverband Deutschland e. V. bietet sich für die Diskussion zu diesen Vorstellungen an.

Er ist bereit, seine Erkenntnisse und Erfahrungen in die gesamtgesellschaftliche Diskussion einzubringen.

Marieluise Beck
(Bundestagsabgeordnete von Bündnis 90/Die Grünen)

Den Stier bei den Hörnern packen*

Seit nunmehr 13 Jahren hat die Koalition in Bonn einen langsamen, aber zielstrebigen Prozeß der Deregulierung der Arbeitsbeziehungen vorangetrieben, der den Flexibilisierungswünschen der Unternehmen den Weg ebnet. Zahllose Änderungen des Arbeitsförderungsgesetzes haben seither die Leistungsansprüche der Arbeitnehmerinnen und Arbeitnehmer beschnitten. Das Beschäftigungsförderungsgesetz erweiterte die Möglichkeiten der befristeten Beschäftigung, und ein neues Arbeitszeitgesetz dehnte die im Interesse der Kapitalseite verfügbaren Arbeitszeiten aus. Gleichzeitig stieg in den achtziger und neunziger Jahren die Zahl der Erwerbslosen – von Menschen, die gegen ihren Willen von der Möglichkeit ausgeschlossen sind, ihre Existenz selbständig zu sichern – dramatisch an.

Die aktuelle arbeitspolitische Diskussion ist vor diesem Hintergrund entsprechend polarisiert: Die konservative Seite wird nicht müde, die millionenfache Erwerbslosigkeit – neben dem vermeintlich zu hohen Lohnniveau – den hohen arbeits- und sozialrechtlichen Standards in Deutschland zuzuschreiben. Und sie ruft lauthals nach Deregulierung, Absenkung des Standards, Flexibilisierung der Arbeitszeiten und Möglichkeiten des »Länger-Arbeitens«. Demgegenüber steht der arbeitnehmerorientierte Block, der die Umverteilung der Arbeit auf alle Erwerbssuchenden propagiert.

Widersprüche und ungeklärte Fragen

De facto hat die Ausdifferenzierung der Arbeitsverhältnisse und damit der Arbeitszeiten bereits ihren Lauf genommen. Das »Normalarbeitsverhältnis«

* Die Bundestagsfraktion Bündnis 90/Die Grünen hat die Einsetzung einer Enquetekommission vorgeschlagen, die Empfehlungen für die Neugestaltung der Arbeitsrechtsordnung formulieren soll. Marieluise Beck ist eine der Initiatorinnen dieser Kommission. Ihr Beitrag erschien auch in »Mitbestimmung«, 7/1995, S. 6–7.

als Grundlage von Einkommen und sozialer Sicherung ist zunehmend in Frage gestellt. Außerhalb dieses gesellschaftlichen Kernbereichs existiert eine Vielzahl von Arbeitsformen und Arbeitsverhältnissen, von ungeschützter Beschäftigung, so Heim- und Telearbeit, Teilzeitarbeit, Leiharbeit, Scheinselbständigkeit und nach wie vor Pflege- und Erziehungsarbeit von Frauen.

Das sogenannte Normalarbeitsverhältnis ist seit jeher in der Regel dem Mann vorbehalten. Frauen, seit Kriegsende wieder in der Rolle der »Zuverdienerinnen«, hatten angesichts der niedrigen Frauenlöhne, die nie als Familienlöhne gedacht waren, angesichts von vielfältig unterbrochenen Berufsbiographien und von Teilzeitarbeitsverhältnissen in der Regel keine Chance, ihre Existenz und ihre Sozialbiographie eigenständig abzusichern. Verkürzte Arbeitszeiten hat es demnach schon immer gegeben, sie waren nur nicht der Rede wert, solange sie nur die Frauen trafen. Thematisiert werden sie in dem Maße, in dem nunmehr auch Männer zunehmend von entsprechenden Abweichungen vom »Normalarbeitsverhältnis« betroffen sind. Flexibilisierung leistet dieser Entwicklung Vorschub und überläßt die sich daraus ergebenden Risiken der Existenzsicherung und der sozialen Sicherung zunehmend dem Individuum. Der Teil der Gesellschaft, der über eine kontinuierliche Berufsbiographie und die damit gewährleisteten materiellen Sicherheiten verfügt, wird immer kleiner.

Re-Regulierungsoffensive

Statt diese Entwicklung weiter voranzutreiben und auf weitere Deregulierung zu setzen, stehen wir vor der Aufgabe, positiv gestaltend in diesen Prozeß einzugreifen und eine Re-Regulierungsoffensive zu starten.

- Über die kollektivrechtliche Absicherung des »Normalarbeitsverhältnisses« durch gewerkschaftliche Tarifpolitik hinaus muß sich sowohl die Interessenvertretung der Arbeitnehmer/innen als auch die Ordnungspolitik zu ihrem Schutz in die Gestaltung der sich ausdifferenzierenden Arbeitsverhältnisse einmischen. Dies bedeutet, einen zusätzlichen individualrechtlichen Schutzansatz in das Arbeitsvertragsrecht aufzunehmen und ergänzend neben die kollektivvertraglich verankerten Rechte zu stellen. Gewerkschaftspolitik und Ordnungspolitik sollten sich in diesem Vorhaben ergänzen.
- Auf lange Sicht fordert die Erosion des Normalarbeitsverhältnisses den Umbau des sozialen Sicherungssystems (Grundsicherung, Anerken-

nung von Pflege- und Erziehungszeiten, Weitergelten der Ansprüche trotz Teilzeit etc.). Bei verkürzten Arbeitszeiten wird die Existenzsicherung im Niedriglohnbereich über gesellschaftliche Transfers (Teilzeitbeihilfen) und durch Veränderung des Steuersystems zu gewährleisten sein.

- Den Flexibilisierungsanforderungen der Unternehmer müssen rechtlich abgesicherte Optionen entgegengestellt werden, die die Arbeitnehmer/innen entsprechend ihrer Interessenlage und jeweiligen Lebenssituation in Anspruch nehmen können. Dies bedeutet ein individuelles Recht auf Arbeitsreduzierung, z. B. im Falle von Kindererziehung, Pflege oder auch zur beliebigen Verfügung.
- 20 Jahre ökologischer Debatte haben in den Betrieben das Bewußtsein geschärft, daß sowohl ökologische Risiken des Produktionsprozesses als auch ökologische Folgen des Konsums nicht weiter Angelegenheit der Kapitalseite allein sein können. Dies gibt der Mitbestimmungsfrage eine neue, auf die Formen und Inhalte von Produktion bezogene Dimension und setzt ein erweitertes und in seinem Aufgabenbereich neu zu definierendes Mitbestimmungsrecht voraus. Zudem bewegen sich immer mehr Arbeitnehmer in Grenzbereichen zwischen Abhängigkeit und Selbständigkeit, systematische Rationalisierungen ersetzen teilweise die Rationalisierung im technischen Bereich. Ein modernes, an demokratischen Prinzipien orientiertes Mitbestimmungswesen muß diesen Strukturwandel aufnehmen. Denn sonst wird das Mitbestimmungsinstrumentarium zunehmend stumpfer in der Auseinandersetzung zwischen Kapital und Arbeit.

Perspektiven

Die zunehmende Erosion des Normalarbeitsverhältnisses ist eine logische Folge der oben beschriebenen Veränderungen in den Produktionsprozessen moderner Industriegesellschaften. Daraus ergibt sich, daß der Kreis der Kernbelegschaften zunehmend zugunsten einer prekär beschäftigten Mitarbeiterschaft schrumpft. Wer allein auf die Sicherung der »Normalbeschäftigten« setzt, wird dem Ausfransen der Belegschaften nichts entgegenzusetzen haben. Deshalb gilt es, die Differenzierung der Arbeitsverhältnisse so weit aufzunehmen und zu gestalten, daß die Spaltung zwischen Kern und Rand nicht zunimmt. Prekäre Beschäftigung muß eingedämmt, mit Schutzvorschriften und Ansprüchen versehen werden, und gleichzeitig muß die Durchlässigkeit zum Kern hin geöffnet werden.

Angesichts der von niemandem bestrittenen Tatsache, daß alle entwikkelten Industriegesellschaften auf Jahre hinaus durch hohe Erwerbslosigkeit gekennzeichnet sein werden, ist eine solche Re-Regulierung auch unter beschäftigungspolitischen und damit sozialen Gesichtspunkten unumgänglich, will man nicht die zunehmende Spaltung der Gesellschaft und die Etablierung einer »Working poor«-Schicht nach amerikanischem Muster akzeptieren.

Norbert Blüm, CDU-MdB
(Bundesminister für Arbeit und Sozialordnung)

Sozialstaatliche Kultur in der Bewährung

1. Vorbemerkung

Die großen ideologischen Fanfaren das 19. Jahrhunderts sind verstummt: Die Heere haben sich zerstreut. Von den Fahnen, die den Eroberungszügen vorangetragen worden waren, wehen nur noch Fetzen im Wind. Vom alten Liberalismus und seinem weltanschaulichen Ziehbruder, dem Sozialismus, verbleiben noch nostalgische Reminiszenzen. Sie bewegen die Phantasie der Menschheit nicht mehr.

Oswald von Nell-Breuning nannte beide, Sozialismus wie Liberalismus, Milchbrüder der gleichen geistigen Mutter, deren Erziehungsprogramm der sich selbst überlassene Mensch sei.

Während der Liberalismus nur das Individuum kannte und sonst nichts, formulierte der Sozialismus im Sinne eines Pendelschlags das Gegenprogramm: Der Mensch ist ein Kollektivwesen und sonst nichts.

Beide Ideen sind verblaßt, und übriggeblieben ist nur ein Gehäuse leerer, alter Gewohnheiten, die routiniert ins liebgewordene Rechts-Links-Schema gezwängt werden. Aber was heißt »links«, was heißt »rechts«? Ist Bewahrung der Schöpfung, also Umweltschutz, »links«? Ist Schutz des schwächsten Menschen, nämlich des ungeborenen Kindes, »rechts«? Was ist progressiv, was ist konservativ?

In einer bewegten Zeit des Umbruchs, wie wir sie jetzt erleben, sind Standpunkte gefragt.

2. Christliche Soziallehre

2.1 Personalität

Die christliche Soziallehre verstand den Menschen immer in seinem Doppelwesen als Individual- und Sozialnatur. Individualismus und Kollektivismus dagegen erklären jeweils eine Seite, eine Teilwahrheit, zur ganzen Wahrheit: der eine die Individual-, der andere die Sozialnatur. Die Verabsolutierung von partiellen Wahrheiten ist der Grundirrtum von Individualismus und Kollektivismus.

Die Personalität des Menschen hat ihre stärkste Verankerung in jenem biblischen Menschenbild, das alle Menschen als Kinder Gottes auszeichnet. Abendländische Moralität ist ohne diese Substanz aus jüdisch-christlicher Herkunft überhaupt nicht verständlich. Die Würde des Menschen ist die beste Erbschaft des christlichen Abendlandes für die Welt.

Eine christliche Anthropologie wird nicht nur von der Bibel gestützt, sondern findet Orientierung auch in der Selbstvergewisserung des Menschen. Als unverwechselbar einzelner erfährt er sich in den Grenzsituationen seines Lebens, von denen der Tod seine letzte ist. Dort ist er unvertretbar zurückgeworfen auf sich selbst. Kein Intelligenzquotient, soziales Prestige, Reichtum oder sonst etwas rettet ihn davor, sich als unverwechselbar einziger erfahren zu müssen. Für seinen Tod findet der Mensch keinen Stellvertreter. Im Sterben ist der Mensch allein.

Andererseits ist der Mensch wie kein anderes Lebewesen auf Sozialität angewiesen. Seine Natur ist schwach. Er bedarf der Kultur zum Überleben. Kein Instinkt sichert sein Verhalten. Er muß sich selbst Regeln geben, die er als Konventionen mit anderen aufstellt. Der Mensch überlebt nur als soziales Wesen.

Das christliche Weltverständnis ist kein Privatissimum und nicht nur am heimischen Herd verwendbar, wie es häufig frömmlerisch mißverstanden wurde. Jeder Mensch drängt nach Entfaltung seiner selbst mit anderen in die soziale Dimension.

Ohne Menschenbild gerät jede Politik in Beliebigkeit. Politik muß angeben können, wer Absender und Empfänger, Subjekt und Objekt des Handelns ist. Die christliche Anthropologie integriert dieses Subjekt/Objekt-Verhältnis im Begriff der Personalität, die das Fundament der Würde jedes Menschen ist. Auf der Grundlage eines solchen Menschenverständnisses entwickelt die christliche Soziallehre die großen Sozialprinzipien:

- Gerechtigkeit und Barmherzigkeit,

– Solidarität und Subsidiarität

und hält beide Prinzipienpaare in einer auf Entwicklung angelegten Spannung.

2.2 Gerechtigkeit und Barmherzigkeit

Gerechtigkeit ist auf Barmherzigkeit angewiesen. Nur in einer vollkommenen Welt könnte die Gerechtigkeit auf Barmherzigkeit als Komplementärprinzip verzichten.

In einer defekten Ordnung jedoch ist die Barmherzigkeit unverzichtbar. Die absolute Gerechtigkeit ist nicht erreichbar, und alle, die sie zu erobern versuchten, gerieten – gewollt oder ungewollt – in den Sog menschenverachtender Gewalt. Wer zu wissen glaubt, wie das Glück der Menschen beschaffen ist, muß notfalls auch die Widerstrebenden mit Gewalt zu ihrem Glück zwingen. Absolute Gewißheiten sind toleranzunfähig. Sie verführen zu politischem Fanatismus.

Das Eingeständnis, daß wir immer mit vorläufigen Lösungen arbeiten und unser Wissen unvollkommen ist, ist eine Voraussetzung für Dialog- und Korrekturfähigkeit.

Die Barmherzigkeit ist die kleine starke Schwester der Gerechtigkeit, weil es die Gerechtigkeit allein nicht schafft, die Welt zu ordnen.

Auch auf der Gegenfahrbahn sind die Versuchungen stark, sich des Partners zu entledigen und solo zu marschieren. Man entzieht sich leichtfüßig und manchmal sogar guten Gewissens der Anstrengung zur gerechten Ordnung und deckt die Mängel der Gesellschaft mit dem Mantel der Barmherzigkeit zu. Doch auf den Anspruch, auf das ihm Zustehende, kann der Mensch nicht verzichten, selbst wenn der Mangel an Gerechtigkeit durch einen Überschuß an Barmherzigkeit zugedeckt werden würde. Es bleibt der Anspruch suum cuique. Jeder hat das Recht auf das ihm Zustehende.

2.3 Solidarität und Subsidiarität

Auch Solidarität und Subsidiarität, die beiden großen Organisationsprinzipien der Gesellschaft, sind im christlichen Verständnis des Menschen verwurzelt.

Während das Solidaritätsprinzip der Sozialnatur des Menschen entspricht, ist das Subsidiaritätsprinzip in der Individualnatur des Menschen verankert. Solidarität ist ein Zuordnungsprinzip, Subsidiarität ein Zuständigkeitsprinzip. Solidarität organisiert die Nächstenliebe in einem wechselseitigen Verhältnis, in dem jeder für alle eintritt und alle Verantwortung für jeden tragen. Die Subsidiarität freilich organisiert diese Solidarverpflichtung ausgehend vom engen Feld der personennahen Beziehungen. Danach ist die Familie die Wurzel jeder Gemeinschaft. Sie läßt sich so wenig kommunalisieren, wie die Gemeinde sich vom Staat aufsaugen läßt. Bis zur höchsten Ebene, der staatlichen Gemeinschaft, läßt die Subsidiarität der jeweils kleineren Gemeinschaft die Vorfahrt.

Subsidiäre Solidarität ist zum Unterschied von der kollektivistischen eine gegliederte Solidarität.

Subsidiarität ist das modernste Sozialprinzip. Komplexe Gesellschaften lassen sich nicht mehr zentral steuern. Das Erfordernis der Gliederung entspringt sowohl dem Bedarf an demokratischer Verantwortungsverbreiterung wie der Notwendigkeit der Machtverteilung. Die politische Klugheit empfiehlt, Konflikte nicht an einer Stelle zu ballen, sondern deren Lösung auf unterschiedliche Kompetenzebenen zu verteilen.

2.4 Gerechtigkeit

Die Gerechtigkeit tritt mit dem Anspruch auf, »Jedem das Seine« einzuräumen. Sie verlangt nicht für jeden das gleiche und hat in ihrer Rechnung die Unterschiedlichkeit der Menschen eingebaut.

Die traditionelle Gerechtigkeitslehre legt das Prinzip in drei Dimensionen aus:

1. das Recht des Ganzen gegenüber dem einzelnen,
2. das Recht des einzelnen gegenüber dem Ganzen,
3. das Recht des einzelnen gegenüber einzelnen.

Und in allen drei Bereichen lassen sich Gerechtigkeitsdefizite feststellen.

3. Formen der Gerechtigkeit

3.1 Das Recht des Ganzen gegenüber dem einzelnen: Gemeinwohlgerechtigkeit

Das Ganze ist mehr als die Summe seiner Teile, das ist eine alte aristotelische Weisheit. Sie findet ihren Ausdruck in der Gemeinwohlgerechtigkeit. Auf der Ebene, auf der sich der Staat und der einzelne begegnen, taucht der alte, schon fast in Vergessenheit geratene Begriff des Gemeinwohls auf. Das Wohl des einzelnen ist nicht erreichbar ohne das Wohl der Allgemeinheit, weil sonst der Vorteil des einen mit dem Nachteil des anderen bezahlt werden müßte. Deshalb gibt es berechtigte Ansprüche des Allgemeinen an die Gruppe und an den einzelnen. Diese Ansprüche sind eine schon fast vergessene Forderung der Gerechtigkeit.

Demgegenüber erfahren wir täglich, daß der Staat nur noch Adressat von Forderungen ist, aber selber keine Ansprüche an einzelne und Gruppen mehr zu formulieren wagt. Der Staat verwandelt sich zur mythischen Mutter, die alle nährt. Unter dem Vorwand von Betreuung entsteht eine neue Unmündigkeit.

Im pluralistischen Interessenkampf gerät das Allgemeinwohl in Gefahr, zur nostalgischen Restgröße zu schrumpfen. Gibt es noch jemanden, der für das Allgemeinwohl zuständig ist? Ist der Staat nur noch Notar der Gruppeninteressen?

Im Kartell der Interessenverbände gibt es nur den Kuhhandel des Gebens und Nehmens. Interessen, die in diesem olympischen Wettbewerb um das Immer-Mehr nicht einbezogen sind, geraten in Vergessenheit. Das sind in einer medienorientierten Öffentlichkeit vor allem jene Gruppen, die nicht protestfähig sind.

Wie verschaffen wir denjenigen eine Stimme, die nicht demonstrieren können?

Vielleicht war die jahrzehntelange Vernachlässigung der Pflegebedürftigen auch die Folge davon, daß den Hilflosen keine organisationsfähige Lobby zur Seite steht. Die Mutter, die ihr spastisch-gelähmtes Kind rund um die Uhr pflegt, hat weder Zeit noch Gelegenheit, auf dem Marktplatz der Demonstrationen zu erscheinen. Sie wurde deshalb allzuleicht übersehen. Handeln wir nur noch auf Druck der Öffentlichkeit?

Gruppen feiern ihre Übereinstimmung als Sieg ihrer Verhandlungsmacht, der sich nur dadurch legitimiert, daß sie jeweils für den eigenen Anhang »etwas herausgeholt« haben. Auf wessen Kosten? Diese Frage wird verdrängt. Der Gruppenegoismus kann aber nur durch eine Renaissance der Gemeinwohlgerechtigkeit gebändigt werden.

3.2 Das Recht des einzelnen gegenüber dem Ganzen: Austeilende Gerechtigkeit

So wie das Ganze Ansprüche an den einzelnen hat, so auch umgekehrt der einzelne an das Ganze. Die Verteilungsgerechtigkeit ist die Rückseite der Gemeinwohlgerechtigkeit. Der einzelne ist nicht die abhängige Variable des Staates, und er hat gegenüber dem Staat nicht nur defensive Individualrechte, die ihn vor Überwältigung durch den Staat schützen, sondern auch Anspruch auf Hilfe. Der Sozialstaat hat diese Seite der staatlichen Verantwortung deutlich gemacht und der Verteilungsgerechtigkeit übergeben.

Von jeder erwirtschafteten Mark wird rund ein Drittel für Sozialleistungen ausgegeben.

Die Sozialversicherung organisiert Solidarität leistungsbezogen. Rente, Arbeitslosen- und Krankengeld sind lohnbezogen.

Das System der Sozialhilfe sichert die Solidarität als bedarfsgerechte Verteilungsgerechtigkeit. Unser Sozialstaat ist durchwebt von verteilungsgerechten Hilfen, die freilich auch durch das Prinzip Fürsorge gestützt werden, das der Barmherzigkeit entspricht.

Das sozialstaatliche System ist inzwischen zu hoher Perfektion ausdifferenziert. Der Sozialstaat weitet sich jedoch immer mehr aus und gerät somit an die Grenze seiner Finanzierbarkeit. Je größer der Kreis der Leistungsempfänger wird, um so mehr bezahlen die Empfänger ihre Leistungen selber. Wenn alle Bürger 10 DM erhalten, ist das so gut, als würde niemand 10 DM erhalten. Es gibt also einen »break point«, von dem ab Verteilungsgerechtigkeit zu einem illusionären Transfer zwischen rechter und linker Hosentasche führt, bei dem sich lediglich die Verteilungsbürokratie die Hände reibt.

3.3 Das Recht des einzelnen gegenüber dem einzelnen: Ausgleichende Gerechtigkeit

Die einfachste Form der Gerechtigkeit entspringt dem Äquivalenzprinzip: Leistung für Gegenleistung.

Obwohl die Leistungsgerechtigkeit die jüngste der drei Formen der Gerechtigkeit ist, wurde sie zu einem wichtigen Pfeiler unseres Sozialstaates. Die Leistungsgerechtigkeit konnte sich überhaupt erst etablieren, nachdem das Individuum als Träger von Sozialbeziehungen entdeckt worden war. In der Leistungsgerechtigkeit liegt der emanzipatorische Ansatz, daß Sozialleistung nicht zugeteilt, sondern erworben wird.

Der Sozialstaat muß seine Quellen sichern. Die maßgebliche Quelle, aus der er seine Verteilungspotentiale schöpft, ist die Arbeit. Deshalb muß in unserem Sozialstaat der Leistungsanreiz erhalten bleiben. Wo immer die

Leistungsgerechtigkeit in der Lage ist, ein Problem zu lösen, muß ihr dafür Spielraum gesichert werden.

Barmherzigkeit darf nicht vorschnell Gerechtigkeit verdrängen.

Es muß beispielsweise in Mark und Pfennig gar keinen Unterschied ausmachen, ob eine Rente lohn- und beitragsbezogen ist oder aus einer steuerfinanzierten Grundversorgung gespeist wird. Für das Selbstbewußtsein des Empfängers ist es jedoch eine qualitative Differenz, ob sein Alterseinkommen selbst erarbeitet ist oder ob er es lediglich als Empfänger einer Zuweisung des Sozialstaates verzehrt.

Für eine Rente in Höhe von 800 DM muß ein heutiger Durchschnittsverdiener knapp 20 Jahre arbeiten und Beiträge zahlen. Wenn alle z. B. eine Grundrente von 800 DM erhielten, auch die, die nie gearbeitet und nie Beiträge gezahlt haben, dann stellte sich für viele die Frage, warum überhaupt arbeiten und Beiträge bezahlen, wenn auch so das gleiche Alterseinkommen gesichert wäre.

Freilich, auch die, die nicht arbeiten können, haben Anspruch auf Hilfe. Niemand darf in unserem Staat verhungern. Das Existenzminimum aber ist eine kulturelle Größe und unterschiedlich zusammengesetzt: in einer einfachen Agrargesellschaft anders als beispielsweise in einer komplexen Industriegesellschaft.

Die Trennlinie zwischen Sozialhilfe als Fürsorgeleistung auf der einen Seite und Rente als Arbeitseinkommen im Alter auf der anderen Seite muß in einem entwickelten Sozialstaat scharf gezogen werden, wenn die Gerechtigkeit mit der Barmherzigkeit nicht in eine heillose Konfusion geraten und leistungsbezogene Sozialversicherung mit fürsorgeorientierter Sozialhilfe in einem politischen Eintopf verschwimmen sollen. Sozialversicherung ist (kausal) am Beitrag orientiert, Sozialhilfe (final) am Bedarf.

Rente ist Alterseinkommen für Lebensleistung. Organisiert im Generationenvertrag, wonach jede Generation die ihr vorhergehende so versorgt, wie sie von der nachfolgenden versorgt werden will.

Und der Anspruch auf die eigene Rente entspricht jenem Maß, durch das man in der Erwerbsphase selbst mit lohnabhängigen Beiträgen zur Rente der Vorgänger beigetragen hat. In den eigenen Rentenanspruch gehen die Beiträge nicht nominell ein, sondern in ihren im jeweiligen Lohn ausgedrückten Produktivitätswert.

Dieses leistungsbezogene Rentensystem schützt den Anspruchsberechtigten vor staatlicher Willkür, denn die selbst erworbene Rente steht unter dem Schutz des Eigentumsrechts. Wie sehr eine staatliche Zuwendung verändert werden kann, zeigt ein Blick in alle staatlichen Sicherungssysteme unserer Nachbarländer. Grundversorgungssysteme sind manipulationsanfällig. Selbsterarbeitete Ansprüche stehen dagegen unter dem Eigentumsschutz der Verfassung.

Wenn auch die beiden Institutionen Sozialversicherung und Sozialhilfe getrennt bleiben müssen, so kann ihre Koordination dennoch verbessert werden. Es ist nicht einzusehen, warum es unter den Bedingungen moderner Informationsgesellschaften immer noch notwendig sein sollte, den Klein-Rentner vom Rentenschalter zum Sozialhilfeschalter zu schicken und möglicherweise wieder zurück. Die Rentenversicherung könnte auch für alle Bezieher kleiner Renten die Prüfungsaufgaben übernehmen, ob sie auf ergänzende Hilfe durch Sozialhilfe angewiesen sind. Schickt die Datenbänder hin und her und nicht die Menschen!

Rente, Arbeitslosengeld und Krankengeld folgen dem Lohnersatzprinzip unserer Sozialversicherung. Die Rente beläßt den Rentner relativ an jener Stelle der Wohlstandspyramide, die er sich selbst erarbeitet hat. Das Arbeitslosengeld entspricht mit prozentualem Abstand dem selbsterworbenen Lohn.

Für Leistung bleibt in einer Gesellschaft, die nicht obrigkeitsstaatlich reguliert wird, der Lohn als verläßlicher Maßstab. Deshalb muß unser Sozialsystem, wo immer möglich, lohnbezogen bleiben, wenn es die Leistung und den Antrieb zur Leistung stützen soll.

3.3.1 Abstandsgebot

Lohn, Sozialversicherungsleistung und Fürsorgeleistung sind die drei Quellen, aus denen Einkommen fließt. Doch diese drei Einkommensquellen müssen in Distanz zueinander liegen. Lohn muß immer höher sein als alle Lohnersatzleistungen, die die Sozialversicherung gewährt. Wenn der Lohnersatz zu nahe an den Lohn kommt, rechnen sich clevere Sozialstaatsnutzer aus, ob es sich denn lohnt, anstelle von z. B. Lohn für Arbeit besser Arbeitslosengeld ohne Arbeit zu beziehen.

Es muß ebenso Abstand gehalten werden zwischen Lohnersatzleistungen, die auf Beiträgen basieren, und den Zuwendungen der Fürsorge. Dieser Abstand hat sich im Laufe der Zeit immer mehr verringert, so daß eigentlich nur noch für den alleinlebenden Sozialhilfeempfänger ein Minus im Vergleich mit dem entsprechenden Arbeitslosengeld eines typischen Arbeitslosen herauskommt. In fast allen anderen Fallkonstellationen liegt die Sozialhilfe über dem entsprechenden Einkommen des Arbeitslosen. Niemand muß es wundern, daß in einer Zeit, da die Raffinesse, den Sozialstaat auszunutzen, größer geworden ist und das Kalkül der eigenen Vorteilnahme wächst, viele den Umweg über Arbeit scheuen und gleich zur Sozialhilfe gehen.

3.3.2 Klare Trennung gefordert

Die Sozialversicherung bietet sich leicht als Lastesel des Sozialstaates an. Und die Versuchung, der Sozialversicherung zu überlassen, was eigentlich Aufgabe der Allgemeinheit ist, taucht immer wieder neu auf.

Sozialversicherung und Sozialhilfe verkörpern jedoch die jeweils unterschiedlichen Prinzipien unseres Sozialstaates. Die Sozialversicherung, obwohl mit vielfachen solidarischen Ausgleichen ausgestattet, folgt dem Äquivalenzprinzip der Leistungsgerechtigkeit. Die Sozialhilfe entspricht dagegen dem Fürsorgegebot der Existenzsicherung, dem der Sozialstaat verpflichtet ist. Sozialversicherung folgt dem Prinzip Leistungsgerechtigkeit, Sozialhilfe der Barmherzigkeit, in die eine bedarfsorientierte Verteilungsgerechtigkeit eingebaut ist. Auch wenn Sozialhilfe ein Rechtsanspruch ist, bleibt sie doch eine Form der barmherzigen Fürsorge, zu der auch der Staat verpflichtet ist.

Die beiden Systeme müssen auch ferner scharf voneinander geschieden sein. Denn würde die Sozialversicherung die Aufgabe der allgemeinen Armutsbekämpfung übernehmen, so würden die Beitragszahler der Sozialversicherung überproportional den Sozialstaat finanzieren.

Beiträge zahlen nicht alle Staatsbürger. Und die Beitragszahler der Sozialversicherung beteiligen sich nur von dem Teil ihrer Einkommen, der unter der Beitragsbemessungsgrenze liegt, während der darüber hinausreichende Anteil, für den sie freilich auch keine Gegenleistung erhalten, freigestellt bleibt.

Wer also allgemeine Sozialabgaben, die nicht vom Äquivalenzprinzip von Leistung und Gegenleistung gedeckt sind, immer stärker der Sozialversicherung überträgt, betreibt, bei Licht betrachtet, eine Subventionierung der höheren Einkommensbezieher durch die niedrigen. Beiträge sind strikt einkommensproportional. Alle zahlen den gleichen Beitragsprozentsatz. Steuer folgt dem Einkommen progressiv. Mit höherem Einkommen steigen die steuerlichen Abgaben überproportional. Die höheren Einkommen zahlen einen höheren Steuersatz. Wer mit den einkommensproportionalen Beiträgen allgemeine Aufgaben finanziert, entlastet die Steuerzahler.

4. Sparen und Gestalten

Sparnöte zwingen uns zu einer neuen Überprüfung der Finanzströme. Aber was Anlaß von Umstellung ist, kann auch Grund für eine Neuordnung sein.

Wieso wird eigentlich das große Programm von Fortbildung und Umschulung, das unter dem Dach der Bundesanstalt für Arbeit 1994 rund 15 Milliarden DM ausgemacht hat, allein von den Beitragszahlern finanziert? Die akademische Ausbildung an den Universitäten ist noch nie von ihren Teilnehmern finanziert worden. Kein Mensch ist bisher auf den Gedanken gekommen, die Studenten müßten mit Beiträgen ihre akademische Bildung finanzieren. Und auch ein mögliches späteres zweites Studium, das auch eine Form der Umschulung sein kann, überlassen wir dem Steuerzahler. Würde der Steuerzahler auch die aktive Arbeitsmarktpolitik finanzieren, könnte der Beitragssatz der Bundesanstalt für Arbeit bis zu drei Prozent gesenkt werden.

Das leistungsbezogene, lohnabhängige Versicherungssystem wird nur überleben, wenn mehr als bisher allgemeine Sozialausgaben nicht mehr durch Beiträge, sondern durch Steuern finanziert werden. Gelingt uns dies nicht, dann steht eine allgemeine Grundversorgung vor der Tür, und der Sozialstaat wird zum allgemeinen Armenhaus, dessen einzige Aufgabe es ist, Armut materiell erträglich zu machen. Das wäre die Verabschiedung der Leistungsgerechtigkeit aus dem Sozialstaat. Von ihm bliebe nur der Versorgungsstaat übrig.

4.1 Mißbrauch

Die Solidarkasse der Sozialversicherten ist, was die Haushaltskasse für die Familienmitglieder ist. Wer sich an der Haushaltskasse vergreift, schadet nicht nur den übrigen Familienmitgliedern, sondern sich selber. Denn wenn die Familie kein Geld mehr hat, hat der Betrüger auch sich selbst betrogen.

Der Schwarzarbeiter betrügt die übrigen Arbeitnehmer um seine Sozialversicherungsbeiträge, denn anstelle des Betrügers müssen die Pflichtbewußten für dessen nichtbezahlte Sozialversicherungsbeiträge einstehen. Die Zahl der Rentner, Arbeitslosen, Kranken wird nicht geringer, wenn Erwerbstätige sich um ihre Beitragspflicht herummogeln. Mitbezahlen müssen die Anständigen. Schwarzarbeit ist auch eine der Solidarität vorenthaltene Beitragszahlung.

Das Bewußtsein, daß die Sozialkassen Gemeinschaftskassen sind, war früher höher entwickelt als heute. Ein Bergmann hat seine Knappschaft nicht betrogen. Das gehörte sich nicht. Seine Pflicht zu erfüllen gehörte zum Anstand desjenigen, der auch Rechte in Anspruch nahm.

Doch die Solidarkassen wurden immer größer und anonymer. Wo früher noch der Versichertenälteste nicht nur Rat gab, sondern sich auch um diejenigen kümmerte, die möglicherweise in Versuchung standen, sich auf anderer Leute Kosten einen guten Tag zu machen, da herrscht in vielen Sozialversicherungen heute der Computer. Und die Hemmschwelle vor dem Betrug des Computers ist niedriger als die Hemmung, den Kollegen oder Nachbarn von Angesicht zu Angesicht zu belügen. So hat Anonymität den Betrug erleichtert.

1993 sind 50 Prozent mehr Bußgeld- und Strafverfahren aufgrund illegaler Beschäftigung und Leistungsmißbrauch eingeleitet worden als im Vorjahr. Die Zahl der Verfahren stieg um 179 000 auf 540 000. Sozialbetrug und illegale Beschäftigung sind keine Kavaliersdelikte. Schwarzarbeit ist Kollegendiebstahl. Wer neben seinem schwarzen Verdienst Arbeitslosengeld kassiert, betrügt die ehrlichen Beitragszahler. Wer arbeitet, ohne Beiträge in die Sozialversicherung zu zahlen, schwächt die Gemeinschaft der Versicherten. Und wer als Unternehmer Schwarzarbeiter oder illegal Ausländer beschäftigt, verschafft sich einen ungerechtfertigten Wettbewerbsvorteil gegenüber den Unternehmen, die ordentlich Steuern und Sozialabgaben zahlen.

In rund 51 400 Fällen wurde 1993 gegen Arbeitgeber und ausländische Arbeitnehmer wegen des Verdachts einer Beschäftigung bzw. Ausübung einer Tätigkeit ohne gültige Arbeitserlaubnis ermittelt; das waren 47 500 mehr als im Vorjahr. Die meisten dieser Ausländer arbeiteten zu Hungerlöhnen. Das ist klassische Ausbeutung. Wir schützen mit dem Kampf gegen illegale Ausländerbeschäftigung die ausländischen Kollegen vor Ausbeutung. Die Parole heißt nicht »Ausländer raus«, sondern »Ausländer schützen«.

Je weniger Solidarethos eine Gesellschaft entwickelt, um so mehr braucht sie Überwachung und Kontrolle. Und je weniger der ungeschriebene Anstand Betrug verhindert, um so mehr muß die Strafe abschrecken. Wenn wir die Solidarkassen nicht schützen, dann müssen die echten Hilfsbedürftigen unter den cleveren Mitnehmern und Ausbeutern leiden. Und das kann nicht gerecht sein.

4.2 Lohngerechtigkeit

Der Lohn folgt in unserem Ordnungssystem dem Äquivalenzprinzip: Leistung für Gegenleistung, Arbeit für Lohn.

Die Idee des gerechten Lohns läßt sich in einer Marktwirtschaft nicht an eine wie immer geartete Arbeitswertlehre knüpfen, die den Wert der Arbeit objektiv zu quantifizieren versucht. Bezahlt wird, was nachgefragt wird, und je knapper ein Gut, um so höher sein Preis. Der Bedarf also entscheidet über den Preis der Arbeit und lenkt die Arbeit dorthin, wo die Güter knapp sind. So könnte es passieren, daß die Müllmänner eines Tages mehr verdienen als die Professoren, wenn wir genug Professoren haben, Müllmänner aber rar werden.

In einer marktwirtschaftlichen Ordnung ist also der Lohn an das Bedarfsprinzip gekoppelt. In der Planwirtschaft dagegen wird autoritär entschieden, was Bedarf ist und wieviel für seine Erfüllung bezahlt werden soll. Die Folge davon sind ebenso verzerrte Bedarfs- wie Lohnstrukturen. Das Knappheitskriterium dagegen lenkt den Lohn nach den Kriterien der Bedarfsgerechtigkeit.

Ist deshalb das Äquivalenzprinzip »Leistung für Gegenleistung« außer Kraft gesetzt? Nein, denn sonst würde der Ansporn für Leistung sich nicht mehr lohnen. Wir entlohnen betrieblich nicht nach individuellen Sozialkriterien. Diese werden von der Steuer- und Sozialpolitik in die Einkommensverteilung korrigierend eingeführt. Wir korrigieren die familienpolitische Belastung nicht mit einem Familienlohn, sondern mit Steuerfreibeträgen und Kindergeld. Am Arbeitsplatz zählt nur Leistung und nicht Familienstand. Alles an seinem Ort. Der Betrieb ist am Leistungslohn orientiert.

Soweit scheint das marktwirtschaftliche Lohnfindungssystem in Ordnung. Es verbindet das allgemeine Gemeinwohlgerechtigkeitsprinzip mit der individuellen Leistungsgerechtigkeit.

4.3 Lohn über den konsumierbaren Teil hinaus

Wie aber steht es mit der Verteilungsgerechtigkeit? Ihre Schwächen offenbart die Lohnfindung in der tariflichen Auseinandersetzung zwischen Arbeitgeber und Arbeitnehmer, die über den generellen Preis der Arbeit geführt werden. Solange diese Lohnverhandlungen vornehmlich über die Verteilung des konsumierbaren Teils des Sozialproduktes geführt werden, kann die Verteilungsgerechtigkeit nie Genüge finden. Ein Teil des Arbeitsergebnisses muß nämlich für Investitionen zurückgelegt werden. Eine Volkswirtschaft, die alles konsumiert, was sie produziert, beraubt sich selbst der Zukunft, denn ohne Investition heute gibt es morgen keine Produktion.

Eine investitionsfeindliche Volkswirtschaft lebt von der Hand in den Mund. Sie verhält sich wie der Bauer, der sein Saatgut mitverfüttert und ein Jahr später überrascht feststellt, daß es nichts mehr zu säen und damit bald auch nichts mehr zu verfüttern gibt.

Die Investitionen werden durch die Arbeit miterwirtschaftet. Der Erfolg der modernen Volkswirtschaft entspringt der Kooperation zwischen Kapital und Arbeit. Ohne Kapital ist die Arbeit wertlos und ohne Arbeit das Kapital fruchtlos. Was dabei wichtiger ist, Arbeit oder Kapital, läßt sich so wenig entscheiden wie die Frage, ob Sonne oder Regen wichtiger für das Wachstum das Baumes sind. Der Baum wächst jedenfalls nicht im Dunkeln und auch nicht in der Trockenheit. Und so ist es auch mit Kapital und Arbeit: Sie sind aufeinander angewiesen! Beide werden entlohnt. Was aber nach dem Abzug der beiden Gegenleistungen Lohn und Dividende einschließlich Risikoprämie als Ertrag zurückbleibt, gehört beiden Seiten. Deshalb müssen die Arbeitnehmer auch an dem für Investitionen zurückgelegten Ertrag beteiligt werden.

Dafür gibt es mehr als einen Weg.

Der einfachste ist der Investivlohn. Löhne werden nicht nur in Mark und Pfennig ausgezahlt, sondern ein Teil wird für Investitionen abgezweigt. Eine andere Form ist die investive Ertragsbeteiligung. Die Einkommenspolitik wird gespalten in einen fest vereinbarten Standardteil und einen ertragsabhängigen Zusatzteil, der für Investitionen bestimmt ist.

So könnten Lohnverhandlungen entspannter geführt werden, wenn keine Seite fürchten müßte, daß sie von der anderen über den Tisch gezogen wird. Ist die Standardkomponente zu gering ausgefallen, wird der ertragsabhängige Teil desto kräftiger sein. Ist der Standardteil zu hoch ausgefallen, wird der ertragsabhängige um so schwächer sein, bis er schließlich sogar bei Null angelangt sein kann. Denn wo nichts ist, gibt es auch nachträglich nichts zu verteilen.

Die Tarifparteien brauchen für ihr schweres Geschäft mehr Kompromißmöglichkeiten, als ihnen die Schmalspur der Konsumlohnfindung allein bietet. Die Tarifpartner verpassen auf der Schiene Konsumlohn die Weichen und bringen sich um Manövriermöglichkeiten. Holen die Gewerkschaften im Lohnkampf mehr heraus, als die Volkswirtschaft hergibt, bestrafen sie sich selbst mit anschließender Inflation oder Arbeitslosigkeit. Die nominale Lohnpolitik degeneriert zu einem realpolitischen Schaukampf.

Volkswirtschaftlich gesehen kann das Äquivalenzprinzip »Leistung für Gegenleistung« nur gesichert werden, wenn der Lohn für Arbeit den konsumierbaren sowie den investiven Teil des volkswirtschaftlichen Ergebnisses umfaßt.

Die Debatte über die investive Beteiligung der Arbeitnehmer ist kein Gegenstand lediglich für theoretische Feinschmecker. Sie trifft mitten in unsere verteilungspolitischen Streitereien. Im Osten Deutschlands könnte der Eigentumsgedanke noch größere Beschädigung finden, als er im Wirtschaftswunder West erlitten hat. In den Aufbaujahren des Westens war verständlicherweise die öffentliche Aufmerksamkeit auf Wohlstandsmehrung konzentriert. Erst nach Jahren stellte auch Ludwig Erhard in einem kritischen Rückblick fest, daß die Soziale Marktwirtschaft zwar einen nie gekannten Wohlstand in Westdeutschland geschaffen hatte, aber vom Ziel, daß die Arbeiter Miteigentümer würden, blieb sie noch weit entfernt.

Das Vermögen ist in Westdeutschland allgemein kräftig gestiegen, jedoch sehr ungleichmäßig verteilt. Zwar hat heute die Hälfte aller Privathaushalte bzw. der Arbeitnehmer-Haushalte Haus- und Grundbesitz und mehr als einen Notgroschen an Geldvermögen. Aber die untere Hälfte der Privathaushalte besitzt nur ein Zehntel des Geldvermögens aller Privathaushalte. Vor allem aber: Nur ein Zehntel der Arbeiter-Haushalte und nur ein Fünftel der Angestellten-Haushalte war Ende der 80er Jahre Aktionär. Andere Formen des Eigentums an Unternehmen sind bei Arbeitnehmern noch viel seltener.

Eigentum in Arbeitnehmerhand: Das ist die eigentliche Überwindung der marxistischen Klassenspaltung. Dann sind Kapital und Arbeit nicht mehr Gruppen-, sondern Funktionsbegriffe und die Bürger auf beiden Seiten mit ihren Interessen eingebunden. Erst das Eigentum in Arbeitnehmerhand schafft die Alternative zum anonymen sozialistischen Gemeineigentum, das der individuellen Verfügung entzogen ist und von Funktionären verwaltet wird.

Während wir mit Investitionshilfen, Steuerpräferenzen und Subventionen mühsam die Kapitalbildung in den neuen Bundesländern unterstützen, schaffen wir neue Klüfte. Am Ende eines solchen Einigungsprozesses könnte es uns passieren, daß wir wach werden, uns die Augen reiben und überrascht feststellen, daß die Eigentümer im Westen sitzen und wir für den Osten nur die Arbeit reserviert haben. Das wären eine deutsche Spaltung eigener Art und ein schwerer Schlag für die Soziale Marktwirtschaft.

4.4 Die Ausweitung des Leistungsbegriffs

Der Leistungsgedanke als Stütze unseres Willens zur Anstrengung war das Stimulans der Wohlstandsmehrung. Im Wohlstand angekommen, verlieren wir zusehends diesen Antrieb und gewöhnen uns unbemerkt an eine Schlaraffenlandmentalität, die in sich gar nicht aufgenommen hat, daß ohne Leistung auch keine Hilfeleistung möglich ist.

Freilich muß der Leistungsgedanke selbst aus den engen Fesseln der Erwerbsarbeit befreit werden. Die Einführung von Kindererziehungszeiten im Rentenrecht ist der erste Ausbruch aus dem Festungsbegriff Erwerbsarbeit. Kindererziehung ist so wichtig wie Erwerbsarbeit, denn ohne Kindererziehungsarbeit stirbt die Rentenversicherung aus. Insofern ist die Einführung von Kindererziehungszeiten ins Rentenrecht keine fürsorgestaatliche Neuerung und kein Almosen für Mütter, sondern auch Leistung für Gegenleistung.

Leistung ist nicht nur eine monetäre Größe und nicht nur ein professionelles Instrument. Die Monetarisierung und die Professionalisierung der Sozialbeziehung sind ein Verlust für die spontane Hilfsbereitschaft und die Ungezwungenheit der Hilfeleistung. Deshalb darf das Ehrenamt nicht zur exotischen Restgröße das Sozialstaates werden. Wir brauchen eine Reamateurisierung des Sozialstaates.

5. Solidarität und Eigenverantwortung

Die Grenzen zwischen Solidarität und Eigenverantwortung müssen neu vermessen werden. Nicht alles, was zu Bismarcks Zeiten notwendig war, ist auch 100 Jahre danach noch nur durch Solidarität zu lösen.

Das Sterbegeld z. B. in der gesetzlichen Krankenversicherung entsprang vor 100 Jahren der Sorge des »Proletariats«, anständig unter die Erde zu kommen. 100 Jahre später gehört das Sterbegeld meistens zur Erbschaftsmasse, die der Rentner oder die Rentnerin den Hinterbliebenen hinterlassen.

Für alte, aus der Solidarität entlassene Aufgaben müssen andere aufgenommen werden, die vor 100 Jahren so noch nicht vorhanden oder nicht so dringlich waren.

5.1 Pflege

In den Zeiten der Großfamilie war keine Pflegeversicherung notwendig. Im Zeitalter der Singles und der Kleinfamilie jedoch fehlte lange der Schutz, den die alte Mehr-Generationen-Familie gewährte.

Deshalb sind das eigentliche Ziel der Pflegeversicherung die Organisation und die Finanzierung einer ambulanten nachbarschaftlichen Hilfe. Die häusliche Pflege soll nicht ersetzt, sondern ergänzt werden. Erst als letzter Schritt ist die Unterstützung der stationären Pflege zu finanzieren. Auch hier muß der Vielfalt des unterschiedlichen Bedarfs Rechnung getragen werden. Anstelle der groben Alternative »Allein daheim« oder »Ab ins Heim« tritt ein vielfältiges Teils-Teils: Kurzzeitpflegeeinrichtung, Tagesheimpflegeplätze, betreutes teilstationäres Wohnen.

Der Aufbau einer neuen Pflegestruktur ist der Testfall für unsere Fähigkeit zu differenzierten Lösungen.

Die Einheitsmuster gehören der Vergangenheit an. Und die großen Apparate sind so unbeweglich wie die großen Tanker.

5.2 Neue Armut

Auf der Fahndungsliste nach der neuen Armut entdecken wir immer neue Verteilungsdefizite. Und wer wollte sie bestreiten. Es gibt verteilungspolitische Schieflagen im Wohlfahrtsstaat. Während das Phänomen der Einkommensarmut im Alter tendenziell in den Hintergrund tritt, sind es heute die kinderreichen Familien, die in unserer Gesellschaft immer mehr zurückfallen. Und der Single-Haushalt verfügt über ein fast doppelt so hohes Pro-Kopf-Einkommen wie die Familie mit vier und mehr Kindern. Die Strände von Gran Canaria werden nicht von Familien mit sechs Kindern bevölkert, und das nicht nur, weil es zu wenige von diesen Familien gibt, sondern vor allem, weil auch die, die es noch gibt, sich solche Angebote nicht leisten können.

Könnte es jedoch nicht trotzdem so sein, daß wir von der Verteilungsgerechtigkeit so gebannt sind, daß, wie das Kaninchen von der Schlange fixiert, unser Blick erstarrt und unsere soziale Sensibilität gelähmt ist?

Armut muß nicht nur in Mangel an materiellen Gütern bestehen. Es ist eine Armut mit viel Geld denkbar. Reiche Arme und arme Reiche leben mitten unter uns. Wohlbefinden ist mehr als Wohlstand. Der materielle Lebensstandard läßt sich am Einkommen ablesen, das Wohlbefinden nicht. Der Mangel an sozialen Kontakten kann so hart sein wie der Hunger nach Brot.

Midias, der sagenhafte König Phrygiens, verhungerte, obwohl sich unter seinen Händen jeder Gegenstand zu Gold verwandelte; Gold machte ihn reich, aber auch lebensunfähig.

Die Wohlstandsgesellschaft liefert einen hohen Lebensstandard, aber birgt auch seelische Hungersnöte. Denn Hunger ist mehr als Nachfrage nach konsumierbaren Gütern.

- Tagelang lag ein Rentner verlassen in seiner Badewanne. Er konnte sich nicht allein daraus befreien. Niemand half ihm, denn niemand bemerkte seine Not. Auch sein hohes Bankkonto half ihm nicht aus der Badewanne. Was ihm fehlte, waren Nachbarn, Freunde und Familie.
- In einer deutschen Großstadt lag eine Rentnerin sechs Jahre tot in ihrem Appartement, und niemand erfuhr etwas vom Tod der Nachbarin. Sie hatte alles, was der Wohlfahrtsstaat bieten konnte. Eine schön eingerichtete Wohnung, wohltemperiert. Die Mechanismen des Verteilungsstaates funktionierten geräuschlos perfekt. Die Bundesversicherungsanstalt für Angestellte wies ihr monatlich pünktlich computergesteuert ihre hohe Rente an, und ebenso zuverlässig buchte die Bank von ihrem Konto die Miete ab. Das war es dann auch. Doch reichen die Mechanismen des Verteilungsstaates, um Nachricht vom Leben zu geben?

Kein Nachbar schaute bei der Rentnerin vorbei. Witwe war sie. Sie war allein. Noch nicht einmal Briefe hat sie erhalten. Postkarten von Freunden fehlten offenbar auch, denn sonst hätte am überfüllten Briefkasten der Postbote bemerkt, daß etwas nicht stimmt.

Sie wohnte in einem Hochhaus, wohlgemerkt, nicht fernab auf einer Insel oder weitab in einem Hexenhäuschen im dichten Wald. Nein, im Hochhaus lag sie. Dichter als im Hochhaus kann man gar nicht beieinander wohnen. Und doch war sie verlassen und einsam wie auf einer Eisscholle am Nordpol. Der reichdotierte Wohlfahrtsstaat kann sehr kalt sein, und keine noch so hohe Geldzuweisung verschafft ihm neue Wärme. Zuweisung ist noch nicht Zuwendung.

5.3 Expertokratie

Wir haben uns umstellt mit perfekter Technologie und ausgeklügelten Sozialbürokratien. Selbst die Lücken werden von mit Fachwissen vollgestopften Experten besetzt. Sie wissen alles besser. Ihr Credo lautet:

1. Du bist dumm.
2. Wir kennen deine Probleme besser.

3. Wir lösen deine Probleme.

4. Was wir nicht als Problem definieren, ist auch kein Problem.

Schon jetzt trauen sich eine moderne Mutter und der dazugehörige Vater keine Erziehungsentscheidung mehr zu, ohne zuvor mindestens fünf pädagogische Nachschlagewerke befragt zu haben. Und ihre Hilflosigkeit besteht häufig nur darin, daß die Ratschläge der Experten nicht immer übereinstimmen. Die Pointe dieser expertokratischen Gesellschaft besteht in der Anfrage der 30jährigen Mutter an die 20jährige Sozialarbeiterin, wie sie ihr fünftes Kind erziehen soll.

Welchen übermäßigen Rat und welche ausgebaute Betreuung gewähren heute die Sozialstaatsexperten ihrer Klientel? Rundum Beratung, und es gibt keinen Beratungsbedarf, den wir nicht professionell befriedigen. Die Amateure sterben aus und mit ihnen die spontane Nächstenliebe. Der Samariter hätte heute geringere Chancen, als sie ihm vom Neuen Testament eingeräumt wurden. An seine Stelle wäre eine Enquetekommission getreten, welche die Unfallursachen auf der Straße zwischen Jericho und Jerusalem untersuchen sollte. Ein Untersuchungsergebnis hätte in der Empfehlung gegipfelt, einen Beauftragten für die Abwehr räuberischer Überfälle zu schaffen. In der Zwischenzeit allerdings wäre schon damals der unter die Räuber gefallene hilflose Mitbürger verblutet.

Der Konsument hört andächtig und folgsam auf Ratschläge der Profis. Aber worin unterscheidet sich der Ratschlag des Experten vom Befehl der alten Obrigkeit? Alternativloser Ratschlag ist wie widerspruchsloser Befehl.

So verlieren wir Selbständigkeit. Der gesunde Menschenverstand hat in der professionellen Gesellschaft keinen Stellenwert mehr. Selbst- und Nachbarschaftshilfe werden sozialisiert.

Eine neue aufklärerische Revolution muß sich wehren gegen die Zumutung einer Zuwendung, die jede Selbständigkeit erdrückt: »Habe Mut, Dich Deiner eigenen Entscheidungsfähigkeit anzuvertrauen«, könnte die Maxime einer neuen Aufklärung im Wohlfahrtsstaat sein.

Im Gehäuse expertokratischer Hörigkeit verwandelt sich der Staat nach dem Muster von Legehennenbatterien. Für jede Henne ist gesorgt. Pünktlich das Essen, wohltemperiert, medizinisch versorgt, nur Auslauf kann den Hennen nicht gewährt werden.

Eine Gesellschaft glücklicher Idioten ist machbar. Selbst die Erbsubstanz können wir programmieren. Jeder wird von den Programmierern des glücklichen Lebens mit den Voraussetzungen ausgestattet, die für die Ausfüllung des ihm zugewiesenen Platzes unerläßlich sind. Welch stabile Gesellschaft! Keine Aufstiegserwartungen, keine Abstiegsängste. Selbst für unvorhergesehene Fälle bietet das Programm noch chirurgische Reparaturmöglichkeiten, Psychopharmaka besorgen den Rest.

So lassen sich noch aus glühenden Gegnern eines Systems fanatische Anhänger machen, die gar nicht wissen, daß sie einst Gegner des Systems waren, dem sie jetzt kindlich anhängen. Die Märtyrer früherer Zeiten verwandeln sich in nostalgische Größen, denn die Unterdrückten früherer Zeiten konnten jedenfalls selbst im Untergang noch denken, was sie wollten. Das läßt sich heute leicht verhüten.

Wenn Zufriedenheit das einzige Ziel der Politik ist: Stellt sie her, die Gesellschaft glücklicher Idioten! Nur auf eins müssen die Bewohner dieser grausam beruhigten Utopie verzichten. Der Preis ihrer Zufriedenheit ist der Verlust ihrer Freiheit (Aldous Huxley: Schöne neue Welt).

Schuld und Versagen verwandeln sich in dieser Gesellschaft zu sozialen Defekten, die repariert werden können. Aber wo keine Schuld, dort auch keine Sühne. Alle Mängel sind gleichsam vorübergehende Defizite des Gesamtsystems. Der Sozialstaat wird perfektioniert. Freiheit freilich ist in dieser perfekt verwalteten Welt ein Sicherheitsrisiko, welches das Glück der Menschen gefährdet. Aber dieses Glück ähnelt der Geborgenheit hinter Gitterstäben, denn auch das Gefängnis gewährt seinen Insassen Sicherheit.

Das Glück jedoch, das aus der Selbst-Erfahrung entspringt, sich in Herausforderungen zu bewähren, Risiken auszuhalten, Widerstände zu überwinden, ist allemal kostbarer als die glücklichen Lösungen, die versandhausmäßig von anderen frei Haus geliefert werden.

6. Deutschland in Europa

Seit dem 1. Januar 1993 spielen wir im europäischen Binnenmarkt. Seit jeher wissen erfahrene Sportstrategen, mit dem Spielfeld wechselt auch die Spielweise. Wir spielen nicht mehr nationalen Hallenfußball, sondern ab sofort Feldfußball, und das in der Europaliga. Damit muß auch die Spielweise geändert werden. Zeit, sich über die konditionelle Befindlichkeit der deutschen Wirtschaft Gedanken zu machen.

Sechs Konditionskriterien stehen zur Auswahl. Sechsmal muß sich die Nationalmannschaft testen lassen.

6.1 Reglementierungen

Die deutsche Wirtschaft ist die am dichtesten reglementierte Volkswirtschaft Europas. Es gibt keinen Spielzug, der nicht von Vorschriften begleitet wird. Bevor unternehmerische Entscheidungen getroffen werden, müssen erst ganze Wandschränke von Gesetzessammlungen leergelesen, ausgewertet und beachtet werden. Woher soll ein mittelständischer Unternehmer die Zeit nehmen, sich im Dickicht des Paragraphenwaldes zurechtzufinden? Er kann schließlich nicht nachts Gesetze studieren, um tagsüber straffrei zu produzieren. Also bleibt er besser bei den eingeübten und gewohnten Spielzügen. Die Überreglementierung tötet jede Kreativität und Innovation.

Wenn wir in einem Sammelwerk zusammenführen würden, was erlaubt ist, brauchten wir dafür viel weniger Blätter als für die Sammlung dessen, was verboten ist.

Welche finanziellen Auswirkungen überdehnte und verbürokratisierte Genehmigungsverfahren haben, zeigt das Beispiel eines Chemiekonzerns, der eine Anlage zur Herstellung von Polypropylen in der Nähe von Köln beantragt hatte. Zeitgleich wurde ein entsprechender Antrag in Tarragona (Spanien) vorgelegt. Dort dauerte das Genehmigungsverfahren neun Monate, in Nordrhein-Westfalen 18 Monate, also genau doppelt so lange. Das Unternehmen beziffert den Vorteil für Tarragona allein aufgrund der kürzeren Planungsdauer auf 27 Millionen DM. Man stelle sich vor: Drei weitere vergleichbare Erfahrungen und über 100 Millionen DM sind in den Kaminen nordrhein-westfälischer Bürokratie verraucht.

Wir brauchen eine Bürokratie-Revolution in Deutschland. Jeder, der einen Paragraphen entdeckt, auf den ohne Not verzichtet werden kann, sollte mit einer Prämie belohnt werden, und die Parlamente müssen einen neuen Ehrgeiz entfalten, aus dem Rückwärtsgang der Reglementierung in den Vorwärtsgang einer Befreiung für Innovation zu schalten. Wir brauchen einen großen Befreiungsschlag anstelle der vielen kleinen ängstlichen Spielzüge, in die unsere Mannschaft eingeübt ist.

6.2 Flexibilität

Die Sturheit unserer Arbeitszeit entspricht der Betonmentalität unseres Verwaltungsstaates. Die starren Arbeitszeiten waren vielleicht unumgänglich, als es galt, eine Agrargesellschaft in die Disziplin der Industriegesellschaft zu zwingen, deren Rhythmus nicht mehr von natürlichen Abläufen, sondern von vorgefertigten Zeitschablonen dominiert war. Wie anders hätten die entlaufenen Bauernsöhne und die heimatlosen Handwerksburschen denn in den Einheitstakt des Fließbandes eingefügt werden können als mit dem am Parademarsch orientierten Marschbefehl der sirenenbestimmten Fabrikarbeitszeiten. Im Gleichschritt Marsch begann der Arbeitstag, und ebenso abrupt wurde auf Sirenengeheul aus ihm ausgetreten. Das ganze Fabrikleben folgte militärischen Mustern.

Keine Zeit vorher schottete die Lebensphasen so hart gegeneinander ab wie das Industriezeitalter. Kindheit, Erwerbszeit, Alter sind scharf voneinander geschieden, und die ihnen jeweils auferlegten Lebensmuster haben soviel miteinander zu tun wie das Leben auf verschiedenen Sternen. Nie wäre es dem alten Bauern früherer Zeiten eingefallen, seine Arbeit auf Befehl von anderen zu einem vorbestimmten Zeitpunkt aufzugeben. Karl der Große kannte keine Reichsversicherungsordnung, die seinen Bauern abverlangt hätte, am 65. Geburtstag die Mistgabel aus der Hand zu werfen.

Dampfmaschinen und Fließband prägen nicht mehr die industrielle Produktion. Der Mikrochip ist die Symboltechnologie der entwickelten Dienstleistungsgesellschaft geworden, von der auch die Produktion geprägt wird. Die Informationssysteme erlauben die Integration komplexer Systeme und Koordination individueller Wünsche. Wir können die Arbeitszeit reindividualisieren und Lebens- und Arbeitsrhythmus wieder besser aufeinander abstimmen. Das ist eine Chance für die Freiheit, die sich in einer neuen Zeitsouveränität ausdrückt.

Laßt die einzelnen selbst bestimmen, wann sie von der Erwerbs- in die Altersphase überwechseln. Freilich, wer länger arbeitet, erhält mehr, und wer eine kürzere Lebensarbeitszeit wünscht, weniger Rente. Sein Lebenspaket soll jeder selbst schnüren und das Verhältnis von Arbeit und Freizeit selbst bestimmen. Eine volljährige Gesellschaft braucht keinen Vormund, weder den Staat, noch die Tarifpartner.

Der Übergang von der Erwerbsarbeit ins Alter kann sanfter organisiert werden, als es die Zumutung der abrupten Pensionierung den Arbeitnehmern abverlangt. Die Menschen unterscheiden sich von den Maschinen auch dadurch, daß sie nicht mit einem Schalter ein- und abgestellt werden können. Und doch versuchen wir es so. Bis zum letzten Tag der Lebensarbeitszeit Voll-Arbeitszeit und am nächsten Tag Null-Arbeitszeit. Solche Kopfsprünge sind es, was Gerontologen einen Altersschock nennen.

Seit über zwei Jahren bietet der Gesetzgeber eine Altersteilzeit an, die ermöglicht, eine Teilrente mit Teilzeitarbeit zu verbinden. Ganze 3 300 Antragsteller haben bis Ende 1994 von den neuen gesetzlichen Möglichkeiten Gebrauch gemacht. Fortschritt ist nur unter dem Mikroskop erkennbar.

Die betrieblichen Personalplanungen bevorzugen noch immer die kollektiven Einheitslösungen. So muß es uns nicht wundern, daß wir unter den vergleichbaren europäischen Staaten im unteren Drittel der Flexibilisierung liegen. Während z. B. bei unserem Nachbarn, den Niederlanden, 34,3 Prozent der Arbeitsverträge Teilzeitarbeitsverhältnisse sind, macht bei uns die Teilzeit gerade 15,5 Prozent aus.

Teilzeitarbeit ist in Deutschland noch eine niedliche, gleichsam hobbyähnliche Größe. Nach Meinung vieler Zeitgenossen ist sie gedacht für Frauen, denen es zu Hause zu langweilig ist oder die sich auf diesem Wege etwas hinzuverdienen müssen. Zur normalen Arbeitszeitform wächst sie sich erst aus, wenn sie die ganze Bandbreite der Arbeitszeiten erfaßt, also nicht nur Halbtagsarbeit anbietet, sondern Wochen, Monate, sogar Jahre teilt. Wochen und Monate können in ein integriertes Zeitmuster gebracht werden. Bis zur Selbstbestimmung von Arbeitszeitpartnerschaften (Job-sharing) kann sie vorwärts getrieben werden, in denen die Arbeitnehmer die jeweilige Länge ihrer Arbeitszeit durch Absprachen mit dem Arbeitsplatzpartner frei vereinbaren. So werden aus abhängig Beschäftigten Arbeitnehmer, die ihre eigene Arbeitszeit-Vorgesetzten sind.

Nur eine flexible Gestaltung der Arbeitszeit durchbricht den Teufelskreis, daß jede Arbeitszeitverkürzung auf die Betriebszeiten durchschlägt. Es ist eine ungeheure Verschwendung von Kapital, wenn individuelle Arbeitszeit und Maschinenlaufzeiten identisch sind. Die durchschnittlichen Betriebszeiten der Industrie betragen in der Woche in Europa 66 Stunden. Bei uns sind es 13 Stunden weniger.

Individuelle Arbeitszeiten und Betriebszeiten können vor allem mit flexiblen Arbeitszeiten entkoppelt werden. Das ist eine Chance, das Einzelarbeitsverhältnis besser in die Betriebszeiten einzufügen. Auch Jahresarbeitszeiten könnten in eine mittlere Linie schwenken, die die Produktion stärker dem Bedarf folgen läßt. Warum sollen Bauarbeiter im Winter, wenn sie sich die Finger blau frieren, die gleiche Zeit arbeiten wie im Sommer, wenn die Tage länger und die Arbeitsbedingungen angenehmer sind?

Eine neue Arbeitszeitordnung könnte auch die Raumordnung entlasten. Unser städtischer Verkehr wird gezeitenartig be- und entlastet. Zu bestimmten Tageszeiten ähneln die Hauptverbindungswege in den Städten dank Dauerstau eher Parkplätzen, und wenige Stunden später könnten sie als Spielplätze für Kinder genutzt werden. Welche Verschwendung infolge von Phantasielosigkeit! Montags sind die Schwimmbäder leer, samstags überfüllt.

Der Sonntag freilich sollte aus der allgemeinen Zeitmischung herausgehalten werden. Ein Tag muß schließlich anders sein und sich vom grauen Alltag unterscheiden. So, wie das Jahr durch Festtage gegliedert wird, so braucht auch die Woche einen Rhythmus, wenn wir nicht in einem Zeitbrei vermengt werden wollen und die Familie sich nur noch an der Bushaltestelle treffen soll.

6.3 Infrastruktur

Über die Investitionen entscheidet auch die Infrastruktur, an welche die Standorte angebunden sind. Den Verkehrswegen kommt auf dem europäischen Binnenmarkt eine herausragende Funktion bei Standortentscheidungen zu. Wir haben gegenüber anderen Ländern noch immer einen Vorsprung, doch der Vorsprung schmilzt. Nicht weil die anderen aufholen, sondern weil wir zurückfallen. Unser Straßensystem nähert sich dem Kollaps. Der Verkehrswarnfunk entwickelt sich zu einer neuen Form angewandter Heimatkunde. Deutschlands Regionen werden durch Staumeldungen bekannt.

Das erste Gebot ist die Entlastung der Straßen durch die Schiene. Der Großlastverkehr muß auf die Schiene gesetzt werden. Aber auch im Personenverkehr braucht die Straße schnelle Alternativen. Dafür bietet selbst die Luft zuwenig Raum. Ein Transrapid könnte das Zwischending zwischen Flugzeug und Auto sein. Er ist schnell und hat dank hoher Beweglichkeit – geringem Kurvenradius und hohem Anstiegsgrad – einen geringeren Landschaftsverbrauch als die Eisenbahn. Seine Trassen könnten neben der Autobahn angelegt werden.

Die Straße selbst muß sich auf neue Anforderungen gefaßt machen.

Deutschland ist dank seiner geographischen Lage das Transitland Nr. 1 in Europa. Wir sind wenig darauf vorbereitet. Wir hatten uns häuslich im Schatten des eisernen Vorhangs eingerichtet. Die Querachse europäischer Verbindungen verkümmerte. Dieser Ost-West-Transit jedoch steht vor einem gewaltigen Boom und stellt uns vor neue Herausforderungen. Fachleute haben errechnet, daß allein im Personenverkehr der Transit auf der Ost-West-Achse von 372 000 Fahrten in 1988 auf 9,2 Millionen im Jahre 2010 steigen wird. Das ist eine Steigerung fast um das 25fache. In der Längsachse wird im gleichen Zeitraum eine Steigerung um das 1,75fache erwartet. Gleiches gilt für den Güterverkehr. Hier ist in der Ost-West-Dimension bis 2010 eine Steigerung um das 4,1fache zu erwarten.

Der Pkw-Bestand selbst wird in Deutschland von 32,9 Millionen im Jahre 1988 auf 45,5 Millionen im Jahre 2010 steigen. Gute Nacht Autofahrer!

Internationale Transitwege können nicht mehr national finanziert werden, wenn enorme Ungleichgewichte in der Belastung vermieden werden sollen. Die internationalen Transitwege durch nationale Steuerzahler zu finanzieren, ist vergleichbar mit dem Versuch, ein Wasserwerk, das eine ganze Region versorgt, durch die Bewohner der Ortschaft, in der es liegt, bezahlen zu lassen. Eine Mineralölsteuererhöhung greift zur Lösung dieses Problems ins Leere. Ein Lastwagen, der in Amsterdam betankt wird, fährt bis Warschau und, wenn es sein muß, wieder zurück, ohne je auf dieser Strecke mit einer deutschen Tanksäule in Kontakt zu treten. Das muß unsere Verkehrspolitik im Auge haben.

6.4 Lohnkosten

Den Preis der Arbeit bestimmen die Tarifpartner. Die Arbeitgeber stehen dennoch an der Klagemauer des Staates, obwohl doch unter jedem Tarifvertrag zwei Unterschriften stehen, also auch die eigene.

Der Staat freilich ist für die gesetzlichen Lohnzusatzkosten zuständig. Diese jedoch sind weniger gestiegen als die betrieblichen und tariflichen. Wenn alle Beteiligten in den letzten zehn Jahren ihre Hausaufgaben so energisch erledigt hätten wie der Gesetzgeber, sähe es bei den Lohnzusatzkosten besser aus.

Ohne die erste Gesundheitsreform wären wir jetzt bei einem Beitragssatz zwischen 15 und 16 Prozent in der gesetzlichen Krankenversicherung. Die zweite Gesundheitsreform holt nach, was die aus Arbeitgebern und Arbeitnehmern bestehende Selbstverwaltung der Krankenkassen selbst nicht geschafft hat.

Trotz der Beitragssteigerung in der Rentenversicherung liegen wir weit unter dem Beitragssatz, der ohne Rentenreform unumgänglich gewesen wäre. 1993 hatten wir den niedrigsten Beitragssatz seit 1972 und das, obwohl die Rentenversicherung eine große Solidaritätsleistung zugunsten der Rentner in den neuen Ländern erbringt.

19,2 Prozent beträgt der Beitragssatz 1995. Selbst in der Regierungszeit der jetzigen Koalition betrug der Beitragssatz schon einmal 19,2 Prozent, nämlich 1985 und 1986. Die zwischenzeitlich eingetretenen Beitragssenkungen gaben an die Beitragszahler der Rentenversicherung 37 Milliarden DM zurück. Geld, das die Rentenversicherung nicht benötigt, gehört den Beitragszahlern. Insofern waren die Beitragssenkungen richtig. Die Sozialversicherung ist schließlich keine Sparkasse. Es macht ja auch keinen Sinn, daß das Bundesfinanzministerium sich auf dem Kapitalmarkt das Geld pumpt, das die Rentenversicherung dort angelegt hat, nachdem sie es als Bundeszuschuß einkassiert hat.

Doch über diese Beitragssenkungen sprachen weder Arbeitgeber noch Gewerkschaften. Das hätte das Bild des Jammerns gestört.

Die Arbeitslosenversicherung trägt die Hauptlast der Bewältigung der Folgen des Zusammenbruchs des ostdeutschen Arbeitsmarktes. Dies macht fast drei Beitragspunkte in der Arbeitslosenversicherung aus. Aber wenn dieser jetzige Beitragssatz auf Dauer erforderlich wäre, dann hätten nicht die Sozialpolitiker, sondern die Wirtschafts- und Finanzpolitiker versagt. Massenarbeitslosigkeit darf schließlich kein Dauerschicksal sein.

6.5 Qualifikation

Unser bestes Stück sind noch immer die hochausgebildeten Facharbeiter in Deutschland. Sie gibt es so in keinem anderen Land Europas. Das ist ein wichtiger Standortvorteil der deutschen Mannschaft in der Europaliga. In keinem anderen Land Europas gibt es ein so gut ausgebautes Berufsbildungssystem wie in unserem Land. Das Herzstück der Berufsausbildung ist die Lehrlingsausbildung.

Das duale Bildungssystem, das praktische Ausbildung im Betrieb mit theoretischer in der Berufsschule verbindet, ist die größte pädagogische Erfindung seit Pestalozzis Zeiten. Die duale Ausbildung vermittelt Bildung durch Mitarbeit. Sie entzieht die jungen Menschen nicht unnatürlich lange dem Ernstfall des Lebens, sondern hat bereits in der Bildungsphase die Herausforderung der Praxis eingebaut.

Dieses Bildungssystem freilich hat kräftige ideologische Stöße aushalten müssen, von denen es nicht unbeeindruckt blieb. So kommt es, daß wir zum erstenmal mehr Studenten als Lehrlinge haben. Das ist ein Alarmsignal.

Die akademische Bildung könnte sich im übrigen eine Scheibe bei der Lehrlingsausbildung abschneiden. Die akademische Bildung verlängerte kontinuierlich die Verweildauer an den Universitäten, ohne daß dadurch die Qualifikation stieg. Deutsche Juristen kommen in der Regel acht Jahre später ins Erwerbsleben als englische. Sie sind deshalb nicht besser als ihre englischen Berufskollegen. Dieses Schicksal haben die Lehrlinge nicht erleiden müssen.

6.6 Partnerschaft

An der Spitze unserer Kondition liegen unbestritten, wenn auch mancherorts angefochten, die partnerschaftlichen Beziehungen zwischen Gewerkschaften und Arbeitgebern. Trotz ideologischen Pulverrauchs folgte der Aufbau der westdeutschen Wirtschaft nicht den Imperativen des Klassenkampfes, sondern denen der Partnerschaft. Es gibt in keinem Land der Welt so ausgebaut friedliche Beziehungen zwischen Arbeitnehmern und Arbeitgebern wie in Deutschland. Wir sind das Land unter allen vergleichbaren Ländern mit dem geringsten Ausfall durch Arbeitskampf. In Deutschland gingen durch Arbeitskampf z. B. 1990 nur 15 Arbeitstage pro 1000 beschäftigte Arbeitnehmer verloren, in Italien im gleichen Jahr 305, in England 83. Selbst im hochgelobten Japan ist der Arbeitsausfall durch Streiks höher als in Deutschland.

Scharfmacher auf beiden Seiten gefährden diese Errungenschaft. Das Aushebeln der Tarifautonomie hätte als Hauptleidtragende ausgerechnet jene Unternehmer, die diesen Versuch immer wieder unternehmen. Wer die Tarifautonomie ruiniert, wird aus seinen Träumen aufwachen, sich verdutzt die Augen reiben, wenn die Betriebe, befreit von der ausgleichenden Kraft der Tarifpartner, sich selbständig machen und, entledigt von allen Friedenspflichten, sich »herausholen«, was denen gerade paßt. Manches Tor, das durch Auflösung der Allgemeinverbindlichkeit der Tarifverträge vorbereitet werden soll, wird sich nach Überschreiten der Torlinie als Selbsttor herausstellen.

Gott sei Dank gibt es auf beiden Seiten noch verantwortungsvolle Sozialpartner, die sich diesem Trend entgegenstellen. Der Erfolg der Scharfmacher wäre der Ruin der Partnerschaft, die das zustande gebracht hat, was andere das westdeutsche Wirtschaftswunder genannt haben. Die Tarifabschlüsse des letzten und dieses Frühjahrs haben bewiesen, daß die Tarifpartnerschaft bei uns nicht so verbalkt ist, wie viele befürchtet hatten. Die Gewerkschaften haben großen Mut, große Verantwortung und große Bereitschaft für Flexibilität gezeigt.

Der Sozialstaat und unser System der sozialen Sicherung haben sich über

Generationen entwickelt und sich immer als modern und anpassungsfähig erwiesen. Das wird auch in Zukunft so sein, zumal wenn unser Sozialstaat im Konsens der sozialen Partnerschaft geborgen bleibt.

Ignatz Bubis
(Vorsitzender des Direktoriums des Zentralrates der Juden in Deutschland)

Zur Bedeutung sozialer Gerechtigkeit

Ihr Diskussionsangebot zur Zukunft der Arbeit, zur Zukunft der Gewerkschaften, zur Zukunft des Sozialstaates nehme ich gerne auf. Dabei bin ich mir in aller Bescheidenheit bewußt, daß meine Antwort nicht den Glanz der Stellungnahmen ausgewiesener Experten in Fragen der industriellen Beziehungen, in Fragen des Tarifvertragssystems und der Einrichtungen sozialer Sicherung haben kann. Mir liegt jedoch sehr daran, die Bedeutung von sozialer Gerechtigkeit als einem zentralen Fundament gesellschaftlichen Friedens und gesellschaftlichen Interessenausgleichs zu betonen.

Gewalt gegen ausländische Mitbürger, Intoleranz und Fremdenfeindlichkeit haben politische Ursachen, sie müssen politisch bekämpft werden. Aber es gibt ein soziales Fundament, auf dem Gewaltbereitschaft, Intoleranz und Fremdenfeindlichkeit bestens gedeihen. Dieses Fundament heißt gesellschaftliche Spaltung, Ausgrenzung, Massenarbeitslosigkeit, soziale Ungerechtigkeit.

Die politische und gesellschaftliche Stabilität der Bundesrepublik Deutschland ist nicht einfach nur ein Glücksfall, er ist auch Ausdruck und Folge des wirtschaftlichen Erfolges und des Wohlstandes, der sozialen Sicherheit und der Tugend der demokratischen Beteiligung aller an den öffentlichen Angelegenheiten.

Die politische und gesellschaftliche Stabilität in Deutschland können gefährdet werden, wenn es nicht gelingt, die Massenarbeitslosigkeit zu überwinden und den Sozialstaat auf veränderte Bedingungen einzustellen. Für die Zukunft der Gesellschaft ist es entscheidend, daß Arbeit Zukunft hat und Gewerkschaften an der Gestaltung der Zukunft mitwirken. Die Tarifparteien müssen sich dabei den gegebenen Umständen auf dem Arbeitsmarkt, z. B. flexibleren Arbeitszeiten, anpassen.

Ich erhoffe mir von der IG Metall über diesen Dialog hinaus, daß sie an ihrer Politik der Toleranz, des freundschaftlichen Miteinander, der Weiterentwicklung der Bürgergesellschaft weiterhin mitwirkt. Ihr unerschrockenes Eintreten in Betrieben und Gesellschaft gegen rechtsextremistische Umtriebe, gegen Intoleranz und Fremdenfeindlichkeit sind in den Betrieben wie in der Gesellschaft für unsere gemeinsame Zukunft unverzichtbar.

Karl Bühn
(Mitglied der IG Metall, Möglingen)

Gedanken und Anregungen zum Dialog

Den Text der »Einladung zum gesellschaftlichen Dialog« habe ich mehrmals gelesen und mir meine Gedanken dazu gemacht. Zum Text selbst darf ich bemerken, daß dieser teilweise sehr miß- oder unverständlich abgefaßt ist. Zu Testzwecken habe ich mehrere Kolleginnen und Kollegen einige Passagen lesen lassen und sie dann nach dem Inhalt der Aussage gefragt. Sie waren – wie ich selbst – überfordert und konnten sich nicht erklären, wovon die Rede ist. Wenn die Gewerkschaft ihre Mitglieder zur Teilnahme am Dialog aufruft, dessen Ergebnisse einmal für unsere Mitglieder und alle Beschäftigten wirken sollen, erfordert dies, daß vorgelegte Texte so abgefaßt sind, daß diese mindestens von den aktiven Funktionären in den Betrieben verstanden werden und zur Mitarbeit ermuntern.

1. Bestandsaufnahme

Wenn wir Konzeptionen für die Zukunft erarbeiten wollen, so scheint mir erforderlich, erst einmal eine Bestandsaufnahme zu machen. Geschieht dies nicht, so befürchte ich, bleiben Konzeptionen nur Illusion. Durch den Wegfall der Systemkonkurrenz ist national wie international eine völlig neue Situation entstanden. Das Kapital sieht jetzt keine Veranlassung mehr, an die Beschäftigten Zugeständnisse zu machen, da der Systemdruck weg ist. Sie nutzen diese neue Situation rücksichtslos aus und fordern jetzt alles zurück, was die Arbeiterbewegung in den letzten 100 Jahren dem Kapital abgerungen hat. Buchstäblich jeden Tag können wir durch die Massenmedien die unverschämten Rückforderungen von Vertretern der Unternehmensverbände und deren politischen Helfershelfer bei CDU und F.D.P. vernehmen. Das Feigenblatt »Soziale Marktwirtschaft« vergilbt – und zum Vorschein kommt die nackte, schranken- und erbarmungslose kapitalistische Profitwirtschaft. In atemberaubendem Tempo werden alle noch vorhandenen kommunalen oder staatlichen Betriebe – ohne Widerstand der

Gewerkschaften – privatisiert und der Profiterzeugung unterworfen. Besonders die Großbetriebe und Konzerne demonstrieren uns täglich, im Mittelpunkt ihres Tuns steht nicht der Mensch, sondern der Profit. Ein gnadenloser Konkurrenzkampf wird auf dem Rücken der Beschäftigten ausgetragen. Die inzwischen interkontinental agierenden Konzerne spielen dabei die Beschäftigten der einzelnen Länder gegeneinander aus. Unterstützt wird diese Machtausbreitung der Konzerne durch das Wirken der EU-Bürokratie und deren Kommissare. Diese EU bewirkt eine schleichende Entrechtung der nationalen Parlamente, und das »Europa-Parlament« hat keine entscheidenden Befugnisse.

Zu dieser wirtschafts- und gesellschaftspolitischen Situation kommen hinzu die großen drängenden ökologischen Probleme und das enorme Wachstum der Weltbevölkerung in den nächsten Jahrzehnten. Dies ist in kurzen Zügen – meine ich – die Ausgangslage. Es wird für uns Gewerkschafter/-innen ein verdammt hartes Stück Arbeit sein, hieraus eine realistische, in die Zukunft gerichtete Konzeption zu entwickeln. Nun einige Bemerkungen und Anregungen zu Text und Inhalt: »Dies ist möglich, wenn die Verschärfung der ökonomischen Konkurrenz durch die Erweiterung der Gesellschaft und politischen Kooperation begrenzt wird.« Ich verstehe diese Aussage überhaupt nicht und weiß nicht, wovon die Rede ist. »... wenn die Effektivierung der Arbeitsprozesse mit der Demokratisierung des Arbeitsalltags einhergeht«. Dies ist ungenau, wie soll diese »Demokratisierung« konkret aussehen? »Wir halten es für möglich, der internationalen Wettbewerbsfähigkeit ...« Ist dieser »Erhalt der internationalen Wettbewerbsfähigkeit«, der da befürwortet wird, nicht eine der Geiseln, mit denen die Unternehmer Gewerkschaften und Beschäftigte zur sozialen und finanziellen Zurückhaltung zwingen wollen? »... mit der Erweiterung von gesellschaftlicher Reformfähigkeit zu verbinden« sagt auch nichts Konkretes aus! Die Unternehmer wollen auch Reformen. Hier fehlt die konkrete Aussage über Inhalt und Qualität der geforderten Reformen. »Einer solchen Debatte wäre jeder Versuch einer Konstruktion von geschlossenen Gesellschaftsmodellen abträglich.« Was ist ein »geschlossenes Gesellschaftsmodell«? Ist damit die Konzeption einer Zukunftsvision gemeint?

Ich meine, daß wir uns als verantwortliche Gewerkschafter/-innen schon etwas über den »Tellerrand« hinaus bewegen sollten. Wir dürfen uns nicht mit der vorherrschenden kapitalistischen Gesellschaftsordnung abfinden und uns in diese mit Reformen einbinden lassen. »Wie kann nachhaltiges Wachstum gefördert werden, das zu ökologischer Modernisierung und qualifizierterer Wettbewerbsfähigkeit umsteuert?« Was ist mit »nachhaltigem Wachstum« gemeint? Schon längere Zeit habe ich Probleme mit der Wachstumsideologie und meine, daß es höchste Zeit ist, dieses Problem in den Gewerkschaften sehr breit und ausführlich zu diskutieren. Weiter muß ich fragen: Was soll man unter »qualitativer Wettbewerbsfähigkeit« verstehen? Wie kann Demokratie im Arbeitsalltag gefördert werden, die sich »auf Produktionsprozeß und Produktionsentscheidung gleichermaßen auswirkt?« Wenn wir die Ergebnisse der »Mitbestimmung« der letzten 50 Jahre sachlich analysieren, so sind die Ergebnisse sehr bescheiden. Ist eine »Demokratisierung« des Produktionsprozesses überhaupt realistisch in einer Zeit, in der die Strategien der international agierenden Konzerne immer undurchsichtiger und anonymer werden? Sind die Begriffe Kapitalherrschaft und Demokratie nicht ein unüberbrückbarer Gegensatz? »Wie können im strukturellen Wandel die Anforderungen an öffentlich geförderte Beschäftigung . . .?« Diese zwei Sätze verstehe ich überhaupt nicht. Das ist eine Sprache, die kaum ein/eine Gewerkschafter/Gewerkschafterin versteht. Wie soll da ein Mitglied zur Diskussion angeregt werden?

2. Zukunft des Sozialstaates

Gibt es aus heutiger Sicht überhaupt noch eine Zukunft des Sozialstaates, oder sind die Weichen seitens der Unternehmerverbände längst in entgegengesetzter Richtung gestellt? Wenn es uns Gewerkschaftern heute nicht gelingt, die Angriffe der Unternehmer auf das bisher Erkämpfte abzuwehren, wie sollen wir imstande sein, die Zukunft eines »Sozialstaates« zu garantieren? »Wie können Kostensenkung und Leistungsfähigkeit bei der Entwicklung sozialer Sicherungssysteme miteinander verknüpft werden?« Hier, meine ich, ist eine grundsätzliche Diskussion über die Finanzierung der Sozialversicherung notwendig. Im Zuge der gnadenlosen Rationalisierung, besonders der Konzerne, wird ein steigender Umsatz mit immer weniger Beschäftigten erzielt. Dies bedeutet, trotz steigender Umsätze und Gewinne bezahlen die Konzerne immer weniger in die Sozialversicherung. Darum wäre es höchste Zeit, die Sozialversicherungsbeiträge der Unternehmer umzustellen, von der personenbezogenen auf die umsatzbezogene Berechnung. Dies wäre auch »gerechter« gegenüber dem Handwerk und den mittleren Betrieben, die, gemessen an deren Umsatz, weit höhere Versicherungsbeiträge bezahlen müssen als die Konzerne. »Wie sieht ein zukünftiges Regulierungsmodell aus, das Chancen der gesellschaftlichen Kooperation eröffnet?« Was sind »Chancen der gesellschaftlichen Kooperation«? Ich verstehe dies nicht, weiß nicht, was damit gemeint ist. »Wie kann eine sozial gerechte Lastenverteilung erreicht werden?« Werden da nicht Illusionen gefördert? Ist eine »gerechte Lastenverteilung« nach allen bisherigen Erfahrungen in einer kapitalistischen Wirtschaftsordnung überhaupt möglich?

»Wie verbindet gewerkschaftliche Interessenvertretung konkrete Durchsetzung von Arbeitsplatzinteressen mit generellen und universellen Zielen ...? Welchen Beitrag können Gewerkschaften für eine solidarische Gesellschaft leisten ...?« Bevor ich etwas verbinden kann, muß konkret gesagt werden, mit was. Was sind die »universalen Ziele und Werte«? Wie soll eine »solidarische Gesellschaft« unter Vorherrschaft des Kapitals aussehen? Profitmaximierung und Solidarität schließen sich aus. »Die IGM will mit diesem Dialog dazu beitragen, daß die Zukunft der Gesellschaft durch Wandel und Reform gesichert werden kann.« Das ist undeutlich. Was ist mit »die Zukunft der Gesellschaft« gemeint? Ist die Zukunft für unser Volk, für die Völker der Welt gemeint oder die Zukunft der herrschenden Gesellschaftsordnung?

Dies, liebe Kolleginnen und Kollegen, sind in kurzen Zügen einige meiner Gedanken und Anregungen zu diesem Dialog. Ich hoffe, daß Ihr mein Anliegen versteht und meine kritischen Äußerungen dazu verhelfen, einen verständlichen und qualitativen Dialog zu ermöglichen.

Bund für Umwelt und Naturschutz Deutschland
(Hubert Weinzierl, Bundesvorsitzender)

Zukunft der Arbeit – Zukunft der Gewerkschaften

1. Zukunft der Arbeit

1.1 Erwerbsarbeit

Wie in der wissenschaftlichen Diskussion, so zeigt sich auch in den Gewerkschaften eine deutliche Konzentration auf die formelle Erwerbsarbeit in Markt und Staat. Unterbelichtet bleibt dabei der informelle Arbeitsbereich außerhalb privater und öffentlicher (Dienstleistungs-) Unternehmen, nämlich jener Bereich unbezahlter und freiwilliger Tätigkeiten, die nicht durch Marktmechanismen und betriebliche Herrschaftsverhältnisse bestimmt werden. Grund für die geringe Beachtung der informellen Leistungen ist die Definition von Arbeit. Nur die entlohnte Erwerbsarbeit außerhalb des privaten Haushalts wird als gesellschaftlich relevant und wohlfahrtssteigernd angesehen. Doch: Ohne eine Diskussion des Arbeitsbegriffes wird es keinen Ausweg aus dem Arbeitslosigkeits-Dilemma geben, denn alle Wege aus der Arbeitslosigkeit haben nur dann Erfolg, wenn der informelle Lebensbereich als gleichwertig und nutzenstiftend angesehen wird.

Die in den letzten beiden Jahrzehnten geführte Diskussion über den Begriff der Arbeit hat erste Zweifel aufkommen lassen, ob Arbeit allein auf die betrieblich organisierte Erwerbsarbeit reduziert werden kann oder ob nicht auch die »Arbeit nach der Arbeit« thematisiert werden muß. Dabei wurde deutlich, welche Tätigkeiten tagtäglich von den privaten Haushalten erbracht werden. Die Bestandsaufnahme über deren Zeitbudget steht zwar erst am Anfang, doch schon heute zeigt sich ein breites Spektrum an informellen Aktivitäten wie etwa die Eigenarbeiten im Haushalt, die Nachbarschafts- und Selbsthilfe, die ehrenamtlichen Tätigkeiten und die Mitarbeit in Bürgerinitiativen und politischen Organisationen.

Der Blickwinkel sollte also nicht allein auf die Erwerbsarbeit gerichtet werden, sondern auch auf die informelle Eigenarbeit. Wir müssen zu einem erweiterten Arbeitsbegriff kommen, mit dem auch die verschiedenen informellen Aktivitäten zur Lebenserhaltung und Lebensgestaltung erfaßt werden.

Zur informellen Ökonomie zählen insgesamt drei Bereiche: Die Haushaltswirtschaft umfaßt die Hausarbeit im engeren Sinne (einkaufen, Mahlzeiten zubereiten, Wohnung sauberhalten, Wäsche waschen und Fenster putzen), die Erziehung von Kindern und die Pflege von kranken und alten Personen. Sie wird in aller Regel von Frauen erbracht und gehört quasi zum Standardrepertoire eines jeden (Familien-)Haushalts.

Die Selbstversorgungswirtschaft, zu der Do-it-yourself-Tätigkeiten, handwerkliche Wartungs- und Reparaturarbeiten der haushaltseigenen Güter sowie Gartenarbeiten zählen, wird dagegen vornehmlich von Männern durchgeführt. Mit ihr sollen Marktleistungen substituiert werden.

Die Selbsthilfeökonomie dient dem physischen und psychischen Wohlbefinden eigener und anderer Haushaltsmitglieder. Sie wird hauptsächlich außerhalb der privaten Haushalte durchgeführt und dient zur Korrektur marktlicher Dienstleistungen, die entweder zu teuer, zu knapp oder gar nicht angeboten werden.

Um eine möglichst ausgewogene dualwirtschaftliche Entwicklung von formeller und informeller Ökonomie zu erreichen, sollte die Tendenz, wonach formelle Erwerbsarbeit eindeutig präferiert wird, in eine andere Richtung gelenkt werden. Auch die informellen Aktivitäten sind gesellschaftlich anzuerkennen, etwa in Form von neuen Arbeitszeitformen, dem Aufbau informeller Netzwerke, der immateriellen Alimentierung informeller Hilfeleistungen und der materiellen Unterstützung informeller Aktivitäten (durch phasenspezifische Grundeinkommens-Regelungen).

1.2 Arbeitszeitverkürzung

Arbeitszeitverkürzung ist das wichtigste Mittel im Kampf gegen die Arbeitslosigkeit. Da das kapitalistische Wirtschaftssystem nicht nur aus konjunkturellen, sondern vor allem aus strukturellen Gründen immer mehr lebendige Erwerbsarbeit überflüssig macht, scheint eine auch nur annähernde Vollbeschäftigung letztlich nur durch Umverteilung der vorhandenen Erwerbsarbeit erreichbar. Vor allem der technologische Fortschritt spart im Produktionsprozeß immer mehr Arbeit ein. Die Rede ist selbstverständlich von Erwerbsarbeit, die im Sinne der Kapitalverwertung profitabel eingesetzt wird, gesellschaftlich notwendige Arbeiten gibt es zuhauf.

Selbst bei einem Wirtschaftswachstum von 3,5 Prozent würde es in

Deutschland im Jahre 2000 nach Prognosen noch über drei Millionen Arbeitslose geben. Ein derartiges Wachstum ist aber nicht nur sehr unwahrscheinlich, sondern aus ökologischen Gründen auch gar nicht wünschenswert.

Die Gewerkschaften haben in den vergangenen Jahren gegen den heftigen Widerstand aus Wirtschaft und Politik wichtige Schritte zur Arbeitszeitverkürzung unternommen. Im Metallbereich wurde die 35-Stunden-Woche in einem Stufenmodell durchgesetzt. Von 1984 bis 1989, den Jahren, in denen die Arbeitszeit von 40 auf 37 Stunden verkürzt wurde, stieg die Zahl der Beschäftigten in der metallverarbeitenden Industrie der Bundesrepublik um 400 000. Experten gehen davon aus, daß mindestens die Hälfte dieses Beschäftigungsgewinns auf die Umverteilung der Erwerbsarbeit zurückzuführen ist. Die 36-Stunden-Woche, die im Wirtschaftsabschwung in Kraft trat, konnte immerhin noch etwa 60 000 Beschäftigungsverhältnisse sichern.

Absehbar ist, daß ohne drastische weitere Schritte in der Verkürzung der Arbeitszeit die Spaltung der Arbeitnehmerschaft in eine immer geringer werdende Zahl regulär Beschäftigter und eine wachsende Zahl von Arbeitnehmern ohne Beschäftigung in einem Maße zunehmen wird, das die bundesrepublikanische Gesellschaft nicht ohne soziale Spannungen überstehen kann. Die Arbeitslosigkeit wirkt sich dabei nicht nur für die direkt Betroffenen zerstörerisch aus, sondern auch für jene, die noch Beschäftigung haben. Bereits jetzt ist der Druck drohender sozialer Deklassierung durch Arbeitslosigkeit erheblich angewachsen. In dem Maße, wie die Belegschaften aber erpreßbar werden, schwindet auch die überbetriebliche Handlungskompetenz der Gewerkschaften.

In einer Zeit, in der sich die herrschende Politik mit einer ständig wachsenden Massenarbeitslosigkeit anscheinend abfindet, wird es darauf ankommen, seitens der Gewerkschaften die Frage der Verkürzung der Arbeit wieder stärker ins Zentrum zu rücken. Dabei werden verschiedene Modelle zum Tragen kommen. So mag im einen Fall der Weg zum 6-Stunden-Tag richtig sein, im anderen eher Blockfreizeiten oder Sabbaticals. Klar muß aber sein, daß Arbeitszeitverkürzungen nur dann positiv auf die Beschäftigung wirken, wenn sie in großen Schritten vollzogen werden.

Dies hat Auswirkungen auf die Frage der Lohnhöhe. Schon bei den Verkürzungen auf dem Weg zur 35-Stunden-Woche, bei denen es einen vollen Lohnausgleich gab, wurden mögliche höhere Lohnabschlüsse gegen eine Verkürzung der Arbeitszeit getauscht.

Stellt man sich auf den Standpunkt, daß große Schritte in der Arbeitszeitreduzierung die beste Möglichkeit im Kampf gegen die Arbeitslosigkeit sind, dann ist klar, daß dies nicht zusammen mit einem vollen Lohnausgleich erreicht werden wird. In Betracht kommen beispielsweise Regelungen, die für die unteren Lohn- und Gehaltsgruppen den vollen Lohnausgleich weiterhin gewährleisten, jedoch obere Einkommensgruppen mit Opfern belasten. In Betracht kommt des weiteren, den Anspruch auf vollen Lohn- und Gehaltsausgleich dann wieder aufleben zu lassen, wenn bestimmte Einstellungsquoten nicht erfüllt werden. Schließlich ist daran zu denken, Einkommensverluste durch vorübergehende Ausgleichsleistungen, etwa seitens der Bundesanstalt für Arbeit, abzumildern oder sogar zu kompensieren.

Um zu einer gestaltenden und ökologisch erweiterten Betriebspolitik zu gelangen, erscheint es außerdem notwendig, die noch wenig entwickelte Diskussion in den Betrieben und Gewerkschaften zu erweitern, indem etwa immaterielle Forderungen nach einer betrieblichen Mitverantwortung und Mitgestaltung zur arbeits- und umweltorientierten Gestaltung von Produkten und Produktionsabläufen aufgestellt werden (z. B. Produktmitbestimmung, Beteiligung von Arbeitnehmern an Umweltmanagement und Umweltbetriebsprüfung). Vor dem Hintergrund der eingeleiteten Entwicklungen in den Betrieben setzen sich die Gewerkschaften und deren betriebliche Organe der wachsenden Gefahr aus, von zentralen Entscheidungsprozessen im Unternehmen abgeschnitten und politisch marginalisiert zu werden, wenn sie sich nicht auch mit solchen Forderungen auseinandersetzen. So provokativ es auch klingen mag: Die Gewerkschaften müssen sich davon verabschieden, für ihre Mitglieder alljährlich nur mehr Lohnprozente oder eine Verkürzung der Arbeitszeit zu fordern und tarifvertraglich festzulegen. Vielmehr muß die Gewerkschaftspolitik Ende der neunziger Jahre darauf abzielen, materielle und immaterielle Forderungen zu verknüpfen. Mit einer solchen Politik kann es gelingen,

- die bisherige Trennung von Produzenten- und Konsumentenperspektive zu überwinden, ohne die eine Eigenverantwortlichkeit und Partizipationskompetenz der Beschäftigten in ökologischen Fragen nicht zu erreichen sein wird,
- den Mitgliederrückgang zu bremsen, indem neue Betriebsgruppen wie etwa Angestellte, technische Intelligenz und Jugendliche angesprochen werden, die schon heute mehr Handlungskompetenzen im Betrieb einfordern.

Sollte es nicht gelingen, sich den Herausforderungen der neunziger Jahre zu stellen und adäquate Antworten zu finden, besteht die Gefahr, daß die eingefahrenen Politisierungsrituale und ökologischen Verhaltensappelle in der Öffentlichkeit immer weniger wahrgenommen werden.

1.3 Arbeit der Zukunft

Viele der im Bereich der Rüstungskonversion entwickelten Ansätze sind auch für andere Bereiche sinnvoll durchführbar. Eine gesellschaftlich wünschenswerte Umorientierung weg von der Automobilproduktion oder der Chlorchemie, die früher oder später zwangsläufig auf der Tagesordnung steht, stellt ähnliche Aufgaben, etwa im Bereich des Ausfindigmachens von anderen Produktionsfeldern.

Entscheidend ist bei der Umorientierung, ob und inwieweit es einem Unternehmen gelingt, mit dem vorhandenen Know-how und den bestehenden Ressourcen neue zukunftsträchtige Geschäftsfelder ausfindig zu machen. Eine Pflege der eigenen Stärken und eine Erschließung neuer Geschäftsfelder muß sich dabei nicht ausschließen.

Grundlegend ist dabei eine Sichtweise, die zeitlich und räumlich über den bisherigen Horizont des Unternehmens hinausgeht. Nur aus einer solchen Orientierung heraus ist es möglich, relevante Entwicklungen in Gesellschaft und Wirtschaft wahrzunehmen, um zukünftige Märkte zu finden, die dauerhafte Erfolgspotentiale beinhalten. Bestehende Unternehmen sind auf derartige Maßnahmen zur strategischen Früherkennung oft nicht eingerichtet. Ihre organisatorischen Strukturen lassen Kommunikationsbarrieren entstehen und rufen Innovationswiderstände hervor. Daher muß bei der Suche nach neuen Geschäftsfeldern oft eine neue Unternehmenskultur geschaffen werden und ein die neuen Aufgaben stimulierender organisatorischer Rahmen gesucht werden.

Sind Hinweise auf gesellschaftliche Bedarfe gefunden, dann müssen sie auf betrieblicher Ebene in konkrete Angebote für Produkte oder Dienstleistungen umgesetzt werden. Zu unterscheiden sind folgende Arbeitsschritte:

1. Identifikation von Bedürfnissen bzw. Problemen (Umweltmonitoring, Zielgruppenanalyse, Grundbedarfsanalyse, Technologiekritik, Problembereichsanalyse);
2. Ableitung, Ermittlung des spezifischen Bedarfs zur Befriedigung der

Bedürfnisse bzw. Lösung der Probleme (Problemanalyse, Ziel-Umsetzungs-Analyse);

3. Entwicklung spezifischer Maßnahmen zur Befriedigung der Bedürfnisse bzw. zur Lösung von Problemen (Anwendungsanalyse, systematische Lösungsfindung);
4. Auswahl, Entscheidung zwischen verschiedenen Handlungsmöglichkeiten.

In den Betrieben wird die Kreativität der Beschäftigten in den meisten Fällen nicht ausreichend genutzt. Um dieses Potential zu nutzen, müssen Freiräume geschaffen werden, um Ideen zu entwickeln und ein Stück weit auch zu realisieren. Dabei empfiehlt es sich, die Beschäftigten auf allen Ebenen der Projektorganisation frühzeitig zu beteiligen. Vorstellbar ist beispielsweise ein Konversionsausschuß, der paritätisch zwischen Geschäftsleitung und Betriebsrat besetzt wird und dem alle Vollmachten bezüglich der gestellten Aufgaben übertragen werden.

Um Initiativen für neue Produkte bessere Chancen zu verschaffen, ist es auch notwendig, soweit wie möglich öffentliche Unterstützung außerhalb des Betriebs, etwa für Aufträge aus der öffentlichen Beschaffungs- und Investitionstätigkeit, zu organisieren.

1.4 Arbeitszeitpolitik

Möglich wären Regelungen, indem die durch Arbeitzeitverkürzung ausgefallene Arbeitszeit für Weiterbildung genutzt und dafür Unterhaltsgeld bezahlt wird. In die gleiche Richtung geht die Forderung des niedersächsischen Sozialministers Walter Hiller. Dieser argumentiert, das VW-Modell spare der Bundesanstalt für Arbeit Kosten. Durch eine Änderung des Arbeitsförderungsgesetzes müsse ein vorbeugender Einsatz der Mittel der Bundesanstalt für Arbeit ermöglicht werden, damit bei drohender Arbeitslosigkeit Qualifizierungsmaßnahmen aus Nürnberg gefördert werden könnten.

In ähnlichem Zusammenhang ist auch ein Modellversuch in Dänemark zu sehen: Dort können Beschäftigte ihren Arbeitsplatz bis zu einem Jahr für Arbeitslose »frei« machen. Während dieser Zeit erhalten die »Urlauber« 80 oder teils sogar 100 Prozent des normalen Arbeitslosengeldes. Den von den Arbeitsämtern finanzierten Urlaub gibt es für die Betreuung von Kindern unter neun Jahren, für Weiterbildungsmaßnahmen oder für Sabbaticals.

Bei der Bekämpfung von Arbeitslosigkeit setzt Dänemark besonders auf die Weiterbildung. Während Beschäftigte lernen und damit die Konkurrenzfähigkeit der dänischen Wirtschaft erhöht wird, sollen Arbeitslose ihre Arbeit übernehmen. Ein erstes Weiterbildungsprojekt praktizierten 1993 die Beschäftigten des dänischen Hörgeräte-Herstellers Danavox. Als Teil des Übergangs von der Produktion am Fließband zur Arbeit in für die Produktqualität direkt verantwortlichen Kleingruppen beschloß die Elektronikfirma ein Bildungsprogramm. Zusammen mit dem örtlichen Arbeitsamt entwikkelte der Betrieb ein Unterrichtsangebot in Löten, Messen und Mathematik, aber auch in den Fremdsprachen Deutsch und Englisch. Die Arbeitsplätze der in der Bildungsmaßnahme befindlichen Arbeitnehmer nahmen solange Arbeitslose ein, die vorher auf die Arbeit in der Elektronikfirma vorbereitet worden waren. Die dänische Gewerkschaft »Metal« will künftig solche Rotationsvereinbarungen auch für andere Betriebe nutzbar machen.

Um eine solche Arbeitszeitpolitik durchzusetzen, mit der formelle Erwerbs- und informelle Bedarfswirtschaft besser miteinander vereinbart werden könnten, wäre es notwendig, daß sich die Tarifparteien verstärkt an der Diskussion um informelles und formelles Arbeiten beteiligen. Bisher wurde die Diskussion, speziell von den Gewerkschaften, sehr stark auf den formellen Sektor abhängiger Erwerbsarbeit bezogen. Der informellen Ökonomie stand man zumeist skeptisch bis ablehnend gegenüber. Unberücksichtigt blieb dabei deren Anreiz- und Beispielfunktion, die sich etwa in Eigeninitiative, Mit- und Selbstbestimmungspotentialen und gesellschaftlich sinnvoller Arbeit äußert.

2. Zukunft der Gewerkschaften

Auch wenn in vielen Betrieben und einzelnen gewerkschaftlichen Bereichen immer noch darüber philosophiert wird, ob die Ökologiefrage eine Modeerscheinung sei, zeigen die öffentlichen Debatten und täglichen Umweltkatastrophen, wie notwendig die betriebliche Diskussion ist. Denn die Gewerkschaften haben ein enormes umweltpolitisches Potential einzubringen. Genau dieser Tatbestand hat aber zur Folge, daß die Umweltpolitik stärker als bisher in die tarifpolitischen Überlegungen integriert werden müßte.

Gerade jüngere Arbeitnehmer beteiligen sich an der Umweltdiskussion und engagieren sich deshalb in den Umweltverbänden. Wie industriesoziologische Studien zeigen, entwickeln diese »modernen« Arbeitnehmer Ansprüche an eine arbeits- und umweltorientierte Gestaltung von Produkten und Produktionsabläufen sowie eine größere Transparenz betrieblicher Bewertungs- und Entscheidungsprozesse. Durch das Vakuum, das die Gewerkschaften in diesen Fragen bieten, fühlen sich die Jugendlichen und jungen Erwachsenen von ihnen nicht angemessen vertreten und kehren ihnen den Rücken. Die Mitgliederentwicklung bei den Gewerkschaften spricht hier eine deutliche Sprache. Die Gewerkschaften besitzen eine große Chance, die ökologische Frage im Betrieb auf die Tagesordnung zu setzen. Dabei wird es darum gehen, die bisher getrennten Politikfelder – Arbeits- und Gesundheitsschutz im Betrieb und Umweltschutz außerhalb der »Betriebstore« – miteinander zu verknüpfen. Hier könnte behilflich sein, daß in einigen Betrieben Umweltinformationssysteme eingeführt werden, an denen sich auch die Arbeitnehmer und ihre Vertretungen beteiligen sollten.

Immer mehr Unternehmen entdecken den Umweltschutz als betriebliches Thema, indem sie aus Kostenerwägungen oder aus Imagegründen Umweltinformationssysteme im Betrieb einführen. Darüber hinaus findet sowohl in der Bundesrepublik als auch in der Europäischen Gemeinschaft eine breite Diskussion über geeignete Informationskonzepte statt, mit denen die (möglichen) Umweltbelastungen sinnvoll abgebildet werden können:

- So hat etwa die EG-Kommission im Juni 1993 eine Verordnung vorgelegt, mit der ein freiwilliges Öko-Audit durchgeführt werden soll. Ziel des Öko-Audit-Systems ist es, über ein Umweltmanagement betrieblich vernetzte Strukturen zu entwickeln, die einen verbesserten Umweltschutz ermöglichen.
- Auch wird die Einführung des europaweiten Umweltzeichens die Umweltberichterstattung im Unternehmen beeinflussen. Die entsprechende Verordnung wurde im März 1992 vom Rat der Europäischen Gemeinschaften erlassen und ist seitdem geltendes Recht in allen Mitgliedstaaten. Beabsichtigt wird mit dem Umweltzeichen, den Verbrauchern eine Orientierungshilfe bei der Kaufentscheidung zu geben. Das wesentliche Kriterium, nach dem die Umweltfreundlichkeit der Produkte beurteilt wird, ist die Betrachtung des gesamten Lebenszyklus.
- In der Bundesrepublik ist ein Arbeitsausschuß beim Deutschen Institut für Normung gegenwärtig damit befaßt, eine Konvention für produktbezogene Ökobilanzen zu entwickeln, die eine Begriffsbestimmung, ein Standardmodell, allgemeine Regeln zur Lösung methodischer Probleme und Empfehlungen zur Beteiligung der Fachöffentlichkeit vorsehen soll.

Für die betriebliche Produktbilanzierung wird so ein Referenzrahmen geschaffen, der eine vergleichende Betrachtung von produktbezogenen Ökobilanzen verschiedener Unternehmen erlauben wird.

Die Gewerkschaften müssen sich diesen neuen Entwicklungen stellen, indem sie sich bereits heute mit den Anforderungen von morgen auseinandersetzen.

Wolfgang Däubler
(Professor für Arbeits-, Handels- und Wirtschaftsrecht an der Universität Bremen)

Thesen zur Zukunft der Gewerkschaften

Ich finde den Gedanken, ein Netz auszuwerfen, um Kritik und Anregungen aus vielen Teilen der Gesellschaft zu bekommen, ausgesprochen gut. In früheren Zeiten wäre dies schwer vorstellbar gewesen; wer die volle Wahrheit kennt, ja in Erbpacht genommen hat, braucht keinen Rat.

Ich will zum Thema »Zukunft der Gewerkschaften« einige Thesen formulieren.

Die in der Bundesrepublik lebenden Menschen brauchen aktionsfähige Gewerkschaften. Trotz des langfristig gestiegenen Lebensstandards sind die Probleme nicht geringer geworden. Auch der gut verdienende Arbeitnehmer besitzt im Regelfall keine wirkliche Existenzsicherheit. Langzeitarbeitslose werden an den Rand der Gesellschaft gedrängt, andere völlig ausgegrenzt. Die eigenen Lebensgrundlagen werden durch die »Fortschritte« der Technik gefährdet.

Dies wird – zumal wenn so abstrakt formuliert – unschwer akzeptiert, innerhalb wie außerhalb der Gewerkschaft. Das Problem liegt darin, daß die Einsicht nicht zum Handeln führt. »Es läßt sich ja doch nichts ändern« – da ist es dann schon sinnvoller, am 1. Mai ins Grüne zu fahren oder sich ein wenig mehr um die Finanzierung der Eigentumswohnung zu kümmern.

Die gesellschaftspolitische Passivität einer immer größer werdenden Mehrheit hat ihre Ursachen. Auch die Gewerkschaften haben ihr Teil dazu beigetragen. Ich will hier keinen »Versäumniskatalog« entwerfen, sondern von vornherein Vorschläge machen, die die von mir gesehenen Defizite beseitigen sollen.

1. Grundwerte der Gewerkschaften

Die Gewerkschaft steht für bestimmte Grundwerte wie menschenwürdige Existenz aller und solidarisches Verhalten. Bezugsgröße für die Entwicklung dieser Grundwerte war der Interessengegensatz von Kapital und Arbeit. Mittlerweile wird deutlich, daß dieser keineswegs verschwunden oder auch nur abgeschwächt ist; die Existenz des einzelnen ist jedoch nicht weniger durch Diskriminierung und durch Untergrabung der Lebensgrundlagen gefährdet. Wer Erwartungen anderer aufgreifen und zu gemeinsamem, organisiertem Handeln kommen will, kann dies nicht mehr ignorieren. Nur wer auch für Gleichberechtigung von Frauen und Ausländern und für die Erhaltung der Umwelt kämpft, kann damit rechnen, im Bewußtsein der Bevölkerung mehr zu sein als eine Lobby-Organisation. Auf der programmatischen Ebene ist diese Weiterentwicklung der Grundwerte durchaus in Angriff genommen; die praktische Umsetzung ist – um mich diplomatisch auszudrücken – wenig sichtbar. Die in letzter Zeit so oft gehörte Formel von der »Beschränkung aufs Kerngeschäft« ist genau das Gegenteil dessen, was die Gewerkschaft braucht.

Grundwerte müssen glaubwürdig vertreten werden. Daran hat es in der Vergangenheit gefehlt.

Mein Problem ist nicht der Erwerb von verbilligten Eigentumswohnungen bei der Neuen Heimat. Es geht auch nicht darum, ob eine Person die Stellung als Aufsichtsratsmitglied dazu verwendet, um erfolgreich an der Börse zu spekulieren. Viel wichtiger ist, daß man sich auf die Organisation insgesamt und ihre Politik verlassen kann. So geht es nicht an, daß man auf der einen Seite seit Mitte der 80er Jahre mit Recht betont, befristete Arbeitsverhältnisse seien kein Ausweg aus der Arbeitslosigkeit, um dann auf der anderen Seite von höchster Stelle zu hören, dies sei vielleicht doch ein akzeptabler Weg. Bei manchen entsteht hier der Eindruck, für ein Lächeln des Kanzlers oder gar ein Schulterklopfen würde man fast alles aufgeben. Das stimmt so natürlich nicht, aber schon der Eindruck ist fatal.

Zur Glaubwürdigkeit gehört nicht nur verbale Prinzipientreue, sondern auch die Bereitschaft zu praktischen Konsequenzen. Das wird dann deutlich, wenn es zum Streik kommt. Obwohl die Arbeitsniederlegung in unserer Gesellschaft nicht eben zu den populärsten Handlungsformen zählt, hat die IG Metall durch den Streik in Bayern eine größere Zahl von Mitgliedern gewonnen. Taten werden honoriert, Worte mit Achselzucken beantwortet.

Glaubwürdigkeit schließt die Bereitschaft zum Kompromiß nicht aus. Jeder hat Verständnis dafür, daß man auch als große Organisation eigene Vorstellungen nicht geradewegs durchsetzen kann, sondern daß man froh sein muß, wenn man ein Stück davon realisiert. Nur muß klar sein, daß man sich eingesetzt hat und daß man nicht der einzige ist, der Konzessionen gemacht hat. Insoweit hat mir das VW-Modell und der folgende Metalltarif mit der Arbeitszeitverkürzung ohne (vollen) Lohnausgleich nicht eingeleuchtet. Natürlich ist es richtig und vernünftig, in der Krisensituation das geschrumpfte Arbeitsvolumen gerecht zu verteilen und dabei auch finanzielle Einbußen in Kauf zu nehmen. Doch wer sagt, daß allein die Beschäftigten Opfer bringen müssen? Aus Japan kennt man den Grundsatz, daß in solchen Fällen auch die Managergehälter gesenkt werden. Die Rechtsprechung des Bundesarbeitsgerichts hat schon vor vielen Jahren denselben Gedanken bei der Kürzung betrieblicher Altersrenten entwickelt: Diese ist nur dann zulässig, wenn nicht nur die Rentner, sondern auch die Aktiven einschließlich der Manager sowie die Eigentümer (einschließlich der Konzernmutter) Opfer bringen. Die Verknüpfung mit den Managergehältern hat überdies den Vorzug, daß Arbeitnehmer nur dann Opfer bringen müssen, wenn dies aus wirtschaftlichen Gründen absolut unvermeidbar ist. Die Kooperation der Gewerkschaften muß ihren Preis haben; dieser wurde nicht immer mit der nötigen Phantasie bestimmt.

Die glaubwürdige Vertretung von Grundwerten ist unter unseren Bedingungen auch davon abhängig, wie man bestimmte Inhalte in den Medien rüberbringt. Die Gewerkschaft muß Sprecher haben, die sich auf dieses Geschäft verstehen. Dies bedeutet nicht, daß man versucht, Thomas Gottschalk zu imitieren oder den Stil eines IBM-Verkäufers zu entwickeln. Es reicht im Grunde völlig, wenn die Zuschauer sehen, daß hier ein Mensch redet, der ganz ähnliche Probleme und Überzeugungen hat wie sie selbst. Ein Beispiel für diese Art ist etwa Regine Hildebrandt; selbst höchst angreifbare Behauptungen (um das Wort »Unsinn« zu vermeiden) schaden da nicht, weil man das Gefühl hat, daß hier ein Mensch redet und nicht ein gut gestylter Medienprofi.

Zur Glaubwürdigkeit gehört es weiter, daß man in der eigenen Organisation zumindest ein Stück weit das vorweg praktiziert, was man in einer künftigen Gesellschaft will. Hier gibt es auch in der IG Metall Licht und Schatten.

Auf der einen Seite sind heute viele Gedanken erlaubt, die vor 20 Jahren noch verboten waren. Das schließt Tabuzonen nicht aus; wer etwa die interne Organisation der IG Metall mit dem demokratischen Zentralismus vergleichen würde, hätte möglicherweise als Hauptamtlicher statt Gegenargumenten administrative Sanktionen zu erwarten. Die Offenheit ist insgesamt aber sehr viel größer geworden. Auf der anderen Seite sind die Umgangsformen untereinander alles andere als solidarisch. Ich will mal mit einer scheinbaren Kleinigkeit beginnen. Wenn ich als Außenstehender mit zwei verschiedenen Abteilungen der IG Metall telefoniere, kann ich bei meinem zweiten Gespräch in der Regel freudige Überraschung auslösen: Ich weiß von der ersten Abteilung dann meist mehr als mein Gesprächspartner. Viel gravierender ist, daß etwa bei der Besetzung bestimmter Positionen ein Maß an Intrigen und komplizierten Schachspielen entwickelt wird, das mich als vergleichsweise naiven Menschen, der sich nie um eine »Beförderung« bemühen mußte, ziemlich ratlos macht. Würde man die Kreativität, die man beim »Ins-Gespräch-Bringen« oder »Miesmachen« entwickelt, auf Sachprobleme konzentrieren, die IG Metall wäre bis in die kleinste Ortsverwaltung hinein die größte Denkfabrik der Welt. Wenn man bestimmte Inhalte durchsetzen will, muß man erst die Minensuchhunde losschicken; jeder kleinste falsche Schritt kann sonst alles kaputt machen. Diese Umgangsformen sind nicht nur von einem moralischen Standpunkt aus schlecht: sie führen auch dazu, daß bei Entscheidungsprozessen durchaus Irrationales (oder auch gar nichts) herauskommt. Langfristig macht man das Engagement und die Motivation gerade der überzeugtesten Kollegen auf diese Weise kaputt; wer in der eigenen Organisation durch die Bösartigkeit anderer in die Grube fällt, wird – so die vergleichsweise mildeste Reaktion – mit weniger Elan zur Sache gehen und seine Arbeit nur noch als Routine begreifen. Einen Verhaltenskodex sollte man nicht nur für multinationale Unternehmen diskutieren; Intrige und Gerissenheit dürfen sich nicht lohnen, sie müssen geächtet werden.

2. Schwerpunkte der Arbeit

Noch ein letzter Punkt zu den knapper gewordenen Ressourcen. Man muß in der Arbeit natürlich Schwerpunkte bilden, aber die sollten nicht gerade jene sein, die den Mitgliederschwund bewirkt haben. Deshalb sollte man sich auf Neues konzentrieren. Um es an einem Beispiel zu verdeutlichen. Etwa eineinhalb Millionen Arbeitnehmer sind als Teilzeitkräfte aus der Sozialversicherung ausgenommen und auch nicht als Studenten, Rentner usw. anderweitig abgesichert. Da fast nur Frauen betroffen sind, ist dies eine ziemlich evidente Form von Diskriminierung. Die Chancen, dies über Verfahren bei den Sozialgerichten und beim Europäischen Gerichtshof zu korrigieren, sind recht gut. Man stelle sich einmal vor, die Gewerkschaften hätten sich für dieses Problem in vergleichbarer Weise stark gemacht wie für eine gerichtliche Abschaffung der Aussperrung: Viele der eineinhalb Millionen Menschen hätten vermutlich zum ersten Mal in ihrem Leben die Gewerkschaft als einen aktiven gestaltenden Faktor entdeckt, der ihre ureigensten Interessen wahrnimmt. Die Realität sieht ein wenig anders aus.

Immerhin hat ein Rechtssekretär aus Norddeutschland mal ein Rundschreiben verfaßt, um eine Klägerin zu finden, was nach einiger Zeit auch Erfolg hatte. Manchmal hat man den Eindruck, daß es die Gewerkschaft nur noch deshalb gibt, weil da und dort solche eigenen Ideen und Initiativen entwickelt werden, die sich gewissermaßen quer zur Organisationslogik durchsetzen (die natürlich bei einer so grundsätzlichen Frage zunächst die Einschaltung der über die nötige Weitsicht verfügenden Gremien verlangt hätte).

Ein zweiter Schwerpunkt könnte z. B. Umweltschutz im Betrieb sein; in Baden-Württemberg gab und gibt es gerade in der IG Metall hierzu sehr gute Ansätze.

Beim Einsatz der Ressourcen sollte man auch die Forschung nicht vergessen. Mich würde im Moment weniger die Frage irgendwelcher neuer Deregulierungskonzepte interessieren als das viel hautnahere Problem, wie es eigentlich zu erklären ist, daß in bestimmten Bereichen die Zahl der Mitglieder konstant bleibt oder sogar steigt, während sie in anderen deutlich nach unten weist. Hier wäre mehr als nur ein Projekt gefragt. Dabei sollte es keine Rolle spielen, daß möglicherweise auch persönliche Defizite in der Betreuung der Mitglieder aufgedeckt werden. Ein anderer, nicht weniger wichtiger Schwerpunkt wäre, mal in der nötigen Deutlichkeit und für ein größeres Leserpublikum herauszuarbeiten, was es eigentlich bedeutet, wenn es in einer Gesellschaft wie in den USA keine funktionsfähigen Gewerkschaften mehr gibt. Es reicht nicht aus, nur abstrakt zu sagen, daß es schlimm sei, wenn der »kollektive Rahmen« aus Tarifverträgen und Sozialversicherung zusammenbricht. Am Beispiel der USA und weithin auch Großbritanniens kann man sehr konkret nachvollziehen, wie das Leben unter unseren und unter den dortigen Bedingungen aussieht. Es wäre gut, wenn uns allen bei dieser Gelegenheit wieder zum Bewußtsein käme, wie sehr die humanen Elemente unseres Lebens Ergebnis der Existenz und des Kampfes von Gewerkschaften sind.

Ich würde mich freuen, wenn der eine oder andere meine Thesen lesen würde. Es sind Anregungen, keine Patentrezepte.

*Deutscher Caritasverband**
(Hellmut Puschmann, Präsident)

Solidarität – Schlüsselwort einer lebenswerten Gesellschaft

Solidarität ist die Qualität, welche der Deutsche Caritasverband – darin in der Tradition der katholischen Soziallehre stehend – mit der Vision einer lebenswerten Gesellschaft verbindet. Hintergrund dieser Sicht ist die Erfahrung eines derzeit sich vollziehenden Abbaus des Sozialstaats in der Bundesrepublik Deutschland, welcher sich hinter der Rede eines (auch aus unserer Sicht notwendigen) Umbaus des Sozialstaats verbirgt. Beherrscht wird die öffentliche und veröffentlichte Meinung immer wieder durch Äußerungen, der Sozialstaat sei nicht mehr bezahlbar und werde zudem durch den Mißbrauch sozialer Leistungen ausgehöhlt. (...) Fehlentwicklungen und die Notwendigkeit von Umschichtungen sollen nicht bestritten werden, und darum ist das kooperative Gespräch aller wichtigen Partner im Gesamtgefüge des Sozialstaats unerläßlich. Aber es muß entschieden dagegengewirkt werden, daß nicht nur in der konkreten sozialen Realität, sondern auch in den Köpfen der Menschen unsere Gesellschaft in eine Zwei-Klassen-Gesellschaft auseinanderfällt: in eine Fraktion der Wohlhabenden einerseits und in eine solche der Habenichtse: der Langzeitarbeitslosen, der Obdachlosen, der Bettler. Eine solche Gesellschaft, in der letztlich jeder selber sehen muß, wo er bleibt, ist für die Caritas das Gegenteil einer lebenswerten Gesellschaft.

---

* Der Deutsche Caritasverband stellte uns im Namen seines Präsidenten Hellmut Puschmann statt einer eigenständigen Antwort umfangreiche Materialien zur Verfügung: Unter dem Titel »Solidarität – Fragen, Aspekte, Positionen aus der Sicht der Caritas zur Gestaltung einer lebenswerten Gesellschaft« – ein überregionales Pressegespräch des Deutschen Caritasverbandes vom 2. bis 4. Mai 1995 in Freiburg i. Br., weiterhin das Statement von Präsident Hellmut Puschmann von der Pressekonferenz am 15. Dezember 1994 anläßlich der Vorstellung des Jahresthemas, die Presseinformation »Neuer Solidarpakt statt Ausgrenzung von Benachteiligten« sowie das Werkheft 1995 »Arbeitslos: Abgeschrieben«. Nachstehend veröffentlichen wir aussagekräftige Passagen aus dem überregionalen Pressegespräch.

1. Solidarität

Es wäre zu wenig, solchen Erfahrungen lediglich mit Widerspruch und Protest zu begegnen, so sehr dies in konkreten Fragen immer wieder unsere Aufgabe ist. Wir wollen dieser Situation vielmehr konstruktive Perspektiven entgegensetzen, welche in der uns verpflichtenden Tradition des biblisch-christlichen Bildes vom Menschen begründet sind, welches nicht zur bloßen und wohlfeilen Formel verkommen darf. Dies ist gewiß ein hoher Anspruch. Aber wir müssen uns ihm stellen, wollen wir in der Turbulenz ständig wechselnder Tagesaktualitäten die Kontinuität unseres Auftrags und unsere Verläßlichkeit als Sozialpartner in unserer Gesellschaft und gegenüber unserem Staat wahren.

Caritatives Handeln vollzieht sich nicht in einem gesellschaftsfreien Raum, sondern unter den vorherrschenden Bedingungen der Gesellschaft, ja mehr noch: Caritatives Handeln erhebt den Anspruch, die gesellschaftliche Wirklichkeit entscheidend mitzugestalten. Ein solcher Anspruch setzt voraus, daß man deutlich macht, mit welcher Perspektive man gesellschaftliche Vorgänge und Entwicklungen wahrnimmt und bewertet. Notwendig ist darüber hinaus die Offenlegung der eigenen Vorstellungen von Gesellschaft. Beides soll im folgenden in der gebotenen Kürze dargelegt werden.

In der gegenwärtigen sozialwissenschaftlichen Diskussion besteht Übereinstimmung darin, daß sich die gesellschaftlichen Veränderungsprozesse in immer kürzen Abständen vollziehen. Sie gehen einher mit einem Abbruch der Traditionen und mit der Auflösung von Milieus. Damit verbunden ist für den einzelnen zunächst einmal ein zunehmender Freiraum, denn viele durch Milieu, Konfession und Tradition vorgegebene Verhaltensnormen haben ihren biographieprägenden Charakter verloren. Für den einzelnen eröffnen sich damit eine Vielzahl von Möglichkeiten, sein Leben selbst zu gestalten, individuellere Formen zu entwickeln. Von den meisten Menschen wird dies als ein Zugewinn an Freiheit empfunden.

Es zeigt sich jedoch auch, daß dieser Freiraum für viele Menschen eine Überforderung darstellt und ein hohes Risiko des Scheiterns in sich birgt. Denn die Möglichkeit, sich immer wieder neu entscheiden zu müssen ohne die stabilisierende Unterstützung von Traditionen und damit auch Vorbildern, kann zur Last werden. Das Anwachsen fundamentalistischer Bewegungen in Politik und Religion, die eine Reduzierung der komplexen Wirklichkeit anbieten, sowie die steigende Zahl suchtgefährdeter und abhängiger Menschen sind ein Hinweis auf die gestiegenen Belastungen, denen der einzelne heute ausgesetzt ist.

Wenn zutrifft, was die Soziologen prophezeien, wird sich diese Entwicklung fortsetzen, d. h., daß immer weniger Menschen – zunehmend auch Kinder und Jugendliche – diesem Druck standhalten werden. Auf diese Entwicklung muß die Caritas mit unterschiedlichen Angeboten reagieren, allein schon deswegen, weil das christliche Menschen- und Weltbild sie dazu herausfordert. Demnach kommt dem einzelnen Menschen eine Einmaligkeit und Würde zu, die ein hohes und schützenswertes Gut darstellt. Die entsprechenden Artikel unseres Grundgesetzes sind ein Reflex dieser Überzeugung. Bei aller Wertschätzung des Individuums ist aus christlicher Perspektive einer Verabsolutierung des einzelnen jedoch ein Riegel vorgeschoben, insofern zum einen der sozialen Dimension eine entscheidende Rolle zukommt. Zum anderen wird der Mensch auch von der Last befreit, das Paradies auf Erden schaffen zu müssen. Mit der klaren Aussage, daß die Vollendung des individuellen Lebens wie der Gesellschaft insgesamt von Gott her zu erwarten ist, bietet die christliche Botschaft ein sehr realistisches Bild des Menschen und der Gesellschaft an. Damit wird allen Modellen eine Absage erteilt, die entweder den einzelnen zum Maß aller Dinge machen oder die Gesellschaft absolut setzen.

Unser Handeln richtet sich daher sowohl auf den einzelnen Menschen – das ist seine personale Dimension – als auch auf die Gesellschaft und deren Gestaltung durch Staat und Politik – das ist die gesellschaftlich-politische Dimension. Mit anderen Worten: Der Not des einzelnen Menschen gilt unsere primäre und grundsätzliche Option. In anwaltschaftlicher Verantwortung für ihn einzutreten und sein Schicksal zur politischen Aufgabe zu machen ist unser Auftrag. (...)

Ein weiterer Begriff soll hier ins Spiel gebracht werden: soziale Gerechtigkeit. Es kann hier nicht darum gehen, die komplexen und spannungsreichen ideen- und wirkungsgeschichtlichen Zusammenhänge des Gerechtigkeitsgedankens aufzuzeigen oder gar eine abschließende Definition vorzutragen. Es kann hier nur um Annäherungen gehen. (...)

2. Soziale Gerechtigkeit

Unter sozialer Gerechtigkeit verstehe ich gesellschaftliche Verhältnisse, welche es jedem Menschen – ich betone: jedem Menschen – ermöglichen, nach den in unserer Gesellschaft geltenden Maßstäben von Menschenwürde sein Leben selbstverantwortlich zu gestalten. Nach den Maßstäben von Menschenwürde: Damit meine ich neben den in unserem Grundgesetz und in den internationalen Menschenrechtsdokumenten kodifizierten Grundrechten auch die Sicherstellung eines – wie wir es in unserer Armutsuntersuchung genannt haben – »soziokulturellen Existenzminimums«. Selbstverantwortlich: Damit meine ich ohne staatliche oder behördliche Reglementierungen und die damit verbundenen Entmündigungen und Demütigungen. (...)

3. Soziale Verantwortung

Ich möchte aber keinesfalls den anderen Aspekt des Gerechtigkeitsgedankens vernachlässigen: den der sozialen Verantwortung. Selbstverantwortlichkeit schließt Verantwortung für andere und für das Gemeinwohl ein. Ich verkenne nicht, daß der Sozialstaat Bundesrepublik Deutschland eine Entwicklung genommen hat, in welcher sich die Erwartungen und Forderungen des einzelnen und ganzer gesellschaftlicher Gruppen nach Sicherung der Existenz und Befriedigung materieller und kultureller Bedürfnisse nahezu ausschließlich an den Staat und die öffentlichen Hände richten und die Verantwortung des Menschen für seinen Mitmenschen, die Mitverantwortung für das gemeinsame Ganze und die Einbeziehung nichtstaatlicher sozialer Netze wie die Familie, die Nachbarschaft, die Kirchengemeinde u. a. in den Hintergrund getreten sind. Die Folgen davon sind ein überzogenes individualistisches Anspruchsdenken und ein Mangel an Gemeinwohlorientierung auf der einen Seite; auf der anderen Seite reglementiert der Staat immer umfassender die Durchführung sozialer Hilfen und muß zu einem System pauschalisierter Hilfeleistungen kommen, welche dem Bedarf des einzelnen Menschen nicht mehr gerecht werden können.

Partizipation umfaßt beides: das Recht jedes Menschen auf ein menschenwürdiges Leben und die daraus resultierenden Ansprüche, aber auch die Verantwortung des einen für den anderen und eines jeden für das Gemeinwohl. Nur so kann der Gedanke der sozialen Gerechtigkeit davor geschützt werden, zum egoistischen Anspruchsdenken zu verkommen und sich mit dem zu verbinden, was er eigentlich meint: Solidarität. (...)

Diakonisches Werk der Evangelischen Kirche in Deutschland

(Pfarrer Jürgen Gohde, Präsident)

Diakoniepolitische Positionen zur Zukunft des Sozialstaates und zur Zukunft der Arbeit

Aus diakonischer Sicht hängt die Zukunft unserer Gesellschaft gerade auch angesichts eines immer stärker zusammenwachsenden Europas ganz wesentlich von der Solidarität der Menschen untereinander ab. Die zunehmende Individualisierung im gesellschaftlichen Leben und die Ausdifferenzierung vielfältigster individueller Lebenssituationen darf nicht dazu führen, daß die soziale Verantwortung »für den Nächsten« aufgegeben wird. Dieses Grundprinzip gilt für alle Bereiche unserer Gesellschaft, darunter auch für den Sozialbereich. Insofern hat die Aussage »Einer trage des anderen Last« aus kirchlich-diakonischer Sicht in einer humanen Gesellschaft grundlegende Bedeutung.

1. Die Zukunft des Sozialstaates

Viele Politiker sowie Arbeitgebervertreter und andere Gruppen werden nicht müde, immer wieder neu die Forderung eines totalen Umbaus unseres Sozialsystems aufzustellen. Vergleicht man einmal die Argumente, so wird deutlich, daß die unterschiedlichsten Motive für den Wunsch nach Veränderung angeführt werden. Da gibt es einerseits die Fundamentalkritik an dieser Gesellschaft und der angeblichen Zwangsmitgliedschaft vom Menschen im System der sozialen Sicherheit bis zum Argument zu hoher Sozialleistungen und des Wildwuchses in unserem Sozialsystem, der Kostenexplosion, Intransparenz und die mangelnde Konkurrenzfähigkeit deutscher Produkte durch zu hohe Lohnnebenkosten.

Natürlich ist unser System der sozialen Sicherung – wie die meisten Bereiche des wirtschaftlichen und gesellschaftlichen Lebens – teurer geworden, doch läßt sich einerseits sehr wohl begründen, warum z. B. die Umsetzung neuerer medizinischer Erkenntnisse für die unserer Meinung nach beste Krankenbehandlung teurer wird.

Zum anderen müssen wir uns darüber im klaren sein, daß es z. B. eine politische Entscheidung war, die Finanzierung der deutschen Einheit zu einem guten Stück über die soziale Sicherung zu finanzieren und nicht über das Steuersystem, was sich letztlich auch in den Beiträgen zur sozialen Sicherung niederschlug. Problematisch erscheint indes, wenn jene Politiker, die diese Entscheidung bewußt so getroffen haben, letztendlich auch noch die gestiegenen Sozialkosten kritisieren und diese zum Anlaß nehmen, einen Sozialabbau oder zumindest eine totale Veränderung des Systems der sozialen Sicherung zu begründen und zu bewirken.

Das Diakonische Werk der EKD ist zusammen mit vielen Experten des Sozial- und Gesundheitswesens der Meinung, daß ein totaler Umbau des Systems der sozialen Sicherung nicht notwendig ist, wenngleich aber zur Verbesserung der Situation der Hilfebedürftigen in Deutschland in den einzelnen Zweigen der sozialen Sicherung durchaus Reformbedarf besteht. Die Position des Diakonischen Werkes der EKD wird auch durch die statistischen Grundlagen gestützt.

Auch statistisch läßt sich untermauern, daß ein kompletter Umbau nicht notwendig ist:

- Vergleicht man den Anteil der Sozialausgaben am Bruttoinlandsprodukt in Westdeutschland von 1970–1993, so läßt sich eine Kostenexplosion nicht feststellen.
- Auch die Entwicklung der Beitragssätze zur Sozialversicherung von 1970–1994 läßt eine Kostenexplosion im eigentlichen Sinne vermissen. Im Gegenteil: Ohne die beschriebene Finanzierung der deutschen Einheit über die soziale Sicherung wären die Beitragssätze sogar gesunken, was ein Indiz dafür ist, daß die Reformen der letzten Jahre wie z. B. in der Krankenversicherung durchaus beitragssatzreduzierend gewirkt haben.
- Auch staatliche Leistungen durch Kindergeld, Kinderfreibetrag und Erziehungsgeld für das erste Kind über einen Zeitraum von 18 Jahren sind von der Entwicklung her eher konstant verlaufen.
- Viele Untersuchungen haben immer wieder bewiesen, daß der Lohnabstand unterer Lohngruppen von der Sozialhilfe durchaus gewahrt ist.
- Bei der immer wieder auftretenden Diskussion um zu hohe Personalzusatzkosten fällt auf, daß die Sozialversicherungsbeiträge der Arbeitgeber als nur ein Bestandteil aller Personalzusatzkosten (neben Urlaub etc.) von der Entwicklung her von 1966 bis 1993 sehr konstant geblieben sind.

- Auch die Rentenversicherung betreffend, die ja den besonderen Problemen der demographischen Entwicklung unterliegt, läßt sich eine »Weltuntergangsstimmung« nicht belegen. Mit der Rentenreform 1992 wurde die Rentenversicherung in erheblichem Maße ausgabenseitig finanziell entlastet. Dazu beigetragen haben der Übergang zur Nettoanpassung ab 1992 bei Stabilisierung des Nettostandard-Rentenniveaus bei knapp 70 Prozent und die Anhebung des Bundesanteils mit anschließender Fortschreibung ab 1992 entsprechend der Entwicklung der Bruttoentgelte und der Beitragssatzentwicklung. Schließlich werden ab 1995 die Rentenversicherungsbeiträge für Lohnersatzleistungen generell zu 80 Prozent der vorausgegangenen individuellen Bruttoentgelte bemessen. Die Altersgrenze wird ab 2001 in kleinen Schritten heraufgesetzt. Angesichts dieser Entwicklung argumentiert auch Kolb: »Deshalb ist das politische Gerede vom totalen Systemwechsel nur Illusion.« Er schlägt vor, daß kontinuierliche Änderungen im System etwaigen abrupten Änderungen vorzuziehen sind.

Aus den genannten Gründen wird ersichtlich, daß das Diakonische Werk der EKD keinesfalls einen kompletten Umbau unseres Sozialsystems fordert und sich andererseits auch gegen die politischen Forderungen eines Sozialabbaus stellt.

Entsprechend kritisch werden deshalb auch die Modellkonzeptionen betrachtet, die unser bisheriges differenziertes Sozial- und Gesundheitswesen ablösen sollen wie z. B.

- ein umfassendes Steuertransfersystem,
- eine soziale Grundsicherung,
- ein Bürgergeld.

Dabei verkennt das Diakonische Werk der EKD jedoch nicht die positiven Elemente, die in der Idee der sozialen Grundsicherung und des Bürgergeldes stecken. Allerdings sind wir der Meinung, daß die positiven Elemente der o. a. Modelle durchaus auch in das bestehende System der sozialen Sicherung einfließen könnten, wie z. B. bessere Hinzuverdienstmöglichkeiten für Sozialhilfeempfänger und Elemente einer Grundversorgung im Sozialhilfegesetz.

Den in den verschiedenen einzelnen sozialen Feldern vom Diakonischen Werk der EKD gesehenen Reformbedarf hat die Hauptgeschäftsstelle in verschiedenen Stellungnahmen zu Papier gebracht.

- Unter dem Stichwort »Gesundheit 2000« spricht sich die Diakonie für eine Weiterentwicklung einer bedarfsgerechten gesundheitlichen Versorgung der Menschen aus und plädiert gegen eine Festschreibung der Beitragssatzstabilität, da sie zur Rationierung von Gesundheitsleistungen führt.

- In dem Positionspapier des Diakonischen Werkes zur Weiterentwicklung des Sozialhilferechtes bringen wir unsere Sorge zum Ausdruck, daß es auch bei der jetzt geplanten Reform, wie schon 1993, vorrangig darum gehen soll, Einsparungen zu erzielen. Geboten ist jedoch eine qualitative Weiterentwicklung der Sozialhilfe.
- Wenn das Sozialhilfesystem als letztes Auffangnetz qualitativ zu stärken ist, so müssen darüber hinaus aber auch die vorgelagerten Systeme der sozialen Sicherung krisen- und vor allem armutsfest gemacht werden.

In diesem Zusammenhang weisen wir darauf hin, daß wir in Zusammenarbeit mit dem Deutschen Caritasverband unter dem Titel »Lebenslagenuntersuchung Ost« einen Bericht über die Lebenssituation der Menschen in den neuen Bundesländern erstellen.

In der Stellungnahme zum Jahressteuergesetz 1996 und in den Ausführungen zum Familienleistungsausgleich bringen alle Wohlfahrtsverbände zum Ausdruck, daß es vorrangiges Ziel des monetären Familienlastenausgleichs sein muß, sicherzustellen, daß das bloße Vorhandensein von ein oder mehreren Kindern in einer Familie nicht zum Armutsrisiko wird. Damit Familien vor dem Gang zum Sozialamt bewahrt werden, muß eine tatsächlich bedarfsorientierte Form des Familienlastenausgleichs gefunden werden. Dabei sind verschiedene Formen des Transfers denkbar.

In direktem Zusammenhang mit der Frage der Förderung von Familien und dem Familienlastenausgleich steht das Problem der Vereinbarkeit von Familie einerseits und Ausbildung und Beruf andererseits. Dabei fällt insbesondere das quantitativ unzureichende außerfamiliäre Betreuungsangebot für Kinder ins Auge. Der gesetzlich verankerte Rechtsanspruch auf einen Kindergartenplatz ist ein wesentlicher Schritt zur Verbesserung der Betreuungssituation.

Um den europäischen Einigungsprozeß weiter voranzutreiben, haben wir in unserer Stellungnahme zum Grünbuch der Europäischen Kommission unser Interesse deutlich gemacht, daß die soziale Dimension in Europa gestärkt wird und nicht allein ökonomische Ziele das Zusammenwachsen der Mitgliedstaaten der Europäischen Union leiten. Das Weißbuch »Beschäftigung« und das nun von der Kommission vorgelegte Weißbuch »Sozialpolitik« veranschaulichen, daß in dankenswerter Weise auch der Kommission daran gelegen ist, eine Diskussion über soziale Themen in Gang zu setzen. Unserer Meinung nach wird die Schaffung eines sozialen Europas um so besser erreicht, wenn es unseren Grundpositionen und ethischen Orientierungen entsprechend gelingt, die Solidarität und das Füreinander einer vielfältigen Völkergemeinschaft zu realisieren, Partizipation als aktive Teilhabe aller gesellschaftlicher Gruppen, Gleichheit, Offenheit und Menschengerechtheit sicherzustellen. Dabei sollte sich unser Blick ganz besonders auf die sozial benachteiligten sowie ausgegrenzten Menschen richten. Angesichts der Vielschichtigkeit der Systeme der sozialen Sicherung in Europa gilt es, auf die praktisch bestehenden sozialen Verhältnisse Rücksicht zu nehmen und dem Subsidiaritätsgedanken entsprechend zunächst eher – wie bereits praktiziert – die Koordinierung als die Harmonisierung voranzutreiben. Begrüßenswert erscheint uns das im Weißbuch formulierte Ziel der Konvergenz durch Festlegung gemeinsamer Ziele, um in jedem EU-Mitgliedstaat die notwendige Weiterentwicklung des Sozialsystems zu erreichen.

2. Die Zukunft der Arbeit

Die Diakonie ist für ihre Einschätzung über die Wirtschaftsentwicklung, die Entwicklung der Technologie und Produktivität und des Arbeitsmarkts auf die veröffentlichten Prognosen angewiesen. Deshalb müssen wir davon ausgehen, daß auf absehbare Zeit die Zahl der Arbeitsplätze in der Produktion und Fertigung weiter abnehmen wird und daß lediglich ein Zuwachs im Dienstleistungssektor möglich erscheint.

In der Statistik ist die Zahl der geleisteten Arbeitsstunden in der Bundesrepublik im wesentlichen gleichgeblieben. Die Erfahrungen mit der Politik der westlichen Industrieländer der letzten 20 Jahre zeigt, daß »Beschäftigung« nicht im Mittelpunkt steht und »Zukunft der Arbeit« auch heißen wird »Zukunft der Arbeitslosigkeit«.

Um diese Entwicklung zu beeinflussen und zu gestalten, sind notwendig:

- Ein sozial- und umweltverträgliches wirtschaftliches Wachstum, verknüpft mit einem Ausbau der beruflichen Qualifizierungsangebote entsprechend den Anforderungen des strukturellen Wandels der Wirtschaft.
- Eine weitergehende und umfangreiche Verteilung der Arbeit. Sie wird nur gelingen und auch im nennenswerten Umfang von den Menschen akzeptiert werden können, wenn erreicht werden kann:

- Eine Verteilung der Einkommen. Davon wären aus heutiger Sicht besonders hohe Einkommen, Einkommen aus Vermögen usw. betroffen. Eine deutliche Verteilung der Arbeit auf mehr Beschäftigte macht einen Ausbau des Sozialstaats und ein umfangreicheres Gestalten des Staates, etwa in der Steuerpolitik, erforderlich.

  Nach unseren Erfahrungen mit Arbeitszeitverkürzung in den Erziehungs- und Pflegeberufen sind hier weiteren Arbeitszeitverkürzungen im Interesse der Arbeit an den uns anvertrauten Menschen Grenzen gesetzt.

  Wir glauben nicht, daß im Bereich der sozialen Dienstleistungen, der Sozialarbeit und der Pflege in nennenswertem Umfang neue und zusätzliche Arbeitsplätze entstehen. Diese »Humandienstleistungen« sind personalintensiv, und der Rationalisierung sind Grenzen gesetzt.

  Die Verteilung der Arbeit auf mehr Menschen und die Verteilung des Wohlstands wird die Arbeitslosigkeit verringern, aber nicht beseitigen.

- Nötig ist ein weiteres Element der »Zukunft der Arbeit« – auch zu einer Verringerung der Arbeitslosigkeit – durch den gezielten Aufbau und die dauerhafte Förderung eines öffentlich geförderten Beschäftigungssektors für schwervermittelbare und langzeitarbeitslose Menschen. Dieser Beschäftigungssektor muß ergänzend zur bisherigen Arbeitsmarktpolitik ein Bestandteil der sozialen Marktwirtschaft werden, um Langzeitarbeitslosen und ausgegrenzten Personen überhaupt wieder eine Chance zur Beteiligung zu eröffnen. Wesentliche Elemente dieses Sektors sind die übliche tarifliche Bezahlung für die geleistete Arbeit, Freiwilligkeit, eine berufliche und soziale Qualifizierung. Neben befristeten Arbeitsverhältnissen wird es auch einen wachsenden Anteil unbefristeter Förderung geben müssen.

Aus der Sicht der Diakonie ist diese Gesamtstrategie vorrangig, weil sie die soziale Weiterentwicklung unserer Gesellschaft und die in ihr lebenden Menschen fördert. Die Rolle und Funktion des Sozialstaats erhält dadurch zusätzliches Gewicht und wieder mehr Bedeutung für die Gestaltung einer menschengerechten Gesellschaft.

Das Diakonische Werk beteiligt sich als Wohlfahrtsverband intensiv an der Diskussion »Weiterentwicklung des Sozialstaates«. Zu Stichworten der geplanten Reform des BSHG:

»Arbeit muß sich wieder lohnen«:

Unterstellt wird, daß Arbeitslose und Sozialhilfeempfänger soviel – und damit zuviel – an Leistungen erhalten, so daß die Aufnahme einer bezahlten

Arbeit nicht lohnt. Man müsse also deutlich diese Leistungen senken, um entsprechende »Anreize« zur Arbeitsaufnahme zu bieten.

Alle bekannten Untersuchungen – auch seitens der Bundesregierung – haben ergeben, daß lediglich in einigen wenigen Fällen aufgrund hoher Kinderzahl (vier und mehr) sich ein solcher finanzieller Zusammenhang herstellen läßt, der im übrigen zurückzuführen ist auf einen unzureichenden Familienlastenausgleich. Das immer wieder zitierte »Lohn-Abstandsgebot« ist gewahrt.

Das Argument entstammt der immer wieder auflebenden Diffamierung von Sozialleistungsempfängern. Es soll ein gesellschaftliches Klima erzeugt werden, worin die bereits materiell und sozial Ausgegrenzten pauschal als Faulenzer, Schmarotzer und Betrüger charakterisiert werden.

»Anreize zur Arbeitsaufnahme«:

Es liegt schon eine gewisse Perversität in der Vorstellung, daß angesichts so großer Arbeitslosigkeit und Unterbeschäftigung sowie angesichts von lediglich drei- bis vierhunderttausend freien Stellen »Anreize« für nötig erachtet werden.

Zu verstehen ist das nur, wenn diese Anreize dazu dienen sollen, schlechter bezahlte Arbeit in einem neuen »Niedriglohnsektor« anzunehmen. In diesem Zusammenhang werden auch Modelle der »Negativsteuer« oder des »Bürgergeldes« favorisiert. Diese Vorschläge gehen davon aus, daß die unterschiedlichen Sozialleistungen zu einer einzigen zusammengefaßt werden könnten, die sich nur an der Einkommenshöhe orientiert oder für alle Bürger gleich hoch ist. Hiermit ist die grundsätzliche Frage verbunden, ob das sachbezogene differenzierte Sozialleistungssystem europäischer Prägung aufgegeben werden soll. Beim »Bürgergeld« in Höhe des Existenzminimums würden sich mit Rechtsanspruch erhebliche Finanzierungsprobleme stellen. Es ist weder notwendig noch vertretbar, wegen einer anderen Gestaltung der Übergangszone von Transfer- zu Erwerbseinkommen das gesamte Sozialleistungssystem radikal zu verändern. Außerdem würde der Anspruch des einzelnen auf individuelle und bedarfsdeckende Hilfe zur Überwindung seiner Probleme – etwa nach dem BSHG – aufgegeben. Es bliebe der Hinweis auf eine eventuell mögliche Zuverdienstmöglichkeit. Mit uns sind solche Lösungen nicht zu haben.

Bei der Diskussion um die Weiterentwicklung des Sozialstaates wird die Diakonie besonderen Wert darauf legen, Texte und Vorschläge daraufhin anzuschauen, ob darin Stichworte vorkommen wie Gerechtigkeit, Verteilung des Wohlstands und die Einbeziehung des Vermögens bei der Überwindung von Ungleichheit und Benachteiligung. Wir können über Armut in der reichen Bundesrepublik nicht sprechen, ohne gleichzeitig den ebenfalls wachsenden Reichtum und seine Verteilung zu behandeln und dessen Einbeziehung in die Solidarität der Bürger.

Seit einigen Jahren wird in der Bundesrepublik bei vielen Gelegenheiten immer wieder über »Arbeit« gesprochen, über ihre Neubewertung nachgedacht – es werden Arbeitszeitmodelle diskutiert, eine andere Verteilung der Arbeit vorgeschlagen usw. Arbeitslosigkeit wird nicht mit einer selbst stärker am Sozialen orientierten Marktwirtschaft und auch nicht mit einer Arbeitsmarkt- und Sozialpolitik beseitigt werden können. Unsere Gesellschaft und die darin lebenden Menschen sind an Arbeit, an dem darüber erzielten Einkommen und an der Arbeitsleistung so stark orientiert, daß eine Diskussion darüber immer wieder blockiert wird und unmöglich erscheint. Ob zu Recht oder zu Unrecht, jeder fühlt sich erst einmal von solchen Überlegungen bedroht. In einem gesellschaftlichen Dialog sollten wir gemeinsam eher die möglichen Optionen neuer Modelle zur Verknüpfung von Arbeit, Leben und Einkommen gesellschaftsfähig machen. In diesem Zusammenhang ist die Weiterentwicklung der sozialen zu einer sozialen und ökologischen Marktwirtschaft notwendig.

In diesem Sinne brauchen wir das gemeinsame Gespräch verschiedener gesellschaftlicher Gruppen. Die Diakonie will sich daran beteiligen.

Diether Döring
(Professor für Sozialpolitik, Akademie der Arbeit in der Universität Frankfurt/Main)

Soziale Sicherung in der Diskussion

1. Problemlagen

In der Tat sind die sozialstaatlichen Institutionen – hier besonders die Systeme der sozialen Sicherung, auf die ich mich hier konzentrieren will – stärker in die Diskussion geraten, als dies jemals in der Geschichte der (alten) Bundesrepublik der Fall gewesen ist. Unter dem Schlagwort »Umbau des Sozialstaates« mischen sich dabei Konzepte eines weitgehenden Abbaus bzw. einer massiven Reduktion der bestehenden Sozialpolitik mit Konzepten, die eher eine verbesserte Anpassung an die sich verändernden Rahmenbedingungen anstreben und dabei deren Sicherung und weiteren Ausbau zum Ziel haben. Die Notwendigkeit, über die künftige Gestalt des Sozialstaates nachzudenken, ergibt sich:

- Aus deutlichen Defiziten der sozialen Sicherung von bestimmten Bevölkerungsgruppen vor dem Hintergrund der andauernden Beschäftigungskrise. Hauptursache für die Sicherungsmängel ist die starke Erwerbszentrierung der Sicherung und das Fehlen effektiver Mindestsicherungsregelungen in der Sozialversicherung. Eine offensichtliche Folge ist das massive Ansteigen der Angewiesenheit auf Sozialhilfe, die konzeptionell für ein »Millionenpublikum« nicht geeignet ist.
- Aus deutlichen Finanzierungsschwierigkeiten im System der sozialen Sicherung, die in erster Linie (aber nicht allein) aus der starken Abhängigkeit von der Wirtschafts- und Beschäftigungsentwicklung resultieren. Insbesondere die hohe Unterbeschäftigung führt zu zusätzlichen Lasten auf der Ausgabenseite des Systems und schwächt zugleich die Einnahmeseite.
- Neben diesen Problemen des staatlich organisierten Sicherungssystems darf nicht übersehen werden, daß teilweise viel massivere Veränderungen in der betrieblichen Sozialpolitik stattfinden. Hier suchen sich Unternehmen von gewachsenen Leistungen vor allem bei jungen Be-

schäftigten zu entlasten. Dieser Prozeß findet viel zu wenig Aufmerksamkeit; schließlich trägt er zum langfristigen Abbruch einer »Säule« bei, auf die sich bisher die Sozialpolitik stützt, um volle soziale Sicherheit von Arbeitnehmern herzustellen.

2. Tendenzen

Neben diesen gegenwärtig feststellbaren Problemen muß ein Nachdenken über ein zukunftsweisendes Konzept jene Veränderungstendenzen in Rechnung stellen, die zukünftig die Ausgangslage der Sozialpolitik bestimmen werden. Folgende Tendenzen sind dabei m. E. von besonderer Bedeutung:

- Veränderungen auf dem Arbeitsmarkt:

  Stichworte sind hier die langfristige Tendenz zur Verkürzung der Erwerbsphase, die Tendenz zu einem wachsenden Teilzeitanteil sowie das Vordringen selbständiger und »scheinselbständiger« Tätigkeiten in der Industrie und im Dienstleistungssektor. Von (positiver) Bedeutung ist die wachsende Erwerbsneigung von Frauen. Nicht übersehen werden darf auch die Tatsache, daß allein schon infolge der europäischen Integration kein geschlossener nationaler Arbeitsmarkt mehr existiert.

- Veränderungen bei den Lebensformen:

  Stichworte sind hier die fallende Bedeutung von Ehe und Familie sowie die steigende Bedeutung nichtehelicher Lebensformen. Die Haushaltsgröße sinkt im Zuge dieser Entwicklung langfristig kontinuierlich.

- Veränderungen in der Alterszusammensetzung der Bevölkerung:

  Stichworte sind hier: die schrittweise Verschiebung des Verhältnisses zwischen der Zahl der Erwerbsfähigen und der Zahl der Älteren vor allem nach 2000. Etwas abgeschwächt wird diese Verschiebung naturgemäß von der Zuwanderung.

- Veränderungen in den Werthaltungen der Gesellschaft:

  Diese werden nur unzureichend mit dem Schlagwort »Individualisierung« beschrieben. Feststellbar scheint in der Tat eine gewisse Abkehr von solidaritäts- und arbeitsbezogenen Bindungen hin zu einer stärkeren Orientierung auf Selbstverwirklichung und persönliche Unabhängigkeit.

- Veränderungen infolge der europäischen Integration:

  Auch wenn die soziale Sicherung derzeit überwiegend in nationaler Regie verbleibt, sind dennoch indirekte Rückwirkungen der Integration vorhanden. Sie liegen einerseits im härteren wirtschaftlichen Wettbewerb innerhalb des einheitlichen Marktes; andererseits in der Freizügigkeit der EU-Einwohner. Langfristig wird sich jedoch auch der Kernbereich der sozialen Sicherungspolitik nicht völlig dem politischen Integrationsprozeß entziehen können.

3. Reformperspektiven

Den aktuellen Problemen wie auch den in Gang befindlichen wie zukünftigen Veränderungen sollte keinesfalls rein defensiv begegnet werden. Notwendig ist m. E. hier ein zukunftsweisendes Reformprojekt, das die Problemlösungsqualität der bestehenden Systeme verbessert und zugleich ihre Finanzierungsbasis weiterentwickelt. Einige Elemente eines solchen Reformprojekts sollen stichwortartig benannt werden:

- Da jede entwickelte Sozialpolitik auf Verteilungsspielräume angewiesen ist, muß eine energische, beschäftigungsstärkende Politik Teil jeder zukunftsweisenden Sozialreform sein. Auch ein reformiertes System der sozialen Sicherung wird stark vom Beschäftigungsstand abhängig bleiben.
- Die künftige Sozialpolitik sollte wirksamere Vorkehrungen für die Armutsvermeidung treffen. Kurzfristig dürfte ein Abfangen der Sozialhilferisiken durch den Einbau von bedarfsorientierten Mindestsicherungsregelungen in die Sicherungssysteme (Sozialversicherung) die »Methode der Wahl« sein. Auf lange Sicht sollte versucht werden, den Versicherungsschutz selbst in der Weise auszubauen, daß es zu einem »Herauswachsen« der Sicherungsansprüche aus der Sozialhilfebedürftigkeit kommt. Überlegenswert wäre der Ausbau der Versicherungspflicht über den derzeitigen Personenkreis hinaus und die Ergänzung der lohnbezogenen Beitragspflicht durch Mindestbeitragsregelungen. Diese Mindestbeiträge müßten bei niedrigen Einkommen subventioniert werden.
- Die künftige Sozialpolitik wird nicht mehr auf die bisherige Ehezentrierung setzen können, die bisher vor allem in der Absicherung von Frauen eine unverzichtbare Rolle spielt (Hinterbliebenensicherung in der Rentenversicherung; Mitversicherung in der Krankenversicherung). Vermutlich wird man langfristig auf den Ausbau eigenständiger Ansprüche für

alle Mitglieder der Gesellschaft, auch die Nichterwerbstätigen, setzen müssen. Konzepte sind hier schon in der sozialpolitischen Diskussion.

- Die künftige Sozialpolitik sollte versuchen, eine effektivere Sicherung und Interessenvertretung auch auf der nichtstaatlichen, insbesondere betrieblichen Ebene zu entwickeln. Die derzeitigen rechtlichen Elemente stützen zwar gewachsene Ansprüche, verhindern aber nicht den Hinauswurf ganzer Arbeitnehmergruppen (so der Berufsanfänger in vielen betrieblichen Altersversorgungen).

- Die künftige Sozialpolitik muß auch ihre Finanzierungsbasis weiterentwickeln. Das derzeitige System konzentriert sich sehr stark auf die Beitragsfinanzierung. Diese wird sogar dort eingesetzt, wo es sich eindeutig um gesamtgesellschaftliche Lasten handelt (so bei den Integrationsaufgaben in den neuen Bundesländern oder bei der Finanzierung der Erziehungszeiten). Hier ist eine Verschiebung allein schon aus Gerechtigkeitsgründen künftig erforderlich; damit träte auch eine Entlastung bei den Arbeitskosten auf, was beschäftigungsfördernd wirken würde. Auf lange Sicht sollten auch die Vorschläge einiger Umweltexperten überdacht werden, ob nicht Beitragsteile durch Umweltabgaben ersetzt werden könnten. Dies könnte bei sinnvoller Gestaltung ebenfalls die Beschäftigungschancen von Arbeit verbessern und zugleich die Rationalisierungsanstrengungen der Unternehmen stärker auf die Nutzung von Umweltressourcen statt auf die Rationalisierung von Arbeit richten. Nicht vergessen werden darf auch die schon oben angesprochene Möglichkeit, die Beitragspflicht (und den Versicherungsschutz) in der Sozialversicherung auszubauen. Viele westeuropäische Länder stellen die Sozialversicherungspflicht auf Erwerbstätigkeit und nicht ausschließlich auf den Arbeitnehmerstatus ab. Dies würde im übrigen auch die Erosion der Beitragsbasis durch neue selbständige und scheinselbständige Tätigkeiten vermeiden.

- Die künftige Sozialpolitik wird sehr energisch auf die Position der Kindererziehenden unabhängig von der Lebensform der Eltern achten müssen. Die starke Betroffenheit von großen Familien und Alleinerziehern durch Sozialhilfebedürftigkeit zeigt dies an. Hier sollten Mittel insbesondere von ehebezogenen steuerlichen Vergünstigungen auf Kindergeldleistungen verlagert werden.

- Die künftige Sozialpolitik sollte stärker als bisher die Bildungspolitik als eines ihrer Instrumente betrachten. Die Notwendigkeit zeigt sich insbesondere bei den Integrationserfordernissen von Zuwanderern. Ihnen müssen gleiche Chancen auf Erwerbstätigkeit wie Deutschen durch sprachliche und berufsbezogene Bildungsmaßnahmen verschafft werden. Ein weiteres wichtiges Feld ist der Ausbau von Bildungsmaßnahmen in Richtung permanenter beruflicher Qualifikation für alle Arbeitnehmer wie auch insbesondere für Wiedereinsteiger(innen) in den Arbeitsmarkt.

- Die künftige Sozialpolitik sollte die präventive Gesundheitspolitik viel energischer angehen. Die extremen berufs- und schichtspezifischen Unterschiede bei den Gesundheitsdaten zeigen hier den Entwicklungsbedarf an.

4. Schlußbemerkungen

Diese sehr kurzen und zwangsläufig nicht vollständigen Hinweise mögen deutlich machen, daß die sozialstaatlichen Institutionen vor schwierigen Anpassungsentscheidungen stehen. Solche Anpassungsentscheidungen bieten Gegnern der Sozialpolitik immer Ansatzpunkte für Angriffe auf das Sozialsystem. Sie bieten allerdings auch den Gewerkschaften Ansatzpunkte für ein zukunftsweisendes Sozialreformprojekt, das eine Grundlage für eine offensivere Vorgehensweise in der gesellschaftlichen Diskussion erlauben würde, als dies bisher der Fall ist. Ich hielte es für richtig, wenn die Industriegewerkschaft Metall eine Kommission von Experten der Sozialpolitik beauftragen würde, ein zukunftsweisendes, solidarisch orientiertes Sozialreformprojekt auszuarbeiten.

Rudolf Dreßler, SPD-MdB
(Stellvertretender Vorsitzender der SPD-Bundestagsfraktion)

Umbau des Sozialstaates

Heiner Geißler hat zu Zeiten, als er noch Generalsekretär der CDU war, sinngemäß gesagt, wer die politisch ergiebigen Begriffe besetze, der habe den Krieg um die Köpfe der Menschen gewonnen. Wer den gesellschaftlichen Dialog über Zukunftsthemen führen, also aus den eigenen organisatorisch-politischen »vier Wänden« hinaus will, der sollte Geißlers Maxime bedenken und auch Schlußfolgerungen ziehen.

Der Einschnitt, der durch Geißlers Auffassung markiert wird, ist übrigens tief. Seine Auffassung steht in diametralem Gegensatz zur traditionellen abendländischen Auffassung über die Erarbeitung und Präsentation öffentlichkeitswirksamer Überzeugungen. Es hieß stets: Wenn man seine Sache beherrscht, folgen die dazugehörigen Begriffe von selber.

1. Angriffe auf den Sozialstaat

Eine Folgerung liegt auf der Hand: Aus solchem Blickwinkel gesehen, haben die Verfechter des gestaltenden Sozialstaats keineswegs unbedeutende Niederlagen einstecken müssen. Denn das Wort von der »Krise des Sozialstaats« hat gezündet. Die zynische Unterstellung, Deutschland sei ein »Freizeitpark« oder die noch bösartigere Behauptung, der Staat, der sich um die Bürgerinnen und Bürger kümmere, sei längst zu einer »sozialen Hängematte« verkommen, in der sich jene räkelten, die sich bequem auf Kosten der Tüchtigen durchs Leben schlügen – all diese semantischen Einfälle zeigen millionenfache Wirkung.

Sie zeigen vor allem Wirkung bei denen, die den Sozialstaat als hilfesuchende Betroffene nicht in Anspruch nehmen, aber auch bei vielen, die tagtäglich auf den Sozialstaat angewiesen sind. In diesem Zusammenhang hat die linksorientierte »tageszeitung« (taz) kürzlich ein Tabu gebrochen. In einem Kommentar war zu lesen, daß das Räsonieren über den weitverbreiteten Mißbrauch des Sozialstaats auch in linke Kreise Einzug gehalten habe. Was heißt – falls die Beobachtung der taz stimmt –, daß sich eine vorurteilsgeladene Diskussion über den Sozialstaat nicht auf jene beschränkt, denen üblicherweise konservative Denkmuster unterstellt werden.

Konservative und Reaktionäre definieren selten, was sie unter dem Wort Sozialstaat zusammenfassen; sie ersetzen Gebrauch durch Mißbrauch, die Definition durch Diffamierung und kommen damit – leider – bestens über die Runden.

Die anderen, die Verteidiger des Sozialstaats, haben sich demgegenüber wenig einfallen lassen. Manche haben die Auseinandersetzung um Begriffe, den Krieg um Köpfe ignoriert, weil sie nicht begreifen wollten, daß sich gesellschaftspolitische Kontroversen in einer Mediengesellschaft unter anderen Bedingungen abspielen als früher. Man glaubte und glaubt, ein Programm spreche aus sich selber heraus. Identitätsstiftende Menschen, aus denen heraus Überzeugungen und Programme leben, seien zweitrangig.

Am Rande bemerkt: Überfällig ist, daß sich die sozialen Demokraten mit Sinn und Zuschnitt politischer Botschaften in der Mediengesellschaft, mit der Bedeutung symbolischer Akte in der von Medien dominierten politischen Wirklichkeit und mit der Rolle der Persönlichkeiten auseinandersetzen, die Identität zwischen Programm und Klientel schaffen können.

Schlimmer noch, und das ist durchaus selbstkritisch gemeint: Man hat zugelassen, daß der Begriff Sozialstaat auf seine instrumentelle Ausprägung, auf die Sicherungssysteme, reduziert wurde. Das ist freilich nur ein Aspekt des gestaltenden Anspruchs, der in der sozialdemokratischen Auffassung von Sozialstaat steckt. Es kommt das Demokratieprinzip hinzu, also die gleichberechtigte Mitentscheidung und Mitverantwortung in der Wirtschaft. Es gehört ferner zum Sozialstaat die umfassende Sicherung von sozialer Chancengleichheit und Chancengerechtigkeit in der Gesellschaft. Alle drei Aspekte gehören zusammen. Zusammen machen sie den Sozialstaat aus.

Über die Quellen des breiten Angriffs auf den Sozialstaat ist viel geforscht und berichtet worden. Es gibt ideologische Quellen, die belegen, daß es in Deutschland beträchtliche gesellschaftliche Kräfte gibt, die während der vergangenen Jahrzehnte in Wirklichkeit nie ihren Frieden mit dem Sozialstaat geschlossen haben. Es gibt eine ökonomische Quelle, die immer wichtiger wird und die zur Behauptung greift, Deutschland habe nur dann im Zeitalter der Globalisierung eine wirtschaftliche Zukunft, wenn das Land sich vollständig häute und wenn der Sozialstaat auf das Maß reduziert werde, das die Unternehmerschaft für akzeptabel halte. Darin steckt nicht zuletzt die Frage, ob der Primat in einer Demokratie der Politik oder der Ökonomie zukommt.

Ich füge nur am Rande hinzu, daß der Primat der Ökonomie natürlich Rückwirkungen auf die für eine Demokratie konstitutionellen Elemente selber hat. Ich vermisse freilich die kritische Diskussion darüber, ob unserer Verfassung die Geschäftsordnung der strukturbestimmenden Konzerne vor- oder nachgeordnet ist.

Wer den Sozialstaat erhalten und reformieren will, der muß diese Debatte führen. Er muß vor allem von jenen Erklärungen über Konsequenzen einfordern, die unser Land in ein »Unternehmen Deutschland« (BDI-Präsident Hans-Olaf Henkel) verwandeln wollen. Was auf dem Spiel steht, hat Oskar Negt kürzlich so beschrieben: »Das Wohl und Wehe des Gemeinwesens, politische Kultur, ohne die ein innergesellschaftlicher Friedenszustand nicht existieren kann, Moral und Verantwortung, ausgleichende Gerechtigkeit, die seit Aristoteles als wesentliches Moment des gesellschaftlichen Zusammenhalts gilt. Alle diese die Würde des Menschen betreffenden Kategorien fallen durch die Raster einer Ökonomie, die den betriebswirtschaftlich rational regulierten Einzelbetrieb zur Sozialutopie der gesellschaftlichen Gesamtordnung erhebt . . .« Aus der Defensive heraus kommen die Verteidiger des Sozialstaats nur dann, wenn sie sich auch des Problems der Dominanz annehmen.

Es gibt schließlich importierte ideologische Einflüsse – Stichwörter sind »Reaganomics« oder »Thatcherismus«. Und es gibt selbstverständlich Mischformen aus den genannten Einflußgrößen.

An einem Beispiel möchte ich darlegen, wie raffiniert und zugleich verlogen die regierenden Parteien operieren. 1986 wurde den Westdeutschen von einem beträchtlichen PR-Wirbel begleitet ein Gesetz präsentiert, das die Einführung der befristeten Arbeit bis hin zum Tagelöhner möglich machte. Vor kurzem ist dieses Gesetz verlängert und in seiner Bedeutung ausgeweitet worden. Der Bundesminister für Arbeit und Sozialordnung war und ist besonders stolz auf dieses Gesetz, dem er bis heute eine außerordentliche zahlenmäßige Ausweitung der Beschäftigungsverhältnisse zuschreibt. Es war seine spezielle Reaktion auf die Behauptung, der deutsche Arbeitsmarkt sei verkrustet, weil die sozialstaatliche Ordnung ihn in die Verbürokratisierung und folglich in die Krise geführt habe.

Tatsächlich wurden ab 1986 nach der Rasenmäher-Methode viele Vollzeit-

Arbeitsverhältnisse in befristete Beschäftigungsverhältnisse umgewandelt, und in besonders konjunkturanfälligen Branchen ist es üblich geworden, neue, befristete Arbeitsverhältnisse an die Reichweite der konjunkturellen Aussichten zu binden. Das Gesetz hat enorme soziale, vor allem sehr zweifelhafte Fakten geschaffen.

Die Bundesregierung nannte dieses Gesetz »Beschäftigungsförderungsgesetz«. Das klingt so, als sei der Regierung beschäftigungspolitisch der Stein der Weisen eingefallen. Tatsächlich war dieses Gesetz mit dem optimistischen Titel ein Meilenstein auf dem Weg zur Beseitigung sozial und individuell sicherer Arbeitsplätze.

Man muß das wissen, um zu verstehen, welche Probleme Semantik in der Kombination mit konservativem Denken auslösen kann. Ich finde, daß das Wort vom »Umbau des Sozialstaats« in der Abgrenzung zum Treiben der Konservativen und als Arbeitsmotto für gestaltende Politik nicht schlecht gewählt war. Es hat allerdings den Nachteil, daß sich Konservative und Reaktionäre seiner nun ebenfalls bedienen. Es wurde okkupiert. Was von den Regierungen Kohl seit 1983 angerichtet worden ist, läuft längst unter dem Stichwort »Umbau des Sozialstaats«. Darin enthalten sind:

- immer wieder erneuerte Abbruch-Aktionen am Arbeitsförderungsgesetz mit vielfachen Leistungseinschränkungen, Leistungsverringerungen und Leistungsausgrenzungen;
- die erwähnte Einführung befristeter Arbeit;
- Abbau des Schutzes für Schwerbehinderte in der Arbeitswelt;
- Preisgabe von Schutz für jugendliche Arbeitnehmer und Auszubildende;
- perspektivlose Änderungen am Bundessozialhilfegesetz zur Verringerung der Ausgaben für die Sozialhilfe;
- Versuche zur Ausweitung der Abkassiererei im Gesundheitswesen;
- Eingriffe in die Haushalte der Rentenversicherer bis Ende 1991;
- Beseitigung der annähernden Waffengleichheit zwischen den Tarifvertragsparteien im Arbeitskampf;
- gegen die Tarifautonomie gerichtete Eingriffe in die Entlohnung von Beschäftigten in Arbeitsbeschaffungsmaßnahmen;
- ständige und nur teilweise erfolgreich abgewehrte Angriffe auf den Bestand an Mitbestimmungsrechten.

Diese Aufzählung ist nicht einmal vollständig. Sie zeigt jedoch, daß der sogenannte »Umbau« aus konservativer Sicht systematisch vorangetrieben worden ist, nachdem er semantisch clever vorbereitet worden war. Der Schlüssel hierzu war und ist eine willige, parlamentarische Mehrheit von CDU, CSU und F.D.P. im Deutschen Bundestag, in der prinzipienfeste sozial Engagierte längst eine wenig einflußreiche Miniminderheit darstellen.

Es ist errechnet worden, daß vor allem die Leistungen im Rahmen der Arbeitsförderung, der Sozialhilfe, der Ausbildungsförderung sowie die Leistungen im Rahmen der Kinder- und Familienpolitik heute um über hundert Milliarden Mark pro Jahr höher lägen, wenn nicht seit 1983 immer wieder gekürzt worden wäre. Da die Ausgaben für die Gesundheit, die der Rentenversicherer und für Beamtenpensionen anderen Regeln folgen und der Anteil der Sozialausgaben gemessen am Bruttosozialprodukt seit 1983 nur unterproportional gestiegen ist, ist der Schluß zwingend: Die Regierung hat sehr tief und zuungunsten derjenigen in den Sozialstaat hineingeschnitten, die Hilfe und Chancengerechtigkeit am dringendsten brauchen.

Ein zweiter Schluß ist ebenfalls zwingend: Der Sozialstaat hat das Sozialprodukt keineswegs überfordert. Wer zudem herausrechnet, welche Lasten die Arbeitslosen- und die Rentenversicherung gegen jede ökonomische und gegen jede gesamtgesellschaftliche Vernunft im Rahmen der deutschen Einheit zu übernehmen gezwungen wurden, der kommt zu einer dritten Schlußfolgerung. Diese lautet: Unser Land hat sozialpolitisch nicht über seine Verhältnisse gelebt, sondern es ist unter seinen Möglichkeiten geblieben. Unter konservativer Regierung bekommt der Sozialstaat eben nicht die Chance, seine produktivitätsfördernde Wirkung voll zu entfalten.

Wenn es gravierende Krisenerscheinungen im Sozialstaat und im Verhältnis zur Wirtschaft gibt, dann haben diese Krisenerscheinungen andere Ursachen als ein gestiegenes Anspruchsniveau im Rahmen des Sozialstaats. Das schließt Fehlentwicklungen oder kritikwürdige Zustände in Einzelbereichen keineswegs aus.

Denken wir zum Beispiel daran, daß ca. ein Drittel der Arbeiter vor Erreichen der regulären Altersgrenze aus dem Berufsleben ausscheidet, um Rente bei Berufs- oder Erwerbsunfähigkeit zu bekommen. Das ist kein naturgegebener Zustand. Das ist vor allem Ergebnis von Beanspruchungen im Arbeitsleben, die sich ändern lassen, und von Verhältnissen, die der Gesundheit abträglich sind. Diese Verhältnisse ließen sich ebenfalls bessern. Ich habe bis heute nicht begreifen können, warum ein derartig die Lohnnebenkosten treibender Zustand die Arbeitgeber ruhig läßt. Vor allem sie müßten ein überragendes Interesse daran haben, sich selber und zugleich der Rentenversicherung vermeidbare Kosten zu ersparen.

Der Sozialstaat ist folglich kein Moloch, kein Götze, der aus sich heraus immer größere Teile des volkswirtschaftlichen Kuchens beansprucht. Der Sozialstaat läßt sich auf der Grundlage von Rechtsansprüchen der Bürgerinnen und Bürger so organisieren und regulieren, daß er gerecht ist und im Einklang mit der gesamtwirtschaftlichen Leistung bleibt. Voraussetzung seines Funktionierens ist nicht, daß ständig an ihm aus vordergründigen Kostengründen gespart wird, sondern daß seine Grundlagen in Ordnung gehalten werden.

Und nun geschieht etwas Eigentümliches: Konservative Regierungskunst hebt die Grundlagen des sozialstaatlichen Funktionierens aus dem Kanon derjenigen Dinge heraus, die sich beeinflussen lassen. Praktisch hat die Regierung Kohl den Primat der Ökonomie gegenüber der Demokratie akzeptiert. Über Grundlagen des Sozialstaats zu reden, bedeutet demnach, auf die eigentlichen Krisenursachen zu sprechen zu kommen.

- Zu viele Unternehmensleitungen sind unfähig zu begreifen, daß das Potential in den Köpfen der Mitarbeiter und Mitarbeiterinnen für eine moderne Industrie- und Dienstleistungsgesellschaft langfristig der alles überragende Wettbewerbsfaktor ist. Es ist pure Unfähigkeit, wenn verarbeitende Betriebe, etwa des Maschinenbaus, wie in den vergangenen zwei Jahren geschehen, in der konjunkturellen Krise so viele mit viel Aufwand qualifizierte Mitarbeiterinnen und Mitarbeiter entlassen, daß nach der Krise dieselben qualifizierten Arbeitnehmer wieder händeringend gesucht werden. Es ist ebenfalls pure Unfähigkeit, wenn Unternehmen, die in der Werbung für sich und für ihre Produkte internationale Geltung beanspruchen, aus überaus kurzsichtigen Kostengründen aufhören, auszubilden.

- Entgangene Geschäfte und verlorene Kunden auf den Märkten resultieren heute im Regelfall nicht aus den Löhnen und Gehältern sowie den Lohnnebenkosten, die in Deutschland gezahlt werden. Sie sind das Ergebnis der puren Unfähigkeit in zu vielen Unternehmensleitungen, sich aus traditionellen Denkmustern zu lösen. Es herrscht im Management zu oft Blindheit für die Realität. Neues wird nicht als Chance, sondern als Problem begriffen, und dieses Problem wird so gelöst, wie das bereits manche Großväter taten: durch Verharren, durch Besserwisserei, wo Selbstkritik nötig wäre, durch Kostenreduktion im Personalbereich, also präzise in dem Bereich, aus dem ausschließlich Innovation und Änderung kommen können.

- In zu vielen Unternehmensleitungen fehlt es an der Kompetenz, entscheiden zu können, welches Wissen für Innovation erforderlich ist. Der Vorstandsvorsitzende des Instituts für angewandte Innovationsforschung an der Ruhruniversität Bochum, Professor Erich Staudt, hat jüngst in nachlesenswerter Weise beschrieben, daß es vielen Führungskräften an der Fähigkeit mangele, in der Welt vorhandenes Wissen überhaupt aufzuspüren, auszuwählen und innovativ zur Anwendung zu bringen. Ich füge die Frage hinzu: Wie soll eigentlich der Sprung in die Technologien der Zukunft gelingen, wenn in der Jetztzeit solche Defizite zu konstatieren sind?
- Unternehmensleitungen nebst dazugehörigen Verbänden gleichen heute mehr den jammernden Chören in der klassischen griechischen Tragödie als zukunftsorientierten Praktikern, die wissen, daß es darauf ankommt, Chancen zu identifizieren, die Bedürfnisse der Kunden, die Märkte, die Konkurrenten zu kennen, Mitarbeiter zu motivieren und zu qualifizieren. Verzicht auf intellektuelle Flexibilität, Betteln um Steuerentlastung und Heuern und Feuern sind das Gegenteil von Unternehmenskultur. Richtig ist freilich, daß wir alle eine Tragödie miterleben, weil Unterlassungen und Fehler Millionen Arbeitsplätze kosten und millionenfaches Leid über Menschen in Deutschland bringen.
- Zu den Grundlagen, die der Sozialstaat benötigt, gehört auch ein für die Wirtschaft verläßlicher und berechenbarer Staat. Davon ist unser Land weiter denn je entfernt. Umwelt-, steuer-, wirtschafts-, sozial- und gesellschaftspolitisch ist die Bundesregierung nicht berechenbar. Noch Mitte 1992 hat die Bundesregierung in einer ökonomischen Standortbestimmung erklärt, Deutschland sei im wirtschaftlichen Wettbewerb nicht gefährdet. Ein Jahr später war das Gegenteil zu vernehmen.
- 1991 hatte die Bundesregierung den Beitrag zur Arbeitslosenversicherung auf einen Schlag um über 50 Prozent von 4,3 auf 6,8 Prozent erhöht. Zwei Jahre später beklagte die Bundesregierung eine exorbitante Erhöhung der Lohnnebenkosten als Ursache vielfachen Exports von Arbeitsplätzen und kündigte Änderungen an, auf die Wirtschaft und Beschäftigte freilich immer noch warten.
- Im Standortsicherungsgesetz der Regierung von 1993 sollte eine Senkung der Einkommensteuer auf gewerbliche Einkünfte durch eine Verschlechterung der Abschreibungssätze gegenfinanziert werden. Erst die

sozialdemokratisch geführten Länder stoppten diesen Unsinn im Bundesrat. Der erste Vorschlag der Bundesregierung zur steuerlichen Freistellung des Existenzminimums wurde wegen erkennbarer Verfassungswidrigkeit wieder aus dem Verkehr gezogen. Dem zweiten Vorschlag wird bescheinigt, er sei verfassungsrechtlich wenigstens außerordentlich bedenklich.

- Eine Studie des wissenschaftlichen Dienstes des Deutschen Bundestages wartete kürzlich mit der alarmierenden Feststellung auf, die Umweltpolitik der Regierung fördere lediglich die nachträgliche ökologische Reparatur, aber nicht den vorsorgenden, integralen Umweltschutz in der Wirtschaft. Wenn dies stimmt, verspielt die Bundesregierung die große Chance, der Wirtschaft durch präzise Rahmendaten und durch fördernde Initiativen auf dem riesigen Zukunftsmarkt für umweltgerechte Erzeugnisse zu einem Platz auf den vorderen Rängen zu verhelfen.

Das ist die Realität. Alles in allem zeigt sich: Unternehmensleitungen und Bundesregierung sind die Hauptverantwortlichen für eine schlechte Verfassung vieler Betriebe. Die Grundlagen, die der Sozialstaat benötigt, sind nicht in Ordnung. Am Anfang der wirtschaftlichen Krise stehen stets unternehmerische Fehleinstellungen und Fehlentscheidungen sowie falsche Rahmendaten und Signale des Staates. Später und in der Konsequenz lauert die Kosten- und Absatzkrise, für die aber stets und ohne Einschränkung Sozialstaat und Arbeitnehmerschaft verantwortlich gemacht werden.

2. Verteidigung des Sozialstaates

Daher ist es notwendig, daß sich die Verteidiger des Sozialstaates Gedanken machen, damit die Grundlagen seiner Existenz wieder sicher werden.

Denn klar ist auch: Der Sozialstaat kann nicht abgekoppelt von Wachstum und Beschäftigung überleben.

Schrumpft die Zahl der Erwerbstätigen,

- wandert Beschäftigung millionenfach in prekäre, sozial ungesicherte und bestenfalls mit geringen Sozialbeiträgen verbundene Arbeitsverhältnisse,
- steigt die Zahl derjenigen, die vor der regulären Altersgrenze in die Rente gehen, und
- bleibt es bei einer Schar von mehreren Millionen, die keinen Arbeitsplatz finden,

dann steht der Sozialstaat vor kaum noch lösbaren Problemen. Daher gilt: Für die Zukunft des Sozialstaats sind die semantischen Aspekte, die ich skizziert habe, materielle Verhältnisse, die in einem umweltverträglichen Wachstum und in der Entwicklung der Beschäftigung liegen, sowie die Herrschaftsstrukturen in der Wirtschaft selber entscheidend.

Der gestaltende Sozialstaat ist in der Lage, einen außerordentlich wichtigen Beitrag zu leisten, damit

- Bildungschancen wahrgenommen werden,
- berufliche Qualifikationen nicht verfallen,
- berufliche Fähigkeiten verbessert werden,
- Arbeitslose durch Lohnkostenzuschüsse vermehrt in die Arbeitswelt reintegriert werden,
- die Erwerbstätigkeit von Frauen einen kräftigen Anstoß bekommt und insgesamt
- Arbeitsmarkt- und regionale Strukturpolitik ineinandergreifen.

Auf dem Feld der aktiven Arbeitsmarktpolitik lebt das Land gewiß nicht über seine Verhältnisse. Die Regierung verhindert vielmehr, daß der Arbeitsmarkt wieder in Ordnung kommt. Ausgereifte Vorschläge, wie das bewerkstelligt werden könnte, liegen vor, nicht zuletzt in der Form des Arbeits- und Strukturförderungsgesetzes der SPD-Bundestagsfraktion.

Es ist Mode geworden, mit Geringschätzung auf die staatlich geförderte Beschäftigung zu blicken. Dennoch bleibt richtig: In diesem Bereich fällt die Entscheidung, ob Millionen Menschen wieder in den ersten Arbeitsmarkt zurückfinden. Unser Land braucht die Öffnung der staatlich geförderten Beschäftigung für jene, die heute von der Sozialhilfe leben, weil sie in Industrie und Dienstleistung keine Chance erhalten.

Wir brauchen einen neuen, erfolgversprechenden Ansatz für den gleitenden Übergang in Rente und Pension. Staat und Tarifvertragsparteien müssen zusammen nach Lösungen suchen. Und wo nichts mehr möglich ist, muß eine steuerfinanzierte Vorruhestandsregelung helfen können. Die Bundesrepublik Deutschland ist trotz außerordentlich hoher Flexibilisierungsrate in manchen Branchen ein wahres Entwicklungsland, wenn es darum geht, für ältere Arbeitnehmerinnen und Arbeitnehmer einen Übergang zu organisieren, der ihrer Leistungsfähigkeit entspricht.

In der Gesundheitspolitik wurden strukturelle Reformen beschlossen und vom Bundestag verabschiedet. Die Bundesregierung folgt freilich nicht dem Auftrag, alle strukturellen Reformen umzusetzen. Sie suspendiert kostensenkende Teile des Gesetzes, und sie fällt in alte Gewohnheiten zurück – nämlich Leistungen ausgrenzen und bei Patienten abkassieren.

Auch in der Rentenpolitik bräuchte es keine Aufregung zu geben. Die 1992 in Kraft getretene Rentenreform taugt. Das System der beitragsbezogenen Rente ist langfristig sicher, erst recht, wenn die Zahl der beitragspflichtigen Beschäftigten wieder spürbar steigt. Und absehbar höhere Lasten für die öffentlichen Haushalte nach der Jahrtausendwende durch die Pensionen lassen sich durch eine Harmonisierung der Altersversorgung der Beamten mit der der Arbeiter und Angestellten tragbar machen. Auch hier mangelt es nicht an Vorschlägen.

Der gestaltende Sozialstaat hat auf der einen Seite Sorge zu tragen, daß sich sozial ungeschützte Arbeitsverhältnisse nicht immer weiter ausbreiten. Auf der anderen Seite hat er dafür zu sorgen, daß dem wachsenden individuellen Bedürfnis wie betrieblichen Forderungen nach Teilzeit Rechnung getragen wird. In beiden Fällen liegen übrigens beachtliche Initiativen der SPD vor.

Der Sozialstaat darf die Augen nicht davor verschließen, daß einem Millionenheer Arbeitsuchender eine riesige Zahl von Arbeitnehmerinnen und Arbeitnehmern gegenübersteht, die trotz Kostenkrise ständig Überstunden leistet. Ein Arbeitszeitgesetz, wie es von der SPD-Bundestagsfraktion entworfen worden ist, würde helfen, Mehrarbeit durch Neueinstellungen auszugleichen.

Ferner muß die betriebliche Mitbestimmung überarbeitet und mit Blick auf neue Technologien und Arbeitsformen reformiert werden. Die SPD ist gewillt, initiativ zu werden. Nach meiner Auffassung steht unser Land nicht am Ende eines auslaufenden Mitbestimmungszeitalters, sondern am Beginn einer langen Periode der Transparenz der Verhältnisse und der Mitentscheidung und Mitverantwortung in der Wirtschaft. Bisher haben die Verfechter der Mitbestimmung und der Demokratie in der Wirtschaft ihre Begründung aus dem verfassungsbezogenen Gestaltungsanspruch hergeleitet. Nun kommt als Begründung immer stärker dazu, daß sich unser Gemeinwesen nur erhalten läßt, wenn die Mitbestimmung zu einer wirkungsvollen Barriere ausgearbeitet wird, um der »organisierten Verantwortungslosigkeit« (Oskar Negt) beim Abwälzen sozialer Kosten einen Riegel vorzuschieben.

Ich erwähnte bereits, daß der Gesamtbereich der Berufs- und Erwerbsunfähigkeitsrenten einer Reform unterzogen werden muß. Die SPD ist entschlossen, in der laufenden Legislaturperiode die Reform dieses Bereichs auf den Weg zu bringen. Auch hier sind für die Zukunft Konsequenzen zu erwarten, die Entlastung verschaffen.

Der Sozialstaat ist keineswegs blind für die Realität. Daher gehört zu den entscheidenden Aufgaben der kommenden Jahre, sorgsam zu untersuchen, welche Aufgaben, die derzeit auf Sozialversicherungen lasten, und die der Allgemeinheit zugute kommen, auf eine Steuerfinanzierung übertragen werden können. Die Verwirklichung eines solchen Ansatzes würde nicht nur die Abgabenlast der Arbeitnehmer mildern, sondern vor allem jenen Betrieben helfen, die sich in aktuellen Schwierigkeiten befinden.

Dem Sozialstaat kann es darüber hinaus keineswegs gleichgültig sein, in welcher Richtung sich die Steuer- und Abgabenpolitik entwickelt. Bleibt es bei der vorrangigen Anbindung von Steuern und Abgaben an Einkommen, oder wird künftig der Verzehr von Ressourcen stärker belastet, weil dies umweltpolitisch vernünftig ist, und die Arbeit dementsprechend entlastet? Die SPD verfügt über ausgereifte Vorstellungen, während in den Regierungsparteien die Diskussion über eine ökologische Steuerreform auf der Stelle tritt.

Einen hohen Stellenwert hat für den Sozialstaat die Einführung der Kreislaufwirtschaft. Die Sozialdemokraten verbinden damit die Erwartung, daß kostenträchtige Gesundheitsgefährdungen bei der Produktion und Verteilung von Gütern vermindert werden. Darüber hinaus setzt sich die SPD für ein zusammenfassendes Gesetz ein, daß den Umgang mit gesundheitsschädigenden Stoffen am Arbeitsplatz neu regelt. Wird Wirklichkeit, was die SPD-Bundestagsfraktion entworfen hat, könnten berufliche Erkrankungen enorm reduziert und viele Milliarden gespart werden, die heute in Behandlung und Rehabilitation fließen.

Es gibt keinen politischen Gestaltungsbereich, der so reformbereit und auch reformfreudig ist wie der des Sozialstaats. Einige Grundsätze sind dennoch zu bekräftigen:

- An der Hälftelung der Beiträge in den beitragspflichtigen Sozialversicherungssystemen wird nicht gerüttelt.
- Dort, wo Leistungsverbesserungen in sozialen Sicherungssystemen durch technische Weiterentwicklung und anderes möglich sind, muß dieser Fortschritt allen Beitragszahlenden zugute kommen.
- Ein Verzicht auf Elemente der Umverteilung in den Systemen von Leistungsstärkeren zu Leistungsschwächeren kommt nicht in Betracht.
- Eigene Beitragsleistungen begründen eigene Ansprüche.

Einer Reform des Sozialstaates bieten sich viele Ansätze. Es mangelt meist nicht an Ideen, sondern am Willen, seine Zukunft im Einklang mit der wirtschaftlichen Entwicklung zu sichern. Die Zukunft des Sozialstaats besteht folglich zuerst einmal darin, seine Grundlagen in Ordnung zu bringen und Blockaden zu überwinden.

Landesbischof Klaus Engelhardt
(Vorsitzender des Rates der Evangelischen Kirche in Deutschland)

Anmerkungen zum Thesenpapier der IG Metall

Mit großem Interesse haben wir das Thesenpapier der IG Metall »Zukunft der Arbeit – Zukunft des Sozialstaates – Zukunft der Gewerkschaften« gelesen. Das Papier enthält eine eindrucksvolle und nachdenkliche Analyse unserer weltwirtschaftlichen und sozialen Situation sowie zahlreiche Hinweise auf die entscheidenden Herausforderungen, und es stellt eine große Zahl von nachdenklichen Fragen, die zu einer Besinnung über unsere Zukunftsverantwortung einladen.

Das Papier setzt aus unserer Sicht völlig richtig auf eine Erweiterung der gesellschaftlichen und politischen Kooperation auf dem Hintergrund einer Verschärfung der ökonomischen Konkurrenz, auf die Demokratisierung des Arbeitsalltags auf dem Hintergrund einer fortschreitenden Effektivierung des Arbeitsprozesses und auf einen Gleichklang von Individualität und Solidarität. Ein großes Verdienst der Ausarbeitung liegt darin, daß sie die ökonomischen Herausforderungen aufnimmt und Wettbewerb, Leistung, Konkurrenz, Wachstum und Marktwirtschaft in keiner Weise in Frage stellt. In kluger Weise werden die Antinomien zusammen gesehen, und es wird nach Leitbildern für eine künftige Gesellschaft gesucht. Gesellschaftliche Katastrophenszenarien werden ausdrücklich abgelehnt.

In unserer Stellungnahme zu dieser Ausarbeitung wird es uns sicherlich nicht möglich sein, all die weitreichenden Fragen, die Sie gestellt haben, zu beantworten. Dies wird die Aufgabe eines intensiven gemeinsamen Nachdenkens und Diskutierens der gesellschaftlichen Gruppen in Deutschland, der politisch Verantwortlichen, der Tarifvertragsparteien und der Kirchen sein. Mit der Art Ihrer Fragen geben Sie auch die Richtung in einer hilfreichen Weise vor, in die wir unsere Überlegungen wenden müssen. In der Tat müssen wir uns über einen »ökonomisch leistungsfähigen, gesellschaftlich solidarischen und ökologisch verträglichen Zukunftsentwurf« Gedanken machen. In der Tat geht es um »Leben und Arbeiten« und nicht um das Arbeiten allein oder um das Leben ohne Arbeit. In der Tat geht es um die

Suche nach einem »neuen Wachstums-, Wettbewerbs- und Verteilungsmodell, das auf Demokratie und Freiheit, Solidarität und Gerechtigkeit gegründet ist«.

Lassen Sie mich gleichwohl zu einigen Ihrer Fragen Anmerkungen machen:

1. Zukunft der Arbeit

Am Ziel der Vollbeschäftigung sollten wir festhalten. Vollbeschäftigung heißt nicht, daß jeder und jede um jeden Preis arbeiten muß, wohl aber, daß ein sehr hoher Prozentsatz der Arbeitswilligen erwerbstätig sein kann. Die Überwindung der Massenarbeitslosigkeit ist eine der ersten und wichtigsten Zukunftsaufgaben. Gleichwohl wird es in Zukunft immer weniger möglich sein, alle Erwerbswilligen am regulären ersten Arbeitsmarkt zu beschäftigen. Die Tatsache, daß in unserem Lande (insbesondere in den Großstädten) sehr viel Arbeit brachliegt, legt den Gedanken nahe, auf der Basis von »öffentlich geförderter Arbeit« Beschäftigungsmöglichkeiten im Bereich Umweltschutz, soziale Dienste, Stadtsanierung und Jugendhilfe zu schaffen. Diese öffentlich geförderte Arbeit soll kein zweiter, zweitklassiger Arbeitsmarkt sein. Notwendig wäre es, öffentlich geförderte Arbeit kooperativ mit der privaten Wirtschaft zu organisieren und nicht zu einem Gegensatz und staatlich subventionierten Konkurrenten für die private Wirtschaft werden zu lassen. Es gibt viele erste ermunternde Versuche und Modelle, die diesen Gedanken bestärken.

2. Gleichstellung der Geschlechter

Ein wichtiger Punkt ist auch die Gleichstellung der Geschlechter im Erwerbsleben und in der außerberuflichen Arbeit. Es darf nicht allein darum gehen, vermehrt Frauen den Weg ins Erwerbsleben zu erleichtern, sondern es muß auch Männern der Weg in die Familienarbeit und Eigenarbeit erleichtert werden. Die bereits beschrittenen Wege einer Ausweitung der Teilzeitarbeit (insbesondere bei gutbezahlten Arbeitsplätzen) und Wege der Frauenförderung müssen weiter verfolgt werden. Notwendig ist auch, Frauen in die Entscheidungsbereiche in Wirtschaft und Gesellschaft einzubeziehen.

3. Verteilung

Wir brauchen neue Konzepte zur Verteilung von Arbeit, Einkommen und Vermögen. Die Evangelische Kirche in Deutschland hat zusammen mit der Deutschen Bischofskonferenz vor einiger Zeit versucht, die Diskussion über Investivlohnmodelle neu anzustoßen. Dabei geht es im Kern darum, Arbeitnehmer vermehrt am Unternehmereinkommen teilhaben zu lassen und sie auch vermehrt in die Mitverantwortung der Unternehmen einzubeziehen. Die IG Metall konnte sich mit Überlegungen dieser Art in der Vergangenheit nicht so recht befreunden. Vielleicht ist es hilfreich, auf der Basis von Grundsatzüberlegungen an diesem Punkt neu ins Gespräch zu kommen. Ganz bewußt haben sich die beiden Kirchen mit ihrem Vorschlag nicht auf ein bestimmtes Modell festgelegt, sondern die Frage der Vermögensbildung in Arbeitnehmerhand ganz generell angestoßen. Es wäre hilfreich, mit der IG Metall gerade an diesem Punkt noch einmal ins Gespräch zu kommen. Es müssen, wie es in der Frage des IG-Metall-Papiers heißt, neue »Formen des verteilungspolitischen Kompromisses mit neuen Wegen zu beteiligungspolitischen Konzepten verknüpft werden«. Überlegungen, die in Richtung »Beteiligung am Produktivvermögen« gehen, erscheinen uns in dieser Hinsicht richtig.

4. Zukunft des Sozialstaates

Nach dem Krieg ist ein gutes und leistungsfähiges Modell einer sozialen Marktwirtschaft und eines sozialen Rechtsstaates entwickelt worden, das bei aller notwendigen Änderung und Verbesserung Orientierung auch für die Zukunft bedeutet. Die Sozialversicherung mit ihrer hälftigen Finanzierung durch Arbeitgeber und Arbeitnehmer ist ein unaufgebbares Modell auch für die kommenden Jahre. Diese Sicherung darf nicht abgelöst werden durch solche Grundsicherungsüberlegungen, die letztendlich dem einzelnen die Last der Verantwortung für die Sicherung seiner Zukunft überlassen und die Hilfe der Solidargemeinschaft und der Generationen auf ein Grundminimum drastisch beschränken wollen. Unser Sozialstaat ist auch maßgeblicher Teil der wirtschaftlichen Leistungsfähigkeit unseres Landes, denn er gewährt sozialen Frieden, sichert hohe Motivation und Arbeitszufriedenheit sowie Identifikation mit unserer sozialen und wirtschaftlichen Ordnung. Gleichwohl muß nicht alles und jedes, was sich als Besitzstand eingefunden hat, auch beibehalten werden. Neue und zusätzliche Aufgaben sowie Teile des Bisherigen können auch aus dem Bestand finanziert werden. Wenn es zu Veränderungen kommen muß, dann muß auch sichergestellt sein, daß die Lasten gleichmäßig verteilt sind und daß es nicht allein die Schwächeren sind, die zur Kasse gebeten werden.

5. Mindestsicherung

In der Tat müssen wir uns Gedanken über eine soziale Mindestsicherung machen. Die Evangelische Kirche in Deutschland hat in ihrer Denkschrift von 1987 »Alterssicherung – die Notwendigkeit einer Neuordnung« auf das Problem der verschämten Altersarmut aufmerksam gemacht und direkte Hilfen gefordert. In der Sozialhilfe verfügen wir bereits über eine Form der Mindestsicherung, die zudem bedarfsorientiert ist. Diese bedarfsorientierte Mindestsicherung muß beibehalten werden. Allerdings machen wir auch die Erfahrung, daß die Sozialhilfe trotz bestehender Berechtigung viele Bedürftige nicht erreicht. Zudem ist mit ihr ein hoher bürokratischer Aufwand verbunden. Aus diesem Grunde ist zumindest (!) für alte Menschen eine bedarfsorientierte Mindestsicherung zu bedenken, die an unsere bestehende Sozialhilfe anknüpft.

6. Gewerkschaften

Auch zur Zukunft der Gewerkschaften ist einiges anzumerken. Die Evangelische Kirche in Deutschland hat sich in einer Erklärung vom Dezember 1955 für die Einheitsgewerkschaft ausgesprochen und dabei deutlich gemacht, wie wichtig es ist, daß sich Christen auch in ihrer Gewerkschaft organisieren. Gewerkschaften tragen eine bedeutsame Mitverantwortung am Gemeinwohl. Gemeinsam mit den Arbeitgeberverbänden leisten sie eine konstruktive Konfliktbearbeitung, die im Grunde durch nichts zu ersetzen ist. In einer Äußerung der EKD aus dem Jahre 1979 wird auf Gewerkschaften im Blick auf ihre Aufgabe hingewiesen, ein notwendiges Gegengewicht zur wirtschaftlichen Macht zu bilden. Es ist auch in Zukunft unabdingbar, daß Arbeitnehmer ihre Interessen gemeinsam vertreten und sich dabei bei aller notwendigen Flexibilität und Beachtung von regionalen Besonderheiten auf grundlegende, regional gültige Erfordernisse verständigen. Arbeitsplatzinteressen sind in der Tat, wie dies in einer Ihrer Fragen anklingt, mit generellen und universellen Zielen und Werten zu verbinden. Die Einigung zwischen den Tarifvertragsparteien muß immer auch diejenigen mit im Blick haben, die mit ihren Interessen am Verhandlungstisch nicht vertreten sind.

Rainer Eppelmann, CDU-MdB
(Bundesvorsitzender der Christlich-Demokratischen Arbeitnehmerschaft)

Umbau des Sozialstaats: Aufforderung zum Wandel der Gesellschaft

Der Umbau des Sozialstaats ist eine Frage nach der Fähigkeit unserer Gesellschaft zu Wandel und Erneuerung. Er muß von der Frage ausgehen, wer der Träger der sozialen Dienste sein soll: allein der Staat oder der Staat gemeinsam mit den vielen (ehrenamtlichen) Trägern sozialer Dienste und gemeinsam mit den Familien. Mein Credo lautet: Die Diskussion über die Zukunft des Sozialstaats bedeutet eine Diskussion über die Rolle jedes einzelnen Mitglieds in unserer Gesellschaft. Der notwendige Wandel soll an einigen Facetten deutlich gemacht werden: erstens – ausgehend von ordnungspolitischen Grundlagen – in bezug auf die Wirtschafts- und Arbeitsmarktpolitik, zweitens – ausgehend vom Ordnungsprinzip Subsidiarität – in bezug auf den Umbau des Sozialstaats. Drittens sollen abschließend Grundsätze einer modernen Tarifpolitik skizziert werden.

1. Ordnungspolitische Grundlagen

Unsere zentrale Aufgabe ist die Bekämpfung der Arbeitslosigkeit. Die Schaffung von Arbeitsplätzen ist der Schlüssel zur Lösung der Probleme der sozialen Sicherungssysteme. 20 Millionen Arbeitslose in den Ländern der »Europäischen Union« zeigen, daß auch dieses Problem ein gesamteuropäisches ist. Außerdem erkennen wir zunehmend, daß wir diese Aufgabe nicht national und alleine lösen können.

Dazu ist die sich inzwischen in ganz Europa ausbreitende Soziale Marktwirtschaft das richtige Konzept. Sie ist der eigentliche Gewinner des Systemwettstreits über die Distanz von mehr als 40 Jahren. Die Planwirtschaft ist an den Realitäten, die der Sozialismus so oft beschworen hat, gescheitert, der Marktradikalismus steht am Ende seines Weges. Die Soziale Marktwirtschaft ist ein Kind der evangelischen Sozialethik. Es war die provisorische Leitung der Bekennenden Kirche, die 1938 das Freiburger Konzil evangelischer Wissenschaftler zusammenrief. Ihr Auftrag: Entwicklung einer Wirtschafts- und Gesellschaftsordnung, die sich mit dem christlichen Menschenbild verbinden läßt. Die Beratungsergebnisse wurden 1943 von den Ökonomen Walter Eucken und Alfred Müller-Armack in ihrer Denkschrift »Politische Gemeinschaftsordnung. Ein Versuch zur Selbstbestimmung des christlichen Gewissens in den politischen Nöten dieser Zeit« veröffentlicht. Ihre zentrale Aussage:

Wirtschaftspolitik ist nur ein – allerdings höchst wichtiger, ja unentbehrlicher – Teil der Sozialpolitik ... Sozialpolitik darf, um ihren Namen zu rechtfertigen, sich nicht auf zusammenhanglose Fürsorgemaßnahmen beschränken. Sie muß die gesamte Societas festigen und ständig im Einklang mit den Grundsätzen der Gesamtwirtschaftsordnung stehen.

Wo Ideologen des Klassenkampfes polarisierten, setzten die Architekten der Sozialen Marktwirtschaft Brückenpfeiler. Brücken zwischen Kapital und Arbeit, Brücken zwischen Arm und Reich, Brücken zwischen Eigenwohl und Gemeinwohl und Brücken zwischen Marktwirtschaft und sozialer Ordnung.

Aus dieser ordnungspolitischen Orientierung heraus ergibt sich, daß wir eine Verzahnung der verschiedenen Politikfelder benötigen. Der notwendige Wandel sei hier an fünf Beispielen erläutert:

- Eine intelligente Strukturpolitik, das heißt die Verzahnung zwischen Technologie, Wirtschaftsförderungs- und Arbeitsmarktpolitik, muß sicherstellen, daß die Bundesrepublik Deutschland in den industriellen Zukunftsfeldern erstklassig bleibt. Hohe industrielle Wertschöpfungspotentiale sind auch in Zukunft Voraussetzung für eine moderne Dienstleistungsgesellschaft.
- Darüber hinaus gibt es in der Bundesrepublik eine Reihe sinnvoller und wichtiger Tätigkeitsfelder, die wettbewerbswirtschaftlich ungenügend erschlossen sind, wie z. B. Umwelt- und Altlastensanierung. In solchen Bereichen müssen weiterhin und verstärkt arbeitsmarktpolitische Maßnahmen zum Tragen kommen. Überdies ist die marktmäßige Erschließung solcher Beschäftigungspotentiale seitens der Wirtschaftspolitik zu fördern.
- Arbeit und Beruf sind die entscheidenden Quellen für die Sicherung der Existenz. Der Beruf hat im Zuge der Aufwertung der Arbeit in unserer modernen Gesellschaft zunehmend die Bedeutung, die in den vergangenen Epochen das Eigentum hatte. Beruflicher Erfolg wird in Zukunft entscheidend abhängig sein von der Fähigkeit, sich immer wieder neu

Wissen anzueignen. Deshalb kommt der lebenslangen Fortbildung nach der Erstausbildung eine Schlüsselbedeutung zu.

- Ein öffentlicher Dialog und der Abbau von Risiken muß die Angst vieler Menschen vor der Technik nehmen. Technologische Forschung und Technikeinsatz müssen – unter Beachtung ihrer Umwelt- und Sozialverträglichkeit – in Deutschland möglich sein. Die hohe Wertschöpfung, die in diesen Bereichen, wie z. B. der Energietechnik, der Bio- und Gentechnologie, der Informationstechnologie und der Verkehrstechnologie, erzielt wird, darf aus Deutschland nicht abwandern.
- Es gibt in unserer Gesellschaft eine große Nachfrage nach Teilzeitarbeitsplätzen. Die bisherigen Versuche, durch Vereinbarungen zwischen den Tarifpartnern und durch gesetzliche Regelungen zu einem Mehr an sozialversicherungspflichtiger Teilzeitarbeit zu gelangen, sind nicht befriedigend. Hier sind der Staat und die Tarifpartner zu stärkeren Anstrengungen aufgefordert. Das gleiche gilt für den gleitenden Altersübergang.

2. Ordnungsprinzip Subsidiarität und Umbau des Sozialstaates

Wir brauchen den Umbau des Sozialstaates. Er ist heute notwendig, wenn Krisen, wie der Pflegenotstand oder auch die Überforderung der arbeitenden Generation beim Generationenvertrag der Rentenversicherung, verhindert werden sollen. Die Diskussion an der Umbaustelle des Sozialstaates ist eine Krisenverhinderungsdebatte. Das Haus der Gesellschaft muß ständig an-, um- und ausgebaut werden. Gelingen kann dies nur, wenn wir ein gutes Fundament haben.

Das Fundament der Gesellschaft ist der Wertekonsens; in Deutschland entwickelt aus dem christlichen Menschenbild. Wird der Konsens jedoch brüchig, so werden auch die bisher tragenden Wände absacken. Zentrale Werte des christlichen Menschenbildes sind die Freiheit des einzelnen, die Solidarität auch zwischen Ungleichen sowie die Subsidiarität als tragendes Ordnungsprinzip der Gesellschaft. Dabei ruht die Subsidiarität auf drei Säulen: Vorrang der kleineren vor der nächst größeren Einheit, private Initiative geht vor staatliche Initiative und der Verpflichtung des Staates, Hilfe zur Selbsthilfe zu leisten.

Der Staat als Hüter des Gemeinwohls ist vorausschauend zur Hilfe zur Selbsthilfe verpflichtet, wenn der einzelne aus eigener Kraft sein Schicksal nicht mehr meistern kann. Er ist verpflichtet, angesichts struktureller Langzeitarbeitslosigkeit aktive Wirtschaftsförderung und Arbeitsmarktpolitik zu leisten. Er ist verpflichtet, professionelle Pflege über die soziale Pflegeversicherung zu organisieren, wenn die Pflege nicht allein von ehrenamtlichen Menschen geleistet werden kann.

Zu lange hat der Staat den Eindruck aber vermittelt, Behörden und Spezialisten könnten alle Probleme lösen. Bis zu dem Exzeß, wo die 25jährige Sozialpädagogin der 50jährigen Mutter von vier Kindern erklärt, wie die Kindererziehung richtig und nach den neuesten Methoden der Erziehungswissenschaften aktuell gestaltet werden muß. Wer einen Staat will, der alles ordnet und regelt, der entmündigt den Menschen und macht ihn zum Objekt eines sozial bemäntelten Obrigkeitsstaates.

Statt dessen ist Hilfe zur Selbsthilfe als ein Teilbereich der Subsidiarität unverzichtbar. Der Staat muß die vielfältigen privaten Initiativen und freien Gruppen im sozialen, ökologischen oder Freizeitbereich so weit unterstützen, daß sie befähigt werden, auf Dauer alleinverantwortlich ihre Aufgaben zu erfüllen. Hierbei können und sollen die ehrenamtlichen Helfer und Helferinnen die Arbeit der professionellen Dienstleister nicht übernehmen. Tatsächlich erbringen sie ja ganz anders geartete, zusätzliche Leistungen, die betreuungsbedüftigen Menschen – Kindern, Kranken, Alten und Behinderten – den Alltag erleichtern. Dienste, die eine umfangreiche Fachausbildung voraussetzen, müssen von den dafür ausgebildeten Spezialisten weiterhin verrichtet werden. Wir brauchen das Miteinander von ehrenamtlichen und hauptamtlichen Menschen. Keiner kann ohne den anderen seinen Dienst befriedigend leisten.

Dabei können ehrenamtliche Hilfen nicht verordnet werden. Der Staat kann jedoch die Voraussetzung schaffen, unter denen freiwilliges soziales Engagement möglich wird. Dazu gehören eine soziale Infrastruktur, aber auch beispielsweise die Unterstützung der Erziehungsleistung. Wer in der Kindheit nicht gelernt hat, sich seiner Gemeinschaft nützlich zu machen, wird dies als Erwachsener kaum noch lernen. Auch in der Schule muß der Nürnberger Trichter verstärkt einem ganzheitlichen Unterricht weichen, der beispielsweise durch Sozialpraktika die Persönlichkeitsbildung in gemeinschaftlichen Initiativen fördert. Das freiwillige soziale und das freiwillige ökologische Jahr sind Möglichkeiten und Chancen, am Ende der allgemeinen Ausbildung in ein Arbeits- und Erlebnisfeld einzusteigen, das für den einzelnen und für die Gesellschaft ungemein wertvoll ist. Daher ist überlegenswert, inwieweit, wenn wir schon über die Verkürzung der Schulzeit diskutieren, am Ende der allgemeinen Ausbildung dem jungen Erwachsenen ein verpflichtendes soziales, ökologisches oder Entwicklungsjahr angeboten wird.

Viele Probleme unserer Gesellschaft sind nur lösbar, wenn die Bürger mitwirken. Das betrifft die politische Mitwirkung, die Arbeit in der Kirchengemeinde, die Elternbeteiligung in der Schule oder auch die Mitarbeit im Unternehmen. Der Mensch ist phantasievoller, vielschichtiger, kreativer und unberechenbarer als Jahrespläne und Bürokratien erfassen können. Die Subsidiarität dagegen hat sich als das Kontrastprogramm zur uniformierten und hierarchisch strukturierten Gesellschaft bewährt. Wir wären heute dankbar, würden die vielen freien Träger der Jugend- und Sozialarbeit, wie sie in den alten Bundesländern existieren, auch in den ostdeutschen Ländern ihr Wirken entfalten.

Eine wichtige Herausforderung ist die Förderung nachbarschaftlicher Hilfen und ehrenamtlicher Dienste. Es gibt eine Hilfstradition, die sich gerade aus der christlichen Nächstenliebe entwickelt. Selbst bei noch so vollen Kassen der Finanzminister von Bund und Ländern wären diese Leistungen als professionelle Dienste überhaupt nicht zu finanzieren.

Der Nestor der katholischen Soziallehre, Oswald von Nell-Breuning S.J., hatte 1978 eine Vision: Er sagte voraus, daß wir im Jahre 2010 aufgrund des Produktivitätsfortschritts so weit sein werden, daß ein Arbeitnehmer nur noch 16 bis 20 Stunden wird arbeiten müssen, um das Lebensnotwendige durch Erwerbsarbeit zu verdienen. Gleichzeitig sprach er von einer neuen Dreiteilung der Zeit in Erwerbsarbeitszeit, Sozialzeit und Freizeit. Dies würde bedeuten, daß der Produktionsarbeiter bei Volkswagen zugleich Sozialarbeiter in der Gemeinde ist. Die Einführung von Erziehungsgeld und Rentenansprüchen für Erziehungszeiten, von Pflegegeld und Pflegerente sind Mosaiksteine einer Neubewertung der menschlichen Arbeit, die stärker als in der Vergangenheit die Erwerbsarbeit mit ehrenamtlichen Tätigkeiten verbindet. Wir stehen am Anfang einer subsidiären Gesellschaft.

Das Prinzip der ständigen evolutionären Weiterentwicklung des Sozialstaates durch Reform hat den sozialen Fortschritt erst möglich gemacht. Ohne diese Offenheit wäre auch die größte sozialpolitische Leistung der Nachkriegszeit nicht möglich gewesen: die Herstellung der Sozialunion in Deutschland.

In den neuen Ländern ist sozialer Fortschritt mit Händen greifbar, auch wenn noch viel zu tun bleibt. Der Sozialstaat Deutschland hat nach der Wiedervereinigung seine bislang größte Herausforderung bestanden.

Ebenso wie der Erfolg unseres Sozialstaates viele Väter und Mütter hat, muß die Sicherung des Erreichten, die Bewältigung neuer Aufgaben und die Fortentwicklung bestehender Strukturen in einer Zeit weltweiter ökonomischer Umwälzungen als gemeinsame Aufgabe aller demokratischen Kräfte begriffen werden. Wenn sich die wirtschaftlichen und sozialen Verhältnisse ändern, wenn alte soziale Fragestellungen in den Hintergrund treten und neue soziale Herausforderungen hinzukommen, dann müssen auch die sozialen Systeme auf diese Veränderungen reagieren. Deshalb will die CDU den notwendigen Umbau des Sozialstaates.

Jedem muß klar sein: Vor dem Hintergrund der weltweiten Verschärfung des wirtschaftlichen Wettbewerbs und der ökonomischen Herausforderungen im eigenen Land ist der Umbau die einzige Chance zur qualitativen Verbesserung des Sozialstaates, zur Realisierung des sozialen Fortschritts auch in der Zukunft. Wer vom Umbau des Sozialstaates spricht, in Wirklichkeit aber seine Zerschlagung meint, mißbraucht die Diskussion und gefährdet den sozialen Frieden ebenso wie derjenige, der jede Veränderung als sozialen Kahlschlag diffamiert.

Neben den ordnungspolitischen Grundlagen – unserem Bekenntnis zur Sozialen Marktwirtschaft, zur sozialen Partnerschaft und zur Tarifautonomie – ist das Festhalten am gegliederten sozialen Sicherungssystem ein weiterer Pfeiler für die Weiterentwicklung der Sozialpolitik. Gerade die Sozialversicherungen bieten ein hohes Maß nicht nur der Versorgung, sondern auch der Stabilität und Verläßlichkeit für den Beitragszahler. Ansprüche sind der Willkür des Gesetzgebers weitgehend entzogen, besonders bei der Rente. Sie werden nach dem Prinzip Leistung gegen Gegenleistung befriedigt und haben, dies legte das Bundesverfassungsgericht unmißverständlich fest, teilweise sogar eigentumsähnlichen Charakter. Der Staat ist hier in erster Linie Garant für die Funktionsfähigkeit und bietet damit eine Sicherheit, die kein privates Sicherungssystem in vergleichbarer Weise erfüllen könnte.

Doch es bleiben Fragen: Erreichen die bereitgestellten Hilfen tatsächlich immer den, der sie am nötigsten braucht? Reagieren wir immer und überall zeitgemäß auf neue soziale Herausforderungen? Gibt es nicht auch Bereiche, in denen sich Leistungen und Ansprüche so verfestigt haben, daß schon das bloße Hinterfragen Argwohn erzeugt? Und gibt es schließlich nicht nebeneinander Leistungsmißbrauch und verschämte Armut, Überversorgung und beängstigende Versorgungslücken?

- Bei der Entbürokratisierung muß ein Stück Umbau des Sozialstaates ansetzen. Der Sozialstaat muß wieder einfacher, begreifbar und weniger bürokratisch werden, kurz: Der Sozialstaat muß wieder näher an den

Menschen heran. So muß zum Beispiel überlegt werden, ob nicht viele steuerfinanzierte Sozialleistungen direkt vom Finanzamt errechnet und gewährt werden sollten, anstatt Antragsteller von einer Behörde zur anderen zu schicken. In ihrem neuen Grundsatzprogramm hat sich die CDU deshalb dafür ausgesprochen, das Steuer- und Sozialsystem stärker zu integrieren und damit unbürokratischer und gerechter zu gestalten.

Im Rahmen eines Negativsteuerkonzeptes sollen die staatlichen Leistungen zusammengefaßt, harmonisiert und bedarfsdeckend ausgestaltet werden. Die CDA schlägt eine Integration von Steuer- und Sozialleistungssystem vor. Die Einführung einer Negativsteuer führt zu einer Verringerung des Verwaltungsaufwandes und zu einer erheblichen Steigerung der Zielgenauigkeit sozialer Leistungen.

- Ein zweites Beispiel dafür, wie Umbau wirkungsvoll gestaltet werden kann, ohne das Ziel der Sozialpolitik zu gefährden, sind die Reformen im Gesundheitssystem. In der Gesetzlichen Krankenversicherung halten wir den Einbau marktwirtschaftlicher Elemente für unabdingbar; den Gesetzlichen Krankenversicherungen muß die Möglichkeit zu einer Vertragspolitik gegeben werden, die sich an Kosten und Leistungen orientiert. Dies ist im Sinne aller Versicherten. Gleichzeitig sollen diese die Möglichkeit erhalten, Leistungen, die heute nicht von den Gesetzlichen Krankenversicherungen finanziert werden, gegen Sonderbeiträge zu erhalten. Unser Ziel ist die Rationalisierung des Gesundheitswesens, nicht die Rationierung der Leistungen. Eine Zwei-Klassen-Medizin darf es nicht geben: Familien mit kleinem Einkommen, Rentner oder Arbeitslose müssen ihren Anspruch auf umfassende Versorgung behalten.

- Das Steuersystem muß umgebaut werden. Die direkten Steuern, die die Arbeit verteuern und damit den Druck verstärken, sich von Arbeitskosten zu entlasten und damit Arbeitsplätze abzubauen, müssen gesenkt und dafür die indirekten Steuern aufkommensneutral angehoben werden. Dabei ist sicherzustellen, daß die Belastung für Einkommensschwache nicht ansteigt. Die Belastung der produktiven Faktoren Arbeit und Sachkapital durch die direkten Steuern sind zu hoch. Deshalb wollen wir niedrigere direkte Steuersätze, aber eine breitere Steuerbemessungsgrundlage mit weniger steuerlichen Vergünstigungen und Ausnahmetatbeständen.

- In diesem Zusammenhang muß auch die Bekämpfung von Mißbrauch genannt werden. Die Mißbrauchsbekämpfung darf nicht auf den Sozialleistungsbereich beschränkt werden, sondern muß mit gleicher Intensität auch im Bereich der Steuerhinterziehung gelten. Für die Finanzämter sind die entsprechenden personellen und sachlichen Voraussetzungen zu schaffen.

- Die zentrale Herausforderung der Politik in den nächsten Jahrzehnten liegt in der Bekämpfung der Arbeitslosigkeit. Dies ist nur im Zusammenwirken von Wirtschafts-, Finanz- und Sozialpolitik zu leisten. Gerade hier wird der ständige Anpassungsbedarf der Sozialpolitik an sich ändernde Rahmenbedingungen besonders deutlich. Die Sozialversicherungen leisten einen großen Teil an Aufgaben, die sie nicht zu tragen haben, sondern die von der Gesamtheit der Steuerzahler zu erbringen sind. Alle versicherungsfremden Leistungen, die in den Sozialversicherungen durchgeführt werden, müssen von der Gesamtheit der Steuerzahler getragen werden. Dies führt zur deutlichen Senkung der Lohnnebenkosten und damit zur Senkung der Arbeits- und Produktionskosten. Die CDA erwartet, daß ein zeitlich und im finanziellen Umfang genau festgelegtes Stufenprogramm zur Entlastung der Sozialversicherungen bis zum Ende dieser Legislaturperiode vorgelegt wird.

3. Moderne Tarifpolitik

Die Tarifabschlüsse der letzten Runde waren ein Signal der Vernunft für den Vorrang der Arbeitsplatzsicherung. Heute sind fünf Prozent mehr Arbeitsplatzsicherheit mehr wert als fünf Prozent mehr Lohn.

Die Tarifpartner haben ihre Aufgaben immer noch besser gelöst als jeder staatliche Dirigismus. Jedoch brauchen wir auch in der Tarifpolitik den geistigen Aufbruch. Festgefahrene Denkstrukturen und verbrauchte Verhaltensmuster behindern vernünftige Lösungen. Die Vereinigung ist eine Chance, auch in der Bundesrepublik Verhältnisse zu verbessern. Ein wichtiges Beispiel ist die Vermögensbildung. Sie schafft, konsequent eingesetzt, für die Arbeitnehmerfamilien eine zweite Einkommenssäule, Lohn durch Erwerbsarbeit und Zinsen aus Arbeitnehmerkapital. Der Investivlohn sichert weiter, daß die Kapitaldecke der Unternehmen stabilisiert wird und damit Arbeitsplätze abgesichert werden. Er würde als Inflationsbremse wirken.

In der Vergangenheit hat sich die Arbeitszeit zu sehr am starren Kolonnendenken orientiert. Heute sind flexible Übergänge, Teilzeitbeschäftigungen und eine Neubewertung, z. B. der nebenberuflichen Erziehungs- und Pflegearbeit, notwendig.

Des weiteren verschwimmen die Unterschiede zwischen Arbeitnehmern und Unternehmern. Der heutige hochqualifizierte Facharbeiter verfügt an seinem Arbeitsplatz über immer mehr Entscheidungsspielräume, er übernimmt aber auch mehr Verantwortung. Diese neue Rolle verlangt geradezu danach, ihm nicht nur betriebliche Mitspracherechte zu geben, sondern ihn auch am unternehmerischen Erfolg zu beteiligen. Die Kernfrage der Vermögensbildung lautet: Wie stehen Unternehmen und Gewerkschaften zum neuen Typus des Arbeitnehmers? Die Gefahr ist groß, daß sie sich den neuen Maßstäben, die er einfordert, verweigern. Als Folge könnte nicht nur eine Gleichgültigkeit gegenüber herkömmlicher Tarifpolitik eintreten, sondern auch eine Erosion des bisherigen Tarifgefüges und des Flächentarifvertrags.

Eine moderne Tarifpolitik muß sich den menschlichen Bedürfnissen anpassen. Daher sollten Entgelt, Freizeit, Vermögensbildung, Qualifizierung und die Humanisierung der Arbeitszeit stärker als bisher vernetzt werden. Wandel gehört zum Wesen einer Gesellschaft; die vor uns liegende Herausforderung ist, die unterschiedlichen Bereiche zusammenzufügen und die anstehenden Probleme mit einem Netzwerk an Handlungsmöglichkeiten anzugehen.

Werner Fricke
(Friedrich-Ebert-Stiftung, Forschungsinstitut, Abt. Technik und Gesellschaft)

Zur Zukunft der Gewerkschaften*

1. Geschichtliche Erfolge – zukünftige Aufgaben

Über die Zukunft der Gewerkschaften kann man nicht reden, ohne ihre Geschichte zu bedenken. Die Gewerkschaften, inzwischen über hundert Jahre alt, haben mehr für die Verwirklichung menschlicher Lebensinteressen getan als die meisten gesellschaftlichen Kräfte. Das zeigen die Entwicklung des Sozialstaats und der Institutionen sozialer Sicherheit in Deutschland (und natürlich auch in Skandinavien). Die Gewerkschaften haben 1918 den Achtstundentag durchgesetzt und seitdem, vor allem in den 80er Jahren dieses Jahrhunderts, erfolgreich für die Verkürzung der Arbeitszeiten gestritten. Sie haben sich ständig für die Minderung der Arbeitsbelastungen eingesetzt, und nach dem Zweiten Weltkrieg haben sie mit Mitbestimmung, Streikrecht und Tarifautonomie Grundlagen auch der politischen Demokratie in der Bundesrepublik gelegt, die bis heute wirksam sind.

Dennoch gab es auch Mißerfolge in der Geschichte der Gewerkschaften. Vieles ist nicht erreicht worden, und manche der genannten Institutionen, auf denen soziale Demokratie und soziale Marktwirtschaft bis heute beruhen, sind veraltet und bedürfen der Reform.

Nicht erreicht haben die Gewerkschaften die Demokratisierung der Wirtschaft. Die Folgen sind heute gravierender denn je. Die internationale Verflechtung und Konzentration des Kapitals, die Globalisierung unternehmerischer Entscheidungen und Strategien schreiten ständig weiter fort. Die Entscheidungen über Entwicklung und Anwendung moderner Technologien fallen unter Ausschluß der Öffentlichkeit weitab von allen Institutionen

* Bereits erschienen in: Arbeit und Politik, Mitteilungsblätter der Akademie für Arbeit und Politik an der Universität Bremen, 7. Jg., 1995, Heft 13/14, S. 9–17.

demokratischer Öffentlichkeit und Kontrolle. Neue Technologien, noch verstärkt durch moderne Produktionskonzepte (lean management), setzen ständig Arbeit frei und beschleunigen damit das Anwachsen weltweiter Arbeitslosigkeit ohne Unterlaß, neuerdings sogar trotz wieder positiver Wachstumsraten (Gefahr des jobless growth).

Gescheitert sind auch gewerkschaftliche Anstrengungen zur Realisierung gleicher Lebenschancen für alle (nicht nur für Arbeitsplatzbesitzer in den reichen Industrieländern) sowie zur Förderung der Selbstverwirklichung in nicht entfremdeter Arbeit.

Gleichzeitig sind die gesellschaftlichen Aufgaben, die nicht allein von den Gewerkschaften zu lösen sind, die aber dennoch starke und vor allem beteiligungsoffene Gewerkschaften erfordern, heute größer als noch vor zwanzig Jahren erkennbar. Ich nenne

- steigende Arbeitslosigkeit und internationale Armut,
- die dringende Aufgabe, Formen ökologisch und sozial verträglichen Wachstums nicht nur zu konzipieren und anzumahnen, sondern vor allem durchzusetzen,
- die Durchsetzung neuer Verkehrskonzepte – nicht nur aus ökologischen Gründen, sondern auch, um unsere Städte wieder bewohnbar zu machen,
- die Reform des Sozialstaates,
- die Demokratisierung der Technikentwicklung als Voraussetzung, endlich arbeitssparende durch energiesparende Technik in großem Maßstab zu ersetzen.

Angesichts dieser Herausforderungen (die sich, wie gesagt, nicht allein, aber auch an die Gewerkschaften richten), angesichts aber auch einer längst überfälligen organisatorischen Reform der Gewerkschaften, die eine Reform ihrer Politik einschließen muß, besteht die Gefahr, daß die Gewerkschaften zu defensiven Organisationen werden, die sich auf die Verteidigung des Erreichten, auf den Erhalt der Positionen von Arbeitsplatzbesitzern beschränken. In dem Maße, in dem diese Gefahr noch stärker als schon jetzt Wirklichkeit wird, können die Gewerkschaften und die von ihnen vertretenen Beschäftigten nur verlieren: an Einkommen, an Gestaltungsmacht, an demokratischen Mitwirkungsmöglichkeiten.

Es besteht weiterhin die Gefahr, daß die Gewerkschaften (und nicht nur sie) der Globalisierung von Märkten, Technikentwicklung und unternehmerischen Strategien nichts entgegenzusetzen haben. Heute fällen nur 600 global vernetzte Unternehmen die für die Entwicklung der Weltwirtschaft maßgebenden Entscheidungen. »Die geopolitische Macht hat sich von den Regierungen zu den Kapitaleignern verschoben«, schrieb kürzlich das US-Magazin Newsweek. Dies alles sind Tendenzen, die die Bedingungen für gewerkschaftliches Handeln national und weltweit erschweren, denen die Gewerkschaften gegenwärtig nicht gewachsen sind.

2. Wie gut sind die Gewerkschaften gerüstet?

Sind die Gewerkschaften dafür gerüstet, einen Beitrag zur demokratischen Bewältigung der genannten Herausforderungen zu leisten? Ich fürchte: nein.

1992/93 haben die DGB-Gewerkschaften einen Mitgliederverlust von rund 12 Prozent hinnehmen müssen. Selbst wenn ein großer Teil davon durch Entlassungen und Arbeitslosigkeit verursacht wird, ist dies ein Alarmzeichen, dem man nicht dadurch begegnen kann, daß die Tarifabschlüsse zu Lohn und Arbeitsbedingungen in Zukunft nur noch für Gewerkschaftsmitglieder Geltung haben sollen (so die Forderung des ÖTV-Bezirksleiters Hamburg, Fritsch, Anfang Januar 1995; H. Rappe, Vorsitzender der IG Chemie, widersprach sofort – aber nur, weil er dieses Vorgehen für nicht durchsetzbar hält, obwohl es rechtlich durchaus möglich ist).

Der Organisationsgrad der Gewerkschaften in Deutschland liegt bei 30 Prozent (in Frankreich bei 6 Prozent, in den USA bei 10 Prozent, in Skandinavien allerdings noch bei 80 Prozent). Ein Warnsignal in diesem Zusammenhang ist, daß es den Gewerkschaften in Deutschland zunehmend schwerfällt, Jugendliche zu organisieren. Des weiteren ist der Organisationsgrad in modernen Branchen wie der Telekommunikation besonders gering, die Schwierigkeiten, neue Mitglieder zu gewinnen, sind unter Angestellten und Ingenieuren besonders groß.

Es kommt hinzu, daß die Gewerkschaften nicht erst heute, sondern seit Jahrzehnten beim Erkennen und Akzeptieren sozialer Innovationen zögernd, wenn nicht ängstlich sind. Das betrifft keineswegs nur ihren eigenen Organisationsbereich, obwohl es immer wieder Hinweise gegeben hat, als fürchteten sie besonders Initiativen der eigenen Mitgliedschaft, die auf eine Reform traditioneller Institutionen und Politikformen zielen (genannt seien als Beispiele der Widerstand gegen das Konzept der betriebsnahen Bildungsarbeit und Tarifpolitik in den sechziger Jahren oder die Kritik und heftige Gegenwehr gegen Beteiligungsinitiativen zur Öffnung institutionalisierter und gesetzlich begrenzter Mitbestimmungsformen in den siebziger und achtziger Jahren. Heute, Mitte der neunziger Jahre, gibt es zwar eine gewerkschaftliche Position (unter anderem auch in der IG Metall), die eher auf die Nutzung von Beteiligungsverfahren zur Vertiefung der betrieblichen Mitbestimmung setzt als auf die Weiterentwicklung ihrer gesetzlichen und institutionellen Regelungen. So sehr der Schwenk zu prozeßorientierten Formen der Mitbestimmung und Beteiligung zu begrüßen ist, so darf doch andererseits nicht die Perspektive der Ausweitung gesetzlicher Mitbestimmungsnormen durch Beteiligungsverfahren aus den Augen verloren werden, auch wenn die Chancen hierfür unter den gegenwärtigen politischen Bedingungen nicht gegeben sind. Die Dynamik direkter Beteiligung weist häufig über institutionelle und gesetzliche Regelungen der Mitbestimmung hinaus, wie verschiedene Humanisierungsprojekte der siebziger Jahre, darunter auch das Peiner Projekt, gezeigt haben. Es besteht ein Wechselverhältnis zwischen gesetzlicher Mitbestimmung und Beteiligungsprozessen derart, daß die gesicherten Normen und Institutionen der Mitbestimmung Beteiligungsprozesse als Elemente gewerkschaftlicher Betriebspolitik absichern, zugleich aber in Beteiligungsprozessen weiterführende Formen und materielle Regelungen der Mitbestimmung erprobt werden können, die eines Tages auch zu gesetzlicher Kodifizierung drängen.

Auch die Chancen des von Hans Matthöfer und der sozial-liberalen Bundesregierung 1974 ins Leben gerufenen Aktions- und Forschungsprogramms »Humanisierung des Arbeitslebens« wurden von den Gewerkschaften nicht immer genutzt. Verschiedene Innovationen, die in verschiedenen Modellversuchen der späten siebziger und frühen achtziger Jahre von Sozialwissenschaftlern, Betriebsräten und einzelnen Gewerkschaftern erprobt und getragen wurden, sind von den Gewerkschaftszentralen Arm in Arm mit den zuständigen Arbeitgeberorganisationen heftig bekämpft worden. Dadurch wurde die breite Anwendung von Modellversuchsergebnissen entweder – wie beim Peiner Beteiligungsverfahren – auf Jahre hin blockiert, oder ein Humanisierungsprojekt wurde sogar abgebrochen – so geschehen in dem von Eberhard Ulich geleiteten Modellprojekt bei der Volkswagen AG zur Erprobung eines konsequenten Gruppenarbeitsansatzes, der der Unternehmensleitung und dem Arbeitgeberverband damals zu weit ging. Die Ausweitung des bei der Peiner AG erprobten Beteiligungsverfahrens stieß Anfang der achtziger Jahre nicht nur auf den Widerstand der Arbeitgeberverbände, sondern auch einiger (nicht aller!) IGM-Funktionäre aus der Frankfurter Vorstandsverwaltung und der zuständigen Bezirksverwaltung in Hannover. Sie argumentierten, hier werde das Geschäft des Managements besorgt, weil das Beteiligungsverfahren in Konkurrenz zu den bewährten Gremien und Verfahren der betrieblichen Mitbestimmung, getragen von Betriebsräten und gewerkschaftlichen Vertrauensleuten, gerate. Dieser Auffassung war der Betriebsrat der Peiner AG keineswegs: Er hatte nach anfänglichem Zögern das Angebot des Projekts erkannt und akzeptiert, die Institutionen und Regeln der betrieblichen Mitbestimmung zu ergänzen, mit Leben zu erfüllen und die eigene Position durch enge Zusammenarbeit mit einer aktiven Belegschaft zu stärken.

Eine zweite Quelle des Widerstands gegen allzu innovative (d. h. zu direkt an den Interessen der Belegschaften orientierte) Humanisierungsprojekte waren die damals geltenden Systeme der Leistungsentlohnung und Lohnfindung. Hier waren sich damals Arbeitgeber und Gewerkschafter auf den regionalen und zentralen Ebenen ihrer Verbände im Namen der Tarifautonomie einig: Staatliche Projekte durften sich mit Entlohnungsfragen nicht befassen; später tauchte das Entlohnungssystem als einer von fünf Punkten im Tabu-Katalog der Arbeitgeber auf, mit dem die Grenzen staatlich geförderter Humanisierungsprojekte gegenüber dem etablierten System industrieller Beziehungen gezogen werden sollten. Ein weiterer Punkt des Tabu-Katalogs war das Gebot, in staatlich geförderten Humanisierungsprojekten alles zu vermeiden, was zur Weiterentwicklung des Mitbestimmungssystems, wie es nun einmal gesetzlich definiert und geregelt war, hätte beitragen können – also auch Beteiligungsverfahren.

Bald nach seinem Amtsantritt machte der Nachfolger von Hans Matthöfer im Amt des Bundesforschungsministers, Volker Hauff, auf einer Pressekonferenz denn auch öffentlich die Zusage, daß sich das Forschungsprogramm zur Humanisierung des Arbeitslebens, wie es fortan hieß, an die gesetzlich definierten Regeln der Mitbestimmung und Betriebsverfassung halten werde. Das war einerseits selbstverständlich, aber nun waren auch soziale Experimente zur Weiterentwicklung des Systems betrieblicher Mitbestimmung, fortan also auch jegliche Beteiligungsexperimente, in staatlich geförderten Humanisierungsprojekten ausgeschlossen.

Mir fallen heute in diesem Zusammenhang zwei Dinge ein. Zum einen der Satz aus der Regierungserklärung Willy Brandts 1969: »Wir wollen mehr Demokratie wagen!«

Zum anderen eine Begebenheit während des Kongresses zur Tarifpolitik, den Gesamtmetall im Oktober 1993 in Köln veranstaltete. In einer Konferenzpause standen ein Sekretär aus der Vorstandsverwaltung der IG Metall und der damalige Direktor des Kölner Arbeitgeber-Instituts für Arbeitswissenschaften zusammen und führten gemeinsam Klage, daß beide, Gewerkschaften und Arbeitgeberverbände, die Chancen des Humanisierungs- und späteren Arbeit-und-Technik-Programms der Bundesregierung schlecht genutzt hätten. Es habe doch gute Möglichkeiten zur Entwicklung und Erprobung flexibler Arbeitszeitregelungen und Entlohnungsformen im Vorfeld tarifpolitischer Verhandlungen gegeben, die man damals, d. h. seit zwanzig Jahren, nicht gesehen und nicht genutzt habe. Die beiden riefen mich zu sich, als ich am Pausenbuffet vorbeiging, um mir diese gemeinsam gewonnene Erkenntnis mitzuteilen. Ich habe gelacht und ihnen geraten, die nächsten zwanzig Jahre im Programm Arbeit und Technik besser zu nutzen.

3. Zukünftige Schwerpunkte gewerkschaftlicher Arbeit

Seit vielen Jahren und an vielen Orten betonen Vertreter aller Gewerkschaften immer wieder, daß die traditionelle Schutzfunktion der Gewerkschaften durch Gestaltungsaufgaben erweitert und ergänzt werden müsse. In beiden Funktionen, so meine ich, müßten die Gewerkschaften konsequenter als bisher an den zentralen und vitalen Interessen ihrer Mitglieder – ja der Arbeitnehmer einschließlich der Arbeitslosen überhaupt – anknüpfen, wenn sie die genannten Aufgaben bewältigen und damit ihre Zukunft sichern wollen. Ich nehme als Beispiele das Interesse an Beteiligung und an Bildung.

3.1 Beteiligung als Kernfeld gewerkschaftlicher Aktivität

Damit Gewerkschaften glaubwürdig Beteiligungsprozesse organisieren können, müssen sie sich meines Erachtens Beteiligungsansprüchen ihrer Mitglieder zunächst einmal selbst öffnen. Man könnte über flexible Formen von Mitgliedschaft nachdenken, also zum Beispiel die Öffnung gewerkschaftlicher Entscheidungen und Strukturen für die Mitwirkung von Bürgern (also Nicht-Mitgliedern) auf lokaler Ebene an lokal bedeutsamen Entscheidungen – z. B. bei der Entsendung von Vertretern in Vertreterversammlungen der lokalen Krankenkassen und Arbeitsmarktinstitutionen. Wichtig wäre auch die Entwicklung neuer Organisationsformen für die Vertretung der Interessen von Mitgliedern und Nicht-Mitgliedern in scheinselbständigen und tatsächlich selbständigen Kleinstunternehmen oder an dezentralisierten Tele-Arbeitsplätzen. Hier ist die direkte Mitwirkung der

Beschäftigten an gewerkschaftlichen Willensbildungsprozessen unabdingbar; neue Formen der Beteiligung mit Hilfe der Telekommunikation müssen entwickelt werden, da eine Beteiligung in Form persönlicher Anwesenheit angesichts der zunehmenden Dezentralisierung und Individualisierung von Arbeitsplätzen in Zukunft immer weniger praktikabel sein dürfte.

Ebenso entscheidend ist die aktive und offensive Förderung von Beteiligungsprozessen in traditionell organisierten Industrie- und Dienstleistungsbetrieben. Dabei ist es entscheidend, daß die Gewerkschaften die Initiative bei der Organisation von Beteiligungsprozessen vom Management zurückgewinnen. Angesichts der jahrzehntelangen Erfahrungen mit industrieller Demokratie in den skandinavischen Ländern, angesichts auch der vergebenen Chancen in der ersten, innovativen Phase des Humanisierungsprogramms ist es ein Trauerspiel, heute mit anzusehen, wie sich Gewerkschaften und Betriebsräte abmühen, vom Management allein aus Effizienzgründen organisierte Scheinbeteiligung (KVP, TQM, Kaizen u. a.) nachträglich für gewerkschaftliche Formen der Interessenvertretung zu öffnen. Selbst die Wahl von Gruppensprechern bei Gruppenarbeit steht heute in manchen Betrieben bereits in Konkurrenz zur Wahl gewerkschaftlicher Vertrauensleute.

Für die Erhaltung der gewerkschaftlichen Handlungsfähigkeit in Betrieben, für die Entwicklung der gewerkschaftlichen Betriebspolitik unter den Bedingungen moderner (d. h. flexibler und schlanker) Produktion ist es essentiell, daß die Gewerkschaften die Initiative auf dem Feld der Arbeitnehmerbeteiligung erlangen. Wie kann das geschehen?

Ich unterscheide drei Felder für Beteiligung: Beteiligung der Arbeitenden bei der Organisation betrieblicher Arbeitsprozesse; die Erschließung neuer Felder für Mitbestimmung und Beteiligung in Zusammenhang mit der Organisation von Arbeits- und Produktionsprozessen und die Beteiligung auf dem Feld industrieller Innovation von Technik und Produkten. Das letztgenannte Beteiligungsfeld überschreitet den Rahmen betrieblicher Prozesse, erforderlich ist unter anderem die Mitwirkung von Natur- und Sozialwissenschaftlern in überbetrieblichen Zusammenhängen.

3.1.1 Beteiligung im Arbeitsprozeß

Arbeitnehmerbeteiligung im Arbeitsprozeß wird heute auch in der gewerkschaftlichen Literatur weitgehend auf Gruppenarbeit reduziert. Dabei ist unübersehbar, daß der Begriff der Gruppenarbeit häufig zu pauschal gebraucht wird. In der betrieblichen Wirklichkeit verbergen sich sehr unterschiedliche Konzepte dahinter, und es ist längst deutlich, daß viele gewerkschaftliche Hoffnungen, die mit Gruppenarbeit verbunden werden, nicht in Erfüllung gehen werden. »Zwar schwört Opel weiterhin auf das Prinzip Gruppenarbeit, doch werden jetzt die Taktzeiten in Sekunden bemessen, ist der von der Gruppe zu erbringende Leistungsumfang eng begrenzt und die Rotationsmöglichkeit eingeschränkt. Standardisierte, in kleine Abschnitte aufgeteilte Tätigkeiten dominieren wieder.« So beschreibt ein Bericht in der Frankfurter Rundschau vom 1. 12. 1994 die Konzeption, mit der das Opel-Stammwerk in Rüsselsheim nach den Grundsätzen der lean production reorganisiert wird.

An dieser Stelle ist nicht der Platz, ein gewerkschaftliches Gruppenarbeitskonzept zu entfalten, aber ich möchte doch einige wesentliche Eckpunkte nennen.

Ein entscheidendes Merkmal des Gruppenarbeitskonzepts ist nicht nur – das sollte eine Selbstverständlichkeit sein – die Integration planender, ausführender und kontrollierender Tätigkeiten. Es muß auch mit einem Abbau von Gruppenakkord und Hierarchie verbunden sein und, besonders wichtig, mit Bildungsprozessen verknüpft werden.

So wie sich in flexibler Produktion Produktqualität und Tätigkeit ständig ändern, ist auch betriebliche Bildung als dynamisches Element zu organisieren. Anders können Arbeitnehmer auf Dauer nicht den Anforderungen an ihre Tätigkeit entsprechen. Hier eröffnet sich ein neues Feld für Tarifpolitik (die als eine Kombination von flächendeckender und betriebsnaher Tarifpolitik zu denken wäre) und betriebliche Arbeitszeitpolitik: Arbeitszeitverkürzung sollte nicht mehr nur zu vermehrter Freizeit führen, sondern auch für betriebliche Bildungszeiten genutzt werden, zumal diese durchaus mit Effizienz- und Produktivitätsargumenten begründet werden können.

Die Verknüpfung von Gruppenarbeit und kontinuierlicher betrieblicher Weiterbildung erschließt Beteiligungsprozessen neue Dimensionen in zwei Richtungen. Zum einen kann von unten her und auf gewerkschaftliche Initiative eine lernende Organisation (Senge 1990) aufgebaut werden, die sich durch freien Fluß von Informationen zwischen Abteilungen der Organisation und damit durch eine auf Bildung und Qualifikation gegründete Flexibilität gegenüber neuen Umweltanforderungen auszeichnet. Zum anderen ist permanente Weiterbildung neben ausreichender Integration von Arbeitsaufgaben, also eine angemessene Verknüpfung von Arbeits- und Bildungs- oder Lernprozeß, die Grundlage für die Entwicklung teilautonomer Arbeitsgruppen – so wie sie einmal in den skandinavischen Programmen zur industriellen Demokratie und in den siebziger Jahren sowohl im Gruppenarbeitsprojekt bei der Volkswagen AG als auch im Peiner Beteiligungsprojekt konzipiert und auch erprobt waren. Ich hege die Hoffnung, daß die Gewerkschaften und insbesondere die IG Metall heute, zwanzig Jahre später, anders über das Konzept der teilautonomen Gruppe denken als Mitte der siebziger Jahre. Damals beschränkte sich der Tarifsekretär der IG Metall auf zwei Bemerkungen: Erstens ist das Utopie hoch vier, und zweitens kann es in Unternehmen eine Autonomie von Arbeitsgruppen nicht geben. Die zweite Bemerkung ist als Tatsachenfeststellung natürlich richtig, aber eine Gewerkschaft sollte sich doch auch um die Perspektiven von Arbeitsgestaltung kümmern. Tut sie dies nicht und überläßt sie die Perspektiven allein unternehmerischer Arbeitspolitik, dann ist sie defizitär. Sie muß sich dann darauf beschränken, unternehmerischen Gestaltungsinitiativen nachzuklappen, wie es gegenwärtig der Fall ist – auch auf dem Feld der Gruppenarbeit und der Beteiligung.

3.1.2 Die Erschließung neuer Felder für Beteiligung und Mitbestimmung

Neue Felder für die Organisation von Beteiligungsprozessen durch Gewerkschaften sehe ich in der Aus- und Weiterbildung (hier werden betrieblich oft nicht einmal die Möglichkeiten der §§ 96–98 des Betriebsverfassungsgesetzes genutzt), bei der Produktmitbestimmung und bei der Technikgestaltung. Über die Erweiterung von Mitbestimmung und Beteiligung auf den beiden erstgenannten Gebieten ist bereits viel geschrieben worden; deshalb will ich mich hier auf einige Anmerkungen zum Feld der Technikgestaltung beschränken.

Zunächst einmal ist festzuhalten, daß Mitbestimmung oder Beteiligung an der Gestaltung oder Entwicklung neuer Technologien auf betrieblicher Ebene nicht stattfindet. Wo dennoch davon geredet oder geschrieben wird, handelt es sich um eine ungenaue Ausdrucksweise. Auf betrieblicher Ebene richten sich Mitbestimmungs- und Beteiligungsprozesse allenfalls – wenn überhaupt – auf die Mitwirkung an der Technikanwendung, d. h. also an Prozessen der Anwendung an anderen Orten produzierter Technik im Betrieb. Von ganz wenigen Ausnahmen abgesehen, ist es nicht einmal in Humanisierungsprojekten oder in Programmen zur Gestaltung von Arbeit und Technik gelungen, mit Mitbestimmungs- oder Beteiligungsprozessen in den Bereich der Technikgestaltung vorzudringen. Obwohl das Landesprogramm Nordrhein-Westfalen den Begriff der sozialverträglichen Technikgestaltung im Titel trug, ist nur in einigen wenigen Projekten Software, die man im weiteren Sinne ja zur Technik rechnen kann, gestaltet worden.

Darüber hinaus hat Technikgestaltung – schon wegen mangelnden Betriebszugangs in 95 Prozent der Projekte – nicht stattgefunden. Im Bundesprogramm Arbeit und Technik (bzw. vorher im Aktions- und Forschungsprogramm Humanisierung des Arbeitslebens) gab es Schwerpunktbereiche, in denen Technikgestaltung betrieben wurde (so bei der Entwicklung von Industrierobotern), aber insgesamt gesehen handelt es sich auch hier um Ausnahmen. Erst recht gilt das im Alltag betrieblicher Mitbestimmung und Beteiligung.

3.1.3 Beteiligung an Innovationsprozessen und Technikgestaltung

Die Beschränkung von Beteiligungsprozessen auf betriebliche Arbeitsgestaltung und auf die Organisation der Anwendung moderner Technik ist – so groß die Defizite gewerkschaftlicher Politik auf diesen Feldern gegenwärtig auch sind – in Wirklichkeit längst überholt. Die Entwicklung neuer Produktionskonzepte und moderner Technik geschieht heute an ganz anderen Orten als in Anwenderbetrieben, und wenn gewerkschaftlich organisierte Mitbestimmungs- und Beteiligungskonzepte nicht in diesen Bereich industrieller Innovation vorstoßen, dann wird es sich immer um eine nachhinkende Betriebspolitik handeln – und zwar selbst dann, wenn die aktuellen Defizite gewerkschaftlicher Mitbestimmung und Beteiligung bei der Gestaltung von Arbeitsprozeß und Technikanwendung aufgehoben wären.

Innovationen zur Gestaltung von Technik und Produktion werden im Bereich industrieller Forschung und Entwicklung unter wesentlicher Mitwirkung von Ingenieur- und Naturwissenschaften, aber unter Federführung der Industrie organisiert. Öffentlichkeit und erst recht gewerkschaftlich organisierte Mitbestimmung und Beteiligung sind von diesen Innovationsprozessen ausgeschlossen. Es wird schwierig sein, dies zu ändern, aber als Perspektive gehören Mitbestimmung und Beteiligung in diesem Feld unbedingt in den Kanon gewerkschaftlicher Politik. Andernfalls wird gewerkschaftliche Betriebspolitik nie eine Initiativrolle bei der Gestaltung von Arbeit, Arbeitsbedingungen und Technikanwendung erringen, sondern immer eine abhängige Größe unternehmerischer Gestaltungspolitik bleiben.

3.2 Bildung als zweites Kernfeld gewerkschaftlicher Aktivität

Bildung, aktives Lernen ist ein ebenso elementares Interesse von Arbeitnehmern (gleich, ob beschäftigt oder nicht) wie das Beteiligungsinteresse. Das hat übrigens, unter anderem, mit aller Klarheit das Humanisierungsprojekt der Friedrich-Ebert-Stiftung zur Erprobung eines Beteiligungsmodells bei der Peiner AG gezeigt.

Die Entwicklung und Realisierung von innovativen Konzepten der Weiterbildung und des permanenten Lernens empfiehlt sich daher als ein weiteres Feld zukunftsorientierter Gewerkschaftspolitik. Dazu einige Anregungen:

Daß tarifvertraglich vereinbarte Arbeitszeitmodelle auch Bildungs- und Beteiligungszeiten vorsehen können, ist gesagt worden. Dabei sind sehr unterschiedliche Modelle zur Kombination von Arbeits- und Bildungszeit denkbar. Sie reichen von stundenweisen Bildungsangeboten auf betrieblicher Ebene bis hin zu ein bis zwei Bildungsjahren alle zehn Beschäftigungsjahre. Zwischenformen sind denkbar, so beispielsweise anknüpfend an Vereinbarungen wie die Vier-Tage-Woche bei VW (4 Tage Arbeit, 1 Tag Lernen) oder Sabbaticals von einigen Wochen oder Monaten pro Jahr. Frithjof Bergmann, ein Philosophieprofessor aus den USA, hat mit den Automobilwerken von General Motors in Flint in der Nähe von Detroit sowie mit einigen regionalen und lokalen Körperschaften ein Abkommen getroffen, nach dem von Arbeitslosigkeit bedrohte Belegschaften Gelegenheit erhalten, ein halbes Jahr lang zu arbeiten, dafür 75 Prozent des Lohns zu beziehen und die zweite Hälfte des Jahres in dem von Bergmann gegründeten Center for the Future of Work lernen können, das zu tun, was sie »wirklich, wirklich wollen«.

Dieser Gedanke ist wichtig. Es reicht keineswegs, Arbeitszeitverkürzungen per Tarifpolitik durchzusetzen, sondern die Arbeitnehmer müssen auch die Fähigkeit zur Muße oder zu einer sinnvollen Tätigkeit außerhalb der organisierten Erwerbsarbeit wieder lernen. Frithjof Bergmann bot den Automobilarbeitern an, Häuser nach ihren Vorstellungen zu bauen, sich um die Erziehung und Ausbildung ihrer Kinder qualifiziert zu kümmern. Das war ein isolierter Modellfall. Aber der Grundgedanke verdient es, aufgenommen, weiterentwickelt und breit angewendet zu werden. Zum Beispiel könnten sich Gewerkschaften vermehrt dafür einsetzen, daß Hochschulen und Fachhochschulen bildungswilligen Arbeitnehmern geöffnet werden (eine Hochschule will jetzt Meister zu Weiterbildungsstudien zulassen: das ist ein Schritt in die richtige Richtung; aber eben nur ein Schritt, dem weitere folgen müssen). Gewerkschaften können, um die Bildungsinteressen von Arbeitnehmern außerhalb der organisierten Erwerbsarbeit zu befriedigen, eigene Weiterbildungseinrichtungen schaffen oder vorhandene – wie die gewerkschaftlichen Berufsfortbildungswerke – entschieden erneuern für Formen offenen, aktiven, beteiligungsintensiven Lernens. Aus der schwedischen Tradition der Arbeiterbildungsvereine (»Studienzirkel«) ließe sich da vieles neu lernen.

Ein anderes Feld zukunftsorientierter Aktivitäten wäre die Schaffung eines gewerkschaftlichen Netzes von Bildungsberatern und Karriereplanern für Angestellte aller Art, Facharbeiter, Ingenieure und einfache Arbeitnehmer. Bildungsberatung und Karriereplanung gilt, soweit sie überhaupt betrieben wird, als Feld von Unternehmensleitungen und Beratungsfirmen. Wieso eigentlich? Gewerkschaften könnten, wenn sie in diesem Feld gezielt und qualifiziert tätig würden, die Initiative nicht nur in Bildungs-, sondern langfristig auch in Innovations- und Gestaltungsprozessen gewinnen. Eine solche Initiative brauchte nicht einmal besonders viel Geld zu kosten, und feste Stellen im Funktionärskörper der Gewerkschaften schon gar nicht. Es stehen so viele ältere, aus dem Erwerbsleben bereits ausgeschiedene, aber qualifizierte ehemalige Arbeitnehmer (Arbeitslose und Rentner) zur Verfügung, die über eine sinnvolle Tätigkeit glücklich wären, die den Gewerkschaften nahestehen und einen Teil der im Erwerbsleben empfangenen Solidarität gerne zurückgeben würden. Viele von ihnen könnten ihre Erfahrungen und beruflichen Qualifikationen als gewerkschaftliche Bildungsberater und Karriereplaner zur Verfügung stellen. Und da auch ältere Menschen noch lernfähig und oft lernbegierig sind, würden sie selbstverständlich sich selbst weiterbilden, damit ihre Beratungstätigkeit modernen Anforderungen genügt und sich nicht nur auf die eigenen, mit der Zeit veraltenden Berufserfahrungen zu stützen braucht.

Ein weiterer Vorschlag: Ähnlich den Technologieberatungsstellen oder auch in Anlehnung an oder Kooperation mit ihnen könnte ein gewerkschaftliches Beratungsnetz zur Personalentwicklung für Manager, Angestellte und Facharbeiter in Klein- und Mittelunternehmen (KMU) geschaffen werden. Personalberatung ist im Bereich der KMU ohnehin ein vernachlässigtes Arbeitsfeld, die vorhandenen Personalberater konzentrieren sich lieber auf das Personalmanagement und das head hunting für Großbetriebe in Industrie, Banken, Dienstleistungsunternehmen wie Versicherungen usw. Hier liegt ein Feld brach, auf dem Gewerkschaften offensiv in eine Managementdomäne einbrechen könnten. Wieder würden sie auf diese Weise langfristig Gestaltungsmacht erringen. Auf die Unterstützung ehemaliger, älterer Arbeitnehmer, ob in Arbeitslosigkeit oder Rente, könnte auch hier gebaut werden!

Schließlich liegt es nahe, die vorhandenen Technologieberatungsstellen durch regionale Netze von Bildungs- und Beteiligungsberatungsstellen zu ergänzen, deren Adressaten wiederum KMU oder (für Bildungsberatung und Karriereplanung) auch Einzelpersonen – zum Beispiel an Tele-Arbeitsplätzen oder in Scheinselbständigkeit – sein könnten. Beteiligungsberatungsstellen würden dem immer wieder zu beobachtenden Verlust einzelbetrieblich gebundener Erfahrungen bei der Organisation von Beteiligungsprozessen vorbeugen, da sie die Erfahrungen aus vielen verschiedenen Beteiligungsverfahren in Klein-, Mittel- und Großbetrieben bündeln und weitergeben könnten. Zu kombinieren wären diese Beratungsleistungen unbedingt mit einer Ausbildung von Betriebsräten und gewerkschaftlichen Vertrauensleuten zu Moderatoren, damit sie eine aktive Rolle in Beteiligungs- und Gestaltungsprozessen in ihren jeweiligen Betrieben übernehmen können.

4. Offene Fragen

Wenn die Gewerkschaften mit Einzelberatung, einer beteiligungsoffenen Betriebspolitik und dem Aufbau von Beratungsnetzen die Felder Bildung und Beteiligung als gewerkschaftliche Handlungsfelder systematisch erschließen und ausbauen, dann werden sie nicht nur Mitglieder mobilisieren und gewinnen, sondern auch Einfluß auf Gestaltungsprozesse in Betrieben (Arbeit, Arbeitsorganisation, Technikanwendung) und überbetrieblich (Technikentwicklung, Produktentwicklung, Ökologie) gewinnen.

Beteiligung und Bildung als Felder gewerkschaftlicher Betriebs- und Industriepolitik sind Zukunftsfelder. Sie zu Handlungsschwerpunkten zu machen, wirkt am ehesten der Gefahr entgegen, daß die unbedingt notwendigen, aber heute und in Zukunft nicht mehr ausreichenden Strategien des Bewahrens, des Verteidigens im Spektrum gewerkschaftlicher Politik überwiegen:

- die Verteidigung von Arbeitsplätzen gegenüber unternehmerischen Rationalisierungsprozessen einerseits, gegenüber Armut und Arbeitslosigkeit andererseits – beides national und global;
- die Erhaltung erreichter Lohnniveaus in ökonomisch schwierigen Zeiten;
- die Durchsetzung von sozialen, ökologischen und ergonomischen Mindeststandards.

Alle diese Aktivitäten sind konkret, auf Arbeitsbedingungen und Arbeitsverhältnisse an konkreten betrieblichen Orten gerichtet. Mit dem Vordringen der Informations- und Kommunikationstechnik in alle gesellschaftlichen Bereiche wird aber die räumliche Dimension politischen (gesellschaftlichen, individuellen) Handelns zunehmend unwichtig gegenüber der Möglichkeit und Notwendigkeit, zur gleichen Zeit mit Personen an ganz unterschiedlichen Orten in Verbindung zu treten. Handeln wird medial, es verliert die räumliche und damit oft auch die konkrete Dimension.

Auch vor diesem Hintergrund sind Gewerkschaften in der Gefahr, als Organisationen zu veralten. Es ist nötig, über neue Strukturen und Handlungsformen von Gewerkschaften im medialen, von Informations- und Kommunikationstechnologien geprägten Zeitalter nachzudenken. Geschieht das im Projekt der IG Metall zur Einführung von I und K-Technik in der Organisation?

Ich sehe folgende Fragen:

Wie kann Solidarität zwischen Mitgliedern (Beschäftigten und Nicht-Beschäftigten) hergestellt werden, die gleichzeitig, aber an verschiedenen Orten (in verschiedenen Ländern) von gleichen Problemen betroffen sind? Wie können Gewerkschaften international und global ähnlich effizient kooperieren, wie das transnationale Unternehmen tun? Weshalb sind ihre Schwierigkeiten dabei so groß?

Meine These ist: Es liegt am Gegenstand, am Inhalt gewerkschaftlicher Politik, und erst in zweiter Linie an den verfügbaren knappen Mitteln. Unternehmensentscheidungen, gerichtet auf die Entwicklung neuer Produkte, den Einsatz neuer Technik, die Reduktion von Kosten, die Verlagerung von Standorten, die Veränderung von Organisationen sind leichter medial zu vermitteln, da sie zu großen Teilen an abstrakten Kriterien (Rendite) orientiert, häufig ohnehin globalisiert sind, die Folgen für menschliche Existenz nicht konkret bedenken und eine Reihe von Kosten (zur Erhaltung der Gesundheit oder der Umwelt) leichthin externalisieren.

»Eine Frage muß zur Zeit noch offenbleiben, und von ihr wird vieles abhängen. Wie verstehen wir den Begriff ›Arbeitsplatz‹? Bedeutet er unsere direkte Arbeitsumgebung oder den globalen Arbeitsplatz, bei dem die Beziehung des unmittelbaren Arbeitsumfeldes zu anderen Arbeitsplätzen einbezogen wird, mit denen im Arbeitsvollzug möglicherweise weltweit interagiert wird?

Wenn wir nur auf unseren direkten Arbeitsplatz sehen, schrumpfen die Konzepte zur Arbeitsreform und Arbeitsgestaltung auf ein Werkeln im Hinterhof zusammen, während die entscheidenden Dinge sich vor dem Haus abspielen, auf Straßen und Plätzen. Hier liegt die größere Herausforderung. Wenn die Arbeitnehmer wirklich die strategische Ressource des Unternehmens sein sollen, dann müssen Arbeitgeber-Arbeitnehmer-Beziehungen im Rahmen gewerkschaftlicher Politik so weiterentwickelt werden, daß ein Einfluß auf die tatsächlichen strategischen Entscheidungen eines weltweit handelnden Unternehmens möglich wird. Gewerkschaftspolitik muß auch an den Orten präsent sein, an denen solche Entscheidungen mit möglicherweise globalen Auswirkungen getroffen werden.«

Es wäre an der Zeit, in einer zukunftsoffenen Zusammenarbeit zwischen Gewerkschaftern und Wissenschaftlern verschiedener Disziplinen (Informatiker, Sozialwissenschaftler, Ökonomen, Kommunikations- und Naturwissenschaftler) die Folgen einer globalisierten, zunehmend medialen Gesellschaft und Wirtschaft für gewerkschaftliches Handeln zu bedenken. Dazu gehören neben den von Tapiola angeschnittenen Fragen auch

- die Individualisierung der Lebensstile,
- die Dezentralisierung von Produktion und Dienstleistungen bis hin zu isolierten Einzelarbeitsplätzen (Telearbeit), die im Extremfall Teil globaler Kommunikationsnetze sind,
- die zunehmende Verbreitung stereotyper Lebensformen, verbunden mit der Tendenz, durch den Einsatz von Massenmedien individuelles Leben durch virtual reality zu ersetzen,
- der zunehmende Ersatz von Politik durch Medien mit der Tendenz zur Virtualisierung auch des Politischen.

Alle diese Tendenzen, nicht nur die weltweit zunehmende Arbeitslosigkeit und die Globalisierung von Wirtschaft und Gesellschaft, erfordern eine neue Standortbestimmung, eine neue Politik und neue Strukturen der Gewerkschaften. Gelingt dies, so wären die Gewerkschaften andere als heute – aber sie wären zukunftsfähig.

Wolfram Frommlet
(Journalist, Mitglied der IG Medien)

Teilen oder neuordnen? – Über die globale Zukunft der Arbeit

Drei Daten zu Anfang meines Essays:

1969, als ich zum ersten Mal einer deutschen Gewerkschaft beitrat, als junger Dramaturg und Regisseur der damaligen Bühnengenossenschaft, beherrschten zwei Farben eine Mai-Demonstration: rot und weiß. Das Rot der Fahnen, das Weiß der Hautfarbe der Teilnehmer.

1995, auf dem Weg zu einem Auftritt auf einer Kulturveranstaltung im Düsseldorfer Hofgarten, war das Farbenspektrum der 1.-Mai-Demonstration mit dem »alter Zeiten« nicht mehr vergleichbar: nicht-weiße Hautfarben dominierten fast den Zug – Tamilen aus Sri Lanka, Türken und Kurden, Exil-Iraner, Studenten- und Arbeitergruppen aus Afrika, Asien, Lateinamerika. Die Dritte Welt war nicht mehr weit weg – sie war mitten unter uns.

1991 hatte der »Tag der Arbeit« in bundesdeutschen Großstädten gerade noch jeweils ein paar Tausend auf die Beine gebracht. Die politische Wegzehrung des Kanzlers, »die Zeit der alten Kampfparolen sei vorbei«, erschien somit fast unnötig. Gibt die Wirklichkeit ihm nicht recht?

1. Neue Weltordnung

In den fünfziger Jahren lag die Ersparnis einer deutschen Durchschnittsfamilie bei 5 Prozent des Bruttoeinkommens, heute liegt sie bei 15 Prozent und höher. Das Geldvermögen eines deutschen Haushaltes West, betrug 1989 95 000 DM. Arbeit lohnt sich wieder. Zumindest für zwei Drittel der Gesellschaft. Und Arbeit heißt für viele, haben zu können, was man möchte und das, was man hat, möglichst rasch nicht mehr zu wollen.

Auf einem Auto-Aufkleber eine neue Kampfparole als Empfehlung an die Gewerkschaften: »Die 35-Stunden-Woche schafft Arbeitsplätze in Fernost.« So dumm die Folgerungen sind, so richtig ist der Kern an dieser

Polemik: Die »Neue Weltordnung« hat im Bereich der Arbeit längst begonnen.

Unter der alten Ordnung der Kolonialmächte waren die Verhältnisse noch klar: Die Menschen des Südens als Zulieferer von Rohstoffen für die Industrialisierung und, zu Beginn, für den Luxus der Kapitaleigner und der mit ihr verbundenen Mittelschicht: Mahogany-Boudoirs, Tee, Kakao, Seide und Zigarren.

Als die Industrialisierung es Unternehmern ermöglichte, Arbeit zu maximieren, also mehr zu produzieren, als der nationale Markt aufnahm, bekamen die Zulieferer aus den Kolonien die Ehre, vom schäbigen Lohn nun auch noch die im fernen Europa aus ihren Rohstoffen hergestellten Waren kaufen zu dürfen.

Ghandi war es, der die Inder erfolgreich dazu aufforderte, die in England aus indischer Baumwolle hergestellten, und dann in die Kolonie exportierten Textilien, zu verbrennen und zu boykottieren. Die Arbeiterbewegung in Europa und in den USA kämpfte um die ökonomische Teilhabe an den Früchten ihrer Arbeit. Gewonnen hat der größere Teil von ihr materiell durchaus.

Verloren haben in diesem Kampf um ökonomische Emanzipation die Arbeiter in der Dritten Welt. Die Zahl derer, die in den Industrieländern die Arbeit der Baumwollpflücker, der Kaffeebauern oder der Bergleute für die stetig wachsenden Ansprüche, für eine immer breitere Palette aus Produkten, die aus den Rohstoffen der ehemaligen Kolonien entstehen, in Anspruch nehmen, hat sich vervielfacht. Weil es kein wirtschaftliches Modell gibt, in dem die Wertschöpfung von Arbeit für eine wachsende Zahl von Menschen steigt, ohne daß sie gleichzeitig anderswo entnommen wird, hat sich die Ausbeutung, gegen die die Arbeiterbewegung einst angetreten war, nur verlagert. Was sich verändert hat, sind die Dimensionen der Ausbeutung durch Arbeit nach dem westlichen Entwicklungsmodell.

In weniger als drei Generationen hat der kleinste Teil der Weltbevölkerung, die Industriegesellschaften, diesen Globus geplündert wie Vandalen einen Porzellanladen.

Haben anfangs nur die Eliten der Zentren in Europa von der Plünderung der Dritten Welt größten Nutzen gehabt und die Lohnabhängigen nur ganz marginalen, hat sich dies, makabrerweise, gerade durch die Erfolge der gewerkschaftlichen Kämpfe, zugunsten der gesamten Arbeiter- und Angestelltenklasse verändert.

Die in Malaysia oder Vietnam »günstig« hergestellten Turnschuhe werden nicht nur vom Mittelstand, sondern auch von Gewerkschaftern und ihren Kindern getragen; der preislich immer »günstigere« Kaffee deutscher Großröster von allen getrunken und die textilen Schnäppchen von »Strauss Innovation« bis »C & A«, deren Baumwolle ja »irgendwo von irgend jemandem« durch besonders »günstige Arbeitsbedingungen« angebaut, geerntet und verarbeitet worden sein muß, werden von allen gekauft. Auch und gerade von deutschen Gewerkschaftern und ihren Familien.

»Im Mittelpunkt steht der Mensch« war und ist eine der Losungen der Gewerkschaftsbewegung, in der Natur lediglich als grenzenlos ausbeutbares Reservoir vorkommt. Der Mensch wurde nicht als gleichberechtigter Teil eines universellen Systems gesehen, das nach sehr viel komplexeren Gesetzen als denen der Industrialisierung, und über unendlich längere Zeiträume, Wertschöpfung schafft. Hier liegt einer der Gründe, warum die Ökologiebewegung bis jüngst den Gewerkschaften suspekter war als jeder Unternehmer.

Daß Europa nicht mit ideellen Werten jahrtausendealten Kulturen in Asien, Afrika und Lateinamerika begegnete, sondern daß es mit Produkten materieller Arbeit, mit Waffentechnik, mit Eisenbahnen und Maschinen die anderen Kontinente unterjochen konnte, ist die Voraussetzung dafür, daß mehr denn je der Faktor Arbeit unser Verhältnis zu den Ländern des Südens bestimmt, nicht der Austausch von Ideen und Kultur.

2. Neue Arbeitsteilung

Das alte System der Internationalen Arbeitsteilung wurde von seinen Erfindern in dem Maße verändert, wie sich bei den Lohnabhängigen in den Industriegesellschaften das Verständnis von Arbeit emanzipierte: mehr Rechte, mehr Freizeit, mehr Lohn und mehr Aufklärung über gesundheitliche Risiken – als Reaktion wurden ganze Industriezweige verlagert in sogenannte Export- und Freihandelszonen.

Protektionistische Aufkleber, wie sie in England zu Hauf zu sehen sind – »buy British« –, oder die rassistische Polemik, die den anderen ganz offensichtlich das Recht auf Arbeit abspricht – »Die 35-Stunden-Woche sichert Arbeitsplätze in Fernost« –, treffen die Wahrheit ja nur halb und sind verlogen. Der Großteil jener Arbeit nämlich, die in die Dritte Welt verlegt wurde, bewirkt abgrundtiefe Stumpfsinnigkeit, unmenschliche Gleichförmigkeit und gesundheitliche Schäden, die kein Europäer mehr bereit wäre, zu akzeptieren. Die Frauen in den Freihandelszonen, die jährlich Zigtausende von Chips und Elektronikteilen verarbeiten, müssen nach wenigen Jahren ausgetauscht werden, weil ihre Konzentrationskraft, ihre Gelenke, ihr Augenlicht verbraucht sind. Und nur die Billiglohnbedingungen ermöglichen, daß Arbeiter und Angestellte die Beerdigung der Oma mit dem Camcorder dokumentieren, den Zweitfernseher im Wohnmobil, das Videospiel mit Joysticks im Kinderzimmer aufstellen können.

Fast ausschließlich werden die Arbeitskräfte für die neuen Industriezonen vom Lande rekrutiert, mit der Folge, daß der kleinbäuerliche Bereich zusammenbricht. Die Billigkräfte finden, wenn sie verschlissen sind, ihren Weg nicht zurück in die dörflichen Existenzen und verkommen als städtisches Subproletariat. Die Arbeit hat sie zu kulturellen Wracks demontiert, Schäden, die bislang in keiner Kostenrechnung vorkommen.

Schon aber wird auch die »Neue Arbeitsteilung« im Norden wieder neu gemischt: Ausgelagerte Industriezweige werden, weil unrentabel, rücktransferiert. Modernste, computergesteuerte Technologien sind inzwischen profitabler und effektiver als die fleißigen Hände auf Haiti oder in Malaysia. Nicht die Arbeitsplätze jedoch kommen zurück, sondern nur die Produktionsbereiche. Die Chip-Produktion von Siemens in Malaysia benötigt 700 Arbeiter, die Chip-Produktion in Regensburg 35. In Radolfzell fertigt eine vollautomatisierte Anlage mit weniger als zehn Facharbeitern an Unterwäsche, wofür in Macao oder Hongkong mehrere Hundert Arbeiterinnen benötigt würden.

Trotz hoher Investitionskosten überwiegen die Vorteile: gleichbleibende Qualität, kein ständiges Anlernen neuer Kräfte, keine Probleme mit fremden kulturellen Gewohnheiten, keine Angst vor sozialen und politischen Unruhen, und in wenigen Stunden läßt sich die gesamte Fertigungsanlage auf neue Designs, neue Materialien umprogrammieren. Was in vielen Exportzonen sich nun anbahnt, sind menschliche und industrielle Abraumhalden.

Gewiß: Ein Teil der neuen internationalen Arbeitsteilung wird auch weiterhin ausgelagert bleiben. Zum einen jene Produktionsbereiche, die aus ökologischen Gründen in Europa oder den USA zu viel Widerstand verursachen würden. Die Herstellung von Pestiziden oder Chemikalien, die bei uns verboten sind, in der Dritten Welt aber immer noch einen Markt finden oder die dort unter Bedingungen produziert werden, die hier jeden Staatsanwalt auf den Plan riefen. Jeans, in der Dritten Welt produziert, sind unter anderem so preisgünstig für uns, weil das hochgiftige »Indigo Blue« in Flüsse und Erde gekippt wird, statt kostenaufwendig wiederverwertet und recycelt. Ich erinnere auch an die Katastrophe im Werk des amerikanischen

Chemiemultis Union Carbide im indischen Bophal. Genau zehn Jahre ist dies her. Auf Entschädigungen warten die meisten Opfer noch heute, so wie die ehemaligen Zwangsarbeiter in deutschen Unternehmen. Welche Gewerkschaft hat sich je darum gekümmert?

Zum anderen werden jene Produktionsbereiche ausgelagert bleiben, vor allem im Automobilbau und der Elektronik, in Ländern wie Brasilien, Mexiko, Indonesien, Taiwan oder Korea, in denen eine einheimische Facharbeiterschaft so hoch qualifiziert wurde, daß sie mit komplexen Fertigungsanlagen, die europäischen und amerikanischen Standard produzieren, umgehen kann. Mit ihr läßt sich, zumindest so lange in diesen Ländern, mit ein wenig Hilfe von außen, demokratische Regime verhindert werden, Druck gegen nach Ansicht der Kapitaleigner überhöhte Forderungen zu Hause machen. Multinationale Konzerne verfügen inzwischen durch Satellitentechnik über Standleitungen zwischen den Zentralen und den Dependancen in der Dritten Welt. Weil global die Produktionsanlagen immer mehr genormt sind, lassen sie sich, etwa im Falle eines längeren Streiks in einem Land, in wenigen Stunden an anderer Stelle umprogrammieren.

Welche globalen Auswirkungen auf Arbeit transnationale Konzentrationen haben, zeigt sich besonders deutlich am Beispiel der Nahrungsproduktion: Mit dem Zusammenwachsen von EG-, EFTA- und den osteuropäischen Staaten entsteht ein Markt von 700 Millionen Menschen, dessen Kaufkraft für vorgefertigte Nahrung auf 800 Milliarden Mark geschätzt wird. Den werden sich lediglich vier Fast-food- und eine Handvoll Nahrungskonzerne, wie Unilever, Nestlé und Agnelli teilen. Sie bestimmen die Anbausorten und die Preise der Rohstoffe in der Dritten Welt, sie produzieren Saatgut, Pestizide, sie kontrollieren Gentechnologie, Verpackung, Transport und Verkauf und damit Arbeits-, Lebens- und letztlich sogar Kulturgewohnheiten über Kontinente hinweg.

Forschung, Planung, Marktstrategien spielen sich nur noch in wenigen Schaltzentralen ab, nach darwinistischen Gesetzen, wie ein PR-Berater in faszinierender Offenheit im Fachblatt »Blick durch die Wirtschaft« zugibt: »Die rasant anwachsenden Größenordnungen der Unternehmen ... brachten es mit sich, daß in den überdimensionierten Verwaltungsorganisationen ... ein Konkurrenzdenken entwickelt wurde, das sich mehr und mehr auf paramilitärische Prinzipien stützt ... Das Wirtschaftsgeschehen und seine Systeme mußten sich, um überlebensfähig zu bleiben, von allen menschlichen Werten und Bindungen lösen. Wirtschaft heutigen Ausmaßes ist nur noch aktionsfähig, wenn sie dem Gesetz des Dschungels gehorcht: Der

Stärkere frißt den Schwächeren. Das heißt, humane Gesichtspunkte sind nicht mehr gefragt und jedwede Ethik ist für die Wirtschaft nur hinderlich.«

Solche Arbeit läßt sich auf Dauer nur durch Verdrängung ertragen. Ein Teil von Arbeit produziert jene Konsumprodukte, in denen Zweifel oder Skrupel über das Wesen der Arbeit erstickt werden. Die Fremdbestimmung wird kompensiert durch ein Selbstwertgefühl über einen Konsumstandard, den sich der Nachbar hoffentlich nicht leisten kann.

Die sozialistische Vorstellung, der Mensch könne sich über die Arbeit befreien, weil er durch sie sich und seine Umgebung selbstbestimmt gestalten könne, ist gerade von jenen ad absurdum geführt worden, die die zentralisierte Zerstörung von Natur und menschlicher Phantasie zynisch als Sozialismus bezeichneten. Nun, da die Betrogenen scharenweise ihre Freiheit im Kapitalismus wähnen, und sinnigerweise fast zeitgleich zum »Tag der Arbeit«, stellte der Papst 1991 in der Enzyklika »Centesimus annus« die Früchte kapitalistischer Arbeit in verblüffender Schärfe an den kirchlichen Pranger. Eine alle menschlichen Werte zerstörende Konsumgesellschaft sei der Lohn für die Arbeit. Eine neue Solidarität forderten katholische Bischöfe in einer ersten Antwort. Diese wird, sollte sie ernst gemeint sein, über unsere eigenen Produktionsstätten hinausgehen müssen.

Nach Berechnungen der Internationalen Arbeitsorganisation, ILO, müssen bis zum Jahre 2000 in der Dritten Welt 1,2 Milliarden Arbeitsplätze geschaffen werden, um wenigstens die schlimmsten Unruhen zu verhindern. (Andere Schätzungen, etwa des World Watch Institutes, liegen noch höher).

Werden wir, statt Arbeitsplätze nur mit stumpfsinniger Massenfertigung und in immer neuen ökologischen Einöden von Nahrungskonzernen zu schaffen, werden wir den Menschen im Süden erlauben, wieder in Würde für die eigenen Bedürfnisse zu arbeiten? Werden wir ihnen jene Technologien abgeben, die es ihnen ermöglichen werden, in angepaßter Form, arbeits-, statt kapitalintensiv, und dezentral, um möglichst viele zu erreichen, das selbst zu produzieren, was sie bislang zu den von uns bestimmten Bedingungen importieren mußten? Von der Malariatablette bis zum Stromkabel?

Im Hotel in der ugandischen Hauptstadt Kampala nehme ich das Handtuch vom Haken. Auf dem Label steht »Made in Germany«. Schön für uns. Uganda ist einer der Hauptproduzenten von Baumwolle. Dreißig Jahre nach seiner Unabhängigkeit fehlt es an den technischen Möglichkeiten, diese selbst zu verarbeiten. Auf den Märkten kaufen sich die Armen – und das heißt das Gros der Bevölkerung – ihren in Europa verarbeiteten Rohstoff wieder zurück: Altkleider aus Deutschland. Von Kapitaleignern alleine können solche Mengen nicht stammen. Von wem dann?

Wenn unsere Solidarität sich nicht nur auf uns, sondern hoffentlich auch auf die kommenden Generationen und die Natur bezieht, wird der ökologische Umbau der Industriegesellschaften einen Großteil neuer, kreativer Arbeit erfordern – Landwirtschaft, Öffentlicher Verkehr, Stadtkultur, alternative Energien, Recycling – Bereiche, die auch für die Dritte Welt von Priorität sind. Bisher hat der Westen, mit entsprechender Zeitverzögerung, um den nötigen Abstand aufrecht zu erhalten, nur Negativ-Technologie als Entwicklungskopie weitergegeben – Atomkraft, Rüstung, Autoindustrie, Megastaudämme mit Siemenstechnologie, aus deren Strom in den neuen Industriezentren unser Freizeitschnickschnack für die 30-Stunden-Woche hergestellt wird, chemieabhängigen Landbau oder halbautomatisierte Brotfabriken für asiatische Großstädte. Made in Germany.

3. Perspektiven

Werden wir bereit sein, der Dritten Welt, ohne Profitabsichten und ohne Zeitverzögerung, die technischen Alternativen abzugeben? Weil sich die Menschheit eine Wiederholung unserer fragwürdigen Arbeitsergebnisse nicht leisten kann.

Sollten nun die korrupten Eliten des Südens mit ihrem westlichen Modernisierungswahn, der bedürfnisorientierte Arbeit für die Mehrheit der Menschen verhinderte oder gar zerstörte –, sollten sie nun von ihren eigenen Völkern hinweggefegt werden, wird eine kritische, bislang unterdrückte Opposition das Ende der internationalen Arbeitsteilung fordern. Ein Beispiel: Die ECA, die Ökonomische Kommission für Afrika, hat eine »Afrikanische Alternative« entworfen, deren Ziel es ist, einen Kontinent zu transformieren von einem abhängigen, ausgebluteten Rohstofflieferanten zu einer binnenmarkt-orientierten Regionalmacht, die endlich beginnt, sich auf die eigenen Ressourcen zu besinnen, statt mit jeder importierten Schraube uns noch reicher zu machen. Falls nicht neue Kolonialkreuzzüge geplant sind, sollten die Industriegesellschaften sich besser rasch darauf einrichten, daß die Zeiten der Exportbooms, der Vollbeschäftigung und des grenzenlosen Wachstums vorbei sind, weil wir, in Solidarität mit der Zweidrittelwelt, Arbeit und Ressourcen werden teilen müssen. Entsprechend einer so simplen wie moralischen Arithmetik: Der kleinste Teil für uns.

Das gäbe den Menschen im Westen eine letzte Chance, weniger zu arbeiten, weniger zu produzieren, damit weniger zu zerstören und alle freiwerdende Arbeit, Zeit und Ressourcen auf den Wiederaufbau einer Republik zu verwenden. Republik, das Gemeinwesen, als Res publica, als öffentliche Sache aller.

Nicht nur wie wir arbeiten, wo und an was, wird in nicht-öffentlichen Managementzentralen entschieden. Auch was wir essen, wie wir wohnen, wie wir uns erholen, worüber wir uns amüsieren sollen. Fast alles ist fast allen der Mit- oder gar der Selbstbestimmung entzogen. Den Blick nach hinten, auf die Spuren, die unsere Arbeit hinterläßt, verbaut der eigene Heckspoiler, den Blick nach vorne der des Vordermannes.

Es ist Zeit, daß in den Gewerkschaften nicht nur über Lohnausgleich, Arbeitsplätze oder Verringerung der Arbeitszeit nachgedacht wird, sondern über einen neuen Kulturbegriff, ohne den weniger Arbeit für alle, gerechtere internationale Arbeitsteilung und sozial- und umweltverträgliche Arbeit nicht möglich sein wird.

Arbeit in den westlichen Entwicklungsmodellen hat so katastrophale ökologische, soziale und kulturelle Verheerungen angerichtet, daß es für die Menschheit das Beste wäre, wir im Norden würden unsere reproduktive Arbeit auf die Hälfte reduzieren und die freiwerdende Zeit darauf verwenden, uns auf die Suche nach uns selbst, auf die Suche nach einer Sinnfrage zu begeben, und später einmal auf die Suche nach Menschen und Kulturen in der Dritten Welt und nicht nach Arbeitskräften und nach Abnehmern unserer Produkte.

Peter Glotz, SPD-MdB
(Sprecher der Arbeitsgruppe Bildung und Technologie der SPD-Bundestagsfraktion, Chefredakteur der Zeitschrift »Die Neue Gesellschaft/Frankfurter Hefte«)

Sieben ungehobelte Thesen zur beunruhigenden »Lage der Nation«

1. Vollbeschäftigung

Das Wichtigste wäre, dem Unausweichlichen nicht mehr durch kraftvoll mutige Rhetorik auszuweichen. Die Frage zum Beispiel, wie man das Ziel der Vollbeschäftigung »neu definieren« oder wie man »Wege dahin neu eröffnen« könne, wäre mit dem offenen Zugeständnis zu beantworten, daß es in den großen Industriegesellschaften des Westens in der absehbaren Zeit »Vollbeschäftigung« im alten Sinn nicht mehr geben wird – und zwar nicht, weil (zum Beispiel) die sozialdemokratischen Parteien »abzudanken drohen«, sondern weil die Globalisierung der Wirtschaft und der Kasinokapitalismus ökonomisches Handeln im Schnittmuster der Nationalstaaten immer häufiger zum »inhaltslosen Gestikulieren« (Claus Koch) machen. Es ist nicht sichtbar, wie der Weg in die Zweidrittelgesellschaft, in der das untere Drittel (mit einem festen Kern von Dauerarbeitslosen) aus »Randbelegschaften« und prekären selbständigen Existenzen (»Unternehmer in eigener Sache«) bestehen wird, aufzuhalten wäre. Für William Bridges zum Beispiel (Job-Shift) ist der Kampf um den Erhalt fester Arbeitsplätze »so sinnlos wie ein Kampf um Deckstühle auf der Titanic nach der Kollision mit dem Eisberg«. Aus dieser Analyse müssen Konsequenzen gezogen werden. Es geht darum, den Sozialstaat so umzubauen – und die Betroffenen so vorzubereiten –, daß eine unakzeptabel niedrige Grundsicherung und unzureichende Rentenanwartschaften vermieden werden können, was tiefgehende und schmerzhafte Reform-Schritte und -Schnitte notwendig macht. Auch muß die »Subjektivierung« des Arbeitsprozesses, also die Abnahme firmenabhängiger Arbeit, auf- und angenommen werden; neben verelendeter Selbständigkeit wird es in der Informationsgesellschaft auch zukunftsträchtige und hochprofitable »Mikrounternehmer« geben.

2. Informationsgesellschaft

Die Wandlung der Industrie- zur Informationsgesellschaft, ein tiefgreifenderer und vor allem schnellerer Prozeß als die Wende der Gründerzeit um 1870, muß sozial und kulturell begleitet werden; die Idee allerdings, man könne sie verhindern, darf gar nicht erst aufkommen – nicht wieder eine »Chip-Chip-Hurra«-Kampagne wie gegen die Mikroelektronik. Es geht um intelligente Tarifverträge über Telearbeit, die Durchsetzung einer Informationsgrundversorgung und eines für alle erschwinglichen »Universaldienstes«, um Datensicherung und Datenschutz, die Garantie von Urheberrechten und die Förderung gemeinnütziger Alternativen zu privaten Netzen. Nötig ist eine rasch konzipierte, entschlossene und kompromißfähige Kommunikationspolitik, die Regulierungen und Deregulierungen gleichzeitig ins Auge faßt. Wer die telematische Gesellschaft verschläft, wird über kurz oder lang plattgedrückt wie eine Flunder.

3. Gründerzeit

Wie kann nachhaltiges Wachstum gefördert werden können, das zu ökologischer Modernisierung und qualitativer Wettbewerbsfähigkeit umsteuert? Durch den Perspektivenwechsel von der Verteilung auf die Produktion und von der Stabilisierung »alter« auf die Begründung neuer Unternehmen (in »schnellen« Branchen). In den USA sind in den letzten zwei Jahrzehnten zwei Dutzend neuer weltweit operierender Unternehmen entstanden: Microsoft, DEC, Apple, SLI Logic, Sun, Silicon Graphics usf. In Deutschland sind die Nachkriegsgründungen (zum Beispiel Grundig und Nixdorf) in Großkonzernen aus der ersten Gründerzeit nach 1870 aufgegangen. Nötig ist eine systematische Gründungspolitik. Die Schlüsselworte sind Venture Capital, technikorientierte Börse, Steuererleichterungen für neue Unternehmen, Renovierung des Konkursrechts, Bankenreform usf. Ein »systemischer« Prozeß muß angestoßen werden.

4. Ordnungspolitik

In der deutschen Wahnidee, Industrie- und Strukturpolitik als Feind aller wirtschaftlichen Ordnungspolitik anzusehen, liegt der Grund für vielfältiges

Versagen. Wer soll Investitionen leisten, die für private Investoren zu hoch und zu langfristig sind, wenn nicht der Staat? Wer soll zwischen Unternehmen, Gewerkschaften und der Wissenschaft vermitteln und deutsche Interessen gegenüber anderen Ländern vertreten, wenn nicht der Staat? Wer garantiert einen systematischen Dialog über langfristige Perspektiven von Forschung und Entwicklung, wenn nicht der Staat?

Alle Industriegesellschaften haben ihren Wohlstand auf Kosten der knappen Ressourcen der Umwelt entwickelt. Den Wohlstand zu erhalten, ihn aber umweltverträglich zu gestalten – Schadstoffimmissionen und Müll zu vermeiden, die Natur zu schützen und zu regenerieren und durch Stoffkreisläufe sparsam mit Rohstoffen umzugehen –, ist eine technische und wissenschaftliche Herausforderung ersten Ranges. Diese Aufgabe fordert erhebliche Forschungs- und Entwicklungsanstrengungen, die Umstrukturierung ganzer Branchen und eben den Mut, technologiepolitische Visionen zu entwickeln, zur Diskussion zu stellen und an ihrer Umsetzung zu arbeiten.

5. Qualifikationen

In Zukunft werden mehr und breitere Qualifikationen für möglichst viele Menschen erforderlich. Aufgrund der zu erwartenden weiteren Abnahme der Zahl der Arbeitsplätze mit einfachen Tätigkeitsanforderungen und der Zahl anspruchsvollerer Arbeitsplätze werden sich die Probleme der Jugendlichen und der Erwachsenen ohne Berufsausbildung verschärfen, wenn es nicht gelingt, ihnen durch gezielte Förderung zweite und dritte Chancen einzuräumen. Das bedeutet, daß die Bedeutung der Weiterbildung gegenüber der Erstausbildung steigt.

Die weiterführenden Bildungswege werden aufgrund sinkender Jahrgangsstärken künftig stärker miteinander in Wettbewerb treten. Zugleich muß die Wirksamkeit des Mitteleinsatzes erhöht werden, ohne daß der pädagogische Auftrag gefährdet wird. Die Bildungs- und Wissenschaftseinrichtungen müssen mehr Autonomie und mehr Mitwirkungs- und Mitbestimmungsmöglichkeiten für alle Lehrenden und Lernenden erhalten. Zugleich müssen die Sozialpartner am ständigen Prozeß der Modernisierung der Ausbildungs- und Studieninhalte beteiligt werden. Die gestiegenen Ansprüche der Jugendlichen und veränderte betriebliche Anforderungen machen es notwendig, der beruflichen Bildung einen erweiterten

Qualifikationsbegriff zugrunde zu legen, in dem Selbständigkeit und Kommunikationsfähigkeit (unter Einschluß von Fremdsprachenkenntnissen und der Fähigkeit zum Umgang mit neuen Medien) stärker berücksichtigt werden.

6. Sozialstaat

Die europäische Figur des Sozialstaats ist der einzige Schutz gegen gewaltsame Eruptionen im unteren Drittel der Gesellschaft. Der Sozialstaat ist aber infarktgefährdet. Gesundheitswesen, Universitäten, Sozialversicherungen und andere soziale Systeme werden unfinanzierbar, wenn die Transfers nicht auf die eigentlich Bedürftigen aus dem »unteren« Drittel der Gesellschaft konzentriert werden; die aufgestiegenen Mehrheitsmittelschichten müssen in erheblichem Maße selbst vorsorgen. Das verlangt eine neue Definition des zu Tode gerittenen Begriffs der »Solidarität«. Als Beispiel: Daß der Postbote und die Kontoristin über ihre Steuern den Kindern eines Studienratsehepaars auch in aller Zukunft ein vollständig kostenloses Universitätsstudium finanzieren können, dürfte ausgeschlossen sein, es sei denn, man verbilligt (und entwertet) das Studium bis zur Unkenntlichkeit. Die Linke darf vom Umbau des Sozialstaats nicht nur reden, sie muß ihn organisieren, und zwar schnell.

7. Herausforderungen

Für die Gewerkschaften bringt dieser Prozeß geradezu revolutionäre Herausforderungen, weil ihre klassischen Projektionsflächen, Nationalstaat und Betrieb, immer stärker durchlöchert werden. Läßt sich ein Streik der Automobilarbeiter gleichzeitig in Deutschland, Spanien, Italien und Schweden organisieren? Kann man Vertrauensleute-Versammlungen auf dem Internet veranstalten? Mit welchen Themen und Dienstleistungen sind die divergierenden Arbeitsplatzinteressen von Marketing-Leuten und Lackierern, Softwareschreibern und Verwaltungsangestellten zu überbrücken? Notwendig sind Europäisierung, Informatisierung und Politisierung, ein Wandel der Mentalitäten und eine neue Respektlosigkeit gegenüber heiligen Traditionen.

Alfred Grosser
(Politikwissenschaftler; em. Prof. am Institut für Politische Wissenschaften, Paris)

»Was ich denke«*

In friedlichen Demokratien ist der Kampf um eine ausschließliche oder wenigstens hauptsächliche Repräsentation ein Wesenselement der Politik. »Lieber Kollege«, sagt die IG Metall zu ihren Mitgliedern, »ich vertrete dich und spreche in deinem Namen, weil du ja Metallarbeiter bist, mehr als junger Mensch, mehr als Bayer, mehr als Rockmusikbegeisterter.« Constantin von Heereman sagt das seit einem Vierteljahrhundert den Mitgliedern des Deutschen Bauernverbands. In Frankreich ist das nicht anders und hat dieselbe Konsequenz. Der arme Bauer wird wie der reiche dazu gebracht, sich prioritär als Bauer zu identifizieren, das heißt, daß sich der Reiche hinter dem Armen verbergen kann. Resultat: Die europäischen Subventionen haben den großen Landbesitzern viel mehr Vorteile gebracht als den kleinen. In Frankreich habe ich oft gesagt: »Als Universitätsprofessor bin ich relativ gut bezahlt, führe ein ruhiges Leben, darf an meiner Lehr- und Forschungsarbeit Freude haben. Was hat der Hilfslehrer mit mir gemein, der in einer Klasse unterrichtet, von der zwei Drittel die französische Sprache nicht beherrschen und in der er von Zeit zu Zeit mit dem Messer bedroht wird, wobei er noch nicht einmal weiß, ob er nicht im nächsten Schuljahr in eine andere Schule versetzt wird und umziehen muß?« Und doch sagen die Gewerkschaften ›Nous, les enseignants‹ – ›wir, die Lehrenden‹, was meine privilegierte Situation verbirgt.

Ich habe viel Verständnis für die Repräsentanten, die zur Vereinfachung der Identität aufrufen, wenn es darum geht, Unterdrückten, Entrechteten gleiche Rechte zu verschaffen. Die Arbeiterbewegung des 19. Jahrhunderts durfte den Arbeitern sagen, sie sollten sich als Arbeiter identifizieren und nicht als Engländer, Franzosen oder Deutsche, denn sie mußten in den verschiedenen Ländern für wenig Lohn furchtbar lange hart und gesund-

* Mit freundlicher Genehmigung des Autors aus: Alfred Grosser, Was ich denke; München, Goldmann Verlag 1995.

heitszerstörend arbeiten. Die Frauenbewegung im 20. Jahrhundert hatte gute Gründe, den bürgerlichen und den proletarischen Frauen zu sagen, sie sollten sich prioritär als Frauen identifizieren, denn sie wurden als Frauen, wenn auch auf verschiedene Art, als Unmündige, als Untergeordnete betrachtet und behandelt. Der polnische Nationalismus war als Aufruf zur Identifizierung berechtigter als der französische und der deutsche, denn die Polen waren als Polen von Rußland und von Preußen verneint und unterworfen worden. Aber heute ist der ständige Anspruch einer Reihe von gesellschaftlichen Organisationen, im Namen ihrer Mitglieder – mehr noch, im Namen aller, die in ihren Augen »dazugehören« – zu sprechen, allzuoft unerträglich. Sei es nur, weil so viele Menschen gar nicht merken, zu welchen Widersprüchen zu sich selbst sie somit verleitet werden.

Das soll nicht heißen, daß man jeglicher identifizierenden Zugehörigkeit entgehen könnte. Dies haben viele im 18. Jahrhundert geglaubt, als der Mensch nicht mehr als Untertan, sondern als freies Individuum betrachtet wurde. Die Französische Revolution hat, durch das berühmte Gesetz Le Chapelier, 1793 nicht nur die Stände und Korporationen abgeschafft, sondern die Schaffung von neuen Verbänden verboten. Es sollte nur freie Einzelmenschen geben. Als würden sich der Fabrikbesitzer und der Tagelöhner als ebenbürtige Individuen gegenüberstehen, um mit gleicher Macht den Tageslohn auszuhandeln! Das ferne Ergebnis dieses Gesetzes war, daß erst 1884, beinahe ein Jahrhundert später, ein anderes französisches Gesetz die Gründung von Gewerkschaften zuließ.

Diese oder jene empfundene Identität verleiht ein Gefühl der Überlegenheit anderen Menschen gegenüber. Zum Beispiel als Franzose: »Unsere Ziele, weil sie französisch sind, liegen im Interesse aller Menschen«, sagte General de Gaulle in seiner Neujahrsansprache 1967. Der Satz entsprach dem alten: »Am deutschen Wesen soll die Welt genesen.« Zum Beispiel als Christ. Am 8. Februar 1946 verlas man in den bayerischen Kirchen einen Fastenhirtenbrief von Kardinal Faulhaber mit dem Titel »Walten der göttlichen Liebe«. Darin hieß es: »Der grausame Abtransport (der Juden) war, ohne jede Vorprüfung persönlicher Schuld, einzig aufgrund des Rassegedankens erfolgt, hatte also auch christliche ›Nichtarier‹ betroffen, die doch durch die Taufe eine ›neue Kreatur in Christus‹ geworden waren.« Nicht der Antisemitismus kommt hier zum Ausdruck, sondern die Überzeugung, daß Christen doch besser, doch wertvoller seien als Nichtchristen.

Wie entsteht, woher kommt das Gefühl der Zugehörigkeit, die Überzeugung einer Identität? Weitgehend natürlich aus einer objektiven Gemeinsamkeit: Man wird zusammen regiert oder verwaltet, im Staat, in der Gemeinde, im Betrieb. Aber es gibt andere, dickere, tiefer reichende Wurzeln. Voltaire hat in seinem Dictionnaire philosophique unter »identité« geschrieben: »Es ist nur das Gedächtnis, die Erinnerung, das die Identität ihrer Person begründet und festlegt.« Was ist nun dieses Gedächtnis? Hier werden in der geisteswissenschaftlichen und in der öffentlichen Diskussion zwei sehr verschiedene Dinge verwechselt: die persönliche Erinnerung und die, vor allem in Frankreich ständig beschworene »mémoire collective«, das »kollektive Gedächtnis«. Ersteres gibt es, obwohl es nicht notwendigerweise einen authentischen Inhalt hat, obwohl es voller Irrtümer und Selbsttäuschungen sein mag. Letzteres gibt es nicht oder sollte wenigstens einen anderen Namen tragen, unter einer anderen Bezeichnung umstritten werden.

Das Wort Politik hat einen schlechten Ruf. »Die Politik« wird vielfach verachtet. »Die Politiker« noch mehr. Es gibt eine »Parteienverdrossenheit«, die oft zu einer Politikverdrossenheit führt. Nicht nur in Deutschland. In Frankreich auch. In Italien noch mehr. Vielleicht sind aber doch die deutschen Wurzeln dicker und tiefer: das Unpolitische als etwas Positives; die Politik als Zersetzung der schönen Eintracht, der Glaube an den Staatsmann, der glücklicherweise jenseits der Politik, oberhalb der Politik handelt. Weil es seine Berufung ist, zu regieren, während die Regierten die wackere, unpolitische Ausübung ihres Berufs zur Berufung haben. Dazu ist nun seit bald einem halben Jahrhundert die Überzeugung gekommen, der Wohlstand aller sei das Produkt der Wirtschaft, die in ihrem Erfolg durch die Politik beeinträchtigt wird, weil sie sich nur in der Freiheit – gemeint ist die Freiheit von der Politik – entfalten kann.

Und doch entspricht ziemlich genau das Gegenteil der Wirklichkeit, der Wahrheit. Zunächst weil die Politik das Edelste, das Höchste darstellt, das es in einer organisierten Gesellschaft gibt: Sie ist die Summe der Ziele und der Mittel, die sich diese Gesellschaft als Gemeinschaft gibt, um zu versuchen, ihre Gegenwart friedlich zu gestalten und vor allem ihre Zukunft zu meistern. So frei will eigentlich niemand die Wirtschaft haben, daß er keine Regierung will, keine Gesetze will, keine Orientierungen will, die die Wirtschaft beeinflussen, um sie gesellschaftlichen Zielen wenigstens teilweise unterzuordnen.

Gregor Gysi, PDS-MdB
(Vorsitzender der Abgeordnetengruppe der PDS im Deutschen Bundestag)

Das Solidarprinzip erneuern, um die Beschäftigungskrise zu überwinden

In der gegenwärtigen Diskussion über die Umbrüche unserer Produktions- und Lebensweise gibt es eine fast alle politischen Lager umfassende Übereinstimmung: Der alte Wohlfahrtsstaat, oder wie immer wir diese soziale Formation nennen wollen, gehört der Vergangenheit an. Dahrendorf sprach früh schon vom Ende des sozialdemokratischen Zeitalters, andere wie Fukuyama glauben gar am Ende der Geschichte angekommen zu sein, und auch die Linke hat sich mit dem Postfordismus eine Vokabel zugelegt, die mehr signalisiert, als nur das Ende einer bestimmten Betriebsweise. Soviel Ende war noch nie, hieß es nach dem Schock von 1989. Es ging und geht um nicht weniger als die Frage, ob das soziale Miteinander einer Gesellschaft durch Vernunft und universelle Werte oder im wesentlichen nur durch den Markt regulierbar ist.

Bislang sieht es so aus, als hätten die Neokonservativen einen historischen Sieg errungen und der Versuch, das soziale Miteinander einer Gesellschaft über politische Vernunft und universelle Werte zu regulieren, sei dem Weg der Marktkoordination unterlegen. Das ist kein neuer Weg, aber ein scheinbar plausibler, weil er mit den Fehlern gescheiterter Wege begründet wird. Und das macht die Sache kompliziert. Es ist immer ein Stück Wahrheit daran, wenn von der Überlastung des Sozialstaates geredet, die Schwerfälligkeit staatlicher Bürokratien beklagt, die Privatinitiative gelobt oder die Unmöglichkeit begründet wird, auf Dauer Millionen Menschen mit staatlichen Transferzahlungen zu alimentieren. Die Linke tut sich schwer in dieser Debatte. Nicht zuletzt deshalb, weil ihre Alternativen diese vordergründige Plausibilität vermissen lassen und das Scheitern so vieler politischer Entwürfe zugleich auch den Glauben an die politische Gestaltung von Gesellschaft erschüttert hat. Auch daran ist etwas Wahres. Die großen Gesellschaftsentwürfe, und beileibe nicht nur die sozialistischen, haben sich allesamt vor der Realität blamiert.

Für uns als demokratische Sozialistinnen und Sozialisten heißt dies nicht, auf gesellschaftliche Visionen oder Entwürfe zu verzichten, sondern zu verzichten ist auf Gesellschaftsmodelle, die nach der Logik eines halben Dutzend Prinzipien zu entwickeln sind. Aber auch das ist kein neuer, bestenfalls ein erneuerter Gedanke, der unschwer schon beim alten Marx wiederzufinden ist. Wir denken, daß es heute darauf ankommt, Regulierungsmechanismen zu entwerfen, mit denen die soziale Spaltung überwunden, die Integrationskraft der Gesellschaft wieder hergestellt und eine Lebensweise durchgesetzt werden kann, die ökologisch verträglich ist, aber nicht auf die humanistischen und emanzipatorischen Ziele der sozialistischen Bewegungen verzichtet.

1. Mit dem Markt ist kein sozialer Friede zu machen

So irrig die Annahme ist, daß eine auf Arbeitsteilung beruhende Gesellschaft ohne Markt auskommen könnte, so gefährlich ist die Vorstellung, daß das soziale Gefüge einer Gesellschaft dem Markt überlassen werden dürfte. Der Markt versteht nur die Sprache des Geldes, und sein Zeithorizont ist viel zu eng, um ihm die Regulierung von Gütern oder Ressourcen zu überlassen, die keinen bezifferbaren Geldwert haben und deren Umschlagsgeschwindigkeit nicht nach Jahren, sondern nach Jahrzehnten und länger rechnet.

Seit es kapitalistische Märkte für Waren und Arbeitskräfte gibt, mußten Institutionen erdacht werden, die die Marktkoordination ergänzten und korrigierten. Auch der Sozialstaat ist kein bloßes Zugeständnis an die Arbeiterbewegung gewesen, sondern ein mit gänzlich entgegengesetzten Motiven in die Welt gesetztes Projekt. Die Bismarcksche Sozialgesetzgebung, mit der hierzulande die Entwicklung des Sozialstaates begann, hatte genau dieses Janusgesicht. Sie kam der Sozialdemokratie entgegen, versuchte ihr gleichzeitig das Wasser abzugraben und war letztlich der große Wurf, mit dem das Kapital gezwungen wurde, etwas zu tun, was seiner Entwicklung nutzte, obwohl es seiner eigenen Logik widersprach. Ich halte es für außerordentlich bedeutsam, sich die bewegenden Kräfte, Prinzipien und Motive anzuschauen, die diesen Entwurf hervorgebracht haben. Nicht, weil er wiederholbar wäre. Nichts in der Geschichte ist wirklich wiederholbar, aber so lange Arbeit Kapital und Kapital wieder neues Kapital produziert, gibt es für diesen Vorgang bestimmte negative und auch positive Entwicklungsmöglichkeiten, die sich nicht in ihrer Form, aber in ihren Ergebnissen gleichen. Das gilt für das Entstehen von Arbeitslosigkeit, Armut und Krieg nicht weniger als für ihre Vermeidung. Entscheidend ist nur, daß das eine fast notwendig entsteht, wenn die Geschicke einer Gesellschaft allein dem Markt überlassen werden, während die positiven Entwicklungen das Ergebnis intelligenter Politik sind. Nach fast zwei Jahrzehnten neokonservativer Markteuphorie, scheint an dieser Intelligenz ein besonders hoher Bedarf.

2. Woran der Sozialstaat scheitern mußte

Gerade weil das Scheitern des Sozialstaates in aller Munde ist, lohnt die Frage, was da eigentlich scheiterte. Dabei wird häufig übersehen, daß gerade die Ausprägung des sozialen Kompromisses in Deutschland weniger mit dem Begriff des sozialen Staates als mit dem Solidarprinzip verknüpft war und ist. Das soll bedeuten, daß sich sowohl die Betroffenen untereinander, also die Versichertengemeinschaft, als auch die verschiedenen gesellschaftlichen Gruppen zueinander solidarisch verhalten, was in erster Linie ein solidarisches Verhalten der Käufer von Arbeitskraft gegenüber den abhängig Beschäftigten einschließen sollte.

Bekanntlich bestand der Bismarcksche Sozialkompromiß nicht darin, dem Staat soziale Aufgaben zu übertragen, sondern die Arbeitgeber zur Mitfinanzierung der von den Arbeitern bereits geschaffenen Unterstützungskassen heranzuziehen. Das Kapital sollte eine Art Risikoprämie dafür leisten, daß es das gesellschaftliche Arbeitsvermögen nutzte und verbrauchte. Ich halte es für besonders wichtig, gerade diesen Gedanken neu aufzugreifen, weil die Sozialversicherungsträger nicht nur eine soziale, sondern auch eine demokratische Errungenschaft sind. Hier entstand aus der Idee der solidarischen Selbsthilfe eine Institution, die eben nicht staatlich und auch nicht privat ist, sondern öffentlichen Charakter besitzt und fast wirtschaftsdemokratische Züge trägt. Erst später, genaugenommen nach Verabschiedung des Grundgesetzes, ist dieser Kerngedanke mit staatlichen Leistungsgesetzen umhüllt worden. Aber nach wie vor bleibt das auf Beitragszahlung gegründete Solidarprinzip und die Bildung selbstverwalteter Sozialfonds der Kern des für unsere Entwicklung typischen sozialen Kompromisses.

Es müßte also nicht nur überlegt werden, wie der Sozialstaat oder der soziale Kompromiß der Zukunft aussehen könnte, sondern auch, wie das Solidarprinzip neu zu fassen ist. Dabei ist in Rechnung zu stellen, daß es eine Reihe objektiver Probleme gibt, die den Gegnern einer solidarischen

Gesellschaft scheinbar plausible Gründe liefern, die sozialen Sicherungssysteme zu demontieren und ihre Funktion dem Markt zu überlassen. Der augenscheinlichste Grund ist die finanzielle Überlastung der Sozialsysteme, die von den Konservativen auf allerlei Fehlverhalten der Leistungsbezieher, wie etwa Sozialmißbrauch oder mangelnde Arbeitswilligkeit, zurückgeführt wird. Daß es sich dabei um widerlegbare Zweckargumente handelt, soll hier nicht zum wiederholten Male belegt werden, aber andererseits gibt es natürlich reale Probleme, die eine bloße Fortsetzung der historisch gewachsenen Institutionen ausschließen.

Erstens sind die sozialen Sicherungssysteme auf ein Arbeitsleben zugeschneidert worden, dessen Risiken hauptsächlich durch den Wechsel der Konjunkturen oder durch Alter verursacht wurden. Beiträge und Leistungen bezogen sich also auf eine über Jahrzehnte stabile und obendrein männliche Erwerbsbiographie. Heute bestehen die sozialen Probleme unabhängig von den Konjunkturverläufen, und die frühere Normalarbeitsbiographie wird immer mehr zur Ausnahme.

Zweitens entsprach der Versicherungsgedanke zu Bismarcks Zeiten durchaus der Realität. Denn durch Sozialbeiträge auf die Lohnsumme wurde das Kapital proportional zum Umfang seiner Verursachung der Arbeitsrisiken belastet. Heute werden die Verursacher immer weniger belastet, weil die größten Arbeitsplatzvernichter mit sinkenden Sozialbeiträgen belohnt und die in ihrer Beschäftigung stabilen Bereiche mit höheren Lohnnebenkosten bestraft werden. Die Klage über zu hohe Lohnnebenkosten mag nicht unberechtigt sein, sie richtet sich aber an die falsche Adresse, nämlich an die Leistungsbezieher, statt sie an die großen Kapitale, insbesondere des Finanzmarktes, zu adressieren.

Drittens kommt die immer kleiner werdende Gruppe beitragszahlender Beschäftigter mit wachsenden Sozialabgaben für Leistungen auf, die den traditionellen Versicherungsauftrag sprengen und ordnungspolitischen Charakter tragen. Beispielhaft dafür ist die Arbeitsmarkt- und Strukturpolitik oder die Belastung der Versicherungssysteme mit den Kosten der deutschen Einheit.

Wenn heute also vom Scheitern des Sozialstaates oder vom Versagen des Solidarprinzips die Rede ist, dann nicht, weil das Prinzip versagt hat, sondern weil es nicht zusammen mit seinen Bedingungen weiterentwickelt wurde. Einer zunehmenden Ausweitung der sozialen Sicherungsfunktionen, die insbesondere mit der Übernahme neuer Gestaltungsaufgaben verbunden sind, steht eine abnehmende Haftung des großen Kapitals gegenüber, und die schrumpfende Gruppe der Beitragszahler deckt sich schon lange nicht mehr mit den Nutznießern der sozialen Sicherungssysteme.

3. Nicht Umbau, sondern Erneuerung

Der Begriff Umbau des Sozialstaates verbirgt nur schlecht, daß seine Verfechter mindestens eine Reduzierung des Leistungsangebots, in der Regel aber einen grundlegenden Paradigmenwechsel beabsichtigen. Nichts machte dies deutlicher als der sogenannte Pflegekompromiß, bei dem das Kapital erstmals seit Bismarck aus seiner paritätischen Haftung für die sozialen Risiken entlassen wurde. Diesem Einstieg in den Ausstieg aus dem Solidarprinzip folgen Monat für Monat neue Kampfansagen der Unternehmerverbände, die Herr Blüm pflichtgemäß zurückweist, während das Haus Seehofer stillschweigend an den Vollzug geht. Vorerst kommt dann nur die Hälfte davon heraus, was die Unternehmer aktuell fordern, und was dann geschieht, entspricht ziemlich genau dem, was sie vor einem Jahr gewollt haben. So erweist sich der sogenannte Umbau des Sozialstaates als ein antisoziales Modell mit vertauschten Rollen, in dem seine scheinbaren Verteidiger nicht mehr als eine Beschleunigung des Abbruchunternehmens erreichen.

Notwendig wäre wahrscheinlich nicht nur Widerstand, sondern ein neues Reformprojekt, das einerseits eine Antwort auf die realen Finanzierungsprobleme gibt, andererseits der veränderten Aufgabenstellung gerecht wird und auch noch in der Lage wäre, die gesellschaftlichen Ursachen der Aufgabenexplosion zu bekämpfen – also Massenarbeitslosigkeit und zunehmende Verarmung. Denn jede Erneuerung des Solidarprinzips, auch wenn sie zu gerechterer Lastenverteilung führen sollte, wird nur auf Zeit wirken, so lange nicht gleichzeitig die Quellen des sozialen Risiken eingedämmt werden. Konkret heißt das, daß insbesondere die Leistungen der Bundesanstalt für Arbeit in einem stärkeren Maße zur Beseitigung der Beschäftigungskrise herangezogen werden müssen. Jede Umbau- oder Erneuerungsdiskussion geht am Hauptproblem des sozialstaatlichen Scheiterns vorbei, wenn sie nicht die Beseitigung der Massenarbeitslosigkeit ins Zentrum ihrer Strategien stellt. Niemand hat das besser erfaßt als die Neokonservativen, bei denen jede Sparmaßnahme auf die Verwandlung der Dauerarbeitslosen und Armen in Arbeitsdienstleistende oder billige Dienstboten zielt und damit paradoxerweise in das Horn der Linken bläst, die seit Jahren betonen, daß es besser ist, Arbeit statt Arbeitslosigkeit zu bezahlen.

Es würde den hier gegebenen Rahmen sprengen, ein solches Reformprojekt zu entwickeln, aber es lassen sich Zielvorgaben machen.

Erstens müßte das Solidarprinzip, also die paritätische Beteiligung des Kapitals an den Risikokosten seiner Produktionsweise, den heutigen Bedingungen angepaßt werden. Zweitens geht es damit auch um eine Entlastung der Arbeitskosten. Drittens muß die Solidargemeinschaft der Versicherten auf alle natürlichen Erwerbspersonen ausgedehnt werden, damit insbesondere auch die Modernisierungsgewinner zu den Risikokosten herangezogen werden. Viertens aber müssen die Leistungen umgebaut werden, damit nicht nur Risikofolgen, sondern Risikobeseitigung bezahlt wird. Das gilt insbesondere für die Arbeitslosenversicherung, die immer mehr zu einem Instrument des Umbaus unseres gesamten Arbeitssystems werden sollte.

4. Rückkehr zum Verursacherprinzip ...

Es ist interessant, daß sich neuerdings auch konservative Kreise zur Bekämpfung ökologischer Risiken und der Vermeidung ökologischer Katastrophen für das Verursacherprinzip aussprechen. Es setzt sich der Gedanke durch, daß am ehesten diejenigen für den ökologischen Umbau zahlen sollen, die sich als größte Verursacher der ökologischen Probleme erweisen, was logischerweise einerseits finanzielle Ressourcen mobilisiert und andererseits die Sensibilität für die eigene Verursacherrolle erhöht. Ich halte es für nützlich, diesen Sinneswandel auch auf die Vermeidung sozialer Risiken und Katastrophen zu lenken und das soziale System auf die gleiche Weise wie das ökologische umzubauen. Die Flucht des produktiven Kapitals in internationale Finanzgeschäfte, die massenhafte Vernichtung von Arbeitsplätzen durch den Übergang zu einer neuen Betriebsweise der großen Industrie und nicht zuletzt die gewaltigen Gewinne, die aus der Staatsverschuldung entspringen und nicht nur ohne Solidarverpflichtung bleiben, sondern obendrein auch noch den Staat seiner sozialen Handlungsfreiheit berauben, sind zusammengenommen Bewegungsformen des Kapitals, die jede Menge sozialer Risiken verursachen, aber nicht nach dem Verursacherprinzip haften. Sie sind allesamt von der Gefährdungshaftung ausgenommen, weil das alte Verursacherprinzip ausschließlich nach der Lohnsumme geht.

Die logische Schlußfolgerung wäre, das Kapital nicht mehr nach der Lohnsumme, sondern nach Ertrag zu belasten, womit sich die Lohnnebenkosten erstens gerechter verteilen und zweitens die Produktionskosten nachhaltig entlastet würden. Gerade arbeitsintensive Sektoren könnten mit einer drastischen Reduzierung rechnen, weil die mit nur geringen Lohnsummen verbundenen Wertschöpfungsformen in den vergangenen 15 Jahren geradezu explodiert sind.

Eine solche Umwandlung wäre freilich aufkommensneutral und ließe die in den vergangenen beiden Jahrzehnten eingetretenen Umbrüche unberücksichtigt. Auf die gleiche Weise, wie bei der Begründung unserer sozialen Sicherungssysteme nicht von einer abstrakten Abgabengröße ausgegangen wurde, sondern von den realen Kosten, die durch Alter, Krankheit, Unfall und Arbeitslosigkeit entstehen, müßte auch heute vom erforderlichen Leistungsumfang ausgegangen werden, um die anteilige Belastung der Wertschöpfung des Kapitals zu errechnen. Das um so mehr, als die versicherungspflichtigen Beschäftigten, wie auch die lohnintensiven Sektoren, schon seit Jahren kostendeckend herangezogen werden.

5. ... und Erneuerung des Versicherungsgedankens

Bezogen auf die sozialen Risiken reduziert sich der Versicherungsgedanke bei den Neokonservativen ausschließlich auf den engen, individuellen Nutzen der Beitragszahlenden. Wer nicht im gleichen Maße an den Leistungen der sozialen Sicherungssysteme partizipiert, wie Beiträge entrichtet werden, wird aus der Solidarverpflichtung entlassen. Doch abgesehen davon, daß für die Versicherung sozialer Risiken ganz andere Nützlichkeitserwägungen eine Rolle spielen als etwa bei einer Lebensversicherung, so bezahlen selbst private Versicherungen aus den eingenommenen Beiträgen nicht nur Schadensregulierungen, sondern finanzieren auch vielfache Aktivitäten, um Schadensursachen zu beseitigen. Sie tun das aus der begründeten Einsicht, daß die Minderung der Risiken profitabel ist und letztlich der Versicherungsgesellschaft ebenso dient wie der Versichertengemeinschaft.

Warum soll sich dieses Denken nicht auf die soziale Gemeinschaft anwenden lassen? Profitiert nicht auch derjenige, der ein äußerst geringes Arbeitslosigkeitsrisiko hat, wie beispielsweise Beamte, von einer Gesellschaft, in der das gesellschaftliche Arbeitskräftepotential nutzbringend ausgeschöpft wird? Es gibt kein soziales Risiko, das in unserer hoch vernetzten Gesellschaft nicht auf die eine oder andere Weise alle in ihrer

Lebensqualität einschränkt. Deshalb sind Beiträge für die sozialen Sicherungssysteme immer auch eine Versicherung gegen die Gefahren einer sozial erodierenden Gesellschaft, deren Folgewirkungen letztlich alle betreffen.

Es käme darauf an, diesen Gedanken neu in den gesellschaftlichen Diskurs zu bringen und damit eine Ausweitung der Versicherungspflicht auf alle natürlichen Erwerbspersonen zu begründen, insbesondere für die Arbeitslosenversicherung. Denn was gerade die letztgenannte betrifft, so kommt ihr schon heute die Aufgabe zu, nicht nur die potentiellen Arbeitslosen für die Zeiten der Beschäftigungslosigkeit zu versichern, sondern den Arbeitsmarkt zu regulieren. Diese Regulierung dient schließlich nicht nur den Arbeitslosen, sondern auch den Steuerzahlern, die bekanntlich über Arbeitslosen- und Sozialhilfe mit den Kosten der Arbeitslosigkeit belastet werden. Eine Arbeitsmarktabgabe für alle Erwerbspersonen wäre deshalb nicht eine bloße Ausweitung der Beitragszahler, sondern erst sie würde alle zu Zahlenden machen, die auch Nutznießer der Arbeitsmarktpolitik sind.

6. Ein öffentlich geförderter Beschäftigungssektor

Der Präsident der Bundesanstalt für Arbeit, Jagoda, erklärte Anfang 1995 im Bundestagsausschuß für Arbeit und Sozialordnung, daß sein Amt davon ausgeht, daß jedes Prozent Wachstum, das über die allgemeine Produktivitätssteigerung hinausgeht, 120 000 neue Arbeitsplätze bringt. Bei einer Produktivitätssteigerung, wie 1994 in der Metallindustrie, müßten sich die Wachstumsraten der nächsten Jahre dauerhaft um zehn Prozent bewegen, um einen relevanten Teil der über sechs Millionen fehlenden Arbeitsplätze zu schaffen. Nur weiß jede und jeder, daß solche Wachstumsraten weder ökonomisch machbar noch ökologisch verkraftbar sind. Weder der produktive Beschäftigungssektor noch die viel beschworenen neuen Dienstleistungen werden jemals wieder Vollbeschäftigung schaffen können, schon gar nicht ohne drastische Arbeitszeitverkürzungen.

Das heißt freilich nicht, daß es an Arbeit fehlt, dem Arbeitsmarkt mangelt es nur an kauffähiger Nachfrage. Deshalb wollen die Neokonservativen Sozial- und Arbeitslosenhilfe beseitigen, um das Heer der arbeitslosen Armen auf den Arbeitsmarkt zu jagen, wo es sich dann zu Billigstlöhnen verdingen soll. Da aber die Zahl der Arbeitsplätze in den bestehenden Beschäftigungssektoren damit nicht steigen wird, sondern bestenfalls die Löhne unter Druck kommen, geht diese Rechnung nur auf, wenn neue Beschäftigungssektoren in den privaten Haushalten oder öffentlichen Arbeitsdiensten geschaffen werden. Damit soll zwar das Problem der Zweidrittelgesellschaft nicht gelöst, aber das bisher ausgegrenzte und immerhin alimentierte Drittel als Kostenfaktor beseitigt werden.

Auch die PDS-Bundestagsgruppe geht davon aus, daß diese Gesellschaft einen neuen Beschäftigungssektor braucht, aber sie kritisiert die Lösung der Neokonservativen, weil sie unsozial und inhuman, aber auch ökonomisch uneffektiv ist und obendrein gänzlich untauglich, den notwendigen Strukturwandel mit einer gesellschaftlichen Weiterentwicklung zu verbinden.

Die Vermehrung gering qualifizierter Arbeitstätigkeiten erhöht nicht die gesellschaftliche Produktivität, sie läßt das schöpferische Potential der Gesellschaft ungenutzt und fördert hauptsächlich prekäre Arbeitsverhältnisse. Ganz davon abgesehen, daß die vielen Arbeiten, die zur Wiederherstellung der natürlichen wie auch der sozialen Lebensbedingungen aufgewendet werden müßten, auf diese Weise ungetan bleiben, die Gesellschaft krebst obendrein in die Vergangenheit des 19. Jahrhunderts zurück. Was gebraucht wird, ist ein öffentlich geförderter Beschäftigungssektor, der ökologische Altlasten beseitigt, die Reproduktion von Naturräumen übernimmt, ein sinnvolles Freizeitangebot macht, in sozialen Brennpunkten wieder Gemeinschaftsstrukturen entwickelt und das Angebot an Bildung und Kultur erweitert.

Ein solcher Beschäftigungssektor würde sich grundlegend von bisherigen Arbeitsbeschaffungsmaßnahmen unterscheiden, weil er auf Dauer angelegt ist, nicht einzelne Arbeitslose, sondern Projekte finanziert, und mit umfassenden Qualifizierungsstrategien verbunden werden müßte. Auch wenn die Sicherung von Beschäftigung im Vordergrund steht, würde die Verstetigung dieses Sektors gleichzeitig eine Grundlage für den sozialen und ökologischen Umbau der Gesellschaft legen und die regionalen Strukturen und Kreisläufe stärken helfen.

7. Öffentliches und demokratisch kontrolliertes Eigentum

Ich plädiere ausdrücklich für einen neuen und nicht für die Ausweitung des staatlichen Beschäftigungssektors, weil es nicht nur um ein Arbeitsbeschaffungsprogramm, sondern einen Strukturwandel des gesamten Arbeitssystems geht. Die staatlichen und selbst die kommunalen Beschäftigungsbereiche sind in einem hohen Maße unflexibel, von Bürokratisierung bedroht und kaum noch demokratisch kontrollierbar. Denn wenn die Privatisierungsstrategie einen rationalen Kern hat, unabhängig von der öffentlichen Verschuldung und den Profitgelüsten des privaten Kapitals, dann deshalb, weil damit Aufgaben dezentralisiert werden und flexiblere Leistungseinheiten entstehen.

Die Vorstellungen der PDS tragen dieser objektiv notwendigen Entwicklung Rechnung, aber während die neokonservative Strategie auf diese objektiv notwendige Entstaatlichungstendenz mit den Mitteln der Vergangenheit antwortet, nämlich mit Privatisierung, sehen wir eine Perspektive in der Ausweitung von Eigentumsformen, die weder privat noch staatlich, aber dennoch gesellschaftlich sind und demokratischer Kontrolle unterworfen werden können. Es sind Eigentumsformen, wie sie sich längst schon bei den Sozialversicherungsträgern, bei der Bundesanstalt für Arbeit und anderswo herausgebildet haben. Sie unterliegen staatlicher Aufsicht und auch Fürsorgepflicht, aber sie verwalten sich selbst und gehören nicht dem Staat, sondern den Beitragszahlerinnen und Beitragszahlern.

Natürlich sind die Selbstverwaltungsmöglichkeiten der bestehenden Institutionen begrenzt. Aber ihre Demokratisierung stößt nicht an die Grenzen des Privateigentums, sondern der hierarchischen Politikstrukturen, und wenn denn die Phantasie ausreicht, sich eine bedeutende Ausweitung dieses Sektors vorzustellen, dann dürfte es auch nicht an Vorstellungen mangeln, wie sie demokratisch zu organisieren wären.

Denkbar wäre zum Beispiel eine öffentliche Körperschaft für soziale und ökologische Gemeinschaftsaufgaben, föderalistisch organisiert und von Räten geleitet, die den Wirtschafts- und Sozialräten des wirtschaftsdemokratischen Modells entsprechen. Diese Körperschaft könnte, ähnlich wie die 1948 durch Gesetz gegründete Kreditanstalt für Wiederaufbau, mit einem Stammkapital durch den Bund ausgestattet werden, müßte laufende Zuweisungen aus der Bundesanstalt für Arbeit erhalten und sollte sowohl Zuschüsse als auch Kredite an selbstorganisierte Projekte oder Sozialbetriebe vergeben, um überall dort Arbeitsplätze zu schaffen und den sozialökologischen Strukturwandel zu unterstützen, wo Markt und Staat bisher versagten.

Friedhelm Hengsbach
(SJ, Professor für christliche Gesellschafts- und Wirtschaftsethik und Direktor des Nell-Breuning-Instituts an der philosophischen Hochschule Sankt Georgen in Frankfurt/Main)

Die Gewerkschaften sind stärker, als die Öffentlichkeit meint

»Verheerend bis katastrophal«, so kennzeichnete die FAZ Ende März 1995 die Stimmung der Arbeitgeber in der Metallindustrie nach dem Streik der Metallarbeiter und dem Abschluß des Tarifvertrags in Bayern. War der »Bayern-Streik 1995« gegenüber den Streiks der Metaller um die Arbeitszeitverkürzung 1984/1987 und um den Stufentarifvertrag in den neuen Bundesländern 1993 so außergewöhnlich? Ich meine ja. Und begründe diese Meinung mit vier für die Zukunft der Gewerkschaften bedeutsamen Beobachtungen.

1. Informationsvorsprung

Die Gewerkschaft hat diesen Streik erst im Gegenwind, dann im Rükkenwind der öffentlichen Meinung geführt. Die IG Metall hatte einen Informationsvorsprung gegenüber den Medien, weil sie auf die unmittelbaren Informationen der Vertrauensleute und der Betriebsräte in den Metallunternehmen zurückgreifen und diese Informationen zu einer Streiktaktik benutzen konnte, die den Fallen des novellierten § 116 AFG ausweichen konnte. Während die Massenmedien sich noch im Sog einer Standortdebatte bewegten, in der die zu hohen Lohnkosten für die Wettbewerbsschwäche der deutschen Wirtschaft verantwortlich gemacht, die maßvollen Lohnabschlüsse des Jahres 1993 als Bestätigung der Tarifautonomie hochgelobt und mit der Mahnung verbunden wurden, jetzt keine Forderungen zu stellen, die den konjunkturellen Aufschwung und die strukturelle Erholung gefährden könnten, haben sich die Metaller diesem Strom der öffentlichen Meinung entgegengestemmt und ihn umgelenkt. Die Alltagswelt der Betriebe, die unmittelbaren Erfahrungen und Informationen aus dem Produktionssektor haben sich gegen die mediale Welt der öffentlichen Meinung durchgesetzt. Die Gewerkschaft war der Transmissionsriemen.

Wie die gesellschaftliche Öffentlichkeit von der Standortdebatte besetzt war, so war das betriebliche Meinungsklima von den Themen der Unternehmenskultur und eines kommunikativen Führungsstils geprägt. Im Streik wurde offenbar, daß die traditionellen Konflikte zwischen den abhängig Beschäftigten und den Kapitaleignern um die Verteilung des gemeinsam geschaffenen Reichtums überhaupt nicht von der gesellschaftlichen Bühne abgetreten sind.

2. Soziale Bewegung

Die deutschen Gewerkschaften konnten während einer 100jährigen Geschichte auf eine politische Arbeitsteilung zurückgreifen, die abweichend radikale und pragmatische Akzente aufwies. Die Arbeiterbewegung kümmerte sich um die Regelung der Arbeitsbedingungen, während die Arbeiterpartei die Interessen der abhängig Beschäftigten im Parlament vertrat, die sozialen Sicherungssysteme ausbaute und den Staat auf eine aktive Beschäftigungspolitik verpflichtete. Indem die Partei immer mehr an der staatlichen Machtausübung beteiligt wurde, zog sie auch die Gewerkschaften in den Staatsapparat hinein und verwickelte diese in das personelle Geflecht der politischen Funktionseliten und in den Club der quasistaatlichen Körperschaften.

Inzwischen sind die sozial-moralischen Milieus beispielsweise der Industriearbeiter dahingeschmolzen. Die traditionelle Arbeiterpartei hat sich längst zur Volkspartei gehäutet, geht zu den Gewerkschaften auf Abstand und sucht Mehrheiten jenseits von Klasse und Konfession. Für die Gewerkschaften folgt daraus, daß die ersten Adressaten ihrer politischen Gegenmacht nicht der Staat und dessen Organe sind, sondern die gesellschaftliche Öffentlichkeit, der öffentliche Raum privater Initiativen, Gruppen, Verbände und Bewegungen. Dessen beherrschende Themen sollten die Gewerkschaften wieder besetzen, formulieren und verändern. Dazu sollten sie wieder mehr Bestandteil der Zivilgesellschaft werden, als bloß Teile des Staatsapparates oder Träger der Tarifautonomie zu sein. Sie sollten wieder zur Organisation einer sozialen Bewegung und selbst zu einer sozialen Bewegung werden.

3. Neue Verbündete

Solange die Industriegesellschaft vorwiegend vom »Hauptwiderspruch zwischen Arbeit und Kapital« geprägt war, blieb es für die Gewerkschaften einfach, den eigenen Standort im kapitalistischen System zu definieren und den Weg in eine menschenwürdige Gesellschaft zu beschreiben. Seitdem jedoch der Gesellschaftsvertrag der Nachkriegszeit aufgekündigt worden ist, der Wirtschaftswachstum bei Vollbeschäftigung unter rücksichtsloser Inanspruchnahme der natürlichen Umwelt und der unentgeltlichen Hausarbeit der Frauen als normal unterstellte, haben andere gesellschaftliche Konflikte den ursprünglichen Konflikt in der Produktionssphäre überlagert oder sind gar an dessen Stelle getreten.

Deshalb können die Gewerkschaften die Alleinvertretung derer, die von gesellschaftlichen Konflikten betroffen sind, nicht mehr beanspruchen. Neue soziale Bewegungen sind in unbearbeitete Lücken getreten und haben bisher unbekannte Formen gesellschaftlicher Spaltung und soziale Randlagen jenseits des Erwerbssystems aufgedeckt. Sie sind dabei, die Bedingungen eines vertretbaren Wirtschaftswachstums zu definieren, das beteiligt und nicht ausschließt, das gleichstellt und nicht diskriminiert, das auf andere Länder übertragbar und zukunftsfähig ist. Die Gewerkschaften sollten die Leitbilder, Aktions- und Organisationsformen der Umwelt-, Frauen- und Friedensbewegung als eigenständige Impulse moralischen Lernens und politischer Reform respektieren, faire Kompromisse zwischen Beschäftigungsgrad und Umweltschutz sowie Frauen- und Männerarbeit formulieren, in diesen Bewegungen willkommene Verbündete sehen und sich mit ihnen vernetzen.

4. Globalisierung

In der Standortdebatte ist die »Globalisierung der Märkte« zur unbedingten Norm mit fast religiöser Weihe geworden. Dabei berührt der Weltmarkt bloß ein winziges Fragment der Weltgesellschaft. Außerdem stehen die Standortdebatten unter einem extrem nationalistischen Vorzeichen. Die Argumente, die in Österreich und Frankreich als Beweis einer Standortschwäche vorgebracht werden, sind mit denen in Deutschland identisch. Die Länder selbst konkurrieren wie Exportfirmen um Standortvorteile.

Die Gewerkschaften müssen diese nationalistische Posse nicht mitspielen. Während die national gespiegelte Öffentlichkeit um des Kaisers neue Kleider streitet (»der hat ja nichts an«), verfügen sie über einen Informationsvorsprung, welchen Leidensdruck der globale Kapitalismus, das sind auch deutsche Konzerne, unter den Kolleginnen und Kollegen in Entwicklungsländern verbreitet. Solche Informationen in Deutschland öffentlich zu machen, Kontakte zwischen Betriebsräten transnationaler Konzerne herzustellen, Betriebsvereinbarungen anzustoßen, die internationale Kooperation zu beschleunigen und unter den Nicht-Regierungsorganisationen eine treibende Kraft zu werden, darin sehe ich das Profil zukunftsfähiger Gewerkschaften.

Hans-Olaf Henkel
(Präsident des Bundesverbandes der Deutschen Industrie)

Zukunft der Arbeit

»Die Zukunft hat viele Namen«
Für die Schwachen ist sie das Unerreichbare.
Für die Furchtsamen ist sie das Unbekannte.
Für die Tapferen ist sie die Chance.«

Diese Einschätzung von Viktor Hugo wird uns in das 21. Jahrhundert begleiten, und wir werden entscheiden müssen, ob wir die Zukunft als unerreichbar oder unbekannt ansehen oder ob wir sie als Chance begreifen. Ohne ein Fazit vorwegzunehmen, plädiere ich uneingeschränkt für den letzten Weg. Unsere gesamte Gesellschaft muß wettbewerbsfähiger werden, damit sie im kommenden Jahrhundert eine reelle Chance hat.

Wenn wir von der Zukunft der Arbeit sprechen, darf die Frage nicht lauten: »Geht uns die Arbeit aus?«, sondern wir müssen vielmehr Antworten auf die Frage geben: »Zu welchen Konditionen können wir die Vielzahl von notwendigen Aufgaben in unserer Gesellschaft finanzieren und organisieren?«. Die Arbeit geht uns sicher nie aus. Sie ist nur zu teuer und zu wenig flexibel geworden.

1. Wo stehen wir heute

Fast 5,5 Millionen Menschen sind in Deutschland derzeit ohne Arbeit: 3,8 Millionen sind als Arbeitslose registriert; zusätzlich werden 1,6 Millionen in Ost und West durch arbeitsmarktpolitische Maßnahmen des Staates in der einen oder anderen Form abgesichert. Damit kann sich ein hochentwikkeltes Land wie Deutschland, in dem fast jeder dritte Arbeitsplatz vom Export abhängt, nicht zufriedengeben. Insbesondere die westdeutsche Industrie mußte seit 1991 1,2 Millionen Arbeitsplätze abbauen.

Dennoch besteht kein Grund für Pessimismus, wenn einige grundsätzliche Änderungen in der Politik vorgenommen und die wirtschaftspolitischen Rahmenbedingungen insgesamt verbessert werden. Die beschäftigungspolitischen Erfolge der achtziger Jahre in Deutschland zeigen, daß beschäftigungsintensives Wachstum durchaus möglich ist, wenn die entsprechenden Rahmenbedingungen gegeben sind. Zur Erinnerung: Im letzten

Wirtschaftsaufschwung von 1983 bis 1991 wurden in Deutschland mehr als 3 Millionen neue Arbeitsplätze geschaffen. Dennoch stehen wir vor einem Sockel an Arbeitslosigkeit von ungefähr 1,7 Millionen, der auch bei einer günstigen konjunkturellen Entwicklung nicht abgebaut werden kann.

Wachstum allein genügt natürlich nicht, um die Probleme zu beseitigen. Die Schwelle, an der mit einer Erhöhung der Beschäftigtenzahlen zu rechnen ist, hängt von vielen Faktoren ab. So war in den Jahren 1971 bis 1992 in Deutschland ein reales Wachstum von mindestens 1,5 Prozent notwendig, um überhaupt positive Beschäftigungseffekte zu erzielen, in den USA hingegen stieg die Zahl der Erwerbstätigen bei dieser Wachstumshöhe bereits um 1,2 Prozent. Falsch ist jedoch auch die These vom »jobless growth«: Ohne angemessenes Wirtschaftswachstum kann die Arbeitslosigkeit nicht ausreichend genug reduziert werden.

Auf mittlere Sicht muß die Schaffung von etwa 5 Millionen zusätzlichen rentablen Arbeitsplätzen in Deutschland die wichtigste gesellschaftspolitische Aufgabe sein. Dieser Zielsetzung müssen sich alle gesellschaftlichen Gruppen nicht nur ideell verpflichten, sondern dies durch ihr praktisches Handeln dokumentieren.

2. Erschließung unausgeschöpfter Beschäftigungspotentiale

Ein Großteil dieser zusätzlichen Arbeitsplätze wird sicherlich nicht in der Industrie entstehen. Vor allem im Dienstleistungssektor liegen in Deutschland noch große unausgeschöpfte Beschäftigungspotentiale. Während beispielsweise in den USA auf 1 000 Einwohner etwa 334 professionelle Dienstleister entfallen, sind dies in Westdeutschland lediglich 259. Insbesondere in den Bereichen der unternehmensbezogenen Dienste, im Handel, bei Banken, Versicherungen und den Gesundheitsdiensten hat Deutschland einen enormen Nachholbedarf.

Wir brauchen eine Offensive zur Schaffung neuer und rentabler Dienstleistungsarbeitsplätze. Sowohl im unteren Lohnbereich als auch bei den anspruchsvolleren Dienstleistungen gibt es vor allem im Mittelstand große Arbeitsplatzreserven, die es zu heben gilt. Dabei geht es hierbei nicht in erster Linie um die berühmten »Hamburger-Jobs«. Einmal ganz abgesehen davon, ob es nicht für die Betroffenen besser ist, einfache Arbeit zu leisten als gar keine, geht dieses Argument an der Realität völlig vorbei. So kamen zum Beispiel zwischen den von 1973 und 1992 in den USA geschaffenen 32,5 Millionen Arbeitsplätzen nur knapp 5 Millionen auf das Konto »einfache Dienstleistungen«. Die übrigen 27,5 Millionen wurden bei den anspruchsvollen Dienstleistungen eingerichtet. 80 Prozent davon entfallen auf Manager, Projektleiter, Techniker und freie Berufe. In Deutschland hingegen verschwinden nicht nur die Industriearbeitsplätze schneller, im Dienstleistungssektor steigt ihre Zahl auch langsamer an als anderswo.

Industrie und Dienstleistungen hängen stark voneinander ab. Viele Dienstleistungen leiten sich von neuen Produkten ab oder führen erst zu neuen Produkten. Der wichtigste Grund für mehr Dienstleistungen liegt ohnehin in den neuen Produktionsverfahren selbst und nicht etwa im privaten Bereich. Wachsende Nachfrage im Dienstleistungsbereich schafft auch Absatz- und somit Beschäftigungschancen für die Industrie. So entsteht z. B. mit dem Anwachsen der Nachfrage nach Telekommunikationsdienstleistungen zusätzliche Nachfrage für Telefongeräte.

3. Was ist zu tun, um der Arbeit in Deutschland wieder eine Zukunft zu verschaffen?

3.1 Rahmenbedingungen weiter verbessern

Die Zukunft der Arbeit hängt wesentlich davon ab, ob es gelingt, die zur Produktion und damit zur Schaffung von Arbeitsplätzen in Deutschland notwendigen Rahmenbedingungen zu sichern. Nur eine wettbewerbsfähige Wirtschaft schafft rentable Arbeitsplätze. Derzeit sind noch eine ganze Reihe von Defiziten feststellbar, die abgebaut werden müssen. Die notwendigsten Aufgaben lauten:

- Steuer- und Abgabenquote reduzieren

  Deutschland ist mit einer Steuerquote von 52 Prozent und einer Abgabenquote von 47 Prozent eindeutig auf dem Weg in die Staatswirtschaft. Eine Volkswirtschaft, die überfordert ist, ist aber nicht in der Lage, genügend Arbeitsplätze zu schaffen.

- Unternehmensteuern endlich senken

  Die Steuerbelastung deutscher Unternehmen ist im internationalen Vergleich nach wie vor viel zu hoch. Die im Jahressteuergesetz 1996 vorgesehene, längst überfällige Reform der Gewerbesteuer ist zwar ein Schritt in die richtige Richtung. Die zur Gegenfinanzierung vorgesehenen Einschränkungen bei der Abschreibung hingegen erweisen sich als äußerst kontraproduktiv und führen insbesondere für anlageintensive Industrieunternehmen zu erheblichen Mehrbelastungen. Gerade diese Unternehmen müssen sich aber im internationalen Wettbewerb behaupten. Daher bleibt auch weiterhin in der Steuerpolitik noch einiges zu tun: die Senkung der Einkommen- und Körperschaftsteuersätze auf ein international vergleichbares Niveau, die strikte zeitliche Begrenzung des Solidaritätszuschlags und die Umorientierung des Steuersystems in Richtung stärkerer Besteuerung der Einkommensverwendung und Entlastung der Wertschöpfung.

- Arbeitskosten verringern

  Die hohe, von Zyklus zu Zyklus steigende Sockelarbeitslosigkeit hat ganz wesentlich mit zu hohen Kosten des Produktionsfaktors Arbeit zu tun. Der Kahlschlag in der ostdeutschen Industrie wurde durch von der Produktivitätsentwicklung entkoppelte Lohnabschlüsse maßgeblich mitverursacht. Nachdem die Tarifrunde 1994 Perspektiven für den Arbeitsmarkt eröffnet hatte, hat sich die Tarifpolitik schon ein Jahr später ihrer beschäftigungspolitischen Verantwortung wieder voll entzogen. Auch die in Deutschland im internationalen Vergleich an der Spitze liegenden Lohnzusatzkosten machen die Arbeitsplätze zu teuer. Für 100 DM Direktlohn müssen noch einmal 85 DM an Lohnzusatzkosten gezahlt werden. Um hier eine Wende zu erreichen, ist es vorrangig, die Sozialleistungen einer eingehenden Prüfung auf Notwendigkeit und Effizienz zu unterziehen. Schließlich kann auch daran gedacht werden, versicherungsfremde Leistungen stärker über Steuern zu finanzieren. Die Steuerquote darf sich aber dadurch nicht erhöhen.

- Sozialsystem umbauen

  Der Industrie geht es nicht darum, die sozialen Fundamente der Marktwirtschaft in Frage zu stellen. Der Sozialstaat darf jedoch nicht die Fundamente der Volkswirtschaft untergraben. Das Sozialbudget liegt heute bei weit über 1 000 Milliarden DM, mehr als einem Drittel des Sozialprodukts. Damit ist die Grenze der Finanzierbarkeit erreicht. Das soziale Sicherungssystem gehört insgesamt auf den Prüfstand. Auch soziale Leistungen und Einrichtungen haben keinen automatischen Bestandsschutz, und nicht alles, was wünschenswert ist, kann auch finanziert werden.

- Nachhaltig deregulieren und privatisieren

  Notwendig ist auch eine umfassende Entbürokratisierung und Deregulierung. Vorrang muß die Verringerung von Genehmigungszeiten für Forschungs- und Versuchsanlagen sowie die Beschleunigung von Planung und Durchführung von Verkehrsinvestitionen haben.

3.2 Neue Wege in der Tarifpolitik gehen

Der Preis für den Produktionsfaktor Arbeit entscheidet maßgeblich über das Angebot. Tarifpolitik hat daher heute eine doppelte Aufgabe: Einerseits hat sie die Voraussetzungen dafür zu schaffen, daß sich die Bundesrepublik auch in Zukunft als ein Land mit hohen Einkommen in der Spitzengruppe der Industrieländer behaupten kann. Andererseits muß sie aber Beiträge zur Bewältigung des Strukturwandels leisten. Wie auch andere Bereiche der deutschen Politik leidet die Tarifpolitik an Überregulierungen. Sie ist zu starr und schwerfällig geworden. Viele einstmals freiwillige betriebliche Leistungen sind inzwischen weitgehend tarifiert und damit zementiert. Die Folge dieser Erstarrung ist, daß für betriebliche Sonderverhältnisse kein Gestaltungsspielraum mehr bleibt. Und wenn in den Tarifverträgen Ansätze für Flexibilisierung gegeben sind, sind diese vielfach zu kompliziert und somit unpraktikabel für die Unternehmen.

Daher brauchen wir zur Sicherung der Zukunft der Arbeit in Deutschland neue, zukunftsweisende Formen der Tariflohngestaltung. Wenn die Tarifautonomie Bestand haben soll – dies steht für mich außer Zweifel –, müssen neue Wege beschritten werden. Dazu muß sich die Lohnpolitik an den Erfordernissen der international verflochtenen Märkte orientieren. Grundsätzlich sollte das Leitmotiv sein: So viele überbetriebliche Rahmenvereinbarungen wie nötig, so viele betriebliche Gestaltungsmöglichkeiten wie möglich.

Die einerseits eindeutig friedensstiftende Wirkung zentraler Tarifverträge darf nicht darüber hinwegtäuschen, daß dadurch auch Nachteile bei der Beschäftigungssicherung entstehen. Sinnvoll erscheint es dennoch, nicht gleich das ganze bisherige Tarifverhandlungssystem über Bord zu werfen, sondern über systemimmanente Reformen nachzudenken. Die Tarifvertragsparteien sollten sich künftig bei branchenweiten Tarifverträgen über Löhne und Arbeitszeit auf Rahmen- und Mindestbedingungen konzentrieren und Freiräume lassen für konkrete und differenzierte Ausgestaltung durch Betriebsvereinbarungen. Somit kann die friedensstiftende Funktion überbetrieblicher Lohnverhandlungen erhalten bleiben, gleichzeitig aber Flexibilität, Betriebsnähe und Differenzierungsmöglichkeiten der Tarifpolitik erhöht werden.

Denkbar sind folgende Varianten:

- Tarifvertragliche Optionen

  Betrieben wird das Recht eingeräumt, in bestimmten Rahmen (beispielsweise 25 Prozent) von der tarifvertraglichen Lohnerhöhung abzuweichen oder das vereinbarte Erhöhungsvolumen anders auszufüllen (z. B. Bonussystem). Die maximale Abweichung wird im Tarifvertrag festgelegt, die konkrete Ausgestaltung den Betriebsparteien überlassen.

- Ausnahmeklauseln für akute Krisen

  In den Tarifverträgen wird eine Klausel verankert, die den zeitweiligen Ausstieg aus dem Branchentarif zur Abwendung wirtschaftlicher Schwierigkeiten oder zur Sicherung von Arbeitsplätzen erlaubt. Die Ausnahmesituation wird durch Geschäftsleitung und Arbeitnehmervertretung gemeinsam festgelegt.

- Größere Flexibilität nach Branchen, Sektoren, Qualifikationen und Unternehmen

  Warum muß ein Metallunternehmen in Emden dieselben Löhne zahlen wie in Stuttgart? Warum kann ein Unternehmen in der Informationstechnik weiterhin 39 Wochenstunden arbeiten, während sein Konkurrent demnächst die 35-Stunden-Woche einführen muß, nur weil er auch eine Fabrik hat?

- Stärkeres Gewicht für ertragsabhängige Entlohnungsformen

  Denkbar wäre die Kombination von moderaten allgemeinen Lohnsteigerungen mit Ertrags- und Vermögensbeteiligungen, z. B. die Aufsplitterung in einen Grundlohn und erfolgsabhängige Lohnbestandteile, die abhängig vom Erfolg des Unternehmens sowie der individuellen Leistung gezahlt werden. Bonussysteme lassen sich besser an den Unternehmenserfolg koppeln und erhöhen gleichzeitig die Leistungsmotivation.

- Entschlackung der Tarifverträge

  Nicht alles muß grundsätzlich im Tarifvertrag festgelegt werden. Regelungen über z. B. Arbeitszeit und Urlaub, für die es entsprechende Vorschriften des Gesetzgebers gibt, müssen nicht von den Tarifparteien bis in die letzte Stelle hinter dem Komma festgesetzt werden.

3.3 Funktionsfähigkeit des Arbeitsmarktes erhöhen

Arbeitslosigkeit ist nicht mit defensiven Strategien zu überwinden. Arbeit umzuverteilen oder zu verknappen ist kontraproduktiv. Vollkommen zu Recht fordert die OECD in ihrer jüngsten Studie zur Bewältigung des Beschäftigungsproblems vor allem eine größere Flexibilität und Anpassungsbereitschaft auf dem Arbeitsmarkt. Pauschale Arbeitszeitverkürzungen und eine Stärkung des sog. »zweiten Arbeitsmarktes« sind keine tauglichen Rezepte für die Zukunft. Sie stellen letztlich nichts anderes als eine Defensivstrategie dar und führen nicht zur Schaffung neuer rentabler Arbeitsplätze.

Daher brauchen wir eine Offensivstrategie, die neben der Tarifpolitik (s. o.) auch bei den institutionellen Regulierungen des Arbeitsmarktes ansetzt. Elemente einer solchen Strategie könnten sein:

- Flexiblere Arbeitszeiten

  Weniger starre Regelungen der Tages-, Wochen-, Jahres- und Lebensarbeitszeit könnten sowohl den Erfordernissen der Unternehmen entsprechen als auch den Wünschen der arbeitenden Bevölkerung Rechnung tragen.

- Erhöhung des Abstands zwischen Lohnersatzleistungen und/oder Sozialtransfers und dem Nettoverdienst

  Vorschläge, die in diese Richtung zielen, indem sie z. B. das von Sozialhilfe-Empfängern bezogene Arbeitsentgelt nur noch teilweise auf die Sozialhilfe anrechnen, sind zu begrüßen.

- Entkopplung von Arbeits- und Betriebszeiten

  Dadurch könnten viele Betriebe ihre Betriebszeiten verlängern und die Kapitalstückkosten senken.

3.4 Gesellschaft insgesamt innovationsfähig machen

Deutschland ist ein Hochlohnland und soll es auch bleiben. Für die Erhaltung unseres Wohlstandsniveaus müssen wir allerdings einiges tun. Dabei wird die Innovationskraft von entscheidender Bedeutung sein. Derzeit stellt sich die Situation so dar, daß wir in Deutschland unser Geld vor allem mit auslaufenden und reifen Produkten verdienen. Bei den Produkten und Märkten von morgen, also in der Luft- und Raumfahrt, der Gentechnik, der Halbleitertechnik, der Kommunikations- und Informationstechnik, haben andere die Spitze übernommen. Zu unserem Export steuern die Produkte der Spitzentechnik 14 Prozent bei. Noch beunruhigender ist der Zustand unseres Patentportfolios: Beim Maschinen- und Anlagenbau sind wir noch Spitze, aber die Patente deutscher Spitzentechnologie nehmen unterdurchschnittlich zu und in einigen Bereichen sogar ab.

Daher ist für Deutschland eine Doppelstrategie notwendig, um seine Wettbewerbsfähigkeit durch mehr Innovationen zu erreichen. Zum einen müssen wir unsere Position bei den reifen Produkten halten. Gleichzeitig müssen wir aber unsere Position bei den neuen Technologien verbessern. Wir brauchen daher zunächst einmal Brückenköpfe bei diesen Technologien, um die Vorsprünge von Japan und den USA aufzuholen. Dies geht nur, wenn wir sowohl die eklatantesten Wettbewerbsnachteile ausgleichen als auch offensiv auf die neuen Märkte, Produkte und Technologien zugehen. Von den Notwendigkeiten, im Standortwettbewerb zukunftsfähig zu werden, war bereits die Rede.

Daneben ist ein Bewußtseinswandel in den Köpfen der Menschen nötig, um unsere Gesellschaft innovationsfähig zu machen. Wir müssen die Schutzzäune um überholte Strukturen einreißen, um der »schöpferischen Zerstörung«, wie sie Schumpeter treffend beschrieben hat, Raum zu geben. So kann sich z. B. die Informationsgesellschaft nicht entfalten, solange die Telekommunikation in monopolistischen Strukturen mit viel zu hohen Gebühren verharrt. Das setzt innovativen Produktentwicklungen auf dem Informations- und Kommunikationssektor Grenzen. Vor allem aber verhindert es die innovative Umgestaltung von unzähligen Abläufen und verschenkt damit Rationalisierungspotentiale.

Der Aufbruch in neue Technologien, Produkte und Märkte setzt aber ein geistiges Klima für die Innovationsfähigkeit von Politik und Gesellschaft voraus, das nicht nur die Risiko-, sondern ebenso die Chancengesellschaft akzeptiert. Dazu gehören auch Innovationen auf technologischen Feldern. Solange noch zu viele Menschen davon ausgehen, daß technologieintensive Investitionen und Systeme Job-Killer sind, kann der Aufbruch in das technologieinduzierte 21. Jahrhundert nicht gelingen. Gerade die Umwelttechnik, in der deutsche Unternehmen weltweit eine Spitzenstellung einnehmen, zeigt eindringlich, daß technologieintensive Investitionen vielmehr Job-Knüller sind. Sie ermöglichen neue, intelligente Kombinationen der Produktionsfaktoren für neue Absatzfelder. Um diese Potentiale aber voll ausschöpfen zu können, müssen die Zukunftsmärkte weiterhin von übermäßigen staatlichen Regulierungen und Monopolen befreit werden.

4. Fazit

Die Gesamtzahl der Arbeitsplätze wird langfristig um so höher sein, je weniger Beharrungstendenzen und Abwehrstrategien es gibt, je weniger alte Arbeitsplätze subventioniert und vor Konkurrenz geschützt werden und je offensiver, anpassungsbereiter und schneller statt dessen Wirtschaft und Gesellschaft auf die Herausforderungen der Zukunft reagieren. Nur mit Flexibilität, Innovationen und Investitionen können wir den nötigen Strukturwandel vorantreiben und Arbeitsplätze schaffen. Wenn wir allerdings weiter so erfolgreich sind im Export von Arbeitsplätzen, wenn wir weiterhin das ökonomische Fundament unserer Gesellschaft durch überzogene Ansprüche und geringe Anpassungsbereitschaft aushöhlen, wird es in nicht allzu ferner Zukunft zu spät sein. Noch ist jedoch Zeit, das Ruder herumzureißen. Ich bin optimistisch, daß uns dies gelingen wird.

Regine Hildebrandt, SPD-MdL
(Ministerin für Arbeit, Soziales, Gesundheit und Frauen des Landes Brandenburg)

Zukunft der Arbeitsgesellschaft

Ich bin Arbeitsministerin im Land Brandenburg. Unsere Landesverfassung schreibt das Recht auf Arbeit als Staatsziel fest. In der Regierungserklärung der Landesregierung vom 18. November 1994 wird die ressortübergreifende Verpflichtung zur Beschäftigungspolitik mit dem Ziel festgeschrieben, in den nächsten fünf Jahren die Arbeitslosenquote unter 10 Prozent zu senken – von derzeit 15,3 Prozent.

Unsere Gesellschaft basiert auf Erwerbsarbeit. Über sie vollzieht sich nicht nur die Teilhabe am Einkommen, sondern auch die gesellschaftliche Anerkennung und nicht zuletzt der Zugang zu den sozialen Sicherungssystemen.

1. Folgen der Arbeitslosigkeit

Erwerbsarbeit ist die entscheidende Grundlage eigenverantwortlicher Lebensgestaltung. Die wichtigste Aufgabe auch der Politik ist es daher, Arbeitslosigkeit abzubauen, Beschäftigungsmöglichkeiten zu schaffen für alle, die arbeiten wollen, für Frauen und Männer, Jugendliche und Ältere.

Arbeitslosigkeit bedeutet das Brachlegen menschlicher Fähigkeiten und geht einher mit der Verletzung menschlicher Würde: Man ist angewiesen auf Almosen, obwohl man bereit und fähig ist, seine Existenz, den Unterhalt der Familie aus eigener Kraft zu sichern.

Dieser Zustand führt bei längerem Andauern zu einem Verlust an Selbstwertgefühl, zu Resignation und Isolation. Kommunikationsbeziehungen werden gekappt. Langfristig sind viele Betroffene nicht mehr in der Lage, das eigene Leben aktiv zu gestalten. Durchaus nicht selten ist die Flucht in Alkohol oder Drogen.

Neben den zerstörerischen individuellen Folgen der Arbeitslosigkeit, die die

Gesellschaft der Arbeitenden gern verdrängt, gibt es gesellschaftliche Wirkungen, die die Politik aufscheuchen müssen.

Die Bundesanstalt für Arbeit hat in Deutschland 1994 ca. 107 Milliarden DM zur Finanzierung der Arbeitslosigkeit ausgegeben. Die tatsächlichen Kosten der Arbeitslosigkeit sind weitaus höher. Sie belasten die private Nachfrage und engen die haushaltspolitischen Spielräume mehr und mehr ein. Die Bundesregierung reagiert prozyklisch mit immer neuen Sparprogrammen zur Senkung dieser Kosten.

In 18 Monaten hat es vier gravierende Änderungen des Arbeitsförderungsgesetzes gegeben. Lohnersatzleistungen wurden gekürzt, Maßnahmen der aktiven Arbeitsmarktpolitik eingeschränkt. Der Haushaltsentwurf für 1995 sieht weitere Schritte in dieser Richtung vor.

Die Unternehmer fordern immer weitere Einschränkungen der Sozialleistungen. Allerdings haben wir dadurch bestenfalls statistisch weniger Arbeitslose, wogegen die sogenannte stille Reserve wächst. Bekämpft wird nicht die Arbeitslosigkeit, sondern nur die Statistik.

In allen westlichen Industrieländern ist seit den achtziger Jahren selbst in Zeiten guter Konjunktur eine anhaltend hohe Arbeitslosigkeit zu verzeichnen. Diese Entwicklung steht in unmittelbarem Zusammenhang mit dem technologischen Wandel und geschieht vor dem Hintergrund wachsender internationaler Konkurrenz. Mit dem Ziel der Produktivitätssteigerung und Kosteneinsparung wird menschliche Arbeit durch Technik ersetzt. Im Ergebnis des wachsenden Kapitaleinsatzes für moderne Technik kann in Größenordnungen mehr produziert werden. Investitionen weisen eine rückläufige Beschäftigungswirkung auf. Zunehmend reichen zwei Drittel und weniger der Erwerbspersonen aus, um die Nachfrage der Wirtschaft und der öffentlichen Hände nach Arbeitskräften zu befriedigen. Gleichzeitig schrumpfen die Märkte: Zunehmende Arbeitslosigkeit wirkt in allen Ländern auf die Nachfrage, die ost- und mitteleuropäischen Länder stecken in Transformationskrisen, und die meisten Länder der Dritten Welt sind zahlungsunfähig.

Die Unternehmen reagieren nach eingeschliffenen Handlungsmustern. Zur Sicherung der Wettbewerbsposition wird weiter rationalisiert und technisiert – mit der entsprechenden Freisetzung von Arbeitskräften. Und richtig, kurzfristig scheint dies für das einzelne Unternehmen aufzugehen, die Bilanzen sehen besser aus, die Gewinne steigen. Gesamtwirtschaftlich gesehen aber wächst die Arbeitslosigkeit mit ihren Folgekosten. Von der Vorstellung, die abgebauten Industriearbeitsplätze würden im Dienstleistungsbereich kompensiert, müssen wir uns wohl verabschieden – auch dort hat ein Freisetzungsprozeß begonnen, dessen Ende nicht abzusehen ist.

Die Schrumpfung der äußeren Märkte wird somit ergänzt durch eine rückläufige Binnennachfrage. Verschiedenste Unternehmensbefragungen bestätigen in den letzten Jahren immer wieder die wachsende Sorge um den Absatz. Einsparungen bei den Lohnkosten können aber nicht fehlende Märkte kompensieren, im Gegenteil, sie verstärken den Effekt. Beklagt wird in allen westeuropäischen Ländern auch ein Zurückbleiben im internationalen Technologie-Wettbewerb. Gerade der technologische Fortschritt aber ist auf eine Verteilung der hohen Anlagekosten auf möglichst viele Produkte angewiesen, und das wiederum setzt massenhafte Nachfrage voraus.

Die Umsetzung erfolgsorientierter Unternehmensstrategien braucht die Motivation und Kreativität der Belegschaft. Wie soll sich das aber vollziehen bei ständiger Angst um den Arbeitsplatz und den Verbiegungen, die Menschen dadurch erleiden? Über die zerstörerische Wirkung von Arbeitslosigkeit habe ich schon gesprochen. Keiner weiß, jenseits welcher Schwelle die Ausgrenzung aus dem Erwerbsleben und die empfundene Entwürdigung Sprengsatz für den sozialen Frieden wird.

Ein prinzipielles Umdenken ist notwendig. Ziel kann es nicht sein, die Wirtschaft einerseits auf der Kostenseite auf höchste betriebswirtschaftliche Leistungsfähigkeit zu trimmen und andererseits ständig steigende Abgaben einzufordern, um die vom Erwerbsleben ausgegrenzten Frauen und Männer auf irgendeine Weise finanziell einigermaßen ruhigzustellen.

Es muß sich die Erkenntnis durchsetzen, daß die Sicherung der Teilhabe des Menschen an der gesellschaftlich verfügbaren Arbeit auf alle Fälle humaner und billiger ist als die finanzielle Abfindung für den »Verzicht« auf Arbeit. Ich bin sicher, eine solche Betrachtungsweise wird sich durchsetzen in dem Maße, in dem die gesellschaftliche Dimension des Problems Arbeitslosigkeit und die Betroffenheit aller gesellschaftlichen Gruppierungen begriffen wird.

Einen Beitrag hierzu kann die Zukunftsdebatte der Gewerkschaften leisten, ebenso wie der Konsultationsprozeß der Kirchen zur wirtschaftlichen und sozialen Lage in Deutschland.

Welche Wege kann man einschlagen, wenn das Recht auf (bezahlte) Arbeit eingelöst werden soll, aber Arbeitsangebote in relevanten Größenordnungen fehlen? Das Angebot an Arbeit muß vermehrt und die vorhandene Arbeit anders verteilt werden.

In Brandenburg verfolgen wir beide Ansätze einer Beschäftigungspolitik, wobei der Schaffung zusätzlicher Arbeitsplätze derzeit Priorität zukommt.

2. Schaffung zusätzlicher Arbeitsplätze

Die Abnahme der gesellschaftlich verfügbaren Arbeit im Prozeß des technischen Fortschritts bedeutet nicht etwa, daß es nicht Bereiche gäbe, in denen neue Arbeitsplätze entstehen könnten. Solche neuen Unternehmensfelder sehe ich z. B. in den Bereichen Umwelt, soziale Dienstleistungen, Wohnungsbau und Wohnumfeldgestaltung.

Die Schaffung von Arbeitsplätzen – aus »normalen« Investitionen heraus – braucht staatliche Rahmenbedingungen. Dazu gehören zumindest: die bessere Unterstützung von Forschung und Entwicklung, die Senkung der Lohnnebenkosten um den Teil, der vereinigungsbedingte Lasten beinhaltet, die Entbürokratisierung vieler Verwaltungsverfahren.

Daneben macht es Sinn, einerseits staatliche Finanzzuschüsse an Unternehmen stärker an Arbeitsplatzeffekte zu binden und andererseits die Schaffung von zusätzlichen Arbeitsplätzen gezielt mit Lohnkostenzuschüssen zu unterstützen, insbesondere wenn es um die Integration von am Arbeitsmarkt besonders benachteiligten Gruppen geht. Hierfür können z. B. ersparte Kosten der Arbeitslosigkeit eingesetzt werden.

Arbeit statt Arbeitslosigkeit zu finanzieren ist Leitlinie Brandenburger Arbeitsmarktpolitik.

Bereits 1992 wurde von Brandenburg ein Programm »Arbeit statt Arbeitslosigkeit finanzieren« vorgelegt, mit dessen Umsetzung bundesweit eine halbe Million Arbeitsplätze hätten entstehen können.

Dieser Ansatz läßt sich ausbauen und erweitern, weit über das hinaus, was heute unter der verstümmelten Regelung des § 249 h AFG oder gar des § 242 s AFG vom Brandenburger Vorschlag übriggeblieben ist.

Obwohl Brandenburg den § 249 h AFG in seiner konkreten Ausgestaltung stets kritisch gesehen hat, wurde mit der Abkehr von dem in der Versicherungslogik begründeten Prinzip der Individualförderung und der Umwidmung passiver Gelder in öffentlich finanzierte Arbeit ein Schritt in die Richtung lange eingeforderter Reformen innerhalb der Organisation von Arbeitsmarktpolitik vollzogen. Diese Ansätze gilt es weiterzuentwickeln und auszubauen.

Ich spreche hier von öffentlich finanzierter Arbeit in einem weiten Sinne. Sie erstreckt sich in meinem Verständnis von der direkten Förderung neuer Arbeitsplätze in privaten Unternehmen bis hin zu solch klassischen Instrumenten der Arbeitsmarktpolitik wie Arbeitsbeschaffungsmaßnahmen oder speziellen integrativen Maßnahmen für Langzeitarbeitslose. Werden auch diese letztgenannten Instrumente wirtschaftsnah ausgerichtet, d. h. in die regionale Strukturentwicklung möglichst eng eingebunden, dann ist öffentlich finanzierte Arbeit in all ihren Formen der Wirtschaftsentwicklung dienlich:

1. Sie bewahrt die Fähigkeit zur Arbeit, hält Menschen in Arbeitszusammenhängen und steuert ihrer Dequalifikation entgegen.

   Damit sichert sie Humankapital – während Arbeitslosigkeit bei längerem Andauern der direkte Weg zu seiner Auflösung ist.
2. Öffentlich finanzierte Arbeit trägt zur Verbesserung der Standortbedingungen bei und kann so Ansiedlungsvoraussetzung für Unternehmen sein bzw. sie kostenseitig entlasten, wenn sie z. B. im Bereich der Altlastenbeseitigung und Infrastrukturentwicklung stattfindet.
3. Kombiniert mit wirtschaftsnaher Qualifizierung dient sie der Strukturentwicklung von Regionen durch die Schwerpunktsetzung auf endogene Entwicklungspotentiale und investiert in die sogenannten weichen Standortfaktoren.
4. Öffentlich geförderte Arbeit und Qualifizierung können helfen, die ersten Schritte in Richtung einer Unternehmensgründung zu gehen und deren Erfolgschancen zu erhöhen.
5. Nicht zuletzt entlastet sie Unternehmen kostenseitig oder trägt zum Teil zur Sicherung des Absatzes bei, was, wenn dabei zusätzliche Arbeitsplätze entstehen, im gesellschaftlichen und im unternehmerischen Interesse liegt.

3. Umverteilung von Arbeit

Soll die Zahl der Beschäftigten deutlich steigen, so bedarf es neben veränderten Rahmenbedingungen, neuen Wegen in der Wirtschaftspolitik und damit verzahnten Ansätzen in der Arbeitsmarktpolitik auch einer Umverteilung der Arbeit.

Im Osten wie im Westen Deutschlands läßt sich Arbeit für alle ohne eine gerechtere Verteilung von Arbeit perspektivisch nicht erreichen.

Wir müssen uns von der Orientierung der Gesellschaft auf den klassischen Vollzeitjob verabschieden – denn sonst reicht die Arbeit tatsächlich nicht für alle, die arbeiten wollen. Ich halte eine Perspektive des Arbeitslebens mit verkürzten Arbeitstagen, verkürzter Lebensarbeitszeit oder längeren arbeitsfreien Phasen für durchaus erstrebenswert. Bedeutet doch kürzere Arbeitszeit mehr freie Zeit, die selbstbestimmt genutzt werden kann. Individuelle Lebensentwürfe können erst dann realisiert werden, wenn »ungestraft« Phasen der Erwerbsarbeit, Familienarbeit, Qualifizierung und Freizeit einander abwechseln können. Das geht aber eben nicht bei einer Teilung der Gesellschaft in die »Arbeitsplatzinhaber«, üblicherweise schuftend und Überstunden leistend, so daß die verbleibende Zeit kaum zur Wiederherstellung der Kräfte reicht, und die Arbeitslosen, mit unendlich viel freier Zeit, aber unzureichenden finanziellen Möglichkeiten und fehlendem inneren Antrieb für eine selbstbestimmte Lebensgestaltung.

Umverteilung von Arbeit hat verschiedene Ausgangspunkte. Dazu gehört zunächst die individuelle, freiwillige Arbeitszeitverkürzung, um eigene Lebensinhalte gestalten zu können. Dazu können Erziehungsurlaub und Bildungsurlaub gehören, ebenso wie Reisen durch andere Länder oder die Beschäftigung mit einem Hobby. Dazu müssen betriebsorganisatorische Voraussetzungen geschaffen werden, aber auch Verständnis für ein solches Verhalten verbreitert werden: kein Nachteil für späteres berufliches Fortkommen, kein Verlust von Ansehen und Anerkennung der Ernsthaftigkeit der Wahlentscheidung. Hier hat Flexibilität von Arbeitszeit einen Sinn.

Der wichtigste Punkt wird in der Verkürzung tarifvertraglicher Arbeitszeit liegen.

Als Grundsatz formuliert: Statt 100 Prozent Arbeitszeitverkürzung (= Arbeitslosigkeit) für rund 15 Prozent der Erwerbstätigen sollte die Arbeit für alle um 15 Prozent verkürzt werden.

Dies wird zumindest bei der derzeitigen Wirtschaftssituation nicht mit vollem Lohnausgleich möglich sein. Die ersparten Kosten der Arbeitslosigkeit können jedoch für einen Teilausgleich bei den unteren Lohngruppen genutzt werden. Dies wäre allein schon durch eine Senkung der Beiträge zur Arbeitslosen- und Krankenversicherung möglich, wenn durch mehr Beitragszahler die Einnahmen steigen.

Längere Maschinenlaufzeiten – wie von den Unternehmen gewünscht – stehen dem nicht entgegen; das ist, wie die Praxis beweist, arbeitsorganisatorisch machbar.

Die technologische Entwicklung erfordert lebenslanges Lernen. Durch Arbeitszeitverkürzung gewonnene Freizeit sollte durchaus zur Qualifizierung genutzt werden, für die es auch finanzielle Anreize geben sollte.

Hier ist ein Interessenkonsens mit den Arbeitgebern gut vorstellbar, wird doch von Arbeitgeberseite gerade auch in der Diskussion um Arbeitszeitverkürzung immer wieder der Mangel an qualifizierten Arbeitskräften als Gegenargument ins Feld geführt.

Zur Zeit geht es im Bereich der Arbeitszeitverkürzung praktisch nicht um generelle Ansätze, sondern zunächst um einzelne betriebliche Modelle, mit denen Entlassungen vermieden werden können. Umverteilung, um Zugänge für Arbeitslose zu Arbeitsplätzen zu schaffen, spielt zumindest in Deutschland derzeit keine große Rolle.

Aber auch das jetzt Praktizierte ist sowohl von der individuellen Wirkung her (Erhalt eines Arbeitsplatzes) als auch für die Gesellschaft (Ersparnis von Kosten der Arbeitslosigkeit) nicht zu unterschätzen, kann aber nur ein erster Schritt auf einem vorgezeichneten Weg sein.

Selbst dieser erfordert bereits eine Vielzahl von Rahmenbedingungen, wenn Arbeitszeitverkürzung Arbeitnehmerinnen und Arbeitnehmer nicht über Gebühr belasten soll. Es ist mindestens zu sichern,

- daß finanzielle Einbußen bei Arbeitszeitverkürzung durch einen Teillohnausgleich insbesondere in den unteren Lohn- und Gehaltsgruppen möglichst gering gehalten werden. Ein Durchschlagen auf die Nachfrage kann nicht im volkswirtschaftlichen Interesse liegen. Und eine weitere Begrenzung kleiner Einkommen kann nicht dem Leitbild einer »sozialen« Marktwirtschaft entsprechen;
- daß keine Schlechterstellung im Bereich der Sozialversicherungsleistungen eintritt. Für die Arbeitslosenversicherung regelt dies seit dem 1. 8. 1994 das Beschäftigungsförderungsgesetz für einen Zeitraum von drei Jahren. Vergleichbare Lösungen müssen für den Bereich der Rentenversicherung gefunden werden;
- daß verkürzt Arbeitende im Arbeitsleben nicht benachteiligt werden. Das betrifft insbesondere Aufstiegsmöglichkeiten und Kündigungsschutz;
- daß Arbeitszeitverkürzung ihre Grenze hat. Sie darf nicht in den Bereich nichtsozialversicherungspflichtiger Beschäftigung führen.

Konkrete Regelungen zur Arbeitszeitverkürzung sind Sache der Tarifparteien. In der Verantwortung der Bundes- bzw. Landespolitik liegt die Schaffung der o. g. Rahmenbedingungen.

Brandenburg hat deshalb 1994 mit Hamburg und Sachsen-Anhalt eine Gesetzesinitiative auf den Weg gebracht mit Regelungen,

- die eine Benachteiligung verkürzt Arbeitender bei Leistungen nach dem Arbeitsförderungsgesetz ausschließen;
- die den Übergang zu geringeren Einkommen individuell abfedern

  und
- die Arbeitszeitverkürzung insbesondere für ältere Arbeitnehmerinnen und Arbeitnehmer fördern und damit einen gleitenden Übergang in den Ruhestand ermöglichen sowie Nachteile bei der Rentenversicherung ausgleichen.

Der Gesetzentwurf wurde am 12. Mai 1995 im Bundesrat angenommen und in die Ausschüsse des Bundestages überwiesen.

Im Land Brandenburg gibt es bereits seit 1991 erste Erfahrungen mit Modellen der Arbeitszeitverkürzung. Damals wurde mit einer Arbeitszeitverkürzung auf 80 Prozent die Entlassung von 6500 Lehrern vermieden. Das ging ohne Gehaltseinbußen, weil mit einer zeitgleichen Tarifanpassung verrechnet werden konnte.

Im öffentlichen Dienst haben die Tarifpartner für die Arbeitnehmer in den Kommunen ein »Modell zur sozialen Arbeitszeitverteilung« verhandelt, dessen Kern Arbeitszeitverkürzung mit Teillohnausgleich ist. Damit sollen Entlassungen in den Kommunen, insbesondere im Bereich der Kindertagesstätten, verhindert werden.

Zum 1. 8. 1997 wird für die Brandenburger Grundschullehrer eine Arbeitszeitverkürzung auf maximal 60 Prozent bei gleichzeitigem Ausschluß von betriebsbedingten Kündigungen in Kraft treten. Dies ist eine Reaktion auf den Rückgang der Zahl der Kinder – 1997 wird es nur noch 40 Prozent der heutigen Einschulungen geben. Gleichzeitig haben in den nächsten Jahren 3000 Lehrer die Möglichkeit, sich für sogenannte Mangelfächer in den Sekundarstufen I und II zu qualifizieren.

Einen ähnlichen Weg haben wir in einem Unternehmen versucht. Dort sollten durch Arbeitsumverteilung 36 Entlassungen von Frauen verhindert werden, wobei ebenfalls ein Teillohnausgleich für 176 am Modell beteiligte Arbeitnehmerinnen angestrebt war. Das Unternehmen war bereit, eingesparte Sozialplanmittel einzubringen, das Land wollte ersparte Kosten der Arbeitsförderung für jede vermiedene Entlassung zahlen. Letztlich fehlte zur Finanzierung ein Drittel der Kosten, weil Mittel der Arbeitsverwaltung für solche Fälle nicht vorgesehen sind und die Bundesregierung nicht bereit war, mit zu finanzieren. Hier zeigt sich, daß Arbeitgeber, Arbeitnehmer, Bund und Land gemeinsam handeln müssen, um Arbeitslosigkeit zu vermeiden und abzubauen.

Eine Politik für »Vollbeschäftigung« – sehr wohl mit einem veränderten Verständnis des Begriffsinhaltes – ist machbar, wenn eine gesellschaftliche Übereinkunft hierfür erreicht wird.

Wir sind nicht zur Bewegungsunfähigkeit verdammt und stehen nicht einem quasi gesellschaftlichen Naturgesetz hilflos gegenüber. Wir brauchen aber Kraft, unsere Vorstellungen auch da vorzutragen wo sie nicht von vornherein mehrheitsfähig erscheinen und wo sie den Menschen etwas abverlangen.

Dabei kann mehr Beschäftigung nicht allein durch die Solidarität von Arbeitsplatzinhabern und Arbeitslosen erreicht werden.

Es ist gerade wegen der Gefährdung unserer Demokratie durch eine von Arbeitslosigkeit geteilte Gesellschaft höchste Zeit, die Vorstellung aufzugeben, man könne wie bisher Gewinne privatisieren, die soziale Verantwortung aber auf den Staat delegieren. Eine Fortsetzung dieses Weges könnte schwerwiegende gesellschaftliche Destabilisierungsprozesse nach sich ziehen.

Zukunftssicherung ist nicht zum Nulltarif zu bekommen, sie fordert die Solidarität aller gesellschaftlichen Gruppen. Dann wird uns auch in Zukunft die Arbeit nicht ausgehen.

Burkhard Hirsch, F.D.P.-MdB
(Vizepräsident des Deutschen Bundestages)

Recht auf Arbeit?

In der Verfassungsreform-Kommission des Bundestages wurde darüber gestritten, ob ein Recht auf Arbeit in die Verfassung aufgenommen werden sollte. Die Konservativen aller Fraktionen waren dagegen und verhinderten das. Damit schaffe man keinen einzigen Arbeitsplatz, war das Argument. Richtig, aber dürftig. Dadurch, daß die Familie unter dem Schutz des Staates steht, hat noch niemand eine Frau gefunden, und trotzdem wird die Verfassung nicht geändert. Nein, die einen haben die Encyclica laborem exercens nicht gelesen und die anderen die soziale Verantwortung vergessen, mit der wir die Sozialcharta der Vereinten Nationen unterschrieben und ratifiziert haben: Da ist das Recht auf Arbeit als Staatsziel verbindlich versprochen. Außerdem ist die Vollbeschäftigung eine gesetzliche Verpflichtung des Stabilitätsgesetzes. »Arbeiten und Wohnen stehen unter der besonderen Verantwortung des Staates« hatte der spätere F.D.P.-Bundestagsabgeordnete Prof. Schmidt-Jortzig als Staatsziel vorgeschlagen, vergeblich.

Arbeit kann Mühe, Belastung, Anstrengung und Streß sein. Das mag der denken, der Arbeit hat. Wer sie erfolglos sucht, für den ist sie Beschäftigung, Bestätigung, soziale Anerkennung, Lebenssinn und natürlich auch Lohn. Wer sie nicht hat, lernt ihren Wert schätzen: Arbeit ist in unserem gesellschaftlichen Wertgefüge zentral. Sie ermöglicht Selbstbestimmung, Orientierung, sie kann einen Selbstwert vermitteln, schöpferisch sein.

1. Bekämpfung der Arbeitslosigkeit

Die Bekämpfung der Arbeitslosigkeit ist eine zentrale Aufgabe unserer Gesellschaft. Darin sind sich alle politischen Richtungen einig. Das gilt auch und gerade für Liberale. Ziel liberaler Politik ist es, individuelle Freiheiten zu erhalten und Bedrohungen abzuwenden, gleich von wem sie kommen.

Dazu gehört auch die Bedrohung der Menschen durch Armut und Angst vor Arbeitslosigkeit. Individuelle Freiheitsrechte sind sinnlos, wenn man sie nicht verwirklichen kann. Armut und Arbeitslosigkeit sind auch Anschläge auf die Freiheit, wie es die Programmkommission der Thüringischen F.D.P. kürzlich treffend formuliert hat.

So einig sich Politik und alle gesellschaftlichen Kräfte in der Erkenntnis des Problems der Arbeitslosigkeit sind, so unterschiedlich sind die zu seiner Lösung vorgeschlagenen Wege. Für Kämpfer eröffnet sich hier ein wahres Schlachtfeld der verschiedenen Ideologien. Niemandem soll pauschal unterstellt werden, es gehe um Rechthaberei. Aber daß Arbeitslosigkeit am besten dadurch bekämpft werden kann, indem man neue Arbeitsplätze schafft, das ist eine Binsenweisheit. Dabei sind in der Vergangenheit auch Erfolge erzielt worden. Von 1983 bis 1992 hat es in Westdeutschland einen Anstieg der Erwerbstätigkeit um gut 3 Millionen Beschäftigte gegeben. Auch nach der jüngsten wirtschaftlichen Rezession liegt die Erwerbstätigenzahl in Westdeutschland noch um etwa 2,3 Millionen über dem Stand von 1983. Allerdings hat diese positive Entwicklung nicht gleichzeitig zu einem entsprechenden Abbau der Arbeitslosigkeit geführt. Zugänge aus dem Ausland, geburtenstarke Jahrgänge, verstärkte Erwerbsbeteiligung der Frauen und die besondere Lage in den neuen Bundesländern haben dazu geführt, daß in Deutschland nach der aktuellen Arbeitslosenstatistik etwa 3,8 Millionen Menschen ohne Erwerbstätigkeit sind.

Das eine Problem ist, daß die neuen Arbeitsplätze andere berufliche Qualifikationen verlangen als die weggefallenen. Wer aus der Kohle herausgeht, der muß noch lange nicht bei einem Autohersteller oder der Telekom einen anderen passenden Arbeitsplatz finden. Darum müßte es eine Qualifikationsoffensive im Bereich der beruflichen und vor allem der Erwachsenenbildung geben. Die staatlichen Reaktionen auf die zum Teil dramatischen Veränderungen reichen nicht aus, die der Tarifparteien übrigens auch nicht. Es verwundert auch nicht, daß neben der Überlegung, neue Arbeitsplätze zu schaffen, in den letzten Jahren die Forderung lauter wird, die vorhandene Arbeit anders zu verteilen. Das hat eine gewisse Logik für sich. Warum sollte derjenige, der – warum auch immer – weniger arbeiten möchte, die Möglichkeit zur Teilzeitarbeit, zu weniger Wochenarbeitszeit oder zu einem vorzeitigen Ruhestand nicht bekommen? Flexibilität ist neben der Qualifizierung und Weiterbildung ein Schlüssel zur Bekämpfung der Arbeitslosigkeit. Wenn das ohne Zwang geht und wenn der Faktor Arbeit dadurch nicht verteuert wird, dann ist das in Ordnung.

2. Probleme der Arbeitslosigkeit

Die besondere Gefährlichkeit der Arbeitslosigkeit liegt darin, daß ihre Auswirkungen nicht nur individuelle Folgen haben, sondern die ganze Gesellschaft verändern können. Massenarbeitslosigkeit gefährdet den sozialen Frieden. Bei der Bekämpfung der Arbeitslosigkeit muß darum auch darauf geachtet werden, daß die zu ihrer Bekämpfung ergriffenen Maßnahmen nicht neuen, anderen Sprengstoff schaffen. Dies könnte bei der Verkürzung der Lebensarbeitszeit oder dem sogenannten vorzeitigen Ruhestand drohen. Die Internationale Arbeitsorganisation (ILO) hat kürzlich den Weltarbeitsbericht 1995 vorgelegt. Danach ist der Anteil der erwerbstätigen Männer zwischen 60 und 64 Jahren in Deutschland durch freiwillige oder erzwungene Maßnahmen auf ein Drittel gesunken. In Finnland, Frankreich oder den Niederlanden beträgt dieser Anteil heute nur noch 18 Prozent nach 70 Prozent im Jahre 1970. Ein ähnlicher Trend ist bei den Frauen zu verzeichnen. Das Rentenzugangsalter in Deutschland liegt im Durchschnitt bereits bei 60 Jahren. Setzt sich diese Entwicklung fort, so könnte es in 30 Jahren in Deutschland mehr Rentner als Arbeitnehmer geben. Anfang des nächsten Jahrtausends erreicht die sogenannte Babyboom-Generation das vorgezogene Pensions- bzw. Rentenalter. Diese Entwicklung ist für unser Sozialsystem von größter Bedeutung; die Lebenserwartung hat sich deutlich erhöht, die Zahl der Beitragszahler sinkt ab.

Aber auch die sozialen Probleme sind beträchtlich, die sich aus einer systematischen »Frühverrentung« ergeben. Wollen wir wirklich eine ganze Generation von der mit einem Arbeitsplatz verbundenen gesellschaftlichen Anerkennung ausschließen? Spielen wir die ältere Generation gegen die jüngere aus, wenn wir den Eindruck erwecken, man müsse so schnell wie möglich aus dem Erwerbsleben ausscheiden, um der Jugend eine Chance auf einen Arbeitsplatz zu ermöglichen? Studien haben ergeben, daß bei einer Frühpensionierung kaum Arbeitsplätze für junge Arbeitslose entstanden sind. Dies liegt u. a. daran, daß den Jungen die entsprechenden Fertigkeiten fehlen, die die Älteren in ihrem Arbeitsleben erlangt haben. Die in hohem Maße vorhandene Qualifikation, das Know-how der Älteren wird ohne Not vernichtet. Der erwähnte Weltarbeitsbericht bezeichnet es als Vorurteil, daß die älteren Arbeitnehmer stets unproduktiver seien als jüngere. Selbst wenn sie aus Gründen des Senioritätsprinzips höher entlohnt würden, könnten sie kostengünstiger sein.

Um Mißverständnisse zu vermeiden, sei klargestellt: Einer generellen Verlängerung der Lebensarbeitszeit soll hier nicht das Wort geredet werden.

Dazu sind die einzelnen Arbeitsverhältnisse und -bedingungen zu unterschiedlich. Ebenso falsch wäre es jedoch, das Heil in einer generellen und systematischen Verkürzung der Lebensarbeitszeit zu suchen. Der ILO-Bericht spricht zutreffend von einer individuellen Arbeitskapazität, von einem funktionalen Alter. Alter sollte also als etwas Relatives, Flexibles verstanden werden, nicht als etwas Starres, Unbewegliches. Wie in manchen Beschäftigungsbereichen die Produktivität bereits im Alter zwischen 20 und 30 Jahren sinkt, so kann sie in anderen Bereichen im Alter von über 50 Jahren noch steigen. Geeignete Arbeitsbedingungen, vorbeugender Gesundheitsschutz und ständige Qualifikationsmaßnahmen können abnehmender Leistungsfähigkeit im Alter entgegenwirken. Wer ältere Menschen systematisch vom Erwerbsleben ausschließen will, drängt sie entweder ins soziale Abseits oder in die Schwarzarbeit. Die individuelle Flexibilität im Rentenalter ist ein gesellschaftliches, ökonomisches und finanzielles Gebot der Zukunft.

Florian J. Hoffmann
(Rechtsanwalt)

Eine neue liberale Idealvorstellung

1. Kurzform

Solange die neue soziale Frage nicht gelöst ist, muß sich der Staat vorhalten lassen, daß er die neue Armut als Auslöser von Kriminalität moralisch und politisch mitverantwortet. Die Einführung einer Staatsdividende (Bürgergeld) erweitert den Freiheitsraum der Menschen, erhöht ihre Risikobereitschaft und ihre Bereitschaft zur Eigenverantwortung. Obwohl das Bürgergeld in Ergänzung bestehender sozialer Institute (Sozialhilfe, Sozialer Wohnungsbau, Bafög etc.) eingeführt wird, wird es bewirken, daß deren Inanspruchnahme im Laufe der Zeit drastisch sinkt. Das Bürgergeld löst im Kern die neue soziale Frage.

Der steuerliche Spielraum des Staates wird in Höhe des Mehrwertsteuersatzes auf eine Quote des Sozialprodukts beschränkt (z. B. 20 %). Staatliche Kreditaufnahme ist nur kurzfristig zulässig, so daß die Effizienz des Staatsapparates jederzeit meßbar und gewährleistet ist. Privatwirtschaftliche Tätigkeit des Staates ist untersagt, da sich der Staat als Kontrollbehörde und Gewerbetreibender zugleich stets in einem unauflöslichen Interessenkonflikt befindet. Der Staat ist jedoch Träger der gesamten Infrastruktur (Schienen, Straßen, Datenwege, Netze für Gas, Strom, Öl etc.), für die er Abgaben erheben darf und die er den privaten Betreibern gegen Gebühr zur Verfügung stellt.

Staat und Wirtschaft einigen sich über die mengenmäßige Reduzierung des Einsatzes an nichtregenerativen Materialien im Rahmen eines langfristigen Programmes mit dem Ziel, damit zugleich gesamtwirtschaftlich die Menge der Abfälle und Emissionen zu reduzieren. Grund und Boden werden als Dauerressource dem Gebrauch geöffnet (ökologisches Bauen und Wohnen im Außenbereich) und auf Dauer dem endgültigen Verbrauch verschlossen (Garzweiler II). Die neue Knappheit führt zu erhöhten Materialpreisen und regt die technologische Innovation an (Technologie als Ressource). Eine derartige Entwicklung entspricht auch der Stärke der deutschen Industrie und unseres gewerblichen Mittelstandes. Der Prozeß der Verknappung führt die technologische Entwicklung automatisch in die richtige Richtung, weshalb jegliche technologische Förderung von seiten des Staates zu unterbleiben hat.

Die neue Knappheit erfordert zugleich ein Maximum an Bewegungsfreiheit des einzelnen. Bürokratische, interventionistische Eingriffe des Staates in die Bewegungsfreiheit des einzelnen innerhalb der Infrastruktur sind, soweit sie nicht aus ordnungsrechtlichen oder technischen Gründen unabdingbar sind, unzulässig.

2. Thesenform

1. Unser Staat muß sich vorhalten lassen, daß er für die Ausweitung der Kriminalität politisch und moralisch mitverantwortlich ist, solange er die neue soziale Frage nicht löst.

2. Marktwirtschaft als Instrument der Einkommensverteilung (Geldverteilung) funktioniert nachweislich alleine nicht (daher: Soziale Marktwirtschaft). Die Tarifautonomie als Motor des sozialen Ausgleichs verliert zunehmend an Wirkung. Bedingt durch eine anhaltend hohe Quote an Arbeitslosigkeit und durch den wachsenden Export von Arbeitsplätzen bedarf es daher neuer Ansätze für die Lösung der sozialen Frage. Eine deutsche Partei strebt als langfristige Vision für den sozialen Ausgleich in Ergänzung der bisherigen Komponenten (Sozialstaat, Tarifautonomie) die Einführung einer variablen Staatsdividende (Bürgergeld) an. Letzteres führt nicht zu einer Minderung, sondern über die Erweiterung des individuellen Entfaltungs- und Freiheitsraums zu einer erhöhten Risiko- und Leistungsbereitschaft des einzelnen. Diese Initiative verdient daher, unterstützt zu werden.

3. Privateigentum (Kapital) und Privatinitiative sind die Grundlage jeglichen Handelns zur Schaffung der wirtschaftlichen Grundlage eines jeden einzelnen. Aus ihm entstehen die Früchte, die zum Überleben notwendig sind und die der einzelne entweder selbst verzehrt oder die er gegen Geld oder andere Früchte eintauscht. Die Marktwirtschaft als Verteilungsmechanismus ist als Instrument der Güterversorgung unschlagbar, weil dahinter der Fleiß, der Erfindergeist und die Initiative aller steckt. Marktwirtschaft heißt: Sicherstellung der eigenen Versorgung mit den Dingen, die man nicht selbst herstellt, über die Verteilungs- und Tauschmechanismen des Marktes. Marktwirtschaft funktioniert ideologiefrei.

4. Die ökologische Frage enthält die dramatische Frage nach der Chance des Überlebens der Menschheit. Jegliche Umweltpolitik funktioniert nur dann, wenn jeder Umweltverbrauch konsequent und global zu seiner anfänglichen Verursachung zurückverfolgt wird (Verursachungsprinzip). Allererste Verursacher eines jeden Abbaus von Rohstoffen sind staatliche Genehmigungen (Konzessionen, Claims). Nicht die Verbraucher, sondern die Staaten der Erde sind die primären Umweltverschmutzer (Rußland, Irak, Frankreich etc.)! Märkte verteilen immer nur das, was abgebaut wird, dessen Abbau also vorher staatlich genehmigt wurde.

Tatsächlich ergibt sich die Abfallmengen, also der Grad an Umweltverschmutzung, in erster Linie aus der eingebrachten, also der geförderten Menge. Durch die sukzessive Einführung einer vertraglichen Regelung zwischen Staat und Wirtschaft mit dem Inhalt der Steuerung von Abbau- oder Importmengen wird eine regionale (am Ende auch eine globale) Einsatzmengensteuerung eingeführt. Die Mengenreduzierung führt zu Knappheit, zu erhöhten Preisen und damit zu erhöhter Sparsamkeit, aber auch zur Entwicklung und Durchsetzung neuer Technologien. Eine ökologische Marktwirtschaft steuert die Reduzierung der Schadstoffe über höhere Preise, nicht über höhere Steuern. Hohe Preise sind nicht unsozial, wenn sie sozialstaatlich flankiert sind. Höhere Preise erlauben auch höhere Einkommen und damit eine sozialverträglichere Einkommensverteilung (Nord-Süd-Gefälle). Der Schutz des Verbrauchers muß in Zukunft ersetzt werden durch den Schutz der Umwelt.

5. Steuern und Abgaben sind die Einnahmen der Staatshaushalte. Für die Zukunft sollte sich die Leistungsfähigkeit einer Regierung dadurch messen, daß sie mit einem vorhandenen Budget die optimale Wirkung erzielt, und nicht dadurch, daß sie ihre vorzeigbaren Leistungen vermehrt, indem sie diese durch Schuldenaufnahme finanziert. Alle Staatshaushalte haben deshalb ihre Ausgaben mit ihren Steuereinnahmen zur Deckung zu bringen, wodurch sich der Innovationsdruck der Wirtschaft auch in die Staatsorganisation ausdehnt. Eine Staatsverschuldung findet nur zum Ausgleich vorübergehender Liquiditätsengpässe und in begrenztem Umfang statt. Staatsschulden sind gegenüber dem Kreditgeber dinglich abzusichern und spätestens binnen sieben Jahren zu tilgen. Nach Ablauf der sieben Jahre werden entweder die Sicherheiten verwertet oder die Schulden verfallen.

Die Einnahmen der Staatsdiener müssen sich am Steueraufkommen orientieren, d. h. insgesamt flexibel mit den Steuereinnahmen steigen und sinken. Die Einnahmen der Staatshaushalte definieren sich i. H. des Satzes der Mehrwertsteuer durch Quoten am Sozialprodukt (z. B. 20 Prozent). Die

Einnahmen des Staates aus der Einkommensteuer werden vollständig und allein zur Zahlung des Bürgergeldes verwandt. Die Übergangszeit bzw. der Planungshorizont für die völlig neue Finanzstruktur der staatlichen Organisation beträgt mindestens dreißig Jahre.

6. Das Gemeinwesen (Bund, Länder und Gemeinden) ist nicht befugt, sich privatwirtschaftlich zu betätigen, weil es sich als Aufsichtsbehörde und zugleich als Gewerbetreibende in einem unauflöslichen Interessenkonflikt befindet. Deshalb sind alle staatlichen Beteiligungen zu privatisieren. Ungeachtet dessen hat die öffentliche Hand die Aufgabe, der Allgemeinheit öffentliche Güter kostenlos oder gegen Gebühr (allgemeine Staatsverwaltung, Justiz, Sicherheit nach innen und nach außen, Bildung, Infrastruktur, allgemeinbildende Einrichtungen) zur Verfügung zu stellen.

7. Der Aufbau, das Halten, die Bereitstellung der Infrastruktur der Transport- und Verkehrswege (Straßen, Kanäle, Schienen, Kabel, Rohre, Pipelines, Satelliten) für die Allgemeinheit und die Kontrolle ihrer Beschaffenheit und Nutzung (Verkehrsordnung, Polizei) ist jedoch allein Sache des Staates. Die Regeln ihres Gebrauchs werden jeweils in einer Benutzungsordnung abstrakt generell festgelegt. Der Staat bedient sich zum Aufbau und zur Bereitstellung der Infrastruktur privater Hersteller und Dienstleister. Die Kontrollfunktion ist nicht delegierbar, sie wird ausschließlich hoheitlich durchgeführt.

Die Frage des Straßenverkehrs liegt heute im Fadenkreuz der Diskussion von Marktwirtschaft und Ökologie. Allein aufgrund seiner sichtbar überdimensionalen Ausweitung in den vergangenen Jahrzehnten in unseren Breiten wird der Straßenverkehr vielfach als das ökologische Kernübel angesehen. Die Umsetzung des hier vorgeschlagenen ökologischen Konzepts soll jedoch auch bewirken, daß der Umgang des Individuums mit den materiellen Ressourcen weit sparsamer erfolgt, als dies heute der Fall ist: Die neue Knappheit zwingt zwar den einzelnen zu neuer Sparsamkeit, regt aber auch dessen Kreativität an, führt also auch zur Entwicklung neuer Technologien. Ein Innovationsschub ist zu erwarten: Die unendlich verfügbare Ressource »Technologie« soll die Verschwendung der terrestrischen Ressourcen beenden.

Jedoch: Nur in der freien Entfaltung neuer Varianten der Organisation und der technologischen Entwicklung liegen die Chancen dieses Konzeptes. Nur der Erhalt der Freiheit des einzelnen ermöglicht die vorgesehene Beschränkung. Willkürlichen bürokratischen Eingriffen in die Bewegungen (Fahren, Fliegen, Telefonieren, Transportieren) innerhalb der Infrastruktur, die nicht der Nachfrage entsprechen (Verkehrsplanung, autofreie Innenstädte etc.) sind daher prinzipiell eine Absage zu erteilen.

8. Technik und Wissenschaft entwickeln sich im Rahmen wissenschaftlicher oder wirtschaftlicher Betätigung von selbst. Es ist Aufgabe des Staates, Gefahren abzuwenden, also seine Sicherungs- und Ordnungsfunktion wahrzunehmen und die technische Entwicklungen archivarisch und protokollarisch zu begleiten. Sobald der Staat technologiehörig wird (Förderung von technischem Fortschritt), sind Fehlentwicklungen in Form staatlicher Entwicklungsmonster vorprogrammiert (Beispiele: Transrapid, Atomindustrie). Staatliche Propaganda zur Veränderung des Bewußtseins ist – insbesondere auch in diesem Zusammenhang – unzulässig.

Josef Homeyer
(Bischof von Hildesheim, Vorsitzender der Kommission IV für gesellschaftliche und soziale Fragen der Deutschen Bischofskonferenz)

Gemeinsam Mitverantwortung tragen

Die Einladung der IG Metall zu einem gesellschaftlichen Dialog über die Zukunft der Arbeit, des Sozialstaates und der Gewerkschaften korrespondiert unmittelbar zu dem Konsultationsprozeß der Kirchen zur Vorbereitung eines gemeinsamen Wortes zur wirtschaftlichen und sozialen Lage. Beide Vorhaben entspringen der gemeinsamen Sorge und Mitverantwortung von Gewerkschaften und Kirchen für eine sozial gerechte, ökologisch verträgliche und menschenwürdige Gestaltung unserer zukünftigen Lebensbedingungen und sind darauf gerichtet, nicht nur einen möglichst breiten gesellschaftlichen Konsens über die notwendigen Zukunftsentscheidungen zu erreichen, sondern dafür auch gängige Lösungswege aufzuzeigen. Wie die IG Metall sehen auch die Kirchen die Hauptherausforderungen in der Überwindung der anhaltenden Massenarbeitslosigkeit und der Sicherung des Sozialstaates, darüber hinaus aber ganz wesentlich und nicht zuletzt in der Stärkung der Familien.

Neben dem Bundesvorstand des Deutschen Gewerkschaftsbundes hat auch der Vorstand der IG Metall im März 1995 eine ausführliche Stellungnahme zu der Diskussionsgrundlage für den Konsultationsprozeß der Kirchen über ein gemeinsames Wort zur wirtschaftlichen und sozialen Lage verabschiedet. Damit ist bereits der von beiden bedeutenden gesellschaftlichen Institutionen gegenseitig erwartete Dialog über unsere wirtschaftlichen und gesellschaftlichen Zukunftsperspektiven in Gang gekommen. Gerade die mit sehr hilfreichen und bedenkenswerten konkreten Vorschlägen und Anregungen angereicherte konstruktive Kritik der IG Metall bietet uns für die endgültige Abfassung des Wortes viele weiterführende Ansätze und Anregungen.

1. Soziale Gerechtigkeit

Wer soziale Gerechtigkeit einfordert, kommt nicht umhin, die Instrumente und Institutionen präzise zu benennen, die für soziale Gerechtigkeit einstehen. Darauf wird in der Stellungnahme der IG Metall zur der Diskussionsgrundlage der Kirchen zu Recht hingewiesen. Daß hier den Gewerkschaften ebenfalls eine ganz entscheidende fundamentale und eigenständige Bedeutung für die Durchsetzung verbesserter Arbeits- und Lebensbedingungen zukommt und wir zur Gewährleistung von Mindestbedingungen nicht ohne Tarifverträge auskommen, ist dabei für uns unbestritten.

Doch stellt die Diskussionsgrundlage der Kirchen für den Konsultationsprozeß auf der anderen Seite auch im Blick auf die Gewerkschaften zu Recht die Frage, ob nicht in den vergangenen Jahrzehnten bei unserem weitgehend von Interessenpluralismus bestimmten Miteinander übergeordnete Interessen des Gemeinwohls immer mehr zurücktraten und bei den politischen und tarifvertraglichen Entscheidungen die Interessen sozial Schwacher und Benachteiligter sowie wenig organisierter Gruppen sogar auf der Strecke blieben.

In diesem Zusammenhang sind vor allem zwei Fragestellungen aus dem Dialogpapier der IG Metall bedeutsam, die bisher von den Tarifparteien kaum wahrgenommen wurden: Wie läßt sich das Verhältnis von Erwerbsarbeit und anderen Formen und Phasen gesellschaftlich nützlicher Arbeit neu bestimmen, und wie kann im Blick auf die Gleichstellung der Geschlechter besser und flexibler Erwerbsarbeit und außerberufliche Arbeit, d. h. in erster Linie Familienarbeit, aufeinander abgestimmt werden? Ein weiteres Anliegen, das in dem Dialogpapier überhaupt nicht zur Sprache kommt, ist die Überwindung der Langzeitarbeitslosigkeit, die eines der brennendsten sozialen Probleme unserer fortgeschrittenen Industriegesellschaft darstellt.

In den Bereichen Familie, Haushalt und Pflege bietet sich eine Fülle vielfältigster Tätigkeiten mit der Möglichkeit an, zusätzliche Arbeitsplätze in Millionenhöhe zu schaffen, wenn entsprechende steuerliche, tarifliche und arbeits- und versicherungsrechtliche Rahmenbedingungen geschaffen werden, die eine flexible Arbeitszeitgestaltung und Entlohnung erlauben. Nicht nur arbeitslose Menschen können doch nicht mehr verstehen und nachvollziehen, daß wir auf der einen Seite »billigere« lohnintensive Arbeitsplätze exportieren und im gleichen Maße Arbeitskräfte freisetzen, die bei geringeren Qualifikationsvoraussetzungen kaum noch eine Chance haben, wieder in Arbeit zu kommen, während auf der anderen Seite viel, weil nicht finanzierbare Arbeit brachliegen bleibt.

2. Demographischer Wandel

Keine Antwort hat bisher unsere Gesellschaft – weder Politik noch Tarifpartner, noch auch die Kirchen – auf den dramatischen demographischen Wandel und die sich abzeichnende gleichzeitige Schrumpfung und Überalterung unserer Gesellschaft gefunden. Die Fragen und Probleme, für die wir dringend Lösungen brauchen, sind nicht nur auf die soziale Sicherung, sondern vor allem auch auf die Perspektiven der Jugend und die Betreuung und Versorgung der älteren Generation gerichtet. Auf das Altwerden sind wir überhaupt nicht eingestellt. Wenn wir nicht zu einer Erneuerung und Renaissance des Rangs und der Anerkennung der familiären Solidarität kommen, müssen wir über völlig neue Netzwerke und Formen gegenseitiger praktizierter Solidarität nachdenken, da wir auch nicht davon ausgehen können, daß wir alle notwendigen Leistungen und Arbeiten im Wege eines ehrenamtlichen Engagements werden bewältigen können. Auch dies sind Anliegen, denen sich die Gewerkschaften stellen müssen.

3. Perspektiven

Im Bereich der sozialen Sicherungssysteme muß es unsere ständige Sorge sein, nicht mehr benötigte oder fehlgeleitete Leistungen abzubauen und damit eine Überforderung zu vermeiden. Vor allem aber dürfen den solidarischen, beitragsfinanzierten Versicherungssystemen nicht länger solche Leistungen abverlangt werden, die nicht ihrem ursprünglichen Versicherungszweck entsprechen und daher gerechterweise nur über Steuern finanziert werden dürfen. Es können und dürfen nicht öffentliche Leistungen nur einem bestimmten Teil der Bevölkerung, nämlich den Beitragszahlern für die Krankenversicherung, Rentenversicherung und Arbeitslosenversicherung übertragen werden, während davon andere ausgenommen bleiben. Eine solche notwendige Entlastung der sozialen Sicherungssysteme wäre gleichzeitig ein wirksamer Beitrag zur Senkung der Lohnnebenkosten und damit zur Verbesserung unserer Wettbewerbsfähigkeit.

Ein besonderes kirchliches Anliegen, das auch in dem Dialogpapier der IG Metall zur Sprache kommt, ist die Beteiligung der Arbeitnehmer am Produktivvermögen. Hier muß sich aber vor allem die IG Metall selbst fragen lassen, daß und warum sie bisher noch nicht hinreichend ihre Mittel und Möglichkeiten genutzt und eingesetzt hat, tragfähige, realisierbare und erfolgversprechende Konzepte der Beteiligung der Arbeitnehmer am Produktivvermögen zu entwickeln und auch durchzusetzen. Nach unserem Eindruck liegt es weniger an der Politik als an dem Willen der Tarifpartner, in der Frage der gerechten Vermögensverteilung endlich konkrete Fortschritte zu erzielen.

IG Metall-Bildungszentrum Sprockhövel

*(Arbeitsgruppe 1)**

1. Zukunft der Arbeit

Zusätzliche Urlaubstage für über 50jährige Kolleginnen und Kollegen

Aufgrund des stetig steigenden Leistungsdrucks und der hohen Zahl der Erwerbslosen sollte die Arbeit gerechter verteilt werden. Wir hätten vorzuschlagen, ab der Altersgrenze von 50 Jahren einen zusätzlichen Urlaubsanspruch (Staffelung nach Alter, Schicht- und Nachtarbeit, Art der Tätigkeit) vorzunehmen.

Einführung der 30-Stunden-Woche

Zur Sicherung und Schaffung von Arbeitsplätzen sowie der gerechteren Verteilung der Arbeit (Leistungsverdichtung) soll die Wochenarbeitszeit auf 30 Stunden bei vollem Lohnausgleich verkürzt werden.

Qualifizierung

Aufgrund der immer weiter fortschreitenden Neuerungen der Technologien sehen wir die Notwendigkeit (zum Erhalt des Arbeitsplatzes) stetige Qualifizierungsmöglichkeiten intern sowie extern, in Zusammenarbeit mit Arbeitsamt, Unternehmer, Kommune und Gewerkschaft, durchzuführen.

Sicherung von Teilzeitarbeitsplätzen

Festschreibung eines Prozentsatzes der Beschäftigten eines Unternehmens in Teilzeitarbeit.

---

* Dieser Arbeitsgruppe gehörten an: Ilka Bauer (Ludwigshafen/Frankenthal), Renate Brethack (Velbert), Gerald Brühl (Bamberg), Thomas Diehl (Ludwigshafen/Frankenthal), Dieter Günzel (Detmold), Alexander Kanellos (Stuttgart), Bernhard Röll (Schwabach) und Necmettin Yagci (Duisburg).

Kinderbetreuung

Um den Wiedereinstieg ins Berufsleben zu ermöglichen, sollten Familien und Alleinerziehende mit Kindern eine Kinderbetreuung am Arbeitsplatz während der Arbeitszeit vom Unternehmer angeboten bekommen.

Ökologische Lebensinseln im Betrieb

Zur Verbesserung von Arbeitsklima und Auflockerung der Betriebsstätten sollten ökologische Lebensinseln (grüne Lungen) innerhalb der Firma angelegt werden.

Schichtarbeit

Um der gesundheitlichen Schädigung durch jahrelange Schichtarbeit entgegenzuwirken, sehen wir den Sinn in einer Herabsetzung des Rentenalters für Schichtarbeiter ohne finanzielle Einbußen. (Keine Rentenminderung!!)

Aufteilung der Gewinne

Zur Schaffung und Verbesserung ökologischer und sozialer Einrichtungen soll von Gewinn und Rücklagen ein fester Prozentsatz wieder in das Unternehmen zurückgeführt werden. (Menschengerechte Arbeitsbedingungen!!)

Des weiteren müssen die Arbeitnehmer/-innen an dem Erwirtschafteten beteiligt werden, z. B. in Form von Dividenden, Gratifikationen, Sonderzahlungen etc.).

2. Zukunft des Sozialstaates

Leiharbeitsfirmen

Um tarif- und sozialgerechte Arbeitsbedingungen zu erreichen, muß die Genehmigung für Leiharbeitsfirmen wieder rückgängig gemacht werden.

Entgelt für Teilzeitarbeit

Bei Arbeitsverhältnissen auf DM 580 Basis soll der Arbeitgeber den Rentenanteil zusätzlich an die Rentenversicherung abführen.

Abschaffung Beamtenstatus

Um eine Gleichbehandlung in Sachen Rente, Versicherungsbonus usw. zwischen Beamten und Arbeitnehmern wiederherzustellen, sollte der Beamtenstatus abgeschafft werden.

Sozialabgaben

Die Höhe der Sozialabgaben muß umgekehrt proportional zum Abbau von Arbeitsplätzen steigen. Zusätzlich ist eine Maschinensteuer einzuführen.

Ausländerwahlrecht

Ausländische Arbeitnehmer/-innen, die der Sozialpolitik unterliegen, sollten auch dem allgemeinen Wahlrecht unterliegen.

Internationale Entwicklungshilfe

Sinn- und planvoller Aufbau von internationalen Entwicklungshilfen mit der Beteiligung qualifizierter Arbeitnehmer/-innen, unter Berücksichtigung gewerkschaftlicher Aspekte.

3. Zukunft der Gewerkschaften

Schutz für Vertrauensleute

Um die Basisarbeit zu stärken und allen Vertrauensleuten die Möglichkeit zu geben, ihre gewerkschaftliche Tätigkeit während der Arbeitszeit auszuüben, fordern wir die Gleichstellung des Vertrauenskörpers mit dem Status des Betriebsrates.

Euro- bzw. Weltbetriebsrat

Um unsere Position in der Standortfrage zu stärken, ist es notwendig, daß die Betriebsräte nicht nur auf nationaler, sondern auch auf internationaler Ebene zusammenarbeiten. Ziel muß es sein, an allen Standorten der Welt die gleichen Voraussetzungen (Lohnniveau, Arbeitszeit, Umwelt etc.) zu schaffen.

Gewerkschaftliche Meinungsbildung

Wir fordern alle Einzelgewerkschaften im DGB auf, zu allen politischen Fragen eindeutig Stellung zu nehmen (eine gemeinsame Position) und in allen Fragen aktiv zum Wohl der Arbeitnehmer/-innen auf Staat und Gesellschaft einzuwirken.

Bildungs- und Betreuungsarbeit

Wir fordern eine intensive Aus- und Weiterbildung des Vertrauenskörpers und der Betriebsräte in wirtschaftlichen und gewerkschaftlichen Fragen (Erhalt und Ausbau der vorhandenen Bildungsarbeit). Gleichzeitig ist es unbedingt erforderlich, das Betreuungsangebot der Verwaltungsstellen flächendeckend aufrechtzuerhalten. Die IG Metall sollte ihr unternehmerisches Denken dahin gehend ändern, daß durch Gesetzesänderungen (Betriebsverfassungsgesetz) Kosten auf die Arbeitgeber abgewälzt werden.

Mehr Demokratie

Die Meinungsbildung innerhalb der IG Metall muß den demokratischen Grundsätzen (Meinungsbildung von unten nach oben) unterliegen. Der Vorstand wird aufgefordert, intensiver mit der Basis, sprich Vertrauenskörper und Mitgliedern, zusammenzuarbeiten.

Politische Zusammenarbeit

Die Gewerkschaften müssen bei der staatlichen und kommunalen Meinungsbildung ein größeres Mitspracherecht erhalten. Sie sollen in allen Gremien von Gemeinderat bis Bundestag vertreten sein.

Brancheninformation

Die Betriebsräte sollten zumindest auf regionaler Ebene gegenseitig Informationen austauschen, um branchenspezifischen Entwicklungen gemeinsam entgegenzuwirken.

IG Metall-Bildungszentrum Sprockhövel

*(Arbeitsgruppe 2)**

Denkanstöße

Wir wünschen uns, daß wir unsere Gedanken und Vorschläge in der zukunftsorientierten Gewerkschaftspolitik wiederfinden.

Die Handlungsspielräume der Flächentarifverträge nutzen.

Rechte und Chancengleichheit in bezug auf Qualifikation, Motivation und Kreativität der Mitarbeiter sichern.

Leistungsgerechte Lohn- und Gehaltsstruktur schaffen, um große Lohnunterschiede abzubauen und andererseits ein Problembewußtsein bei breiten Bevölkerungsschichten zu schaffen.

Beteiligung der Arbeiter an den Unternehmergewinnen, z. B. durch Dividenden bzw. eine gerechtere Umverteilung, wird hiermit gefordert.

Mitbestimmungsrechte der Betriebsräte in bezug auf die im Betrieb angewandte Technik und Organisation der Arbeit auszudehnen und zu sichern.

Forderung der 30-Stunden-Woche. Stufenweise Kürzung der Arbeitszeiten für Mitarbeiter ab dem 50. Lebensjahr (Ausdehnung der Teilzeitarbeit).

Verpflichtung zur Schaffung von Schwerbehinderten-Arbeitsplätzen.

Genereller Anspruch auf innerbetriebliche Weiterbildung.

Höhere Realeinkommen und eine größere soziale Gerechtigkeit.

Permanente Kontrolle der Eingruppierungen, Arbeitsplatzbewertungen und -belastungen.

Die Qualifizierung aller Mitglieder muß wesentlich gefördert werden. Mehr Unterstützung, Schulung und Rechte, besonders für Vertrauensleute auf betrieblicher Ebene.

---

* Dieser Arbeitsgruppe gehörten Betriebsräte und Vertrauensleute u. a. an von Mercedes Benz AG (Untertürkheim), Adam Opel AG (Bochum), Hagen Batterie AG (Soest), Mittel-Spannungstechnik (Priesendorf), VW-Werk Baunatal und König u. Bauer Albert AG (Frankenthal).

Verbesserung des Informationsflusses und des Dialogs zwischen Betriebsrat, VKL und Belegschaften.

Die Interessen und die Meinungsbildung der Mitglieder muß verstärkt wahrgenommen werden und an Einfluß gewinnen, um eine gemeinsame Betriebspolitik zu entwickeln.

Die internationale Bindung der Gewerkschaften muß schnellstmöglich vonstatten gehen, um eine zukünftige Untergrabung der Arbeitnehmerinteressen und der Gewerkschaften entgegenzuwirken und deren Kraft zu stärken.

Öffentlichkeitsarbeit zu fördern und die Interessen der Gewerkschaften verständnisvoll publik zu machen.

Der politische Einfluß muß verstärkt werden.

Mehr Mitbestimmung bei der Übertragung eines Betriebes oder Teilbetriebes auf ein ausländisches Unternehmen.

Gründung von Beschäftigungsgesellschaften.

Gründung und Förderung von Genossenschaften, um einen Gegenpol zur durchkapitalisierten, industriellen Vorherrschaft zu schaffen.

Umverteilung des gesellschaftlichen Reichtums zugunsten der abhängig Beschäftigten.

Ausweitung der Anerkennung von Berufskrankheiten.

Abschaffung des § AFG 116, ggf. Klage vor dem Europäischen Gerichtshof.

Bezahlbare Wohnungen, Förderung des sozialen Wohnungsbaus.

Keine Zweckentfremdung der Sozialkassen.

Kommunales Wahlrecht für Ausländer.

Doppelte Staatsbürgerschaft.

Maschinensteuer.

Abschaffung des Solidaritätszuschlages und Kompensierung durch die Unternehmen.

Anwesenheitspflicht im Bundestag (»Schlafverbot«), unter Androhung eines Bußgeldes.

Beschränkung der Aufsichtsräte auf der Seite der Kapitaleigner durch Bank- und Versicherungsvertreter sowie Beschränkung der Aufsichtsratsmandate auf höchstens drei Unternehmen.

Depotstimmrecht der Banken auf fünf Prozent des Aktienkapitals begrenzen, um das Machtpotential der Banken zu verringern.

IG Metall-Bildungszentrum Sprockhövel

(Arbeitsgruppe 3)

Forderungen und Ergebnisse

Die Arbeitsgruppe des Seminars SI 011* hat in eingehender Diskussion folgendes Ergebnis ausgearbeitet.

Dadurch, daß Arbeitsplätze ständig wegrationalisiert werden, müssen alle Gewinne, die durch neue Produktionstechniken erwirtschaftet werden, direkt an das Arbeitsamt abgeführt werden, um die zur Zeit nicht mehr finanzierbare Massenarbeitslosigkeit zu bezahlen. Auch die Gewinne, die an der Börse von den Unternehmen durch Spekulationen erzielt werden, müssen weltweit den Arbeitslosen zugeführt werden.

Vollbeschäftigung erreicht man, in dem die einzelnen Unternehmen neue Marktlücken erforschen und neue Technologien entwickeln. Die Unternehmen müssen danach trachten, nicht nur billiger zu produzieren, sondern sich verstärkt auf die Qualität zu konzentrieren. Ein weiterer Weg wäre, den Akkord- und Prämienlohn neu zu überdenken, um den Leistungsdruck, den der einzelne Mitarbeiter ausgesetzt ist, einzudämmen. Weil Ausbildungsplätze in den letzten zwei Jahren um ca. 50 Prozent reduziert wurden, ist es erforderlich, eine Ausbildungsquote durch eine gesetzliche Verordnung zu erreichen, damit Unternehmen nicht dazu verfallen, die Verantwortung auf andere abzuwälzen.

Es muß eine weitere Arbeitszeitverkürzung angestrebt werden, um die vorhandenen Arbeitsplätze zu sichern. Alle Überstunden müssen abgebaut werden, um damit neue Arbeitsplätze zu schaffen.

Die Politik muß Vorgaben schaffen, damit das Ziel, für ein nachhaltiges Wachstum einzutreten, weiter gefördert wird, um der Innovation weiteren Antrieb zu verschaffen. Neue Techniken müssen gefördert werden, die der Ökologie verträglich sind.

---

* Seminar für ArbeitnehmerInnen in Betrieb, Wirtschaft und Gesellschaft III. Der AG gehörten Gerhard Braun (Neuss), Klaus Müller (Stuttgart), Gerd Kessels (Mönchengladbach) und Helmut Vohl (Stuttgart) an.

Eine moderne und attraktive Gewerkschaft erreicht man, indem man eine kontinuierliche und sachliche Werbung betreibt. Diese könnte zum Beispiel so aussehen:

Ca. alle drei Monate ein Flugblatt erstellen, wo schwerpunktmäßig Infos in den Betrieben, für alle Beschäftigten, auch für Unorganisierte, verteilt werden. Auch sollten diese für ausländische Kolleginnen und Kollegen entsprechend übersetzt werden. Die Flugblätter müssen ohne Fremdwörterlexikon zu lesen sein und dabei ein gewisses Niveau einhalten. Verstärkte Werbung wäre auch eine Plakatwerbung (ganzjährig), und das nicht nur zu Beginn einer neuen Tarifrunde.

Um die Jugend anzusprechen, sollte an den Schulen ein gezielter Geschichtsunterricht über den Sinn und Zweck der Gewerkschaften eingeführt werden, und dies sollte übergangslos in den Berufsschulen fortgesetzt werden.

Zu den letzten Tarifrunden möchten wir folgende Aussagen machen: Die Vertrauensleute sind in ihrer eigentlichen Funktion als Basis übergangen worden. Und zwar bevor die IG Metall-Mitglieder und Vertrauensleute über ihre Tarifforderung diskutieren konnten, ging der IG Metall-Vorstand schon an die Medien und veröffentlichte vorab eine »Prozent-Forderung«.

Außerdem muß bei zukünftigen Tarifforderungen von einer »Prozent-Forderung« abgesehen werden, um eine Forderung in Form eines Sockelbetrages zu erreichen, damit sich die Lohn- und Gehaltsschere nicht noch weiter öffnet.

Außerdem möchten wir Euch darauf hinweisen, daß schon viele Anregungen in den Leitlinien der IG Metall (Solidarität und Freiheit/April 1989) vom Kollegen Franz Steinkühler verfaßt wurden.

Was nutzen alle unsere Diskussionen, wenn selbst die alten Forderungen von 1989 nicht umgesetzt werden.

IG Metall-Verwaltungsstelle Erfurt
(Gerd Brücker, 1. Bevollmächtigter; Rudolf Krause, 2. Bevollmächtigter)

Demokratie wagen

1. Vorbemerkungen

Seit der ersten Regierungserklärung von Willy Brandt als Bundeskanzler ist die Aufforderung »Demokratie wagen« als Programm für eine soziale Politik bei arbeitenden Menschen in Ost und West und den Gewerkschaften positiv besetzt.

Positiv auch die Vorstellung, unserer Organisation könne es gelingen, in einer segmentierten Gesellschaft einen offenen Dialog einzuleiten, in dem organisierte und unorganisierte Gremien und Individuen, herausragende Persönlichkeiten des öffentlichen Lebens wie Bürgerinitiativen und Vereinigungen zur Vertretung von Partikularinteressen einbezogen werden.

Wir, Ortsverwaltungsmitglieder und Mitglieder der Vertreterversammlung der IG Metall Erfurt, möchten uns daran beteiligen. Wir tun dies mit erheblichen Zweifeln, ob das formulierte, von uns positiv aufgenommene Anliegen verwirklicht werden kann – ja, ob es überhaupt verwirklicht werden will.

In unserer Gesellschaft hat unbestreitbar jeder – Individuum oder Gruppe – die Chance, beständig Positionen zu formulieren. Ob dies getan wird oder unterbleibt, hängt weniger davon ab, daß dazu eine Einladung ausgesprochen wird, sondern vielmehr von der Auswirkung und Bedeutung, die der um seine Position Gefragte der Positionsabgabe beimißt.

Hier ist die Aufforderung »Demokratie wagen« zwiespältig. Bedeutete sie nämlich, daß allen Angesprochenen ein Einfluß auf die künftige Politik der IG Metall, im Sinne der »Volksbestimmung«, zugesichert würde, müßte dies zu einem Aufschrei der Empörung der Antragsberechtigten zum 18. Ordentlichen Gewerkschaftstag der IG Metall führen: Warum sollen wir unseren satzungsgemäßen Selbst- und Mitbestimmungsanspruch über Ziele, Aufgaben und Politik der IG Metall mit denen teilen, die sich nicht an unserer alltäglichen Arbeit, nicht einmal an der Beitragsaufbringung für unsere Organisation beteiligen.

Umgekehrt muß den nicht in unserer IG Metall Organisierten die Motivation zur Abgabe einer Position schwinden, wenn lediglich gesagt ist, daß die IG Metall »im Rahmen der Vorbereitung ihres Gewerkschaftstages ... zur gesellschaftlichen Debatte« einlädt, deren »Ergebnisse ... bei der Vorbereitung des kommenden Gewerkschaftstages einbezogen, aber auch der Öffentlichkeit zur Verfügung gestellt« würden.

Die Menschen – ob organisiert oder nicht organisiert – wissen, daß Vereine, Verbände und Organisationen ihre Entscheidungen selbst treffen. Dieser Anspruch von Mitgliedern bedeutet Zweitrangigkeit der Nichtmitglieder.

Wer also zum offenen Dialog einlädt, ohne die Spielregeln des Dialogs, die Relevanz der eingebrachten Beiträge zu benennen, wird das programmierte Ziel nicht erreichen – den Dialog nicht zustande bringen. Er macht sich selbst zum Schiedsrichter darüber, welche Beiträge er weiter verfolgen, in Diskussionen einbringen wird und welche er unter den Tisch fallen läßt. Auf diese Weise wird der Anspruch »Demokratie wagen« kaum realisiert werden können.

2. Chancen und Grenzen

Der Dialog, zu dem Ihr aufruft, hat kein konkretes Thema, aber zwei Schlüsselbegriffe. Es sind dies der »Umbruch«, der im Einladungstext viermal, und die »Chance« oder »Chancen«, die im Einladungstext dreimal benannt sind und die in der Aussage kulminieren, die IG Metall »will demgegenüber die Chancen des wirtschaftlichen Wandels und des politischen Umbruchs nutzen«.

Nach der Behauptung der formalen Offenheit des Dialogs, die wir oben kritisch gewürdigt haben, kommt hinsichtlich des Inhalts nun die Behauptung der Offenheit des Gegenstands der Debatte, nämlich der im Sinne von »Demokratie und Toleranz, Arbeit und Umwelt, Gleichstellung von Männern und Frauen, Solidarität und Freiheit ... (,) Werte(n), die als Grundlage einer Politik gesellschaftlicher Reformen bündnis- und mehrheitsfähig sind« offenen Gestaltungsmöglichkeit der gesellschaftlichen Entwicklung in Deutschland im Herbst 1995.

Wer diese Offenheit behauptet, muß sich über einige Tatsachen hinwegsetzen. Das tut der Einladungstext.

So wird »für den weltwirtschaftlichen Umbruch, der in und zwischen allen Regionen zu verschärfter Konkurrenz führt«, behauptet, er bringe »auch erweiterte Chancen einer wirtschaftlichen, sozialen und politischen Integration« mit sich.

Demgegenüber stellen wir fest, daß nichts zu beobachten ist als wirtschaftliche, soziale und politische Desintegration, sowohl national durch die zunehmende Ausgrenzung aller

- wirtschaftlich nicht unmittelbar auf dem ersten Arbeitsmarkt an der Produktion von Reichtum Beteiligten – bis hin zur Stigmatisierung der Langzeitarbeitslosen –,
- sozial durch individuelles Schicksal in ihrer Konkurrenzfähigkeit Beeinträchtigten und
- derer, die in Vertretung von Minderheitsinteressen oder aber in ihrer Ablehnung der Gesetzmäßigkeiten kapitalistischen Wirtschaftens sich grundsätzlich politisch oppositionell verhalten,

als auch international durch die Abdrängung der Staaten der dritten Welt in die wirtschaftliche Rolle von Staaten, die Rohstoffe und Waren zu fremdbestimmten Mindestpreisen zu liefern und ihre Kreditzinsverpflichtungen gegenüber der Weltbank zu bedienen haben, sozial – oder besser asozial – ihre Gesellschaft nach der Maxime dieser Kreditbedienung organisieren müssen und politisch, d. h. weltpolitisch, in völlige Bedeutungslosigkeit gedrängt worden sind.

So wird zum »grundlegende(n) Wandel des persönlichen und sozialen Verhaltens, ... (der) Individualisierung von Arbeitsbiographien und Lebensstilen« behauptet, »mehr Selbstentfaltung und Eigeninitiative« werde möglich.

Demgegenüber stellen wir fest, daß die beschriebene Desintegration unserer Gesellschaft die Eigeninitiative

- derer fördert, die am ersten Arbeitsmarkt unmittelbar in die Produktion von Reichtümern einbezogen sind, solange sie sich – ohne daß dies in irgendeiner Weise honoriert würde – in bis zu 16stündigen Arbeitstagen an Effizienzsteigerung und Kostenminimierung entlang der feststehenden Unternehmensziele kreativ entfalten,
- derer fordert, die hiervon ausgegrenzt wurden, um sich eigeninitiativ und selbständig als nicht mehr angestellte Verkäuferinnen, sondern selbständige Unternehmer auf 2 m^2 im Warenhaus, ohne soziale Sicherung, Lohnfortzahlungsanspruch und Rentenversicherung selbst auszuplündern.

Wir stellen fest, daß mehr Selbstentfaltung in sogenannten »(ABM-)Maßnahmekarrieren« ermöglicht wird, da nur durch eine Aneinanderreihung von durch die Arbeitsverwaltung geförderten Maßnahmen ein Abgleiten in die Sozialhilfe nach dem Bezugszeitraum von Arbeitslosengeld möglich ist.

Wir stellen fest, daß dies auch von den Menschen begriffen wird, wenn wir die Konvergenz der Geburtenrate gegen null – pünktlich neun Monate nach der Wirtschafts- und Währungsunion – auf dem Gebiet der ehemaligen DDR statistisch dokumentiert bekommen.

Ursache dafür ist nicht 40jährige erzwungene Lektüre von Marx, sondern das Diktat der täglichen Lebenserfahrung, in der die Beziehungen der Menschen untereinander bestimmt werden durch deren Geld- und Warencharakter. Ein zynischer »Standpunkt«, der dies als Chance zu »mehr Selbstentfaltung und Eigeninitiative« beschreibt.

So wird behauptet, »große Teile der Unternehmer- sowie der Industrie- und Wirtschaftsverbände sehen in der Absenkung der Arbeits-, Sozial- und Umweltkosten, in der Deregulierung aller industriellen Beziehungen und in der Kommerzialisierung aller Lebensbereiche den einzig richtigen Weg, um im internationalen Wettbewerb zu bestehen«.

Wir dagegen stellen fest, daß dieser einzig richtige Weg längst beschritten ist, wir hineingezwungen und die IG Metall darauf eingeschworen ist. So wird im Text formuliert, daß die IG Metall »es für möglich (halte), den Erhalt der internationalen Wettbewerbsfähigkeit mit der Erweiterung von gesellschaftlicher Reformfähigkeit zu verbinden«.

Das Ziel, fast aller Unternehmer und der Industrie- und Wirtschaftsverbände – und nicht nur großer Teile von ihnen –, wird unterschrieben, der Weg dahin verharmlosend als offen dargestellt. Was längst Tatsache ist, nämlich »daß diese Entwicklung zur verstärkten gesellschaftlichen Spaltung führt, die ökologische Erneuerung behindert, Arbeitslosigkeit und Armut fördert und somit letztlich die demokratische Gesellschaft gefährdet«, wird als Gefahr dargestellt, die die IG Metall sehe.

So verquast ist demgegenüber auch die Beschreibung der Vorschläge der IG Metall zur Nutzung der behaupteten Chancen des wirtschaftlichen Wandels und des politischen Umbruchs: Es müsse »die Verschärfung der ökonomischen Konkurrenz durch die Erweiterung der gesellschaftlichen und politischen Zusammenarbeit begrenzt« werden, was auch immer dies bedeuten mag und mit wem auch immer diese Zusammenarbeit stattzufinden habe. Es müsse »die Effektivierung der Arbeitsprozesse mit der Demokratisierung des Arbeitsalltags« einhergehen, obwohl praktisch spürbar und auch in der theoretischen Debatte seit Jahrzehnten klar ist, daß Demokratisierung stets auf Kosten der Effizienz geht – Effektivierung umgekehrt den Abbau von demokratischen Strukturen notwendig bedingt.

Wider besseres Wissen werden in der Einladung »Demokratie wagen« die gesellschaftlichen unübersehbaren Fakten zu Gefahren verharmlost und politische Chancen behauptet, die längst nicht bestehen.

Wer unter Leugnung der Realität so zum gesellschaftlichen Dialog auffordert, kann nicht ernst genommen werden. Der Dialog wird zum Geschwätz. Die Einladung dazu könnte das Ende nehmen: Die IG Metall will Demokratie wagen, und keiner geht hin.

Ganze zwei Zeilen des Einladungstextes füllt die richtige Feststellung, daß »auf der anderen Seite ... neue Chancen der gesellschaftlichen Reichtumsproduktion erschlossen« werden.

Wir gehen davon aus, daß sie bereits in einem Maß erschlossen sind, daß unsere Ziele nach menschenwürdigem Leben für alle längst realisiert werden können:

1. mit einem Recht auf Arbeit, so daß die gesellschaftlich notwendige Arbeit auf alle Arbeitswilligen verteilt wird und deren unterschiedliche Bedingungen und Möglichkeiten berücksichtigt werden können;

2. daß diese Arbeit ausreichendes Einkommen sichert und unter Bedingungen stattfindet, die nicht krank machen und die Persönlichkeit fördern;

3. unter zumutbaren Wohnbedingungen, die bezahlbar sind;

4. mit dem Recht auf Bildung und Qualifizierung, um die Selbstverwirklichung der Individuen zu fördern und ihre kulturelle Teilhabe zu sichern, und

5. Sicherung der Umwelt, auch durch Gestaltung der Produktionsmittel, Produktionsprozesse – unter vorrangiger Nutzung von Energieträgern wie Wind, Wasser und Sonne.

Der Wert eines gesellschaftlichen Dialogs zeichnet sich jedoch nicht dadurch aus, daß diese von uns formulierten Ziele von vielen unterschrieben werden, »mehrheitsfähig« sind, sondern dadurch, daß die Organisation, die antritt, solche Ziele zu verwirklichen, die Schwierigkeiten, Konflikte und Gegner der mehrheitsfähigen Zielvorstellungen benennt.

3. Perspektiven

Eine Organisation, die so tut, als ließen sich diese Ziele unterm Diktat der Weltmarktkonkurrenz, in dessen Logik und unter Erhaltung der nationalen Wettbewerbsfähigkeit realisieren, kann nicht ernst genommen werden. Wer nicht benennt, daß die internationale Wettbewerbsfähigkeit in diametralem Gegensatz zum Ziel der gesellschaftlichen Reformfähigkeit steht, der verschweigt, daß das Ziel menschenwürdigen Lebens nicht bessere Verwertungsbedingungen für das Kapital bedeutet, sondern die Überwindung einer Logik fordert, die das Leben diesen Verwertungsbedingungen unterordnet, beantwortet die Fragen des Jahres 1995 mit den (vielleicht damals schon illusionären) Antworten der Regierungserklärung von 1969.

In der heutigen Situation sehen wir für die IG Metall zwei Alternativen:

- Kanalisierung der Hoffnungen auf ein besseres Leben in die irreale Hoffnung, unter der Gesetzmäßigkeit kapitalistischen Wirtschaftens als Verwalter und Befriediger menschlicher Sehnsüchte ein Überleben der (dann tatsächlich überflüssigen) Organisation sichern zu können, oder aber
- unter Benennung der menschenverachtenden Verwerfungen und Folgen, die die Logik kapitalistischer Wirtschaftsweise notwendig erzwingt, nicht nur die Mehrheit der Menschen für andere Lebensbedingungen festzustellen, sondern sich an die Spitze zu setzen, diese Mehrheit gegen das herrschende Wirtschaftssystem handlungs- und durchsetzungsfähig zu machen.

Wir plädieren für letztere Möglichkeit.

IG Metall-Verwaltungsstelle Frankfurt/Main
(Heinz Bierbaum, 1. Bevollmächtigter)

Eckpunkte zur politischen Neuorientierung der Gewerkschaften

1. Vorbemerkung

Die folgenden Eckpunkte sind ein Beitrag zum gesellschaftlichen Dialog der IG Metall. Sie wollen keine fertigen Antworten, sondern Denk- und Diskussionsanstöße geben. Es geht nicht um die Beschreibung einzelner gewerkschaftlicher Aufgabenbereiche oder Handlungsfelder, es geht vielmehr um die Benennung historischer Entwicklungstendenzen und die sich daraus ergebenden Konsequenzen für die Erarbeitung gewerkschaftlicher Perspektiven.

Die Ortsverwaltung Frankfurt am Main der IG Metall hat die Eckpunkte diskutiert und bringt sie in die Debatte der IG Metall ein. Wir plädieren für eine grundlegende, offen geführte Diskussion um das politische Selbstverständnis und die Perspektiven der Gewerkschaften und dabei insbesondere der IG Metall. Unsere Thesen sind ein Beitrag dazu und damit auch zur Debatte um die gewerkschaftliche Organisationsentwicklung.

2. Die Krise der Gewerkschaften ist eine Orientierungskrise

Die Gewerkschaften haben dem Kapitalismus über mehr als hundert Jahre seines historischen Aufstiegs fundamentale soziale Menschen- und Bürgerrechte für die abhängigen Arbeitnehmer abgetrotzt. Heute ist dieser Weg der sozialstaatlichen Reform in eine Sackgasse geraten, weil seine ökonomischen und sozialen Voraussetzungen zerfallen. In allen hochentwickelten Industriegesellschaften werden die geschichtlichen Reformerfolge der Gewerkschaften in Frage gestellt, angegriffen und abgebaut. An die Stelle von Reformen sind gesellschaftliche Rationalisierungsprozesse getreten, die zwar die Rentabilität und die Prosperität der kapitalistischen Ökonomie sichern, aber neue soziale Spaltungen schaffen und die erwerbsabhängigen Menschen der zunehmend brutaler werdenden Marktkonkurrenz ausliefern. Ganze Länder und Erdteile sind von der wirtschaftlichen Entwicklung ausgeschlossen und dem Verfall preisgegeben. Selbst in den reichen Industrieländern wachsen die Millionenmassen an Menschen, die vom sozialen Leben ausgegrenzt und sozialmoralischer Verelendung ausgesetzt werden.

Die Sozial-Utopien des 19. und 20. Jahrhunderts sind verblaßt und durch inhumane politische Praktiken beschädigt, die in ihrem Namen angetreten waren. Geschichtlich-politisches Denken verfällt. Entblößt und entbunden von Entwürfen für ein besseres Leben, verkommt Politik zum bloßen Verwaltungshandeln für kurzfristige Überlebensinteressen. Die gesellschaftliche Krise ist zugleich eine geistige und moralische Krise.

Die Gewerkschaften sind von der Krise des wohlfahrtsstaatlichen Gesellschafts- und Entwicklungsmodells schwer getroffen. Selbst die traditionsreichen, institutionell gefestigten Gewerkschaften Westeuropas haben unter dem Druck entsolidarisierender gesellschaftlicher Verfallsprozesse mit schweren existentiellen Problemen zu kämpfen. Ihr Widerstand bleibt hilflos, solange er lediglich auf die Verteidigung der vorhandenen sozialstaatlichen Errungenschaften gerichtet bleibt. Die Krise der Gewerkschaften ist eine Orientierungskrise.

3. Neue Rahmenbedingungen

Zusammenbruch der bipolaren politischen Weltordnung, Herausbildung eines eng vernetzten Weltwirtschaftssystems, rapide Zuspitzungen globaler ökologischer Bedrohungen, Beschleunigung und Verdichtung des internationalen Informations- und Verkehrsaustausches – all das sind Stichworte für den krisenhaften Globalisierungsschub, der die gesellschaftliche und politische Entwicklung in den letzten Jahren zunehmend bestimmt. Die politische Souveränität der Nationalstaaten und die Autonomie nationaler Volkswirtschaften werden ausgehöhlt.

Die Gewerkschaften sind bis heute nationale Organisationen geblieben, die sich an den Arbeitnehmer-Interessen ihres jeweiligen Landes orientieren. Solange eine nationalstaatliche Politik aktiver gesamtstaatlicher Wirtschaftssteuerung zur Sicherung von Vollbeschäftigung und wirtschaftlichem Gleichgewicht möglich war, konnten die nationalen Gewerkschaften erfolgreich für die Durchsetzung einer solchen Politik und zugleich für die Beteiligung der Arbeitnehmer an den wirtschaftlichen Fortschritten kämpfen. Die Globalisierung höhlt diese Politik aus. Alles wirtschaftliche Handeln ist heute in internationale Konkurrenzzwänge eingebunden. Auch die gewerkschaftlichen Interessenvertretungen der Betriebe, Regionen, Länder und der neuen Handelsblöcke werden unter dem Druck der Arbeitsplatznot um des eigenen Überlebens willen mehr denn je dem gnadenlosen Gesetz der Konkurrenz unterworfen. Arbeitnehmer und gewerkschaftliche Vertretungen werden gegeneinander in eine wechselseitige Überlebenskonkurrenz getrieben, die für alle in eine Abwärtsspirale zu münden droht.

Diese Verschärfung konkurrenzbestimmter Überlebenszwänge zersetzt solidarische Sozialbeziehungen, schwächt die Gewerkschaften und bereitet den Nährboden für Diskriminierung, Ausgrenzung, Rassismus und Nationalismus. Es sind überall ungelöste und sich zuspitzende wirtschaftliche und soziale Probleme, die religiösen, ethnozentristischen, rassistischen und nationalistischen Fanatismus begünstigen. Aber es sind auch die unbeantworteten Bedürfnisse nach Alternativen und Perspektiven, die der Rechtsextremismus für seinen Vormarsch ausnutzt. Außenpolitik wird nach dem Kampf der Systeme erst recht durch gesellschaftspolitische Widersprüche bestimmt. Die Gewerkschaften können in einer Welt, in der Kriege, Bürgerkriege und Völkermord an der Tagesordnung sind, nur bestehen, wenn sie ihre Rolle als soziale Kraft der Friedenssicherung erneuern.

4. Selbstverständnis der Gewerkschaften

Die Verteidigung des Lebensstandards und der sozialstaatlichen Sicherungen für die Arbeitnehmer ist seit dem Einsetzen der weltwirtschaftlichen Krise in den siebziger Jahren mehr und mehr zur Hauptaufgabe der Gewerkschaften geworden. Der Druck auf die Arbeits- und Lebensbedingungen der Arbeitnehmer, auf die wohlfahrtsstaatlichen Gesellschaften insgesamt ist seitdem, über alle konjunkturellen Wellenbewegungen hinweg, mit jeder weiteren Zuspitzung der weltwirtschaftlichen Krise angewachsen. Mit dieser Verschärfung der ökonomischen Restriktionen sind auch die sozialstaatlichen Zukunftsperspektiven hinfällig geworden. Der Widerstand gegen den sozialen Abbau droht sich in sich selbst zu erschöpfen. Das traditionelle sozialreformerische Selbstverständnis der Gewerkschaften droht zu zerfallen.

Das schwächt die Widerstandsfähigkeit der Gewerkschaften gegen die massiven gesellschaftlichen Entsolidarisierungstendenzen, die durch den – in zunehmender Existenzunsicherheit, in Einkommensminderungen, in brutaleren Anpassungs- und Leistungsanforderungen – individuell fühlbarer werdenden Überlebensdruck verstärkt werden. Sie geraten in die Gefahr zu rein tagespolitischen Interessenorganisationen herabzusinken, die kaum noch in der Lage sind, wirksam und großflächig die Konkurrenz zwischen den Arbeitnehmern zu überwinden. Dieser Weg wäre selbstzerstörerisch. Aus der Orientierungskrise würde eine Sinnkrise. Der Appell an egoistische Interessen stiftet keine gewerkschaftliche Solidarität, sondern zerstört sie. Er erreicht die durchaus vorhandenen solidarischen humanen Motive, die Bereitschaft zu uneigennützigem Engagement nicht, sondern stößt sie ab.

Nicht die Addition egoistischer Einzelinteressen, sondern das Bedürfnis ihrer Mitglieder nach einer moralisch gerechtfertigten Existenz, nach gesellschaftlicher Anerkennung als Arbeitende und nach solidarischer Selbstvertretung gemeinsamer Interessen hat die Gewerkschaften als kollektive Interessenvertretungen zusammengehalten. Als reine Interessenorganisation, ohne eigene gesamtgesellschaftliche Ziele, droht den Gewerkschaften die Aufspaltung nach den jeweiligen nationalen, regionalen und betrieblichen Standortkonkurrenzen. Bleiben könnten noch Interessen-Gruppen von Arbeitnehmern in gefestigten Arbeitsverhältnissen, die selbst nur noch in der Lage wären, bei ökonomischer Prosperität zu profitieren, bei weiteren wirtschaftlichen Einbrüchen aber den eigenen Niedergang hinhaltend zu moderieren. Der Weg zur vorpolitischen Interessenorganisation wäre das Ende freier, autonomer Gewerkschaften.

5. Erneuerung des politischen Mandats

Den Gewerkschaften droht heute der Zerfall politischer Gestaltungskraft, der schon die etablierte Politik erfaßt hat. Diese hat sich weitgehend auf die sozialtechnische Exekution des sozialen Niedergangs zurückgezogen, der von der ökonomischen Krise erzwungen wird. Sozialpakte im Rahmen dieser Politik können einzelne Probleme abmildern, aus der Krise führen sie nicht heraus. Auch der gewerkschaftliche Kampf für die Verteidigung und Durchsetzung der Arbeitnehmerinteressen wird letztlich vergeblich, wenn seine Erfolge von einer Politik untergraben werden, die sich darin erschöpft, soziale Wohlfahrt für die Verschärfung des weltweiten Konkurrenzkampfes aufzuopfern. Der Rückzug der Gewerkschaften auf Einzelfragen der sozial- und tarifpolitischen Interessenvertretung würde aus ihnen nachrangige, abhängige Organisationen machen, die auch ihre beschränkten Ziele nicht wirkungsvoll vertreten könnten.

Die Gewerkschaften werden diesem für sie selbst existenzbedrohenden Sog erliegen, wenn sie ihr gesellschafts- und gesamtpolitisches Mandat verfallen lassen und sich auf die pragmatische Regulation tagespolitischer Interessen zurückziehen. Nötig ist die Erneuerung ihres politischen Mandats. Die Verteidigung der Arbeitnehmerinteressen muß mit dem Aufbau und der Durchsetzung einer Politik für Reformen verbunden werden, die zur Beseitigung der Krisenursachen erforderlich sind.

Dazu sind eigene gewerkschaftliche Analysen, dazu ist die Intensivierung und der Ausbau zukunftsgerichteter politischer Diskussion in den Gewerkschaften nötig. Diese müssen sich gerade in einer Zeit brisanter und bedrohlicher historischer Umbrüche erst recht als Ort freier politischer Orientierung für ihre Mitglieder verstehen. Die modernen, aufgeklärten Arbeitnehmer sind an zukunftsgerichteten Diskussionen über die grundlegenden Zeitfragen interessiert. Dafür müssen der Routine und Hektik des Tages mehr Zeit und Raum abgetrotzt werden. Dazu müssen die Gewerkschaften gegen den Gedächtnisverlust in der mediatisierten Gesellschaft angehen und ihre eigenen Traditionen bewahren und erneuern. Dazu müssen sie mehr Muße und Mut für ausgreifende soziale Phantasie aufbringen.

Politik braucht Entwürfe für ein »besseres Leben«, wenn sie nicht banal und unwahrhaftig werden soll. Gewerkschaften können für ihre Zukunft kämpfen, wenn sie diese mit eigenen gesellschaftspolitischen Vorstellungen zu besetzen vermögen.

6. Gewerkschaften als politischer Brennpunkt

Die Gewerkschaften müssen sich deutlicher zum politischen Brennpunkt für die Herausbildung eines neuen ökologisch-sozialen Entwicklungsmodells machen.

Das Konzept des qualitativen Wachstums hat sich als unzulänglich erwiesen. Neue umweltgerechtere Technologien und Organisationsformen sind dringend erforderlich, genügen aber nicht und können sich auch nicht hinreichend durchsetzen. Es ist nur allzu offensichtlich, daß der notwendige nachhaltige ökologische Wandel durch ökonomische, soziale und politische Strukturen, Interessen und Widerstände gehemmt und blockiert wird. Die ökologischen und sozialen Katastrophen-Entwicklungen der Gegenwart sind letztlich durch die unbeherrschte ökonomische Dynamik industriekapitalistischer Produktion und Konsumtion herbeigeführt worden. Die anhaltende und in vielen Ländern und Regionen ersehnte Ausbreitung dieses Modells führt unweigerlich zum Untergang der Menschheit.

Die Grenzen industriekapitalistischen Wachstums sind nicht nur ökologisch, sondern auch mehr und mehr sozial erreicht. Ganze Weltregionen und wachsende Sektoren in den entwickelten Industrieländern selbst werden vom »Fortschritt« ausgegrenzt und dem Verfall preisgegeben, weil sie den überspannten Verwertungs- und Rentabilitätsansprüchen des Kapitals nicht zu genügen vermögen. Die wirtschaftliche Konkurrenz erzwingt bei Strafe des Untergangs immer weitere Effizienz- und Produktivitätssteigerungen, die soziale Wohlfahrt und ökonomische Vernunft eher untergraben als fördern.

Die Gewerkschaften müssen sich dem Grundwiderspruch dieser Zeit stellen: auf der einen Seite sozialer Niedergang und Verarmung – sozialer Verfall in den armen Ländern, neuer Mangel und neue Armut bei wirtschaftlicher Unterminierung der wohlfahrtsstaatlichen Gemeinwesen in den reichen Ländern. Auf der anderen Seite eine Überfülle an Produktionskapazitäten und Gütern, die keinen Absatz finden, und vor allem Hunderte Millionen von Menschen, die zur Arbeitslosigkeit verdammt sind und für ihren Lebensunterhalt nicht arbeiten können. Der erreichte Reichtum an Produktionskraft und Produktionsmöglichkeiten pervertiert in Mangel und Arbeitsplatznot.

Diese Widersprüche zwischen brachliegenden und fehlgeleiteten Möglichkeiten sozialen Reichtums einerseits, der Zerstörung der natürlichen Lebensgrundlagen und wachsender Verelendung andererseits sind nur zu lösen, wenn wirtschaftliches Handeln nicht mehr auf die bestmögliche Verwertung des Kapitals, sondern auf den bestmöglichen gesellschaftlichen Nutzen gerichtet ist. Die gesellschaftlichen Bedürfnisse – lebenswerte Umwelt, kulturelle und soziale Entwicklung und die Versorgung aller mit den lebensnotwendigen Gütern – müssen zum Maßstab wirtschaftlicher Tätigkeit, also von Produktion, Investition und Beschäftigung werden.

Es gilt, einen gesellschaftlichen Rahmen für unternehmerische Tätigkeit zu schaffen. Gewerkschaften müssen selbst Konzepte zur gesellschaftlichen Steuerung der Wirtschaft entwickeln. Diese müssen auf regionaler und nationaler, aber auch auf europäischer und internationaler Ebene ansetzen. Solche Konzepte sind um so notwendiger, als gerade die neuen Produktions- und Managementkonzepte von einem Anstieg von Arbeitslosigkeit und von sozialen Spaltungs- und Marginalisierungsprozessen begleitet sind. Gegenüber der zunehmend die Gesellschaft beherrschenden Unternehmenskultur muß dem Vorrang einer gesellschaftlich sinnvollen Entwicklung, also die Bewahrung der Umwelt und die bewußte solidarische Gestaltung von Wirtschaft und Gesellschaft, zum Durchbruch verholfen werden.

Nur im Rahmen einer gesellschaftlich bestimmten Ökonomie läßt sich auch der Widerspruch zwischen der nach wie vor vorhandenen Zentralität der Erwerbsarbeit und den wachsenden Bereichen gesellschaftlich nützlicher und notwendiger Arbeit außerhalb der Erwerbsarbeit auflösen. Zugleich läßt sich so die bestehende Trennung zwischen Beschäftigungsmaßnahmen im Rahmen der Arbeitsmarktpolitik und Wertschöpfung durch wirtschaftliche Tätigkeit überwinden.

7. Zeitgemäße Gewerkschaftspolitik

Ein Schwerpunkt zeitgemäßer Gewerkschaftspolitik muß die Entwicklung einer internationalen Wirtschaftspolitik sein, die auf eine wohlfahrtsfördernde, gerechte Weltwirtschafts- und Sozialordnung zielt.

Im »Sachzwang Weltmarkt« kommt heute die überragende Dominanz des ökonomischen Systems über die Politik, über die bewußte Gestaltung im Interesse menschlicher Lebensbedingungen zum Ausdruck. Autonome, den Interessen aller Abhängigen verpflichtete Gewerkschaftspolitik kann nur noch aus dem bindenden Engagement für den sozialen Umbau, für die politisch-solidarische Regulation des Weltwirtschaftssystems entwickelt werden. Gewerkschaften, die sich dieser Aufgabe nicht stellen, die sich den Weltmarktzwängen lediglich anpassen, bleibt letztlich nur der geistige und politische Rückzug auf eine langfristig illusionäre Politik der Standortsicherung durch Standortkonkurrenz.

Die großen produktionspolitisch maßgeblichen Kapitale operieren mehr und mehr im Weltmaßstab und schaffen eng vernetzte globale Produktionsverbünde, die jeden Standort in den Wettlauf um die konkurrenzgünstigeren Bedingungen für die gleichen Produkte zwingen. Auch die staatsinterventionistische Industriepolitik zur Sicherung technologischer Vorsprünge oder um Positionsgewinne im Kampf um die Vorherrschaft bei High-Tech-Produktionen, wie sie von vielen Gewerkschaften der hochindustrialisierten Länder verlangt wird, kann bestenfalls kurzfristiger Überlebenssicherung dienen, längerfristig führt sie nur noch tiefer in die entwicklungspolitische Sackgasse.

Weltweit wächst die Masse der Armutsflüchtigen und damit allen Abschottungen zum Trotz der Immigrationsdruck auf die Wohlstandszonen. Die Entwicklungspolitik der nachholenden Industrialisierung hat viele Länder erst recht noch ins Elend getrieben. Wenn die Gewerkschaften mehr als Interessengruppen privilegierter Arbeitnehmerschichten der Industrieländer sein wollen, wenn sie sich als die Weltgewerkschaftsbewegung regenerieren wollen, die in einer dicht aufeinander verwiesenen Welt die übergreifenden, gemeinsamen Interessen aller Abhängigen vertritt, dann müssen sie sich für eine Entwicklungspolitik einsetzen, die vom sachlichen Bedarf der armen Länder ausgeht. Sozialklauseln für den freien Warenverkehr sind notwendig, reichen aber in der Tat nicht aus.

Das internationale Finanz- und Kreditkapital hat sich monströs aufgebläht und parasitär gegen produktionspraktische Bedürfnisse und Erfordernisse verselbständigt. Arme und nachholende Länder ersticken in der Schuldenkrise und selbst die starken Industrieländer sind den finanz- und währungspolitischen Ansprüchen und Ungleichgewichten zunehmend ausgeliefert, die vom internationalen Finanzsystem ausgehen. Die Gewerkschaften können ihre Kompetenz als umfassende ökonomische Interessenvertretung nur zurückgewinnen, wenn sie auf diese fundamentalen Probleme der Weltwirtschaft nach Antworten und Lösungen suchen.

Der Aufblähung und Verselbständigung des Finanzkapitals entspricht die skandalöse, ungerechte Umverteilung der Einkommen zugunsten der Geldvermögen. Diese Entwicklung wurde und wird von den neokonservativen Regierungen gefördert, die durch die Begünstigung der Kapitalvermögen mehr Investitionen erreichen wollten. Tatsächlich wurde lediglich die Anhäufung enormer Geldvermögen erreicht, die nun ihrerseits mit ihren unverändert hohen Zinsansprüchen ökonomische Ungleichgewichte hervorrufen. Die Renditechancen produktiver Kapitalanlagen erscheinen dagegen als zu niedrig, der Anteil der Arbeitnehmer am Sozialprodukt ist gesunken und die Staatsverschuldung steigt in allen Ländern mit der Folge immer höherer Zinsbelastung der Staatshaushalte.

Diese Entwicklung hat nicht nur die bisherige, auf größere Einkommensgerechtigkeit zielende Verteilungspolitik der Gewerkschaften nachhaltig konterkariert. Sie schwächt nun erst recht produktive ökonomische Engagements, sie trägt zur Einschnürung der gewerkschaftlichen Tarifpolitik bei, und sie treibt die Staatshaushalte in eine sich permanent verschärfende Schuldenkrise, die mehr und mehr zur Rückbildung des Sozialstaats, zur Verarmung und zum Ausverkauf der öffentlichen Sektoren und Infrastrukturen zwingt.

Die Gewerkschaften dürfen diesen verteilungspolitischen Fehlentwicklungen nicht tatenlos zusehen. Es ist ihre originäre Aufgabe als ökonomische Interessenvertretung, dagegen Konzepte für eine erforderliche grundlegende Reform der Vermögens- und Einkommensverteilung vorzulegen. Die verteilungspolitische Diskussion und Auseinandersetzung müßte damit erst wieder für die realen Probleme und Fragen geöffnet und auf diese gelenkt werden. Nur auf einer solchen neuen verteilungspolitischen Basis kann auch die gewerkschaftliche Politik der Verteidigung des Sozialstaats in eine Reformperspektive gerückt werden, die den gesellschaftlichen Anforderungen entspricht und gegenüber dem übermächtigen »Diktat der leeren Kassen« an Überzeugungs- und Durchsetzungskraft gewinnt.

8. Gewerkschaften als politische Kraft

Die Politik der Gewerkschaften muß sich am Aufbau einer politischen Kraft orientieren, die eine neue Gesellschaftsverfassung anstrebt.

Der soziale Konsens der Nachkriegsjahrzehnte wird schrittweise aufgekündigt und zerfällt. Dieser hatte auf der Grundlage gleichgewichtigen Wachstums bei Vollbeschäftigung und bei Beteiligung aller Schichten und Klassen an den wirtschaftlichen Fortschritten ein hohes Maß an sozialer Integration und Stabilität erreicht. Die anhaltende und wachsende Arbeitslosigkeit wird nun zum Sog, in dem sich die sozialen Strukturen einschneidend verändern. So wird auch das soziale Fundament der sozialstaatlich verfaßten Nachkriegsgesellschaften – die große Zahl der Arbeiter, Angestellten und Beamten – einem Zersetzungsprozeß ausgesetzt, der Teile dieser Gruppen mit sozialem Abstieg und sozialer Desintegration bedroht. Neue Schichten armer und ungesicherter Existenzen entstehen, während auf dem Gegenpol der gesellschaftlichen Skala der Reichtum wächst. Mit der sozialen Ungleichheit vertiefen sich auch die Spaltungen zwischen den sozialen Schichten.

Die Bedingungen sozialer Teilhabe werden nach den Maßstäben der Besitz- und Konkurrenzgesellschaft neu bestimmt. Darauf zielt alle neokonservative Politik. Der von ihr betriebene Abbau von Arbeitnehmerrechten und sozialen Sicherungen bedeutet die Rückbildung des Sozialstaats zum autoritären Herrschaftsstaat.

Wo Gleichheitsansprüche und -garantien zerfallen, können sich Diskriminierungen nach personalen und kulturellen Unterscheidungen erneut verschärfen und die mit ihnen verknüpften Spannungen konflikthaft aufbrechen. So steht zu befürchten, daß die Gleichstellungserfolge wieder zunichte gemacht werden, die sich die Frauen erkämpft haben. So befestigt und vertieft sich die soziale Spaltung zwischen Ost- und Westdeutschland. So drohen sich Spannungen zwischen den Generationen, zwischen Alt und Jung zu verstärken. Und so können aus feinen kulturellen Unterschieden grob abgeschiedene Minoritäten entstehen, können sich insbesondere ethnische und nationale Abscheidungen und Spannungen vertiefen.

Die Rolle der Gewerkschaften als Kraft der sozialen Integration wird in diesem Prozeß des gesellschaftlichen Umbruchs so oder so neu bestimmt. Schon die Neustrukturierung des Arbeits- und Produktionsprozesses und der damit verbundene Wandel der Arbeitsverfassung droht sie auf die Rolle von »Pressure-Groups« der Beschäftigten zurückzudrängen, die in relativ stabilen und normierten Arbeitsverhältnissen verbleiben. Sie müßten jedoch ihren Anspruch als Gesamtvertretung aller Abhängigen und damit ihre gesamtgesellschaftliche Gestaltungskraft wie ihre Autonomie verlieren, wenn sie der wachsenden Masse der nicht erwerbstätigen Einkommensabhängigen nicht die politische Bedeutung beimessen und verschaffen wollten, die ihrem größeren sozialen Gewicht entspricht. Die Gewerkschaften der Zukunft können als politische Verbände nur bestehen, wenn sie die Interessen all der Abhängigen, die noch nicht, nicht oder nicht mehr in Erwerbstätigkeit stehen, als eigenständige gesellschaftliche Ansprüche vertreten, die nicht nur aus der Erwerbstätigkeit abgeleitet werden können. Sie müssen sich darüber hinaus als organisierender Kern eines dauerhaft angelegten Bündnisses all der Strömungen und Gruppen verstehen, die für gleichberechtigte Teilhabe am sozialen Leben antreten.

Eine neue politische Kraft für ein soziales Gemeinwesen kann nicht allein aus kurzfristig orientierter, defensiver Politik zur Verteidigung sozialstaatlicher Errungenschaften aufgebaut werden. Sie kann nicht als kleinmütige Not- und Zwangsgemeinschaft der Abhängigen entstehen, die unter sich umverteilen, was gemäß den Imperativen und Verwertungsansprüchen des internationalen Kapitals möglich und übrigbleibt. Ein neuer sozialer Konsens ist nicht als bloße moralisch-ethische Übereinkunft bei gleichbleibenden sozialökonomischen Strukturen möglich. Eine neue Kraft für solidarische Politik kann nur auf dem politischen Willen zu den grundlegenden Eingriffen, zum Angriff auf die wachsende ökonomische Ungleichheit und für die wirtschaftlichen und sozialen Reformen aufgebaut werden, die für eine sozial sinnvolle Entwicklung unabdingbar sind. Sie kann nur als politisches Reformprojekt entwickelt werden, das aus den realen Konflikten heraus die Konturen einer neuen Gesellschaftsverfassung als Alternative zum neokonservativen Projekt der sozialen Spaltung und Desintegration entwirft.

Das politische Projekt einer neuen Gesellschaftsverfassung hat die erreichten sozialstaatlichen Bürgerrechte als Ausgangspunkt neuer Perspektiven und muß zugleich als Zukunftsprojekt angelegt sein. Tatsächlich ist dies nur mit der Absicht denkbar, den ungeheuren Reichtum an Menschen und Produktionsmöglichkeiten, der sich heute zerstörerisch auswirkt, für eine ökologisch und sozial sinnvolle Fortentwicklung politisch zu nutzen.

9. Organisationsreform der Gewerkschaften

Die notwendige Organisationsreform der Gewerkschaften darf nicht losgelöst von der politischen Diskussion um Aufgaben und Selbstverständnis der Gewerkschaften erfolgen. Ein von politischen Inhalten abgekoppelter Prozeß der Organisationsreform würde sein Ziel ebenso verfehlen wie eine Veränderung gewerkschaftlicher Organisationsstrukturen, die in erster Linie als Reaktion auf stark verringerte finanzielle Spielräume vorgenommen wird.

Gerade weil sich die gesellschaftlichen Strukturen und die Lebensstile verändern, weil die gewerkschaftliche Bindekraft abgenommen und die Anforderungen an die Gewerkschaftsarbeit zugenommen haben, bedarf es der Stärkung der Gewerkschaften vor Ort. Um die Handlungsfähigkeit im Betrieb und in der Region zu wahren bzw. wiederzuerlangen, sind demokratische und stärker dezentralisierte Strukturen notwendig. Dort – vor Ort – muß der gewerkschaftliche Anspruch auf gesellschaftliche Gestaltung spürbar werden.

Eine aktive Interessenvertretung verlangt, daß der Zusammenhang von Arbeiten, Wohnen und Leben aufgegriffen und in der Gewerkschaftsarbeit vor Ort umgesetzt wird. Dies erfordert eine Einmischung in regionale und kommunale Politik. Gewerkschaften, die ihre wesentliche Verankerung in den Betrieben und Kompetenz vor allem in der Gestaltung der Arbeitsbedingungen haben, müssen auch zu kompetenten Ansprechpartnern für die Alltagsprobleme außerhalb des Betriebes werden. Dies wird jedoch nur möglich sein, wenn die Gewerkschaften in der Fläche präsent sind und über die entsprechenden personellen und finanziellen Ressourcen verfügen. Dies gilt sowohl für die Einzelgewerkschaften als auch für den DGB.

IG Metall-Verwaltungsstelle Weilheim u. a.

(Gemeinsame Erklärung der Hauptamtlichen von Katholischer Arbeitnehmer-Bewegung/Betriebsseelsorge, Arbeitsgemeinschaft für Arbeitnehmerfragen der evangelischen Kirche, des DGB und der IG Metall-Verwaltungsstelle Weilheim)

Wir sprechen uns für den Erhalt und den weiteren Ausbau des Sozialstaates mit weiterer Demokratisierung aus. Die Finanzierung ist durch eine staatliche Politik sicherzustellen, die der Wiederherstellung der Vollbeschäftigung oberste Priorität einräumt. An diesem Ziel ist die Wirtschafts-, Finanz-, Steuer- und Sozialpolitik auszurichten. Die Politik der Bundesbank ist ebenfalls an dem Vollbeschäftigungsziel auszurichten. Zusätzliche Mittel können und müssen von denen aufgebracht werden, die genügend Einkommen und Besitz haben. Dazu gehört auch die energische Bekämpfung der Wirtschaftskriminalität durch entsprechende Ausstattung der zuständigen Behörden wie auch die Erhebung einer Wertschöpfungsabgabe.

Ungerechtigkeiten im Steuerrecht, wie die Absetzbarkeit von Freibeträgen vom zu versteuernden Einkommen, begünstigen einseitig die Gutverdienenden. Demgegenüber müßten genau umgekehrt die Niedrigverdiener die höchste Forderung haben. Wir warnen vor der weiteren Belastung der vom Wirtschaftsleben ausgegrenzten Menschen. Die Pläne der Bundesregierung, die Arbeitslosenhilfe zeitlich zu begrenzen, lehnen wir ebenso ab wie die Senkung der Sozialhilfe um 25 Prozent. Statt Bekämpfung der Arbeitslosen brauchen wir eine Wirtschaftspolitik für Arbeit. Dabei ist der Grundsatz: Ersatz von umwelt- und gesundheitsschädigenden Stoffen durch gefahrlose zu beachten.

Es sind verstärkt im gesellschaftlichen Dialog Initiativen zu entwickeln, wie zukunftsfähige Dienstleistungen und Produkte in der Region produziert werden können. Dabei haben gesellschaftlich notwendige Güter Vorrang. Teiletourismus ist einzudämmen und gesundheitsschädigende sind durch gefahrlose Stoffe zu ersetzen.

Es ist zu untersuchen – gegebenenfalls mit Hilfe von Wissenschaftlern –, wie diese Produkte marktfähig gemacht werden können.

Hinzu kommen muß die verstärkte Forschung und Entwicklung in regenerativen Energien, welche die Umwelt schonen und die Atmosphäre und die Rohstoffe nicht weiter schädigen sowie Rohstoffe einsparen.

Zur Herstellung der Vollbeschäftigung brauchen die Arbeitnehmer mehr Mitbestimmung – die Steuerung über die Marktkräfte funktioniert offensichtlich nur ungenügend. Bei der Mitbestimmung müssen die Arbeitnehmer Mitbestimmung über die Arbeitsorganisation, über das »Was« der Produktion erhalten, und dies muß durch überbetriebliche Mitbestimmung in der Region ergänzt werden. Es darf nicht mehr dazu kommen, daß Betriebe Massenentlassungen aussprechen können mit der einzigen Perspektive Arbeitslosigkeit für die Betroffenen. Regionale runde Tische sind als Ergänzung betrieblicher Initiativen auszubauen. Programme öffentlich geförderter Beschäftigung zu Tarifbedingungen sind ein wesentlicher Beitrag zur Bekämpfung der Massenarbeitslosigkeit. Bei anhaltend hoher Arbeitslosigkeit und fortschreitender Rationalisierung muß die Arbeitszeit in vielfältigsten Formen weiter verkürzt werden. Der Lohnausgleich ist nach sozial zumutbaren Staffelungen zu gestalten.

Wir lehnen eine generelle Einbeziehung des Kulturgutes freies Wochenende und freier Feiertage in Arbeitszeitmodelle ab. Diese Gesellschaft hat eine so hohe Produktivität, daß wir uns arbeitsfreie Wochenenden und Feiertage in industriellen und Handwerksbereichen leisten können. Wir fordern einen Ausbau der beruflichen Aus- und Fortbildung. Weiterbildung mit finanzieller Unterstützung durch die Arbeitgeber und der Bundesanstalt für Arbeit muß als Rechtsanspruch für Arbeitnehmer wieder verankert werden. In allen Bundesländern ist ein Bildungsurlaubsgesetz notwendig.

Angesichts der Internationalisierung der Kapitalbeziehungen ist eine verstärkte Information und Kommunikation auf seiten der Arbeitnehmer zunehmend notwendig. Die Voraussetzung für Informations- und Meinungsaustausch ist das gegenseitige Verstehen. Notwendig ist, daß Arbeitnehmervertretern verstärkt Sprachschulungen zu zumutbaren Bedingungen angeboten werden. Studienfahrten, Jugendaustausch und internationale Begegnungen der Arbeitnehmervertreter vor Ort sind wichtige Bestandteile eines Zusammenwachsens im internationalen Bereich. Die Einrichtung und Förderung europäischer Betriebsräte muß schnellstmöglich umgesetzt werden.

Bei nationalen und internationalen Konflikten setzen wir vor allem auf friedliche Mittel der Konfliktbewältigung. Meist ist die Ursache von Flucht und Vertreibung Hunger, Elend und der Kampf um Bodenschätze bzw. strategische Positionen. Wir fordern einen Ausbau der Konflikt- und Friedensforschung und wirksame wirtschaftliche Sanktionsmaßnahmen (Embargo unter Erlaubnis der Lieferung humanitärer Güter). Der Welthandel darf nicht länger die wirtschaftlich schwachen Länder benachteiligen. Entschuldungsprogramme, gezielte Handelshilfen und gerechte Preise für Dritte-Welt-Waren sind dringend notwendig.

50 Jahre nach Befreiung von Faschismus und Nazi-Diktatur muß in Deutschland, Europa und weltweit jegliche Art von Faschismus und Rassismus bekämpft werden. Wir brauchen ein friedliches Zusammenleben der Bürger, der Gesellschaften, der Nationen. Ziel muß die Schaffung einer Kultur der Solidarität, der Gerechtigkeit und sozialen Liebe sein. Voraussetzung dafür muß durch eine internationale Wirtschaftspolitik geschaffen werden, die Armut und Arbeitslosigkeit bekämpft.

Dirk Jakob
(Vertrauensmann der IG Metall und Bildungsbeauftragter bei Hoesch Siegerlandwerke GmbH, Kreuztal/Westf.)

Antworten auf drängende Fragen

Zunächst eine kritische Anmerkung zum Leitsatz dieser Aktion: Im Fremdwörterlexikon finde ich den Begriff »Dialog« mit Zwiegespräch, Wechselrede erklärt, und als solches kann ich diesen »Dialog« über grundsätzliche gesellschaftliche und gewerkschaftliche Fragen auf betrieblicher und örtlicher Ebene nun leider ganz und gar nicht erkennen. Ich empfinde dies als defizitär, was mit der Möglichkeit, Euch einen schriftlichen Beitrag abzuliefern, nicht kompensiert werden kann, denn das stellt wiederum auch keinen »Dialog« dar.

Nun aber mein Versuch von Antwortfindung auf drängende gesellschaftliche und gewerkschaftliche Fragen, wie sie im Papier »Zukunft der Arbeit – Zukunft des Sozialstaates – Zukunft der Gewerkschaften« zusammengestellt worden sind.

1. Zukunft der Arbeit

Der Kampf gegen die Massenarbeitslosigkeit ist die größte gesellschaftliche Herausforderung. Regierung und Unternehmerverbände behaupten, an der Wirtschaftsmisere und der Arbeitslosigkeit seien die hohen Löhne und Sozialleistungen schuld, die daher gekürzt werden müßten. Dieser Weg bringt Rekordgewinne für die Konzerne, aber keine Arbeitsplätze. Er ist unsozial und ungerecht. Das Recht auf Arbeit, die soziale, humane und ökologische Umgestaltung des gesellschaftlichen Arbeitssystems wie auch das Recht auf soziale Grundsicherung sind Schlüsselfragen gewerkschaftlicher Politik. Folgende Forderungen müssen Ziele gewerkschaftlicher Kämpfe sein:

- eine auf Vollbeschäftigung gerichtete Wirtschaftspolitik;
- gerechte Verteilung der bezahlten Arbeit; Verkürzung der Wochen- und Lebensarbeitszeit auch auf dem Wege von bezahlter Weiterbildung und

Bildungsurlaub, damit die Massenarbeitslosigkeit überwunden und die Beschäftigungspolitik nicht selbst zur Triebkraft einer zerstörerischen Produktionsausweitung wird; Durchsetzung der 35-Stunden-Woche für alle mit dem Ziel einer weiteren Senkung auf 30 Wochenstunden mit vollem Lohnausgleich für Löhne, die unter dem gesellschaftlichen Durchschnittseinkommen liegen, z. T. durch Lohnanhebungen der Arbeitgeber, z. T. durch den Staat, der z. B. die Sozialkassen von sachfremden Aufwendungen befreien müßte, um über Beitragssenkungen Nettoeinkommenssteigerungen zu ermöglichen;

- gesellschaftliche Anerkennung und materielle Vergütung von Kindererziehung, Alten- und Krankenpflege und anderen sozialen Tätigkeiten, die außerhalb der Erwerbsarbeit geleistet werden;
- Schaffung von Arbeitsplätzen durch öffentliche Investitions- und Beschäftigungsprogramme und Ausweitung der Beschäftigungsmöglichkeiten im sozialen und kulturellen Bereich sowie für die Erhaltung und Wiederherstellung der natürlichen Umwelt;
- Möglichkeiten für die Kolleginnen und Kollegen, ihre Arbeitszeit souverän zu gestalten; vor allem sind für die bessere Vereinbarkeit von Beruf und Familie für Frauen und Männer, insbesondere für Alleinerziehende, entsprechende Arbeitszeitregelungen erforderlich; rigoroser Abbau von Überstunden, Reduzierung von Sonn- und Feiertagsarbeit; Einschränkung des Mehrschichtbetriebes und der Nachtarbeit; Abschaffung ungeschützter Beschäftigungsverhältnisse und von Leiharbeit;
- wesentlich erweiterte Mitbestimmung der Beschäftigten am Arbeitsplatz, in den Betrieben und Unternehmen, einschließlich des Einspruchs- und Vetorechts am Arbeitsplatz hinsichtlich der Arbeitsbedingungen, -inhalte und -ergebnisse sowie der Arbeitszeit, paritätische Mitbestimmung auf Unternehmensebene und Einrichtung von Wirtschafts- und Sozialräten; Verbot von Aussperrungen;
- Betriebsräten sind bedeutend mehr Mitbestimmungsmöglichkeiten und -rechte über die Produktion, ihre soziale und ökologische Verträglichkeit sowie ihre gebrauchswertmäßigen Ergebnisse einzuräumen;
- Einspruchsrechte bei Produktionsverfahren und Stoffen, die ökologische Risiken für die Betroffenen und die Umwelt mit sich bringen;
- die Verbesserung des betrieblichen Gesundheitsschutzes und die Ausweitung der Liste anerkannter Berufskrankheiten;
- entsprechend der Internationalisierung der Produktion sind europäische

und internationale Betriebsräte sowie mehr Rechte für die Arbeitnehmervertretungen über die Staatsgrenzen hinweg erforderlich;
- eine einkommens- und gewinnabhängige Arbeitsmarktabgabe zur Finanzierung aktiver Arbeitsmarktpolitik;
- Durchsetzung der Mindestbeschäftigungsquote von Menschen mit Behinderungen;
- Quotierung von Ausbildungs- und Arbeitsplätzen, Frauenförderungsprogramme, struktur- und beschäftigungspolitische Maßnahmen zur Schaffung von Dauerarbeitsplätzen, vorrangige Vergabe von ABM-Stellen an Frauen entsprechend ihrem Anteil an der Arbeitslosigkeit, um der bestehenden Benachteiligung der Frauen im Erwerbsleben entgegenzuwirken;
- betriebliche Gleichstellungspolitik durch die Wahl von betrieblichen Frauenbeauftragten, die ein Vetorecht haben und über eigene finanzielle Mittel verfügen.

Die Wirtschafts- und Arbeitsmarktpolitik muß grundlegend dahingehend verändert werden, daß sie Arbeitsplätze langfristig sichert sowie kurz- und mittelfristig neue Arbeitsplätze schafft und den Übergang zu einer neuen Qualität nachhaltiger, umweltfreundlicher Wirtschaftsentwicklung fördert. Dazu gehören:
- eine innovative sektorale Strukturpolitik zur Modernisierung vorhandener und zur Herausbildung neuer industrieller Zentren sowie zur Vermeidung unnötiger Transporte;
- eine aktive regionale Strukturpolitik, um das Sterben ganzer Regionen zu verhindern;
- eine staatliche Förderpolitik in Forschung und Wirtschaft, die auf Schwerpunkte setzt, Existenzgründer unterstützt sowie die Wettbewerbsfähigkeit von kleineren und mittleren Unternehmen erhöht;
- die Verbindung von Forschungs-, Technologie- und Strukturpolitik mit dem ökologischen Umbau der Wirtschaft;
- die Förderung von Selbsthilfegruppen, alternativen Produktionsformen, Sozialbetrieben und genossenschaftlichen Projekten, die eine wesentliche Bereicherung und Ergänzung bisheriger Formen der Arbeit darstellen.

Die Zielstellungen der Forschungs- und Technologiepolitik sollten vor allem in innovativen Forschungsansätzen mit produktivem, ökologischem und ressourcensparendem Charakter bestehen. Militärische und ausschließlich profitorientierte Zielsetzungen dürfen nicht weiter gefördert werden. Letzten Endes muß dem Kampf zwischen Arbeit und Kapital neuer Inhalt gegeben und die kapitalistische Vergeudungswirtschaft selbst umgestaltet werden.

2. Zukunft des Sozialstaates

Wir müssen uns für eine gesellschaftsgestaltende Sozialpolitik einsetzen, die zur Emanzipation der Menschen beiträgt und ihren Sinn nicht aus wirtschaftspolitischen Erwägungen ableitet. Sie muß die Entwicklung sozialer Beziehungen fördern, die Gesellschaft demokratisieren und die soziale Integration ihrer Mitglieder bewirken. Um die Entmündigung Betroffener und die Bürokratisierung sozialer Einrichtungen zu überwinden, sind Formen der Selbstverwaltung von Betroffenen zu fördern sowie staatliche Einrichtungen dezentralisiert und demokratisch zu organisieren und zu finanzieren.

Während die sozialen Sicherungssysteme bisher ihre Leistungen im wesentlichen auf durch Beitragszahlung erworbene Anwartschaften gründen, ist für die Zukunft eine Entkopplung von Sozialleistungen und individuell geleisteter Erwerbsarbeit anzustreben.

- Wir brauchen eine bedarfsorientierte Grundsicherung für Menschen aller Altersgruppen, die sich am gesellschaftlichen Durchschnittseinkommen orientiert. Diese soziale Grundsicherung soll nicht die herkömmlichen sozialen Leistungen ersetzen, die auf Versicherungsleistungen basieren, sondern sie durch steuergünstige Leistungen ergänzen. Die entwürdigende Bedürftigkeitsprüfung muß abgeschafft werden. Die sachlichen Leistungen der Sozialsysteme bei Krankheit, Invalidität, Behinderung und im Pflegefall sind so zu gestalten, daß die Betroffenen, unabhängig von ihrem Eigenbeitrag, eine medizinische und soziale Betreuung erhalten, die dem wissenschaftlichen und gesellschaftlichen Entwicklungsstand entspricht.
- Das Recht auf menschenwürdiges Wohnen ist zu verwirklichen. Dazu ist ein sozialer Wohnungsbau notwendig, der dem realen Bedarf entspricht. Dabei sind genossenschaftliches und kommunales Wohnungseigentum besonders zu fördern. Die Wohnungspolitik soll sich insbesondere den Problemen der Alleinerziehenden, der Älteren und der Menschen mit Behinderungen zuwenden. Besonders die Jugend muß Möglichkeiten zur Verwirklichung alternativer Lebens- und Wohnformen erhalten. Pro-

fitorientierte Wohnungsprivatisierung ist zu beenden. Benötigt wird ein Programm der ökologischen Stadterneuerung zur Verbesserung der Wohnqualität in den Ballungszentren und Förderung des innerstädtischen Wohnens.

- Die medizinische Betreuung wird in Deutschland immer mehr zur Ware und vom Geldbeutel des einzelnen abhängig. Deshalb ist die medizinische Versorgung zur Aufgabe der Allgemeinheit und des Staates zu machen und die Kommerzialisierung zu stoppen. Folgendes ist u. a. erforderlich:
  - die Entwicklung und staatliche Förderung eines Gesundheitssystems, das eine ganzheitliche medizinische Betreuung gewährleistet und der Vorbeugung sowie der Nachsorge einen höheren Stellenwert beimißt;
  - die Schaffung eines einheitlichen Versicherungssystems mit gleichen Rechten und Pflichten für alle;
  - die Beseitigung des akuten Betreuungsnotstandes durch Aufstokkung des Personalbestandes, bessere Arbeitsbedingungen und eine höhere Entlohnung;
  - eine Reform der ambulanten medizinischen Betreuung, die die gleichberechtigte Zulassung poliklinischer Einrichtungen einschließt;
  - der Ausbau des öffentlichen Gesundheitsdienstes und des Arbeitsschutzes;
  - eine erweiterte Betreuung von Sucht- und AIDS-Kranken sowie von psychisch Erkrankten;
  - die Durchsetzung des Rechts auf lebenslange Rehabilitation;
  - eine verschärfte öffentliche Kontrolle der Pharmaindustrie und der Herstellung medizinischer Geräte.
- In der Kinder- und Jugendpolitik ist folgendes umzusetzen:
  - ein rechtlicher Anspruch auf schulische und berufliche Ausbildung sowie deren elternunabhängige finanzielle Förderung;
  - ein Rechtsanspruch für Kinder auf einen unentgeltlichen Platz in Krippen, Kindergärten, Horten und anderen Einrichtungen;
  - der Ausbau und die Förderung von Begegnungsstätten für Kinder und Jugendliche mit und ohne Behinderungen;
  - ein Rechtsanspruch aller Kinder auf umfassenden Schutz und Förderung der Gesundheit.

- Von den älteren Menschen, die heute frühzeitig aus dem Arbeitsleben herausgedrängt und von der Mitwirkung am gesellschaftlichen Leben abgeschnitten werden, leiden viele unter Altersarmut, Entsolidarisierung, Vereinzelung und mangelhafter Pflege. Die Grenzen des praktizierten sozialen Sicherungssystems sind erreicht und ein neues, zeitgemäßes und humaneres ist notwendig. Es geht um ein grundsätzliches Problem der gesellschaftlichen Entwicklung: Die Ausgrenzung von älteren Menschen zieht stets die Vernichtung von Erfahrungen und Entwicklungskräften nach sich. Wir müssen politische, soziale, ethische, geistig-kulturelle und rechtliche Bedingungen schaffen, die selbstbestimmtes Leben im Alter und aktive Teilnahme am gesellschaftlichen Geschehen ermöglichen. Dazu sind erforderlich:
  - gesetzliche Garantien, die das massenhafte Abgleiten von Rentnerinnen und Rentnern in die Altersarmut verhindern und einen selbstbestimmten Übergang vom Arbeitsleben in den Ruhestand ermöglichen;
  - ein neues, den gesellschaftlichen Bedingungen entsprechendes Rentenrecht, das Gerechtigkeit mit sozialer Sicherheit verbindet;
  - gesetzliche Regelungen zur vollen Absicherung aller Betroffenen im Falle notwendiger Betreuung, begleitender Hilfe und Pflege;
  - zusätzliche soziale Maßnahmen, die den Seniorinnen und Senioren breiteren Zugang zu Kultur, Kunst und Wissenschaft ermöglichen.
- Die Diskriminierung von Menschen mit Behinderungen ist allgegenwärtig und geht so weit, daß ihr Lebensrecht in Frage gestellt wird. Diese Situation zu verändern, ist kein Detailproblem der Sozialpolitik, sondern eine besondere gewerkschaftliche Aufgabe insbesondere in der Beschäftigungspolitik. Menschen mit Behinderungen sind alle Möglichkeiten zur eigenen Existenzsicherung zu erschließen. Ein Arbeitsplatzanspruch und gesetzlich garantierter Kündigungsschutz sind durchzusetzen. Die materielle und persönliche Betreuung der Behinderten muß die weitestgehende Beteiligung am gesellschaftlichen Leben zulassen. Die Lebens-, Wohn- und Arbeitswelt ist behindertengerecht zu gestalten.
- Soziale Chancengleichheit beim Zugang zu Bildung, Kultur, Sport und Wissenschaft muß unser Ziel bleiben. Die Bildungspolitik soll Raum für die Entwicklung der Individualität aller Kinder und Jugendlichen und die bestmögliche Förderung aller Heranwachsenden eröffnen. Die Unterordnung des geistig-kulturellen Lebens unter die Verwertungsinteressen

des Kapitals muß zurückgedrängt werden, weil sie tiefe Deformationen verursacht, die Kommunikationsfähigkeit der Gesellschaft gefährdet und damit ihrer demokratischen Weiterentwicklung entgegenwirkt. Unmittelbare Ziele in der Bildungs-, Kultur- und Wissenschaftspolitik müssen sein u. a.:

- die Bundesausbildungsförderung ohne Rückzahlungspflicht und ohne Überprüfung des Elterneinkommens zu gewähren;
- die Verwandlung von Bildungs-, Wissenschafts-, Sport- und Kultureinrichtungen in verwertungsorientierte Unternehmen aufzuhalten.

● Ein neues, einfaches und gerechtes Sozialsystem ist notwendig, das die Lasten der sozialen Sicherung für Arbeitslose, alte und hilfsbedürftige Menschen von der ganzen Gesellschaft und nicht nur von den Lohnabhängigen tragen läßt, somit Beamte und Selbständige in die Solidargemeinschaft einbezieht und entsprechend ihrem Einkommen Beiträge zahlen läßt. Zur Finanzierung der beschäftigungs- und sozialpolitischen Aufgaben sind folgende konkrete Veränderungen anzustreben:

- Senkung des Verteidigungshaushalts um jährlich zehn Prozent;
- Senkung des bürokratischen Aufwandes für Parlament, Regierung, Ämter und Verwaltungsinstitutionen, einschließlich der Mittel für die Parteienfinanzierung;
- Einführung einer Arbeitsmarktabgabe für Minister, Abgeordnete, höhere Beamte und andere Großverdiener;
- stärkere Besteuerung der großen Vermögen an Geld, Grund und Boden sowie von Erbschaften bei Sicherung der derzeitigen Freigrenzen für geringe Vermögen;
- Anhebung der Spitzensätze für Einkommen- und Körperschaftsteuern bei geringerer Besteuerung der für die Schaffung neuer Arbeitsplätze eingesetzten Gewinne;
- Besteuerung von Spekulationsgewinnen aller Art;
- Einführung einer Investitionshilfeabgabe westdeutscher Unternehmen zur Förderung arbeitsplatzschaffender, umweltfreundlicher Investitionen in strukturschwachen Regionen, vor allem in Ostdeutschland, sowie einer Zwangsanleihe der Banken und Versicherungen;
- Lastenausgleich durch die Erhebung einer einmaligen Abgabe auf alle Großvermögen.

3. Zukunft der Gewerkschaften

Die Gewerkschaften müssen sich wieder auf ihre Ursprünge besinnen. »Back to the roots«, wie es im Englischen heißt, denn der Interessengegensatz von Arbeit und Kapital ist auch heute nicht aufgehoben, sondern wird in den letzten Jahren wieder deutlicher. Kapitalbestimmten Konzepten der Entsolidarisierung und Entmündigung müssen die Gewerkschaften mit aller Kraft und Phantasie entgegentreten. Dazu muß die gesamte Mitgliedschaft mobilisiert und ein Bündnis mit anderen gesellschaftlichen Gruppen, z. B. Kirchen, Bürgerinitiativen und Parteien, gesucht werden.

Die Mitglieder müssen aber auch viel stärker in die gewerkschaftliche Arbeit einbezogen werden. Der Apparat muß Werkzeug der Mitglieder sein und nicht die Mitglieder Werkzeuge des Apparats, so wie es nicht selten erscheint. »Innergewerkschaftliche Demokratie beginnt in der Wirklichkeit meist erst beim Funktionär. Wir setzen auf die Folgebereitschaft – und weniger auf die Beteiligungsbereitschaft unserer Mitglieder. Die Formen innergewerkschaftlicher Willensbildung und die Ausführung gefaßter Beschlüsse verlangen doch mehr Einordnung als aktive Kooperation. Ohne eine Erweiterung der Teilhabe der Mitglieder an der Organisation und Organisationspolitik aber werden wir dem stillen innerorganisatorischen Erosionsprozeß nicht Einhalt gebieten können.« Dies waren Worte von Heinz-Werner Meyer auf dem Hattinger Forum »Jenseits der Beschlußlage« am 15. 11. 1990, und sie sind bis heute gültig.

Die gewerkschaftliche Bildungsarbeit, vor allem die dezentrale, muß massiv ausgebaut werden, um gewerkschaftlichem Bewußtsein, welches ein sozial-ökologisches sein soll, ein viel stärkeres gesellschaftliches Gewicht zu geben, als es heute hat.

Die Gewerkschaften müssen sich darauf zurückbesinnen, daß sie ursprünglich aus Selbsthilfegenossenschaften und Arbeiterbildungsvereinen hervorgegangen sind. Sie werden nur weiterbestehen, wenn sie sich für die Emanzipation der Menschen ebenso außerhalb wie innerhalb der Arbeit interessieren, wenn sie die Schaffung von Räumen unterstützen, in der die Individuen die eigene Lebensgestaltung und die Selbstorganisation ihrer gesellschaftlichen Beziehungen selbst in die Hand nehmen können. Die Gewerkschaften werden sich zu sozialen und kommunikativen Selbsthilfe-Organisationen auch außerhalb der Arbeitswelt entwickeln müssen.

Mehr als zu irgendeiner anderen Zeit hängt heute der Einfluß der Gewerkschaftsbewegung von ihrer Fähigkeit ab, der Kulturindustrie, den Vergnügungs- und Freizeitunternehmen das Monopol zu bestreiten, das diese über die Bewußtseinsbildung, die Vorstellungen der kommenden Gesellschaft, des guten Lebens und seiner Prioritäten beanspruchen. Die Kämpfe gegen eine Enteignung des Lebens und der Lebenswelt sind Formen eines grundlegenden Kampfes für Emanzipation und damit gewerkschaftliche Aufgabe.

Die Einstellung der Gewerkschaftsbewegung zu anderen sozialen Bewegungen wird nicht zuletzt ihre eigene Entwicklung bestimmen: Schneidet sie sich von ihnen ab, weigert sie sich, Bestandteil einer umfassenderen Bewegung zu sein, beschränkt sie ihre Mission auf die Verteidigung der lohnabhängigen Arbeitsplatzbesitzer, so wird sie unweigerlich zu einer gesellschaftlich konservativen Kraft degenerieren und letztlich ihre Existenzberechtigung verlieren.

Franz Kamphaus
(Bischof von Limburg)

Zur Zukunft des Sozialstaates

1. Ursachen der Sozialstaatsdebatte

Die Debatte über die Zukunft des Sozialstaates kreist um drei Problemkreise. Die Finanzierbarkeit des bisherigen Leistungsangebots, der Mißbrauch von Solidarleistungen und neue soziale Problemlagen sind die Herausforderungen, auf die der Sozialstaat mit neuen Mitteln reagieren muß.

Die Grenzen der Finanzierbarkeit des bisherigen Leistungsangebots sind infolge der Kosten der deutschen Einheit und angesichts einer strukturellen wirtschaftlichen Krise, die langfristige Arbeitsmarktprobleme aufwirft, deutlich sichtbar geworden. Die drastische Steigerung der kommunalen Ausgaben für die Sozialhilfe signalisieren dringenden Regelungsbedarf. Wo die Frage nach der Finanzierbarkeit gestellt wird, muß über Prioritäten geredet werden. Wenn um die Finanzierbarkeit des Sozialstaates gestritten wird, geht es um die grundsätzliche Bewertung von staatlichen Leistungen. Was ist uns wichtig? Worauf können wir verzichten? Letztlich geht es um die Grundwerte unseres Gemeinwesens.

Im Zusammenhang mit der Sozialhilfe und den Leistungen der Arbeitsverwaltung wird immer wieder das Stichwort »Leistungsmißbrauch« in die Debatte geworfen. Mißbrauch solidarischer Gemeinschaft findet aber nicht nur in diesen Bereichen statt. Steuer- und Versicherungsbetrug sind mindestens so schädlich. Die Grundfrage lautet deshalb – jenseits der Verbesserung von Aufsicht und Kontrolle –, wie der einzelne in der Anonymität einer modernen Gesellschaft solidarische Bezüge erkennen kann und sie respektieren lernt.

Der dritte Auslöser der Sozialstaatsdebatte sind neue Entwicklungen, die die Innovationskraft des Sozialstaates herausfordern. Zuwanderung, Veränderungen in Altersstruktur und Sozialformen der Bevölkerung (Single-Haushalte), neue Krankheiten (Aids), aber auch neue medizinische Entwicklungen haben erheblichen Einfluß auf unsere sozialen Sicherungssysteme.

2. Ein Blick zurück

Wenn vom Umbau und der Zukunft des Sozialstaates die Rede ist, darf seine Vergangenheit nicht vergessen werden. Vieles, was uns heute selbstverständlich erscheint, sind geschichtlich relativ junge Errungenschaften. Nur wer etwas weiß von der Armut und dem Elend in den deutschen Industrierevieren des vergangenen Jahrhunderts, von der verheerenden Kraft, mit der Schicksalsschläge wie Krankheit oder Arbeitslosigkeit das Leben ganzer Familien ruinieren konnten, kann ermessen, welche Bedeutung der Institutionalisierung des Sozialen in unserer Gesellschaft zukommt.

Der im 19. Jahrhundert in Deutschland erfolgte Umbruch von einer traditionell agrarischen in eine industrielle Gesellschaft war mit dem rapiden Zerfall gewachsener Solidargemeinschaften (Dorf, Großfamilie) verbunden. Beim Aufbau neuer solidarischer Netze haben auch christliche Persönlichkeiten, Orden und Gruppierungen eine bedeutende Pionierrolle gespielt. Die aus der christlichen Überlieferung gewachsenen Werte, aus denen sie lebten und wirkten, sind auch heute noch aktuell. Sie müssen für die Debatte über die Zukunft des Sozialstaates neu durchbuchstabiert werden. Anhand von drei Grundprinzipien der katholischen Soziallehre möchte ich dies kurz versuchen.

2.1 Soziale Gerechtigkeit – sozialer Friede

Die Suche nach dem Reich Gottes und seiner Gerechtigkeit ist den Christen ins Stammbuch geschrieben. Gerechtigkeit in biblischer Perspektive meint nicht das größtmögliche Glück der größtmöglichen Zahl. Sie setzt vielmehr bei den schwächsten Gliedern der Gesellschaft an. Die Armen, die Ausgegrenzten und die Schwachen stehen im Mittelpunkt. Gerechtigkeit wird verwirklicht, indem wir uns immer wieder denen am Rande zuwenden und sie in die Mitte der Gemeinschaft holen. Gerechtigkeit ist in dieser Perspektive ein dynamischer Prozeß, der durch die Option für die Armen seine Richtung erhält.

Wer von Gerechtigkeit redet, kommt nicht um die Frage der gerechten Verteilung der Vermögen und Güter herum. Je weiter Armut und Reichtum in einer Gesellschaft auseinanderklaffen, desto mehr gerät der soziale Frieden in Gefahr. Sozialer Frieden ist auf Dauer nicht ohne soziale Gerechtigkeit zu haben. Zahlreiche Indikatoren weisen darauf hin, daß die Schere zwischen Arm und Reich in unserem Land in den vergangenen Jahren viel zu weit aufgegangen ist: Armut hat sich katastrophal ausgebreitet, Reichtum wird offen zur Schau gestellt. Korrekturen erscheinen notwendig, schon damit sich möglichst viele Bürgerinnen und Bürger aus eigener (Finanz-)Kraft in sozialen Notlagen helfen können.

2.2 Selbstverantwortung – Selbsthilfe

Zuwendung zu den Armen darf nicht dazu führen, den anderen zum Objekt seiner guten Absichten zu machen. Personsein heißt in christlicher Sicht Ebenbild Gottes sein. Damit verbietet sich jede Form der Klientelisierung Hilfebedürftiger. Selbsthilfegruppen zeigen, wie Menschen, die in Not geraten sind, sich durch gegenseitigen Austausch und Hilfe selbst beistehen können. Soziale Hilfe darf nicht aus fertigen Konzepten bestehen, die sich einige Profis ausdenken, sondern sie muß in einem ständigen Suchprozeß mit den Betroffenen erarbeitet werden. Wenn auch im sozialen Bereich aus Betroffenen Beteiligte werden, wenn subtile Formen der Entmündigung aufgedeckt werden und Eigeninitiative mobilisiert wird, kommt in viele bisherige Hilfekonzepte neue Bewegung. Die Zukunft des Sozialstaates liegt sicher in Richtung größerer Bürgerbeteiligung, höherer Bedarfsgerechtigkeit und damit steigender Zufriedenheit von Helfenden und Hilfesuchenden.

In diesen Kontext gehören auch die Überlegungen zu neuen Formen des Ehrenamtes. Trotz zunehmender Individualisierung sollte die Bereitschaft vieler Bürgerinnen und Bürger, sich sozial einzusetzen, nicht unterschätzt werden. Sorgfältiger als bisher ist jedoch auf die Erwartungen der Ehrenamtlichen einzugehen. Soziale Absicherung, Kostenerstattungen und kompetente Begleitung und Fortbildung zeigen, daß die Träger sozialer Hilfe die Ehrenamtlichen nicht als billige Arbeitskräfte ausnutzen wollen, sondern ihren Wunsch nach einer erfüllenden Tätigkeit ernst nehmen.

Die Hinwendung zu stärkerer Bürgerbeteiligung und die Förderung der Selbsthilfe hat jedoch auch ihre Grenzen. Nicht alle sozialen Notlagen lassen sich in Selbsthilfe-Netzwerken bearbeiten. Das Prinzip der Subsidiarität besagt nicht nur, daß Probleme möglichst dort gelöst werden sollen, wo sie entstehen. Vielmehr muß, falls die Lösung nicht in einer kleinen sozialen Einheit gefunden werden kann, die nächstgrößere helfend einspringen. Zum Beispiel sind in den Selbsthilfenetzen von Aidskranken mitunter deutliche Formen der Überforderung und des Ausbrennens festzustellen. Das sind Signale dafür, daß das soziale Netz aus verschiedenen

Fäden gewebt sein muß. Selbsthilfe und Professionalität dürfen nicht gegeneinander ausgespielt werden.

2.3 Solidarität

Die Aufgaben der Zukunft, nicht nur im Sozialen hierzulande, sondern ebenso in der Ökologie und in den Fragen weltweiter Gerechtigkeit, erfordern ein hohes Maß belastbarer Solidarität. Wieviel Solidarität die Mitglieder unseres Gemeinwesens für diese Aufgaben beizusteuern bereit sind, ist nicht zuletzt eine Frage der Motivation. Die Familie, die Gemeinde, die Schule, Gruppen, Vereine, Verbände, Kirchen, Parteien und Gewerkschaften, nicht zuletzt die Medien üben entsprechenden Einfluß aus. Sicher gilt: Je näher sie an den Menschen dran sind, desto besser können sie den einzelnen motivieren, sich für andere in Dienst nehmen zu lassen. Wenn diese Wurzeln der Solidarität verkümmern, wenn sie sich nicht mehr verjüngen, sondern verdorren oder ausgetrocknet werden, ist nicht nur der Sozialstaat, sondern der Staat als ganzer in Gefahr. Er tut deshalb gut daran, diese Wurzeln, vor allem die Familien, zu pflegen und zu fördern. In den Familien wird Solidarität durch »learning by doing« weitervermittelt, der größte Teil der sozialen Dienstleistungen wird nach wie vor im familiären Bereich erbracht.

3. Mehr Staat, mehr Markt, mehr freie Träger?

Viele sehen die Zukunft des Sozialstaates derzeit im Aufbau eines von unternehmerischen Gesichtspunkten geleiteten Wohlfahrtsmarktes. Es ist nicht von vornherein zu verurteilen, wenn unternehmerische Initiative auch im sozialen Bereich stärker zum Zuge kommt. Vielleicht werden sich Staat oder Kommunen dann wie bei anderen Dienstleistungen auch aus manchen Bereichen der sozialen Arbeit ohne Schaden zurückziehen können. Und sicher zwingt die unternehmerische Konkurrenz alle Anbieter sozialer Hilfe dazu, ihre Dienstleistungen kostensparend zu erbringen. Auf absehbare Zukunft wird sich das Angebot von sozialen Hilfen durch private Unternehmer noch weiter diversifizieren. Das bedeutet sowohl Vielfalt wie Unübersichtlichkeit im »Wohlfahrtsmix«. Aber das ist in anderen gesellschaftlichen Bereichen nicht anders.

Der Rückzug des Staates aus der Anbieterrolle verpflichtet ihn, stärker als Regulator und Moderator einzutreten. Er muß dafür sorgen, daß die Konkurrenz nicht dazu führt, daß soziale Hilfe nur noch den Finanzkräftigen zuteil wird. Das Setzen von Standards und grundlegenden Rechten, die Rahmenplanung und schließlich die Qualitätskontrolle gewinnen angesichts eines pluriformen Angebots von Leistungen der Wohlfahrtspflege erheblich an Bedeutung.

Letztlich entscheidet über die Zukunft unseres Sozialstaates nicht, wer wie viele Marktanteile im »Wohlfahrtsmix« erobern kann. Entscheidend ist, ob sich in unserer Gesellschaft eine neue soziale Sensibilität entwickelt für die Armen bei uns, aber auch weltweit.

Katholische Arbeitnehmer-Bewegung

(Karl Nothof, Bundesvorsitzender)

Gestaltung der »Einen Welt«

1. Zukunft der Arbeit

Arbeit ist eine zentrale Grundbestimmung menschlichen Lebens. Sie hat einen besonders hohen Stellenwert, nicht allein deswegen, weil sie Mittel zur Unterhaltsbeschaffung ist. Wesentlich kommt hinzu, daß Arbeit in jeder geschichtlichen Epoche die Gestaltung von Gesellschaft und deren Entwicklung beeinflußt hat und daß sie in einem Zusammenhang der Anerkennung und Entfaltung menschlicher Würde gesehen werden muß. Nach diesem Verständnis wird Arbeit zum »grundsätzlichen Schlüssel« aller sozialen Fragen (Laborem exercens Nr. 3.2).

Arbeit ist in christlicher Sicht an den Schöpfungsauftrag Gottes gebunden. Der Mensch ist Teil der Schöpfung und durch seine Tätigkeit wirkt er an dem Schöpfungsauftrag mit. Schöpfung ist das Tätigkeitsfeld der Menschen.

Menschliche Tätigkeit ist auf ihre Grundlage verwiesen: Der Schöpfung entnehmen die Menschen jegliche Mittel und Ressourcen, mit denen, auch im Hinblick auf zukünftige Generationen, verantwortlich umzugehen ist. Das Ineinandergreifen von wirtschaftlichen, ökologischen und gesellschaftlichen Entwicklungen überschreitet in wachsendem Maße nationale und kontinentale Grenzen. Daher ist Arbeit mit Blick auf die Zukunft die zentrale Orientierung für die Gestaltung der »Einen Welt«.

1.1 Verhältnis von Frauen und Männern

Wir leben in einer »Arbeitsgesellschaft«, in der die Lebensbezüge der Menschen in einem entscheidenden Maße durch den Bezugspunkt »Arbeit« bestimmt werden. Wesentliche Zusammenhänge des individuellen und sozialen Lebens der Menschen in unserer Gesellschaft sind von den Voraussetzungen und Bedingungen abhängig, unter denen Arbeit heutzutage stattfindet. Das Zusammenleben der Menschen und die Organisation unserer Gesellschaft strukturieren sich in einem erheblichen Maße durch die Gestaltungsmerkmale von Arbeit in einem industriellen Kontext. Diese »Arbeitszentrierung« umfaßt vorrangig die Bereiche:

- Einkommen und soziale Sicherheit,
- Familie und Verhältnis von Frauen und Männern,
- Verhältnis der Generationen,
- Umgang mit der Zeit,
- Umgang mit der Natur,
- Bildung und Ausbildung,
- Wohnen und Infrastruktur,
- Organisationsformen der Arbeit selbst,
- Interessenvertretung der Arbeitnehmer,
- Mitbestimmung und Beteiligung,
- Weltwirtschaft und internationale Beziehungen.

Das Verhältnis von Frauen und Männern betrifft die verschiedenen gesellschaftlichen Bereiche von der Familie und der Arbeitswelt über Politik und Kultur bis zur Kirche: Allenthalben sind Ungleichverteilungen und Diskrepanzen in der Beteiligung beider Geschlechter festzustellen. Das Verhältnis von Frauen und Männern ist im privaten wie im öffentlichen Leben hierarchisch und trotz aller gesellschaftlichen Veränderungen der letzten Jahrzehnte – besonders in den Bereichen Recht und Bildung – von Ungleichheiten bestimmt. Viele Veränderungen haben in erster Linie im Bewußtsein und auf dem Papier stattgefunden. Demgegenüber steht die gesellschaftliche Realität, in der die alten Lebenslagen eine bemerkenswerte Konstanz beweisen. Der Widerspruch zwischen weiblicher Erwartung an gleichberechtigte Teilhabe und der Erfahrung praktizierter Ungleichheit spitzt sich zu und verschärft die Spaltung zwischen Frauen und Männern.

Die Benachteiligung von Frauen ist strukturell bedingt. Das vorherrschende Arbeitsverständnis und die Art, wie Arbeit organisiert und verteilt wird, sind hier von zentraler Bedeutung. Arbeit wird synonym mit Erwerbsarbeit gesetzt; materielle Versorgung und soziale Absicherung ebenso wie die Verteilung der sozialen Positionen werden nach diesem Maßstab ausgerichtet. Leitbild ist dabei die lebenslange Vollerwerbstätigkeit, also die männliche Berufsbiographie, denn die »private« Alltagsarbeit wird qua Rollenzuweisung den Frauen zugeschrieben. Die geschlechtsspezifische Arbeitsteilung führt auf der einen Seite dazu, daß Frauen gar nicht oder nur eingeschränkt am Erwerbsleben beteiligt sind (Teilzeitarbeit, geringfügige Beschäftigungsverhältnisse, Randbelegschaft); auf der anderen Seite werden sie aufgrund des zweigeteilten Sicherungssystemes, in dem Leistungen für Nicht-Erwerbstätige nur als abgeleitete Ansprüche oder als Bedürftigenhilfe möglich sind, zunehmend an den Rand zur Armut gedrängt. Dies gilt um so mehr, als die traditionelle Versorgungsform von Frauen in Ehe und Familie ihre weitgehende Verbindlichkeit verloren hat. Die gestiegene Scheidungsquote macht dies überdeutlich.

Ziel der KAB ist ein Verhältnis von Frauen und Männern, das von einem partnerschaftlichen Miteinander bestimmt ist. Voraussetzung dafür ist eine egalitäre Verteilung der gesellschaftlichen Rechte und Aufgaben und damit der Abbau der Benachteiligung von Frauen. Vor diesem Hintergrund betont die KAB vor allem folgende Handlungsorientierungen:

- Arbeit ist mehr als Erwerbsarbeit. Es ist notwendig, Arbeit grundsätzlich neu zu definieren. Das hierarchische Verhältnis von Erwerbs- und Privatarbeit ist abzubauen, damit beide Bereiche eine Aufgabe von Frauen und Männern werden.

- Die materielle Grundsicherung von Frauen und Männern muß von der Erwerbsarbeit entkoppelt werden. Die KAB setzt sich dafür ein, daß beide Geschlechter eine echte Wahlfreiheit im Hinblick auf die gesellschaftlich notwendigen Tätigkeiten erhalten. Die KAB fordert ein existenzsicherndes Einkommen unabhängig von der Erwerbsarbeit.

- Jede Form von Erwerbsarbeit muß sozial abgesichert sein. Geringfügige Beschäftigungsverhältnisse und Teilzeitarbeit sind in rechtlicher und sozialer Hinsicht einer Vollzeit-Anstellung gleichzustellen.

- Die Zeitstruktur der Arbeitsverhältnisse ist besonders in den Blick zu nehmen. Vor allem in Anbetracht der gesellschaftlichen Entwicklungen der letzten Jahre erscheint es notwendig und möglich, die vorhandene Arbeit anders zu verteilen.

- Arbeitsplätze können durch Ausweitung des Arbeitsvolumens geschaffen werden. Arbeitszeitreduzierung und Arbeitsplatzteilung sind angesichts der eingetretenen wirtschaftlichen Lage eine mögliche Perspektive. Die gewonnene Zeit kann dann zu mehr partnerschaftlicher Verteilung der Tätigkeiten genutzt werden, die nicht Erwerbsarbeit sind. Eine Flexibilisierung der Arbeit darf jedoch nicht zu Lasten der abhängig Beschäftigten gehen. Deshalb sind zum Beispiel die kapazitätsorientierte variable Arbeitszeit (KAPOVAZ), Wochenendarbeit sowie die Ausweitung der Nacht- und Schichtarbeit abzulehnen.

- Die lebenslange Erwerbsarbeit darf nicht länger als die allein gültige Norm angesehen werden. Frauen wie Männern muß verstärkt die Möglichkeit eingeräumt werden, Erwerbsarbeit zu reduzieren und anders zu organisieren. Arbeitsplatzgarantie und Qualifizierungsmöglichkeiten – auch während einer Unterbrechung der Erwerbsarbeitszeit – müssen selbstverständlich sein.
- Arbeitsmarktpolitik muß endgültig davon Abschied nehmen, das traditionelle Mittel der Verdrängung weiblicher Arbeitskraft vom Markt einzusetzen. Frauen dürfen nicht länger als »stille Reserve« des Arbeitsmarktes behandelt werden, die man gemäß Konjunkturverlauf heranholt oder – ohne soziale Sicherung – in die Privatarbeit zurückschickt. In allen Bereichen der Erwerbsarbeit sind deshalb Frauenförderpläne zu vereinbaren, um der Benachteiligung besonders bei Einstellung und Aufstieg entgegenzuwirken.
- Neben dem Ausbau von Qualifizierungsmaßnahmen für Frauen müssen verstärkt Bildungsangebote geschaffen werden, die Frauen ermutigen, sich für Zukunftsberufe zu qualifizieren.
- Generell sind Bildungsmaßnahmen zu fördern, die Frauen motivieren, sich an gesellschaftlicher und politischer Willensbildung zu beteiligen.
- Die Kompetenzen, die sich Frauen und Männer in der Familientätigkeit, bei der Haushaltsführung sowie in der Pflege- und Erziehungsarbeit aneignen, sollen anerkannt werden.

1.2 Verteilung von Arbeit

Verteilung von Arbeit bezieht sich einerseits auf die vorhandene Erwerbsarbeit, andererseits auf die Schaffung zukünftiger erwerbswirtschaftlicher Arbeitsgelegenheiten. Erst dadurch, daß Arbeitsmöglichkeiten, die den Lebensunterhalt garantieren, in ausreichendem Umfang zur Verfügung gestellt werden, eröffnet sich eine sinnvolle Perspektive der Verteilung von Arbeit für alle Menschen.

1.2.1 Vollbeschäftigung

Jeder Mensch, der arbeiten will, hat ein Recht auf bezahlte Arbeit. Die Erfahrungen der letzten Jahrzehnte zeigen, daß technologische Veränderungen und Wachstum allein keine Vollbeschäftigung gewährleisten. Nach jedem Konjunktureinbruch ist der Sockel der Langzeitarbeitslosigkeit angewachsen. Nachfrageeinbrüche haben dieses Strukturproblem verschärft. Unserer Gesellschaft geht nicht einfach die Arbeit aus. Abhilfe ist möglich, wenn die Innovationskraft gestärkt sowie in sozialen, ökologischen und technologischen Bereichen durch ordnungspolitische Entscheidungen produktive und einkommensrelevante Wachstumsfelder erschlossen werden.

Um dieses Ziel zu erreichen, hält die KAB eine Vollbeschäftigungspolitik für notwendig. Hierfür sind strukturelle Voraussetzungen zu schaffen. Die Bundesanstalt für Arbeit ist in Richtung auf eine Anstalt für Arbeit und Beschäftigung auszubauen. Die KAB setzt sich für einen Stabilitätspakt ein, der das gesamtwirtschaftliche Ziel eines hohen Beschäftigungsstandes gleichzeitig mit den anderen Zielen der Geldwertstabilität, des außenwirtschaftlichen Gleichgewichts und des Wachstums anstrebt. Die »mittelbaren Arbeitgeber« (Laborem exercens, Nr. 17), also Bundesregierung, Bundesbank, Tarifparteien und Bundesanstalt für Arbeit, müssen die Rahmenbedingungen und Funktionsvoraussetzungen für Vollbeschäftigung schaffen.

1.2.2 Arbeitszeitverkürzung

Verkürzung der individuellen Arbeitszeit und größere Flexibilität erschließen neue Freiheitsräume für arbeitende Menschen und ermöglichen einen effizienteren Einsatz von Arbeitskraft und Maschinerie. Diese Flexibilisierung muß unter Mitwirkung und Mitbestimmung der betroffenen Beschäftigten erfolgen.

Die unterschiedlichen Formen der Arbeitszeitverkürzung – als Verkürzung der Wochen-, Monats-, Jahres- oder Lebensarbeitszeit, als Ausweitung des Urlaubs oder als Sabbatjahr, als vorübergehende Arbeitszeitverkürzung oder als kontinuierliche Arbeitszeitreduzierung für ältere Arbeitnehmer – bleiben den Vereinbarungen der Tarifpartner überlassen. Die KAB hält Arbeitszeitverkürzungen grundsätzlich für ein sinnvolles Mittel, um die Arbeit gerecht zu verteilen. Arbeitszeitverkürzungen sind dann angebracht, wenn sie Arbeitsplätze sichern, Beschäftigung ausbauen, Gleichstellung von Frauen und Männern ermöglichen, finanziell ausreichende Bezüge für die Beschäftigten erbringen und ökologisch vertretbar umgesetzt werden.

1.2.3 Arbeitsmarktpolitik

Der reguläre Arbeitsmarkt mit wettbewerbsfähigen Arbeitsplätzen hat Vorrang vor aller öffentlichen Förderung. Trotzdem wird der Strukturwandel immer mehr Menschen aus dem regulären Arbeitsmarkt verdrängen; für sie kann ein öffentlich geförderter Arbeitsmarkt neue Perspektiven eröffnen. Die KAB setzt sich dafür ein, in diesem Sinne eine aktive Arbeitsmarktpolitik auszubauen. Aufgabe des geförderten Arbeitsmarktes soll die Qualifizierung und Unterstützung der Beschäftigten sein, damit sie sich wieder in den regulären Arbeitsmarkt integrieren können. Die Grundidee dieser Förderung besteht darin, gesellschaftlich sinnvolle Arbeit zu finanzieren, statt Arbeitslosigkeit zu verwalten und zu bezahlen.

Berufliche Qualifizierung stärkt die Beschäftigungschancen der Menschen und fördert die Wettbewerbsfähigkeit der Unternehmen. Deshalb ist es erforderlich, daß Arbeitsgelegenheiten im öffentlich geförderten Arbeitsmarkt mit Qualifizierungsmöglichkeiten verbunden werden. Eine wesentliche Voraussetzung für den öffentlich geförderten Arbeitsmarkt ist die Anerkennung tarifvertraglicher Vereinbarungen.

1.2.4 Regionale Mitwirkung

Neben den unverzichtbaren zentralen Strategien für mehr Beschäftigung sind die regionalen Faktoren der Arbeitsmarktlage in den Blick zu nehmen. Die KAB tritt dafür ein, die regionale Mitwirkung für Arbeitsmarktpolitik zu stärken. Dies ist vor allem dort notwendig, wo größere Entlassungen eine ganze Region gefährden. Um sinnvolle und angemessen bezahlte Arbeitsplätze zu schaffen, müssen die betroffenen Regionen als wesentliche Entscheidungsträger mit einbezogen werden.

Das Angebot an Arbeitsgelegenheiten zu vergrößern, ist Aufgabe aller politisch Verantwortlichen. Das Ziel muß ein regionaler Konsens der gesellschaftlich wichtigen Gruppen sein. Einen Schritt in diese Richtung stellen Arbeitsmarktkonferenzen unter Beteiligung der Tarifparteien, der Kommunen, der Wissenschaft, der Verbände und der Bildungseinrichtungen dar. Spezifische Bedarfsanalysen, die bei den Stärken der Region ansetzen, können für die Regionalentwicklung eine wichtige Grundlage bilden.

Regionale Arbeitsmarktfonds sind zu installieren; so ergibt sich die notwendige finanzielle Basis, um arbeitsmarktpolitische Schwerpunkte zu finanzieren. Neben der öffentlichen Hand sind hier auch die Arbeitgeber, Verbände und Kirchen der Region gefordert, ihren Beitrag zu leisten. Arbeitgeber, die größere Entlassungen vornehmen, sind von der Verantwortung für die bisherigen Beschäftigungsverhältnisse nicht völlig frei, auch wenn Kündigungen oder Aufhebungsverträge rechtswirksam geworden sind. Ein Teil der Sozialplanmittel ist für einen regionalen Arbeitsmarktfonds einzusetzen.

1.3 Mitbestimmung und Beteiligung

Arbeit ist Ausfluß und Ausdruck der personalen Würde des Menschen. Der arbeitende Mensch darf daher nicht als ein Produktionsfaktor neben anderen behandelt werden, sondern muß als Person, die zur Entscheidung befugt und herausgefordert ist, respektiert werden. Daraus ergibt sich die grundsätzliche Option für Mitbestimmung und Beteiligung. Die katholische Soziallehre stellt das Prinzip heraus, der Arbeit den Vorrang vor dem Kapital einzuräumen. Da, wo Marktwirtschaft dominiert, hat dieses Prinzip keine Gültigkeit; Kapital ist der beherrschende Faktor in Wirtschaft und Gesellschaft. Wenn Arbeit der Dreh- und Angelpunkt sein soll, müssen Mitbestimmung und Beteiligung ausgebaut werden.

1.3.1 Mitbestimmung

Ziel der KAB ist es, den Faktor Arbeit stärker an den unternehmerischen Entscheidungen zu beteiligen. Nach dem Betriebsverfassungsgesetz hat der Betriebsrat Mitsprache- und Mitwirkungsrechte in sozialen und personellen Angelegenheiten, womit eine Grundlage für weitere Entwicklungen gegeben ist. Im Bereich des Personalvertretungsrechts und der Mitarbeitervertretung sind diese Rechte ebenfalls ausbaufähig. Als Schritte zur Realisierung ihrer Zielsetzung sieht die KAB vor allem:

- Die Ausweitung der paritätischen Mitbestimmung auf alle Unternehmen des Aktienrechts.
- Eine Reform des Betriebsverfassungsgesetzes, die die gleichberechtigte Mitbestimmung vor allem bei Planungen im unternehmerischen und wirtschaftlichen Bereich sichert.
- Eine Unternehmensverfassung, in der Arbeitnehmer und Arbeitnehmerinnen mehr Rechte der Mitbestimmung und Beteiligung haben.
- Ein europäisches Betriebsverfassungsgesetz und Euro-Betriebsräte. Dazu gehört der Ausbau von Informations-, Beratungs- und Mitbestimmungsrechten der Arbeitnehmervertretungen auf allen Ebenen von Betrieben und Unternehmen, die im Bereich der EU ansässig sind. Letzt-

endlich muß, nachdem viele Unternehmen multinational agieren, wirksame Mitbestimmung über nationale Grenzen ausgedehnt werden.

- Ausbau der Mitarbeitervertretung, partnerschaftliche Zusammenarbeit und Mitbestimmung in allen Bereichen.
- Im Bereich der Personalvertretung Mitbestimmung in personellen, sozialen und organisatorischen Angelegenheiten, wobei das Initiativrecht des Personalrats auszuweiten ist.
- Stärkung der Selbstverwaltung bei den Sozialversicherungsträgern: subsidiär, bürgernah, dezentralisiert. Trotz der aus wirtschaftlichen Gründen notwendigen Konzentration wird eine Mitsprachemöglichkeit der Versicherten durch bürgernahe Organe benötigt, da Zentralisierung die zuständigen Gremien anonymer und bürgerferner werden läßt.
- Einführung von Arbeitnehmerkammern als öffentlich-rechtliche Vertretung aller Arbeitnehmer und Arbeitnehmerinnen.

1.3.2 Vermögensbeteiligung

Die KAB fordert eine Beteiligung der Arbeitnehmer am Produktivkapital. Diese Forderung konkurriert nicht mit dem Anspruch auf Mitbestimmung. Mitbestimmung und Mitbeteiligung ergänzen sich. Nicht das Recht auf Eigentum, sondern die Nutzung der Güter zum Wohle aller muß die Norm der Vermögensverteilung sein. Hier hat auch der Staat in die Gestaltung der Eigentumsverhältnisse einzugreifen. Privates Eigentum hat Einkommens-, Sicherungs-, Freiheits- und Integrationsfunktion; es muß dem Abbau von Abhängigkeitsstrukturen und der Stabilisierung der freiheitlich-demokratischen Grundordnung dienen.

Um einen Fortschritt in dieser Frage zu erzielen, ist das Zusammenwirken von Gesetzgeber und Tarifparteien notwendig. Als verschiedene Formen für eine Beteiligung von Arbeitnehmern und Arbeitnehmerinnen am Produktivkapital sieht die KAB vor allem folgende Möglichkeiten:

- intensive überbetriebliche Gewinnbeteiligung,
- Investivlohn,
- tarifliche Vermögensbeteiligungs-Verträge,
- Kapitalsparprämien,
- Subventionen, die der Wirtschaft aus Steuermitteln zur Verfügung gestellt werden, müssen auch der Vermögensbildung in Arbeitnehmerhand zugute kommen,

- steuerliche Begünstigungen auf investive Lohnanteile,
- Beteiligungen an Tariffonds,
- Privatisierung von Bundesvermögen.

1.4 Umgang mit der Natur

Eine wesentliche Ursache für die Zerstörung der Natur ist der ständig steigende Emissionsausstoß, der in erster Linie durch den hohen Energieverbrauch der Industrienationen verursacht wird. Ein Ende dieser Entwicklung ist nicht in Sicht. Die kapitalistische Wirtschaftsweise sorgt zudem dafür, daß die profitable Verwertung des Kapitals und nicht ein schonender Umgang mit der Natur an erster Stelle steht. Die wirklichen Folgekosten der Ausbeutung der Natur finden keine ausreichende Berücksichtigung, sondern werden externalisiert, d. h. aus der Kostenrechnung der Unternehmen ausgegliedert und auf Dritte, letztlich die Gesamtgesellschaft, abgewälzt. Mittlerweile zeigen sich die ökologischen Folge- und Sozialkosten des Wachstumsprozesses unserer Wirtschaft in aller Deutlichkeit. Dazu gehören die dringend erforderliche ökologische Sanierung verseuchter Böden, die Entsorgung von Atom- und Giftmüll sowie Maßnahmen zur Verringerung von Schadstoff-Emissionen. Zerstörung der Natur bedeutet Zerstörung unserer Lebensgrundlagen und Abnahme von Lebensqualität. Diese Zerstörung wird solange fortschreiten, solange wir die rücksichtslose Beherrschung und Ausbeutung der Natur um kurzfristiger Gewinne willen fortsetzen.

Die KAB entwickelt ihr Verständnis vom Umgang mit der Natur auf der Grundlage des göttlichen Schöpfungsauftrags. Der Mensch ist aufgerufen, die Erde zu bebauen und zu bewahren. Dies bedeutet nicht die hemmungslose Ausbeutung der göttlichen Schöpfung, sondern ihre Pflege für kommende Generationen und für ein menschenwürdiges Leben aller Bewohner dieser Erde.

Aus diesem Grundverständnis heraus setzt sich die KAB dafür ein, daß die Rettung und Bewahrung der Natur zu einem zentralen Organisationsprinzip von Wirtschaft und Gesellschaft wird. Die KAB erachtet eine ökologische und soziale Marktwirtschaft als dringend erforderlich, um das verlorene ökologische Gleichgewicht unserer Erde zurückzugewinnen. In diesem Zusammenhang geht es der KAB um Formen einer nachhaltigen, dezentralen Wirtschaftsentwicklung, die in allen Bereichen, in denen dies möglich ist, vorangetrieben werden muß. Die KAB setzt sich für eine zweckgebundene ökologische Abgabe ein, deren finanzielles Aufkommen für ökologische Maßnahmen verwendet werden muß. Dringend erforderlich ist eine umfassende ökologische Steuerreform, die ein schrittweises Umsteuern unserer Wirtschaft und des menschlichen Verhaltens in Gang setzt. Die KAB erinnert daran, daß Umweltschutz Arbeitsplätze schaffen kann, die zudem den Vorteil haben, eine sinnvolle gesellschaftliche Aufgabenstellung zu verfolgen.

Die KAB tritt für die strikte Anwendung des Verursacherprinzips ein. Wer unsere Umwelt schädigt, muß für die Folgen seines Handelns zur Rechenschaft gezogen werden. Die anfallenden gesellschaftlichen Kosten für Sanierungen, den Schutz der Natur und dringend benötigte Vorsorgemaßnahmen müssen innerhalb unserer Gesellschaft sozial gerecht verteilt werden. Dies gilt auch für die finanziellen Mittel einer staatlichen Umweltpolitik.

Eine Umweltpolitik, die sich an dem göttlichen Schöpfungsauftrag, der Würde des Menschen und sozialer Gerechtigkeit orientiert, muß effektive Maßnahmen zum Schutz der Natur ergreifen. Die nationale Umweltpolitik muß die weltweite Verflechtung in den Blick nehmen, wo auf der einen Seite Hunger und Ausbeutung und auf der anderen Seite »Überentwicklung« und Ressourcenverschwendung anzutreffen sind. Eine Umweltpolitik, die allein auf Schadensbegrenzung ausgerichtet ist, wird die anstehenden Probleme der Menschheit nicht lösen helfen. Umweltpolitik muß nach Auffassung der KAB heute ein »offensives« Politikfeld sein, das Vorreiterfunktion in der Umsteuerung der Wirtschaft und des menschlichen Verhaltens übernimmt. Die KAB tritt dafür ein, daß der Bereich der Umweltpolitik in Staat, Wirtschaft und Gesellschaft deutlich aufgewertet und ausgebaut wird. Im Hinblick auf die weltweiten Problemlagen ist ein koordiniertes Vorgehen von Umwelt- und Entwicklungspolitik notwendig. Im Bereich der Wirtschaft favorisiert die KAB den Einsatz umweltschonender Technologie, die auf die deutliche Einsparung von nichterneuerbarer Ressourcen abgestellt ist. Umweltschutz muß in den Betrieben stärker als bisher verankert werden.

1.5 Bildung und Ausbildung

Bildung und Ausbildung sind eine öffentlich verantwortete Aufgabe. Das in der Verfassung der Bundesrepublik Deutschland verankerte Grundrecht auf freie Entfaltung der Persönlichkeit bringt zum Ausdruck, daß jeder einzelne in den Stand gesetzt werden muß, sich als Subjekt seiner Lebenszusammenhänge zu betätigen. Bildung ist dazu eine unerläßliche Voraussetzung, die nicht in der bloßen Ausbildung für begrenzte Qualifikationsanforderungen aufgeht.

Aus diesem Grundrecht ergibt sich die Verpflichtung von Bund und Ländern, für das Bildungswesen Sorge zu tragen. Das bedeutet für den Weiterbildungsbereich, daß ein breitgefächertes Angebot auf der Grundlage pluraler Trägerstruktur herzustellen und zu garantieren ist. Staatliche Förderung muß die Gleichbehandlung der anerkannten freien Träger durch entsprechende Personal- und Sachkostenausstattung gewährleisten, damit diese mit selbstbestimmter Schwerpunktsetzung und inhaltlicher Ausrichtung wie auch mit eigenen Zielgruppen ihren Auftrag erfüllen können. Eine verläßliche und damit langfristig gesicherte staatliche Finanzierung ist ebenso unabdingbar, damit unterschiedliche, trägerspezifische Formen und Möglichkeiten der Bildungsarbeit als Ausdruck des gesellschaftlichen Pluralismus zum Tragen kommen.

Angesichts der gesellschaftlichen Wandlungsprozesse, die alle Bereiche des Lebens umfassen, ist das »lebenslange Lernen« zu einer allgemein anerkannten Notwendigkeit geworden. Deshalb verlangt die KAB, daß für Arbeitnehmer und Arbeitnehmerinnen die Freistellung zum Zweck der Weiterbildung bei Fortzahlung der Bezüge sichergestellt wird. Im Bereich der beruflichen Fort- und Weiterbildung ist die Gleichwertigkeit von akademischer und nichtakademischer Bildung durch staatliche Fördermaßnahmen zu verwirklichen. Ebenso wichtig ist es, die Durchlässigkeit des dualen Systems mit den Lernorten Betrieb und Schule im Hinblick auf weitergehende Bildungsprozesse zu vergrößern. Konkret erfordert das Zusammenwachsen Europas und der Einen Welt eine theoretische wie auch praktische Aneignung von Sprachen, die bisherige Bildungsnotwendigkeiten revolutioniert. Das gilt besonders für Arbeitnehmer. Sie müssen sich den Herausforderungen internationaler Arbeitsteilung und transnationaler Arbeitsmärkte stellen.

Verbandliche Weiterbildung erfüllt mit ihrem spezifischen Angebot eine öffentlich verantwortete Aufgabe. Wesentlicher Bestandteil dieses Weiterbildungsangebotes ist das Zusammenwirken von ehrenamtlichem Engagement mit hauptberuflicher Professionalität. Das notwendige ehrenamtliche Engagement im Weiterbildungsbereich will die KAB durch gezielte Förderung unterstützen und qualifizieren. Die KAB geht davon aus, daß die unterschiedlichen Weiterbildungsbereiche – allgemeine Erwachsenenbildung, politische Bildung, wertorientierte Bildung, Familienbildung, handlungs- und aktionsbezogene Bildung – gleichberechtigt zu fördern sind.

Verbandliche Weiterbildung, wie sie die KAB betreibt, zielt auf die Qualifizierung des Erfahrungswissens ihrer Teilnehmer. Dieses Bildungskonzept will zu einem selbständigem Urteil anregen und damit die soziale Kompetenz der Teilnehmenden in einem ganzheitlichen Lernprozeß fördern. Auf der Grundlage von christlichen Orientierungsangeboten stärkt eine solche Bildungspraxis die Wertegrundhaltung, trägt zur Qualifikation im beruflichen Bereich bei und fördert die Übernahme von Verantwortung in gesellschaftlichen Zusammenhängen.

1.6 Verhältnis der Generationen

Die moderne Berufstätigkeit mit ihrer Arbeitsteilung und Spezialisierung fordert für die Jugend eine längere Ausbildungszeit. Demgegenüber schrumpft die Zeit des Erwerbslebens im Durchschnitt auf 30 bis 35 Jahre, denn in den wenigsten Fällen dauert die Erwerbstätigkeit bis zum 65. Lebensjahr. Aufgrund der längeren Lebenserwartung erhöht sich andererseits der Anteil der älteren Menschen an der Bevölkerung. Die Alten differenzieren sich untereinander, sie werden pluralistischer, individualisierter; die bisherigen Familienstrukturen verändern sich, und die Einkommensunterschiede zwischen den Generationen wachsen. Traditionelle Einteilungen und Interpretationen der Lebensalter geraten so ins Wanken. Wir sind auf dem Weg aus der sogenannten Drei-Generationen-Gesellschaft in die Fünf-Generationen-Gesellschaft. Nicht umsonst reden wir von jungen Alten, Alten und alten Alten.

1.6.1 Dialog der Generationen

Jedes Lebensalter hat seinen eigenen unableitbaren Lebenssinn, der ihm mit dem Menschsein gegeben ist. Lebenssinn darf nicht durch Arbeit und Leistung definiert werden. Sinn und Ziel des Kindseins ist nicht, erwachsen zu werden, sondern Kind zu sein; Sinn und Ziel des Erwachsenseins ist nicht das Altwerden, sondern das Erwachsensein. So sehr die Generationen aufeinander bezogen sind und nur in einer ausgewogenen Beziehung existieren können, so sehr haben sie ihren Eigenwert in sich, abgeleitet aus der Menschenwürde. Gesunde und Kranke, Behinderte und Nichtbehinderte, Geborene und Ungeborene sind einander zugeordnet in der einen Gesellschaft, sie müssen sich gegenseitig tragen und ergänzen. Dabei darf das biologische Alter keine trennende Rolle spielen.

Die KAB setzt sich dafür ein, daß sich die Älteren in unserer Gesellschaft weiterhin um die Belange der Jüngeren kümmern und von dem Standpunkt »Nach mir die Sintflut« Abschied nehmen; und sie setzt sich dafür ein, daß die jüngeren und mittleren Generationen die Alten nicht nur als finanzielle Belastung sehen. Die aktuellen gesellschaftlichen Belastungsdiskurse sind nicht ausschließlich aus der demographischen Entwicklung zu rechtfertigen, geschweige denn auf Jung/Alt-Konflikte zu reduzieren, sondern haben ebenso verfehlte Arbeitsmarktpolitik und politische Eingriffe in die Versicherungssysteme zur Ursache. Es muß entschieden dagegen vorgegangen werden, daß in der öffentlichen Auseinandersetzung die Alten gegen die Jungen oder die Jungen gegen die Alten ausgespielt werden.

1.6.2 Generationenvertrag

Das gedeihliche Miteinander der Generationen hat vielfältige Auswirkungen, die über einen bloßen Kommunikationsprozeß hinausgehen. Die Gesellschaft ist sowohl auf rasche Auffassungsgabe als auch auf langwierige Erfahrungen, auf unbeschwertes Anpacken von Problemen wie auf das Abwägen von Risiken angewiesen. Das heißt: Sie ist auf die Kompetenzen aller Generationen angewiesen.

Alle Generationen leben von der Arbeit, die geleistet wurde und geleistet wird. Beispielhaft dafür stehen in der Bundesrepublik Deutschland einerseits das System der Rentenversicherung und andererseits das Kindergeld. Diese Beispiele machen deutlich: Das Miteinander der Generationen kann nicht mehr allein im persönlichen Miteinander und über private Kontakte geregelt werden. Es bedarf einer Sozialpolitik, um die unvermeidbaren Konflikte auszutragen und Ungerechtigkeiten auszuschalten. Der Generationenvertrag hat die bleibende Aufgabe, die verschiedenen Anforderungen zu ordnen und in ein sinnvolles Verhältnis zu bringen:

- die Sorge für die eigene Existenzsicherung,
- die Mitsorge für diejenigen, die nicht in der Lage sind, ihren Lebensunterhalt zu erwirtschaften,
- und die Vorsorge für die eigene Alterssicherung.

2. Sozialstaat

Dem Wirtschaftsliberalismus des 19. Jahrhunderts haben Arbeiterbewegung und christlich-soziale Bewegung die Forderung nach Staatsintervention entgegengesetzt, um angesichts der dramatisch zugespitzten sozialen

Frage gesellschaftlich gestaltete und staatlich gewährleistete Sicherungseinrichtungen ins Leben zu rufen. Die Übernahme staatlicher Sozialverantwortung hatte eine qualitative Erweiterung der Ziele staatlichen Handelns zur Folge, wodurch die Gemeinwohlorientierung erst konkrete Gestalt annahm. Die KAB versteht unter sozialstaatlichem Handeln in der Bundesrepublik Deutschland den sozial- und ordnungspolitischen Einsatz des Staates als politisch verfaßtem Gemeinwesen, um den sozialen Ausgleich in der Gesellschaft, die soziale Sicherung und Teilhabe für alle zu gewährleisten.

Die Tatsache, daß wir heute in einer gespaltenen Gesellschaft leben, verweist darauf, daß wir auch mit einer Krise des Sozialstaats konfrontiert sind. Die KAB sieht diese Krise nicht zuerst und allein im Fehlen der finanziellen Mittel zur Aufrechterhaltung sozialstaatlicher Leistungen, sondern im Problem der Verunsicherung über Möglichkeiten, Reichweite und Grenzen sozialstaatlichen Handelns. Die Frage nach Gestalt und Gewährleistung einer sozial gerechten, solidarischen und humanen Gesellschaft ist damit neu gestellt.

Unbeirrt hält die KAB an der friedensstiftenden Funktion sozialstaatlichen Handelns fest, das es wegen seiner Bedeutung für den sozialen Frieden zu erhalten und auszubauen gilt. Sie hält an den Grundlagen unseres selbstverwalteten Systems der sozialen Sicherung, an einem sozial ausgleichenden Steuer- und Leistungstransfersystem sowie an staatlich garantierten Rahmenbedingungen und Regelungen sozialer Teilhabe fest. Sie erteilt allen Bestrebungen eine Absage, die unter dem Deckmantel des Umbaus den Sozialstaat auszuhöhlen und abzubauen versuchen. Dabei verkennt die KAB nicht, daß sich im Laufe der Geschichte auch die sozialen Risiken wandeln können, denen um der Menschen willen durch staatliche Sozialpolitik begegnet werden muß. Doch wendet sie sich dagegen, daß im Namen der verschiedenen Risiken und Notlagen die Menschen gegeneinander ausgespielt werden.

Aktuelle Felder, in denen sich sozialstaatliches Handeln bewähren muß, sieht die KAB unter anderem

- im Aufbau einer Pflegeversicherung, damit die Pflege alter und kranker Menschen in einer Gesellschaft mit zunehmendem Altenanteil nicht zum privaten Risiko wird;
- in einer umfassenden Familienpolitik, die über den Familienlastenausgleich hinausgeht und die sozialen Leistungen der Familie angemessen honoriert;
- in einer Arbeitsmarkt- und Beschäftigungspolitik, die berücksichtigt, daß

die Teilnahme am Arbeitsleben einen wichtigen Bereich gesellschaftlicher Teilhabe – über die Einkommensfrage hinaus – darstellt;

- im Aufbau einer existenzsichernden Grundversorgung aller Menschen ohne diskriminierende Bedingungen und als Voraussetzung für gesellschaftliche und politische Mitwirkung an der Gestaltung des Gemeinwesens;
- in der Herstellung gleicher Lebenschancen in ganz Deutschland, wobei die Bedürfnisse und die Leistungsfähigkeit der Menschen unter den Gesichtspunkten der Solidarität und der Subsidiarität zu überprüfen sind, damit Lasten und Chancen gleichmäßig verteilt werden.

3. Zukunft der Gewerkschaften

Die KAB bejaht die Gewerkschaften und ruft ihre Mitglieder zur Mitarbeit in den Gewerkschaften auf. Sie strebt eine lebendige Zusammenarbeit mit den Gewerkschaften an und bejaht die Tarifautonomie.

Zunehmende Individualisierungs- und Flexibilisierungstendenzen verlangen mehr an kollektiven Regelungen und nicht weniger. Die Tarifhoheit ist auch für den zweiten Arbeitsmarkt notwendig.

Die Gewerkschaften sollten ihre Position deutlich machen zur Diskussion um ein »Grundeinkommen« ohne Bezug zur Erwerbsarbeit.

Unbefriedigend geklärt scheint uns das Verhältnis der Gewerkschaften zu den Arbeitslosen und ihre Interessenvertretung.

Bei der Vermögensbildung für Arbeitnehmer erwarten wir ein stärkeres Engagement der Gewerkschaften im politischen und tarifvertraglichen Bereich.

Wir erwarten eine stärkere Unterstützung bei der Diskussion des von der KAB veröffentlichten Modells einer neuen Unternehmensverfassung.

Die Zukunft der Gewerkschaften wird wesentlich davon abhängen, wieweit es ihnen gelingt, die Demokratisierungs-, Beteiligungs- und Verantwortungsstrukturen in den Gewerkschaften durchsichtig zu machen und zur Mitarbeit einzuladen.

Viele Politikfelder werden noch immer aus nationaler Perspektive betrachtet. Sie entziehen sich aber zunehmend dem Zugriff nationalstaatlicher Entscheidungsgewalt, denn die zugrundeliegenden gesellschaftlichen und wirtschaftlichen Triebkräfte sind längst Teil einer internationalen Dynamik geworden. Gewerkschaften sollten sich deshalb intensiv um ein aktives Verständnis des Zustandes unserer Welt bemühen. Sie sollten dazu beitragen, daß sich eine »Eine-Welt-Ethik« als globale Verantwortungsethik entwickelt, die sich am Recht aller Menschen der heutigen und künftigen Generationen auf ein menschenwürdiges Leben orientiert.

Horst Kern
(Sozialwissenschaftler, Professor an der Georg-August-Universität, Göttingen)

Thesen zum Forum der IG Metall

Das (west)deutsche ökonomische System der achtziger Jahre, eine sozial regulierte Hochlohnökonomie, bewies bis vor kurzem eine erstaunlich Leistungs- und Widerstandskraft. Es beruhte auf der Verknüpfung der komparativen Vorteile des Standorts Deutschland zu einer in sich stimmigen ökonomisch-technischen Strategie, die sich gut in einen sozialen Kompromiß umformen ließ. Drei Merkmale charakterisierten die ökonomisch-technische Ordnung:

1. die Nutzung der deutschen Tradition der Herstellung differenzierter, technisch exzellenter Produkte für eine weitere Konzentration auf die Hochqualitätssegmente der Märkte (»Nischen-Strategie«);
2. die Nutzung der hochkompetenten deutschen Investitionsgüterindustrie für flexible Automatisierung (»flexible Automatisierungs-Strategie«);
3. die Nutzung des Reservoirs hochqualifizierter Arbeitskräfte, um das wachsende Hochqualitäts-/Hochtechnologie-Produktionsbündel personell abzusichern, und zwar durch eine anti-tayloristische Personalpolitik, die auf Funktionsintegration und Aufqualifizierung setzte (»Hochqualifikation-Hochlohn-Strategie«).

Diese ökonomisch-technische Ordnung konnte mit einem sozialen Kompromiß verzahnt werden, der auf dieser Ordnung aufbaute und der sie zugleich absicherte. Dieser Kompromiß äußerte sich vor allem in drei sozialen Versprechen, die in den achtziger Jahren einigermaßen glaubwürdig erschienen:

- daß mit der ökonomisch-technischen Ordnung ein Produktionsvolumen geschaffen und ein Wachstum gesichert werden könne, die eine weitgehende Absorption des Arbeitspotentials zuließen: »Arbeit für (fast) alle«;
- daß mit der ökonomisch-technischen Ordnung ein Produktionsregime korrespondiert, das auf qualifizierter Arbeit ruht und das, durch hohe Produktivität, hohe Löhne finanziert: »gute Arbeit«;

- daß die durch die ökonomisch-technische Ordnung garantierte Wertschöpfung groß genug ist, um die sozialen Kosten für die Absicherung und Förderung derjenigen zu finanzieren, die (zeitweilig) keine zumutbare Arbeit finden können: »Sozialstaat«.

Das alte Erfolgskonzept bietet keinen Schutz gegenüber den Turbulenzen der neunziger Jahre, und es sichert erst recht nicht gegenüber den Risiken der Zukunft. Mit der Krise der Jahre 1992/93 ist offenbar, daß dieses Modell nicht mehr wie gewohnt arbeitet, weil seine ökonomisch-technische Basis gestört ist. Damit ist aber auch der alte soziale Kompromiß, der auf dieser Basis ruhte, höchst fragwürdig geworden.

Ein wesentlicher Grund für die aufgetretenen Funktionsmängel besteht darin, daß das ökonomische Modell, welches in den achtziger Jahren so gut gearbeitet hatte, allzu stark auf die traditionellen Stärken der deutschen Industrie setzte. Dies führte dazu, daß allein die alten Schlüsselbranchen als Motoren von Wertschöpfung und Expansion behandelt worden waren. Mit dieser Schwerpunktsetzung verlor die deutsche Industrie aber im Laufe der Zeit immer mehr den Kontakt zu den neuen Märkten, die mittlerweile viel bessere Aussichten bieten als die traditionellen. Die deutsche Industrie schaffte es nicht, in den immer stärker wachsenden neuen Segmenten der globalen Wirtschaft eine hinreichend starke Position aufzubauen. Damit verfehlte sie die Aufgabe, mit der Entwicklung der Welthandels-Strukturen für industrielle Produkte Schritt zu halten. Siehe als eklatantes Beispiel die Elektroindustrie: Elektrische und elektronische Produkte bilden einen hochdynamischen Markt; seit Mitte der siebziger Jahre ist die Welthandels-Position Deutschlands in diesem Markt immer schwächer geworden; elektronische Produkte, insbesondere elektronische Komponenten und Rechner, werden immer wichtiger, wohingegen elektrotechnische Produkte, insbesondere Schwermaschinen, relativ an Bedeutung verlieren; die deutsche Elektroindustrie ist stark in diesem schrumpfenden Segment des Marktes, während sie umgekehrt schwach in den expandierenden Segmenten ist. Man beachte: Dieses Muster gilt generell für High-Tech-Märkte.

Damit nicht genug: Auch in jenen Bereichen, in denen die deutsche Industrie nach wie vor stark verankert ist und wo sie mit ihrer Nischenstrategie in der Vergangenheit Pluspunkte machen konnte, gerät man zunehmend in Sackgassen. Mit Hilfe der neuen Technologien können tendenziell alle Hersteller ihre Produkte technisch wesentlich verbessern; damit ist die Einzigartigkeit der deutschen Produkte dahin, und niemand zahlt mehr einen Aufschlag bloß für »Made in Germany«. Je mehr nun aber die ökonomisch-technische Ordnung aus den Fugen gerät, desto fragiler wird der alte soziale Kompromiß. Die sozialen Versprechungen können nicht mehr eingelöst werden. Die gewachsene und immer noch extrem hohe Quote an Arbeitslosigkeit (und innerhalb der Arbeitslosigkeit das immer drängendere Problem der Dauerarbeitslosigkeit) und die zunehmende Erosion der Systeme sozialer Sicherheit machen dies deutlich.

Erste These

Die erwähnten Probleme (insbesondere das Verfehlen der neuen Märkte und der Verfall der Wettbewerbsfähigkeit in den alten Märkten) drücken eine fundamentale Schwäche des deutschen Systems aus. Diese liegt in seiner geringen Fähigkeit zur Erzeugung radikaler Innovationen. Fasziniert durch die alten deutschen »Tugenden« (Qualität, Flexibilität, technische Intelligenz) unterschätzen die deutschen Firmen die Bedeutung von Basisinnovationen für die Wettbewerbsfähigkeit auf den globalisierten Märkten. Die Zukunft der deutschen Industrie ist dunkel, wenn sie dieses ihr Innovationsproblem nicht lösen kann.

»Time to market«, d. h. die Schnelligkeit, mit der ein neues Produkt entwikkelt und auf dem Markt plaziert werden kann, gewinnt als Kriterium für den ökonomischen Erfolg zunehmend an Bedeutung. Je leistungsfähiger der Innovationsapparat ist, desto besser kann man diesem Kriterium Rechnung tragen. Innovation ist aber nicht nur als Motor für Geschwindigkeit wichtig. Die Bedeutung der Innovation liegt vor allem auch darin, daß sie die Quelle darstellt, aus der neue Produkte geschöpft werden, die dann ihrerseits neue Produktionslinien und neue Beschäftigung tragen können. Dabei streichen die Erst-Innovatoren den Wachstumsschub für sich ein, während sich die Nachzügler mit allenfalls flachen Zuwachsraten begnügen müssen.

Bedeutsam für die deutsche Industrie ist dabei folgender Grundsatz: Je mehr die traditionellen Märkte an eine Sättigungsgrenze geraten, desto weniger zählt die Fähigkeit, die alten Produkte auf perfekte Weise herzustellen – und desto wichtiger wird die Fähigkeit zu definieren, was in Zukunft produziert wird. Durch Innovation können ökonomische Akteure das Spektrum ihrer Möglichkeiten verbreitern. Dies tun sie, indem sie mit der Entwicklung und der Plazierung neuer Produkte nicht nur neue Bedürfnisse schaffen, sondern gleichzeitig auch die Möglichkeiten zu deren Befriedigung bieten.

Diese Dynamik unterstellt, ist die deutsche Schwerpunktbildung – d. h. die

Konzentration auf Verbesserungen im alten Bündel der Branchen Automobilbau, Investitionsgüterherstellung, Elektrotechnik, Präzisionsmaschinenbau – notwendigerweise mit wachsenden Schwierigkeiten behaftet.

Zweite These

Diese Schwierigkeiten lassen sich nur beheben, indem die Innovationsfähigkeit des Ökonomischen erhöht wird. Ein leistungsfähiges Innovationssystem besteht in einem Satz von Institutionen, die kontinuierlich neues produktrelevantes Wissen generieren und die sicherstellen, daß dieses erweiterte Wissensreservoir für die Entwicklung neuer Produkte fruchtbar werden kann. Firmen sind ein wesentlicher Teil des Innovationssystems. Die Innovationsfähigkeit von Firmen ist um so größer, je mehr es den Firmen gelingt, a) das in ihnen versammelte (»interne«) Wissen zu reorganisieren und zu reaktivieren und b) »externes« Wissen zusätzlich auszubeuten. Im Hinblick auf a) ist die Kapazität der deutschen Firmen gut, im Hinblick auf b) aber ist sie reichlich schlecht.

Im Rahmen des Erfolgsmodells der achtziger Jahre haben die deutschen Firmen einige organisatorische Praktiken entfaltet, die für die Lösung des Innovationsproblems hilfreich sein können. So gibt es mittlerweile einen breiten Fundus an Erfahrungen mit »querfunktionaler Kooperation«, »Aufgabenintegration« und »Autoaktivierung der Beschäftigten«, aus denen sich innovationsrelevante Kräfte schöpfen lassen. Einer konsequenten Nutzung dieser Möglichkeiten stehen zwar immer noch zahlreiche Traditionalisten im Management entgegen, doch ist unter dem Vorzeichen der »neuen Produktionskonzepte« in den achtziger Jahren so vieles in Gang gekommen, daß die Chancen zur Lösung des a)-Problems heute relativ groß sind.

Im b)-Bereich sieht es für deutsche Firmen viel weniger rosig aus. Damit meine ich nicht, daß die ganze Debatte über »Unternehmenskooperation«, »offene Firmen«, »virtuelle Integration« an ihnen vorbeigegangen wäre. Aber diese Debatte, die amerikanischen und japanischen Ursprungs ist, erreichte die deutsche Industrie mit einer erheblichen Verspätung. Zu lange haben sich deutsche Firmen mit dem Gefühl in Sicherheit gewiegt, wenn schon nicht der Klassenbeste, so doch wenigstens ein guter zweiter Sieger zu sein. Aufgerüttelt durch die Krise 1992/93 fingen viele dann doch an, sich mehr Gedanken zu machen. Wertschöpfungsketten wurden überprüft; komparative Vorteile wurden durch »outsourcing« jener Funktionen besser erschlossen, die andere besser erledigen können. Man muß jedoch darauf hinweisen, daß diese Anpassungen bisher einen starken Zug zum Konservatismus aufgewiesen haben, weil sie hauptsächlich existierende Produktionslinien betrafen und weil sie sich meist auf Kooperationserfahrungen stützten, die an bestehende soziale Netzwerke gebunden sind.

Es ist ganz natürlich, daß Firmen, die damit beginnen, ihre Wertschöpfungskette zu reorganisieren, sich zunächst innerhalb der ökonomischen Netzwerke bewegen, die ihnen vertraut sind. Dies liegt um so näher, wenn, wie im deutschen Fall, diese Netzwerke bis vor kurzem durchaus effizient gewesen sind. Aber wie vorteilhaft auch immer die deutschen Netzwerke für viele Firmen in der Vergangenheit gewesen sein mögen, sie sind heute zu eng und zu restriktiv, um die Firmen dazu zu befähigen, die Aufgabe zu erledigen, vor der sie heute stehen: das Problem eines höheren Wirkungsgrades bei der Erzeugung radikaler Innovationen.

Regionale Netzwerke vom Typ Baden-Württemberg zeigen dies deutlich. In den achtziger Jahren noch konnte sich diese Region mit guten Gründen als ein Zentrum industrieller Dynamik präsentieren, und selbst kritische Beobachter klassifizierten es als eine deutsche Variante der Marshallianischen industriellen Distrikte. 1992/93 wurde dieses scheinbar so robuste regionale Netzwerk wie andere Regionen nachhaltig durch die ökonomische Krise erschüttert, und seitdem kämpft es um seine Renaissance. Die gegenwärtigen Probleme resultieren aus einer strukturellen Einseitigkeit, welche viele Beobachter früher übersehen hatten, weil sie durch die Expansion überdeckt worden waren. Diese Einseitigkeit besteht darin, daß sich das Netzwerk extrem stark auf zwei miteinander verknüpfte alte industrielle Bündel konzentriert: auf die Automobilindustrie und den Maschinenbau einschließlich einer beide beliefernden elektrotechnischen Industrie. Diese starke Orientierung auf die alten Industrien und die korrespondierende Schwäche im Bereich der produktionsorientierten Dienstleistungen formt heute immer noch die Aktivitäten der Firmen, wenn sie versuchen, die zwischen ihnen bestehenden Beziehungen zu redefinieren. Innerhalb des Netzwerks der alten Industrien ist viel möglich, doch die Grenzen dieses Netzwerks zu überschreiten ist leichter gesagt als getan.

In eine ähnliche Richtung weisen die Lektionen, die uns die Versuche zur Reorganisation der Zulieferer-Endfertiger-Beziehungen lehren. Beobachter haben herausgefunden, daß die entsprechenden Netzwerke in Deutschland sehr oft von mächtigen Finalproduzenten organisiert und kontrolliert werden. Diese traditionellen Zentren der Produktionsnetzwerke, die man charakteristischerweise auch »fokale Firmen« genannt hat, sind gegenwärtig die bestimmenden Kräfte hinter den Versuchen, die Wertschöpfungsketten zu restrukturieren. Es ist fast überflüssig zu sagen, daß diese Firmen ihre Größe und ihr Wissen dazu benutzen, alle Reformen durch den Engpaß ihrer Produktivitäts-, Flexibilitäts- und Risikovermeidungs-Interessen zu drücken. Es ist auch fast überflüssig hinzuzufügen, daß dieser Typus von Kontrolle eine Schwerkraft auslöst, die die Reformen immer wieder auf die alten Pfade zurückzieht, wie immer innovativ sie intendiert gewesen sein mögen.

Da nun aber radikale Innovation die Erzeugung neuer Produkte voraussetzt und da solche Produkte, wenn überhaupt, so nur dann hervortreten können, wenn es zur unkonventionellen Kombination von Wissensbeständen kommt, die in unterschiedlichen sozialen Bereichen lokalisiert und verankert sind, können die Anpassungen, die gegenwärtig in und zwischen deutschen Firmen betrieben werden, nicht mehr sein als kleine Schritte auf dem langen Weg in Richtung eines leistungsfähigen Innovationssystems. Was die Firmen lernen müssen, ist, sich das Wissen, das sie zur Verwirklichung neuer Ideen benötigen, unabhängig von den Organisationsmustern zusammenzuholen, die ihnen durch Verhaltensroutinen und organisatorische Loyalitäten nahegelegt werden. Sie müssen lernen, zweckrational als reine Innovatoren zu handeln, statt traditional als Mitglieder bestehender sozialer Netzwerke. Was verlangt wird, ist die Fähigkeit, sich auf Zeit mit Partnern mit dem Ziel zusammenzutun, komplementäres Wissen zu kombinieren, ohne sich dabei durch soziale Qualitäten abzufedern, welche Soziologen mangels besserer Begriffe Gewohnheiten, Normen oder auch Kultur genannt haben.

Das Erlernen der Fähigkeit, solche soziale »Unbestimmtheit« zu schaffen und sich in diesem sozialen Vakuum zu bewegen, ist überall und für jeden Akteur schwierig, weil die Bewegung in sozial nicht abgefederten Situationen immer riskant ist. Es ist dies um so schwieriger für Firmen, die in Netzwerken operieren, die erst in jüngster Zeit für weiteres ökonomisches Wachstum dysfunktional geworden sind. Aber gerade weil dies die Situation ist, in der sich deutsche Firmen heute oft befinden, tun sie sich mit Innovationen so schwer.

Dritte These

Die Gewerkschaften – genauer: die Art und Weise, in der die Gewerkschaften heute immer noch soziale Sicherung konzipieren und betreiben – sind der Lösung des Innovationsproblems nicht dienlich. Oft stehen sie sogar im

Widerspruch dazu. Wir treiben heute soziale Sicherung mit Ansätzen und Regelungsformen, die schon in den achtziger Jahren veraltet waren (was damals aber wegen der noch starken ökonomisch-technischen Basis nicht weiter auffiel) und deren Logik auf die sechziger und siebziger Jahre zurückgeht. Heute steht eine Neuformulierung des sozialen Kompromisses an, in die die Lösung des Innovationsproblems mit einbezogen werden muß. Dies kann nur geschehen, wenn die Konzeption sozialer Sicherung neu gefaßt wird.

Allen Schritten der Lösung des Innovationsproblems ist eine hohe Verunsicherungsqualität eigen. Das spüren die Arbeitnehmer und ihre Organisationen in besonderem Maße. Besitzstände werden erschüttert; die alten Vertretungsstrukturen wackeln.

Aus diesen Erschütterungen resultiert für Betriebsräte und Gewerkschaften ein schwieriges Dilemma. Sie müssen die Lösung des Innovationsproblems wollen, denn ohne diese wäre das Ziel »Arbeit für alle, und dazu noch gute« endgültig dahin. Auch wären nur unter der Voraussetzung, daß das Innovationsproblem gelöst wird, genug Ressourcen für einen starken Sozialstaat vorhanden. Indem Betriebsräte und Gewerkschaften aber an einer Lösung auf den skizzierten Linien mitwirken, betreiben sie eine Reform, die zwar mehr gute Arbeitsplätze zu schaffen verspricht und durch die die Umverteilungsmasse erhöht werden könnte. Jedoch würde dies um den Preis nachhaltigerer sozialer Verwerfungen geschehen. Innovation ist eine Sache, die definitionsgemäß im voraus nicht genau bestimmt und dementsprechend auch nicht genau reguliert werden kann. Innovationen setzen das bewußte Loslösen von Routinen voraus, sie entstehen also gleichsam aus einer gewollten Verunsicherung. Deshalb besteht die paradoxe Anforderung an die Betriebsräte und Gewerkschaften, daß sie Sicherheit in einer extremen Situation gewollter Verunsicherung gewährleisten und daß sie dies tun, ohne die produktive Verunsicherung zu stören, ohne die es keine Innovation geben kann. Die Aufgabe, die hier gestellt ist, scheint auf die Quadratur des Zirkels hinauszulaufen: Sicherheit schaffen, indem Unsicherheit anerkannt und auf ihren produktiven Kern konzentriert wird.

Die alten Vertretungssysteme geben nicht viel für die Lösung dieser schwierigen Aufgabe her, denn sie unterstellen Eindeutigkeiten und Kalkulierbarkeiten, die in der neuen Welt einfach nicht mehr gegeben sind. Sie unterstellen zum Beispiel stabile Vertragspartner (einen Betriebsrat, einen Arbeitgeber, eine Industriegewerkschaft, einen Unternehmerverband), wo doch durch neuartige Unternehmenszuschnitte und neue Kooperationsformen gerade die »Akteursdefinitionen« immer mehr in Fluß geraten. Und sie unterstellen »griffige« Normen, die den Status der Arbeitnehmer auf klare und einfache Art definieren (inhaltlich normieren) und sichern sollen, wo doch in innovativen Betrieben heute niemand genau sagen kann, wie die Arbeitsaufgaben morgen aussehen werden und wo sie zweckmäßigerweise von wem erledigt werden. Deshalb müssen neue Vertretungssysteme entwickelt werden – doch welche?

Perfekte Antworten auf diese Frage gibt es nicht. Allerdings bestehen in der Praxis eine Reihe von Lösungsversuchen, aus denen man lernen kann. Ich konzentriere mich hier zur Verdeutlichung der Schwierigkeiten und der Möglichkeiten einer Problemlösung auf einige Erfahrungen im Bereich der tariflichen und betrieblichen Vertragsgestaltung.

Nehmen wir das Beispiel des VW-Tarifvertrags zur Viertagewoche. Dessen Logik besteht darin, die Arbeitnehmer durch eine (befristete) Beschäftigungsgarantie und einen Lohnkompromiß von der Sorge um Arbeitsplatz und Einkommen zu entlasten, damit sie dafür frei werden, ihre Leistungsreserven und Kreativitätspotentiale voll für eine radikale Unternehmensreform zur Verfügung zu stellen. Der Vertrag setzt also exakt am Innovationsproblem und dem für dieses charakteristischen Unsicherheitsdilemma an.

Daß sich Unternehmensleitung und Gewerkschaft/Betriebsrat bei VW auf diesen Pfad begeben haben, ist zu Recht als Beweis für konstruktives Denken und Mut zur politischen Erneuerung begründet worden. Nichtsdestotrotz enthält der Vertrag eine zwiespältige Lösung des Konflikts zwischen Sicherheitsbedürfnis und Erneuerung, denn er wählt eine Vermittlungslinie, die ein Problem löst, indem er ein neues aufwirft. Wo schafft denn der Vertrag Flexibilität und wo nicht? Die Flexibilität liegt im Übergang von einem Status quo ante zu einem neuen Status quo. Der Fähigkeit zum Übergang erweist man hohe Beweglichkeit, doch wird das neue in alter Manier in Zustandskategorien festgeschrieben, statt es als einen Prozeß zu fassen. Der Inhalt der Vereinbarung besteht in einer neuen Standarddefinition von Merkmalen des Arbeitsverhältnisses, die – sobald sie gilt – korsettartig wirkt wie jeder Standard. Insofern steht der Vertrag auch gegen Innovation. Das Sicherheitsbedürfnis wird in jene Formen gegossen, die der alten »real standardisierten« VW-Welt angemessen war, die aber, herübergenommen in die neue Zeit, nicht mehr paßt. Das Abarbeiten der reformbedingten Stabilisierungsproblematik mit Sicherungsinstrumenten der Vorreformwelt mündet in die Frage ein: Kann eine Übereinstimmung sichergestellt werden zwischen dem überkommenen Sicherungsbedürfnis einer tariflichen Fixierung von Standardinhalten des Arbeitsverhältnisses einerseits mit dem Ziel einer vorbehaltlosen Mobilisierung der Humanressourcen andererseits?

Inkompatibilitäten sind absehbar. Wenn Projektarbeit zu einer wichtigen Voraussetzung für kreativere und schnellere Entwicklung wird (siehe zweite These) – wie soll sich ihre Logik im engen Zeitraster einer strikt vorgegebenen Viertagewoche entfalten? Wenn Joint-ventures mit potenten externen Entwicklungslieferanten zu einer wichtigen Voraussetzung für die Verbesserung von F und E und die Optimierung der Komponentenherstellung werden – wie soll die Zusammenarbeit gemischter Mannschaften gelingen, wenn der VW-Teil fest in die besondere VW-Zeitstruktur eingebunden ist? Wenn die Basis in Abgrenzung von den »Hierarchen« als »Leistungsträger der Zukunft« angesprochen wird – wie plausibel ist diese Botschaft, wenn es Tage gibt, an denen ganze Fertigungslinien, Betriebe oder Büros zu einer Veranstaltung von Hierarchen ohne Basis werden? Da Sicherheitsgarantien in Form garantierter Standardinhalte in einer Situation, die auf die Aktivierung von Leistungs- und Kreativitätsreserven und das Finden neuer Lösungen gepolt sein soll, nicht der Weisheit letzter Schluß sind, bleibt die Frage nach Gestaltungsalternativen.

Theoretisch liegt die Problemlösung auf der Hand. Sie besteht darin, daß dem Sicherheitsbedürfnis durch eine Vereinbarung von Prozeßnormen Rechnung getragen wird statt durch die Vereinbarung von Standard-Inhaltsnormen. Wenn Verhaltensregeln institutionalisiert werden, die es der Belegschaftsvertretung/Gewerkschaft ermöglichen, das Tun des Managements genau zu beobachten (Kontrolle), letzteres aber für einen definierten Zeitraum freie Hand bekommt, die Entwicklungsmöglichkeiten, die es für die besten hält, zu erproben (Lernen); wenn sich beide Parteien ferner darauf verständigen, die Effekte und die Kosten neuer Lösungen einschließlich der sozialen Kosten gemeinsam zu bilanzieren (Evaluation), um auf dieser Grundlage neue Zielgrößen und einen Zeitplan für weitere gemeinsame Überprüfungen zu vereinbaren (Redefinition) – dann könnten das Sicherheitsbedürfnis der Belegschaft und das Innovations- bzw. Flexibilitätsziel der Unternehmensreform in der Tat in Einklang gebracht werden. Die Sicherheit wäre dann in der Kontrolle des Prozesses gesucht worden, der jedoch ein offenerer wäre. Die Flexibilität würde in dieser Offenheit liegen, jedoch wäre sie durch Kontrolle und Redefinitionen kanalisiert. Vereinbarungen, die diesem Modell folgen, sind eine Weiterentwicklung der Kontraktvorstellung vom Unternehmen, die der Lösung des Innovationsproblems Rechnung tragen.

Diese Feststellung ist nicht nur eine theoretische. Manchmal läuft die Praxis der Theorie voraus. Und so gibt es für die Entwicklungslinie »kontrollierter Flexibilität« auch schon praktische Exempel. Wieder wähle ich hier ein Beispiel von VW: die Betriebsvereinbarung zum global und forward sourcing. Diese Vereinbarung liegt ganz auf der Linie des skizzierten erfolgversprechenden Lösungsansatzes. Ein anderes praktisches Beispiel bietet die Tarifstrategie der »regulierten Optionen«, die Walter Riester unlängst in die Debatte eingebracht hat.

Zur Lösung des Innovationsproblems bedarf es eines zielgerichteten Umbaus des Sicherungssystems, nicht aber der vollkommenen Deregulierung. Eine Deregulierung im Sinn eines alternativlosen Schleifens der alten Sicherungssysteme wäre kontraproduktiv. Sie würde die Beschäftigten zu Strategien der Risikovermeidung verleiten, die notwendigerweise zum Innovationsziel im Widerspruch stehen. Wer vollkommen verunsichert wird, verhärtet und sperrt sich dagegen, ihre/seine Kreativitäts- und Leistungspotentiale für das Innovationsziel zur Verfügung zu stellen. Deshalb führt Deregulierung zu allem anderen als zur Innovation. Nötig ist eine Unsicherheitstoleranz; doch kann diese nur zustande kommen, wenn die Unsicherheit durch flankierende Regulierungen auf ihren innovationsrelevanten Kern konzentriert wird. Eine Politik der Deregulierung würde auf Expansion durch (Lohn-)Kostenreduktion statt durch Innovation setzen. Doch unbeschadet der Frage, ob Niedriglohn-Strategie angesichts der Nähe und leichten Zugänglichkeit extremer Niedriglohn-Gebiete im deutschen Fall überhaupt zu Wachstum und weiterer Beschäftigung führen könnte: Ein tragfähiger sozialer Kompromiß ließe sich mit ihr hier gewiß nicht begründen.

Gabriele Kiemse
(Mitglied der IG Metall, Spora-Prehlitz)

Arbeit löst viele Probleme

Ich arbeite als ehrenamtliches Mitglied bei der IG Metall, Verwaltungsstelle Gera, mit. Ich bin Ortskartellvorsitzende des DGB in Meuselwitz, bin Mitglied der Vertreterversammlung und im Ortsfrauenausschuß tätig. Das Thema: Zukunft der Arbeit, des Sozialstaates und der Gewerkschaften beschäftigt mich schon sehr lange. Ich war bis 1992 in der Maschinenfabrik Meuselwitz tätig (ab 1990 BR-Mitglied und Sekretärin des BR), dann arbeitslos bis heute. Ich habe in dieser Zeit sehr viel erlebt. Wir haben gekämpft um den Erhalt von Arbeitsplätzen. In unserem Betrieb waren fast 3000 Leute, heute sind noch 242 Leute beschäftigt.

Aber man hört von den Kollegen, daß sie ständig Überstunden machen müssen. Hier sehe ich auch einen wichtigen Punkt, Arbeitsplätze zu erhalten. Die vielen Überstunden abschaffen – neue Kollegen einstellen – Teilzeitarbeitsplätze schaffen. Hier könnte man garantiert Arbeitsplätze schaffen. Wenn wir keine Arbeitsplätze schaffen, können wir den Sozialstaat nicht erhalten, so meine Meinung. Ein wichtiger Arbeitsplatz sollten die AB-Maßnahmen bleiben. Aber hier sollte die Entscheidung der Vergabe von diesen Plätzen nicht dem Arbeitsamt, den Kommunen alleine überlassen werden, sondern hier sollten unabhängige Kommissionen eingesetzt werden, die diese Plätze vergeben. Im täglichen Leben hört man sehr vieles, und nur an der Basis erfährt man, was wirklich alles für Unfug betrieben wird. Bei der Vergabe dieser AB-Maßnahme geht es nur nach der Nase. Meiner Meinung sollte dies aber nicht sein, sondern hier sollte wirklich behutsamer umgegangen werden. Ich sehe hier soziale Sprengstoffe, die sich im Laufe der Zeit anbahnen können und werden. Deshalb sollte man sich hier schnellstens Gedanken machen, um hier rechtzeitig vorzubeugen, ehe das Kind im Brunnen liegt.

Ein weiteres Hindernis sehe ich darin, Arbeitsplätze zu schaffen, wenn unsere Behördenwege nicht vereinfacht werden. Der Weg kostet nicht nur Kraft, sondern auch Nerven. Hier muß unbedingt was geschehen. Auch

Steuersenkung wäre angebracht. Ein weiterer Punkt wäre für mich die ehrenamtliche Tätigkeit. Sie müßte seitens der Gewerkschaft viel höhere Priorität finden. Denn ohne diese Arbeit sind einfache funktionierende Tätigkeiten oft nicht möglich. Das sollte viel mehr honoriert werden. Denn diese Mitglieder sind oft mit der Basis mehr verbunden als unsere hauptamtlichen Mitarbeiter. Wir, als Mitglieder, sollten uns ständig Gedanken machen, wo wir noch Arbeitsplätze mitschaffen könnten. Ich sehe darin auch eine Lösung unseres Mitgliederverlustes. Wenn wir mithelfen könnten, Arbeitsplätze zu schaffen, haben wir garantiert auch wieder einen Zulauf an Mitgliedern. Der Faktor Arbeit kann viele unserer Probleme lösen, dies sollte unser Gedanke sein. Ich wäre dafür ständig bereit, mitzuhelfen. Aber Mobbing am Arbeitsplatz ist ein großes Problem, das man bekämpfen muß. Auch die Hürden der Ländergrenzen müßten gelockert werden (bei AB-Maßnahmen).

Manfred Krug
(Schauspieler)

Sehr geehrter, lieber Herr Zwickel,

vielen Dank für Ihren Brief vom 14. 3. 1995 mit der »Einladung zum gesellschaftlichen Dialog«.

Ich muß sagen: Da trauen (und muten) Sie mir ja was Tolles zu. Aber unter den »Persönlichkeiten des öffentlichen Lebens«, an die Sie sich wenden wollen, sollten Sie die Schauspieler möglichst ausklammern, unter denen Sie wohl kaum einen halbwegs qualifizierten Partner für Ihr großes Vorhaben finden werden.

Ich meine jedenfalls, daß Schauspieler eine besonders harmlose, kindliche und unpolitische Menschengruppe darstellen, Leute, die gern viel, aber selten etwas Brauchbares sagen. Haben Sie das in den Talk-Shows noch nicht bemerkt?

Es kommt aber noch etwas hinzu: Die besten Schauspieler arbeiten oft mehr als zehn Stunden am Tag (das macht die Filme erheblich billiger), und abends kommen sie nach Hause, um den Text für den nächsten Tag auswendig zu lernen; da bleiben manchmal weniger als acht Stunden zum Schlafen übrig. Wann soll ich da das Soziologiestudium nachholen, das mich vielleicht befähigen würde, etwas zur »Zukunft des Sozialstaates« zu sagen, das möglichst nicht nach Hochstapelei klingt?
Der öffentliche Beruf des Schauspielers kann jedenfalls nicht die einzige Qualifikation sein, sich zu allen möglichen, auch den schwierigsten Themen vor unzähligen Menschen zu äußern. Wenn ich hier also absage – nehmen Sie es bitte nicht als Feigheit, sondern als ein wohldurchdachtes Zurückschrecken im richtigen Augenblick.

Ihre Anfrage hat mich (natürlich!) dennoch sehr geehrt, und es hofft von Herzen, daß Sie ihm wegen dieser Zeilen Ihre Neigung nicht ganz entziehen

Manfred Krug

Hans-Martin Linnemann
(Präses der Evangelischen Kirche von Westfalen)

Mehr soziale Gerechtigkeit wagen

»Mehr soziale Gerechtigkeit wagen« ist der Titel eines Wortes der westfälischen Kirchenleitung, das vom landeskirchlichen Sozialausschuß erarbeitet wurde.

In diesem Wort ist die Richtung angegeben, in der wir uns kirchlich an der Suche nach Lösungen für die gegenwärtigen schwierigen Probleme und Aufgaben in Wirtschaft und Gesellschaft beteiligen wollen. Die Sorge, daß soziale Gerechtigkeit abgebaut wird und der Sinn für Gerechtigkeit verlorengeht, ist Anlaß für diese Überlegungen. Sie sollen besonders für die Menschen, die unter Arbeitslosigkeit und Armut zu leiden haben, Hoffnung und Ermutigung vermitteln.

In den Dialog, zu dem die IG Metall eingeladen hat, möchte ich einige Gedanken aus dem westfälischen Wort einbringen, die mir besonders wichtig sind.

Zu Beginn werden drei Reformaufgaben benannt, die im Prozeß der sozialen Marktwirtschaft seit langem gestellt und anzugehen sind:

- Es geht zum einen um das Reformziel, die soziale Marktwirtschaft zur ökologisch-sozialen Marktwirtschaft weiterzuentwickeln, »weil es in einer endlichen Biosphäre kein grenzenloses quantitatives Wachstum geben kann«,
- zweitens ist die Gleichberechtigung von Männern und Frauen zu realisieren, und
- drittens ist zu fordern, daß die Überwindung von Welthunger und Weltarmut im Rahmen der sozialen Marktwirtschaft als Reformziel anzugehen ist.

In Anbetracht der aktuellen Krisensymptome sind wir von der Verwirklichung dieser wichtigen Reformziele weit entfernt. Deshalb nimmt das Papier eine Konzentration auf das Problem der sozialen Gerechtigkeit vor.

Der hier zu benennende Problemhorizont ist mit kurzen Stichworten zu skizzieren: hohes Arbeitslosigkeitsniveau, Dauer- und Jugendarbeitslosigkeit, verheerende menschliche und materielle Folgen bei gleichzeitiger politischer Bagatellisierung der Arbeitslosigkeit, Strukturkrise, Kosten der Vereinigung sowie die aktuelle gesamtwirtschaftliche Rezession. Die mit den letztgenannten Problemen verbundenen Lasten sind bisher einseitig vor allem von Arbeitslosen, Sozialhilfeempfängern, Kleinverdienern, kinderreichen Familien und Alleinerziehenden getragen worden. Diese Einseitigkeit der Lastenverteilung zerstört die soziale Gerechtigkeit. Diese soziale Gerechtigkeit als »Grundpfeiler der sozialen Marktwirtschaft ist schwer beschädigt und droht gänzlich einzustürzen. Die Gesellschaft wird mehr und mehr gespalten in Reiche und Arme, Gewinner und Verlierer, Gewinnerinnen und Verliererinnen«. Die Korrektur dieser auch durch steuer-, arbeits- und sozialrechtliche Veränderungen bedingten sozialen Schieflage muß durch staatliche Maßnahmen sowie Zeichen der Erneuerung und Hoffnung vorgenommen werden. Die »große Zahl der Leidtragenden der politischen, ökonomischen und sozialen Entwicklungen braucht jetzt dringend ein deutliches Zeichen der Hoffnung und der Ermutigung«.

Nötig ist in erster Linie eine klare Wende in der Arbeitsmarktpolitik. »Ein hoher Beschäftigungsstand muß in der Wirtschaftspolitik höchste Priorität haben. Das Ziel der Vollbeschäftigung darf nicht aufgegeben werden.« Es geht auch um das solidarische Teilen von Arbeit und Einkommen. Die Finanzierung von Arbeit ist menschlich und gesellschaftlich sinnvoller als die Finanzierung von Arbeitslosigkeit. Darüber hinaus sind zusätzliche arbeitsmarktpolitische Instrumente und Initiativen erforderlich. Aktive Arbeitsmarktpolitik muß neue Strukturen öffentlich gestalteter – und geförderter – Erwerbsarbeit schaffen. Dabei ist es wichtig, daß die Rahmenbedingungen dazu, das heißt die Qualität der Arbeitsbeziehungen, die Beteiligungs- und Mitbestimmungsrechte der Beschäftigten und die tarifrechtlichen Eingruppierungen, dem normalen Arbeitsmarkt entsprechen.

Soziale Gerechtigkeit meint nach christlichem Verständnis ganz besonders die Parteinahme für alle, die auf Unterstützung und Beistand angewiesen sind. Die Suche nach Gerechtigkeit erschöpft sich dabei nicht in der persönlichen Fürsorge für Benachteiligte, sondern zielt auf den Abbau der strukturellen Ursachen des Mangels an sozialer Gerechtigkeit.

Im Sinne von »Denkanstößen für eine Ethik der gerechteren Lastenverteilung« möchte die Ausarbeitung ihre Vorschläge einer »Vermögensabgabe der am meisten Begüterten«, einer »Einkommensabgabe für Besserverdienende, damit Arbeit für alle finanziert werden kann«, und einer »Entlastung der kinderreichen Familien und der Einelternfamilien« verstanden wissen.

Das Fazit dieser Stellungnahme lautet: »In praktischen Schritten muß ein neuer gesellschaftlicher Konsens über soziale Gerechtigkeit gefunden und weiterentwickelt werden, damit er in Zukunft die politische Praxis bestimmt.« Die westfälische Kirchenleitung versteht diese Ausarbeitung als Mahnung an alle, gemeinsam nach Lösungen zu suchen, die den sozialen Frieden in unserem Land nicht gefährden.

Die letzte Landessynode der Evangelischen Kirche von Westfalen 1994 hat die Impulse des Wortes der Kirchenleitung »Mehr soziale Gerechtigkeit wagen« aufgenommen und einen Beschluß gefaßt, der sich speziell mit der Problematik von Jugend- und Langzeitarbeitslosigkeit auseinandersetzt.

In diesem Beschluß wird festgestellt: »Die langanhaltende Massenarbeitslosigkeit hat für einzelne Gruppen des Arbeitsmarktes besonders schwierige Situationen geschaffen, die sich jetzt weiter deutlich verschlechtern: Jugendliche, Langzeitarbeitslose, Frauen, Ausländer.«

Die Arbeitslosigkeit wird als das vorrangige gesellschaftliche Problem eingestuft: »Die Massenarbeitslosigkeit ist ein Signal zunehmender Entsolidarisierung in unserer Gesellschaft. Arbeitslosigkeit bedeutet einen Bruch in der Biographie und den Verlust von Lebensperspektiven. Bereits die drohende Arbeitslosigkeit schafft ein Klima der Aggression und Gewaltbereitschaft. Viele Menschen erkranken physisch und psychisch.«

Statt soziale Grundsicherungen abzubauen, soll dem Problem der Arbeitslosigkeit durch Schaffung von Arbeitsplätzen und neue arbeitsmarktpolitische Perspektiven für alle besonders betroffenen Gruppen abgeholfen werden. »Zur Bekämpfung der Jugendarbeitslosigkeit sind einander ergänzende Konzepte in der Gesetzgebung, der Aus- und Fortbildung und in der Tarifpolitik zu entwickeln ... Für die Überwindung und Verhinderung von Langzeitarbeitslosigkeit bieten die bisherigen Programme und Initiativen gute Ansätze. Diese reichen aber noch nicht aus. Entscheidend ist jetzt, daß durch die zielgerichtete Kombination der verschiedenen Finanzierungsprogramme auf allen politischen Ebenen zukunftsweisende Konzepte weiterentwickelt werden. Dabei ist Planungssicherheit und Stetigkeit nötig, zeitliche Begrenzungen sind dabei zu vermeiden.«

Es ist zu hoffen, daß der von der IG Metall initiierte Dialogprozeß ähnlich wie der Konsultationsprozeß der beiden Kirchen Impulse vermittelt, durch die in der Gesellschaft größere Gemeinsamkeit im Wahrnehmen drängender Probleme und in der Verständigung über notwendige politische Initiativen und Schritte angeregt wird.

Jakob Moneta
(Mitglied der IG Metall, Frankfurt)

Gewerkschaften vor neuer Bewährungsprobe*

1. Vorbemerkungen

In der »Einladung zum gesellschaftlichen Dialog« über die »Zukunft der Arbeit – Zukunft des Sozialstaates – Zukunft der Gewerkschaften« heißt es: »Wir wollen über Wege und Gestaltung einer künftigen Gesellschaft debattieren, in der wirtschaftliche Effizienz und gesellschaftliche Verantwortung, in der soziale Gerechtigkeit und ökologische Erneuerung, in der Selbstentfaltung und solidarisches Miteinander verbunden – und Demokratie, individuelle Freiheitsrechte und soziale Grundrechte für jedermann gewährleistet sind.« Zugleich aber wird »jeder Versuch einer Konstruktion von geschlossenen Gesellschaftsmodellen« als »abträglich« und auch die »Entwicklung von gesellschaftlichen Katastrophenszenarien« als »wenig hilfreich« bezeichnet. Die Debatte soll sich von den Fragen leiten lassen, »wie wollen wir in Zukunft leben und arbeiten«, aber auch davon: »Wie erreichen wir global (!) ein neues Wachstums-, Wettbewerbs- und Verteilungsmodell, das auf Demokratie und Freiheit, Solidarität und Gerechtigkeit gegründet ist?«

Wie aber, wenn unser jetziges »geschlossenes Gesellschaftsmodell«, das »Wettbewerbsfähigkeit« und Jagd nach privatem Profit zur Voraussetzung hat, ein globales Wachstums- und Verteilungsmodell gar nicht möglich macht, das auf Demokratie und Freiheit, Solidarität und Gerechtigkeit beruht? Ganz zu schweigen davon, daß uns dieses »Modell« ständig neue gewaltige gesellschaftliche Katastrophen beschert!

Wäre es deshalb nicht vernünftig, zuerst unser »geschlossenes Gesellschaftsmodell« auf seine Schwachstellen hin abzuklopfen, ehe wir über »Wege und Gestaltung einer zukünftigen Gesellschaft« debattieren?

---

* Jakob Moneta sandte uns folgenden Beitrag, den er bereits in »B & G. Betrieb & Gewerkschaft. Das offene Diskussions- und Informationsblatt der AG Betriebe und Gewerkschaften der PDS«, Heft 24 vom 29. Mai 1995, Seite 6–9 veröffentlicht hat. Jakob Moneta vertritt die AG Betriebe und Gewerkschaften im Parteirat der PDS. Informationshalber drucken wir diesen Beitrag ungekürzt.

Auch wenn man in einer offenen Wunde der Gewerkschaften dabei rührt, muß doch daran erinnert werden, daß der DGB in seinem Grundsatzprogramm 1949 von der Einheit von Wirtschaftsplanung, Gemeineigentum und Mitbestimmung ausging, um so eine Wirtschaftsordnung zu begründen, die Vollbeschäftigung, die Deckung der Bedürfnisse der Menschen und soziale Gerechtigkeit zum Ziel hat. Heinz Oscar Vetter, der von 1969 bis 1982 DGB-Vorsitzender war, hat überdies darauf hingewiesen, daß im Gegensatz zur Zeit vor 1933, als »eine Veränderung der Gesellschaft, um die Gleichberechtigung und Selbstbestimmung der Arbeitnehmer durchzusetzen«, nicht als Aufgabe der Gewerkschaften, sondern der Parteien galt, sich das nach dem Zweiten Weltkrieg geändert habe. Die Gewerkschaften hätten sich jetzt ausdrücklich zu den »Veränderungsmöglichkeiten und Veränderungsnotwendigkeiten der Gesellschaft selbst« bekannt. Sie entwickelten Vorstellungen, auf welche Weise dies geschehen sollte, und sie versuchten, auf die Politik einzuwirken, um es durchzusetzen.

Nun ist unbestreitbar, daß in der »langen Welle« des Wirtschaftsaufschwungs, in der Wirtschaftswachstum, steigende Realeinkommen, Verkürzung der Arbeitszeit, permanente Reformen verwirklicht wurden, die »Veränderungsnotwendigkeit« der Gesellschaft in den Hintergrund geriet. Seit dem Beginn der »langen depressiven Krisenwelle« Anfang der siebziger Jahre hat sich jedoch die mit dem »Modell Deutschland«, mit der »sozialen Marktwirtschaft« verbundene Erwartung, daß die Reformfähigkeit dauerhaft erhalten bleibt, als Illusion erwiesen.

Die gleichen Ideologen der »freien Marktwirtschaft«, die früher ihr Lob mit dem Hinweis auf die sozialen Vorteile sangen, erklären heute: »Reformen? Sie sind nicht mehr bezahlbar.« »Steigende Realeinkommen? Das können wir uns nicht mehr leisten!« »Vollbeschäftigung? Das ist nicht mehr möglich!« Im übrigen trügen die Gewerkschaften die Schuld an der Arbeitslosigkeit, weil sie versuchen, dies durchsetzen, obwohl es der Wettbewerbsfähigkeit des »deutschen Wirtschaftsstandortes« abträglich sei.

Sie können überdies das ruhmlose Zusammenbrechen eines »anderen Gesellschaftsmodells«, das sich sozialistisch nannte, als Argument dafür anführen, daß wir immer noch in der besten aller Welten leben. Unterschlagen wird allerdings, daß in der ehemaligen DDR die juristische Form des »Volkseigentums« den abhängig Beschäftigten als »fremdes« oder besser als »entfremdetes« gegenübertrat. Ebenso haben fehlende Demokratie, fehlende gewerkschaftliche Autonomie, die Aushöhlung realer Beteiligung an der Betriebsplanung oder gar an der Volkswirtschaftsplanung, an der nicht einmal die Mehrheit im Politbüro der SED wirklich beteiligt war, die nichtökonomischen Austauschverhältnisse in der DDR eben verhindert, daß »Wirtschaftsplanung, Gemeineigentum und Mitbestimmung« nicht nur »Vollbeschäftigung, sondern auch die Deckung der Bedürfnisse der Menschen und soziale Gerechtigkeit verwirklichen«.

2. Das Katastrophenszenarium

Seit der »langen depressiven Welle« der weltweiten kapitalistischen Wirtschaft stehen wir vor einem neuen Phänomen: Auch in den Aufschwungphasen des »normalen« Zyklus einer Auf- und Abbewegung der Wirtschaft verschwindet die Massenarbeitslosigkeit nicht mehr. In den wirtschaftlich entwickelten OECD-Staaten ist sie nach offizieller Verlautbarung von 10 Millionen vor 30 Jahren auf 35 Millionen gestiegen. In den wirtschaftlich unterentwickelten Staaten betrifft sie nach Angaben der Internationalen Arbeitsorganisation 820 Millionen Menschen. In der Europäischen Union ist die Arbeitslosigkeit von 12,8 Millionen 1990 auf 20 Millionen gestiegen.

Für Deutschland hat der Präsident des Arbeitslosenverbands, Klaus Grehn, den »unerbittlichen Niedergang der Beschäftigung« eindrucksvoll so beschrieben: Seit 1990 habe die Zahl der Arbeitslosen täglich um 1 150 Menschen zugenommen. Das Heer der Langzeitarbeitslosen, Menschen über 12 Monate ohne Arbeit, vergrößerte sich um durchschnittlich 550 pro Tag der vergangenen fünf Jahre. Die Zahl der Sozialhilfeempfänger stieg täglich um 280 Menschen. In Deutschland fehlten – so Klaus Grehn –, nehme man die offizielle und verdeckte Arbeitslosigkeit sowie Zeitarbeit, Beschaffungsmaßnahmen, Übergangsregelungen etc. zusammen, 9,4 Millionen Arbeitsplätze.

Diese – unabhängig von der Höhe der Löhne und Sozialleistungen – gleichartige Entwicklung vor allem in den Ländern der »Europäischen Union« hat zur Gleichartigkeit der »Lösungen« geführt, die von den Regierungen und Arbeitgebern in Szene gesetzt werden. Von Schweden bis Portugal umfaßt ihre Politik – unterschiedlich nur in Rhythmus und Form – drei gleichartige Maßnahmen:

- Abbau des »Wohlfahrtsstaates« – weil er die Staatsfinanzen belastet.
- Abbau von »Arbeitskosten« – weil sie die Wettbewerbsfähigkeit der Unternehmen beeinträchtigen.
- Abbau von Schutzbestimmungen, die geschaffen wurden, um »Grausamkeiten« eines »freien« Arbeitsmarktes zu zügeln.

Da sich diese »objektiven« Bedingungen in der »Europäischen Union« einander annähern, könnte man doch – vielleicht leichtsinnigerweise – erwarten, daß sich zumindest auf dieser europäischen Ebene ein gemeinsamer gewerkschaftlicher Widerstand entwickelt. Genau dies aber geschieht nicht, sondern die Gewerkschaften verteidigen ihren jeweiligen »nationalen Produktionsstandort« gegeneinander. Wenn es aber »supranationale« Kompetenzen auf der wirtschaftlichen, steuerlichen, währungspolitischen Ebene in Europa gibt, wenn heute ein Großteil dessen, was die Lebensverhältnisse der Arbeitenden betrifft, von Entscheidungen europäischer Gremien abhängt (ganz zu schweigen von der weltweiten Ebene – wie der Dollarabwertung unter dem Druck des ungezügelten Spekulationskapitals), ist es dann nicht ein Unding zu glauben, die entscheidenden sozialen Fragen könnten auf lange Sicht auf der nationalen, örtlichen oder gar betrieblichen Ebene gelöst werden?

Erhält nicht auch der sich in Europa wieder ausbreitende Nationalismus durch die Propagierung solcher »nationaler« Lösungen wieder Auftrieb? Können wir den Zusammenhang übersehen, der etwa vom Generalinspekteur der Bundeswehr, Klaus Dieter Naumann, zwischen der Verteidigung des »deutschen Wirtschaftsstandortes« und militärischen Einsätzen hergestellt wird? Dieser meint, daß Deutschland als »kontinentale Mittelmacht mit weltweiten wirtschaftlichen Interessen« auch militärisch gerüstet sein muß, »weil es überall in der Welt zur Bedrohung dieser Interessen kommen kann«.

3. Für eine »Politisierung« der Gewerkschaften

Die »lange depressive Krisenwelle« – von der noch kein Ende abzusehen ist – stellt die Gewerkschaften auch politisch vor neue Aufgaben. Die sozialdemokratischen Parteien, die historisch der »verlängerte politische Arm« der Gewerkschaften waren, die sich selbst als Interessenvertreter der Arbeitenden verstanden, distanzieren sich überall, wo sie in der Regierung sitzen, immer mehr von den Gewerkschaften. Sie fürchten, ihre neue Rolle als »Volkspartei« zu beeinträchtigen. Dort aber, wo die Gewerkschaften den Arbeitenden im angeblichen Interesse des »Volkes« Opfer aufbürden, um eine »linke Regierung« an der Macht zu halten, verlieren sie massenhaft Mitglieder, ohne letzten Endes die Regierung retten zu können. Das Debakel der »Union de la Gauche« (der Linksregierung) und der französischen Gewerkschaften, die sie unterstützten, obwohl die Arbeitslosigkeit bis auf

3,5 Millionen stieg und die Zahl der »ungeschützten Arbeitsplätze« pausenlos wuchs, ist Mahnung genug. Es war der »Front National« des rechtsextremen Le Pen, der davon am meisten profitierte und im ersten Präsidentschaftswahlgang 27 Prozent der Stimmen von Arbeitern, 19 Prozent der Angestellten erhielt und von denen, die sich zu den »Benachteiligten« rechnen, sogar 32 Prozent. Da der Staat als Verteidiger des »nationalen Produktionsstandortes« immer mehr zum Büttel der Kapitalinteressen wird, sind die Gewerkschaften faktisch dazu gezwungen, auch politisch und gesellschaftspolitisch eigenständig zu handeln. Und zwar nicht nur im Kampf gegen die Arbeitslosigkeit, sondern auch gegen die Umweltzerstörung, für die Emanzipation der Frauen, für das Wahlrecht von Jugendlichen und Ausländern, vor allem aber gegen die Vorbereitung jeglicher militärischer Intervention. Nur so kann ein breites gesellschaftspolitisches Bündnis entstehen, das vermag, wirksamen politischen Druck auf Regierungen auszuüben – ganz gleich, wie sie zusammengesetzt sind.

4. Für eine gemeinsame europäische Strategie

Aussichtslos ist es, vom Wachstum der Wirtschaft allein eine erneute Vollbeschäftigung zu erwarten. Es war immerhin der Präsident der Bundesanstalt für Arbeit, Jagoda, der im Bundestagsausschuß für Arbeit und Sozialordnung erklärte, daß jedes Prozent Wachstum, das über die allgemeine Produktivitätssteigerung in Deutschland hinausgeht, 120 000 neue Arbeitsplätze bringt. Wie lange müßte es dann bei den 20 Millionen Arbeitslosen in der Europäischen Union dauern, um ihre Zahl auch nur erheblich zu verringern? Und wer glaubt wirklich daran, daß man diese Millionen im Bereich der Dienstleistungen unterbringen könnte? Auch dann, wenn wir – wie das wohl dem Bundeswirtschaftsminister vorschwebt – zu einer »Dienstmädchen-Gesellschaft« würden (wenn diese auch einen hochtrabenden Namen erhielten – etwa »Häusliche Assistentinnen«) und steuerabzugsfähig wären? Gibt es aber nicht soziale, pädagogische, ökologische, gesundheits- und gesellschaftspolitische Bereiche, die liebend gerne Beschäftigung bieten würden, wenn sie in der Lage wären, sie zu bezahlen? Hier nun sind europäische Lösungen gefragt, und zwar:

- Die Änderung des Finanzierungssystems der Sozialversicherung. Ist es nicht grotesk, daß ausgerechnet lohnintensive Unternehmen die stärksten Belastungen tragen, während sowohl technisch hochgerüstete, die Menschen durch Maschinen ersetzen, und auch sehr viel besser verdienende Selbständige oder Beamte sich an der gesamtgesellschaftlichen Solidarleistung kaum zu beteiligen brauchen? Um die Bundesrepublik als Beispiel zu geben: Das durchschnittliche Jahreseinkommen je Haushaltsmitglied betrug 1993 bei Arbeitern 19 800 DM und für Angestellte 27 300 DM. Aber für Beamte mit 27 000 DM im Monat pro Haushaltsmitglied zahlt die Staatskasse die »Soziallasten«. (Pensionäre haben 34 500 DM, Selbständige gar 47 700 DM im Jahr!) Sollten nicht alle Einkommensformen im gleichen Verhältnis zur Finanzierung von Solidarleistungen und die Schaffung von Arbeitsplätzen herangezogen werden?

- In der Europäischen Union müssen wir uns gemeinsam für gesetzlich festgelegte und einklagbare Mindestnormen von Löhnen, Gehältern, Arbeits- und Sozialbedingungen einsetzen. Das Ziel muß ein schrittweiser Angleichungsprozeß an den höchsten Standard sein (wie es ursprünglich im Vertrag eines Sechsereuropa vorgesehen war!). Ist es nicht grotesk, daß in Frankreich, wo es gesetzlich festgelegte Mindestlöhne gibt, die Regierung diese abschaffen möchte, um in Europa nicht »benachteiligt«zu sein?

- Für »gleichen Lohn für gleiche Arbeit am gleichen Ort«. Diese Forderung, die insbesondere der Vorsitzende der IG Bau-Steine-Erden, Kollege Bruno Köbele, vertritt, begründet er so: »Viele Arbeitgeber, ihre Helfer und Helfershelfer machen sich teilweise mit krimineller Energie die Not von Menschen zunutze. Schlepper organisieren den illegalen Menschenhandel innerhalb der Europäischen Union – ein moderner Sklavenmarkt. Unser Arbeits- und Sozialsystem wird von Unternehmern unter Anwendung illegaler Beschäftigungspraktiken ausgehöhlt. (...) Unsere Gegner in diesem Kampf gegen Sozialdumping, um gleiche Arbeitnehmer-Rechte sind nicht die Kollegen und Kolleginnen aus Portugal, England, Irland, Polen, Tschechien, oder woher sie auch kommen mögen. Sie werden gezwungen von der blanken Not, hier bei uns ihre Arbeitskraft zu verkaufen, meist unter Wert.« Bruno Köbele sagt auch deutlich: »Das Kapitel internationale Zusammenarbeit ist nicht gerade ein Ruhmesblatt in der Geschichte der Gewerkschaften.« Er folgert – und auch dies sollten wir aufgreifen: »Letztlich kommen wir um eine europäische Gewerkschaftsmitgliedschaft nicht herum.«

- Geltende Tarifbestimmungen dürfen durch »Privatisierung« nicht unterlaufen werden.

- Für eine soziale Grundsicherung, die mindestens 50 Prozent des jeweiligen Durchschnittseinkommens in den einzelnen Ländern beträgt, und zwar ohne die menschlich entwürdigende »Bedürftigkeitsprüfung«.

- Radikale Verkürzung der Arbeitszeit im Kampf gegen Massenarbeitslosigkeit. Im »Antragspaket« zum 8. Ordentlichen »Europäischen Gewerkschaftsbund«(EGB)-Kongreß, der vom 9. bis 12. Mai in Brüssel stattfand, hieß es: »Das Ziel der 35-Stunden-Woche soll weiterhin verfolgt werden, jedoch der Weg für ehrgeizigere Formen wie 32-Stunden-Woche/4-Tage-Woche/schrittweiser Ruhestand offengehalten werden. Etwas entschiedener hätte dies schon ausfallen müssen, wenn es Glaubwürdigkeit erlangen soll.
- Vom bloßen »Bund der Bünde« in eine »echte europäische Gewerkschaftsorganisation« will der italienische Gewerkschaftsbund CGIL den EGB verwandeln, damit eine »echte europäische Gegenmacht« entstehen kann. Und der Präsident der schwedischen Gewerkschaft LO tritt für »europäische Sozialstandards« ein. Es wird sogar gefordert, die »Mobilisierungsfähigkeit« des EGB auszubauen. Bisher konnten wir davon nicht eben viel verspüren. Wir brauchen nur an die lange und gründlich vorbereitete Mobilisierung der IG Metall 1984 im Kampf für die 35-Stunden-Woche zu denken, an das breite gesellschaftspolitische Bündnis, das hergestellt werden konnte, um zu ermessen, was in der Europäischen Union möglich wäre, wenn es ernsthaft in Angriff genommen würde.
- Wenn wir darüber hinaus die sich aus der »Globalisierung der Weltökonomie« ergebenden Probleme ernst nehmen, können wir nicht daran vorbeigehen, daß die täglichen Devisentransaktionen an den Börsen der Welt auf 1000 Milliarden Dollar geschätzt werden. Moderne Kommunikationsmittel machen es möglich, daß auch relativ geringe Kursdifferenzen enorme Gewinne versprechen. James Tobin, Träger des Wirtschaftsnobelpreises 1981, hat vorgeschlagen, eine Steuer in Höhe von einem halben Prozent auf internationale Devisentransaktionen einzuführen. Sie könnte die fantastische Summe von 1500 Milliarden Dollar pro Jahr nicht nur zur Armutsbekämpfung, sondern auch zur Beschäftigungsförderung in der Welt beitragen. Spekulationsgelder könnten für wirtschaftlich und gesellschaftlich sinnvolle Investitionen eingesetzt werden.

5. Ohne Visionen kein Fortschritt

Nun ist gewiß richtig, daß Gewerkschaften überall in der Welt heute aus der Defensive heraus kämpfen. Wenn sie sich jedoch keine gemeinsamen Ziele setzen, für die sich zu streiten lohnt, und – trotz aller Schwierigkeiten – nicht den Versuch unternehmen, mit Ausdauer hierfür zu mobilisieren, werden sie kaum jene Leidenschaft entfachen, die nötig ist, um sich für gewerkschaftliche Ziele selbst einzusetzen.

Auch wenn hier keine »Konstruktion eines geschlossenen Gewerkschaftsmodells« als gesellschaftliche Alternative vorgetragen wurde, soll doch nicht unerwähnt bleiben, was der Vorsitzende der Gewerkschaft Holz und Kunststoff, Kollege Gisbert Schlemmer, kürzlich in einem Interview gesagt hat: »Ohne Visionen gibt es keinen Fortschritt. In unserer Gewerkschaft überlegt man schon, welches Modell an die Stelle des klassischen Kapitalismus tritt.« Es könnte durchaus sein, daß gerade jene Schichten, die sich heute so schwer gewerkschaftlich organisieren lassen – Frauen, Angestellte, Jugendliche – die aber sehr häufig in der Friedens-, Frauen-, ökologischen Bewegung anzutreffen sind, durch die glaubwürdige Vision einer alternativen Gesellschaft eher den Mut schöpfen würden, sich auch aktiv in Gewerkschaften einzubringen.

Sonja Müller

(Mitglied der IG Metall-Brandenburg)

Ich finde gar keine passenden Worte über diesen Sozialstaat. Es ist zum Kotzen. Selbst unsere eigenen, durch uns gewählten Leute haben vergessen, wie es der Masse geht. Beispiel: Diätenerhöhungen, die Zeitungen sind voll mit Protesten. Brandenburg 8,5 Prozent Erhöhung, Sachsen 23 Prozent Erhöhung. Wo bleibt da das Sparen, wovon sie nur reden? Mir hat man im Januar 1994 das Unterhaltsgeld pro Woche um 11,20 DM gekürzt. Es hat ja auch die Bundesregierung beschlossen. Mit welchem Recht können die Abgeordneten ihre Diäten selbst bestimmen? Wir müssen doch auch jedes Prozent Erhöhung erkämpfen bzw. erstreiken. Die Diätenerhöhungen müßten genauso steigen wie unsere Löhne! Laut Beschluß! Warum sagen da Herr Murmann und Herr Stihl nichts dazu, wo sie doch ans Arbeitslosengeld bzw. Arbeitslosenhilfe auch rangehen wollen. Lehrausbildung müßte staatlich abgesichert werden. Betriebe müssen Auflagen bekommen, Lehrlinge auszubilden. Unsere Jugend verkommt, wenn sie keine sinnvollen Aufgaben hat. Faktor Arbeit: Warum darf so viel Arbeit ins Ausland verlagert werden? Könnte da eine neue Bundesregierung per Gesetz und Auflagen keinen Riegel vorschieben? Noch zu großer Unterschied in der wöchentlichen Arbeitszeit. Zwischen 35 Std. in Bayern und 40 Std. bei uns.

Warum arbeitet Herr Waigel nicht mal an einem Modell, damit die Arbeit besser und gerechter verteilt wird? Vor allem, warum müssen wir alle in den neuen Bundesländern arbeitslos werden und Herr Kohl darf noch mit 65 Jahren arbeiten? Warum müssen z. B. wir Stahlwerker (Brandenburg, Hennigsdorf) in Arbeitslosigkeit und Arbeitslosenhilfe gehen, bis wir das 60. Lebensjahr erreicht haben? Unser Werk hat Frau Breuel plattgemacht. Einstmals 10 000 Beschäftigte. Ein Rheinhausener Stahlwerker bekommt 92 Prozent seines Nettolohnes bis zu seinem 60. Lebensjahr. Es betrifft die Stahlwerker ab 55 Jahre. Ist das gerecht? Warum hat da die Gewerkschaft so wenig getan für uns? Vor allem, dadurch wird ja auch unsere Rente weniger. Der Staat sollte nicht so viele Millionen ins Ausland verschenken, z. B. Militärhilfe. Besser für Wohnungen, Kindergärten usw. verwenden.

Klaus Murmann
(Präsident der Bundesvereinigung der Deutschen Arbeitgeberverbände)

Arbeitslosigkeit als tarif- und sozialpolitische Herausforderung

1. Sicherung des Beschäftigungsstandes

Die Sicherung eines möglichst hohen Beschäftigungsstandes ist eine der wichtigsten wirtschafts-, sozial- und gesellschaftspolitischen Herausforderungen, denn Arbeit in ihren unterschiedlichsten Formen ist die wesentliche Grundlage unseres wirtschaftlichen und sozialen Wohlstandes sowie der Sinnerfüllung jedes einzelnen. Um so bedrohlicher muß die angesichts der gegenwärtig hohen Arbeitslosenzahlen stellenweise geäußerte Prophezeiung wirken, uns ginge immer mehr die Arbeit aus, das Gespenst des »jobless growth« stünde bereits diesseits der Türschwelle und wir müßten uns vom bisherigen Ziel der Vollbeschäftigung verabschieden, da wir dies in Zukunft nicht mehr erreichen könnten.

Unbestritten zeigt die hohe Zahl derjenigen, die gegenwärtig in unserem Land ohne reguläre Beschäftigung sind oder die nur durch arbeitsmarktpolitische Maßnahmen vor offener Arbeitslosigkeit bewahrt werden können, daß unser Beschäftigungssystem – trotz zwischenzeitlich offenkundiger Besserungstendenzen – in ein besorgniserregendes Ungleichgewicht geraten ist. Gleichwohl darf hieraus nicht der fatalistische Schluß gezogen werden, wachsende Unterbeschäftigung sei im Ergebnis des technischen Fortschritts und der voranschreitenden Globalisierung der Weltmärkte ein letztlich zwangsläufiger Prozeß, der nur durch einen weiteren Ausbau der Arbeitsmarktpolitik und durch eine Umverteilung des immer geringer werdenden Arbeitsvolumens – sprich: durch weitere Arbeitszeitverkürzungen – aufgefangen werden könnte.

Schon allein der Umstand, daß wir in Westdeutschland trotz der jüngsten Rezession bei hoher Arbeitslosigkeit nach wie vor einen deutlich höheren Beschäftigungsstand als zum Beginn der achtziger Jahre hatten, zeigt, daß uns die Arbeit keinesfalls ausgeht. Die hohe Unterbeschäftigung in den neuen Bundesländern hat spezifische Ursachen, die mit der vollständigen

Umwandlung der dortigen Wirtschaftsstrukturen zusammenhängen und insoweit historisch einmalig sind. Schon seit längerem hat sich die Beschäftigungslage in den neuen Bundesländern stabilisiert, und die für dieses Jahr erwarteten Beschäftigungszuwächse in Deutschland werden voraussichtlich zum größten Teil in dieser Region zu verzeichnen sein.

Daß wir in Westdeutschland trotz gestiegener Arbeitslosigkeit nach wie vor einen deutlich höheren Beschäftigungsstand als Anfang der achtziger Jahre haben, ist kein unauflösbarer Widerspruch in sich: Einerseits wächst das Arbeitsangebot durch Zuwanderungen und durch steigende Erwerbsneigung der Bevölkerung permanent an. Trotz unbezweifelbarer beschäftigungspolitischer Erfolge ist es uns jedoch andererseits nicht gelungen, die unbestreitbar vorhandenen vielfältigen Betätigungsmöglichkeiten in dem Maße in rentable und zukunftssichere Arbeitsplätze umzusetzen, daß der wachsenden Zahl von Arbeitssuchenden genügend zusätzliche Arbeitsplätze zur Verfügung stehen.

2. Strukturwandel

Strukturwandel ist stets mit dem Fortfall von Arbeitsplätzen in überholten Branchen und Berufen, aber eben auch mit dem Entstehen neuer Arbeitsplätze in aufstrebenden Branchen und neuen Berufsfeldern verbunden. Die Globalisierung der Weltmärkte und die rasanten Fortschritte im Bereich der Informations- und Kommunikationstechnologien haben die Taktzahl dieses Strukturwandels und damit auch die Anforderungen für seine Bewältigung deutlich erhöht. Gerade gegenwärtig müssen wir jedoch feststellen, daß es uns nicht mehr in ausreichendem Umfang gelingt, die Arbeitsplätze, die im industriellen Bereich fortfallen, durch neue und zusätzliche Beschäftigungsmöglichkeiten im Dienstleistungssektor auszugleichen.

Hiergegen müssen wir ankämpfen, und die Reduzierung der Arbeitslosigkeit, insbesondere auch die Rückführung der in jüngster Zeit deutlich angestiegenen Langzeitarbeitslosigkeit, ist eine Aufgabe von höchster wirtschafts-, sozial- und gesellschaftspolitischer Dringlichkeit. Ihre Bewältigung erfordert das entschlossene Handeln aller, die in unserem Land Verantwortung tragen: Politik, Wirtschaft und Gewerkschaften.

So sehr auf dieser grundsätzlichen Ebene zwischen allen Beteiligten auch Einvernehmen herrscht, so zeigen die vielfältigen in der Öffentlichkeit diskutierten Ursachenanalysen und darauf beruhenden Strategieansätze jedoch auch, daß für die rasche Rückführung der Arbeitslosigkeit kein Königsweg und keine einfachen Patentrezepte zur Verfügung stehen.

Vor Einseitigkeit sei deshalb gewarnt! Weder ist es ausschließlich nachlassende Innovationsfähigkeit der Unternehmen, die zu schwindender Wettbewerbsfähigkeit der deutschen Unternehmen geführt hat und daher an der Unterbeschäftigung schuld ist, noch sind es einzig die Arbeitskosten, die zum Abbau von Arbeitsplätzen und stellenweise auch zu ihrer Verlagerung ins Ausland führen. Jede Strategie, die einseitig nur an einem der beiden Punkte ansetzt, ist zum Scheitern verurteilt. Was nützte es nämlich, die Innovations- und Wettbewerbsfähigkeit der Unternehmen mit neuen Produkten auf Zukunftsmärkten durch vielfältige staatliche Hilfen stärken zu wollen, wenn andererseits bei den gegebenen Kostenverhältnissen nicht mehr rentabel gewirtschaftet werden kann? Was nützte es umgekehrt, die Arbeitskosten zu senken, wenn gleichwohl die Unternehmen aus vielerlei Gründen im internationalen Technologiewettbewerb zurückzufallen drohen? Jede fundierte Strategie zur Sicherung einer möglichst hohen Beschäftigung muß deshalb beide Aspekte gleichgewichtig berücksichtigen: Stärkung der Innovationskraft der Unternehmen und Rückkehr zu tragbaren Arbeitskostenbedingungen!

Die erste Frage betrifft vorrangig die Unternehmen selbst. Den deutschen Unternehmen wird gelegentlich vorgeworfen, sie seien nicht mehr innovativ genug und hätten den Anschluß an die neuen Zukunftsmärkte verschlafen. Richtig ist, daß unternehmerisches Handeln immer mit der Gefahr der Fehlentscheidungen verbunden ist. Richtig ist aber auch, daß die Unternehmer in Deutschland nicht schlechter sind als diejenigen im Ausland. Richtig ist drittens auch, daß zahlreiche Unternehmen zu tiefgreifenden Anpassungsmaßnahmen und hierbei auch zum Abbau von Arbeitsplätzen und ihre Verlagerung in das Ausland gezwungen sind, um ihre Existenz und damit auch zumindest die verbleibenden Arbeitsplätze zu sichern.

Dieser Prozeß der Verlagerung von Arbeitsplätzen ins Ausland nimmt um so mehr zu, je geringer im Zuge der Globalisierung die Preisüberwälzungsspielräume werden. Dies zwingt die Unternehmen in steigendem Maße, möglichst kostengünstige Produktionsstandorte zu nutzen. Die Erschließung neuer Absatzpotentiale durch »Produktion vor Ort« ist ein weiteres wichtiges Motiv. Je besser den Unternehmen beides gelingt, um so sicherer werden damit auch die in Deutschland verbleibenden Arbeitsplätze.

Dieser Prozeß der Verlagerung von Arbeitsplätzen ins Ausland wird ebenfalls dadurch begünstigt, daß zwischenzeitlich auch die Qualifikation von

Arbeitnehmern in bisherigen Entwicklungs- und Schwellenländern deutlich zugenommen hat. Daß Unternehmen heutzutage Computersoftware in Indien erstellen lassen, ist hierfür nur ein Beispiel.

Zusätzliche Beschäftigungsmöglichkeiten für Arbeitnehmer in Entwicklungs- und Schwellenländern müßten im übrigen gerade auch dem originären gewerkschaftlichen Ziel internationaler Solidarität entsprechen: Die wirtschaftliche und soziale Lage der dortigen Arbeitnehmer kann am wirksamsten dadurch verbessert werden, daß auch in diesen Ländern produktive Beschäftigungsmöglichkeiten entstehen. Gegen die Abwanderung von Arbeitsplätzen sollte man sich daher auch in unserem Land nicht wehren, sondern alles daran setzen, daß in entsprechendem Umfang in Deutschland selbst neue Arbeitsplätze entstehen.

3. Industriestandort Deutschland

Seit längerem findet eine ausgiebige Debatte über den Standort Deutschland statt. Manch einer verkürzt diese Debatte auf den Vorwurf, dies sei der Versuch von Wirtschaft und Politik, durch verstärkte Deregulierung und Flexibilisierung wohlerworbene Arbeitnehmerrechte in unzulässiger Weise zu beschneiden. Dieses Argument greift jedoch zu kurz und stimmt daher nicht: Die Standortdebatte kreist um die zentrale Frage, wie gerade auch von seiten des Staates solche leistungs- und wettbewerbsfördernden Rahmenbedingungen geschaffen und gesichert werden können, daß in Deutschland neue Arbeitsplätze entstehen. Die Wirtschafts- und Finanzpolitik, aber auch die Forschungs- und Bildungspolitik spielen hierbei eine herausragende Rolle.

Seit geraumer Zeit unternimmt die Politik in diesem Zusammenhang vielfältige Bemühungen, um die Rahmenbedingungen für Innovationen und Wettbewerbsfähigkeit in unserem Land zu stärken. Jeder Erfolg hierbei kommt gerade auch den Arbeitnehmern zugute. Manches ist bereits im Sinne größerer Flexibilisierung und Deregulierung und im Bereich der Finanz- und Steuerpolitik, aber auch in der Arbeitsmarktpolitik erfolgreich auf den Weg gebracht worden. Wohl noch mehr bleibt jedoch weiterhin zu tun. Oberster Grundsatz hierbei muß jedoch weiterhin bleiben, daß wir die Möglichkeiten der Unternehmen, sich mit neuen Produkten auf Zukunftsmärkten erfolgreich zu behaupten, nicht durch zusätzlichen strukturpolitischen Interventionismus, sondern nur durch die Förderung des wettbewerblichen Umfeldes sichern können.

Je mehr Erfolge wir in diesem Bemühen um mehr Wettbewerbsfähigkeit der deutschen Wirtschaft auf den Weltmärkten haben, um so höher werden damit auch die Produktivität und Rentabilität der hiesigen Arbeitsplätze. Um so irrelevanter wird damit zugleich aber auch die stellenweise in düsteren Farben an die Wand gemalte Vision, wir müßten in einen Niedriglohnwettbewerb mit unseren ostmitteleuropäischen Anrainerstaaten und den Entwicklungs- und Schwellenländern treten.

Die Reduzierung der Löhne auf das Niveau dieser Länder kann für Deutschland mit seinen hochqualifizierten und produktiven Arbeitnehmern keine Zukunftsalternative sein. Und deshalb wird dies auch von den Arbeitgebern nicht verfochten. Die Strategie der Arbeitgeber zielt vielmehr darauf ab, durch eine Verbesserung der wirtschaftlichen Rahmenbedingungen die Wachstums- und damit auch die Beschäftigungsdynamik wieder nachhaltig zu erhöhen.

Diese Strategie kann jedoch nur dann zum Erfolg führen, wenn nicht nur die wirtschafts-, finanz-, innovations- und bildungspolitischen Rahmenbedingungen stimmen, sondern wenn die tarif- und sozialpolitischen Eckpunkte ebenfalls entsprechend korrigiert werden. Nur wenn dies gelingt, können umgekehrt auch die Maßnahmen des Staates zur Standortsicherung Erfolg haben. Wir müssen das Niveau und die Struktur unserer Arbeitskosten dort korrigieren, wo sie mit den Notwendigkeiten nicht mehr übereinstimmen. Die Verantwortung der Tarifpartner in diesem zentralen Punkt ist offenkundig und läßt sich nicht hinwegdefinieren: Arbeitslosigkeit steht unbestreitbar in engem Zusammenhang mit den tariflich fixierten Arbeitsbedingungen, wobei nicht nur die Höhe und Struktur der Löhne, sondern insbesondere auch die Ausgestaltung der Arbeitszeit einen höchst wichtigen Stellenwert einnimmt.

4. Verantwortung der Tarifparteien

Angesichts der hohen Arbeitslosigkeit wird den Tarifparteien der Vorwurf gemacht, sie bildeten ein Kartell zu Lasten Dritter, nämlich der Arbeitslosen und der Gesellschaft, die für die Folgen der Arbeitslosigkeit einzustehen haben. Dieser Vorwurf ist in seiner plakativen Form sicherlich unbegründet; dennoch ist festzuhalten, daß die in den Tarifverträgen fixierten Arbeitsbedingungen vielfach nicht mehr den Anforderungen entsprechen.

Der Kern der beschäftigungspolitischen Verantwortung der Tarifparteien liegt deshalb nicht darin, die Arbeitslosen der steuer- und beitragsfinanzierten Zwangssolidarität der Gesellschaft zu überantworten, sondern darin, den Beschäftigungsinteressen der Arbeitslosen gegenüber den Einkommensinteressen der Arbeitsplatzbesitzer in der konkreten Tarifpolitik wieder einen deutlich größeren Stellenwert als bisher zu geben.

Diese Aufgabe müssen die Tarifpartner in den einzelnen Bereichen jeweils gemeinsam bewältigen; andernfalls stellen sie zwar nicht die Tarifautonomie als solche, wohl aber das System der Flächentarifverträge und damit ihre eigene Existenz in Frage. Die Aufgaben, die vor diesem Hintergrund von seiten der Tarifparteien im Sinne einer beschäftigungsfördernden Kurskorrektur zu lösen sind, sind vielfältig:

Vielfach überstiegen und übersteigen die tariflichen Lohnsteigerungen den Produktivitätszuwachs. Was zunächst in einzelnen leistungsstarken Betrieben an über- und außertariflichen Leistungen vereinbart wurde, fand schnell Eingang in die für alle tarifgebundenen Unternehmen geltenden Tarifverträge. Statt Mindestbedingungen, die für die Mehrzahl aller Betriebe tragfähig sind, fixieren die Tarifverträge so zwischenzeitlich zumeist Höchstbedingungen, die von den Unternehmen zwar in Zeiten der Hochkonjunktur bewältigt werden können, die sie jedoch in der Rezession und – gerade in jüngerer Zeit – bei den gravierenden Anpassungsnotwendigkeiten aus dem globalen Strukturwandel überlasten.

Über Jahre hinweg wurde zugleich immer mehr Regelungsmaterie in die Tarifverträge aufgenommen und so festgezurrt, daß den Unternehmen immer weniger Möglichkeiten verblieben sind, sich flexibel genug an Schwankungen bei den Aufträgen anzupassen. Zentraler Aspekt in diesem Zusammenhang ist die Arbeitszeit, konkret: der Kolonnenmarsch in immer kürzere Arbeitszeiten, in der Vergangenheit dabei zumeist in Verbindung mit vollem Lohnausgleich. Im Ergebnis dieser Entwicklung stiegen nicht nur die Kosten je Arbeitsstunde weiter; auch wurde es bei einem immer enger werdenden Zeitkorsett zunehmend schwieriger, die teuren Produktionsanlagen effizient zu nutzen. Dies hat die Kostensituation der Unternehmen im internationalen Wettbewerb ebenfalls verschlechtert.

Um so wichtiger sind vor einem solchen Problemhintergrund flexible Arbeitszeitmodelle. Unbestreitbar haben sich die Tarifvertragsparteien in vielen Bereichen schon auf entsprechende Flexibilisierungsansätze verständigen können; aber deren Umsetzung in die betriebliche Praxis krankt nicht selten an fehlender Kooperationswilligkeit der Betriebsräte. Zumindest im Einzelfall muß dies auch auf entsprechende Vorgaben und Anleitungen der Gewerkschaft an die Betriebsräte darüber zurückgeführt werden, wie tarifliche Flexibilisierungsvereinbarungen in die betriebliche Praxis umgesetzt werden sollen. Die tatsächlichen Flexibilisierungsmöglichkeiten sind daher häufig niedriger, als der Blick in tarifvertragliche Vereinbarungen zunächst vermuten läßt. Daß Gewerkschaften den Unternehmen vorhalten, sie würden vorhandene tarifvertragliche Flexibilisierungsspielräume nicht nutzen, ist vor diesem Hintergrund unlauter.

Insgesamt führte die bisherige tarifpolitische Entwicklung dazu, daß den Unternehmen in konjunkturell schlechten Zeiten und angesichts gravierender Anpassungsnotwendigkeiten an den globalen Strukturwandel häufig die Entlassung von Arbeitskräften als einzige – wenngleich ebenfalls höchst teure – Strategie verblieb. Die vergangenen Jahre haben dies mit aller Deutlichkeit gezeigt. Wenn die Tarifpolitik nicht gegensteuert, wird hierzu und zu der Verlagerung von Arbeitsplätzen ins Ausland auch für die Zukunft keine tragfähige Alternative bestehen.

Auch die tiefe Krise, in die die ostdeutsche Wirtschaft und der dortige Arbeitsmarkt im Zusammenhang mit der Umstellung auf marktwirtschaftliche Bedingungen geraten sind, ist zu einem beträchtlichen Teil darauf zurückzuführen, daß die dortige Tarifpolitik mit der raschen Angleichung der ost- an die westdeutschen Löhne die Leistungsfähigkeit der Unternehmen überbeansprucht hat.

Daß auch der Produktivitätszuwachs, der erst im Ergebnis einer gerade auch tarifpolitisch verursachten Freisetzung von Arbeitskräften entsteht, bisher regelmäßig als tariflicher Einkommenszuwachs an die Beschäftigten ausgeschüttet wird, ist ein zusätzliches Indiz dafür, daß bisher in der Tarifpolitik die Beschäftigungsinteressen der Arbeitslosen gegenüber den Einkommensinteressen der Arbeitsplatzbesitzer nicht die notwendige Berücksichtigung gefunden haben.

Ein weiteres spezifisches Problem der tariflichen Lohnpolitik ist, daß häufig gerade die Arbeitseinkommen der untersten Tarifgruppen mit vergleichsweise niedrigen Qualifikations- und Leistungsanforderungen häufig überproportional angehoben wurden. Dahinter stand unbestreitbar ein sozialpolitisch gutgemeintes Anliegen. In der Konsequenz jedoch waren es gerade diese Arbeitsplätze, die in den Unternehmen aus Kostengesichtspunkten heraus mit als erste fortgefallen sind, weil sich Kosten und Ertrag nicht mehr decken. Daß die Sockelarbeitslosigkeit von Rezession zu Rezession in beträchtlichem Umfang angewachsen ist und daß dabei Menschen mit relativ niedrigem Qualifikationsniveau und vergleichsweise geringem Leistungsvermögen von der Arbeitslosigkeit überproportional betroffen sind, ist gerade auch hierauf zurückzuführen.

5. Probleme der Tarifverbände

Die skizzierten tarifpolitischen Fehlentwicklungen haben ihre Spuren nicht nur auf dem Arbeitsmarkt hinterlassen; sie berühren auch die Tarifverbände selbst: Den Arbeitgeberverbänden bleiben potentielle neue Mitglieder fern, und vereinzelt suchen bisherige Mitglieder außerhalb des Verbandes ihr Heil. Daß die Gewerkschaften über einen z. T. beträchtlichen Mitgliederschwund zu klagen haben und ihre Bindungsfähigkeit gerade auch bei jungen Arbeitnehmern sinkt, sind weitere Symptome dieser Entwicklung. Der gewerkschaftliche Hinweis darauf, daß sinkende Mitgliederzahlen auf wachsende Arbeitslosigkeit zurückzuführen sind, reicht nicht aus. Diese Entwicklung sollte vielmehr zum Anlaß genommen werden, der Schaffung neuer Arbeitsplätze auch in der Tarifpolitik Priorität beizumessen.

Daß immer mehr Unternehmen mit ihren Betriebsräten Abmachungen an den Tarifverträgen vorbei abschließen, zeigt, wie groß die Gefahr ist, daß das deutsche Tarifvertragssystem auf der Grundlage der Flächentarifverträge Gefahr läuft, an seiner eigenen Starrheit zu scheitern. Die deutschen Arbeitgeber bekennen sich mit allem Nachdruck zum Flächentarifvertrag als dem grundlegenden Instrument zur Regelung der Arbeitsbedingungen in unserem Land. Daß die Tarifverträge in der betrieblichen Praxis zunehmend nicht mehr beachtet werden, zeigt jedoch, daß sie diese Funktion auch in der Zukunft nur dann erfüllen können, wenn sie in gemeinsamer Anstrengung der jeweiligen Tarifpartner modernisiert und wieder in Einklang mit den ökonomischen Erfordernissen gebracht werden können.

Gerade auch den Gewerkschaften kann nicht damit gedient sein, stillschweigend hinzunehmen, daß die von ihnen mitunterzeichneten Tarifverträge auf der betrieblichen Ebene immer weniger faktische Bindungswirkungen entfalten, ansonsten aber an überholten tarifpolitischen Konzepten und Strategien festzuhalten. Die Folge wäre nur ein weiterer Verlust an Glaubwürdigkeit auch in den eigenen Reihen bzw. bei denen, die man als Mitglied gewinnen will. Diese Mißachtung tarifvertraglicher Vereinbarungen zeigt doch gerade, wie groß der tatsächliche Kostenentlastungs- und Flexibilisierungsbedarf auf betrieblicher Ebene zwischenzeitlich geworden ist. Die Tarifpolitik muß dies aufgreifen und den notwendigen Kurswechsel im

Interesse der Schaffung und Sicherung neuer Arbeitsplätze in den Tarifverträgen selbst verankern.

Von herausragender Bedeutung wird hierbei die weitere Flexibilisierung der Arbeitszeitregelungen sein. Dabei wird der Schwerpunkt darin liegen müssen, in den Tarifverträgen selbst entsprechende Optionsmöglichkeiten zu vereinbaren, die dann auf betrieblicher Ebene in Abstimmung zwischen Unternehmensleitung und Betriebsrat konkretisiert werden können. Solche tariflichen Optionsklauseln, nicht gesetzliche Öffnungsklauseln, sind nach Auffassung der Arbeitgeber die tarifpolitische Strategie der Zukunft. Sie setzen jedoch voraus, daß auch die Gewerkschaften sich hierauf einlassen und daß die Betriebsräte entsprechende Kooperationsbereitschaft zeigen. Andernfalls verblieben dann doch nur gesetzliche Öffnungsklauseln als Ultima ratio, um den Unternehmen im Rahmen der Tarifverträge selbst und nicht an ihnen vorbei die dringend benötigten Anpassungsspielräume zu eröffnen.

6. Selbstverständnis der Gewerkschaften

Zwingend setzt die Bereitschaft und Fähigkeit zur tarifpolitischen Neujustierung auf seiten der Gewerkschaften auch eine Neudefinition des eigenen Selbstverständnisses voraus. Die Zeiten des Klassenkampfes sind nicht erst seit gestern vorbei. Mit Ideologien, die letztlich auf die Überwindung unserer marktwirtschaftlichen Ordnung ausgerichtet sind und innerhalb derer die Unternehmen bzw. Unternehmer gleichsam als die naturgegebenen Feinde der Arbeiterklasse betrachtet werden, kommen wir nicht weiter.

Die Klassenstrukturen, wie sie zur Zeit der Frühindustrialisierung bestanden haben mögen, haben sich im Zuge des eindrucksvollen wirtschaftlichen, sozialen und gesellschaftlichen Fortschritts deutlich ausdifferenziert. Das anonyme Mitglied der Arbeiterklasse ist schon längst dem selbstbewußten Arbeitnehmer mit hohen Selbstbestimmungs- und Selbstverwirklichungsansprüchen gewichen.

Die entscheidende Ressource unseres Wohlstandes sind die kreativen Köpfe der Mitarbeiter und entsprechende betriebliche, organisatorische Strukturen, um dieses Potential nutzen zu können. Der Arbeitnehmer von heute ist nicht mehr der weisungsgebundene Auftragserfüller in einer tayloristisch durchstrukturieren Produktionsstätte. Er ist dem qualifizierten Mitarbeiter gewichen, dessen spezifischen Kenntnisse und Fähigkeiten für den betrieblichen Erfolg wesentlich sind. Moderne, dezentrale und flexible betriebliche Organisationsstrukturen sind nur möglich auf der Grundlage von Selbstverantwortung und Mitwirkung der Beschäftigten gerade auch jenseits formalisierter und formalisierbarer Mitbestimmungsregelungen.

Im Ergebnis dieser Entwicklung ist die große Zahl der Arbeitnehmer schon seit langem mündiger, als dies manchem Gewerkschaftsfunktionär augenscheinlich lieb ist. So wissen sie sehr wohl, daß das, was z. B. in früheren Tagen einmal tarifpolitisch fixiert worden ist, unter veränderten Bedingungen nicht unantastbar bleiben kann.

Darüber hinaus ist folgendes zu bedenken: Verteilungspolitik ist alles andere als ein Nullsummenspiel. Selbstverständlich muß die Verteilungsfrage stets aufs neue gelöst werden, und stets ist dies auch eine Machtfrage. Je mehr sie jedoch überdehnt wird, um so mehr gereicht dies zum Schaden aller, während eine konstruktive und wohlabgewogene Lösung zum Nutzen beider Seiten ist. Letzteres ist die Option, auf die die Tarifpartner gemeinsam setzen müssen.

Zu Recht wird darauf verwiesen, daß die Tarifpolitik im letzten Jahr unbestreitbar wichtige beschäftigungspolitische Impulse gesetzt hat: Bei moderaten Lohnerhöhungen wurden zugleich unter dem Signum der Beschäftigungssicherung die Möglichkeiten für eine weitere Flexibilisierung der Arbeitszeit ausgebaut und darüber hinaus in einzelnen Tarifbereichen mit Einstiegstarifen spezifische beschäftigungssichernde Maßnahmen vereinbart. Manche dieser Maßnahmen zielten zwar weniger darauf ab, die Voraussetzungen für die Schaffung neuer Arbeitsplätze zu verbessern, als vielmehr darauf, die Beschäftigungsmöglichkeiten derjenigen, die noch immer über einen Arbeitsplatz verfügen, zu sichern; die beschäftigungspolitische Bedeutung der Vereinbarungen über eine größere Flexibilisierung der Arbeitszeit und insbesondere auch die der Einstiegstarife soll und darf mit diesem Hinweis jedoch nicht relativiert werden.

Im manchen Tarifbereichen hat dieser dringend notwendige Kurswechsel nur kurze Zeit vorgehalten. Bereits in diesem Jahr standen die Einkommensinteressen der Arbeitsplatzbesitzer dort erneut im Vordergrund und wurden stellenweise sogar wieder mit Mitteln des Arbeitskampfes durchgesetzt. Auf Verständnis in der breiten Öffentlichkeit kann dieser Rückfall in alte Rituale nicht hoffen, denn zunehmend wächst die Erkenntnis, daß die tarifpolitischen Fehler der Vergangenheit nicht innerhalb eines Jahres alleine bewältigt werden können.

Jedem unvoreingenommenen Beobachter muß es erscheinen, als ob zumindest einige Gewerkschaften in unserem Land nur unter dem Eindruck einer tiefen Rezession zu einem tarifpolitischen Kurswechsel in der Lage sind, beim ersten Anzeichen eines neuen Aufschwunges jedoch wieder in frühere Verhaltensweisen zurückfallen. Arbeitsplätze, die in der Rezession verlorengegangen sind, können bei einem solchen Verhalten im nachfolgenden Aufschwung nicht wieder zurückgewonnen werden.

Auch bei der Beurteilung der diesjährigen Tarifrunde und der Rolle, die die einzelnen Gewerkschaften hierbei spielen, müssen jedoch Einseitigkeiten vermieden werden: Mehrere Gewerkschaften verstehen sich bereits seit längerem als Partner und nicht als Feind der Unternehmen und damit – bei allen notwendigerweise vorhandenen Interessenunterschieden – zusammen mit den Unternehmen auch als gemeinsamer Anwalt der Belange der Arbeitnehmer. Niemand kann behaupten, daß dies zu Lasten der von diesen Gewerkschaften vertretenen Arbeitnehmer gegangen ist. In mancher anderen Gewerkschaft steht dieser unbestritten schwierige Prozeß der Umorientierung und Neudefinition ihres eigenen Selbstverständnisses weiterhin aus.

Der Kurs eines Tankers läßt sich bekanntlich nur langsam ändern; Voraussetzung für jeden Kurswechsel ist jedoch, daß man damit überhaupt anfängt. Führung kann nicht heißen, sich hinter den tatsächlichen oder auch nur vermeintlichen Widerständen der Basis und des Mittelbaus der eigenen Funktionärshierarchie zu verstecken. Führung erfordert vielmehr, sich mit diesen Widerständen auseinanderzusetzen und ihnen durch schlüssige Argumente den Wind aus den Segeln zu nehmen. Gestalten kann nur der, der mit an der Spitze des Zuges geht; der Neinsager muß sich mit der Rolle des Blockierers begnügen. Auch wenn niemand erwartet, daß die Gewerkschaften künftig die Interessen der Unternehmen vertreten, reichen Neinsagen und das unbedingte Festhalten am Status quo über kurz oder lang auch im eigenen Bereich als Legitimationsbasis nicht mehr aus.

In diesem Jahr hat sich gezeigt, daß es in einzelnen Tarifbereichen jedoch unbestritten verbesserter und kontinuierlicher Gesprächskontakte zwischen den Tarifparteien auch jenseits der jeweils aktuellen Tarifrunde bedarf. Hierfür tragen beide Seiten Verantwortung, und die Arbeitgeber sind hierfür bereit.

7. Lohnnebenkosten

Zu Recht wird darauf verwiesen, daß die Arbeitskosten nicht einzig durch die Tarifpolitik, sondern in wesentlichem Umfang auch durch eine expansive Sozialpolitik belastet werden: Steigende Sozialversicherungsbeiträge gehen – neben wachsender Steuerbelastung – nicht nur zu Lasten der Nettoeinkommen der Arbeitnehmer, sondern verteuern auch die Arbeitsplätze weiter.

Hierbei ist folgender gravierender Teufelskreis zu konstatieren: Im Gefolge der bisherigen Tarifpolitik und einer kostenträchtigen Sozialpolitik sind die Arbeitskosten beträchtlich gestiegen. Die Arbeitslosigkeit wuchs auch aus diesem Grunde an. Im Ergebnis nahm der sozialpolitische Handlungs- und damit auch Finanzierungsbedarf weiter zu. Die Beitragsbelastung wuchs erneut und verteuerte die Arbeitsplätze zusätzlich. Weitere Arbeitsplatzverluste setzen diesen Teufelskreis auf höherem Niveau erneut in Gang. Er kumuliert mit weiteren Belastungen der sozialen Sicherungssysteme aus der absehbaren demographischen Entwicklung in unserem Land.

Vor diesem Hintergrund wird offensichtlich, daß man nicht von der Zukunft der Arbeit sprechen kann, ohne auch die Notwendigkeit sozialpolitischer Neujustierungen zu thematisieren. Gerade für die Tarifpolitik haben diese Zusammenhänge große Bedeutung, sind doch die Tarifparteien in diesem Jahr vor dem Hintergrund wachsender Steuer- und Beitragsbelastungen in einen verteilungspolitischen Stellvertreterkrieg hineingedrängt und damit letztlich überfordert worden.

Die Rückführung der hohen Beitragsbelastung liegt vor diesem Hintergrund im gemeinsamen Interesse sowohl der Gewerkschaften als auch der Arbeitgeber: Sinkende Beiträge entlasten nicht nur die Arbeitsplätze und verbessern damit die Beschäftigungsperspektiven; über sinkende Lohnabzüge kommen sie unmittelbar auch den Arbeitnehmern zugute. Beides zusammen kann das Bedingungsgefüge der konkreten Tarifpolitik in beträchtlichem Umfang verbessern.

Ohne eine Überprüfung und Neujustierung der bisherigen Sozialpolitik in ihren einzelnen Teilbereichen ist eine Rückführung der Beitragsbelastung jedoch nicht möglich. Die Neujustierung der Sozialpolitik bzw. der Umbau des Sozialstaates kann und darf dabei keinesfalls als Versuch mißgedeutet werden, denjenigen die solidarische Hilfe zu versagen, die unbestritten auf sie angewiesen sind. Es muß vielmehr darum gehen, Umfang und Struktur der Sozialpolitik wieder in Einklang mit den ökonomischen Möglichkeiten zu bringen, um auch in Zukunft diese Hilfe geben zu können.

Dies ist eine Aufgabe, die sich in allen Zweigen der Sozialversicherung stellt. Auch wenn hier nicht im einzelnen auf die jeweils notwendigen konkreten Ansatzpunkte eingegangen werden kann, so ist doch soviel zu sagen: Wo dies der zwischenzeitlich erreichte Wohlstand breitester Kreise der Bevölkerung ohne weiteres zuläßt, müssen die individuelle Eigenverantwortung und Selbstvorsorge wieder gestärkt werden. Nur auf diese Weise kann unser gegliedertes System der Sozialversicherungen auch für die Zukunft gesichert werden. Solche Reformen innerhalb der bestehenden Systeme, nicht jedoch deren Umwandlung in Richtung auf eine steuerfinanzierte Grundsicherung, sind nach Auffassung der Arbeitgeber die einzig gangbare Alternative.

Wer unsere Sozialversicherungssysteme wirklich armutsfest machen will, der muß dafür Sorge tragen, daß die allgemeinen – und damit auch die tarif- und sozialpolitischen – Rahmenbedingungen so gesetzt werden, daß unfreiwillige Arbeitslosigkeit als eine der wesentlichen Ursachen von Armut nach Möglichkeit vermieden werden kann. Die Einführung umfänglicher und letztlich unkonditionierter Bedarfsdeckungsgrundsätze in unsere Sozialversicherungen würde an den Ursachen der Arbeitslosigkeit selbst nichts ändern, sondern wäre lediglich der Versuch, die sozialen Folgekosten der Arbeitslosigkeit zwischen den einzelnen gesellschaftlichen Gruppen neu umzuverteilen. Neue Arbeitsplätze entstehen aber nicht durch eine Verschärfung der verteilungspolitischen Auseinandersetzungen, sondern aus der Stärkung der wirtschaftlichen Leistungsfähigkeit.

In einem wichtigen Punkt jedoch ist eine Reform der bisherigen Finanzierung sozialpolitischer Maßnahmen dringend notwendig: Dies betrifft die sogenannten versicherungsfremden Leistungen wie insbesondere die Arbeitsmarktpolitik. Sie wird in beträchtlichem Umfang von den Beitragszahlern – Arbeitnehmern und Arbeitgebern – finanziert, obwohl es sich hierbei um eine Aufgabe handelt, die letztlich die Gesamtheit aller Staatsbürger betrifft. Auch die anderen Sozialversicherungen sind mit solchen allgemeinstaatlichen und somit versicherungsfremden Finanzierungsaufgaben belastet. Statt aus Beitragsmitteln müssen sie aus dem allgemeinen staatlichen Steueraufkommen finanziert werden. Alles in allem könnten die Sozialversicherungen bzw. die Beitragszahler auf diese Weise in einem Gesamtvolumen von rd. 100 Milliarden DM entlastet werden, was rd. 7 Beitragspunkten – jeweils 3,5 für Arbeitnehmer und Arbeitgeber – entspräche.

In der grundsätzlichen Forderung nach einer Neuzuordnung der Finanzierungsverantwortung für solche versicherungsfremden Leistungen sind sich Arbeitgeber und Gewerkschaften einig. Anders als die Gewerkschaften gehen die Arbeitgeber jedoch davon aus, daß eine solche Finanzierungsreform nicht durch weitere Steueranhebungen finanziert werden kann, da auch bei der Steuerbelastung das Ende der Fahnenstange zwischenzeitlich erreicht, wenn nicht gar überschritten ist. Notwendig sind daher vielmehr Einsparungen und Umschichtungen innerhalb des derzeitigen Haushaltsvolumens der Öffentlichen Hände – und dabei auch im Bereich dieser versicherungsfremden Leistungen selbst. Eine Neuregelung der Finanzierung der Bundesanstalt für Arbeit müßte im übrigen auch mit einer entsprechenden Reform ihrer Selbstverwaltungskörperschaften verbunden sein.

8. Aufgaben der Sozialpolitik

Sozialpolitik darf gerade auch in Zeiten hoher Arbeitslosigkeit nicht nur darin bestehen, die Folgen der Arbeitslosigkeit für die jeweils Betroffenen aufzufangen; sie selbst muß dazu beitragen, daß möglichst viele tragfähige Brücken aus der Arbeitslosigkeit hin zu neuen Beschäftigungsmöglichkeiten entstehen. Das betrifft nicht nur die Frage, ob durch den Einsatz sozialpolitischer, insbesondere arbeitsmarktpolitischer Maßnahmen das Arbeitsplatzangebot erhöht werden kann. Es geht auch darum, ob und wie durch die Ausgestaltung dieser Maßnahmen sichergestellt werden kann, daß sich derjenige, der von der Allgemeinheit finanzierte Leistungen erhält, mit Nachdruck und Energie um einen regulären Arbeitsplatz bemüht.

Hinsichtlich des erstgenannten Aspektes besteht schon heute ein umfängliches arbeitsmarktpolitisches Instrumentarium an Lohnkosten- und Einarbeitungszuschüssen. Die vor kurzem im Ergebnis der Kanzlergespräche zwischen Bundesregierung, Wirtschaft und Gewerkschaften gemeinsam vereinbarte Fortführung des Sonderprogramms zugunsten von Langzeitarbeitslosen verdient hierbei besondere Erwähnung.

Aber auch im Rahmen solcher und weiterer unbestritten notwendiger arbeitsmarktpolitischer Maßnahmen muß gelten: Sie dürfen den Blick auf die originäre beschäftigungspolitische Verantwortung der Tarifpolitik nicht verdecken. Mit noch so umfänglichen arbeitsmarktpolitischen Aktivitäten können die negativen beschäftigungspolitischen Effekte einer falschen Tarifpolitik nicht ausgeglichen werden. Im Gegenteil: Der wachsende Finanzierungsbedarf aus solchen Maßnahmen wie auch aus der Schaffung eines umfänglichen »zweiten Arbeitsmarktes« jenseits des tatsächlichen, regulären Arbeitsmarktes ginge wesentlich zu Lasten der bestehenden Arbeitsplätze und würde das Problem der Arbeitslosigkeit nur weiter verschärfen. Negative Beschäftigungseffekte sind auch deswegen zu befürchten, weil vom Ausbau eines staatlichen Ersatzarbeitsmarktes, in dem die Lohnkosten letztlich in keinem Zusammenhang mit dem tatsächlichen

Ertrag der jeweiligen Tätigkeit stehen, gravierende Verdrängungseffekte zu Lasten des ersten, tatsächlichen Arbeitsmarktes ausgehen würden.

Wie die OECD in ihrer Beschäftigungsstudie aus dem vergangenen Jahr festgestellt hat, hat die Höhe der bei Arbeitslosigkeit bzw. in arbeitsmarktpolitischen Maßnahmen gewährten Leistungen einen wesentlichen Einfluß auf die Dauer und damit auch die Höhe der Unterbeschäftigung. Gerade auch von ihr hängt ab, in welchem Umfang sich der einzelne darum bemüht, aus der Arbeitslosigkeit bzw. einer arbeitsmarktpolitischen Maßnahme heraus in eine reguläre Beschäftigung zu wechseln: Je höher diese Leistungen im Vergleich zu dem sind, was man in einer regulären Beschäftigung verdienen kann, um so geringer sind die entsprechenden Anreize, um so höher ist damit dann auch der entsprechende Finanzierungsbedarf.

Die Solidarität der Gesellschaft mit den Arbeitslosen ist unbestritten. Umgekehrt muß dem aber auch die Solidarität der Leistungsempfänger mit denjenigen entsprechen, die diese öffentlichen Leistungen aus Steuern und Beiträgen zu finanzieren haben. Es ist daher notwendig, daß zwischen der Entlohnung insbesondere in arbeitsmarktpolitischen Maßnahmen und derjenigen in regulären Beschäftigungsverhältnissen ein deutlicher Abstand besteht. Die Tarifpolitik steht auch hier in unmittelbarer Verantwortung; insbesondere hinsichtlich der Regelung der tariflichen Entlohnung in Arbeitsbeschaffungsmaßnahmen.

Darüber hinaus ist ebenfalls notwendig, daß auch in den Tarifverträgen auf dem ersten, tatsächlichen Arbeitsmarkt die Beschäftigungschancen der Langzeitarbeitslosen und der Berufsanfänger wieder erhöht werden. Die gegenüber der normalen Tarifentlohnung abgesenkten Einstiegstarife für Langzeitarbeitslose und Berufsanfänger, wie sie im vergangenen Jahr in einigen Tarifbereichen vereinbart wurden und in diesem Jahr modifiziert fortgeführt werden konnten, wurden bereits erwähnt. Dieser konstruktive Ansatzpunkt sollte auch in anderen Tarifbereichen aufgegriffen werden.

Jenseits solcher Einstiegstarife wird es jedoch auch notwendig sein, die qualifikatorischen Tarifstrukturen wieder zu entzerren, um die verhängnisvollen Folgen der tarifpolitischen »Sockelei« der vergangenen Jahrzehnte auf die Beschäftigungsmöglichkeiten von Menschen mit vergleichsweise niedrigem Qualifizierungsniveau und Leistungsvermögen wieder zu verbessern. Auch hier einzig auf die Arbeitsmarktpolitik zu setzen und das Heil in möglichst umfänglichen Qualifizierungsmaßnahmen zu suchen kann für entsprechende tarifpolitische Handlungen kein Ersatz sein. Es ist eine wertfreie Feststellung, daß nicht jeder, dessen Arbeitsplatz im Laufe der vergangenen Jahrzehnte hinwegtarifiert worden ist, über so ausreichendes Bildungspotential verfügt, daß seine Beschäftigungschancen bei hohen Lohnkosten durch eine entsprechende Verbesserung seiner beruflichen Qualifikationen verbessert werden können. Aber auch diese Menschen müssen die Möglichkeit haben, auf dem ersten, tatsächlichen Arbeitsmarkt eine Beschäftigung zu finden.

Um es nochmals zu betonen: Deutschland soll und kann nicht zu einem Niedriglohnland werden. Aber dennoch brauchen wir einen neuen Niedriglohnbereich, innerhalb dessen auch Personen mit vergleichsweise niedrigem Qualifikationsprofil und Leistungsvermögen wieder eine Beschäftigung finden können. Die stärkere steuerliche Anerkennung der Privathaushalte als Arbeitgeber kann dies unterstützen; entsprechende Pläne der Bundesregierung werden daher unsererseits begrüßt.

Das bereits erwähnte Lohnabstandsgebot spielt auch im Zusammenhang mit einem solchen neuen Niedriglohnbereich eine wichtige Rolle und betrifft hierbei die Sozialhilfe: Je niedriger die Entlohnung im unteren Qualifikations- und Leistungsspektrum ist, um so größer wird die Wahrscheinlichkeit, daß sie in der Nähe oder sogar unterhalb dessen liegt, was im Rahmen der Sozialhilfe als Existenzminimum definiert ist. In Verbindung mit den derzeit höchst restriktiven Vorschriften darüber, in welchem Umfang das Arbeitseinkommen eines Sozialhilfeempfängers auf die Sozialhilfe angerechnet werden muß, kann dies dazu führen, daß Sozialhilfeempfänger keinerlei Anreiz haben, sich aus der Sozialhilfe heraus um eine reguläre Beschäftigung zu bemühen. Dies ist gerade auch deswegen sehr bedenklich, als es sich bei einem Großteil derjenigen, die derzeit seitens der Sozialämter Hilfe zum Lebensunterhalt beziehen, um Langzeitarbeitslose handelt.

Nicht nur die Arbeitgeber, auch die Gewerkschaften sollten daher die aktuellen Pläne der Bundesregierung zur Reform des Bundessozialhilfegesetzes positiv aufnehmen. Auch bei diesem Vorhaben, die Hilfe zur Arbeit im Rahmen der Sozialhilfe weiter zu effektivieren, den Lohnabstand in der Sozialhilfe wieder zu vergrößern, die sozialhilferechtlichen Anrechnungsvorschriften zu verbessern und wirksamere als die bisherigen Sanktionen für den Fall einzuführen, daß ein arbeitsfähiger Sozialhilfeempfänger eine ihm angebotene zumutbare Arbeit ausschlägt, handelt es sich nicht um den Versuch, den Ärmsten der Armen etwas wegzunehmen. Es geht vielmehr darum, auch von dieser spezifischen Seite her die Bedingungen für ein Mehr an Beschäftigung zu verbessern.

Niemand behauptet, daß allein über eine Reform des Sozialhilferechts mehr Arbeitsplätze entstehen. Hierüber entscheidet wesentlich die Tarifpolitik. Die Ausgestaltung der Sozialhilfe – wie auch die der Arbeitsmarktpolitik – hat jedoch entscheidenden Einfluß darauf, in welchem Umfang Arbeitslose den Weg in neue Beschäftigungsverhältnisse finden, die im Ergebnis einer sachgerechten Tarifpolitik wieder neu entstehen. Und auch in diesem Zusammenhang besteht beträchtlicher sozialpolitischer Handlungsbedarf.

9. Bildungspolitik

Der technologische Fortschritt ist untrennbar mit steigenden Qualifikationsanforderungen gegenüber den Arbeitnehmern verbunden. Hierauf muß die Bildungspolitik sach- und zielgerecht antworten.

Unser duales System der beruflichen Bildung war bisher die Gewähr dafür, daß gut ausgebildete Fachkräfte mit unser entscheidendster Standortvorteil sind. Nicht zu Unrecht ist unser berufliches Ausbildungssystem im Ausland häufig Vorbild für eigene bildungspolitische Reformbemühungen. Auch in Zukunft müssen wir dieses duale System leistungsstark erhalten.

Niemand kann bestreiten, daß die Entwicklung auf dem Arbeitsmarkt und aktuelle Kostenprobleme in jüngster Zeit dazu geführt haben, daß das Lehrstellenangebot zurückgegangen ist. Gerade auch aus gesellschaftspolitischen Gesichtspunkten heraus ist dies höchst problematisch, denn wir dürfen die junge Generation nicht in die Perspektivlosigkeit entlassen. Die Wirtschaft hat sich daher bekanntlich dazu verpflichtet, eine Trendumkehr und einen Wiederanstieg des Lehrstellenangebotes in die Wege zu leiten. Das darf jedoch keinesfalls für Politik und Gewerkschaften Anlaß sein, sich aus ihrer jeweils eigenen Verantwortung in diesem Bereich zurückzuziehen.

Der Rückgang des Ausbildungsplatzangebotes findet gerade auch im Bereich der Öffentlichen Hand bzw. in den Unternehmen statt, die von der Öffentlichen Hand in jüngster Zeit in privatwirtschaftliche Rechtsformen überführt worden sind. Nicht nur in der Privatwirtschaft, sondern auch in diesen Bereichen müssen alle Anstrengungen für einen Wiederanstieg des Lehrstellenangebotes unternommen werden.

Die Ausbildungsbereitschaft der Unternehmen hängt wesentlich auch mit den damit verbundenen Kosten zusammen. Die Lehrlingsvergütung spielt hierbei eine wichtige Rolle, die von den Gewerkschaften gebührend berücksichtigt werden muß. Darüber hinaus muß auch weiterhin gelten, daß Berufsausbildung vor der anschließenden Übernahme Vorrang hat. Je stärker die Gewerkschaften durchzusetzen versuchen, daß Absolventen der Berufsausbildung anschließend in ein Beschäftigungsverhältnis übernommen werden müssen, um so mehr beeinträchtigt dies die Bereitschaft der Unternehmen, überhaupt Ausbildungsplätze bereitzustellen.

Statt daß sie lautstark die Einführung einer Ausbildungsplatzabgabe fordern und sich gegenüber der Wirtschaft in moralischer Verurteilung gefallen, müssen die Gewerkschaften dieser spezifischen eigenen Verantwortung für die tatsächliche Entwicklung des Ausbildungsstellenangebotes gerecht werden. Wie die Erfahrungen mit der Schwerbehindertenabgabe zeigen, würde eine Ausbildungsplatzabgabe zudem die in sie von manchem gesetzte Hoffnung nicht erfüllen, sondern im Gegenteil zu einem weiteren Rückgang der Ausbildungsbereitschaft in der Wirtschaft führen.

Jenseits der aktuellen Probleme auf dem Lehrstellenmarkt sind jedoch auch qualitative Veränderungen im Bereich unseres Berufsbildungssystems notwendig:

Der rasche technologische und strukturelle Wandel läßt in immer schnellerem Ausmaß neue Berufsfelder entstehen. Die Erarbeitung entsprechender neuer Ausbildungsordnungen hinkt diesem raschen Wandel in der Arbeitswelt viel zu lange hinterher.

Dringender Handlungsbedarf besteht aus Sicht der Arbeitgeber auch dahingehend, daß die Ausbildungsgänge stärker als bisher differenziert werden müssen. Wir brauchen nicht nur neue, verkürzte Ausbildungsgänge für hochqualifizierte Schulabgänger, sondern auch ein spezifisches Bildungsangebot für diejenigen jungen Menschen, die nur über ein vergleichsweise niedriges Qualifizierungspotential verfügen.

10. Ergebnis

Was bleibt nach alledem festzuhalten? Die Zukunft der Arbeit im Sinne eines möglichst hohen Beschäftigungsniveaus ist untrennbar mit der Sicherung der Leistungs- und Wettbewerbsfähigkeit Deutschlands in einer immer stärker verflochtenen Weltwirtschaft verbunden. Die hohe Arbeitslosigkeit können wir nur dann im notwendigen Umfang und rasch genug beseitigen, wenn Politik, Wirtschaft und Gewerkschaften hierfür in ihrem jeweiligen Verantwortungsbereich unter Berücksichtigung der jeweiligen Gesamtzusammenhänge die Weichen richtig setzen.

Die Betonung liegt hierbei auf dem jeweiligen Verantwortungsbereich. Keinem Arbeitslosen ist damit gedient, wenn die Tarifpolitik ihrer originären beschäftigungspolitischen Verantwortung nicht gerecht wird, insbesondere die Gewerkschaften dann jedoch zur eigenen Entlastung nach immer stärkeren und umfänglicheren Aktivitäten des Staates rufen. Statt daß die wirklichen Ursachen der Arbeitslosigkeit auf diese Weise gelöst werden, wird auf diese Weise letztlich nur weiteren verteilungspolitischen Auseinandersetzungen Vorschub geleistet, die die Tarifpolitik selbst belasten und Kräfte binden, die für die Stärkung der Leistungsfähigkeit unserer Wirtschaft und damit auch für die Schaffung und Sicherung neuer Arbeitsplätze dringend benötigt werden.

Mehrere Gewerkschaften haben sich aus einem modernen Selbstverständnis heraus bereits, und nicht erst seit gestern, konstruktiv auf die neuen Herausforderungen eingestellt. Manche andere Gewerkschaft muß diese Aufgabe erst noch leisten. Gerne habe ich die Einladung der IG Metall zum gesellschaftlichen Dialog angenommen, denn ich sehe hierin ein Anzeichen dafür, daß sich auch diese Gewerkschaft ihrer originären beschäftigungs- und sozialpolitischen Verantwortung im Zeichen tiefgreifender weltweiter Strukturumbrüche und der weiteren Vollendung der deutschen Einigung stellen will.

Oskar Negt
(Sozialwissenschaftler, Universität Hannover, Institut für Soziologie)

Zur Zukunftsverantwortung der Gewerkschaften

Thematisch läßt sich das, worauf ich die Aufmerksamkeit lenken möchte, an vier Punkten erörtern: an Arbeit und Zeit, an Öffentlichkeit und politischer Kultur, an der Organisationsfrage und schließlich an dem Verhältnis von Selbstverwirklichung der Subjekte und Demokratie. Es sind nur Stichworte, die ich geben kann.

1. Arbeit und Zeit

Wenn als gesellschaftlich nützliche und anerkannte Arbeit nur die gilt, die durch das Nadelöhr des bestehenden Erwerbssystems gegangen ist, so wird produktive Tätigkeit nicht nach Kriterien der lebendigen Arbeit beurteilt, sondern nach denen der toten Arbeit, des Eigentums, der Behörden- und Dienstleistungsapparate. Was durch diese Maschen fällt, ist auf dem Wege der Zersetzung und Verschrottung gesellschaftlich erworbener Arbeitseigenschaften. Die Konservativen halten für diese durch die Maschen des bestehenden Erwerbssystems gefallene lebendige Arbeitskraft öffentliche Aufwertungen ohne Bezahlung bereit. Die Tätigkeit ehrenhalber gewinnt an Boden.

Wo es um die für das Leben wichtigen Arbeitsprozesse ging, hatte diese Gesellschaftsordnung das schon immer umsonst; die Arbeit im Haushalt, der pflegliche Umgang mit Kindern und Erwachsenen, wo doch ständig auch immer emotionale Gleichgewichte hergestellt werden müssen, wo Identität, Lebens- und Liebesfähigkeit erzeugt wird, damit überhaupt arbeitsfähige Subjekte sich im System gesellschaftlicher Arbeit betätigen können – das alles, also der wirkliche Produktionsprozeß von Leben, ist überwiegend von den Frauen kostenlos der Gesellschaft zur Verfügung gestellt worden. Kaum zufällig ist es, daß das unternehmerfreundlich gestimmte Weltbild der Konservativen der wiedererweckten Familienideologie einen ganz besonderen Platz einräumt.

Gleichwohl wird die Gemeinwesenarbeit, die sich auf das Ganze der Gesellschaft richtet, an Bedeutung zunehmen. Keine Gesellschaft kann es sich heute mehr leisten, in jedem beruflichen Einzelbereich zu rationalisieren, die Verhältnisse vernünftiger zu gestalten und für das Ganze keinerlei lebendige Arbeitskraft zur Verfügung zu stellen, es also einfach wild, und das heißt: irrational, wuchern zu lassen. Da die Bereiche, in denen lebendige Arbeit für Gemeinwesenzwecke Anwendung findet, wachsen werden, müssen wir die alten Vorstellungen von Arbeit über Bord werfen. Nicht nur ist es an der Zeit, der öffentlichen Arbeit, den Tätigkeitsbereichen für das Ganze der Gesellschaft, Sinn und Ehre in einem Maße zuzusprechen, die den bedrohlichen und den Menschen gegenüber verselbständigten Strukturen des Ganzen entsprechen; Arbeit enthält auch mehr und anderes als das, was von Lohn- und Erwerbsarbeit unter bestehenden entfremdeten Bedingungen abgedeckt ist.

Gerade die Gewerkschaften stehen vor der Aufgabe, einen erweiterten Begriff von lebendiger Arbeit zu entwickeln, wenn sie Schichten und Gruppen erreichen wollen, die sich bisher eher distanziert zu ihnen verhalten haben. Die Kulturbedeutsamkeit von Arbeit steht zur Debatte; was im bornierten Zeitgeist wechselnder Moden arbeitssoziologisch abgehandelt wird, trägt schon den Stempel der Verengungen durch die Kapitallogik, welche die Tendenz hat, lebendige Arbeit auf ihre ärmsten Ausdrucksformen zu reduzieren und vom überschüssigen Produktionsreichtum, der sich immer auch kritisch gegen das Bestehende wendet, abzutrennen. Was Soziologen unter der Krise der Arbeitsgesellschaft abhandeln und was sie, mit höchsten Besetzungen des Monopolanspruchs einer Wissenschafts-Disziplin, auf soziologische Fragestellungen begrenzen möchten, ist im Grunde nichts weniger als ein fundamentaler Kulturkampf, in dem darüber entschieden wird, ob am Ende die lebendige Arbeitskraft der Menschen über die tote Arbeit der Maschinerie und des Eigentums siegt oder die schöpferische gegenständliche Tätigkeit der Menschen im »Gehäuse der Hörigkeit« von Bürokratien, Maschinensystemen und Eigentumsordnungen gebannt bleibt, wo Rationalisierung, wie Max Weber es in einem unnachahmlichen Bild ausgedrückt hat, Schicksal ist und immer sein wird.

Man muß, glaube ich, den Blickwinkel radikal ändern: In erster Linie kommt es darauf an, wie sich produktive schöpferische Arbeit auszudrücken vermag – und für solche lebendige gegenständliche Tätigkeit müßte mehr

Zeitsouveränität und weiterer Freiraum geschaffen werden. Es ist davon auszugehen, daß ein gesunder Mensch das Bedürfnis nach gegenständlicher Tätigkeit hat; indem er nichtentfremdete Gegenstände produziert, arbeitet er ein Stück Entfremdung im eigenen Subjekt ab. Wo er sich im Produkt wiedererkennt, wo er das, was Ergebnis lebendiger Arbeit ist, als ein Stück Eigentätigkeit begreift, wird die leere Freiheit der eigenen Subjektivität aufgehoben.

Man mache sich doch keine Illusionen darüber, daß ein höheres Maß von Freizeit diese Jahrhunderte hindurch geprägte kulturelle Funktion der Arbeit einfach ersetzen könnte! Die kulturelle Gestaltung der Arbeit und die der Freizeit sind auf Gedeih und Verderb aneinander gekoppelt. Von der Zeitsouveränität in den gegenständlichen Arbeitsprozessen, die heute immer noch überwiegend betriebsförmig bestimmt sind, hängt wesentlich ab, ob die freie Zeit wirkliche Emanzipations- und Orientierungszeit ist. Da Arbeit in diesen Gestalten auch Moment der individuellen Identitätsbildung ist und noch lange bleiben wird, müssen die Gewerkschaften, wenn sie eine Politik der Selbstverwirklichung der Menschen in ihren gegenständlichen Erfahrungsräumen betreiben wollen, größere Aufmerksamkeit auf diese Dialektik von lebendiger Arbeit und gegenständlichen Bedingungen ihrer Realisierung lenken. Das hat etwas von dem an sich, was Marx eine Republik der Arbeit nannte. Die Tage der Pariser Kommune warfen Licht auf eine solche Republik, die sich durch nichts anderes definierte als durch ihre eigene gegenständliche Gemeinwesentätigkeit.

2. Öffentlichkeit und politische Kultur

Immer anschaulicher wird zweitens, das gewerkschaftliches Handeln existentiell darauf angewiesen ist, Formen der politischen Kultur zu entwickeln, also Arbeit und Kultur als einen Zusammenhang der Entwicklung des ganzen Menschen zu begreifen. Wie sich seine Sinne bilden, ob Hören, Sehen auf fremde Gegenstände stoßen oder sich im gegenständlichen Reichtum der Gesellschaft bestätigt finden, ist von der Urteilsbildung und den Denkoperationen, die auf abstraktere Zusammenhänge gehen und kritische Einstellungen zur Wirklichkeit ermöglichen, überhaupt nicht abzutrennen. Zwar existieren Reste alter Arbeiterkultur, aber sie gewinnen politische Bedeutung nur in dem Maße, wie eine arbeits- und arbeitnehmerbezogene kritische Öffentlichkeit hergestellt werden kann, als dem entscheidenden Medium der Verständigungsorientierung gesellschaftlich geprägter Lebewesen. Eine solche Öffentlichkeit besteht nicht darin, für bestimmte gewerkschaftliche Forderungen oder für Verteidigungsstrategien bei parlamentarisch-gesetzlichen Vorhaben Öffentlichkeitsarbeit zu leisten und punktuell Massen zu mobilisieren.

Politische Kultur in diesem Sinne besteht gerade darin, daß sie das Denken und Handeln, die kritische Alltagseinstellung und die sittlichen Maßstäbe mit prägt, selbst wenn keine aktuelle Mobilisierung stattfindet und wenn keines der Arbeitnehmerrechte bedroht ist. Dem durch die große Erfolgsphase der Nachkriegszeit geprägten Selbstverständnis der Gewerkschaften mag es auf schlagkräftige Organisationen und strikt interessenbezogene Mobilisierungen für einzelne tarifpolitische Forderungen ankommen. Ich bin der Überzeugung, daß selbst die Verteidigung erworbener Rechte, ganz zu schweigen von weitergehenden tarifpolitischen Forderungen, heute immer mehr darauf angewiesen ist, daß ein sozialkulturelles Vorfeld gewerkschaftsbezogener Interpretationen in einer solchen politischen Kultur entsteht. Interessen artikulieren sich nicht mehr ohne öffentliche Thematisierungen, die das Ganze der Gesellschaft betreffen, ohne Fragen der Gerechtigkeit, der Aufklärung, der Gleichheit, der individuellen Lebensstile; diese sind von der gleichen Bedeutung wie die Fragen nach den Elementen von Selbstverwirklichung in der Gesellschaft und der Befriedigung in dem, was meine individuelle lebendige Arbeitskraft ausdrückt.

Der Kampf um die Symbole, um Worte, Begriffe, die Emanzipationsinteressen ausdrücken und der Organisationsphantasie einen lebendigen und weiten Horizont geben, ist ein politischer Kampf, keine bloße kulturelle Dekoration, auf die gelegentlich auch zu verzichten wäre. Sind die Ausdrucksmedien von Öffentlichkeit einmal ganz vom konservativen, d. h. durch Entwicklungsstillstand charakterisierten Geist besetzt, dann wird das am Ende dazu führen, daß die Gewerkschaften auf den Punkt normaler Interessenverbände zurückgedrückt sind. Das ist die strategische Absicht des konservativ-liberalen Regierungspaktes, in einfacher Spiegelung der vorherrschenden Interessen des Unternehmerlagers. Auch in der Bundesrepublik. In anderen Ländern ist ihnen diese Reduktion bereits geglückt. Öffentlichkeit und politische Kultur als wesentliche Tätigkeitsfelder der Gewerkschaften anzusehen, deren Ausbau unabdingbare Voraussetzung dafür ist, daß den konservativen Hegemonialansprüchen wirksame Kräfte entgegengesetzt werden können, ist für die Gewerkschaften allerdings nicht ohne Preis zu bekommen.

3. Organisationsfrage

Es bedeutet drittens, daß auch die Organisationsfrage, dieser prekäre Punkt aller gewerkschaftlichen Öffnungsbereitschaft, heute anders gestellt werden muß als in der Zeit der Ersten Restauration, von der Otto Brenner sprach. Für die Öffnung im allgemeinen können sich mittlerweile sehr viele aktive Gewerkschaftsfunktionäre erwärmen. Eine geschichtlich so reichhaltig geprägte und in vielen Kämpfen bewährte Organisation muß zunächst auch ihr Interesse mobilisieren, mit leicht formulierbaren Öffnungsparolen sich nicht auf unkalkulierbare Risiken einzulassen. Aber es gibt keine sinnvolle Alternative zur Erweiterung ihrer Organisationsphantasie, wenn die Gewerkschaften die neu gestellten geschichtlichen Aufgaben in den nächsten Jahrzehnten bewältigen wollen.

Als die Arbeiterbewegung entstand, folgte man den Arbeitern dorthin, wo sie sich den größten Teil des wachen Lebenstages aufhielten und wo sie zwangsweise vergesellschaftet wurden: Man folgte ihnen in die Betriebe. Wenn gewerkschaftliche Arbeitszeitpolitik, welche die Anwesenheitszeit im Betrieb verringert und die freie Zeit außerhalb des betrieblichen Zwangszusammenhangs vergrößert (ganz abgesehen von den Zwangsaufenthalten durch Arbeitslosigkeit), in einer langen geschichtlichen Dimension Wirkung für die Befreiung der Menschen haben soll, so muß buchstäblich im organisatorischen Eigeninteresse Gewerkschaftspolitik zunehmend auch die außerbetrieblichen Handlungsfelder beackern. Die Betriebe sind nach wie vor ein wichtiges Standbein der Organisation, woran kein Zweifel besteht. Die Gewerkschaften leben von der Möglichkeit, in Kampfsituationen mit dem Kapital notfalls auch den Produktionsbetrieb stören und lahmlegen zu können. Darin bestand ihre geschichtliche Ursprungskraft und daran hat sich nichts verändert. Aber es ist unverkennbar, daß Denkweisen, Lebensstile, Politisierungsprozesse, die außerhalb des Betriebes sich gebildet haben, immer stärker auch in die betriebliche Realität hineinwirken. So ist es unabdingbar, daß gewerkschaftliches Handeln auch die Vergesellschaftungsformen der Menschen in der Stadt, in den Wohnblocks, in den Schulen zur Kenntnis zu nehmen und gestaltungsfähig zu machen hat und die dort sich bildende primäre Organisationsphantasie bewußt verarbeiten muß.

Ein zweites Standbein ist nötig: die gewerkschaftliche Präsenz in außerbetrieblichen Lebensbereichen; ich zögere, es als Spielbein zu bezeichnen, weil das auf ein hierarchisches Verhältnis von Grundlegendem und Abgeleitetem verweist. Das Neue der geschichtlichen Situation besteht eben darin, daß beides gleich notwendig und wesentlich ist. Man muß den Arbeitern dahin folgen, wo sie sich in dem größer werdenden Teil ihrer Lebenszeit wirklich aufhalten.

Für die Erweiterung des politischen und kulturellen Mandats der Gewerkschaften ist viertens entscheidend, daß sich die Grundmotive, warum ein Mensch arbeitet und in welchen Formen er sich gesellschaftlich betätigt, in einer Weise verändert haben, die der Nachkriegsperiode unbekannt und unvorstellbar war. Es kann nicht die Rede davon sein, daß Arbeit und Beruf ihre Bedeutung in der Lebensführung verloren hätten, aber der Gesichtspunkt der Selbstentfaltung, der Selbstverwirklichung individueller Lebensplanung, von subjektiver Einschätzung der Sinnhaftigkeit einer Beschäftigung und der Abwägung, auf welche Lohnarbeit lieber verzichtet werden sollte, selbst wenn materielle Einschränkungen damit verbunden wären – das alles bildet doch, auch empirischen Untersuchungen zufolge, ein neues und entscheidendes Motiv in der Auseinandersetzung der Menschen mit der gesellschaftlichen Wirklichkeit.

4. Demokratiefrage

Verzichten, um irgendwann einmal zu bekommen, was den Sinn des Verzichts ausmachte, ist eine Zeitperspektive, die in einer von Reichtum überquellenden Gesellschaft nur wenig Attraktionen hat. Hier und heute einzuklagen, was objektiv möglich und sinnlich wahrnehmbar ist, nimmt die Härte eines kategorischen Imperativs an: Handle so, daß alles, was an objektiven Befriedigungsmöglichkeiten vorhanden ist, subjektiv auch realisiert wird. Selbstverwirklichung in diesem Sinne ist ein wesentlicherer Punkt als die abstrakte Verfügung über mehr Zeit, für die doch in der Gesellschaft gar nicht das Vermögen der Muße oder die Fähigkeit einer dauerhaften gegenstandslosen Selbstbeschäftigung herausgebildet sind. Wären wir alle mußefähig, so bedürfte es ja gar nicht der riesigen Zerstreuungsapparate, die sich als eine Art Metaphysik über uns ausbreiten und auf die Chancen spekulieren, den frei herumliegenden Phantasierohstoff zu verwerten. Was da an einem neuen »Gehäuse von Hörigkeit« errichtet wird, ist den Bauplänen der Bürokratie ähnlich, hat aber in der Verwertung des Bewußtseins eine viel tiefere und umfassendere Wirkung.

Was Demokratie ist, bedarf deshalb der konkreten Ausgestaltung. Volksherrschaft, das ist seit der griechischen Antike die Vorstellung von einer Gesellschaft, in der die Menschen alles, was für ihre Lebensverhältnisse wesentlich ist, Krieg und Frieden, Freiraum ihres Lebens und Beziehung zu ihren Nachbarn, Genuß und Arbeit, ohne unerwünschte Eingriffe anderer, selbst gestalten können.

Als bloßes verfassungsrechtliches Regelsystem hat Demokratie nie funktioniert. Das ist die Grundeinsicht der politischen Philosophie seit Plato und Aristoteles. Nur dort, wo die Menschen in ihren gesellschaftlichen Zusammenhängen das Gefühl bekommen, unter herrschaftsfreien Verhältnissen zu existieren, die der Abstimmungsrituale nicht bedürfen, obwohl Abstimmungen stattfinden, ist Demokratie als inhaltliche Umgestaltung der Verhältnisse Wirklichkeit. In diese Idee des demokratischen Gemeinwesens geht ein, daß die Verfügung von Menschen über Menschen überwunden ist und gegenständliche Tätigkeit ein hohes Maß von Durchsichtigkeit, von Äquivalenz und Befriedigung gewinnt. Das sind Elemente des demokratischen Gemeinwesens, die Gewerkschaften in dem Maße als gesamtgesellschaftliche Alternative öffentlich und mit Überzeugungskraft sichtbar machen können, wie sie es in der eigenen Organisation praktizieren. Radikale Kritik von Herrschaft ist notwendig. Solidarität und Demokratie müssen in ihren emanzipatorischen Gehalten durch Kampf immer wieder gesichert werden; denn was gegenwärtig unterhalb dieser Kampfebene liegt, auf der auch deutlich wird, daß beides in unserer Gesellschaft nichts Selbstverständliches ist, gerät in die gefährliche Nähe bloßer Legitimationsprofite für Herrschaftszwecke.

Viele Situationen gibt es heute, die Entscheidungen herausfordern. Die Unschuld von Entwicklungen, die sich auf wertfreie Prinzipien berufen, ist verloren; es ist deshalb keine Frage der bloßen Beliebigkeit, ob die Gewerkschaften das, was ich vorhin skizziert haben tun oder unterlassen. Der gewerkschaftliche Handlungsbedarf, den wachsende Schichten und Gruppen an diesen Organisationen ausrichten, ist nur durch organisatorisch und politisch definierte Perspektivveränderungen zu erreichen; durch einen Überschuß an politischer Organisationsphantasie und produktiv das Gegebene überschreitendes Denken. In diesem Punkt unterscheiden sich die Erwartungen der Arbeitslosen, die von der Erwerbstätigkeit abgekoppelt sind, von denjenigen der Frauen und Jugendlichen nur unwesentlich.

Claus Offe
(Sozialwissenschaftler, Professor an der Universität Bremen)

Arbeitslosigkeit, Gewerkschaften und gesellschaftspolitische Innovation

1. Anhaltende Massenarbeitslosigkeit

Das Hauptproblem und dominierende Thema aller gewerkschafts- und gesellschafts-politischer Diskussionen ist heute das Problem der anhaltenden Massenarbeitslosigkeit. Ein ehrlicher und zureichend informierter gedanklicher und politischer Umgang mit diesem Hauptproblem wird nicht umhinkommen, die folgenden Ursachen des heute in Westeuropa vorherrschenden Typus der Arbeitslosigkeit in die Analyse einzubeziehen:

(a) Arbeitslosigkeit entsteht aus der Tatsache, daß die Produktivität schneller steigt als die Produktion; das erklärt sich aus anhaltenden Prozeß- und Rationalisierungsinnovationen einerseits, zurückbleibenden Produktinnovationen und dem globalen Wettbewerb mit »neuen Anbietern« andererseits.

(b) Arbeitslosigkeit entsteht aus der Tatsache wachsender Erwerbsneigung: Mehr Arbeits-Anbieter stehen einem eher stagnierenden Bestand von Beschäftigungsgelegenheiten gegenüber. Das erklärt sich zum Teil aus den Besonderheiten unseres Systems der sozialen Sicherung: Nur der Voll-Arbeitnehmer genießt einen sozialen Schutz, der etwa über das Familiensystem nicht zu gewähren ist. Das ist ein struktureller Grund dafür, daß vor allem Frauen zunehmend auf der Angebotsseite des Arbeitsmarktes aktiv sind und die kulturellen Muster des weiblichen Lebenslaufes sich an Arbeitsmarktchancen orientieren. Was wir in den letzten Jahrzehnten gesehen haben, ist besonders deutlich am schwedischen Beispiel mit seiner extrem hohen weiblichen Erwerbsquote ablesbar, die Substitution »unbezahlter« Hausarbeit durch außerhaushaltliche Erwerbsarbeit für identische, ursprünglich »haushaltliche« Arten von Tätigkeiten. Dazu gehören die Tätigkeiten der Kinderbetreuung, Erziehung und Personenpflege, bei der Ernährung, Bekleidung und Reinigung und bei anderen »haushaltsnahen« Dienstleistungen: Sie sind »weiblich« geblieben, nur aus dem Haushalt in die Erwerbsarbeit übergewechselt – mit entsprechenden Folgen für die weibliche Erwerbsquote.

(c) Arbeitslosigkeit entsteht auch deswegen, weil die technischen und organisatorischen Bedingungen der abhängigen Erwerbsarbeit vielfach so »anspruchsvoll« geworden sind, daß wachsende Anteile derjenigen Personen, die Beschäftigung suchen, vom Arbeitsmarkt zu geltenden Preisen (Löhnen) nicht aufgenommen werden können. Diese Personen gelten als »leistungsgeminderte Problemgruppen«, auch als »nicht beschäftigbar« (»unemployable«): Sie sind kulturell, gesundheitlich, physisch, psychisch, sozialbiographisch oder ökonomisch nicht oder nur mit deutlich unterdurchschnittlichen Chancen in der Lage, auf dem Arbeitsmarkt unterzukommen. Ein Grund dafür liegt in der entmutigenden und sozial desorganisierenden Erfahrung der Arbeitslosigkeit selbst; das Arbeitsvermögen ist eine »verderbliche Ware«, die durch (unfreiwilligen) Nicht-Gebrauch in ihrem Wert verfällt. Ein weiterer Grund liegt vielleicht darin, daß das Beschäftigungssystem (aber auch das Bildungs- und Familiensystem) heute massenhaft »Versager« produziert, deren Erwerbschancen oft schon in relativ frühen Lebensphasen beeinträchtigt sind – insbesondere in einem System nach oben gestauchter, allgemeinverbindlicher und nicht abdingbarer Tariflöhne und unter Bedingungen eingeschränkter finanzieller Leistungsfähigkeit der Sozialversicherung, die es nur beschränkt erlauben, die tatsächlich durchaus »erwerbsunfähigen« Personen auch mit ausreichenden Sozialversicherungsleistungen auszustatten, so daß ihre Lebensgrundlage zunehmend aus Arbeitslosen- bzw. Sozialhilfe gedeckt werden muß, wobei indes die Empfänger dieser Hilfen dauernd auf den Arbeitsmarkt verwiesen bleiben. Moralisch erscheint es aber einem Verstoß gegen das Gebot der Achtung der Menschenwürde gleichzukommen, wenn man zur Wahrung des Anscheins arbeitsgesellschaftlicher Normalität Menschen, die in der Terminologie der Arbeitsverwaltung als »schwer« (will sagen: so gut wie nicht) vermittelbar gelten, permanent zwingt, sich ans Ende einer Warteschlange zu stellen, in der sie keine Chance haben, sich vorwärtszubewegen.

2. Höhe der Löhne

Es gibt in der öffentlichen Debatte noch andere Erklärungen für Arbeitslosigkeit. Eine davon lautet: Die Löhne (wahlweise auch die Lohnnebenkosten = Kosten des Schutzes und der sozialen Sicherung der Arbeitskraft) sind »zu hoch«. Wären sie hinreichend niedrig und lägen sie beim »Gleichgewichtslohn«, dann gäbe es keine Arbeitslosigkeit. Wenn wir von ökonomischen Außenseitern und ignoranten Demagogen absehen, gibt es freilich heute niemanden, der das Problem der Massenarbeitslosigkeit kausal in dieser Weise interpretiert und als Therapie »markträumende Löhne« empfiehlt. Ein erstaunlich breiter Konsens findet sich hingegen für die These: Markträumende Löhne wären eine Katastrophe. Diese These kann man zunächst, vielleicht weniger zwingend, »linkskeynesianisch« begründen: Solche Löhne verursachen Einkommens- und Nachfrageausfall und führen zur Schrumpfung von Wachstum und Beschäftigung. Man kann sie auch angebotsseitig begründen: Die Unternehmer sind durchaus bereit und interessiert, Löhne oberhalb des markträumenden Gleichgewichts zu zahlen (»efficiency wage theory«), weil sie (a) an Vollbeschäfigung nicht unmittelbar interessiert sind, vielmehr (b) daran, erstens durch generöse individuelle und betriebliche Löhne Mobilität zu fördern, zweitens die unerwünschte Abwanderung von Arbeitskräften (mit den in ihnen verkörperten Humankapital-Investitionen!) zu verhindern und drittens den Arbeitnehmern die »Fallhöhe« permanent vor Augen zu führen, die sie bei unzulänglicher Arbeitsleistung und daraus folgender betrieblicher Kündigung zu gewärtigen hätten – und dadurch ihre Arbeitsleistung anzuspornen. Diese Funktionen erfüllen eingeschränkt auch die einkommensproportionalen Beiträge zu den Systemen der sozialen Sicherung. Fest steht jedenfalls im seriösen Teil der Diskussion: Lineare Abwärts-Revisionen des Lohnes sind kein empfehlenswertes Mittel der Beschäftigungspolitik – zumal sie einer innovatorischen Bequemlichkeit der Investoren Vorschub leisten und die Funktion hoher Löhne als »Rationalisierungspeitsche« außer Kraft setzen würden.

3. Arbeitszeitverkürzung

Was aber dann? Die gewerkschaftliche Antwort lautete mindestens ein Jahrzehnt lang und wohl noch heute: nicht Senkung der Löhne, sondern Senkung der Arbeitszeit (mit der zum Teil ausdrücklich in Kauf genommenen, zum Teil auch bloß schamhaft verschwiegenen Konsequenz des Verzichts auf Einkommensanteile bzw. Einkommenssteigerungschancen der Beschäftigten). Ich habe den Eindruck, daß arbeitszeitpolitische Strategien in ihrem beschäftigungspolitischen Effekt weitgehend ausgereizt sind – so sinnvoll sie in anderer, z. B. humanisierungspolitischer Hinsicht auch weiterhin sicherlich sind. Die Gründe: (a) Der Beschäftigungseffekt der Arbeitszeitverkürzung verpufft weitgehend, wenn sie mit Konzessionen in puncto zeitlicher Flexibilisierung des Arbeitseinsatzes erkauft wird; (b) die Toleranz für Einkommensopfer ist auf der regionalen/sektoralen Ebene von Flächentarifverträgen (nicht unbedingt, vgl. VW, auch auf der Ebene von Haustarifverträgen) erschöpft – zumal ja unser Sozialsystem den Lohnverzicht nicht nur mit aktuellen, sondern über die Rentenformel mit »lebenslänglichen« Einkommenseinbußen bestraft.

4. Antworten

Angenommen also, das Arbeitsangebot ist aus den unter (1) (a–c) genannten Gründen strukturell »zu hoch« und gleichzeitig kann die Nachfrage aus den unter (2) bzw. das Angebot aus den unter (3) genannten Gründen nicht auf ein ausreichendes, Vollbeschäftigung sicherndes Niveau gesteigert bzw. gesenkt werden. Welche Stellgrößen zur Bewältigung des Ungleichgewichts können dann noch manipuliert werden? Auf diese Fragen bleiben, wenn ich recht sehe, nur zwei Gruppen von Antworten:

(a) Um die Nachfrage nach Arbeitskraft zu steigern, sind forcierte Prozeß- und vor allem (davon nicht immer, trotz gegensätzlicher primärer Beschäftigungswirkungen, klar trennbare) Produktinnovationen erforderlich. Bestandteil dieses »modernistischen« Pakets von Therapien ist auch die qualifikatorische Aufrüstung der Arbeitskraft mit dem Ziel, daß sie (1) solche Innovationen hervorbringen und im Produktionsprozeß handhaben kann, um dabei (2) ein Markteinkommen zu erzielen, das die Anschaffung der neuen Produkte erlaubt. Hier ergibt sich eine Vielzahl von offenen Fragen, die ich hier nur andeuten möchte. Zum Beispiel: Auf welchen Lebensgebieten und für welche Bedarfe lassen sich »neue Produkte« vorstellen, in denen sich die vier wohl erwünschten Eigenschaften vereinen, daß sie (a) handelspolitisch im globalen Wettbewerb potentiell überlegen, (b) hinreichend kapital- und arbeitsabsorbierend, (c) marktgängig (d. h. nicht nur per »Zwangskonsum« implementierbar sind wie Rüstungsgüter) und (d) unter ökologischen und Ressourcen-Gesichtspunkten zumindest vertretbar sind? Das Feld der Gegenstände, die diesen Ansprüchen genügen, scheint nicht eben dicht bevölkert. Was die parallelen Qualifikationsoffensiven bei der menschlichen Arbeitskraft angeht, so ist hier zu bedenken, daß sie vielleicht der Innovationsfähigkeit zugute kommen, gewiß aber den unter (1) (c) angedeuteten Effekt verschärfen. Je mehr Qualifikation es gibt, desto mehr als »unqualifiziert« Stigmatisierte gibt es auch – je mehr Prüfungen, desto mehr Durchgefallene ...

(b) Die andere Antwort scheint geradezu anti-modernistisch, zumindest resignativ, potentiell auch reaktionär. Sie setzt auf der Angebotsseite des Arbeitsmarktes an. Wenn das auf der Angebotsseite wartende und Beschäftigung suchende Arbeitspotential, quantitativ bestimmt als das Produkt von Stunden mal diese Stunden anbietenden Personen, nicht (arbeitszeitpolitisch) durch eine Senkung der Zahl der pro Person angebotenen Stunden abgebaut werden kann – dann vielleicht durch Senkung der Zahl der Personen, die zum geltenden Lohnsatz Beschäftigung suchen? Das ist die Alternative der personellen Angebotsbeschränkung. Personen werden temporär oder dauernd von der Teilnahme am Arbeitsmarkt verbannt. Sie werden dann entweder außerhalb des Arbeitsmarktes untergebracht (d. h. in den – möglichst selbstfinanzierten – Ruhestand, ins Ausland oder in den privaten Haushalt, evtl. auch in Qualifikationsanstalten verbannt), oder sie werden sozusagen »unterhalb« des Arbeitsmarktes untergebracht (beginnend mit nicht-kontraktuellen Beschäftigungsarten des »zweiten Arbeitsmarktes«, wo man sich nicht eine Arbeit »suchen« kann, sondern seitens einer Verwaltung einer »Maßnahme zugewiesen« wird (vgl. die bezeichnende Terminologie der Paragraphen 91 ff. AFG), und endend bei illegalen Beschäftigungen und Tätigkeiten; beide haben ja gemeinsam, daß sie hoheitlich, nicht kontraktuell konstituiert sind. Die Popularität xenophobischer Reflexe, der Diskreditierung des »Doppelverdienertums« und von Formen der Dienst- und Zwangsarbeit ist durchaus geeignet, solchen nicht kontraktuellen »Lösungen« des Beschäftigungsproblems politisch Vorschub zu leisten.

5. Andere Lösungen

Die Frage scheint mir indes zu sein, ob es auch nicht-zwangsförmige, nicht-diskriminierende, also auf der freiwilligen Wahl einer arbeitsmarktexternen Lebens- und Tätigkeitsform beruhende Lösungen des Problems des personellen »Angebotsüberhanges« am Arbeitsmarkt geben kann. Die Frage wäre müßig, wenn evident wäre, daß sie zu verneinen ist. Das ist jedoch nicht der Fall. Ich möchte deshalb abschließend die Konturen – und die ökonomischen Voraussetzungen – dessen beschreiben, was ich mir unter der Entwicklung eines »postindustriellen Haushaltssektors« vorstelle.

Das Prinzip ist, daß es Personen freigestellt werden muß, nicht nur mit wem und für welche Tätigkeiten sie am Arbeitsmarkt Verträge schließen, sondern auch, ob sie überhaupt am Arbeitsmarkt oder in der Erwerbssphäre generell (d. h. als Selbständige) tätig werden wollen. Diese Freiheit ist heute auf bestimmte Einkommensgruppen (Bezieher von arbeitslosem Faktor- bzw. Unterhaltseinkommen) und bestimmte Lebenslagen (Alter, Mutterschaft) beschränkt. Die Verallgemeinerung dieser Freiheit zur Abkehr vom Arbeitsmarkt setzt für alle anderen Personenkategorien ökonomische Chancen voraus, sich auch tatsächlich in einem nicht-erwerblichen »Tätigkeitssektor« zu bewegen – sonst bleibt die Freiheit nominell. Sie bliebe auch dann nominell, wenn sie in diesen Tätigkeitssektor aufgrund hoheitlicher »Zuweisung« gelangten, wie beim sogenannten »zweiten Arbeitsmarkt«. Andererseits wird man nicht sagen können, daß die Eröffnung solcher nicht-erwerblicher ökonomischer Lebenschancen eine »Prämie auf Faulheit« und deshalb sozial weniger respektwürdig wäre: Diejenigen, die auf der Angebotsseite des Arbeitsmarktes unbeschäftigt »übrigbleiben«, tun das ja in ihrer Gesamtheit nicht wegen ihrer »Faulheit«, sondern aus den unter (1) genannten Gründen einer auf absehbare Zeit vorherrschenden strukturellen Unterbeschäftigung in entwickelten, dem globalen Wettbewerb ausgesetzten Gesellschaften. Wenn also Erwerbsarbeit in diesem Sinne knapp ist und weiter wird, dann ist die Gewährung eines arbeitslosen Einkommens nicht nur an eine begünstigte Minderheit, sondern an alle Staatsbürger, die auf Erwerbsbeteiligung verzichten, eine Regelung, die nicht nur den Empfängern von arbeitslosem Einkommen, sondern allen Bürgern zugute kommt: den einen, weil sie nicht erwerblich arbeiten müssen (ohne deswegen schon »untätig« zu sein), und allen anderen, weil wegen des Ausscheidens der einen ihre Chance, Beschäftigung zu finden, sich in Proportion zur Häufigkeit freiwilligen Verzichts von Personen auf Erwerbsbeteiligung verbessern wird!

Aber es sind nicht nur beschäftigungspolitische Argumente, die sich für die Förderung eines weder marktlich noch hoheitlich organisierten Sektors von Tätigkeiten ergeben. In dieselbe Richtung deutet auch die offenbar weithin geteilte Intuition, daß es eine ganze Reihe von durchaus nützlichen (und nicht weniger: durchaus mühsamen) Tätigkeiten gibt, deren bezahlte Ausübung typischerweise unerwünschte Konsequenzen hat. Ein berühmtes, von dem englischen Sozialpolitiker Titmuss untersuchtes Beispiel ist das des Blutspendewesens: Er hat bewiesen, daß die als Alternative ja durchaus in Betracht kommende kommerzielle Beschaffung von medizinisch benötigten Blutkonserven die unerfreuliche Konsequenz hat, daß die Qualität der Konserven allein durch den marktlichen Beschaffungsweg leidet – einfach deswegen, weil diejenigen, die bei gegebenem Preis noch am ehesten als »Verkäufer« ihres Blutes auftreten, einen wesentlich schlechteren Gesundheitszustand aufweisen als typische »Spender« von Blut. Auch Tiefkühlfertiggerichte lassen oft den Wohlgeschmack vermissen, den wir bei Aufbietung schon von bescheidenen Kochkünsten für selbstverständlich halten. Es gibt viele andere Beispiele dafür, daß »gekaufte« Leistungen entweder qualitativ schlechter sind als »gespendete« oder, wenn sie ebenso gut sein sollen, so teuer werden bzw. mit so viel regulativem Aufwand verbunden sind, daß ihre Verteilung Gerechtigkeits- und Kostenfragen aufwirft (oft übrigens auch ökologische). Jede Gesellschaft muß sich deshalb der Frage stellen, welche Arten von Tätigkeiten mitsamt der aus ihnen resultierenden Güter und Dienste über Märkte erzeugt und zugeteilt werden sollen – und welche nicht! Die »Beschränkung des Marktes« (Zwickel) ist eine Forderung, die deshalb auch auf einen Neuzuschnitt der Marktarbeit im Verhältnis zu anderen Arten nützlichen Tuns auszuweiten wäre.

Was immer das Ergebnis eines sinnvollen Neuzuschnitts von Marktarbeit und Tätigkeit außerhalb des Arbeitsmarktes (Haushaltsarbeit, Ehrenamt, Tätigkeit in Vereinen, Genossenschaften, freiwilligen Diensten usw.) ist – fest steht, daß die Personen, die sich zeitweise oder permanent im »Tätigkeitssektor« befinden, ihr Leben nicht auf der Basis subsistenzwirtschaftlicher Selbstversorgung, nicht im Rahmen der Familiensubsidiarität und auch nicht aufgrund von »verdienten« Rentenansprüchen sichern können – andererseits aber auch mehr brauchen als den himmlischen »Lohn der guten Tat« oder die Befriedigung moralischer Antriebe. Sie sind auf eine rechtlich gesicherte Einkommenszuteilung aus öffentlichen Mitteln angewiesen – auf ein Grundeinkommen oder »Bürgergeld«. Es ist nicht zu sehen, weshalb die deutschen Gewerkschaften (anders als z. B. die italienischen) die Diskussion über eine zeitgemäße sozialpolitische Ausstattung derjenigen Bevölkerungsteile, die freiwillig auf die Teilnahme am Arbeitsmarkt verzichten, den Gesellschaftspolitikern der Deutschen Bank oder der F.D.P. überlassen sollten. Was die Finanzierung der sozialen Sicherung und ihre Auswirkungen auf den Arbeitsmarkt angeht, so sind vier Ideen in der Diskussion, die sich sinnfällig in eine Sequenz jeweils »weitergehender Anträge« ordnen lassen.

(a) Der bescheidenste, seit langer Zeit erörterte, wenngleich von konservativen Sozialpolitikern erbittert bekämpfte Vorschlag besteht darin, die Arbeitskosten beschäftigungswirksam in der Weise zu senken (und die Lohneinkommen dadurch wirksamer zu verteidigen), daß die Kosten der sozialen Sicherung breiter gestreut werden. Die Stichworte sind u. a. Arbeitsmarktabgabe, Wertschöpfungsabgabe, auch Steuerfinanzierung größerer Teile der Arbeitsmarktpolitik und des Gesundheitswesens.

(b) Etwas weiter geht der Vorschlag von Fritz Scharpf, einen Niedriglohnsektor einzurichten, der jedoch nicht zugleich ein Niedrigeinkommenssektor ist; vielmehr erhalten die Angehörigen dieses Sektors degressive Einkommenssubventionen nach der Logik einer »negativen Steuer«.

(c) Als nächstes sind zu nennen Vorschläge für eine ökologische Steuerreform. Hier ist der Grundgedanke, daß viele Probleme der Industriegesellschaften auf einer falschen relativen Bewertung der Produktionsfaktoren »Arbeit« und »Natur« beruhen. Zur Korrektur wird empfohlen, Naturressourcen drastisch (wenn auch nicht plötzlich, sondern entlang einer steilen mittelfristigen Kurve) zu verteuern und die so entstehenden steuerlichen Einnahmen auf die Subventionierung des Faktors Arbeit bzw. einer sozialen Sicherung zu verwenden.

(d) Schließlich ist an Formen des allein an den Staatsbürgerstatus gebundenen Grundeinkommens zu denken, wie sie von sozialpolitischen Minderheiten inzwischen in allen westeuropäischen Ländern (vorab den katholischen und den angelsächsisch-liberalen, vgl. die Publikationen und Aktivitäten des Basic Income European Network [BIEN]) verfochten werden. Übergangs- und Zwischenlösungen zu einem »flächendeckenden« steuerfinanzierten Einkommensanspruch, der erheblichen Teilen der Bevölkerung den im Grunde auch arbeitsmarktpolitisch erwünschten Entschluß zum (temporären) Rückzug aus der Lohnarbeit nahelegen und erleichtern würde, sind Vorstellungen, nach denen solche Einkommensansprüche zunächst an den Nachweis bestimmter Tätigkeiten (Ehrenamt, Pflegearbeit, Erziehungsarbeit, Arbeit in gemeinnützigen Vereinen oder freiwilligen Diensten usw.) bzw. an ein bestimmtes Mindestalter und an bestimmte Fristen und monetäre Obergrenzen geknüpft werden. Eine strikte Verallgemeinerung dieses Anspruchs wäre politisch sicher nicht zu rechtfertigen und durchzusetzen, wenn nicht gleichzeitig geeignete institutionelle Tätigkeitsformen eines »postindustriellen Haushaltssektors« entwickelt und gefördert würden, in denen das Bedürfnis der Bezieher solcher Einkommenstransfers nach Ausübung einer sinnvollen, anerkannten und Selbstachtung vermittelnden Tätigkeit produktiv erfüllt werden könnte.

6. Rolle der Gewerkschaften

Keine Frage – das alles sind Probleme, die weit außerhalb des Normalgeschäfts von Gewerkschaften als den kollektiven Interessenvertretungen von Arbeitnehmern liegen. Als solche Interessenvertretungen haben es

Gewerkschaften mit den drei Hauptinteressen von Arbeitnehmern zu tun, die untereinander im Verhältnis eines »magischen Dreiecks« stehen: (a) mit den Interessen an Lohn und sozialer Sicherheit; (b) mit den Interessen an zufriedenstellenden Arbeitsbedingungen und Arbeitszeitregelungen und (c) mit den Interessen an individueller und kollektiver Beschäftigungssicherheit. Der Grad der Durchsetzung der ersten beiden dieser Interessen ist kollektivvertraglich kontrahierbar, der des dritten dagegen nicht (jedenfalls nicht oberhalb der Ebene des Haustarifvertrages); der Beschäftigungsstand (also das alles beherrschende Hauptthema der Gesellschaftspolitik!) ist eine »Residualgröße«. Wenn man mit der Anstrengung Ernst machen will, auch diese Residualgröße unter Kontrolle zu bekommen, dann wird man weder mit dem Appell an die »Unternehmermoral« noch mit dem an Staat und Parteien und der Forderung nach »Beschäftigungsprogrammen« viel weiter kommen. Gefordert, so meine ich, ist vielmehr ein Vorstoß auf ein gesellschaftspolitisches Gelände, auf dem es um die Erleichterung des freiwilligen Verzichts auf Erwerbsbeteiligung geht – und nicht um die zwangsweise Verbannung von Arbeitskraft vom Arbeitsmarkt. Gewiß, Gewerkschaften können sich nicht um »alles« kümmern; aber sie werden auch im Kernbereich ihrer tarifpolitischen Zuständigkeit Schaden nehmen, wenn sie nicht aktiv an Überlegungen, Programmen und institutionellen Innovationen mitwirken, die zum Ziel haben, das personelle »Überangebot« auf dem Arbeitsmarkt in einer freiheitlichen, die Menschenwürde achtenden Weise abzubauen.

Eberhard Petri
(Mitglied der IG Metall, Berater für »Wirtschaftspolitik« und »ökologisches Wirtschaften« bei der Fraktion der Grünen im Bayerischen Landtag)

Für ein ökologisches und soziales Wirtschaftssystem*

Unsere Wirtschaftsweise zerstört die natürlichen Lebensbedingungen und entzieht sich damit selbst die Grundlage. Wir verschwenden unwiederbringbare, begrenzte Rohstoffe, zerstören die ökologischen Systeme (Wasser, Wald, Klima), schädigen die Gesundheit der Menschen und reduzieren die Vielfalt der Arten. Unsere Abfall-Deponien sind voll. Selbst die Atmosphäre hat die Belastungsgrenze erreicht: Die schützende Ozonschicht ist von FCKW durchlöchert, und der Treibhauseffekt läßt den Meeresspiegel bedrohlich ansteigen. Zur Sicherung der Lebensgrundlagen sind Anpassungen ökonomischer Strukturen erforderlich; eine drastische Verringerung des Energie- und Stoffumsatzes und der Emission von Schadstoffen. (. . .) Die Entwicklung einer neuen Wirtschaftspolitik setzt eine Klärung der Ziele voraus, die damit verfolgt werden sollen. Aus unserer Sicht haben folgende Ziele Priorität:

- ökokologisches Wirtschaften: drastische Reduzierung des Verbrauchs nichtregenerierbarer Rohstoffe und der Emission von Schadstoffen;
- Versorgungssicherheit: Sicherung der Versorgung der Grundbedürfnisse (Ernährung, Wohnung, Gesundheit, soziale Geborgenheit, Bildung . . .) für alle Menschen, weltweite Sicherheit vor Katastrophen;
- Lebensqualität: Gesundheit, Beweglichkeit, Förderung der Persönlichkeit, soziale Kontakte, Kommunikation, Bildung, Kultur, Sinnlichkeit, individuelle Freiheiten;
- ausreichendes Einkommen, um einen angemessenen Lebensstandard finanzieren zu können;

---

* Eberhard Petri begrüßt die Initiative der IG Metall, zu einer Zukunftsdebatte einzuladen, und möchte sich beteiligen mit einem Beitrag, den er für einen Report des Instituts für sozial-ökologische Wirtschaftsforschung geschrieben und dort bereits veröffentlicht hat (isw-report, Nr. 19/Mai 1994). Wir können hier nur wesentliche Passagen herausgreifen.

- Beteiligung am gemeinschaftlichen Leben; insbesondere Beteiligung am Erwerbsleben;
- Erhalt der Vielfältigkeit und Selbständigkeit: keine Monopolstellung, Dezentralisierung, regionale Selbstversorgung, Branchenvielfalt, Erhalt des Wettbewerbes;
- Stabilisierung der Wirtschaftstätigkeit gegen starke zeitliche Schwankungen (Konjunktur, Krisen);
- solidarische Weltwirtschaft: fairer Wettbewerb, gerechte Preise (...).

1. Konversion

Veränderungen von Nachfragestrukturen erfordern Anpassungsleistungen ökonomischer Systeme. Die Umstellung einer Wirtschaft läßt sich am treffendsten mit dem Begriff Konversion beschreiben. Dieser Begriff entstammt ursprünglich der Friedensbewegung und bezeichnet dort die Umstellung der Rüstungsindustrie von militärischen auf zivile Produkte. Verallgemeinernd gesagt, ist es das Ziel der Konversion, unter maßgeblicher Nutzung des vorhandenen Potentials, ein neues Spektrum von Leistungen anzubieten. Erforderlich ist also ein »Konversionsmanagement«. Handlungsebenen sind: Wirtschaftsbereich (Branchen), Regionen und Unternehmen, Betriebe (...).

Die aktive Einflußnahme auf wirtschaftliche Strukturen und Prozesse in speziellen Wirtschaftsbereichen wird in der ideologisch geprägten Diskussion in der Regel abgelehnt, wenngleich sie in vielen Bereichen längst gängige Praxis ist. Die Gleichartigkeit bzw. Ähnlichkeit der Probleme innerhalb eines Produktbereiches legt eine branchenbezogene Betrachtung von Anpassungsprozessen nahe. Nur so können Fragen nach der Sinnhaftigkeit der Produkte, der ökologischen Belastungen und sozialen Auswirkungen aufgegriffen werden. Von Interesse ist demnach nicht mehr, ob eine branchenbezogene Wirtschaftspolitik prinzipiell sinnvoll ist oder nicht, sondern die Frage, welche Ziele verfolgt werden und in welchem Umfang bzw. in welcher Form eine Einflußnahme erfolgt. (...)

Beispiel Rüstungsindustrie: Mit dem Ende des Kalten Krieges kam auch die Wende in der Rüstungsindustrie. Fast 300 000 Beschäftigte hatten hier in der Bundesrepublik einen Arbeitsplatz gefunden. Staatlich garantierte Aufträge und Gewinne, mit denen es sich gut leben ließ, verschwanden über Nacht. Mit den ersten Entlassungen wurde klar, daß es eine »Friedensdividende« nur dann gibt, wenn es gelingt, die Potentiale für neue, zivile Zwekke zu nutzen. Daß sich die Produktionskapazitäten auch für zivile Produkte einsetzen lassen, belegen zahlreiche Beispiele: Krauss-Maffei, führender Hersteller von Panzern, liefert jetzt u. a. Kunststoffspritzmaschinen, Umweltschutztechnik und Fahrzeuge (ICE-Triebkopf, Lokomotiven). Die Fähigkeit des Unternehmens, neue Märkte zu erkennen und konsequent zu nutzen, ergänzte sich mit politischen Weichenstellungen, die durch gesetzliche Regelungen im Umweltschutz (TA Luft) und Beschaffungsprogramme für Schienenfahrzeuge einen neuen Markt schufen.

Einem anderen Unternehmen blieb der wirtschaftliche Erfolg versagt. Die Deutsche Aerospace bietet zwar das gesamte Spektrum an Energietechnik an: Blockheizkraftwerke, Windenergie, Photovoltaik, Solaranlagen, Biogasanlagen, Brennstoffzellen für eine Wasserstoffwirtschaft. Die Politik hat zwar eine großzügige Forschungsförderung gewährt, es aber versäumt, die notwendigen Rahmenbedingungen (Energiepreise, Einspeisungsvergütungen etc.) zu setzen, um einer massenhaften Verbreitung dieser Techniken zum Durchbruch zu verhelfen. Fazit: Nur eine Kombination einer konsequenten innerbetrieblichen Umstellung mit der Eröffnung von neuen Märkten gibt den Unternehmen eine Chance, ihr Potential für neue, zivile Produkte einzusetzen.

2. Regionale Entwicklungen

Die wirtschaftliche Entwicklung in den verschiedenen Regionen verläuft sehr unterschiedlich. Neben Krisenregionen wie den neuen Bundesländern, dem Ruhrgebiet, der Oberpfalz oder Schweinfurt gibt es nach wie vor Wachstumszentren, etwa um den neuen Flughafen in München. Arbeitsplatzabbau, Abwanderung in die Ballungszentren, Ausbleiben von privaten und öffentlichen Investitionen, wachsende Resignation und Arbeitslosigkeit beschreiben die Spirale des regionalen Verfalls. Globale Instrumente wie Arbeitszeitverkürzung oder Ökosteuern sind nicht ausreichend, diese Unterschiede aufzuheben. Als theoretische Grundlage einer Neuorientierung kann das Konzept der eigenständigen Regionalentwicklung betrachtet werden. Dieser Ansatz zielt darauf ab, eine Wirtschaftsstruktur zu entwikkeln, die maßgeblich mit den Potentialen der Region für die Bedürfnisse der Region arbeitet. Für eine wirtschaftliche Entwicklung der Region gibt es Ansatzpunkte in folgenden Bereichen: Energie, Abfall, Verkehr, Umweltschutz, Betreuung bestimmter Personengruppen, Freizeit und Kultur, Wohnen und Siedlungswesen.

Bei der Realisierung einer ökologischen Kreislaufwirtschaft entstehen neue Tätigkeiten, z. B. in der Reparatur von Produkten bzw. der Zerlegung und Aufarbeitung von Abfällen (Kraftfahrzeuge, Elektronikschrott/Computer) und für die Wiederverwertung von Stoffen (z. B. Kompostierung, Kunststoffe ...). Die stärksten Effekte sind aus dem Ausbau eines leistungsfähigen öffentlichen Verkehrssystems zu erwarten. Auch außerhalb von Ballungszentren ist mindestens eine stündliche Verbindung ins nächste Oberzentrum anzustreben. Nach einer Studie der Grünen müßten für Bayern beispielsweise 25 000 Busse zusätzlich eingesetzt werden. Insgesamt wären hierzu Investitionen von 3,5 Milliarden DM erforderlich mit entsprechenden Arbeitsplatzeffekten. (...)

3. Betriebliche Ebene

Auch auf betrieblicher Ebene ist es erforderlich, ökonomische, soziale und ökologische Ziele gleichermaßen zu verfolgen. Ein Schritt dazu ist die Untersuchung der Umweltwirkungen von Produkten und Produktionsprozessen (Öko-Bilanzen). Aus den Analysen können Maßnahmen zur Verringerung der Umweltbelastung und des Ressourcenverbrauchs abgeleitet werden, die konsequent umgesetzt werden müssen (betriebliches Umweltmanagement). Veränderungen von Nachfragestrukturen erfordern jedoch noch weitergehende Anpassungsleistungen ökonomischer Systeme auf Unternehmensebene, nämlich die Umstellung auf neue Geschäftsfelder. Was bei den bisherigen Initiativen zum Erhalt von Unternehmen fehlte, ist eine detaillierte Vorstellung, wie der Wandel eines Unternehmens hin zu neuen Geschäftsbereichen vollzogen werden könnte. Wohl aber gibt es Fragmente, Erkenntnisse, die in den letzten Jahren gewonnen wurden, auf den Gebieten der strategischen Unternehmensführung, im Projektmanagement, Marketing und in der Organisationsentwicklung. Dazu gehören auch die Erfahrungen aus konkreten, betrieblichen Projekten, aus Konkursen, Diversifikationen von Unternehmen, Beschäftigungsplänen und Beschäftigungsgesellschaften, Umbaukonzepten für Branchen und Regionen – wie bei den Werften im Küstenbereich. Es gilt, aus diesen Erfahrungen für die betroffenen Unternehmen Handlungskonzepte (Konversionspläne) zu entwickeln.

Der Konversionsplan beschreibt den Prozeß der Transformation, das heißt vor allem die innerbetrieblichen Maßnahmen. Die Ausarbeitung zwingt Verantwortliche und Betroffene dazu, die Probleme zu analysieren und verbindliche Maßnahmen zu entwerfen. Schließlich legt der Konversionsplan die Grundlage, um gezielte Unterstützung von außerhalb des Unternehmens einzuholen. Kernpunkt ist die Entwicklung neuer Geschäftsbereiche. Dazu gehört als Hauptaufgabe eine Bedarfsanalyse, die neue Geschäftsbereiche identifiziert. Hierzu sind neue Methoden der Marktforschung wie Umweltmonitoring, Problem-Lösungs-Analysen oder Potential-Anwendungs-Analysen zu nutzen. Für den Erfolg der Unternehmen ist die Sicherung des Absatzes, der Verkauf der Leistungen von zentraler Bedeutung. Hier sind zunächst die Unternehmen selbst gefordert, mit geeigneten Marketinginstrumenten aktiv zu werden. Bei der Entwicklung der Strategien sollten auch Erfahrungen aus dem Öko-Marketing genutzt werden. Auf der Grundlage einer ökologischen Produktgestaltung und Unternehmensführung wird dabei versucht, den Kunden durch eine Information über die Umweltvorteile zur Wahl dieser Angebote zu veranlassen. (...)

Der Staat kann durch eine Reihe von Regelungen in Wirtschaftsprozesse eingreifen und Einfluß im Hinblick auf die Erfüllung der skizzierten ökologischen und sozialen Ziele nehmen. Ökologische Steuern greifen in das Preisgefüge ein. (...) Grundgedanke der Einführung von ökologischen Steuern ist von daher die Lenkungsfunktion: Eine künstliche Erhöhung der Preise führt zu einem sparsamen Umgang mit den natürlichen Ressourcen. Werden Rohstoffe wie Erdöl oder bestimmte Metalle teurer, dann lohnen sich Maßnahmen zur Energieeinsparung oder zum Recycling der Abfälle; erhöht sich der Benzinpreis, werden schnell auch Autos hergestellt, die weniger Benzin brauchen. (...)

4. Außenwirtschaftliche Ebene

Ohne eine Regulierung der außenwirtschaftlichen Beziehung ist eine Umstrukturierung des Wirtschaftssystems in der voran skizzierten Weise nicht möglich. Insofern an einem freien Welthandel festgehalten wird, gibt es nach unserer Auffassung für dieses Dilemma nur eine Lösung: In den konkurrierenden Wirtschaftsbereichen (Branchen) müssen international Standards für die wettbewerbsrelevanten Produktionsbedingungen gesetzt werden. Gegenüber Wirtschaftsräumen, die nicht bereit sind, entsprechende Standards zu vereinbaren bzw. sich nicht an vereinbarte Standards halten, müssen zur Durchsetzung der Standards gegebenenfalls protektionistische Instrumente wie Zölle, Kontingente usw. eingesetzt werden. (...)

Erforderlich ist eine Strategie, die die Handlungsträger dazu bringt, entsprechende Vereinbarungen zu treffen: Die Bundesregierung muß mit den Regierungen in anderen Staaten – insbesondere den führenden Industriestaaten, d. h. EG, USA, Japan – Verhandlungen über die Vereinheitlichung von Wettbewerbsbedingungen führen. Des weiteren kann sie durch finanzielle Zuschüsse die internationale Zusammenarbeit von Organisationen (Umweltschutz, Gewerkschaften ...) unterstützen. Ebenso müssen Arbeitgeberverbände und Gewerkschaften in den jeweiligen Branchen international in Verhandlungen treten und gemeinsame Standards vereinbaren. Dabei ist es sinnvoll, mit den wirtschaftlich bedeutendsten Branchen bzw. dort, wo die Probleme aktuell am drängendsten sind, zu beginnen. Zum Beispiel: Automobil, Textil und Bekleidung, Stahl, Schiffbau, Elektronik, Luftfahrt ... Zur Unterstützung sollten intensive Kontakte zwischen Beschäftigten der gleichen Branche aufgebaut werden: Besuche von Gewerkschaften, Betriebsräten, Jugendaustausch. (...) Andere Organisationen wie Parteien, Umweltschutzverbände, Kirchen, Friedensinitiativen, Frauenorganisationen, Dritte-Welt-Gruppen etc. können unterstützen, indem auch sie international Kontakte aufnehmen, um auf die Regierungen und Tarifparteien Einfluß zu nehmen, entsprechende Vereinbarungen abzuschließen. (...)

Die voranstehenden Überlegungen verstehen sich als Skizze eines Transformationsprozesses zu einem ökologischen und sozialen Wirtschaftssystem. Die Notwendigkeit zum Erhalt der Lebensgrundlagen und die Chance für eine grundlegende Verbesserung der Lebensqualität sollten Grund genug sein, an einer Weiterentwicklung und Realisierung derartiger Konzepte mitzuwirken. Dazu soll der vorliegende Beitrag anregen.

»Ist das Reich der Vorstellung revolutioniert, so hält die Wirklichkeit nicht aus.« (Hegel)

Barbara Riedmüller
(Politikwissenschaftlerin, Professorin an der Freien Universität Berlin)

Umbau des Sozialstaates*

(...) Der Sozialstaat ist seit seiner Entstehung einem Anpassungsdruck an gesellschaftliche Entwicklungen ausgesetzt, deren Motor er gleichzeitig darstellt. Er entstand mit der historischen Herausforderung der Arbeiterfrage und war im Prozeß der industriellen Entwicklung Veränderungen seiner Form und seiner Wirkung unterworfen. (...) Kennzeichnend für die Vergangenheit war die fortlaufende Ausweitung sozialer Sicherung auf immer mehr gesellschaftliche Gruppen, verbunden mit der Generalisierung der Lohnabhängigkeit als Zentrum moderner Lebensweise, d. h., immer mehr Menschen traten in den Arbeitsmarkt ein und wurden den Risiken der Erwerbsarbeit ausgesetzt. Die Geschichte der Sozialpolitik in Deutschland ist daher beschreibbar als eine Ausweitung der Logik der Risikosicherung um den Status der Erwerbsarbeit. (...) Die Durchsetzung dieses Modells war keineswegs ohne Kontroversen der politischen Parteien und der Interessenverbände geblieben. Die Ausweitung des Sozialstaatsmodells war immer eine sozialdemokratische und gewerkschaftliche Forderung und von Anfang an von Mißbrauchsdebatten und Verteilungskämpfen begleitet, z. B. war die Einführung der Arbeitslosenversicherung von konservativer Seite als Gefahr der Schwächung der Arbeitgeberrollen auf dem Arbeitsmarkt beschworen worden und die Einführung der Rentenversicherung der Frau war als überflüssig kritisiert worden, da die Frau durch das Einkommen des Mannes hinreichend gesichert sei. Trotz dieser politischen und gesellschaftlichen Kontroversen über Einzelheiten dieser Ausgestaltung bestand ein grundsätzlicher Konsens darüber, daß die Sozialversicherungspolitik das geeignete Instrument der Durchsetzung und Bewahrung der Normalarbeit sei, auch wenn dabei diejenigen Gruppen und Lebensla-

* Frau Prof. Dr. Riedmüller schrieb uns, daß sie die Einladung zum Gesellschaftlichen Dialog gerne annehme, aber es ihr zur Zeit leider nicht möglich wäre, einen neuen Beitrag zur Verfügung zu stellen. Statt dessen übersandte sie einen Artikel aus dem Sonderheft 14/1994 des »Leviathan« und einen aus den »Gewerkschaftlichen Monatsheften« 7/1993, aus dem wir einige Passagen hier wiedergeben.

gen, die sich außerhalb dieser Normalarbeit befanden, historisch ausgegrenzt blieben und in die Armenpolitik verwiesen wurden. Dies galt, wie wir wissen, in besonderem Maße für die Frau. (...)

1. Sozialer Wandel

Statt von einem generellen Funktions- und Legitimationsverlust des Sozialstaates auszugehen, ist es meines Erachtens sinnvoller, dem Prozeß sozialen Wandels zu folgen und aus diesem neue Anforderungen an den Sozialstaat abzuleiten. Die Frage danach, was sich wirklich verändert hat und was die Notwendigkeit einer Umgestaltung des Sozialstaates ergibt, führt ebenso wie das Thema Solidarität auf eine sehr populäre These einer zunehmenden »Individualisierung« und »Pluralisierung« der Gesellschaft, das meint die Auflösung familiärer und traditioneller sozialer Bindungen und Gemeinschaften zugunsten singulärer, subjektiver Interessen, pluralisierter Lebensformen und Lebensstile. Dieses neue Paradigma beschreibt den Zustand der Gesellschaft »jenseits von Stand und Klasse« (Beck) als Zunahme materieller und kultureller Handlungschancen vieler, die soziologisch als Erweiterung individueller Optionen und Lebensstile gesehen wird. Als charakteristisch für diese Optionserweiterung werden u. a. die Interessen der Frauen nach subjektiver Emanzipation gesehen, aber auch all jener Gruppen, die aus den tradierten Normen der Arbeitsgesellschaft umsteigen in eine Kultur neuer Werte: Freizeit, Konsum, Genuß, individuelles Glück. Typisch für diese Ausdifferenzierung von sozialen Gruppen und Schichten ist nun das soziale »Milieu« geworden als ein minimaler gemeinsamer Nenner von Handlungsorientierungen und Lebensstilen. (...)

Ich möchte abschließend auf die Notwendigkeit des Umbaus des Sozialstaats eingehen, die eine neue Politik erfordert. Gesellschaftliche Entwicklungen, die ich mit den Stichworten Individualisierung, Differenzierung von Lebenslagen und Lebensweisen beschrieben habe, zerreißen die historisch gewachsenen Gemeinschaften und politischen Interessenzusammenhänge. Aber es formieren sich keine neuen großen Interessenlagen, sondern alte und neue bestehen nebeneinander, grenzen sich ab und/oder konkurrieren um soziale Güter. Ich gehe nicht davon aus, daß der Kernbereich von Erwerbsarbeit gänzlich aufgelöst wird, sondern daß sich dieser nach einer Phase des Umbaus und des Schrumpfens erneut stabilisiert, aber daß es große Bereiche unsicherer Erwerbsarbeit und unsicherer Lebenslagen geben wird.

2. Soziale Grundsicherung

Die Herausforderung an den Sozialstaat besteht darin, diese Bereiche zu überbrücken. (...) Eine solche Brückenfunktion würde bedeuten, flexible Übergänge zwischen Kern- und Randbereichen von Erwerbsarbeit zu schaffen und zwischen Erwerbsarbeit und anderen Formen von Arbeit und Nichtarbeit. Brückenfunktionen können Themen erfüllen, die die unterschiedlichen genannten Interessengruppen verbinden. Eine interessante Entwicklung geht z. B. im Sinne einer solchen Entwicklung im Bereich der gewerkschaftlichen Seniorenarbeit vor, die nicht nur der Altersstruktur der Mitglieder geschuldet ist, sondern auch eine neue Verbindung zu anderen sozialen Lagen jenseits der Erwerbssphäre schaffen könnte. (...) Eine solche Brückenfunktion erfordert eine Umgestaltung der sozialen Sicherung, ohne sie zu destabilisieren und ohne wesentliche Bereiche sozialer Leistungen dem Markt und dessen deregulierenden Kräften zu überlassen. (...) Eine Grundsicherung soll die Verbindung von unterschiedlichen Interessenlagen herstellen. Sie kann diese Gruppenfunktion leisten, weil sie an bestehende Leistungssysteme anknüpft, die Grundprinzipien der Sozialversicherung, Äquivalenzprinzip und Solidarprinzip, beibehält, aber diese mit einem Sockel an sozialer Grundsicherung verbindet. Das Modell einer sozialen Grundsicherung soll nicht die soziale Sicherung, die mit Erwerbsarbeit verbunden ist, aushebeln, sondern sie soll sie ergänzen. Sie soll Armut verhindern und die Ausgrenzung in Sozialhilfe überflüssig machen. Sie soll die Gruppen im Kernbereich des Arbeitsmarktes mit denen an den Rändern verbinden. Sie soll Unterbrechungen und Ausstiege sowie Wiedereinstiege in Erwerbsarbeit möglich machen. Ihre konkrete Umsetzung bedeutet eine Anknüpfung an die bestehenden Sicherungssysteme der Arbeitslosen- und der Rentenversicherung in dem Sinne, daß ein Existenzminimum gesichert ist und ein Ausfallbürge für entgangene Erwerbsarbeit und Beitragszeiten entsteht. In den unterschiedlichen Modellen ist von einer Grundsicherung zwischen 800 und 1 200 DM die Rede. (...)

Das Modell einer sozialen Grundsicherung könnte unterschiedliche Interessenlagen gleichzeitig befriedigen und dadurch politisch durchsetzbar sein. Meine abschließende These lautet daher, daß die soziale Grundsicherung angesichts der Probleme auf dem Arbeitsmarkt auch in den ostdeutschen Ländern eine hohe Chance der politischen Durchsetzung haben könnte. Diese Reform steht historisch an.

Horst Schietzold
(Mitglied der IG Metall, Weißig)

Einigkeit macht stark!

Es ist mir ein Bedürfnis, Ihrem Aufruf zur Beteiligung an der Zukunftsdebatte zu folgen. Aus meiner Sicht sind die Schwerpunkte Arbeit, Sozialstaat und die Stellung der Gewerkschaften innerhalb der Gesellschaft in eine ziemliche Schieflage geraten. Die Verhältnisse stehen nahezu Kopf. Arbeit ist, ohne die Problematik Ost/West zu behandeln, in vier Richtungen ein Problem:

1. Da das Arbeitsangebot geringer als die Nachfrage ist, ist die Arbeitslosigkeit unverhältnismäßig hoch.
2. Das Verteilungsproblem des vorhandenen Arbeitsvolumens muß durch generelle Arbeitszeitverkürzung einer Lösung zugeführt werden. Die 35-Stunden-Woche für alle ist zu thematisieren und durchzusetzen. Für Frauen ist das Berufsleben auf 55 Jahre und für Männer auf 60 Jahre zu verkürzen.
3. Bildungszeiträume sind in den Lebenszeitrhythmus fest einzubauen und auch über das Arbeitsleben hinweg zu garantieren. Hierfür besteht bei ständiger Vervielfältigung des Wissens in immer kürzeren Zeiträumen einfach die unbedingte Notwendigkeit.
4. Überstunden müssen durch eine Sonderabgabe gegenüber Unternehmen geahndet werden, damit der Vorteil der Personalkosteneinsparung durch Überstunden beseitigt wird.

Die Diskussion, den Sozialstaat mittels Leistungsreduzierung um- oder abzubauen, ist einfach grundlegend falsch. Richtig wäre dagegen jedoch, mit Verringerung des Anteils an menschlicher Arbeit und zunehmendem Automatisierungsgrad der Produktion die Bildung des Sozialleistungsbudgets neu zu bestimmen. Es ist höchste Zeit, die Sozialleistungsabgaben nicht mehr allein an die Arbeitskraft, sondern ebenso an den erwirtschafteten Betriebsgewinn zu binden. Nur wenn diese Aufgabe zielgerichtet umgesetzt wird, sind Sozial- und Rentenleistungen auch bei verkürzter, aktiver, individueller Arbeitszeit finanzierbar. Der Weg, der heute beschritten wird, mit Reduzierung des Anteils an menschlicher Arbeit am Gesamtarbeitsprozeß die Sozialleistungsabgaben ständig zu erhöhen, ist einfach der falsche Weg. Ganz abgesehen davon, daß Mißbrauch in der Verwendung des Sozialleistungsbudgets unterbunden werden muß. Es kann z. B. nicht sein, daß die Bundeswehr die Rentenkasse beleiht durch Nichtabführung der Mittel oder daß die Umstrukturierung des Wirtschaftsraumes in Ostdeutschland personell im wesentlichen aus der Arbeitslosen- und Rentenversicherung finanziert wird. Ein solches Verfahren ist Betrug an den Leistungsträgern, den werktätigen Menschen.

Nun zur Frage der Gewerkschaften. Es ist notwendig, daß die Gewerkschaften ihre Aufgaben in der Gesellschaft neu begreifen. Während heute Selbstdarstellung und Abwehrverhalten dominieren, muß die Organisation wieder dazu finden, durch Leistung zu überzeugen. Die einzelnen Altersgruppen von Werktätigen finden sich im gewerkschaftlichen Leben nicht bzw. nicht ausreichend integriert. Tarifliche Vereinbarungen haben infolge häufiger Verbandsungebundenheit der Unternehmen nur noch lückenhafte Wirkung, und die Mitgliedschaft in der Gewerkschaft wird häufig nur noch auf den Kontoauszügen auffällig sichtbar. Was ist zu tun? Am notwendigsten ist es, die verlorengegangene Glaubwürdigkeit der Gewerkschaften wieder herzustellen. Tarifliche Normen müssen nicht nur im Werbeslogan garantierte gesellschaftliche Mindestnorm sein, sondern jedes einzelne Gewerkschaftsmitglied muß sich unabhängig von der Verbandsgebundenheit seines Unternehmens auf die personenbezogene Wirkung dieser Norm fest verlassen können. Erst dann wird die Gewerkschaft durch den einzelnen wieder spürbar erlebt. Größere IG Metall-Bezirke zu bilden, wie im Fall Brandenburg/Sachsen, ist der destruktive Weg und führt nicht zur Lösung des inhaltlichen Problems. Dieser Weg führt zur Verflachung der Gewerkschaft als gesellschaftliche Kraft statt zu der erhofften Vertiefung.

In der Ausnahmesituation, in der ich mich zur Zeit selbst befinde, möchte ich noch einige Worte in eigener Sache hinzufügen. Es ist schlimm genug, wenn man durch die Turbulenzen der deutschen Wirtschaft an den Rand des Arbeitskräftemarktes, ins Abseits der Arbeitslosigkeit gedrängt wird. Es ist aber noch viel schlimmer, wenn diejenigen in der Industrie, die über Monate nicht in der Lage sind, Bewerbungen zu beantworten oder zurückzusenden, unterstellen, daß die Arbeitslosen nicht arbeitswillig wären. Diejenigen, bei denen die größte Kelle nicht ausreicht, wenn es um die Verteilung des gesellschaftlichen Reichtums geht, werfen den anderen vor, daß der Teelöffel an gesellschaftlichem Reichtum, den sie erhalten, noch zu groß sei. Was das Ost-West-Problem anbelangt, sollte man sich von gewerkschaftlicher Seite aus erinnern, daß nur Einigkeit stark macht. Eine Einigkeit setzt jedoch Gleichheit voraus. Diese wiederum ist jedoch erst dann erreicht, wenn das Gleichbehandlungsprinzip für Ost und West verwirklicht wird und die Menschen im Osten nicht mehr mit halber Gegenleistung als halbe Menschen abgestempelt werden.

Es wäre mir ein Vergnügen, aktiv an dem Gewerkschaftstag Ende Oktober in Berlin teilzunehmen, auch wenn mir aus heutiger Sicht eine solche Teilnahme nicht finanzierbar erscheint.

Hermann Schmidt
(Präsident des Bundesinstituts für Berufsbildung)

Berufsbildungspolitik

Seit dem Entstehen der Arbeiterbewegung und ihrer Gewerkschaften stehen Bildungs- und Qualifikationsfragen im Mittelpunkt der politischen Zielsetzung. Dabei ist gerade die Berufsbildung ein Kernbereich gewerkschaftlicher Interessenvertretung.

Die Industriegewerkschaft Metall ist sich der großen Bedeutung von Berufsbildungspolitik für die Mehrzahl der Menschen ständig bewußt gewesen und hat ihr im Rahmen der Interessenvertretung ihrer Arbeitnehmer immer eine zentrale Rolle zugewiesen, in der Erkenntnis, daß nur die ständige Verbesserung qualifizierter Arbeitskraft zur vollständigen Entfaltung des Individuums führen kann. Qualifizierte Arbeit ist das Kapital der Arbeitnehmer, das sie zur Sicherung und Verbesserung ihrer sozialen und gesellschaftlichen Stellung einsetzen.

Wenn in der heutigen Gesellschaft Arbeit im wesentlichen in staatlich anerkannte Ausbildungsberufe gegliedert ist, dann ist das vornehmlich der Erfolg einer gestaltenden gewerkschaftlichen Interessenvertretung, die dem Trend zur Entberuflichung durch Taylorisierung von Arbeit und Technik von Beginn an entgegengetreten ist und statt dessen die Entwicklung einer demokratischen Berufs-Gesellschaft befördert und ermöglicht hat. Das bedeutet in erster Linie, daß heute alle wesentlichen tariflichen, sozialrechtlichen und sich aus Beschäftigungsverhältnissen ergebenden Rechte und Ansprüche an Berufe gekoppelt sind. Über Berufsbildung werden entscheidende Einflüsse auf das Gesamtbeschäftigungssystem und den Arbeitsmarkt ausgeübt, wodurch sich ganz konkret Berufszugänge, berufliche Laufbahn- und Aufstiegsmöglichkeiten sowie tarifliche Eingruppierungen ergeben.

Die Industriegewerkschaft Metall mit ihrer Verantwortung für rund 100 Ausbildungsberufe und rund 90 Fortbildungsregelungen sollte den bei der Neuordnung der industriellen und handwerklichen Metall- und Elektroberufe eingeschlagenen Weg einer Handlungs- und Sozialkompetenz vermittelnden Berufsbildung konsequent weiter beschreiten. In enger Verzahnung mit der Tarifpolitik muß in einem weiteren Schritt endlich für beruflich qualifizierte Beschäftigte der Weg zum Studium neben dem Beruf eröffnet werden.

Im Verein mit der Tarifpolitik kann die Arbeit auf dem Gebiet der Berufsbildung auch einen entscheidenden Beitrag zur Verstetigung eines quantitativ ausreichenden und qualitativ hochwertigen Ausbildungsplatzangebots leisten. Die seit Jahrzehnten erfolglos erhobene Forderung nach einer gesetzlichen Umlagefinanzierung für die gesamte betriebliche Ausbildung führt nach meiner Auffassung da nicht weiter.

Es entspricht guter Gewerkschaftstradition, bei der Lösung brennender gesellschaftspolitischer Fragen nicht nur auf den Gesetzgeber zu setzen. Es gilt vielmehr, die eigenen tarifpolitischen Möglichkeiten auf diesem Gebiet zu nutzen. Als Beispiel dafür kann die Haltung der Industriegewerkschaft Metall in der Frage der Regelung der Lohnfortzahlung im Krankheitsfall in den fünfziger Jahren ebenso dienen wie der in jüngster Zeit abgeschlossene Qualifizierungs-Tarifvertrag für Nordwürttemberg-Nordbaden, durch den der weit gesteckte Handlungsspielraum der Sozialparteien auf dem Gebiet der beruflichen Bildung für die notwendige betriebliche Weiterbildungsqualifizierung der Arbeitnehmer auf vorbildliche Weise genutzt wurde.

Die Vorteile eines tarifvertraglich vereinbarten Branchenfonds, die im wesentlichen darin bestehen, die Ausbildungserfordernisse einzelner Wirtschaftszweige gezielt zu berücksichtigen und berufsorientierte Lösungen zu finden, gibt der gewerkschaftlichen Politik einen bestimmenden Einfluß, der bei einer gesetzlichen Regelung so nicht möglich wäre.

Gewerkschaftliche Berufsbildungspolitik ist mehr als Jugendarbeit, sie ist es aber auch und hat sich daher auch den auf diesem Felde bestehenden Herausforderungen zu stellen.

Eine gewerkschaftliche Berufsbildungspolitik, die alle Aktionsfelder der Interessenvertretung der Arbeitnehmer integriert, wird auch in Zukunft ihren Beitrag leisten, die Stärke der Industriegewerkschaft Metall dauerhaft zu gewährleisten, die nötig ist, um den Arbeitnehmern die ihnen gebührende Stellung in der modernen Industriegesellschaft zu verschaffen.

Jürgen Schmude
(Evangelische Kirche in Deutschland, Präses der Synode)

Öffnung der Gewerkschaften

Ihrer Einladung zum »Gesellschaftlichen Dialog« kann ich wegen anderer Verpflichtungen nur mit einer kurzen Stellungnahme folgen. Diese gibt meine eigene Auffassung, auch auf der Grundlage meiner in der politischen Arbeit gewonnenen Erfahrungen, wieder und ist somit kein offizieller Beitrag der evangelischen Kirche zu Ihrem Vorhaben.

In der Sache beschränke ich mich auf bereits stattfindende und weiterhin absehbare Veränderungen in der rechtlichen und wirtschaftlichen Struktur der Erwerbsarbeit und auf die daraus für die Aufgabe der Gewerkschaften folgenden Konsequenzen. Der Schutz- und Gestaltungsanspruch und die damit verbundene unverzichtbare Aufgabe der Gewerkschaften erfordern es nach meiner Überzeugung, daß in den von Gewerkschaften gewährten Schutz und in ihre Mitgliedschaft auch selbständige Erwerbstätige einbezogen werden. Dabei denke ich zunächst und vor allem an diejenigen, die ohne Unterstützung durch Hilfskräfte (Arbeitnehmer) fast ganz oder ausschließlich für einen Auftraggeber tätig sind. Für zahlreiche Betroffene in diesem Bereich ist die Bezeichnung »Scheinselbständige« üblich geworden.

Es gibt viele Gründe für die Erwartung, daß die Beschäftigung selbständiger Hilfskräfte anstelle von Arbeitnehmern noch erheblich zunehmen wird. Das beruht gewiß auch auf dem Bestreben der Unternehmen, sich die Bindung durch Arbeitsverhältnisse zu ersparen und so die Risiken der Zusammenarbeit für sich selbst günstiger zu gestalten. Entscheidend sind aber für diesen Lebenssachverhalt die zunehmenden Möglichkeiten der rechtlichen und auch tatsächlichen Ausgliederung von Teilprozessen der Produktion aus festen Betriebseinheiten. Nicht immer, aber manchmal sind auch die Auftragnehmer selbst an dieser Form der Zusammenarbeit interessiert. Neu entwickelte und noch einzuführende Informationssysteme werden die Ausgliederung aus Betrieb und Unternehmen stark erleichtern.

Natürlich stellt sich in diesem Zusammenhang mit besonderem Gewicht die Frage nach der Korrektur solcher Organisationsentscheidungen durch

Vorkehrungen gegen Mißbräuche. Da läßt sich einiges tun, doch wird man stets nur für einige Gruppen der Betroffenen zur Feststellung der Arbeitnehmereigenschaft mit all ihren Konsequenzen kommen. Selbst bei Ausschöpfung aller hier bestehenden Möglichkeiten wird die Gruppe der kleinen Selbständigen im Sinne der hier zugrunde gelegten Definition wachsen.

Die Schutzbedürftigkeit dieser Menschen ist enorm. Angesichts der fast völligen Freiheit des Aushandelns der Geschäftsbedingungen und der besonderen Schwäche der Auftragnehmer im Verhältnis zu den Auftraggebern sind sie schon heute durchweg schutzbedürftiger als Arbeitnehmer in einem Anstellungsverhältnis. Das Bedürfnis richtet sich auf Regelungen für die Inhalte der Vertragsverhältnisse, erst recht aber auf Information, Beratung und Interessenvertretung in Einzelfällen.

Absehbar ist, daß diese Klientel Erwartungen an eine gewerkschaftliche Betreuung haben dürfte, die von denen herkömmlicher Arbeitnehmer abweichen. Die Abweichungen sind vielleicht nicht so schwerwiegend, wenn man berücksichtigt, daß auch die Erwartungen der Arbeitnehmer an ihre Gewerkschaften sich ändern. Ich lasse es mit der Andeutung bewenden, daß aus dem Bereich der kleinen Selbständigen verstärkt Serviceleistungen und Interessenvertretungen gewünscht werden, weniger die Einbindung in eine große Organisation Gleichgesinnter. Übrigens dürfte man dieselben Erwartungen bei modernen Heimarbeiterinnen und -arbeitern finden.

Die Öffnung der Gewerkschaften für die hier angesprochene Gruppe von Erwerbspersonen erfordert die Weiterentwicklung und möglicherweise auch die Änderung des bisher aus Artikel 9 des Grundgesetzes hergeleiteten Verständnisses von Gewerkschaften und ihren Aufgaben. Dieser Versuch sollte, ja er muß gemacht werden, damit nicht eine immer größere Gruppe erwerbstätiger Menschen sozialer Unsicherheit überlassen bleibt und sich für sie vielleicht jenes zersplitterte System von Interessenvertretungen entwickelt, das uns die Einheitsgewerkschaft im Bereich der Arbeitnehmer mit großem Gewinn für die ganze Gesellschaft erspart hat.

Burkart Sellin
(CEDEFOP – Europäisches Zentrum für die Förderung der Berufsbildung Berlin)

Zukunft der Arbeit in Europa

1. Jobless growth – Wachstum ohne neue Arbeitsplätze?

Geringes Wachstum an Arbeitsplätzen steht in der EU u. a. im Zusammenhang mit geringem Bevölkerungswachstum und einem generellen Rückgang der Erwerbsbeteiligung (Verlängerung der Bildungszeiten und früheres Ausscheiden aus dem Erwerbsleben), d. h., nicht allein der Strukturwandel und der globale Wettbewerb zerstören Arbeitsplätze oder fördern die Schaffung neuer, sondern auch die Nachfrage beeinflußt deren Bereitstellung. Das heißt, der Bevölkerungsrückgang und der damit verbundene Rückgang neu an den Arbeitsmarkt herantretender Erwerbskräfte üben einen nicht unerheblichen Einfluß aus. So hat in den meisten europäischen Ländern in den letzten 20 Jahren eine Ausweitung der Beschäftigung bei gleichzeitigem Anstieg der Arbeitslosigkeit insbesondere deswegen stattgefunden, weil sich die Erwerbsquoten der Frauen einerseits und der Zugang von ausländischen ArbeitnehmerInnen bzw. deren Kindern am Arbeitsmarkt erhöhten. Da zur Zeit beide Faktoren immer weniger ins Gewicht zu fallen scheinen, d. h. sich die Frauenbeschäftigung auf hohem Niveau stabilisiert und der Zugang ausländischer Erwerbstätiger per saldo im Abklingen begriffen ist, ist zu vermuten, daß auch die Schaffung neuer Arbeitsplätze zum Stillstand kommt. Unwägbarkeiten ergeben sich allerdings aus der nicht vorhersehbaren Entwicklung in Mittel- und Osteuropa einerseits und in Nordafrika andererseits, d. h. in Regionen, von wo es wegen schwerwiegender wirtschaftlich-sozialer oder gar kriegerischer Auseinandersetzungen zu einem neuerlichen Einwanderungsdruck auf die EU kommen kann.

Tendenziell scheint es in allen EU- und/oder OECD-Ländern andererseits eine Entkoppelung zu geben zwischen der Schaffung neuer Arbeitsplätze und dem Wachstum des BIP einerseits und insbesondere dem Produktivitätsanstieg andererseits.

Eine solche Entkoppelung wird ermöglicht

- durch eine tendenziell steigende Kapital- bzw. Technologieintensität bei der Schaffung neuer bzw. der Erhaltung und Aufwertung bestehender Arbeitsplätze und
- durch eine zunehmende Rekrutierung qualifizierterer und hochqualifizierter bzw. -motivierter Fachkräfte bei tendenzieller Ausgrenzung oder Verdrängung an die Peripherie des Arbeitsmarktes von niedrig qualifizierten oder (aus welchen Gründen auch immer) umschulungs- bzw. anpassungsunwilligen Arbeitskräften.

Dies bedeutet, daß Wirtschaftswachstum und Produktivität einerseits und die Schaffung neuer Arbeitsplätze andererseits immer weniger in einem unmittelbaren Zusammenhang stehen werden, obwohl dieser Zusammenhang statistisch gesehen in der Vergangenheit noch recht stark war und zur Zeit bis zu einem gewissen Grade fortbesteht. Eine Ausweitung der Beschäftigung setzt jedoch tendenziell ein immer höheres Wachstum voraus, d. h., mindestens ca. zwei Prozent jährlich muß das BIP wachsen, um den Beschäftigungsstand zu halten. Erst stärker auf qualitative Aspekte ausgerichtete Wachstumsbemessungsgrößen mögen an dieser Situation etwas ändern. Dies macht deutlich, daß die Herstellung eines Zusammenhangs zwischen quantitativem Wirtschaftswachstum und Beschäftigungsstand überhaupt und im Grundsatz zunehmend problematisch wird.

2. Lean production/administration – Verschlankung von Industrie und Dienstleistungen

Die Rationalisierung und Verschlankung von Produktion und Dienstleistungen hat sowohl quantitative als auch qualitative Auswirkungen: Die Peripherie der Betriebe nimmt an Bedeutung zu, neue Produktionskonzepte bedeuten eine Aufwertung verbleibender Arbeitsplätze, eine Polarisierung hochqualifizierter und minderqualifizierter Arbeitsplätze scheint die Folge zu sein, und zwar sowohl im Dienstleistungsbereich als auch in den zunehmenden peripheren Bereichen der industriellen Produktion.

Stärkere Auswirkungen auf die Zukunft der Arbeit generell und insbesondere auf die Ausländerbeschäftigung hat der qualitative Wandel, bezogen auf die Art der nachgefragten Produkte und Dienstleistungen einerseits und die Änderung der Arbeitsorganisation, der Personalpolitik der Unternehmen in Industrie und Wirtschaft andererseits, die sich den globalen Herausforderungen zu stellen haben und ihre Produktions- und Dienstleistungspalette immer schneller anpassen müssen, wenn sie wettbewerbsfähig bleiben wollen. Kleine und mittlere Betriebe scheinen hier flexibler zu sein als große Unternehmen, weshalb wir bei ersteren auch einen vergleichsweise großen Beschäftigungsschub haben. Abbau von Beschäftigung findet in der EU weiterhin im Agrarbereich statt, seit zwei Jahrzehnten jedoch auch zunehmend im Bereich der industriellen Produktion. Zuwächse gab es in der EU im wesentlichen nur im Dienstleistungsbereich und hier insbesondere im Bereich der öffentlichen Dienstleistungen. Dies unterscheidet Europa, d. h. EU- und EFTA-Europa, ganz wesentlich von den USA und Japan, wo der Zuwachs fast ausschließlich im privaten Dienstleistungsbereich liegt und der öffentliche Sektor auf niedrigem Niveau verharrte.

Der in der Privatwirtschaft stattfindende qualitative Wandel soll hier nur durch einige Stichworte charakterisiert werden: flexible Spezialisierung, Anstieg der Arbeitsintensität, Enthierarchisierung, Dezentralisierung, Vernetzung und neue Kommunikationsformen, Internationalisierung und Globalisierung der Märkte sowohl für Produkte als auch für Dienstleistungen, neue Formen der Selbständigkeit, Telearbeit, weitere Verbreitung der Teilzeitarbeit. Die Destabilisierung von Arbeitsplätzen und die Flexibilisierung der Erwerbsarbeit scheinen somit zunächst mit der Ausweitung peripherer Bereiche der Industrieproduktion und der privaten Dienstleistungen einherzugehen und damit eine Zunahme minderwertiger Beschäftigungen, die, obwohl hohe Qualifikationen vielfach voraussetzend, in bezug auf die Arbeitsplatzsicherheit und Entlohnung minderwertig zu bleiben riskieren.

3. Marginalisierung – soziale Ausgrenzung

Abgesehen von Erwerbstätigen mit sogenannten gesundheitlichen Beeinträchtigungen, Behinderten oder von älteren Erwerbstätigen über 55 Jahre, für die eher ein vorzeitiger Ruhestand als Umschulung in Frage kommen, sind es vor allem die bis Ende der siebziger Jahre angeworbenen ausländischen Arbeitnehmer sowohl aus dem EU-Ausland als auch insbesondere aus Drittstaaten, wie Jugoslawien, Türkei und Nordafrika, die unter dem Strukturwandel zu leiden haben. Da sie meist über nur geringe bzw. kaum übertragbare Qualifikationen verfügen und aus ländlich strukturierten Gebieten kamen und kommen, können sie ihre gegebenenfalls in der Zwischenzeit effektiv erworbenen Qualifikationen nicht ausreichend geltend machen und werden in der Folge beim Zugang zur Weiterbildung und

Umschulung und zu sonstigen arbeitsmarktpolitischen Maßnahmen bewußt oder unbewußt diskriminiert. Die Arbeitslosenquoten von Ausländern sprechen eine deutliche Sprache, sie sind um einiges höher als die der einheimischen Erwerbsbevölkerung.

Im Gegensatz dazu ist der Frauenarbeitsmarkt mit Ausnahme der besonders problematischen Lage ausländischer Frauen und der Sondersituation in den neuen Bundesländern ein expandierender Markt. Dies hängt zusammen mit der Ausweitung des Dienstleistungssektors generell und insbesondere des öffentlichen Sektors, bei dem die frauentypischen Qualifikationen zunächst einmal besser Einsatz finden können als die der Männer. Bei zusätzlicher Berücksichtigung der Art der Arbeitsplätze, der Bezahlung und Aufstiegschancen dürfte sich das Bild jedoch stark relativieren, und so muß man weiterhin von einer Diskriminierung reden. Diese Einschätzung wird auch dadurch gestützt, wenn die Bildungsbeteiligung der Frauen und Mädchen mit einbezogen wird. Während sie in der allgemeinen Bildung und tendenziell auch in der Hochschulbildung ihrem Altersgruppenanteil gemäß vertreten sind, sind sie es bei der beruflichen Bildung, Fort- und Weiterbildung im allgemeinen noch nicht.

Aufgrund des Rückgangs der Eintrittsquoten Jugendlicher in den Arbeitsmarkt und ihrer vergleichsweise guten Qualifizierung sind Jugendliche in Nordeuropa inzwischen leichter zu vermitteln und haben gute bis sehr gute Chancen am Arbeitsmarkt, wenn sie eine mindestens dem Facharbeiter- oder Fachangestelltenniveau entsprechende Vorbildung besitzen. Probleme ergeben sich allerdings aus der strukturell nicht angepaßten Qualifizierung vieler Jugendlicher, bei frühen Schulabgängern und Ausbildungsabbrechern. Umfang, Art und Qualität der angebotenen Ausbildungsplätze scheinen immer weniger der Nachfrageentwicklung von seiten der Unternehmen zu entsprechen. Die Unternehmen rekrutieren deshalb vielfach an externen Arbeitsmärkten flexibel einsetzbare, allgemein qualifizierte Kräfte und bilden sie innerbetrieblich für ihre je spezifischen Bedürfnisse aus: Hier kann man fast von einer Japanisierung der Berufsbildung sprechen. Herausragende Beispiele hierfür sind das Vereinigte Königreich und Spanien.

In den Mittelmeeranrainerstaaten der EU gibt es noch stark überproportionale Anteile Jugendlicher an der Arbeitslosigkeit, was zum Teil mit dem, im Vergleich mit den meisten nordeuropäischen Staaten, erst in jüngerer Zeit zu beobachtenden Rückgang des Bevölkerungswachstums einherzugehen scheint und mit einer noch nicht abgeschlossenen und in Gang befindlichen Erhöhung der Frauenerwerbsquote.

Die Zuwanderung von gering qualifizierten Erwerbstätigen aus anderen Ländern der EU nach Nordeuropa ist seit Mitte der 80er Jahre praktisch zum Erliegen gekommen, was einerseits mit der geänderten Anwerbe- bzw. Personalpolitik der Unternehmen zusammenhängt, andererseits jedoch auch mit der relativen Prosperität in den traditionellen Abgabeländern Spanien, Portugal und Griechenland (woher auch seit dem Aufheben der Arbeitserlaubnisbeschränkungen im Jahre 1987 im Zuge der Übergangsregelungen nach deren EG-Beitritt kein Schub an Migration erfolgte). Im Gegenteil sind z. B. aus Deutschland mehr Erwerbstätige in diese Länder zurückgekehrt als von dort gekommen.

Somit gehören zu den herausragenden Problemgruppen am EU-Arbeitsmarkt die ausländischen ArbeitnehmerInnen aus den Drittstaaten und nicht diejenigen aus der EU oder die Frauen und die Jugendlichen generell. Hierbei ist jedoch zu betonen, daß nicht die Ausländer das Problem sind, sondern deren nicht gelungene vollständige Integration in den jeweiligen regionalen, einzelstaatlichen und insbesondere in den sich in ersten Ansätzen abzeichnenden EU-weiten Arbeitsmarkt. Die staatlichen arbeitsmarktpolitischen Maßnahmen der Arbeitsbeschaffung, der Weiterbildung und Umschulung scheinen an ihnen weitgehend vorbeizugehen, und dies, obwohl sie objektiv die gleichen Rechte wie alle anderen ArbeitnehmerInnen geltend machen können. Verweist diese Situation auf ethnische, religiöse oder gar rassistische Diskriminierung zuständiger Stellen, Verbände und Gewerkschaften, oder ist dies auf nicht ausreichende Sprachkenntnisse sowie politische und gewerkschaftliche Durchsetzungsmöglichkeiten der entsprechenden Ausländerpopulationen zurückzuführen? Wahrscheinlich dürften beide Faktoren eine Rolle spielen und sich gar wechselseitig verstärken.

Die zu beobachtende Marginalisierung, d. h. das An-den-Rand-der-Gesellschaft-und-des-Arbeitsmarktes-Drängen von mehr und mehr sogenannten Problemgruppen, ist ein EU-weit zu beobachtendes Phänomen, welches sich nicht allein in den Arbeitslosigkeitsquoten (im EU-Durchschnitt mit ca. zwölf Prozent weiterhin unerträglich hoch) ausdrückt oder in der Dauer und im Umfang der Langzeitarbeitslosigkeit (mit ca. 40 Prozent der Arbeitslosen insgesamt auf einer Rekordhöhe) sowie im wachsenden Umfang und in der sinkenden Altersstruktur der Sozialhilfeempfänger bzw. Obdachlosen. Vielmehr ist auch hierbei die qualitative Art der Arbeitsplätze kennzeichnend. Hier müssen wir die o. g. Polarisierung zwischen einer Aufwertung verbleibender Arbeitsplätze bzw. Schaffung neuer hochwertiger Beschäftigungen und einer Herabstufung oder Abwertung sonstiger peripherer Arbeitsplätze zur Kenntnis nehmen – mit entsprechend instabilen und häufig unter dem Existenzminimum liegenden minderwertigen Beschäftigungen.

4. Ausländerbeschäftigung und europäischer Arbeitsmarkt im Jahre 2000

Aufgrund der wachsenden Verflechtung der Märkte auch über die EU hinaus, aufgrund des niedrig bleibenden Bevölkerungswachstums in der EU und des eher noch wachsenden Einwanderungsdrucks aus den Ländern Mittel- und Osteuropas sowie aus Nordafrika dürfte die Beschäftigung von Ausländern generell weiter zunehmen. Im Gegensatz zu früher wird dies jedoch eher ein Brain-Drain sein, d. h, gut und hochqualifizierte Kräfte werden dominieren auch ohne entsprechende Einwanderungspolitiken der EU-Mitgliedstaaten oder der EU insgesamt. Die sich abzeichnende Dynamisierung des EU-Binnenmarkts geht einher mit einer weitgehenden Öffnung EU-Europas in Richtung der anderen europäischen und nicht-europäischen Räume. Die Europaabkommen mit Ländern Mittel- und Osteuropas, die Erneuerung der Assoziierungsabkommen mit den nichteuropäischen Mittelmeeranrainern, das Welthandelsabkommen dürften unter der Voraussetzung einer friedlichen Entwicklung in den betreffenden Regionen zu einer sich wechselseitig beeinflussenden Entwicklung führen.

Dabei hat der Binnenmarkt an sich noch die geringsten Auswirkungen, wesentlich wichtiger sind die von den genannten Regionen ausgehenden Einflüsse. Sollte sich EU-Europa von diesen Entwicklungen abkoppeln, auch und gerade im Hinblick auf Fragen der Freizügigkeit und einer liberalen Handhabung von Arbeitserlaubnissen, hätte dies für die EU mittelfristig verhängnisvolle Folgen. In wirtschaftlicher und sozialer Hinsicht würden sich diese Regionen tendenziell an ost- und südostasiatischen Räumen und dynamischeren Märkten orientieren, und Europa würde seine bisherige Anziehungskraft nicht nur verlieren, sondern selbst abgekoppelt, und in der Folge würden die erreichten sozialen Standards in Europa noch stärker als schon heute gefährdet. Eine liberale Einwanderungs-, Integrations- und eine für alle AusländerInnen offene Bildungs- und Arbeitsmarktpolitik der EU scheint, so paradox es für manche klingen mag, eine wichtige Voraussetzung zu sein für den mittelfristigen Abbau des wirtschaftlichen und sozialen Gefälles an den EU-Außengrenzen, d. h. auch für einen Abbau des dadurch bedingten fortbestehenden Immigrationsdrucks. Eine Dynamisierung nicht nur der angrenzenden Regionen, sondern auch der EU-Wirtschaft wäre die Folge, weil durch eine Zuwanderung hochmotivierte und, aus Mittel- und Osteuropa, aber auch teilweise aus Nordafrika, hochqualifizierte Fachkräfte gewonnen werden. Beispiel für eine solche Dynamisierung ist die Nachkriegsentwicklung in Westdeutschland, wo nicht zuletzt durch die Flüchtlinge aus Ostdeutschland und die Anwerbung von sogenannten Gastarbeitern der Wiederaufbau bzw. Wiederaufschwung ermöglicht wurde.

Am EU-Binnenmarkt erfahren wir währenddessen eine gewisse Verschiebung in Hinsicht auf die innereuropäische Mobilität. In bestimmten Branchen und Berufsgruppen ist eine Erhöhung der Mobilität bei qualifizierten Fachkräften zu verzeichnen, für welche die EU zunehmend einen gemeinsamen Arbeitsmarkt bildet. Hierzu tragen die Mobilitäts- und Partnerschaftsprogramme im Bildungs- und Ausbildungswesen ebenso bei wie die zunehmende Vergleichbarkeit der Ausbildungs- und Qualifizierungssysteme bzw. die sich angleichenden Rekrutierungsmuster der Unternehmen, die mehr und mehr EU-weit verflochten sind. Die Art der Mobilität unterscheidet sich hierbei jedoch wesentlich: Man kann heute eher von einer fließenden Mobilität sprechen als von Aus- und/oder Einwanderung, denn diese Fachkräfte sind meist nur wenige Jahre in einem Nachbarstaat tätig und wandern dann gegebenenfalls in einen Drittstaat weiter oder kehren in ihr Herkunftsland zurück, um dort mit zusätzlichen (Europa-)-Kompetenzen aufwarten zu können. Diese modernen europaweiten Teilarbeitsmärkte sind zur Zeit noch zahlenmäßig gering, dürften jedoch rapide an Bedeutung gewinnen, wenn die europäische Wirtschafts- und Währungsunion Realität werden sollte.

Betriebliche und branchenspezifische interne Arbeitsmärkte waren typisch und sind noch immer für die meisten EU-Mitgliedstaaten charakterisierend. Sie stehen im Zusammenhang mit hohen Organisationsgraden in Gewerkschaften und mit der Tendenz zur Bildung immer größerer Unternehmenszusammenschlüsse, sei es national oder international. Hier scheint sich jedoch in jüngster Zeit eine Umkehrung der Situation zu ergeben, nämlich dadurch, daß große öffentliche oder private Unternehmen an die Grenzen ihrer Effizienz und Wettbewerbskraft stoßen und tendenziell eher entflochten oder aufgesplittet werden bei gleichzeitiger Entbürokratisierung, Privatisierung bzw. Verschlankung ihrer Verwaltung und Produktion. Diese Tendenz spricht eher für eine gewisse Verbesserung der Situation für die ausländischen Arbeitnehmer am Arbeitsmarkt, zumindest soweit sie den erhöhten Qualifikationsansprüchen genügen können, da nämlich die öffentlichen und privaten Großbetriebe mit ihren vorzugsweise internen Rekrutierungsmustern nur eingeschränkt auf ausländische ArbeitnehmerInnen zurückgegriffen haben.

Das Bildungs- und Ausbildungsverhalten der zweiten und dritten Generationen der ausländischen ArbeitnehmerInnen scheint sich im übrigen nach neueren Erkenntnissen der Berufsbildungsforschung im Vergleich zu früher dem generellen Trend nach längerem Verbleib im Bildungswesen und Erwerb höherer Bildungs- und Ausbildungsabschlüsse schon weitgehend angepaßt zu haben. Die Probleme der wenig qualifizierten AusländerInnen dürften sich in der gesamten EU währenddessen noch zuspitzen, ebenso wie von solchen jugendlichen AusländerInnen, die beim Zugang zu Bildung und Berufsbildung noch vielfach benachteiligt sind.

Das ökonomische und soziale Gefälle an den EU-Grenzen und die Dynamik in den Nachbarstaaten entscheiden ganz wesentlich darüber, ob der Immigrationsdruck auf die EU zu- oder abnimmt. Auf der anderen Seite kann eine Abschottungspolitik der EU de facto zu dem Gegenteil des gewünschten Effekts führen, nämlich einer Angleichung der Lebens- und Arbeitsbedingungen und einem Abbau des genannten Gefälles und des damit einhergehenden Immigrationsdrucks: In der EU lebende Ausländer aus Drittstaaten werden quasi gezwungen zur Integration, Familienzusammenführung und zum Aufbau einer eigenen Familie im Aufnahmeland. Die Folge ist per saldo ein Zuwachs der nicht-autochthonen Bevölkerung im Aufnahmeland einerseits und zum anderen ein Ausbleiben von Devisen und qualifizierten Fachkräften im Herkunftsland sowie entsprechender Entwicklungsperspektiven. Beispiel dafür ist die zu Anfang der 80er Jahre begonnene Rückführungspolitik vieler EU-Länder, so auch der Bundesrepublik: Es kamen zwar weit weniger ArbeitnehmerInnen, und einige gingen auch zurück, die verbleibenden holten jedoch ihre Familien, Kinder und Eltern bzw. Geschwister nach, wodurch sich die Anteile ausländischer Bewohner per saldo erhöht haben, wogegen (vgl. oben) im Grunde auch wenig einzuwenden ist, es sei denn, daß damit das ökonomische und soziale Gefälle zwischen den betreffenden Regionen eher noch verstärkt wird.

Wegen des weitgehenden Fehlens einer integrierten Arbeitsmarkt-, Sozial- und Berufsbildungspolitik der EU einerseits, aber auch wegen zunehmender Flexibilisierungs- und Individualisierungstendenzen generell riskiert der sich abzeichnende europäische Arbeitsmarkt, eher desintegriert als integriert zu werden. Die Schwäche bzw. Schwächung der Gewerkschaften in nahezu allen Mitgliedstaaten der EU und die Entdeckung der Sozial- und

Arbeitsmarktpolitik als eine der letzten Domänen des Protektionismus durch die einzelnen EU-Mitgliedstaaten, die Unfähigkeit, soziales Dumping zu vermeiden etc., riskieren zu einer verhängnisvollen Entwicklung beizutragen, bei der alle von ihrer Erwerbskraft Abhängigen die Verlierer sind allen voran die ausländischen ArbeitnehmerInnen. Die momentan auch auf dem europäischen Kontinent scheinbar favorisierte Deregulierungspolitik bezüglich der Tarifverträge und der Lohnfindung sowie in der Arbeitszeitpolitik führt im übrigen nicht zu den gewünschten Resultaten, wie die Beispiele der Reaganomics und des Thatcherismus gezeigt haben. Insbesondere im Vereinigten Königreich ist der Stand der Arbeitslosigkeit nach zehn Jahren Thatcherismus 1993 exakt genauso hoch gewesen wie 1983, ihr bisher erreichter Höchststand. Gleichzeitig ist es dort im Gegensatz zur Bundesrepublik nicht gelungen, die Reallohnquote – bezogen auf die Produktivität – zu senken, wo sie im selben Zeitraum um fünf Prozent gesenkt werden konnte. Dies wurde insbesondere dadurch erreichbar, weil konsensuale Lohnverhandlungen zwischen Arbeitgeberorganisationen und Gewerkschaften weiterhin dominierten.

Wenn die Wirtschafts- und Währungsunion kommt und die internationale Kapitalverflechtung auch darüber hinaus in dem zu erwartenden Maße zunimmt, ohne daß die vielfach versprochene Sozialunion in Sicht ist, dann werden die schon heute für ca. ein Drittel aller Erwerbstätigen als katastrophal zu nennenden Arbeitsmarktbedingungen (in puncto Entlohnung für die erbrachte Arbeitsleistung) für ein weiteres Drittel bedrohlich werden. Die dem Kollaps schon heute nahen Sozialversicherungssysteme dürften völlig unter der arbeitsmarktbedingten Krise zusammenbrechen und die Massenkaufkraft in einer Weise berührt werden, daß auch ökonomische Rückwirkungen in der Wettbewerbsfähigkeit der EU nicht ausbleiben dürften. Wenn es nicht bis zur Einführung der Wirtschafts- und Währungsunion gelingt, allgemeinverbindliche Mindeststandards, Mindestlöhne und soziale Grundsicherungsstandards EU-weit festzulegen, dürfte dies den sozialen und politischen Zusammenhalt der EU, ob nun erweitert oder nicht, stark gefährden. Wenn die Sozialunion bzw. die verbindliche Festlegung von sozialen Mindeststandards keinen Vorrang erhalten vor der Einführung der Wirtschafts- und Währungsunion, wird die gesamte EU-Integration aufs Spiel gesetzt, und das o. g. Negativszenario droht Wirklichkeit zu werden. Aus dem Europa der PolitikerInnen muß endlich ein Europa der BürgerInnen werden. Hierbei spielt die Frage der Integration der AusländerInnen gerade auch aus Drittstaaten in die europäischen Gesellschaften und in den sich abzeichnenden EU-Arbeitsmarkt eine Schlüsselrolle.

5. Sozial-ökologischer Ausblick

Der in Gang befindliche Strukturwandel birgt die genannten Gefahren, enthält jedoch auch große Chancen. Die ArbeitnehmerInnen können sich wie niemals zuvor bei der Gestaltung von Arbeitsplätzen, Produkten und Dienstleistungen aktiv einbringen. Kundenorientierung, ressourcenschonende Produktionsmethoden, umweltverträgliche Produkte und der Abbau gesundheitsgefährdender Arbeitsbedingungen sind in Reichweite gerückt. Der Bedarf ist ebenso vorhanden wie die Umsetzungsmöglichkeit. Mensch und Umwelt können und müssen in den Mittelpunkt rücken, will man die gegenwärtigen Herausforderungen sowohl sozial als auch ökologisch bewältigen.

Neue Wege in der Arbeitsmarktpolitik sind in Ansätzen erkennbar: Entwicklung regionaler vorausschauender Planungs- und Entwicklungsinstrumentarien, gezielter Einsatz von Förderprogrammen in Kombination von wirtschafts-, arbeitsmarkt- und sozialpolitischen Instrumentarien. Neue Formen der Koppelung von Arbeit und Lernen, z. B. durch die Verwirklichung des Rechts auf Berufsbildung über ein ganzes Arbeitsleben hinweg, durch die Einrichtung von Beschäftigungs- und Qualifizierungsgesellschaften, von sozialen und lokalen Beschäftigungsinitiativen bei positiver Diskriminierung gering qualifizierter oder durch repetitive Teilarbeit dequalifizierter ArbeitnehmerInnen, Aufbau eines kohärenten Fortbildungs- und Weiterbildungssystems in Ergänzung der Erstausbildung etc. Solche Angebote, die nicht die Arbeitslosigkeit alimentieren, sondern neue Arbeit schaffen wollen, sind allerdings in den meisten Mitgliedstaaten zahlenmäßig zu gering und zur Zeit nur ein Tropfen auf den heißen Stein und schon gar nicht offen genug für ausländische ArbeitnehmerInnen, sei es aus benachbarten EU-Staaten oder aus Drittstaaten. Auch über den Umfang dieser arbeitsmarktpolitischen Maßnahmen und deren Finanzierung ist europaweit ein Konsens herzustellen, wenn man Wettbewerbsverzerrungen vermeiden und dem Protektionismus vorbeugen möchte.

Die Finanzierung der Arbeitsmarktpolitik wie auch der Sozialpolitik ist aus den genannten Gründen sowohl auf der Ebene der einzelnen Mitgliedstaaten als auch auf EU-Ebene auf eine neue Grundlage zu stellen. Erwerbsarbeit ist von Steuern und Sozialabgaben zu entlasten, und der Ressourcenverbrauch ist zu belasten; die längst überfällige Energie- bzw. CO_2-Steuer muß dringend eingeführt werden. Parallel dazu und schrittweise müßten die Steuer- und Sozialversicherungssysteme umgestellt werden. Erst unter diesen Voraussetzungen hat eine friedliche, soziale und ökonomische Einigung Europas auch über die EU hinaus eine echte Chance, ebenso wie die Durchsetzung des obengenannten Positiv-Szenarios.

Hans Peter Stihl
(Präsident des Deutschen Industrie- und Handelstages)

Zukunft der Arbeit – Arbeit der Zukunft

Die Erwerbsarbeit wird für die Menschen auch in Zukunft eine große Bedeutung haben. Dabei sehe ich nicht nur den Aspekt der Einkommenserzielung, sondern auch das Bedürfnis von Menschen, produktiv tätig zu sein. Darum ist Arbeitslosigkeit auch nicht nur ein Problem der Einkommensminderung, sondern für viele Arbeitslose auch ein soziales Problem: Erst im nachhinein entdecken manche, daß die tägliche Plackerei viele soziale Kontakte mit sich brachte und das Arbeiten in der Gemeinschaft auch ein Stück Geborgenheit war.

Die Arbeitswelt ist einem ständigen Wandel unterworfen. So sind in Deutschland jene Jobs weitgehend verschwunden, die in der sozialkritischen Arbeiterliteratur gern in den Vordergrund gestellt wurden. Ermüdende Fließbandtätigkeit wurde durch Automaten ersetzt. Die einfachen und niedrig bezahlten Tätigkeiten in der Textil- und der Bekleidungsindustrie sind zu den Arbeitern in Entwicklungs- und Schwellenländern oder nach Osteuropa abgewandert. Sekretärinnen brauchen nicht mehr ein und denselben Brief mehrmals zu schreiben, der PC wartet nur auf die richtigen Befehle.

Die Arbeitswelt bei uns ist mithin schon ein Stück humaner geworden. Die Kehrseite der Medaille war der Wegfall zahlreicher Arbeitsplätze, vor allem für einfache Tätigkeiten. Deren Arbeitskosten sind in Deutschland inzwischen zu hoch, verursacht durch überdurchschnittliche Lohnsteigerungen in der Vergangenheit. Noch zu Beginn der neunziger Jahre haben wir unter dem Druck der Gewerkschaften jährliche Lohnsteigerungen von bis zu 7 Prozent akzeptieren müssen. Durch die Abschaffung der unteren Lohngruppen im Metall- und Elektrobereich ist den Betrieben die Möglichkeit genommen, Niedriglohnkräfte für einfache, ungelernte Tätigkeiten zu beschäftigen. Trotz eines umfassenden, vielfältigen Bildungsangebots fehlt aber vielen Menschen die Qualifikation für anspruchsvolle Tätigkeiten. Wir brauchen eben nicht nur High-Tech-Arbeitsplätze, sondern auch solche, die eine geringere Qualifikation erfordern. Im Bereich der einfachen Dienstleistungen gibt es eine große, stetig noch wachsende Nachfrage. Allerdings brauchen wir hier einen Werte- und Bewertungswandel: Die Arbeit in der Fabrik, insbesondere bei einem Großunternehmen, ist immer noch mit einer sehr viel höheren Reputation verbunden als die Arbeit für einen kleinen Dienstleistungsbetrieb oder einen privaten Haushalt.

Unsere Vorstellung von der gegenwärtigen Arbeitswelt wird viel zu sehr vom Arbeitnehmer in einem größeren Industrieunternehmen geprägt. In den Lehrbüchern und in der Publizität steht noch immer der Facharbeiter in der Maschinenfabrik im Vordergrund. Der statistische Befund spricht eine andere Sprache. Der Anteil der Industrie an der gesamtwirtschaftlichen Wertschöpfung sinkt kontinuierlich. In den Industriebetrieben selbst steigt der Anteil der Dienstleistungen ungebrochen. Dieser Trend wird sich fortsetzen. Immer mehr Menschen werden in Dienstleistungsberufen tätig sein, immer weniger Menschen in der Fertigung. Schon rein äußerlich verändert sich hierdurch die Arbeitswelt.

Der Trend zu mehr Dienstleistungen ist eine Entwicklung, die unabhängig von staatlicher Einflußnahme verläuft. Staatliche Strukturpolitik ist vielfach fehlgeleitet. Noch immer fließen Milliarden in die Erhaltung unrentabler Produktionen. Diese »Strukturpolitik« ist in Wahrheit eine besonders kostspielige Form der Sozialpolitik. Auf die Veränderung der Wirtschaftsstruktur hat sie keinerlei Einfluß. Jene Branchen, die gefördert wurden, gehören zu den Verlierern des Strukturwandels. Die Gewinner des Strukturwandels finden wir überwiegend in den Branchen, die als nicht fördernswert angesehen werden.

Die Zukunft der Arbeit wird auch dadurch bestimmt, daß das Kapital immer standort-ungebundener eingesetzt werden kann. Das Vorhandensein von Rohstoffen am Ort spielt kaum noch eine Rolle, die Transportkosten fallen weniger ins Gewicht. Informationen können weltweit in einem Tempo übermittelt werden, das früher kaum vorstellbar war. Es gibt deshalb kaum noch einen Zwang, in Deutschland zu produzieren. Die Auslandsproduktion deutscher Unternehmen ist kein Novum: Die Unternehmen produzieren dort, wo der Markt ist. Neu ist hingegen, daß zunehmend auch Forschung und Entwicklung ins Ausland verlagert werden. Know-how entsteht immer weniger in Deutschland, immer mehr in anderen Ländern. Das führt zu Löchern im Forschungsverbund. Die neuen Informationstechnologien bewirken zudem, daß auch Dienstleistungen kaum noch standortgebunden sind. Das trifft nicht auf den Friseur zu, wohl aber z. B. auf die Verwaltung großer Adressenbestände. Die Weltbank sieht im Dienstleistungsexport ein großes Potential für die Entwicklungsländer – zu Lasten auch deutscher Arbeitnehmer.

Der Versuch, Produktionsverlagerungen der deutschen Unternehmen durch staatliches Einschreiten zu verhindern, wäre kurzsichtig und zum Scheitern verurteilt. Die deutschen Unternehmen orientieren sich nicht deshalb weltweit, um ihre Gewinne ins Maßlose zu steigern, sondern um am Weltmarkt überhaupt wettbewerbsfähig zu bleiben. Dazu müssen sie die günstigsten Produktionsmöglichkeiten nutzen. Bliebe ihnen diese Möglichkeit verwehrt, wären die Unternehmen und mit ihnen die Arbeitsplätze zu Hause in ihrer Existenz gefährdet. Die Konkurrenz auf den Weltmärkten hat zugenommen. Wie schnell die Entwicklung vorangegangen ist, zeigt die Tatsache, daß einige unserer neuen Konkurrenten aus Südostasien in internationalen Vertragswerken noch immer als Entwicklungsländer gelten.

Es muß uns auch nicht schlechter gehen, weil andere besser geworden sind. Der weltweite Wachstumsprozeß ist kein Nullsummenspiel. Wir müssen allerdings aufpassen, daß die deutschen Unternehmen und damit auch die deutschen Arbeitnehmer nicht den kürzeren ziehen. Wir müssen auf die neuen Gegebenheiten reagieren. Es kann nicht alles beim alten bleiben. Ich sehe aber für Deutschland genügend Möglichkeiten, ohne großen Verlust an Wohlstand sich neu zu positionieren, wenn folgende Strategien genutzt werden:

- Die Arbeitszeit in Deutschland darf nicht weiter verkürzt werden. Es mangelt den Arbeitnehmern weder an Urlaub noch an Freizeit. Arbeitszeitverkürzung sollte aus dem Katalog der Gewerkschaftsforderungen herausgenommen werden, bei den Arbeitnehmern war sie ohnehin nie besonders beliebt. Die Arbeitszeiten müssen flexibler und differenzierter werden, eine Verlängerung der Arbeitszeit muß in Teilbereichen ohne weiteres möglich sein.

- Die Deutschen gehören zu den reichsten Bewohnern unserer Erde. Deshalb ist es ihnen auch möglich, in großer Zahl ins Ausland zu reisen und dort den Urlaub zu verbringen, was im übrigen ein Loch in unsere Leistungsbilanz reißt. Gleichwohl halten die Politiker die Menschen nicht für fähig, für sich selbst zu sorgen. Mehr Eigenvorsorge ist den meisten Menschen aber sehr wohl zumutbar. Die Finanzierung des Sozialstaates gerät sonst aus den Fugen. Wir müssen die soziale Sicherung umbauen, um sie zu bewahren.

- Arbeitgeber und Arbeitnehmer müssen ihr gemeinsames Interesse daran entdecken, die Abgabenlast zu verringern. Was nützen hart erkämpfte Lohnerhöhungen, wenn Steuern und Sozialabgaben die Hälfte davon wieder wegnehmen? Der hohe Abgabendruck verursacht Ausweichreaktionen, die gesamtwirtschaftlich unsinnig sind. Unternehmer verschachteln ihre Unternehmen, Arbeitnehmer stecken ihr Geld in irgendwelche Anlagemöglichkeiten, nur um Steuern zu sparen. Die Schwarzarbeit hat ein Maß erreicht, das dem Fiskus nachhaltig Schaden zufügt. Weniger Steuern und Abgaben sind aber nur möglich, wenn wir auch weniger Staat haben. Das müssen auch diejenigen berücksichtigen, die noch immer auf den Staat setzen.

In Zukunft wird es vielleicht in den Unternehmen weniger Mitarbeiterinnen und Mitarbeiter geben, die das 40- oder gar 50jährige Jubiläum ihrer Betriebszugehörigkeit feiern können. Das heißt nicht, daß die Bindung zwischen Arbeitnehmer und Unternehmen weniger stark sein wird. Im Gegenteil: In solchen Unternehmen zum Beispiel, die ihre Mitarbeiter am Unternehmenskapital beteiligen, wird bei der Belegschaft eine größere Verbundenheit als vorher festgestellt werden können. Fondslösungen für eine Beteiligung am Produktivvermögen, wie sie den Gewerkschaften vorschweben und die ich entschieden ablehne, können diese erwünschten stärkeren Bindungen zwischen Mitarbeitern und Unternehmen nicht erzeugen. Im übrigen sollten sich die Unternehmen aber darüber klar sein, daß zwar nicht alle Arbeitnehmer zu Selbständigen werden können, die Arbeitnehmer aber in ihrem Denken, Handeln und Tun selbständiger werden. Von außen betrachtet, kann bei einem Telearbeiter kaum unterschieden werden, ob es sich um einen Arbeitnehmer handelt oder um einen selbständigen freien Mitarbeiter.

Diesen Entwicklungen werden sich auch die Gewerkschaften stellen müssen. Auch ihre Mitglieder werden deshalb – von den veränderten Strukturen der Belegschaften einmal abgesehen – zunehmend individualistischer. Die Gewerkschaften können künftig ihre Tarifpolitik und ihre Lohnforderungen nicht mehr allein an denen ausrichten, die Arbeit haben. Das wäre unverantwortlich. Zu hohe Lohnsteigerungen führen unweigerlich zu weiterem Arbeitsplatzabbau. Moderne Gewerkschaftspolitik muß im dramatisch wachsenden globalen Wettbewerb mehr als bisher das gesamtwirtschaftliche Spektrum und damit das Interesse aller Arbeitnehmer – also von Arbeitsplatzbesitzern und Arbeitslosen – im Auge haben, nicht nur das ihrer speziellen Klientel.

Die Arbeit der Zukunft wird weniger denn je von Gleichförmigkeit bestimmt sein. Die einzelnen Karrieren werden vielschichtiger und differenzierter sein. Das bietet vielen eine große Chance. Ich will aber nicht verhehlen, daß ein

Zuviel an Individualismus und ein Zuwenig an Gemeinschaft auch mit Gefahren verbunden ist. Der einsam vor dem Computer arbeitende Kaufmann oder Ingenieur ohne sozialen Kontakt sollte nicht unser Leitbild sein. An der Stelle großer Netze müssen viele kleine Netze entstehen, am Arbeitsplatz und in der Freizeit. Nur dann wird die Zukunft der Arbeit menschenwürdig sein.

Dieter Stolte
(Intendant des Zweiten Deutschen Fernsehens)

Diskussion, Kommunikation, Integration

In einer modernen Mediengesellschaft sind die Kommunikationsmedien eine permanente Einladung zur Kommunikation. Insofern ist das Motto des Gewerkschaftstages 1995 »Einladung zum gesellschaftlichen Dialog« auch ein Grundmotto aller Medienarbeit. Gleichwohl kann der Beitrag der Medien zu diesem Dialog immer nur medienspezifisch sein, das heißt: Er kann nicht die gesamte Vielfalt aller gesellschaftlichen Themen abdecken, aber die Medien können – in ihrer wörtlichen Bedeutung als »Mitte« und »Mittler« – das Gespräch anstoßen, in Gang halten, vielleicht vorantreiben, in jedem Fall aber darstellen oder dokumentieren und damit Kommunikation und Integration fördern.

1. Aufgaben öffentlich-rechtlicher Medien

Diese gesellschaftliche Kommunikationsfunktion ist insbesondere Aufgabe der öffentlich-rechtlichen Medien: Auf das Gemeinwohl ausgerichtet, sind sie – laut Staatsvertrag – »Medium« und »Faktor« im Prozeß »freier individueller und öffentlicher Meinungsbildung«. So verstanden, sind sie gleichzeitig Forum und Podium zur Gewährleistung von Meinungsvielfalt und damit ein konstituierendes Element der freiheitlich-demokratischen Grundordnung. In diesem der Pluralität verpflichteten Forum-Charakter sind sie vergleichbar dem antiken Marktplatz als Mittelpunkt bzw. Zentrum eines Gemeinwesens. Als »Forum« bei den Römern war der Marktplatz die Stätte, an der nicht nur Waren gehandelt, sondern ebenso Meinungen getauscht wurden. Und als »res publica«, als – wörtlich übersetzt – »öffentliche Sache«, war der antike Staat eine Sache der Allgemeinheit, die öffentlich zur Debatte und Abstimmung stand. Auch der Rundfunk ist – laut Rechtsprechung – »Sache der Allgemeinheit« mit einer »qualitativ besonderen öffentlichen Aufgabe«, die auf dem Wege integrierender Kommunikation von »öffentlichem Interesse« ist und dem »Gemeinwohl« dient.

Seitdem vor zehn Jahren auch kommerzielle Programmanbieter in der Bundesrepublik zugelassen wurden, hat sich die Medienlandschaft gewandelt: Das Medium hat sich – vergröbernd und polarisierend gesprochen – von der Kommunikation zum Kommerz, von der Gemeinwohlorientierung zur Gewinnorientierung, vom Marktplatz zum Markt, ja zum Supermarkt gewandelt, der – so die Vorhersagen der Fachleute – zum größten Wirtschaftsmarkt des kommenden Jahrhunderts werden soll. Es ist eine Wende, die auch zu einschneidenden Veränderungen in der Mediengesellschaft führen kann und wohl auch wird: Wenn sich mit der bevorstehenden »digitalen Revolution« die Fernsehprogramme um ein Vielfaches sozusagen ›sintflutartig‹ weiter vermehren und Qualitätsprogramme in einer riesigen Multimedia-Maschinerie untergehen, dann drohen Unüberschaubarkeit der Programmschwemme, Desorientierung in der Informationsflut, Deregulierung der bisherigen allgemeinverbindlichen Ordnungsmaßstäbe, Fragmentierung der Öffentlichkeit in immer kleinere Teilöffentlichkeiten, Zunahme des Privatismus mit immer spezielleren persönlichen Interessen, ja Zerfall zur »Ego-Gesellschaft«.

Das Medium Fernsehen als Spiegel der Gesellschaft ist in einem strukturellen Wandel mit gesellschaftspolitisch oder soziokulturell noch gar nicht absehbaren Auswirkungen begriffen. Mit seiner Wandlung droht die traditionelle Kommunikations- und Integrationsfunktion in ihr Gegenteil verkehrt zu werden. Pluralität zerfällt in Individualität. Wenn bereits innerhalb einer einzigen Familie oder Wohngemeinschaft jeder sein eigenes Fernsehgerät braucht und tatsächlich auch unterschiedliche Programme sieht, so scheint nicht einmal mehr eine Minimalkommunikation unter Gleichgesinnten gegeben. Und kaum jemand wird sich noch mit seinem Nachbarn über bestimmte, ihrem Inhalt nach kontroverse Fernsehsendungen austauschen können, da jeder aufgrund seiner individuellen Programmauswahl einen anderen Informationsstand besitzt. Was in einigen Fachkreisen bereits als »Demokratisierung des Fernsehens« gefeiert wird, könnte doch umgekehrt gerade der Demokratie abträglich sein: Die ursprünglich öffentlichen Medien verlieren zusehends an Öffentlichkeit; sie werden nicht nur ökonomisch, sondern auch strukturell immer privater. Es ist eine Verschiebung von der Allgemeinheit zum einzelnen, vom Gesellschaftlichen zum Persönlichen, vom Gemeinwohl zum Privatinteresse im Gange. Die um sich greifende Parteien- und Politikverdrossenheit, die gewiß viele Ursachen hat, ist hierfür kein geringes Symptom. Wir sind auf dem Wege zu einer Demokratie ohne lebendige Öffentlichkeit, ohne engagiertes Volk, ohne solidarische Gesellschaft, wenn wir uns nicht wieder auf die bewährten Tugenden und

Gebote des Mediums Fernsehen besinnen: auf demokratische Diskussion, öffentliche Kommunikation und gesellschaftliche Integration.

Die dem Motto des Gewerkschaftstages zugrundeliegende Diagnose einer immer weiter individualisierten, entsolidarisierten, entfremdeten Gesellschaft läßt sich also aus der Medienperspektive mehr als bestätigen. Die Frage, was im Bereich der Medien an Gegensteuerung möglich und nötig ist, kann nicht ohne die öffentlich-rechtlichen Anstalten von ARD und ZDF beantwortet werden – nicht weil ich ihnen angehöre, sondern weil sie vom Gesetzgeber diese Aufgabe übertragen bekommen haben: Im Marktgedränge wird leicht vergessen oder übersehen, daß die Öffentlich-Rechtlichen das Fundament des gesamten Systems bilden. Laut Bundesverfassungsgericht sind sie nicht einfach die eine Seite des dualen Systems, sondern seine Basis und Grundlage. Mit ihrem Programmauftrag der Grundversorgung aus Information, Bildung, Beratung und Unterhaltung erfüllen sie programmliche Pflichten, die den kommerziellen Anbietern überhaupt erst deren programmliche Freiheiten ermöglichen. Die Freiheit des Marktes funktioniert also nur durch seine Bindung an Programmauftrag und Sendewirklichkeit der öffentlich-rechtlichen Anstalten. Der Sinn dieser Basisfunktion: Öffentliche Kommunikation ist ein zu hohes Gut, und Massenmedien haben eine zu große Wirkung, als daß man sie alleine den Mechanismen des freien Marktes überlassen könnte. Und je mehr die bisherigen Kommunikationsstrukturen durch die Wende der Medienentwicklung zu zerbrechen drohen, desto wichtiger wird der ursprüngliche Auftrag der Öffentlich-Rechtlichen als soziales Kommunikationsforum.

Das Soziale hat seinen Platz in der Gesellschaft. In der täglichen Fernsehpraxis, versteckt hinter Einschaltquoten, geht es daher nicht zuletzt um eine Überprüfung, inwieweit die Medien in der Gesellschaft verwurzelt sind, inwieweit bestimmte Programmqualitäten bei den verschiedenen gesellschaftlichen Gruppen und beim einzelnen Zuschauer ankommen. Kommunikation ist – gerade auch im Vorausblick auf das »interaktive Fernsehen« – keine Einbahnstraße vom Sender zum Empfänger, sondern hat immer zwei Seiten, also auch die der Zuschauer. Daraus ergibt sich die Frage: Was nützen noch so interessante, gesellschaftlich engagierte Programme, wenn sich die Gesellschaft nicht dafür interessiert? Schließlich gibt es, ähnlich der Politikverdrossenheit, auch eine Fernsehverdrossenheit oder -müdigkeit: Obwohl die Angebote zwischen 1985 und 1994 um etwa 500 Prozent gestiegen sind, ist die Sehdauer mit knapp 20 Prozent nur unwesentlich mitgestiegen, wobei in den alten Bundesländern mit täglich 2 Stunden 50 Minuten etwa ein Viertel weniger ferngesehen wird als im Osten.

Fernsehmacher werden also ihre Erfolgsrechnungen nicht ohne den Zuschauer machen können, und sie dürfen ihrerseits den Zuschauer nicht zum bloßen Konsumenten machen. Quote allein besagt nichts, wenn sie nicht mit einer bestimmten Qualität erreicht wird. Dieser Qualitätsanspruch muß, trotz Massenmedium, primär auf Menschen, nur sekundär auf ›Masse‹ zielen. Gerät der einzelne Mensch als Adressat des Programms aus dem Blick, müssen wir uns über die Konsequenzen für die Gesellschaft nicht wundern. Der Mensch ist keine Quote und keine Zahl. Er ist nicht ökonomisch auszunutzen, psychologisch auszurechnen und voyeuristisch auszutricksen. Er darf – bei allem Verständnis für den freien Markt – von verantwortlicher Seite nicht mit Emotion, Suggestion und optischer Faszination überlistet werden, zumal die Medien, jedenfalls die öffentlich-rechtlichen, ihn gleichzeitig als sogenannten »mündigen Bürger« anzusprechen und zu aktivieren versuchen.

2. Kommunikation versus Kommerzialisierung?

Die Entscheidung zwischen menschlicher Kommunikation einerseits oder Kommerzialisierung menschlicher Bedürfnisse andererseits ist also auch eine Frage des Menschenbildes, das hinter einer bestimmten Programmphilosophie steht. Das wohl zynischste Wort, das bisher in diesem Zusammenhang zu hören war, lautet: »Der Wurm muß dem Fisch schmecken und nicht dem Angler.« Doch wir dürfen keine Würmer nach Menschen auswerfen: Der Mensch ist zugleich Ausgangspunkt, Gegenstand und Ziel einer verantwortungsbewußten Programmarbeit. Er darf nicht als Mittel und Zweck für einen kommerziellen Programmerfolg mißbraucht und – im wörtlichen Sinne – ver-marktet werden. Denn obwohl Fernsehprogramme zunehmend zur Ware auf dem freien Medienmarkt geworden sind, bleibt Fernsehen dennoch ein Gut, das mit dem übrigen Gütermarkt nicht zu vergleichen ist: Die ›Ware‹ Fernsehen ist ein Produkt sui generis, weil es nach Produktion, Distribution und ›Konsum‹ in einem extremen Maße vom Menschen gemacht wird, auf ihn zielt und ihn verändert. Es hat nicht nur informierende und orientierende, sondern auch eine kulturelle, wertegestaltende Funktion, der in Zeiten der Informationsfluten, der politischen und weltanschaulichen Umbrüche, der Zunahme von globalen Themen und Problemen mehr Verantwortung denn je zukommt.

Das Menschenbild des Fernsehalltags sieht freilich anders aus: Der Erfolg boulevardesker, suggestiv vereinnahmender, emotional anheizender Programme verrät, daß zwar auch hier etwas Menschliches getroffen ist – es sind allerdings nur die sogenannten niederen Instinkte beziehungsweise Bedürfnisse des Menschen. Statt an menschliche Tugenden zu appellieren, werden menschliche Schwächen ausgenutzt. Da Programm aber immer von Menschen gemacht wird, kann es auch immer nur so menschlich oder so gut sein wie seine Macher – und die Gesellschaft wohl auch nur so gut wie das Programm. Wer also seitens der Zuschauer ziel- und wahllos durch die Programme schaltet und sich bei jedem Denkanstoß bereits bildungsbürgerlich schikaniert fühlt, muß sich über eine grassierende Programmverflachung nicht wundern. Wer dagegen seitens der Programmacher nicht einfach bedingungslos um den Zuschauer buhlt, sondern ihn ansprechend und anspruchsvoll fordert, darf sich über einen – unverdienten – Quotenmißerfolg wundern, aber nicht ärgern.

Was aber ist zu tun, wenn sich immer mehr Zuschauer nicht für das Gemeinwohl interessieren, sondern sich beim »interesselosen Wohlgefallen« der Privaten wohlfühlen? Müssen die Medien, die gelegentlich als »vierte Gewalt« im Staate verstanden werden, dann also die Gesellschaft austauschen, wie Brecht den Herrschenden beim Arbeiteraufstand des 17. Juni einst riet? Kann man dem vielzitierten »mündigen Bürger« aufoktroyieren, wie er seine Fernsehfreizeit zu verbringen hat? Die Frage scheint falsch gestellt: Öffentlich-rechtliches Fernsehen als Medium, als Vermittler, oktroyiert kein selbstdefiniertes »Gemeinwohl«, sondern offeriert ein Forum zum Austausch, zur Auseinandersetzung über die »Sache der Allgemeinheit« und das damit verbundene »öffentliche Interesse«. »Gemeinwohl« meint dabei nicht nur einen direkten Gewinn für die Gemeinschaft, an dem der einzelne Zuschauer zweckgerichtet interessiert ist, etwa an einem Erkenntnisgewinn oder Ratschlag in den Programmbereichen der Information und Beratung; »Gemeinwohl« erschöpft sich auch nicht in jenen ungezählten Aktionen und Aktivitäten, die beispielsweise das ZDF, über sein Programm hinaus, seit Jahrzehnten pflegt, etwa in seinem umfangreichen sozialen Engagement für die Aktion Sorgenkind oder seinen Initiativen zugunsten der Deutschen Stiftung Denkmalschutz. Unabhängig von diesen direkten, teilweise materiellen Nutzanwendungen besagen Begriffe wie »Gemeinwohl« und »öffentliches Interesse« etwas Grundlegenderes: Sie betreffen weniger das, was für das öffentliche Interesse ist, als vielmehr das, was von öffentlichem Interesse ist. Ob es jemandem nutzt oder nicht, ob eine Steuer- oder Gesundheitsreform jemandem Vor- oder Nachteile bringt, ist nicht die primäre Frage, sondern daß es einen etwas angeht – ob man will oder nicht. Hier wird nicht nur gefragt, was nutzt es dem einzelnen, sondern auch, was nutzt es der Gemeinschaft, was trägt es zu Qualität und Kultur der Gesamtgesellschaft bei?

3. Perspektiven

Gefragt sind daher alle Beteiligten: die Programmacher, die Zuschauer bzw. Bürger und nicht zuletzt auch die Medienpolitiker, die die Rahmenbedingungen für ein ausbalanciertes duales System mit einem funktionstüchtigen öffentlich-rechtlichen Fernsehen in einer funktionierenden Mediengesellschaft setzen. Und gefragt ist im Konkurrenzkampf der Programmanbieter nicht das zerstreuendste, ablenkendste und entspannendste Programm, sondern jenes Programm- und Kommunikationsangebot, das ein kritisches Interesse, eine aufmerksame und wachsame persönliche wie öffentliche Auseinandersetzung auslöst. Fernsehen mit dieser Wirkung ist weder die vielzitierte »Glotze«, noch dient es der passiven »Berieselung«, vielmehr sorgt es für Aufweckung und Aufklärung, für aktive Meinungs-, Willens- und Urteilsbildung. Als in diesem Sinne wirklich »interaktives« Fernsehen gewährleistet und pflegt es die öffentliche Kommunikation und wird so zum unverzichtbaren Mitträger einer ebenso diskussionsfreudigen wie konsensfähigen Demokratie. Die Zukunftssicherung des öffentlich-rechtlichen Fernsehens ist daher keine medienpolitische Spezialfrage, sondern auch eine Frage nach der Zukunftssicherung unserer Gesellschaft. In einer zunehmend unübersichtlicher werdenden Medienlandschaft und einer sich immer weiter teilenden Mediengesellschaft muß ein der Allgemeinheit und ihrem Gemeinwohl verpflichtetes Fernsehen Basis, Zentrum und eine Art Leitinstanz im Sinne der Orientierung und Information, der Kommunikation und Integration, aber auch der Kultur, Kultiviertheit und Zivilisiertheit sein und bleiben. Der Medienmarkt muß immer Marktplatz bleiben. Daher reicht es nicht, daß wir unsere Marktplätze historisch, denkmalschützerisch restaurieren, ohne auch ihrer einstigen Marktkultur eingedenk zu bleiben.

Gewiß, dies sind hehre Gedanken – für manchen vielleicht zu ideal, um real zu sein. Doch ich sage: Sie sind zu notwendig, um nur als schöngeistig abgetan zu werden. Wir dürfen uns vom Sog des Realen, von der Macht des Faktischen und Technischen nicht so vereinnahmen lassen, daß wir für die Appelle des Menschenmöglichen, auch des Humanen, nicht mehr zugänglich und für den dringend erforderlichen gesellschaftlichen Dialog nicht mehr offen sind.

Süddeutsche Betriebsseelsorge

(Erwin Helmer, Diakon und Sprecher)

Anmerkungen zum gesellschaftlichen Dialog der IG Metall

1. Zukunft der Arbeit

Die Arbeit hat Zukunft, und die Zukunft hat Arbeit. Die Menschheit braucht Arbeit zum Leben und Überleben, und sie wird genügend Arbeit für alle haben, wenn sie die Organisation der Arbeit in die Hand nimmt. Der Bedarf an Arbeitskräften im produktiven Bereich ist stark rückläufig. Immer weniger Menschen produzieren immer mehr Güter. Oswald von Nell-Breuning schrieb schon im Jahre 1984: »Ich stelle mir vor, daß wir dahin kommen werden, daß zur Deckung des gesamten Bedarfs an produzierten Gütern ein Tag in der Woche mehr als ausreicht.« Die Arbeitszeiten und die Verteilung der Arbeit werden sich in Zukunft erheblich verändern.

Es wird immer mehr Arbeitszeitverkürzungen geben bzw. längere Pausen, die die Menschen für die Familie, für die Weiterbildung oder auch für Vereine, Organisationen und soziale Dienste nützen können. Zunehmen wird auch die Arbeitsteilung von Mann und Frau. Mehr Teilzeitarbeitsplätze für Männer sind schon jetzt gefordert und sind z. B. in Dänemark und Holland bereits Realität. Aber auch Frauen fragen zunehmend nach Teilzeitarbeit statt alleiniger Hausarbeit. Im Dienstleistungsbereich wird es erhebliche Ausweitungen geben, viele neue und alte Dienste sind in Zukunft möglich, z. B. in folgenden Bereichen:

Gemeinschaftsbildung

Kreativität, Erlebnis, Gemeinschaft und Risiko sind gefragt und werden zunehmend als gesellschaftliche Arbeit organisiert. Siehe z. B. den Beruf des Animateurs, des Moderators, des Erlebnispädagogen, des Referenten für verschiedenartigste Kurse und Schulungen.

Verschiedene Arten von Sozialdiensten, die bezahlbar sind: Nachbarschaftsdienste, Pflege, Erziehung und Sport, im Bereich des Umwelt- und Naturschutzes, im Bereich der sozialen Bewegungen, Arbeitsloseninitiativen, Randgruppenarbeit, Jugendarbeit und vieles mehr. Die Vision von der Geisterfabrik, der menschenlosen Produktion hat sich bis jetzt nicht erfüllt. Der Trend geht zur kleineren betrieblichen Einheit; in kleinen, überschaubaren, hochproduktiven Gruppen regeln Arbeitnehmer zunehmend selbständig ihre Arbeit mit Kompetenz, Macht und Kreativität.

Vollbeschäftigung

Vollbeschäftigung wird immer weniger heißen: volle Arbeitsplätze und Volllohn für alle. Vollbeschäftigung in Zukunft wird heißen: ein garantiertes Minimum von Arbeit und damit Einkommen für alle, das ausreicht, um zu leben und an den gesellschaftlichen Errungenschaften Anteil zu haben. Vollbeschäftigung ist erreichbar: durch sinnvolles Wachstum in gesellschaftlich nützlichen Bereichen:

1. Soziale Dienste: Sie sind gefragt in den Bereichen Jugendarbeit, Schule, Pflege, Nachbarschaft, Sport, Vereinsleben, Dorfleben, Organisationsarbeit usw.
2. Umweltschutz: Das ökologische Durchforsten der Betriebe und Haushalte braucht z. B. Abfallberater, gefragt sind Müllverwerter, Müllwerker, ein Solarenergieprogramm, wie es etwa in Japan aufgelegt wird (für 70 000 Dächer), der öffentliche Personennahverkehr, Kraftwerke mit hohem Ausnutzungsgrad.
3. Im Wohnungsbau gibt es einen hohen Bedarf für billige und erschwingliche Wohnungen.
4. In der Bildung, Fortbildung und Weiterbildung besteht eine zunehmend hohe Nachfrage.

Wieweit kann Arbeit geteilt werden, und welche Formen wird es in Zukunft geben?

Die kollektive Arbeitszeitverkürzung sollte sich etwa in der Höhe des Produktivitätsfortschritts bewegen, um den Verlust von Arbeitsplätzen auszugleichen. Auch individuelle Möglichkeiten, die Arbeitszeit zu verkürzen, auf Dauer oder auf begrenzte Zeit, sollten verbessert werden.

Eine bisher ungenutzte Möglichkeit wäre ein Staatszuschuß, wenn Betriebe kollektiv für alle oder für bestimmte Abteilungen die Arbeitszeit verkürzen, denn im Grunde spart die Bundesanstalt für Arbeit und damit der Staat im Schnitt durch jeden Arbeitslosen, der im Betrieb gehalten wird, etwa 35 000 DM im Jahr. Wenn nur ein Teil dieses Geldes als Zuschuß im Vorfeld, prophylaktisch, verwendet würde, ergäbe das Sinn und erhebliche Einsparungen. Auch der Abbau von Überstunden gehört zu den ungenutzten Möglichkeiten der Teilung von Arbeit.

Notwendig ist, daß möglichst bald ausländische Arbeitnehmer den deutschen Arbeitnehmern tarifvertraglich gleichgestellt werden, wie es z. B. seit dem 1. Januar 1995 in den USA eingeführt wurde. Sinnvoll ist es ferner, Arbeitszeiten anzusparen und dann in größeren Blöcken als Freizeit zu nehmen (Ansparkonten, Sabbatjahr usw.). Die Verkürzung der Wochenarbeitszeit ist eine der großen Leistungen der Gewerkschaften in den letzten zehn Jahren – gegen hartnäckigen Widerstand der Arbeitgeber, gegen Tabukataloge und unqualifizierte Kommentare ranghoher Politiker. Dieser Weg muß kontinuierlich weitergegangen werden, denn Arbeitszeitverkürzung ergibt:

- mehr individuelle Freiheit und Freizeit;
- mehr Zeit für Familie, Verein, Kultur usw.;
- mehr Aufgabenteilung mit Ehepartner und Kindern;
- mehr Freiräume;
- mehr ganzheitliches Leben;
- vor allem aber die Sicherung bestehender und die Schaffung neuer Arbeitsplätze.

Es gibt eine Grenze der Arbeitszeitverkürzung, denn Niedrigverdiener können sich keine weiteren, großen Arbeitszeitverkürzungen leisten. Denkbar sind:

- in den Tarifverträgen höhere Abschlüsse für Niedrigverdiener;
- bei Arbeitszeitverkürzung eine Staffelung der Löhne mit Vorteilen für die Niedrigverdienenden;
- staatliche Förderprogramme, die kollektive Arbeitszeitverkürzungen bezuschussen (wie in Frankreich die 32-Stunden-Woche, die in vier Jahren kommen soll);
- eine Steuerpolitik, die grundsätzlich niedrige Einkommen am stärksten fördert; im Gegensatz dazu steht z. B. die Steuerpraxis der »Freibeträge«, die Höherverdienende wesentlich mehr entlastet.

Nachhaltiges Wachstum

Eine gesunde Wirtschaft braucht ein gesundes, humanes und sinnvolles Wachstum, das die Schäden der Umweltverschmutzung ausgleicht und neue Schäden verhindert.

Dies ist möglich über den Preis, als marktkonforme Maßnahme, und über staatliche Steuerungsmechanismen – siehe Ökosteuern, ökologischer Umbau ...

Der zunehmende Trend zu Kleinbetrieben erfordert mehr Mitbestimmungsmöglichkeiten für Arbeitnehmer auch in Klein- und Kleinstbetrieben. Notwendig wären Erleichterungen und stärkere Hilfen für die Einrichtung eines Betriebsrats, mehr Arbeitnehmerrechte und vor allem ein besserer Kündigungsschutz für Arbeitnehmer.

2. Zukunft des Sozialstaates

Wichtig ist eine aktive Industriepolitik, die die wirtschaftliche Entwicklung in bestimmte Bahnen lenkt. Zu wünschen wäre eine Regionalisierung der Zulieferer statt einer oft sinnlosen und ökologisch gefährlichen Globalisierung der Märkte. Soweit möglich sollten in bestimmten Regionen alle Produkte vor Ort gefertigt werden, was nicht ausschließt, daß es zu einem Welthandel kommen kann. Aber aus ökologischen und sozialen Gründen sollten lokale und regionale, überschaubare Wirtschafts- und Lebenseinheiten gebildet werden. Zu einer modernen Industriepolitik gehört auch die Förderung von Schlüsseltechnologien, die auf dem Weltmarkt bestehen können.

Strukturpolitik

Denkbar sind Hilfen zur Existenzgründung, zum Aufbau neuer Betriebe und die Unterstützung von Forschung und Entwicklung, aber auch die Umsetzung von Erfindungen und Patenten zu gefragten und gebrauchten Artikeln. Deutschland hat eine hervorragende Stellung im Bereich der Innovationen und Patente. Eine ökologische Umsteuerung der Wirtschaft wird kommen, vor allem in den Bereichen Solarenergie, 3-Liter-Auto, Wasserschutz, Personenverkehr, Emissionen usw.

Technologiepolitik

Die hochgelobte japanische Wirtschaft setzt auf staatliche Programme. Zuletzt verabschiedete das gigantische Technologieministerium in Japan (MITI) ein 245-Milliarden-DM-Programm für die nächsten Jahre, mit dem Betriebe und Technologien gefördert werden.

Öffentlich geförderte Beschäftigung

Der Grundsatz »Arbeit statt Arbeitslosigkeit finanzieren« sollte durchgehend die Politik der Bundesanstalt für Arbeit bestimmen. Die Zeit der Arbeitslosigkeit müßte genutzt werden für Ausbildungs- und Fortbildungskurse und Schnupperkurse, um Kontakt zu den Firmen zu halten. Arbeitslose dürfen aber nicht untertariflich eingestuft werden, eine Mindestsicherung muß gewährleistet bleiben. Auch darf kein »zweiter Arbeitsmarkt« entstehen in dem Sinne, daß Arbeitslose die Löhne und Sozialbedingungen der Mehrheit der Arbeitnehmer unterbieten.

3. Zukunft der Gewerkschaften

Aus sozialethischer Sicht einige Impulse für die Gewerkschaften der Zukunft. Gewerkschaften haben eine hohe sozialethische Kompetenz, die sollten sie wahrnehmen. Das Image der Gewerkschaften ist nicht gut. Gewerkschaften sind immer wieder gefordert, Gegenmacht zu sein und Gegenmacht gegen ungute gesellschaftliche Trends zu bilden. Auf der anderen Seite sollten sie auch ihre Ordnungskompetenz erkennen und wahrnehmen. Die Gewerkschaften haben der Gesellschaft, dem Gesamtstaat etwas zu sagen, und dieses Wort »Gewerkschaft« und diese Politik der Gewerkschaften für den Menschen müssen positiver besetzt werden.

Gewerkschaften brauchen Vision, sie müssen ihre Sicht der Gesellschaft, der Wirtschaft und des Einzelmenschen deutlich machen, immer wieder Verteidiger des Menschen werden. Die Botschaft der Gewerkschaften muß herüberkommen, sie heißt:

- Wir sind für sinnvolles, gesundes, humanes Wirtschaften und ein entsprechendes Wachstum.
- Wir achten mit Argusaugen auf die Verteilung der Güter und prangern jede Art der Spaltung in Arme und Reiche, in Deutsche und Ausländer usw. an.
- Wir sind Anwalt der jeweils Schwächeren im Betrieb.

- Wir sind Anwalt der neuen Schichten von Benachteiligten und Schwachen in unserer Gesellschaft.

Wir vertreten auch die neue Art von Arbeitnehmern, die selbstbewußt, kreativ und flexibel sind und doch gesellschaftlichen und gewerkschaftlichen Schutz brauchen. Die Gewerkschaften brauchen zunehmend einen ganzheitlichen Ansatz, ausgehend von den aktuellen Bedürfnissen und Sicherheitsmöglichkeiten. Der Arbeitnehmer am Arbeitsplatz muß die gesellschaftliche Verantwortung der Gewerkschaften zunehmend in den Blick bekommen. Mein Programmvorschlag für die Zukunft der Gewerkschaften ist: Kompetenz, Kraft, Kooperation.

Kompetenz

Betriebsräte, Vertrauensleute und auch einfache Gewerkschaftsmitglieder sind Ansprechpartner in zahlreichen rechtlichen, tarifvertraglichen, arbeitsrechtlichen und betriebsspezifischen Fragen, aber auch in privaten und persönlichen Anliegen. Nicht selten höre ich, wenn ich als Betriebsseelsorger zu aktiven Betriebsräten und Gewerkschaftlern komme: »Wir machen auch Betriebsseelsorge«, und ich antworte: »Jawohl, Ihr könnt vielmehr Betriebsseelsorger in Eurem Betrieb sein als ich, denn Ihr seid den Menschen im Betrieb am nächsten.« Mein Tip: Betriebsräte, Vertrauensleute, aktive Gewerkschaftler sollten gut geschult werden in Gesetzes- und Tarifvertragsangelegenheiten, aber auch das Ganzheitliche, das heißt, das Menschliche darf nicht vergessen werden. In dieser Hinsicht klappt die Zusammenarbeit, beispielsweise in Bayern, schon ganz gut mit kirchlichen Arbeitnehmerorganisationen, mit Betriebsseelsorge, KAB, AfA oder anderen kirchlichen Strukturen, die von einem ganzheitlichen Ansatz her kommen.

Kraft

Es gibt auch die nur zahlenden Mitglieder, die stark auf die Öffentlichkeit, auf das Image und das Profil der Gewerkschaften achten. Auch sie müssen mit guter Arbeit und Kompetenz gewonnen werden. Kraft ist vor allem im Tarifkonflikt gefordert, und da haben viele Arbeitnehmer, die sonst eher vorsichtig sind, immer wieder Farbe bekannt. Starke Gewerkschaften sind eine wichtige Voraussetzung zum Funktionieren einer jeden Demokratie. Deshalb muß die Frage der Bündnispartner breiteren Raum einnehmen. Zu wünschen wäre aus meiner Sicht ein stärkerer gesellschaftlicher Dialog, z. B. mit den Kirchen. Derzeit bietet der »Konsultationsprozeß« mit dem

Papier »Zur wirtschaftlichen und sozialen Lage in Deutschland« dazu ein gute Basis.

Kooperation

Heute sind die gefragten Eigenschaften: Kreativität und Phantasie, Selbständigkeit und Spontaneität. Diese modernen Tugenden müssen gerade von Gewerkschaften jetzt neu aufgegriffen werden. Kleine, überschaubare Gruppen sind notwendig, die mit Kompetenz an einem klaren Auftrag und Ziel arbeiten.

Zentrale Handlungsfelder

Gewerkschaften haben ihre Hauptaufgaben in der Bestimmung und Beeinflussung der Arbeits- und Wirtschaftsbedingungen einer Gesellschaft. Die neuere Soziallehre der katholischen Kirche weist den Gewerkschaften auch ein neues Ziel zu, das heißt, eine »Kultur der Arbeit« zu schaffen. Darunter verstehe ich:

- Sinnvolle und kreative Arbeit schaffen und schaffen helfen.
- Mithelfen, daß die Arbeitenden ihre Würde nicht verlieren, besonders Menschen, die in unsicheren und ungesunden Arbeiten tätig sind: Leiharbeitnehmer, befristet Eingestellte, 580-DM-Arbeitsverhältnisse, Putzfrauen, ausländische Arbeitnehmer usw.
- Die Beteiligung der Arbeitnehmer eines Betriebes durch aktive Betriebsräte und Gewerkschaften muß ausgebaut werden. Auch der Gesetzgeber ist gefordert, einen stärkeren Schutz für Führungspersonen in der Arbeiterschaft zu gewährleisten.
- Arbeit für alle zu schaffen ist eines der vorrangigen Ziele jeder Gewerkschaft.
- Tarifverträge bleiben im Zentrum jeglicher Gewerkschaftsarbeit. In Zukunft werden mehr und mehr qualitative Aspekte in Tarifkämpfen eine Rolle spielen – wie Umweltschutz, Beschäftigungssicherung, Bildung ...

Ich bin zuversichtlich, daß die deutschen Gewerkschaften nicht abrutschen auf ein englisches, amerikanisches oder gar japanisches Niveau. Sie werden weiterhin Stachel im Fleisch der Marktwirtschaft sein. An uns liegt es. Die Betriebsseelsorge ist dabei.

Carmen Thomas
(Journalistin)

Geste des guten Willens

Ihr Vorhaben finde ich äußerst wichtig. Leider sitze ich an einem Projekt, das mir zur Zeit nicht erlaubt, Ihren Fragebogen so ausführlich zu beantworten, wie er es verdient hätte. Nur drei Sätze:

1. Zukunft der Arbeit

Für interessant halte ich, an praktikablen Modellen visionär herumzudenken, wie es möglich ist, allen Menschen, die es wollen, weniger und würdevolle Arbeit gegen eigene Bezahlung mit eigener Alterssicherung zu ermöglichen, so daß alle, die das möchten, Zeit für

- Familienarbeit,
- Erwerbsarbeit,
- politische Arbeit (im weitesten Sinne = für die Allgemeinheit)

kombinieren können.

2. Zukunft des Sozialstaates

Ergibt sich aus Punkt eins. Zusätzlich: eine volkswirtschaftliche Gesamtrechnung und -vorgehensweise, die das »Töpfe-Hin-und-Hergeschiebe«, das Transparenz verhindert, nur kostenintensiv und wenig effizient ist, unterbinden hilft (Stichwort: Grundversorgung).

3. Zukunft der Gewerkschaften

Wandel der Ziele und Methoden, z. B.

- Erweiterung der Ziele,
- aktive Einbeziehung der Arbeitslosen in die Gewerkschaftsarbeit,
- Verbesserung der Kommunikationsmethoden für die Gesamtorganisation,
- kreative Vorgehensweisen und echte Visionen,

um zu befördern, daß und wie sich Mitglieder und (neue) Zielgruppen wieder stärker engagieren.

Soweit mein eiliges »Gerippe« – aber eine Geste des guten Willens.

Verband der Kriegs- und Wehrdienstopfer, Behinderten und Sozialrentner Deutschland e. V. (Sozialverband VdK Deutschland)

(Ulrich Laschet, Bundesgeschäftsführer)

Stellungnahme

1. Allgemeines

Der Sozialverband VdK hält es aufgrund der gegenwärtigen und in naher Zukunft sich abzeichnenden tiefgreifenden Veränderungen in Wirtschaft und Gesellschaft für notwendig und richtig, daß sich die IG Metall für ihren 18. ordentlichen Gewerkschaftstag zum Ziel gesetzt hat, grundlegende Fragen gesellschaftlicher Zukunftsentwicklung zu behandeln. Wenn dies nun im gesellschaftlichen Dialog erfolgen soll, so ist dies ein wichtiger Schritt hin zum notwendigen Konsens bei der Lösung der anstehenden Probleme. Die IG Metall knüpft hiermit an vergleichbare Initiativen, etwa der Europäischen Union mit ihrem Grünbuch und der Kirchen mit dem Konsultationsprozeß über ein gemeinsames Wort der Kirchen zur wirtschaftlichen und sozialen Lage in Deutschland, an. Diesem Diskussionsprozeß, der von immer mehr Institutionen und gesellschaftlichen Kräften angestoßen und weitergeführt wird, mißt der VdK eine besondere Bedeutung zu. Nur wenn alle gesellschaftlichen Kräfte kontinuierlich Zukunftsperspektiven ausloten, Lösungsmöglichkeiten abwägen, kann es gelingen, Mißverständnisse auszuräumen, Annäherung zu erzielen und gangbare Kompromisse zu finden.

Mit Zukunft der Arbeit, Zukunft des Sozialstaats und Zukunft der Gewerkschaften hat die IG Metall wesentliche Themen beschrieben. Die Themen Arbeit und Sozialstaat bzw. Wirtschaftspolitik und Sozialpolitik stehen in einem sehr engen Zusammenhang. In der öffentlichen Diskussion wird aber immer noch allzu häufig der Sozialstaat einseitig als Belastung für die Wirtschaft dargelegt. Die Bedeutung des sozialen Friedens für den Wirtschaftsstandort Deutschland wird dabei vollständig vernachlässigt. In der gegenwärtigen Umbruchsituation kommt daher den Sozialverbänden eine besondere Bedeutung und Verantwortung zu. Der VdK stimmt daher mit der IG Metall darin überein, daß es in der öffentlichen Diskussion nicht ausreicht, gesellschaftliche Katastrophenszenarien zu entwickeln, um dann auf dieser Basis Abbau zu betreiben. Vielmehr müssen gerade auch die Sozialverbände konstruktiv an der Entwicklung von Lösungsmöglichkeiten mitwirken. Hier kommt natürlich den Gewerkschaften als Teil der Sozialpartner eine besondere Verantwortung zu. Die Verantwortlichkeit der Gewerkschaften darf sich hier aber nicht auf die Gruppe der Erwerbstätigen beschränken. Die Gruppe der Ruheständler und der aus dem Erwerbsleben herausgedrängten behinderten und älteren Arbeitnehmer wird auch politisch immer bedeutsamer. Hier bieten die Sozialverbände ihre Zusammenarbeit an.

Der VdK sieht ebenso wie die IG Metall, daß sich die Realitäten in Wirtschaft und Politik, Gesellschaft und Unternehmen wesentlich verändert haben.

- Der Politik fehlt es an Konzeptionen zu einer verantwortlichen wirtschafts-, gesellschafts- und sozialpolitischen Steuerung. Politisches Handeln beschränkt sich zu oft auf einseitige, sozial unausgewogene Sparbeschlüsse. Sie droht vor den Forderungen der Wirtschaft aufgrund des internationalen Wettbewerbsdrucks und der zunehmenden Globalisierung zu kapitulieren.

- Es fehlt an ordnungspolitisch richtig zugeordneten Maßnahmen. Verschiebebahnhöfe und einseitige Belastungen bestimmen im wesentlichen zur Zeit unsere sozialpolitische Landschaft.

- Viele Unternehmen sehen in der Vernichtung von Arbeitsplätzen und dem Abbau von Sozialleistungen den einzigen Weg, im Wettbewerb zu bestehen. Überproportional betroffen sind hier behinderte und ältere Arbeitnehmer, die auf dem Arbeitsmarkt keine Chance mehr haben. Frauen mit Behinderungen haben es dabei besonders schwer.

- Allgemein festzustellen ist eine Entsolidarisierung und Entfremdung in der Gesellschaft. Es gilt immer mehr der Grundsatz »Hilf Dir selbst, sonst hilft Dir keiner«. Dabei waren es weitaus schlimmere wirtschaftliche und industrielle Verhältnisse, die die Einführung der Sozialversicherung durch Bismarck mit dem tragenden Solidarprinzip notwendig gemacht haben. Nach Auffassung des VdK gibt es keine Alternative zu unserem Solidarversicherungssystem. Auffallend ist auch, daß in Amerika gerade der umgekehrte Trend hin zu einer sozialen Absicherung, z. B. im Gesundheitswesen, zu erkennen ist. Demgegenüber werden in Deutschland Schlagworte wie »Eigenverantwortung, Neubestimmung von Solidarität und Mißbrauch von Sozialleistungen« zum wesentlichen Inhalt von Politik bzw. Sparpolitik gemacht. Der VdK sieht hier wie die IG Metall die Gefahr, daß der Weg hin zu einer Zwei-Klassen-Gesellschaft führt und letztlich die demokratische Gesellschaft und der soziale Frieden – ein Garant für den erreichten Wohlstand in Deutschland – gefährdet wird.

2. Zukunft der Arbeit

Die wirtschaftlichen Möglichkeiten sind heute wesentlich von der Globalisierung der Märkte und von dem Umbruch von einer Industriegesellschaft in eine Informationsgesellschaft geprägt. Als Exportnation sind wir von der weltweiten Entwicklung im besonderen Maße abhängig. Die Globalisierung der Weltwirtschaft ist eine gewaltige beschäftigungspolitische Herausforderung. Hinzu kommt, daß die individuellen und sozialen Ansprüche der Bürger entsprechend der wirtschaftlichen Entwicklung gestiegen sind. Auffallend ist dabei, daß wir in unserer Gesellschaft zugleich höchsten Wohlstand und einen enormen Anstieg der sozialen Ausgaben zu verzeichnen haben. Tarifvertragliche Abschlüsse haben dies mit bewirkt.

Der VdK ist der Auffassung, daß die Ursache für die zunehmende Inanspruchnahme von Sozialleistungen in einer immer größer werdenden Einkommensarmut ganzer Bevölkerungsteile besteht, während es vielen derjenigen, die Arbeit haben, einkommensmäßig gutgeht, sie zum Teil aber auch unter immer größerem Leistungsdruck arbeiten müssen. Wenn entsprechend Teilzeitarbeitsmöglichkeiten vorhanden wären, wäre hier sicherlich ein großes Reservoir von Möglichkeiten zur Umverteilung von Arbeit.

Tendenziell wird aber nicht zuletzt auch wegen der demographischen Entwicklung der Anteil derjenigen, die wegen Arbeitslosigkeit oder Alters aus dem Erwerbsleben ausscheiden, immer größer. Derzeit wird der Status überwiegend über die Erwerbstätigkeit definiert. Aus diesem Grund müssen für diese Personen andere Formen gesellschaftlich nützlicher Beschäftigungsformen gefunden werden. Die Alternative wären zunehmende Isolation, Frustration und erhöhte Gewaltbereitschaft immer größerer Bevölkerungsteile. Der VdK hält es für notwendig, hier verbesserte Rahmenbedingungen für ehrenamtliche Betätigungen zu schaffen. Wünschenswert wäre hier in erster Linie ehrenamtliche Betätigung im sozialen Bereich – bei der Betreuung von Kindern, behinderten, kranken und alten Menschen.

Nach Auffassung des VdK ist kurz- oder mittelfristig eine Rückkehr zur Vollbeschäftigung nicht zu erreichen. Die Wachstumsraten der Wirtschaft reichen hierzu nicht aus. Die wirtschaftlichen Zuwachsraten werden vornehmlich für Rationalisierung und nur zu einem geringeren Teil für die Schaffung neuer Arbeitsplätze eingesetzt. Hinzu kommt, daß die Zahl der neugeschaffenen Arbeitsplätze nicht ausreicht, das Millionenheer der Arbeitsuchenden wesentlich zu verringern. Der technologische und strukturelle Wandel führt weiter dazu, daß immer weniger Erwerbslose über die notwendigen fachlichen Voraussetzungen für die relativ wenigen offenen Stellen verfügen. Vollbeschäftigung ist aber ein wesentliches Merkmal der sozialen Marktwirtschaft. Wenn man dieses Ziel aus strukturellen Gründen nicht mehr erreichen kann, stellt sich die Frage, ob die Probleme mit den vorhandenen überkommenen marktwirtschaftlichen Instrumenten noch zu lösen sind. Die Diskussion um eine grundlegende Weiterentwicklung der Arbeitsmarktpolitik, über eine gerechtere Verteilung von Arbeit sollte daher weitergeführt werden.

Es darf aber nicht verkannt werden, daß nach der Jahrtausendwende erhöhter Bedarf an qualifizierten Arbeitskräften besteht. Dies bedeutet, daß schon heute hierzu die entsprechenden Schritte eingeleitet werden müssen. Teilfeldqualifikation wird dabei eine wichtige Rolle spielen können.

Vornehmliches Ziel sollte es aber sein, mehr Arbeitsplätze zu schaffen. Ergänzend muß hier eine gerechtere Verteilung der Arbeitszeit hinzukommen.

Verantwortlich für die Schaffung neuer Arbeitsplätze sind in erster Linie die Sozialpartner und hier vornehmlich die Arbeitgeber. Ein Menschenrecht auf Arbeit gegenüber dem Staat läßt sich in einer sozialen Marktwirtschaft zwar ethisch, aber nicht rechtlich begründen. Gleichwohl ist der Staat hier in der Mitverantwortung. Um Arbeitgebern die Standortentscheidung für Investitionen in Arbeitsplätze zu erleichtern, sind umfassende, langfristige Strukturhilfen insbesondere für wirtschaftlich schwache Gebiete erforderlich. Von den Kommunen allein können die für den Arbeitsmarkt bedeutsamen Investitionen auf dem Gebiet der Industrieansiedlung und Infrastrukturpolitik, vor allem im Bereich Forschung, Technologietransfer und Neugründung von Unternehmen, nicht mehr geleistet werden.

Der Bund ist deshalb gefordert, zusammen mit den Ländern der Strukturpolitik einen größeren Stellenwert beizumessen. Als geeignetes Instrumentarium hierfür kommt die Einrichtung eines gemeinsamen Strukturfonds in Betracht.

Positiv zu beurteilen sind auch Beschäftigungshilfen entsprechend dem von der Bundesregierung zu Anfang dieses Jahres beschlossenen Programm gegen Langzeitarbeitslosigkeit. Solche Beschäftigungshilfen sind insbesondere für bestimmte Zielgruppen, wie Menschen mit Behinderungen, ältere Arbeitnehmer, Frauen, zu fördern. Dabei gilt auch hier der Grundsatz, daß es Ziel sein muß, diese Personen überhaupt wieder in Arbeit zu bringen. Im Vordergrund stehen dabei reguläre unbefristete Beschäftigungsverhältnisse. Wenn dies nicht möglich ist, sollten aber in jedem Fall auch öffentlich geförderte Probearbeitsverhältnisse oder befristete Arbeitsverhältnisse versucht werden.

Große Bedenken hat der VdK aber gegen von seiten der Arbeitgeberverbände vorgebrachte Forderungen nach niedrigeren Einstiegstarifen für Berufsanfänger und Arbeitslose, um sogenannte »AFG-Karrieren« und »Förderketten« zu vermeiden. Zum einen gibt es eine Untergrenze der Lohnflexibilität, und zum anderen ist die Tarifpolitik Aufgabe der Sozialpartner. Diese darf nicht für bestimmte Erwerbsgruppen generell unterlaufen werden. Für diese Personen darf kein »zweitklassiger« Markt geschaffen werden. Andererseits sollte aber neben dem regulären Arbeitsmarkt verstärkt Möglichkeiten eines zweiten, öffentlich geförderten Arbeitsmarktes überprüft werden. Es ist sinnvoller, Arbeit statt Arbeitslosigkeit zu finanzieren. Ziel muß vorrangig die Eingliederung auf dem regulären Arbeitsmarkt sein.

Die Aufgaben der Vermittlung von Beschäftigung, der Förderung von Beschäftigungsprogrammen, die berufliche Qualifizierung und die materielle Unterstützung von Arbeitslosen obliegen der Arbeitsverwaltung und sollten entsprechend auch im Arbeitsförderungsrecht geregelt werden. Dementsprechend sind die Ansätze in dem von der Bundesregierung eingebrachten Entwurf zur Änderung des BSHG ordnungspolitisch falsch.

Parallel zur Schaffung neuer Arbeitsplätze und zur Förderung von Beschäftigung muß aber auch die vorhandene Arbeit neu verteilt werden. Hier könnte durch Flexibilität mehr Arbeit geschaffen werden. Die Unternehmen benutzen die bereits jetzt vorhandenen tarifrechtlichen und gesetzlichen Möglichkeiten der Flexibilisierung der Arbeitszeiten nicht in machbarem Umfang. Aber auch von den Arbeitnehmern selbst muß weit mehr an Anpassungsfähigkeit, Flexibilität, Kreativität und letztlich auch Mobilität verlangt werden.

Die neuen Technologien machen tiefgreifende Änderungen in der Arbeitszeitgestaltung, in der Vergütung und in den Anforderungsprofilen notwendig. Sie bieten daher die historische Chance, in die Umverteilung der Arbeit einzusteigen. Ermöglicht wird insbesondere eine flexiblere Gestaltung von

Erwerbstätigkeit, Familienleben, Freizeit und Bildung. Diese Flexibilität ermöglicht auch eine gerechtere Verteilung von Arbeit im Sinne von Teilzeitarbeit. Eine höhere Entlohnung bei mehr qualifizierter Arbeit ermöglicht dabei einen größeren Spielraum, Teilzeitarbeit ohne vollen Lohnausgleich durchzuführen. Die auf dem Arbeitsmarkt besonders benachteiligten Gruppen, wie behinderte, ältere, schlechter qualifizierte Arbeitnehmer, können von dieser Entwicklung aber nur profitieren, wenn entsprechende Bildungs- und Weiterbildungsangebote bestehen und sie fähig sind, hiervon auch Gebrauch zu machen. Im Bereich der Niedriglohngruppen wäre eine Arbeitsverkürzung ohne vollen Lohnausgleich nur durch öffentliche Förderung möglich.

Mit großer Besorgnis sieht der VdK hier Bestrebungen der Bundesregierung im Rahmen der BSHG-Novelle, die Regelsätze der Hilfe zum Lebensunterhalt im Rahmen der Sozialhilfe an die Entwicklung in unteren Einkommensgruppen anzupassen. Wenn es der Tarifpolitik nicht gelingt, das Existenzminimum zu gewährleisten, muß es durch die Sozialhilfe als unterstes Netz der sozialen Sicherung sichergestellt bleiben. Dies kann notfalls auch im Rahmen eines »Kombilohn-Modells« von Entlohnung in Verbindung mit öffentlicher Förderung wie Sozialhilfe erfolgen. Dabei ist zu beachten, daß der Anreiz zur Erwerbstätigkeit in diesen Fällen aufrechterhalten bleibt.

3. Zukunft des Sozialstaates

Unbestritten ist, daß die Möglichkeiten des Sozialstaates von der wirtschaftlichen Entwicklung abhängen. Unbestritten ist auch, daß beispielsweise infolge der Probleme mit der Einigung Deutschlands, der Globalisierung der Wirtschaft, der neuen Technologien und nicht zuletzt der demographischen Entwicklung ein Umbau des Sozialstaats geboten ist. Die Formel vom Umbau darf sich aber nicht einseitig in der Begrenzung von Ausgaben und dem Abbau von Leistungen erschöpfen. Unser System der sozialen Sicherung hat sich in seinen Grundzügen bewährt und ist ein Garant für den inneren Frieden in Deutschland. Umbau des Sozialstaates heißt also Weiterentwicklung aufgrund geänderter Bedingungen und nicht Abbau.

Im System der sozialen Sicherung haben sich historisch die vorgelagerten Sozialversicherungssysteme entwickelt. Bewährt hat sich hier das Versicherungssystem mit Beitragsfinanzierung und Leistungen entsprechend dem Äquivalenzprinzip und Elementen des solidarischen Ausgleichs. Das Äquivalenzprinzip wird zwar vorherrschend im Rahmen der Rentenversicherung gesehen; unter dem Gesichtspunkt des Generationenvertrages sollte es aber auch im Rahmen der gesetzlichen Krankenversicherung wie auch im Rahmen der Arbeitslosenversicherung stärkere Beachtung finden. Die normale Alterssicherung, ein vollwertiger Krankenschutz, Schutz vor den existentiellen Folgen bei Arbeitslosigkeit sollten deshalb in diesem vorgelagerten Sicherungssystem weiterhin garantiert sein. Noch vollkommen unzureichend gelöst ist das Problem des familiären Lastenausgleichs und das Wohnungsproblem. Hinsichtlich der Absicherung des Risikos der Pflegebedürftigkeit wurde mit dem Pflegeversicherungsgesetz ein wichtiger Einstieg geschaffen. Die Pflegeversicherung ist aber auch ein Beispiel, wie die Verzahnung zwischen vorgelagerten Sozialversicherungssystemen und der Sozialhilfe als unterstem Netz der sozialen Sicherung nicht geregelt sein sollte. Das Problem besteht in der Pflegeversicherung darin, daß die Leistungen nicht an dem vorhandenen Bedarf (anders als in der gesetzlichen Krankenversicherung, wo ein vollwertiger Gesundheitsschutz garantiert ist) orientiert sind, sondern vom Gesetzgeber unter finanzpolitischen Erwägungen eher willkürlich festgesetzt worden sind, quasi als eine Art Grundversorgung. Gleichzeitig wurden in dem nachrangigen System der Sozialhilfe Bedarfstatbestände neu definiert. Die Folge ist, daß schwerstbehinderte Menschen durch die Einführung der Pflegeversicherung wesentliche Nachteile erlitten haben, die man gegenwärtig ohne gesetzliche Änderung der bestehenden Besitzstandsregelung nicht ausgleichen kann.

Grundsätzlich fordert der VdK daher, daß die vorgelagerten Sozialsysteme beitragsbezogen im Bereich der gesetzlichen Renten- und Arbeitslosenversicherung mit dem Ziel der Lebensstandardsicherung und bedarfsorientiert im Bereich der gesetzlichen Krankenversicherung und Pflegeversicherung im Sinne einer vollwertigen Absicherung Leistungen gewähren.

In diesem Fall benötigen wir keine Grund- oder Mindestsicherung über die bestehende Sozialhilfe hinaus.

Gegen eine solche Grund- oder Mindestsicherung hätten wir systematisch größte Bedenken, da hierdurch bestehende Probleme nur auf eine andere Ebene verlagert werden und

- die Akzeptanz der vorgelagerten Versicherungssysteme abnehmen würde,
- im Hinblick auf den Leistungsexport in das europäische Ausland bedenkliche Entwicklungen bedingt wären.

Dies gilt aber nur, wenn man die Leistungsfähigkeit der vorgelagerten Sicherungssysteme aufrechterhält und stärkt.

Umbau des Sozialstaats heißt für den VdK daher auch, die Sozialhilfe auf ihre ursprüngliche Funktion, der Verhinderung individueller Notlagen, im Wege einer Reform der vorgelagerten sozialen Sicherungssysteme mit ordnungspolitisch richtiger Zuordnung aller Leistungen zurückzuführen.

Zumindest, wenn man auch an dem von der Bundesregierung nicht in Zweifel gezogenen Sicherungsziel, der Bewahrung einer menschenwürdigen Existenz, festhalten will, wäre die Alternative hierzu nur, die Sozialhilfe in eine Grundsicherung umzuwandeln.

Für bedenklich hält der VdK auch, daß nunmehr in der Sozialhilfe der Bundesgesundheitsminister eine Mißbrauchsdiskussion eröffnet. Der VdK tritt entschieden für die Bekämpfung des Mißbrauchs ein; Mißbrauchsbekämpfung kann man aber nicht zum Allheilmittel für die finanzielle Konsolidierung von Sicherungssystemen machen. Im Sozialhilferecht führt dies dazu, daß man nicht mehr an einem einheitlichen Existenzminimum festhalten will, sondern »arbeitsscheuen« Personen das Existenzminimum ganz oder teilweise entziehen will. Bemessungsgröße für die soziale »Mindestsicherung« im Rahmen der Sozialhilfe muß das Existenzminimum sein. Dieses Existenzminimum ist durch Artikel 1 Absatz 1 des Grundgesetzes in Verbindung mit dem Sozialstaatsgrundsatz in Artikel 20 Absatz 1 Grundgesetz garantiert. Kriterium für die Bemessung der Regelsätze darf daher nicht sein, was sich einkommensschwache Gruppen in der Gesellschaft nicht leisten können, sondern was Bedürftige zum notwendigen Lebensunterhalt brauchen.

Der VdK teilt die Sorgen um die Finanzierbarkeit des Sozialstaats und unterstützt Forderungen nach einer glaubwürdigen Verteilung der Abgabenbelastung, und zwar insbesondere

- den Abbau der Finanzierung von gesamtstaatlichen Aufgaben aus Sozialversicherungsbeiträgen,
- die Aufdeckung von Steuerhinterziehung mit der gleichen Intensität wie die unberechtigte und unbegründete Inanspruchnahme von Sozialleistungen.

Grundsätzlich sollte aber an den bestehenden Finanzierungsstrukturen festgehalten werden, das heißt also an der solidarischen Finanzierung der Sozialversicherungssysteme im Wege des Umlageverfahrens und der Finanzierung der Sozialhilfe als unterstem Netz aus Steuermitteln.

Zunehmend wird dabei in die Diskussion gebracht, die paritätische Finanzierung der Sozialversicherungssysteme aus Arbeitgeber- und Arbeitnehmerbeiträgen aus dem Arbeitseinkommen abzuändern. Ein Beispiel hierfür sind die Regelungen im Gesundheitsstrukturgesetz für Ruheständler. Durch die dort vorgenommenen Einschränkungen des Zugangs zur Krankenversicherung der Rentner müssen anders als nach altem Recht Ruheständler, die die überwiegende Zeit ihres Lebens in der gesetzlichen Krankenversicherung freiwillig versichert waren, Krankenversicherungsbeiträge im Rentenalter auch auf Miet- und Zinseinnahmen bezahlen. Solche Regelungen, bezogen auf bestimmte Personengruppen, lehnt der VdK ab. Dies gilt insbesondere auch für die im Rahmen der dritten Stufe der Gesundheitsreform vorgebrachten Vorschläge, generell Rentner mit allen Einkommensarten zur Krankenversicherung heranzuziehen.

Andererseits hat der VdK im Zusammenhang mit der Einführung der neuen Pflegeversicherung weitergehende Finanzierungsvorschläge gemacht. Wir haben uns hier für eine Finanzierung ohne Arbeitgeberbeteiligung ausgesprochen, da das Risiko der Pflegebedürftigkeit grundsätzlich nicht aus der Gefahr im Erwerbsleben resultiert. Darüber hinaus haben wir angeregt, eine neue Finanzierungsform aus Elementen des Umlageverfahrens, gekoppelt mit Elementen des Kapitaldeckungsverfahrens, einzuführen.

Diese Möglichkeiten sollten weiter diskutiert werden. Ein reines Kapitaldekkungsverfahren, wie es in der privaten Versicherungswirtschaft praktiziert wird, hält der VdK aber nicht für realistisch, da bei der Systemumstellung eine Generation die Lasten der nicht mehr Erwerbstätigen tragen sowie die eigenen Leistungen vorfinanzieren müßte. Eine solche Doppelbelastung einer Generation wäre nicht möglich. Hier gibt es auch keine Alternative zu der solidarischen Finanzierungsform. Für nicht gangbar hält der VdK auch den Weg, die gesetzliche Krankenversicherung – wie es in dem Gutachten des Sachverständigenrats der konzertierten Aktion angedacht ist – zunehmend mit Elementen der privaten Krankenversicherung (wie Zu- und Abfall von Leistungen und Tarifen) auszustatten. Am Ende soll dann die Mehrheit in einem privaten Versicherungssystem stehen, und nur die sozial Schwachen würden die erforderliche Grundversorgung aus Steuermitteln oder durch andere Sozialversicherungsträger finanziert erhalten.

Neben den bereits vorgebrachten Argumenten gegen eine solche Grundversorgung wäre dieser Weg nach den bisherigen Erfahrungen aus der privaten Krankenversicherung nicht praktikabel. Gerade die Explosion der Beiträge für privatversicherte Ruheständler, die den Gesetzgeber zum Eingreifen gezwungen hat, zeigt, daß die private Krankenversicherung mit ihrem viel gerühmten Kapitaldeckungssystem nicht in der Lage ist, die hohen Kosten der demographischen Entwicklung und die steigenden Gesundheitskosten abzusichern.

Insgesamt sollten Änderungen im Finanzierungs- und Beitragssystem im Rahmen einer Gesamtkonzeption vorgenommen werden. Einseitige Beitragsbelastungen für bestimmte Personengruppen haben sich nicht bewährt. So ist zwischenzeitlich auch allgemein anerkannt, daß durch Zuzahlung im Bereich des Gesundheitswesens gerade behinderte und chronisch kranke Menschen einen höheren Beitrag zu entrichten haben, der auf die Gesamtausgaben nicht steuernd wirkt und zugleich in höchstem Maße unsolidarisch ist.

Wenn man hier neue Beitragsstrukturen zur Diskussion stellt, sollte auch der Einsatz eines Wertschöpfungsbeitrages erneut diskutiert werden. Der lohnbezogene Arbeitgeberbeitrag benachteiligt alle Unternehmen, die im wesentlichen den Produktionsfaktor Arbeit durch menschliche Arbeitskraft in ihren Bereichen haben. Vorteile haben also jene Unternehmen, bei denen die Faktoren Kapital/Maschinen die überwiegende Rolle spielen. In gleicher Weise benachteiligt sind Handwerksbetriebe; weil die Schere bei der Kostenbelastung zwischen lohn- und kapitalintensiven Betrieben immer weiter auseinanderklafft, treten immer stärkere Verzerrungen der Wettbewerbsverhältnisse auf. Volkswirtschaftlich kann dies zu einer dramatischen Verknappung von Arbeitsplätzen führen. Sozialversicherungsrechtlich werden personalintensive Betriebe überproportional belastet. Die Lösung wäre hier die Einführung eines gesplitteten Arbeitgeberbeitrages aus lohnbezogenen und kapitalschöpfenden Elementen anstelle des derzeit ausschließlich lohnbezogenen Arbeitgeberbeitrages. Quasi als »Abfallprodukt« käme es durch diese zusätzliche Komponente zu einer finanziellen Stabilisierung der gesetzlichen sozialen Sicherungssyteme, in erster Linie der Renten- und Arbeitslosenversicherung. Gleichzeitig wäre hiermit für Arbeitgeber der Anreiz verbunden, statt in Maschinen in Arbeitsplätze zu investieren. Diskutiert werden muß im Rahmen ordnungspolitisch richtiger Zuordnungen auch die volle Erstattung der Fremdausgaben, die die Solidargemeinschaft in einer Größenordnung von jährlich 100 Milliarden DM aufbringt. Hier handelt es sich um gesamtgesellschaftliche Aufwendungen, die aus Steuern zu bezahlen sind. Dies könnte nach Berechnungen von Fachleuten zu einer Senkung der Sozialversicherungsbeiträge um etwa neun Prozent führen. Wirtschaftspolitisch wäre damit eine Standortsicherung von Arbeitsplätzen verbunden.

4. Zukunft der Gewerkschaften

Die Gewerkschaften werden sich den geänderten und den sich weiter ändernden Rahmenbedingungen stellen müssen. Dabei spielen die Interessen der ausgeschiedenen Arbeitnehmer eine wichtige Rolle. Aus Sicht des VdK wäre eine zielgerichtete Zusammenarbeit mit den großen Sozialverbänden wünschenswert.

Jürgen Wahse
(Leiter des Instituts für Sozialökonomische Strukturanalysen e. V. [SÖSTRA])

Thesenpapier: Arbeitsmarkt Ostdeutschland 2000/2010

Nach fünf Jahren Marktwirtschaft bietet der ostdeutsche Arbeitsmarkt weiterhin ein äußerst dramatisches Bild. Ende 1989 gab es in der DDR 9,7 Millionen Erwerbstätige. Ende 1994 hatten nur noch 6,3 Millionen einen Arbeitsplatz in Ostdeutschland. Das ist ein Rückgang um etwa ein Drittel. Dabei muß noch berücksichtigt werden, daß diese Zahl die von der Arbeitsverwaltung subventionierten Beschäftigungsverhältnisse in Form von Arbeitsbeschaffungsmaßnahmen und auch von Kurzarbeit einschließt.

Auf der anderen Seite der Bilanz stehen zum gleichen Zeitpunkt über 1 Million Arbeitslose, gut 500 000 Empfänger von Vorruhestands- bzw. Altersübergangsgeld und etwa 250 000 Teilnehmer an Vollzeit-Fortbildungs- und Umschulungsmaßnahmen. Fast eine halbe Million Auspendler und rund 800 000 in die alten Bundesländer abgewanderte Arbeitskräfte haben im früheren Bundesgebiet eine Beschäftigung gefunden.

1. Arbeitskräfte: Nachfrage und Angebot

Damit dürfte der Tiefpunkt bei der Beschäftigung in Ostdeutschland erreicht sein. Die bisherige Entwicklung seit 1989 und eine von SÖSTRA ermittelte Projektion der Arbeitskräftenachfrage (Erwerbstätigenzahl) Ostdeutschlands lassen den Schluß zu, daß der Beschäftigungsabbau zum gegenwärtigen Zeitpunkt (Mitte 1995) zum Stillstand gekommen ist, ja daß seit 1994 eine leichte Erholung bei der Arbeitskräftenachfrage erkennbar ist, ohne daß allerdings eine deutliche Veränderung bei der Arbeitslosigkeit eingetreten ist. Zwischen 1995 und 2000 ist aufgrund der zu erwartenden hohen Wachstumsraten der Bruttowertschöpfung im produzierenden Gewerbe und der Ausweitung des tertiären Sektors mit einer Zunahme der Arbeitsplätze um fast 200 000 zu rechnen.

Im Zeitraum 2000 bis 2010 wird die Zahl der Erwerbstätigen demgegenüber wieder um fast 300 000 Personen abnehmen, weil sich die Personaldichte im tertiären Sektor weitgehend an westdeutsche Maßstäbe angeglichen haben wird, die Bevölkerungszahl (der Bezugspunkt für die Personaldichte) aber gleichzeitig weiter zurückgeht. Auch werden die hohen Wachstumsraten der Bruttowertschöpfung aus den neunziger Jahren nicht mehr erreicht werden.

Das Angebot an Arbeitskräften (Erwerbspersonenpotential) sinkt im Verlauf des Projektionszeitraumes bis 2010, vor allem aufgrund der Entwicklung von Zahl und Altersstruktur der Bevölkerung sowie des Erwerbsverhaltens insbesondere der Frauen.

Bemerkenswert ist, daß sich die Zahl der Auszubildenden um das Jahr 2010 mehr als halbieren wird. Das ist jedoch nicht überraschend, weil sich aufgrund des gegenwärtigen starken Geburtenrückgangs die Altersjahrgänge stark vermindern, die zu diesem Zeitpunkt für eine Berufsausbildung in Frage kommen.

Bei einer Gegenüberstellung der Arbeitskräftenachfrage mit dem Arbeitskräfteangebot ergibt sich in der Arbeitskräftebilanz ein nicht unbeträchtliches Arbeitsplatzdefizit, das sich gegenüber dem heutigen Stand aber deutlich reduziert. Die folgende Tabelle zeigt, daß die Reduzierung des Arbeitsplatzdefizits nur zu einem geringen Teil auf die Schaffung zusätzlicher Arbeitsplätze, d. h. auf erhöhte Nachfrage nach Arbeitskräften, zurückzuführen ist, sondern im wesentlichen auf der deutlichen Verringerung des Angebots an Arbeitskräften, d. h. des Erwerbspersonenpotentials, beruht.

Arbeitskräftenachfrage und Erwerbspersonenpotential in Ostdeutschland

Zeitpunkt	Arbeitskräftenachfrage (Erwerbstätige)	Arbeitskräfteangebot (Erwerbspersonen-potential)	Arbeitsplatzdefizit (Rechnerische Arbeits-platzlücke)
	Angaben in 1 000 Personen		
1992	6 450	8 280	1 830
1995	6 340	8 120	1 780
2000	6 530	7 890	1 360
2010	6 260	7 150	890

Unter den im Szenario getroffenen Annahmen werden im Jahre 2000 in

Ostdeutschland etwa 1,4 Millionen Arbeitsplätze fehlen (rechnerische Arbeitsplatzlücke). Das ist zwar im Vergleich zur gegenwärtigen Lage ein bemerkenswerter Rückgang auf etwa 75 Prozent, aber immer noch ein großes gesellschaftliches und soziales Problem.

Diese rechnerische Arbeitsplatzlücke könnte durch eine Reihe von arbeitsmarktentlastenden Faktoren vermindert werden. Dies sind im wesentlichen die öffentlich geförderte Beschäftigung, aber auch der Auspendlerüberschuß gegenüber den alten Bundesländern spielt eine wichtige Rolle. Erst wenn ihr Einfluß berücksichtigt wird, kann auf die Größenordnung möglicher Arbeitslosigkeit geschlossen werden. Der Umfang und die Entwicklung dieser Faktoren unterliegen politischen und wirtschaftlichen Einflüssen, vor allem auch finanziellen Restriktionen, die nur in sehr eingeschränktem Maße vorhersehbar sind. Unter der Annahme, daß der gegenwärtige Auspendlerüberschuß sowie der heutige Umfang der stillen Reserve bestehenbleiben, könnte die Arbeitslosenquote bis zum Jahre 2000 auf unter zehn Prozent sinken.

In der ersten Etappe des Projektionszeitraums bis zum Jahre 2000 setzen sich die Strukturverschiebungen zwischen den Wirtschaftssektoren in stark abgeschwächter Form noch fort. Der Land- und Forstwirtschaftsanteil fällt weiter, auch der des sekundären Sektors (des produzierenden Gewerbes) geht noch leicht zurück. Dagegen wächst der Anteil des tertiären Sektors zunehmend an. Erwartungen, daß die Strukturverschiebungen bereits heute im wesentlichen beendet sind, bestätigen sich unter den getroffenen Modellannahmen nur teilweise. Der Transformationsprozeß wird sich noch bis zur Jahrhundertwende, wenn auch mit gebremster Dynamik, fortsetzen.

Die zweite Etappe von 2000 bis 2010 ist durch eine relative Konstanz im Anteil der drei Wirtschaftssektoren gekennzeichnet. Dies läßt darauf schließen, daß die umfangreichen Strukturbrüche und -verschiebungen um das Jahr 2000 abgeschlossen sein werden. Zu dieser Zeit kann bereits von einer weitgehenden Anpassung an die Produktivität und vor allem an die Personaldichteziffern vergleichbarer alter Bundesländer ausgegangen werden.

2. Wirtschaftsbereiche

Eine differenzierte Betrachtung nach Wirtschaftsbereichen und -zweigen zwischen 1992 und 2000 macht deutlich, daß ein Beschäftigungsabbau vor allem im verarbeitenden Gewerbe (–280 000) und im Bereich Energie- und Wasserversorgung/Bergbau (–110 000) stattfinden wird. Innerhalb des

Dienstleistungsgewerbes sinkt die Beschäftigtenzahl auch im Zweig Bildung, Wissenschaft, Kultur (–190 000). Im allgemeinen zeigt sich jedoch, daß der Hauptteil dieses Beschäftigungsabbaus zwischen 1992 und 1995 bereits erfolgt und zwischen 1995 und 2000 mit einer deutlich günstigeren Entwicklung zu rechnen ist. Dagegen sind zwischen 1992 und 2000 vor allem bei den Dienstleistungen (+170 000), im Handel (+200 000), im Bereich Kreditinstitute/Versicherungsgewerbe (+100 000) und im Baugewerbe (+170 000) zusätzliche Arbeitsplätze zu erwarten.

Innerhalb des verarbeitenden Gewerbes sind vom Beschäftigtenabbau zwischen 1992 und 2000 vor allem der Maschinen- und der Fahrzeugbau mit rund 100 000 Erwerbstätigen betroffen. Eine positive Beschäftigungsentwicklung zeigt sich insbesondere im Nahrungs- und Genußmittelgewerbe, im Holz-, Papier- und Druckgewerbe sowie bei Steine/Erden/Feinkeramik/Glas.

Innerhalb des Dienstleistungsbereiches ist die Entwicklung sehr widersprüchlich. Im Zweig Bildung, Wissenschaft, Kultur geht die Beschäftigung weiter zurück. Das ist vor allem auf die sinkenden Bevölkerungszahlen bei den jüngeren Altersjahrgängen, die sich im Ausbildungsalter befinden, aber auch auf die Reduzierung der Lehrer-/Erzieher-Schüler-Quoten an allgemeinbildenden Schulen und Kindergärten zurückzuführen.

Dagegen steigen die Beschäftigtenzahlen in den drei anderen Zweigen des Wirtschaftsbereiches Dienstleistungen – Gastgewerbe, Gesundheitswesen, Beratung und andere Dienstleistungen – deutlich an. Die Ursachen dafür liegen in der wachsenden Zahl von Hotels und Gaststätten, im Nachholbedarf bei Beratungsdienstleistungen (Rechts- und Steuerberatung, Wirtschaftsprüfung und -beratung, Werbung usw.) und in der Anpassung an westdeutsche Strukturen bei der medizinischen Versorgung.

Die hier skizzierte Entwicklung des ostdeutschen Arbeitsmarktes beruht auf einem Anpassungsszenario, das im Auftrag der Arbeits- und Sozialministerien der neuen Bundesländer von SÖSTRA Berlin für den Zeitraum 2000/2010 für alle neuen Bundesländer erarbeitet wurde. Das Modell geht von dem Grundgedanken aus, daß sich Ostdeutschland in seiner Produktivität und in seinen Personaldichteziffern an die alten Bundesländer annähert und letztendlich angleicht. Die zu erwartenden Zahlen für Erwerbstätige und Erwerbspersonenpotential ergeben sich aus Regionalprognosen der neuen Bundesländer einschließlich Berlin (Ost). Dadurch erhöht sich die Eintreffenswahrscheinlichkeit dieser Arbeitskräfteprojektion. Es muß allerdings darauf hingewiesen werden, daß alle Ergebnisse nur unter der Bedingung der unterstellten Modellannahmen gelten.

Dieter Weinmann
(Mitglied der IG Metall, Bochum)

Gemeinsam kämpfen!

Wir befinden uns in Deutschland in einer gesellschaftlichen Umbruchsituation. Das erfordert auch von den Gewerkschaften und insbesondere von unserer IG Metall Antworten auf die Fragen der Zukunft. Wie sieht die zukünftige Rolle der Gewerkschaften aus? Welches Gesicht hat in Zukunft der Sozialstaat? Wie können wir die Fragen nach Arbeit (Erwerbsarbeit und andere gesellschaftlich nützliche Arbeit) wieder als zentrales Problem der Gesellschaft aufwerten?

Sicherlich kann die Diskussion über die Aufgaben und Verantwortung der Gewerkschaften nicht die notwendige Erörterung und das Auseinandersetzen mit den anderen inhaltlichen Problemen verdrängen. Die Fixierung der Gewerkschaften, das Festlegen und Bestimmen des gewerkschaftspolitischen Kurses unserer IG Metall bewegt sich in der traditionell immer umstrittenen und heftig diskutierten Bandbreite zwischen extremer Konfliktstrategie (Gegenpositionen aufbauen gegenüber Kapital, Arbeitgebern und erforderlichenfalls Politik, Regierung) und einer bedingungslosen Sozialpartnerschaft, die letztlich nur bedeutet, sich den Interessen des Kapitals zu beugen und zu fügen.

Für unsere IG Metall muß es doch noch einen anderen Weg geben: Konflikte aufzeigen, Lösungen suchen und mithelfen, Probleme zu beseitigen, zeitweise den gesellschaftlichen Konsens herzustellen. Es kann und darf jedoch nicht sein, daß die IG Metall sich zu einer Organisation entwickelt, deren Haupttätigkeit darin besteht, Dienstleistungen anzubieten. In erster Linie sind die Gewerkschaften immer noch Kampforganisationen, die sich für die Interessen der abhängig Beschäftigten einsetzen; angetreten sind zu deren Schutz. Das muß auch weiter so bleiben. Das geht allerdings letztlich auch nur mit den Betroffenen gemeinsam, also nur, wenn wir zusammenhalten.

Hier denke ich auch daran, unsere gewerkschaftlichen Anstrengungen zu verstärken auf dem größer werdenden Sektor der Angestellten. Dies darf jedoch nicht dazu führen, die anderen Bereiche zu vernachlässigen oder gar an den Rand abzudrängen. Es ist für uns gewiß auch nicht förderlich, starr zu trennen zwischen hauptamtlichen und ehrenamtlichen Funktionären. Dabei die »einfachen Mitglieder« nur als lästigen Ballast anzusehen kann für unsere IG Metall fatale Folgen haben. Ein solches Verhalten wirkt auch in die Betriebe und Verwaltungen hinein. Die Doppelgleisigkeit der – formalen – Interessenvertretung der Arbeit: Betriebsräte und gewerkschaftliche Vertrauensleute (wobei die Verzahnung schon dadurch gegeben ist, daß die Mitglieder der IG Metall in den Betriebsräten auch zum gewerkschaftlichen Vertrauenskörper gehören, also Vertrauensleute sind) kann daher nicht heißen, daß beide Gruppen quasi gegeneinander arbeiten.

»Getrennt marschieren, vereint schlagen« mag als militärische Taktik manchmal angebracht sein. Für unsere IG Metall ist es auf alle Fälle besser, gemeinsam zu kämpfen. Hilfreich ist es daher auch nicht, z. B. bei Schulungen der IG Metall die Bereiche der hauptamtlichen und der ehrenamtlichen Funktionäre und Mitglieder strikt zu trennen; zumindest, was die gemeinsame Interessenvertretung angeht. Das stört also. Geradezu tödlich für die Gewerkschaften kann es meiner Ansicht nach sein, wenn unsere IG Metall sich hauptsächlich nur noch darum bemüht, ihre – betriebliche – Bildungsarbeit auf Veranstaltungen für den Bereich der Betriebsratsmitglieder zu konzentrieren. Nur gemeinsam können wir erfolgreich für unsere Belange eintreten. Diese Solidarität und Geschlossenheit ist erst recht dann erforderlich, wenn wir unsere Forderungen und Ansichten für eine soziale und menschliche Gesellschaftspolitik darstellen.

»Wer die Musik bestellt, bezahlt sie auch.« Wird dies nicht erst richtig, wenn wir die Aussage umstellen: Wer die Musik bezahlt, der bestimmt auch, was gespielt wird. Ist es wirklich undenkbar, ernsthaft zu erwägen, daß z. B. die Aufgaben und die Gestaltung der Rentenkassen von den Betroffenen selbst bestimmt werden? Ist es nicht notwendig, den Generationenvertrag (von 1957) sinnvoll zu verändern und den gesellschaftlichen Realitäten anzupassen? Sind nicht alle miteinzubeziehen, wenn es die Gesellschaft, den Staat betrifft?

»Alter Wein in neue Schläuche«, das sind doch die erneuten Forderungen und Anstrengungen des Kapitals und Kabinetts. Z. B. wurden im Umwandlungsgesetz vom 28. 10. 1994 zum Großteil gesetzliche Bestimmungen für diesen Komplex zusammengefaßt: Umwandlungsgesetz 1969, Aktiengesetz, Gesetz über die Kapitalerhöhung aus Gesellschaftsmitteln und über die Verschmelzung von GmbHs, Genossenschaftsgesetz, Versicherungsaufsichtsgesetz. Neu hinzugekommen sind Vorschriften für Unternehmensaufspaltungen. Deutlicher ausgedrückt: Auf der Grundlage des Gesetzes zur Spaltung der von der Treuhand verwalteten Unternehmen wurde in Ostdeutschland erprobt, Betriebe zu zerschlagen. Jetzt werden diese Erfahrungen – für uns schmerzliche – in ganz Deutschland umgesetzt. Hieraus ergibt sich doch die Frage, wie geht die IG Metall mit dem Phänomen der Auslagerung und Fremdvergabe von Betrieben und Betriebsteilen um? Welche gemeinsamen Anstrengungen müssen wir unternehmen, um negative Auswirkungen oder gar selbst die Betriebsabspaltung zu verhindern? Der Schulterschluß ist notwendig!

Grundlage jeglicher dauerhaften und vernünftigen Gesellschaftspolitik ist, daß eine ausreichende Zahl von Arbeitsplätzen für Erwerbsarbeit zur Verfügung steht. Müssen wir nicht auch den Stellenwert anderer gesellschaftlich nützlicher Arbeit angemessen erhöhen? Wir können beispielsweise zur Zeit in Deutschland erfassen – ich vermeide in diesem Zusammenhang den Begriff der »Statistik« ganz bewußt – daß sich der Trend zu Familien mit einem Kind, höchstens zwei Kindern abzeichnet. (Ein 0,65- oder 0,9-Kind habe ich noch nicht gesehen!) Familien mit vier und mehr Kindern bekommen in unserer Gesellschaft sehr leicht und vorschnell den Stempel aufgedrückt: »asozial«. Doch sind nicht gerade diese kinderreichen Familien in Wirklichkeit »sozial«, wenn ich die Zukunft des Staates, der Gesellschaft anvisiere? Es werfen sich noch genügend Fragen und Probleme auf, wie die Zukunft der Gewerkschaften, des Sozialstaates und der Arbeit aussieht. Doch eines dürfen wir als Gewerkschafter nie vergessen: Nur gemeinsam erreichen wir mehr!

Eduard Wörmann
(Pastor, Beauftragter für Fragen der Arbeitslosigkeit, Evangelische Kirche in Deutschland)

Ein kirchlicher Beitrag zum Dialog

Die »Einladung zum gesellschaftlichen Dialog« der IG Metall ist eine von mehreren Initiativen großer gesellschaftlicher Organisationen und Institutionen, durch Gespräche zwischen unterschiedlichen Gruppen und Organisationen und gleichzeitige Entwicklung von Handlungskonzepten Auswege aus Konflikten und Krisen zu entdecken und zu entwickeln. Die katholische und die evangelische Kirche haben einen Konsultationsprozeß zur wirtschaftlichen und sozialen Lage in Deutschland eingeleitet. Wege aus der Arbeitslosigkeit und aus der Armut, Stärkung der Familien, Reform des Sozialstaats, Bewahrung der Schöpfung wurden als Aufgaben herausgestellt. Mit Hilfe »Runder Tische« versuchen Initiativgruppen, für akute Konflikte und Probleme (Fremdenfeindlichkeit und Gewaltbereitschaft, Umweltzerstörung, Arbeitslosigkeit) Lösungen und akzeptierte Auswege zu finden.

Solche Dialoge und Gespräche dürfen nicht Modeerscheinungen oder Alibi-Veranstaltungen sein. In unterschiedlicher, aber vergleichbarer Weise gibt es in Kirchen und Gewerkschaften ein Denken, Reden und Schreiben, das folgenlos und ohne Handlungsorientierung bleibt und vor der scheinbaren Unveränderbarkeit der Verhältnisse kapituliert. In der Kirchengeschichte ist von der Frühzeit an ein Glaubensverständnis wirksam, das sich aus der Erfahrung der mangelnden oder geringen Durchsetzungs- und Veränderungskraft der Christen und Kirchen in den gesellschaftlichen und politischen Machtverhältnissen in eine Individualisierung und Spiritualisierung des Glaubens zurückzieht. Befreiung, Freiheit, Gerechtigkeit, neues Leben – biblische »Eckdaten« für Menschsein und menschliches Zusammenleben – werden auf geistig-geistliche, innerliche Werte, die die Seele des einzelnen betreffen, beschränkt. Sie sind nicht für Politik, Gesellschaft, Wirtschaft und Geschichte »anwendbar« – so dieses verkürzte Glaubensverständnis. Die Veränderung der Welt kann nur jenseits aller geschichtlichen Erfahrungen erhofft werden. Als Konsequenz einer solchen Glaubensverengung hat einer der Kritiker bissig formuliert: Die Leistung der

Kirche durch die Jahrhunderte hindurch war, die sozialethische Lehre Jesu unschädlich zu machen.

Auch in der Geschichte der Gewerkschaften ist ein Trend feststellbar, mit Rücksicht auf die Interessenlage der Mitglieder anspruchsloser im Hinblick darauf zu sein, was den Mitgliedern an Solidarität und Gemeinwohlorientierung und damit auch an Beteiligung an gesellschaftspolitischen Konflikten zuzumuten ist. Dabei wird unterschätzt, daß zwischen einem Rückzug auf »innere Mitgliederinteressen« und dem Verzicht auf provozierende Ziele in der Gewerkschaftspolitik ein Wirkungszusammenhang besteht.

Möglichst präzise müssen in den initiierten Kommunikationsprozessen die jeweilige Ausgangslage, die Ziele und strategischen Schritte geklärt, bestimmt und beschrieben werden. Die Komplexität und Differenziertheit sowie die weitreichenden wechselseitigen Abhängigkeiten in den einzelnen Problemfeldern machen Dialoge erforderlich, um zunächst einen möglichst breiten Konsens zwischen zuständigen Institutionen und Gruppen in der Situationsanalyse als Voraussetzung für wirkungsvolle und zukunftsträchtige Lösungen zu erreichen.

Schon die Wahrnehmung, Ursachenanalyse und Bewertung des Gefahrenpotentials, z. B. in Hinsicht auf die Massenarbeitslosigkeit, sind in der Regel durch die eigene Interessenlage und gegenwärtige Machtposition einseitig und beschränkt. Die Kirchen tun sich besonders schwer, anzuerkennen, daß sie schon in der Analyse von Krisen und Konflikten in politische Machtstrukturen »verwickelt« sind. Sie müssen sich selbstkritisch fragen, ob ihrem Auftrag gemäß für sie Menschsein und Menschlichkeit im persönlichen Leben und im gesellschaftlichen Zusammenleben der Maßstab der Situationsanalyse ist, ob sie sich an diesem Maßstab bei der Suche nach Auswegen aus Konflikten und Krisen orientieren und sich dadurch als unabhängig von Machtgruppen und -interessen und parteinehmend für die jeweils Ohnmächtigen erweisen.

Die in der Wahrnehmung der Realitäten und in der Suche nach Alternativen steckende »Machtfrage« stellt sich in ähnlicher Weise für die Gewerkschaften. Für sie sind die Mitgliederinteressen einerseits und der berechtigte Wunsch nach Beteiligung an politischer Gestaltungsmacht andererseits Machtfragen, auf die sie bei der Prioritätensetzung in Aktionsprogrammen und Zielgruppenorientierung Rücksicht nehmen müssen. Manchmal stehen diese unterschiedlichen Zielsetzungen gegeneinander und führen zu wechselseitigen Blockaden.

Das Gelingen des Konsultationsprozesses der Kirchen wie auch des von der IG Metall eingeleiteten Dialoges hängen in starkem Maße davon ab, inwieweit die Initiatoren intern die Abhängigkeiten infolge der Machteingebundenheit bewußt aufbrechen, dadurch politische Horizontverengungen überwinden und zu gemeinsamen – die Grenzen der eigenen Organisation und Institution überschreitenden – Positionen vorstoßen wollen.

Ein erfolgreicher Dialog ist daran erkennbar, ob die beteiligten Partner gemeinsam neue Positionen in der menschlichen Kommunikation und sachlichen Klärung der Probleme und Aufgaben erreicht haben und damit wesentliche Voraussetzungen für eine Zusammenarbeit geschaffen haben, um so zukunftsgerichtete Veränderungen in der Bewältigung von Krisen und Konflikten durchzusetzen. So wichtig es ist, Überlegungen und Vorschläge zur Zukunft der Arbeit, zur Zukunft des Sozialstaates, zur Zukunft der Gewerkschaften und auch zur Zukunft der Kirchen festzuhalten und schriftlich zu dokumentieren und aufgrund solcher Unterlagen zu beraten, so wichtig ist es ebenfalls, zu verhindern, daß Konsultationsprozeß und Dialogprozeß »in Papier« enden. Durch die im Dialog erreichte Gemeinsamkeit zwischen verschiedenen gesellschaftlichen Gruppen müssen in der Öffentlichkeit ein breites Bewußtsein für die Notwendigkeit von Reformen zur Verwirklichung von mehr gesellschaftlicher Gerechtigkeit geweckt und Druck zu gemeinsamem Handeln in vereinbarten strategischen Schritten ausgelöst werden.

Zum Konsultationsprozeß der Kirchen ist gesagt worden – und das gilt auch in ähnlicher Weise für den Dialogprozeß in der IG Metall: »Der Konsultationsprozeß ist um so erfolgreicher, je mehr es ihm gelingt, Einstellungen und Verhaltensweisen der Bürgerinnen und Bürger zu verändern und dadurch die Handlungsspielräume zu erweitern. In einer Demokratie sind die Handlungsspielräume der Politiker abhängig von Einstellungen und Verhaltensweisen vieler Wähler. Darum hat der Konsultationsprozeß eine nicht zu unterschätzende politische Bedeutung – aus der Verantwortung aber, die vorhandenen und die hoffentlich neu geschaffenen Handlungsspielräume mutig zu nutzen, kann die Politik nicht entlassen werden.« (H. Barth) »Handlungsfähigkeit und Handlungsbereitschaft der Politik. (...) werden in der Demokratie entscheidend durch Einstellungen und Verhaltensweisen aller Bürger bestimmt.« (EKD-Wirtschaftsdenkschrift)

Die Zielsetzung des durch die IG Metall initiierten Dialogprozesses ist, »Ziele und Instrumente der Zukunftsgestaltung präziser zu bestimmen«, dazu beizutragen, »daß sich Politik und Gesellschaft konsequenter und grundsätzlicher mit den Problemen von Arbeit, sozialer Gerechtigkeit und der Zukunft der Industriegesellschaft auseinandersetzen«.

Die Kirchen wollen mit dem Konsultationsprozeß zum Nachdenken über das anregen, »was unser Gemeinwesen und unser Land humaner, solidarischer und zukunftsfähiger machen kann und was dabei jedem und jeder einzelnen an persönlicher Verantwortung zugemutet und eröffnet ist«.

Die Kirchen beteiligen sich an diesen öffentlichen Dialogen, indem sie an ihre biblische Tradition erinnern und daraus aktuelle Orientierungen entwickeln:

»Aus biblischer Tradition schöpfend können die Kirchen Mut machen zur Zukunft und Vertrauen in die Möglichkeiten ihrer Gestaltung wecken. Sie können Bedingungen gelingenden sozialen Lebens aufzeigen und versuchen, ihre Erfahrungen im Ringen um das Verständnis und die Verwirklichung der biblischen Botschaft mit den daraus gewonnenen Wert- und Leitvorstellungen in den gesellschaftlichen Dialog einzubringen.« (Tz 4)

Die Zielsetzung von IG Metall und den Kirchen aufnehmend, will ich versuchen, zwei – alte – biblische Paradigmen auf ihre Orientierungs- und Mobilisierungskraft hin zu »ergründen«.

Es wird häufig von Paradigmenwechsel, dem Wechsel von Bezugspunkten für Lebensentwürfe und Verhaltensorientierungen, gesprochen. Demgegenüber frage ich nach der Aktualität alter – biblischer – Paradigmen und danach, inwieweit sie auch heute noch zur Orientierung bei der Gestaltung menschlicher Lebensverhältnisse beitragen können.

1. Ein biblisches Paradigma: Persönliche Verantwortung für ein humaneres, solidarischeres und zukunftsfähigeres Gemeinwesen

»Da stand ein Gesetzeslehrer auf, und um Jesus eine Falle zu stellen, fragte er: Meister, was muß ich tun, um das ewige Leben zu erlangen?

Jesus sagte zu ihm: Was steht im Gesetz? Wie liest du dort?

Er antwortete: Du sollst den Herrn, deinen Gott, lieben von ganzem Herzen und ganzer Seele, mit aller deiner Kraft und deinem ganzen Denken, und: Deinen Nächsten wie dich selbst.

Jesus sagte zu ihm: Du hast richtig geantwortet. Handle danach, und du wirst leben.

Der Gesetzeslehrer aber wollte sich rechtfertigen und sagte zu Jesus: Und wer ist mein Nächster?

Jesus antwortete: Ein Mann ging von Jerusalem nach Jericho hinab und wurde von Räubern überfallen. Sie plünderten ihn aus und schlugen ihn nieder; dann gingen sie weg und ließen ihn halbtot liegen. Zufällig kam ein Priester denselben Weg herab; er sah ihn und ging weiter. Auch ein Levit kam zu der Stelle; er sah ihn und ging weiter. Schließlich kam ein Mann aus Samaria, der auf der Reise war; als er ihn sah, hatte er Mitleid. Er ging zu ihm hin, goß Öl und Wein auf seine Wunden und verband sie. Dann hob er ihn auf sein Reittier, brachte ihn zu einer Herberge und pflegte ihn. Am anderen Tag holte er zwei Münzen hervor, gab sie dem Wirt und sagte: Sorge für ihn, wenn du mehr für ihn verbrauchst, werde ich es dir bezahlen, wenn ich wiederkomme. – Was meinst du: Wer von diesen dreien hat sich dem Mann, der von den Räubern überfallen wurde, als Nächster erwiesen?

Der Gesetzeslehrer antwortete: Der, der ihn barmherzig behandelte.

Da sagte Jesus zu ihm: Dann geh hin und handele genauso!« (Lukas 10,25–37)

Dieser Text ist eine biblische Handlungsorientierung in Richtung auf persönliche Verantwortung für humanes und solidarisches Zusammenleben.

An der Beschreibung der Gesprächslage wird deutlich, daß es von alters her ein Fragen nach Zukunftsperspektiven – »ewiges Leben« – gibt, das bewußt abstrakt-theoretisch bleiben und die eigene Position rechtfertigen will, um den Status quo im eigenen Interesse zu erhalten und eine persönliche Beteiligung an Zukunftsaufgaben verweigern zu können. Auch in den gegenwärtigen Diskussionen über gesellschaftspolitische Aufgaben und Reformen ist eine solche Art des Fragens und Argumentierens erkennbar und blockierend wirksam.

Um so etwas zu verhindern, erzählt Jesus diese Geschichte. Sie hat in dem Gesprächszusammenhang die Funktion, geradezu provozierend deutlich zu machen, daß sich Zukunftsorientierung und -fähigkeit im menschlichen Leben und Zusammenleben darin erweisen, ob Hilfsbedürftigkeit von einzelnen Menschen oder menschlichen Gruppen von anderen Menschen so wahrgenommen werden, daß diese zu unmittelbarem und lebensrettendem Handeln veranlaßt werden.

In der Gegenüberstellung von Priester und Levit – religiösen Funktionären – auf der einen Seite und dem Samariter auf der anderen Seite wird der Handlungsaspekt betont. Diejenigen, die von Amts wegen zum Handeln verpflichtet waren, taten nichts, obwohl sie den unter die Räuber gefallenen Menschen sahen. Der Samariter, der religiös wie gesellschaftlich als Außenseiter, um nicht zu sagen als minderwertig galt, sah und tat das Lebensnotwendige, das, was Leben rettete.

Die Vertreter der religiösen und gesellschaftlichen Ordnungs- und Wertvorstellungen gingen sehenden Auges tatenlos an der Hilfsbedürftigkeit eines Menschen vorüber. Der Samariter, der von der geltenden Wertordnung ausgeschlossen war, erkannte das menschlich Notwendige in der Situation des Hilfsbedürftigen und handelte. Er erwies sich dem Hilfsbedürftigen als Nächster, als Retter in der Not. Er ließ sich die Situation des anderen Menschen unter die Haut gehen. – Das ist Mitleid.

Die religiösen Funktionäre einerseits und der Samariter andererseits verkörpern alternative Sichtweisen, aus denen sich auch unterschiedliche Bewertungs- und Handlungsweisen ergeben. Die einen entscheiden sich aufgrund ihres Ordnungs- und Wertebewußtseins für die Fortsetzung ihres bisherigen Weges – vorbei an dem menschlich Notwendigen. Sie entscheiden von ihren Wertvorstellungen aus, was für sie das Nächstliegende ist. Die Kalkulation der Folgen oder Kosten – wie auch immer sie von ihnen bestimmt werden – läßt sie sich gegen die Interessen des unter die Räuber Gefallenen entscheiden.

Der Samariter läßt sich durch den dringenden Hilfebedarf eines Menschen auf seinem Weg aufhalten. Er gibt den Lebensinteressen des anderen Menschen – zeitlich begrenzt – Vorrang vor den eigenen Plänen und Absichten. Er beurteilt den Handlungsbedarf in der gegebenen Situation von dem anderen her. – Das ist Nächstenliebe.

Nächstenliebe bildet das Zentrum des biblischen Lebensverständnisses. Praktizierte Nächstenliebe läßt menschliches Leben und Zusammenleben »humaner, solidarischer und zukunftsfähiger« werden und sein.

Wichtig ist, daß in dem Bibeltext detailliert beschrieben wird, worin Barmherzigkeit in der konkreten Situation besteht und welche Zielrichtung sie hat. Es ist das folgerichtige Tun, das Heilung der Wunden fördert und den Hilfsbedürftigen wieder auf die eigenen Füße bringt. Er wird nicht zum Dauer-Betreuungsfall gemacht, der bevormundet und von anderen abhängig wird.

Mitleid und Barmherzigkeit sind in politischer Sichtweise individuell-persönliche Werte, mit denen machtpolitisch – scheinbar – wenig zu bewirken ist. Es ist aber zu fragen, ob sie in ihrer Orientierungsfunktion nicht unterschätzt werden. Auch ist zu fragen, ob die mit ihnen beschriebenen Verhaltensweisen nicht, wenn auch verdeckt, in stärkerem Maße praktiziert werden, als das bewußt zur Kenntnis genommen und gefördert wird. Dem Trend zu einer »mitleidslosen Ellenbogengesellschaft« und dem verbreiteten Klagen über mangelnde Solidarität und Gemeinwohlorientierung müssen bewußt eine Strategie entgegengesetzt werden, in der diese menschlichen Grundwerte eine wesentliche Rolle spielen.

Das Fazit der biblischen Geschichte ist, daß Menschsein und Menschlichkeit im persönlichen Leben immer wieder durch Eingehen auf akute Not anderer Menschen mobilisiert werden müssen. – Ideologen sind daran zu erkennen, daß sie sich durch Einzelschicksale nicht beeindrucken lassen und vor Einzellösungen mit Hinweis auf Unordnung verursachende Präzedenzfälle warnen. – Nächstenliebe hat eine Wechselwirkung. Im Einsatz für den anderen Menschen gibt es einen Rückkoppelungseffekt. Wer sich für den anderen einsetzt, gewinnt darin neu sein eigenes Menschsein und seine eigene Menschlichkeit. Er erkennt darin neu den Sinn und Wert seines Lebens und erfährt auch die Bestätigung seiner selbst (»... wie dich selbst«).

Dieses bedeutet, auf die gesellschaftliche Situation übertragen, daß wir unser Menschsein darin bewähren und bewahren sollen, daß wir uns für Integration und Beteiligung derjenigen einsetzen, die – aus welchen Gründen auch immer – im gesellschaftlichen Abseits leben, ausgegrenzt, behindert und benachteiligt sind. Das Maß an Menschlichkeit in einer Gesellschaft ist daran zu messen, was sich die Gesellschaft die Integration und Beteiligung der Ausgegrenzten kosten läßt.

Dabei muß noch einmal der in der biblischen Geschichte enthaltene Hinweis betont werden, daß »Beteiligung statt Betreuung der gesellschaftlich Benachteiligten« (Arbeitslose, Sozialhilfeempfängerinnen und -empfänger) Weg und Ziel gesellschaftlicher Humanisierungs- und Solidarisierungsstrategien sein sollten. – Betreuungsmentalität und -absichten sind aber in Kirchen wie auch Gewerkschaften noch stark verbreitet, obwohl beide von ihrem Auftrag her besonders verpflichtet sind, Partizipation und Mitbestimmung zu ermöglichen und zu praktizieren.

2. Ein biblisches Paradigma für Gerechtigkeit: »Die Letzten sollen die Ersten sein«

»Wenn Gott sein Werk vollendet, wird es sein wie bei einem Weinbergbesitzer, der früh am Morgen einige Leute für die Arbeit in seinem Weinberg einstellte. Er einigte sich mit ihnen auf den üblichen Tageslohn von einem Silberstück, dann schickte er sie in den Weinberg. Um

9.00 Uhr ging er wieder auf den Marktplatz und sah dort noch ein paar Männer arbeitslos herumstehen. Er sagte auch zu ihnen: ›Ihr könnt in meinem Weinberg arbeiten, ich will Euch angemessen bezahlen.‹ Und sie gingen hin. Genauso machte er es mittags und gegen 3.00 Uhr. Selbst als er um 5.00 Uhr das letzte Mal zum Marktplatz ging, fand er noch einige Herumstehende und sagte zu ihnen: ›Warum tut Ihr den ganzen Tag nichts?‹ Sie antworteten: ›Weil uns niemand eingestellt hat.‹ Da sagte er: ›Geht Ihr auch noch hin und arbeitet in meinem Weinberg!‹

Am Abend sagte der Besitzer des Weinbergs zu seinem Verwalter: ›Ruf die Leute zusammen und zahl allen ihren Lohn. Fang bei denen an, die zuletzt gekommen sind und höre bei den ersten auf.‹ Die Männer, die erst um 5.00 Uhr angefangen hatten, traten vor, und jeder bekam ein Silberstück. Als nun die an der Reihe waren, die ganz früh angefangen hatten, dachten sie, sie würden entsprechend besser bezahlt, aber auch sie bekamen jeder ein Silberstück. Da schimpften sie über den Besitzer und sagten: ›Die anderen, die zuletzt gekommen sind, haben nur eine Stunde lang gearbeitet, und Du behandelst sie genau so wie uns? Dabei haben wir den ganzen Tag in der Hitze geschuftet!‹ Da sagte der Weinbergbesitzer zu einem von ihnen: ›Mein Lieber, ich tue Dir kein Unrecht. Hatten wir uns nicht auf ein Silberstück geeinigt? Das hast Du bekommen, und nun geh! Ich will nun einmal dem letzten hier genau so viel geben wie Dir! Ist es nicht meine Sache, was ich mit meinem Eigentum mache? Oder bist Du neidisch, weil ich großzügig bin?‹

Jesus schloß: So werden die Letzten die Ersten sein und die Ersten die Letzten.« (Matth. 20,1–16)

Zur Zukunftsorientierung für menschliches Zusammenleben leitet dieser Bibeltext an. Das Thema ist Gerechtigkeit. Die Beschreibung konkreter Lebensbedingungen und -notwendigkeiten soll verdeutlichen, daß biblische »Richtungsweisung« in den gegenwärtigen und realen Lebenssituationen der Menschen »ansetzt« und beginnt und sie auf Zukunft hin öffnet. Gerechtigkeit ist der »Maßstab« und die Perspektive für menschliches Zusammenleben, wie es dem Gebot Gottes, d. h. dem biblischen Lebensverständnis entspricht. Die Zukunftsfähigkeit des menschlichen Zusammenlebens ist davon abhängig, inwieweit Gerechtigkeit in der jeweiligen menschlichen und gesellschaftlichen Lebenssituation realisiert ist.

Gerechte Lebensverhältnisse sind gewährleistet oder geschaffen, wenn alle Menschen das Lebensnotwendige haben und bekommen. Keiner darf davon ausgeschlossen sein. Das wird in der biblischen Geschichte darin zum Ausdruck gebracht, daß die angeworbenen Arbeiter Tagelöhner sind. Sie leben von einem Tag zum anderen, von der Hand in den Mund. Sie brauchen das Lebensnotwendige zum Überleben bis zum nächsten Tag. Sie sind darauf angewiesen, daß sie jemand einstellt. Besonders wichtig ist das für diejenigen, die in der letzten Stunde noch ohne Arbeit dastehen. Darum beginnt bei ihnen die Entlohnung. Diese Reihen- und Rangfolge macht bewußt, daß die Zukunftsfähigkeit des menschlichen und gesellschaftlichen Zusammenlebens von der Perspektive und Realität einer umfassenden, keine Menschen oder Gruppen ausschließenden Gerechtigkeit abhängt.

Für dieses biblische Verständnis von Gerechtigkeit ist wichtig, daß die Lebensvoraussetzungen und -grundlagen für die Menschen Gottes Schöpfung, Geschenk – nicht selbst und allein erarbeitet und darum mit Anspruchsrechten verbunden –, sondern das Ergebnis gemeinschaftlichen Handelns und Arbeitens sind.

Gerechtigkeit wird in der Bibel mit Sonne oder Wasser umschrieben.

So wie Sonne und Wasser unverfügbare, aber lebensschaffende und erneuernde Kräfte sind, ist Gerechtigkeit kommunikationsstiftende und -erhaltende Grundlage für menschliches Zusammenleben. Für eine – häufig geforderte – Wende hinsichtlich der Zielrichtung und für eine Erneuerung des »Wertebewußtseins« als Voraussetzung für die Überwindung der Ungerechtigkeiten und Krisen ist es wesentlich, daß wir uns auf diese Voraussetzungen besinnen.

Das biblische Verständnis von Gerechtigkeit ist Widerspruch gegen Versuche, eine »Wende« dadurch einzuleiten, daß die Letzten, die Arbeitslosen, Sozialhilfeempfängerinnen und -empfänger endgültig zu Letzten abgestempelt und die sogenannten Leistungsstärkeren, die Vermögenden als »potentielle Heilsbringer« zu Ersten deklariert und als solche privilegiert werden.

Sehr realistisch wird in der Bibel über die »natürlichen Reaktionen« derjenigen berichtet, die als erste mit der Arbeit begonnen und die die größere Leistung erbrachten. Sie murren über die ihrem »natürlichen« Empfinden widersprechende Umkehrung der Reihen- und Rangfolge bei der Entlohnung, über die »Gleichmacherei«.

In diesem Murren sind ganz unterschiedliche Elemente enthalten. Zunächst steckt darin ein berechtigter Anspruch auf Anerkennung von Leistung. Unser Selbstbewußtsein ist von einer solchen persönlichen leistungsbezogenen Anerkennung in starkem Maße abhängig. Ohne eine solche Anerkennung verlieren wir unser Selbstwertgefühl. Das ist an Arbeitslosen zu beobachten. Gerade in einer Zeit, in der berechtigte Ansprüche abgebaut werden – in der Weise, daß Gutsituierte darüber entscheiden, was Schlechtergestellten an Sozialhilfe und an Existenzminimum zustehen sollte –, darf das in dem Murren enthaltene Festhalten an begründeten Ansprüchen nicht überhört werden.

Das Murren kann aber auch von der Angst motiviert sein, zwar noch nicht unmittelbar betroffen zu sein, aber auch dranzukommen und zu den Letzten zu gehören.

Für die Realisierung von mehr Gerechtigkeit ist entscheidend, ob und wie es gelingt, die Front der Murrenden, die sich dort gebildet hat, wo Leute um ihre Besitzstände und ihren gesellschaftlichen Status bangen, aufzubrechen, in sie einzubrechen. Mit abstrakten moralischen Appellen ist da nichts zu bewegen.

Es muß argumentativ bewußt gemacht werden, daß eine gerechte Gesellschaft, in der die Letzten zuerst das Lebensnotwendige erhalten, allen Menschen – in unterschiedlichen Entwicklungen und gesellschaftlichen Umbrüchen – soziale Sicherheit und Zukunft bietet. Das Bewußtsein muß weit verbreitet und in den »Einstellungen und Verhaltensweisen der Bürgerinnen und Bürger« verwurzelt sein, daß durch realisierte soziale Gerechtigkeit das menschliche und gesellschaftliche Zusammenleben zukunftsfähig wird. Je mehr ein Denken in diese Richtung in Gang kommt und Einstellungen und Verhaltensweisen vieler Wähler verändert werden, desto mehr werden dadurch die Handlungsspielräume der Politiker für entsprechende politische Entscheidungen und Initiativen erweitert.

Das Murren ist nicht zuletzt auch Protest gegen die Richtung, die Perspektive Gerechtigkeit, die Menschen anstelle der Orientierung an einseitigen und kurzfristigen Einzelinteressen das spannungsreiche Wechselspiel zwischen berechtigten Eigeninteressen und Gemeinwohlorientierung zumutet. In der Bibel wird wiederholt von einem solchen Murren berichtet. Es findet statt, wenn Menschen auf neuen Wegen – in ein »verheißenes Land« – unterwegs unsicher werden und darum zu den »Fleischtöpfen Ägyptens«, in bekannte und gewohnte Lebensverhältnisse, auch wenn es Sklaverei war, umkehren wollten.

Mit einem »Wort« ruft die westfälische Kirchenleitung dazu auf: »Mehr soziale Gerechtigkeit wagen!«

Darin heißt es: »Zu den wesentlichen Merkmalen der Gerechtigkeit ... zählen ... die verhältnismäßige Beteiligung aller, die Fairneß allen gegenüber, allseitiges Geben und Nehmen, allgemeine Verbindlichkeit und die Fähigkeit, sich in die Lage des jeweils anderen zu versetzen. Davon ist unter uns wenig zu spüren. Gerade in der Politik darf der notwendige Sinn für sozialstaatliche Gerechtigkeit nicht verlorengehen. Darin läge ein folgenschwerer Werteverlust unserer Zeit ...

Mehr soziale Gerechtigkeit wagen, das ist ein Aufruf an die Politik, danach fragen die Bürgerinnen und Bürger und lassen sich selber fragen, weil alle davon leben ...

In praktischen Schritten muß ein neuer gesellschaftlicher Konsens über soziale Gerechtigkeit gefunden und weiterentwickelt werden, damit er in Zukunft die politische Praxis bestimmt.«

Zentralverband des Deutschen Handwerks

Resolution: Umbau der sozialen Sicherungssysteme*

Nach Vollbeschäftigung in den sechziger Jahren sind wir in eine besorgniserregende Beschäftigungskrise geraten. Der Expansionskurs in dem sozialen Sicherungssystem hat dazu maßgeblich beigetragen. Gesamtwirtschaftliche Alarmsignale sind:

- Der Staatsanteil am Sozialprodukt erhöhte sich von knapp einem Drittel auf über die Hälfte.
- Der auf den sozialen Bereich entfallende Anteil des Sozialprodukts stieg von unter einem Viertel auf über ein Drittel.
- Die Anlageinvestitionen lagen 1960 um 6,4 Prozent höher als die Sozialleistungen; heute liegen sie um 33,6 Prozent darunter.
- Die Wochenarbeitszeit verminderte sich kostentreibend um 6,5 Stunden, und die geleistete Jahresarbeitszeit sank um 540 Stunden.
- Der Jahresurlaub verdoppelte sich, und die Soziallöhne bei Krankheit, Mutterschaft und Bildungsurlaub wurden auf die Arbeitgeber überwälzt.
- Die Abgabenbelastung der Arbeitnehmerverdienste verdoppelte sich.

(...)

Zur Wiedererlangung der Vollbeschäftigung der sechziger Jahre müssen

* Der Zentralverband des Deutschen Handwerks überreichte uns einige Positionspapiere:
  1. Die »Stellungnahme zum Bündnis gegen Arbeitslosigkeit« (Antrag der Fraktion der SPD, BT-Drucksache 13/19 vom 10. November 1994) und zum »Aktionsprogramm Arbeitspolitik« (Antrag der Fraktion Bündnis 90/Die Grünen, BT-Drucksache 13/578 vom 15. Februar 1995) sowie
  2. die »Resolution: Umbau der sozialen Sicherungssysteme« der Bundesvereinigung der Fachverbände des Deutschen Handwerks vom 24. November 1994 sowie
  3. »Mut zur Selbständigkeit – ›Elementepapier‹ zu einer Mittelstandsinitiative der Bundesregierung vom Zentralverband des Deutschen Handwerks«.

  Wir veröffentlichen im folgenden (Vorspann sowie 1.–4.) aussagekräftige Passagen aus der »Resolution: Umbau der sozialen Sicherungssysteme« sowie die tarifpolitische Passage aus der Stellungnahme zu den Anträgen von SPD und Bündnis 90/Die Grünen (Abschnitt 5).

etwa sechs Millionen zusätzliche Arbeitsplätze geschaffen werden. Dies ist eine gewaltige Aufgabe. Die Tarifvertragsparteien stehen in der Pflicht, durch moderate Lohnerhöhungen in den kommenden Jahren einen aktiven Beitrag – auch hinsichtlich einer Offensivstrategie zur Arbeitszeitflexibilisierung – zu leisten. Überfällig ist eine Konsolidierung der Staatsfinanzen auf dem Weg über einen konsequenten, entlastungswirksamen Sparkurs mit einer Absenkung der Staats- und Sozialleistungsquote; er bewirkte in den achtziger Jahren wohlstandsförderndes Wachstum, einen Anstieg der Erwerbstätigen um fast zwei Millionen und einen deutlichen Abbau der Arbeitslosigkeit.

Notwendig ist ein entlastungswirksames Sofortprogramm. Ansatzpunkte sind die auf die Beitragszahler abgewälzten gesamtstaatlichen Leistungspflichten, vor allem die vereinigungsbedingten Kosten und die des Familienlastenausgleichs. Die versicherungsfremden Leistungen mit einem Gesamtvolumen von über 100 Milliarden DM sind nicht nur verteilungspolitisch unakzeptabel, sie wirken auch systemwidrig wie eine ertragsunabhängige Arbeits- und Beschäftigungsstrafsteuer.

(...)

1. Rentenversicherung

Die Renten sind heute und morgen sicher, auf lange Sicht jedoch ohne zusätzliche Korrekturen gefährdet. Als Sofortmaßnahmen schlägt das Handwerk mit dem Ziel der Beitragssenkung vor:

- Die Auffüllbeträge für »Ost-Renten« sind Fremdleistungen und müssen durch Aufstockung des Bundeszuschusses aus dem Steueraufkommen finanziert werden. Entlastungswirkung: Beitragssenkung um 0,5 Prozentpunkte.
- Der Bundeszuschuß sollte jährlich um einen Prozentpunkt angehoben werden. Bei Einführung der dynamischen Rente lag der Bundeszuschuß bei über 30 Prozent, heute macht er knapp 20 Prozent aus. Der Anteil der versicherungsfremden Leistungen beläuft sich auf etwa 30 Prozent der Rentenausgaben.

Durch die Rentenreform 1992 wurde auf die Entwicklung bis zum Jahre 2010 reagiert. Da die demographischen Verwerfungen erst danach verstärkt einsetzen, sind ergänzende Reformmaßnahmen geboten, um einen langfristigen Beitragssatzanstieg auf nahezu 30 Prozent zu verhindern.

Einzuleiten sind weitere Änderungen des Rentenrechts zur Stärkung des Äquivalenzprinzips und der Eigenvorsorge. Hierzu gehören u. a. die Verlängerung der Beitragszeiten sowie die Verkürzung der Rentenlaufzeiten über versicherungsmathematisch kalkulierte Zu- und Abschläge, die Einschränkung und Neubewertung beitragsfreier Zeiten, die Stärkung der Lohnersatzfunktion bei BU-/EU-Renten sowie erforderlichenfalls auch die langfristige Absenkung des Rentenniveaus.

2. Pflegeversicherung

Die Entscheidung des Gesetzgebers zur Einführung einer Pflegeversicherung im Umlageverfahren mit Arbeitgeberbeteiligung ist eine falsche Weichenstellung. Deshalb fordert das Handwerk:

- Die Kompensation der ersten Stufe ist unzureichend. Zu Beginn der zweiten Stufe ist eine volle und dauerhaft wirksame Kompensation der Arbeitgeberbelastung erforderlich.
- Der Beitragssatz muß festgeschrieben werden.
- Neben der staatlichen Pflegeversicherung muß eine privatversicherungsrechtliche Pflegeabsicherung im Kapitaldeckungsverfahren aufgebaut werden.

3. Krankenversicherung

Die mit dem Gesundheitsstrukturgesetz beschlossenen Reformmaßnahmen im kostenträchtigen Krankenhaussektor müssen zügig umgesetzt werden, um die erheblichen Wirtschaftlichkeitsreserven zu erschließen und die Ausgabendynamik zu bremsen.

Aktueller Handlungsbedarf zur Belastungsminderung:

- Die versicherungsfremden Leistungen (z. B. Sach- und Geldleistungen bei Schwangerschaft, Mutterschaft und Pflegebedürftigkeit) müssen aus dem allgemeinen Steueraufkommen finanziert werden. Der Durchschnittsbeitragssatz könnte um 0,6 Prozentpunkte gesenkt werden.
- Die Rücklagenreserven sollten in Beitragsminderung umgewandelt werden.
- Die 6wöchige arbeitsrechtliche Lohnfortzahlung im Krankheitsfall ist

schrittweise einzuschränken und zu ersetzen durch eine sozialversicherungsrechtliche, aus dem Beitragsaufkommen der GKV finanzierte Lösung.

- Die 100prozentige Lohnfortzahlung im Krankheitsfall ist stufenweise auf 80 Prozent abzusenken.
- Die Arbeitgeberzuschüsse beim Mutterschutz müssen durch Verdopplung und Dynamisierung des Mutterschaftsgeldes gesenkt und die Beteiligung des Bundes an der Finanzierung (Pauschbetrag pro Geburt an die GKV) muß wieder eingeführt werden.

Zu realisieren ist die dritte Stufe der Gesundheitsreform mit dem Ziel, Reglementierungen und Budgetierungen aufzuheben und zu ersetzen durch markt- und wettbewerbskonforme Regelungen. Erforderlich sind eine durchgängige prozentuale Selbstbeteiligung mit Härteklauseln, der Übergang zur Kostenerstattung und die generelle Ausgrenzung medizinisch nicht notwendiger Leistungen. Der Familienlastenausgleich ist eine originäre gesamtstaatliche Aufgabe; daher muß die Finanzierung der beitragsfreien Mitversicherung von Familienangehörigen längerfristig in Stufen grundlegend korrigiert werden durch Entlastung der Beitragszahler und Übernahme der Finanzierung aus dem allgemeinen Steueraufkommen. (...)

4. Arbeitslosenversicherung

Anstatt die vereinigungsbedingten Arbeitsmarktfolgekosten in gesamtstaatlicher Verantwortung aus dem allgemeinen Steueraufkommen zu finanzieren, wurden sie auf die Beitragszahler abgewälzt. Im Zeitraum 1990 bis 1993 beliefen sich die Transferlasten der westdeutschen Beitragszahler auf fast 65 Milliarden DM.

In der neuen Legislaturperiode muß nach Auffassung der BFH eine grundlegende Reform der Arbeitslosenversicherung erfolgen. Nur noch die reinen Versicherungsleistungen (insbesondere Arbeitslosen- und Kurzarbeitergeld) sind von den Beitragszahlern zu finanzieren. Die arbeitsmarktpolitischen Leistungen müssen aus dem allgemeinen Steueraufkommen geleistet werden. Durch diese Reformkorrekturen könnte der Beitragssatz schrittweise auf 3,7 Prozent abgesenkt werden. (...)

5. Tarifpolitik

(...)

Aufgabe des Staates ist es, durch Erhaltung bzw. Schaffung attraktiver Rahmenbedingungen die erforderlichen Voraussetzungen für Investitionen, Innovationen und Strukturanpassungen (zu verbessern, die Red.) und damit mittelbar auch dazu beizutragen, daß ausreichende und rentable Arbeitsplätze geschaffen werden können. Beschäftigungspolitische Verantwortung im besonderen Maße haben auch die Tarifvertragsparteien, da sie die Mindestlöhne, wenngleich auch nicht die Gesamtkosten der Arbeit, festlegen. Die jüngsten Tarifabschlüsse gehen weit über den marginalen Verteilungsspielraum hinaus und weisen in eine beschäftigungspolitisch gefährliche Richtung auf. Es kann und darf nicht sein, daß sich Tarifpolitik und Arbeitsmarktpolitik als zwei getrennte und sich verselbständigende Veranstaltungen entwickeln. (...)

Politik und Zeitgeschichte

Beiträge zur Reformdiskussion im Deutschen Gewerkschaftsbund und seinen Gewerkschaften

Band 1
Heinz-Werner Meyer (Hrsg.)
Aufbrüche – Anstöße
Mit Beiträgen von Heinz-Werner Meyer, Michael Vester, Wolfgang Ullmann, Helga Grebing, Friedhelm Hengsbach, Michael Schneider, Stephen J. Silva, Andrei S. Markovits und dem Hattinger Kreis

Band 2
Heinz-Werner Meyer (Hrsg.)
Sozial gerecht teilen – ökologisch umsteuern?
Mit Beiträgen von Karin Benz-Overhage, Kurt H. Biedenkopf, Warnfried Dettling, Ernst-Ulrich von Weizsäcker, Reimut Jochimsen, Hubert Weinzierl u. a.

Band 3
Dieter Schulte (Hrsg.)
Industriepolitik im Spagat
Mit Beiträgen von Dieter Schulte, Heik Afheldt, Dieter H. Vogel, Rolf G. Heinze, hermann Rappe, Werner Fassing, Ludolf-Georg von Wartenberg, Willi Arens u. a.

Band 4
Dieter Schulte (Hrsg.)
Erneuerung des Sozialstaates

Band 5
Dieter Schulte (Hrsg.)
Arbeit der Zukunft

Klaus Busch
Umbruch in Europa
Die ökonomischen, ökologischen und sozialen Perspektiven des einheitlichen Binnenmarktes
Zweite, erweiterte Auflage mit einem Nachwort zum Maastrichter Vertrag

Klaus Busch
Europäische Integration und Tarifpolitik
Lohnpolitische Konsequenzen der Wirtschafts- und Währungsunion

Ursula Engelen-Kefer u.a.
Beschäftigungspolitik
Dritte, völlig neu bearbeitete Auflage

Felix Herzog
Solidarität unter Verdacht
Über den Versuch der Kriminalisierung der Gewerkschaften im Fall co op
Vorwort: Hans Matthöfer

Reimut Jochimsen
Perspektiven der europäischen Wirtschafts- und Währungsunion
Herausgegeben von Helga Grebing und Werner Wobbe

Berndt Keller /
Hartmut Seifert (Hrsg.)
Atypische Beschäftigung
Verbieten oder gestalten?

Ansgar Klein (Hrsg.)
Wertediskussion im vereinten Deutschland
Mit Beiträgen von Marianne Birthler, Bärbel Bohley, Ignatz Bubis u. v. a.

Bund-Verlag